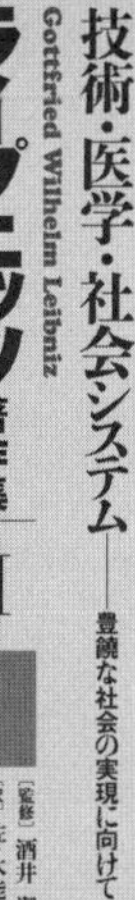

技術・医学・社会システム——豊饒な社会の実現に向けて

ライプニッツ著作集 第II期 3

Gottfried Wilhelm Leibniz

〔監修〕酒井 潔＋佐々木能章

〔訳〕佐々木能章＋稲岡大志＋大西光弘＋池田真治＋長綱啓典＋
松田 毅＋酒井 潔＋中山純一＋津崎良典＋高田博行＋林 知宏＋
山根雄一郎＋上野ふき＋藤井良彦

凡例

1——テクストには、以下を用いた。

❶アカデミー版『ゴットフリート・ヴィルヘルム・ライプニッツ全著作・書簡』〔以下A版〕

Gottfried Wilhelm Leibniz. Sämtliche Schriften und Briefe, Akademie Verlag, Berlin /Walter de Gruyter, Berlin

第Ⅰ系列「一般的・政治・歴史往復書簡」第2、3、4（改訂第二版）巻

Reihe I : Allgemeiner, politischer und historischer Briefwechsel

Bd.2（1668–1676）, 1927,1970,1986

Bd.3（1680–1683）, 1938,1970,1990

Bd.4（1684–1687）, 1950, durchgesehener Nachdruck 1990

第Ⅳ系列「政治著作」第1（改訂増補第二版）、3巻

Reihe IV : Politische Schriften

Bd.1（1667–1676）, 1931, neubearbeitete und erweiterte Auflage 1983

Bd.3（1677–1689）, 1986

第Ⅷ系列「自然科学・医学・技術著作」第2巻

Reihe VIII : Naturwissenschaftliche, medizinische und technische Schriften

Bd.2 :（1668–1676）, 2016

❷次の九篇についてはまだA版が刊行されていないため、それぞれ既刊の選集または研究誌掲載版を用い、年代推定等もこれらに依拠した。詳細は、各篇の訳注を参照。

第1部2-2、4-2、6、第3部9：デュタン版『ライプニッツ全集』(全六巻)第三、五巻1768

Ludovici Dutens (ed.), *Gothofredi Guiliemi Leibnitiis, S. Caesar. Majestis Consiliarii, et S. Reg. Majest. Britanniarum a Consiliis Justitiae intimis, nec non a scibenda Historia. Opera Omnia, Nunc primumu collecta, in Classes distribute, praefationibus & indicibus exornata, studio Ludovici Dutens.* Geneva 1768

第1部3-5：ゲルラント編『ライプニッツ物理学・機械学・技術関連遺稿集』1906

Ernst Gerland (Hrsg.), *Leibnizens nachgelassene Schriften physikalischen, mechanischen und technischen Inhalts.* Leipzig 1906

第1部3-6：『ライプニッツ研究』第8号、1976

Studia Leibnitiana, VIII, 1976, (H. P. Münzenmayer, *Leibniz' Inventum Memorabile. Die Konzeption einer Drehzahlegelung vom März 1686*)

第1部4-1：『測地学雑誌』26号、1897

Zeitschrift für Vermessungswesen, 26, 1897, (Wilhelm Jordan (Hrsg))

第1部5：ゲルラント編『ライプニッツとホイヘンスのパパンとの書簡集』1881

Ernst Gerland (Hrsg.), *Leibnizens und Huygens Briefwechsel mit Papin*, Berlin, 1881

第2部4：カヴァロ編『シュタールとライプニッツの生命論論争』2004

Sarah Cavallo (ed.) *Stahl-Leibniz Controverse sur la vie, l'organisme et le mixte*, Paris, 2004

2――表記、年代推定等の異同については原則的にA版に従った。ただしA版が未刊の書簡についてはそれぞれの訳注で示されたテクストに拠った。略記法は以下のとおり。

例▶A II, 1, 234：アカデミー版第II系列第1巻234頁

Dutens III, 234：デュタン版第3巻234頁

なお、A版に見えるN.で始まる数字は、各巻毎の手紙または著作に付された通し番号である。

例▶A II, 1, N. 123.

3――各著作、書簡中の人名、事項、書誌等の詳細についてはA版に負うところが大きい。

4――各訳者の判断で英訳、独訳、仏訳、邦訳等を参照した場合は、訳注に示した。

5――訳者による挿入は［　］であらわす。

6――とくに重要と思われる術語には（　）付きで原語をそえた。

例▶「衝動」(conatus)

7――関連事項が工作舎『ライプニッツ著作集』第Ⅰ期（KⅠ）、および第Ⅱ期（KⅡ）において既出の場合は、参照巻と頁を示した。

例▶KI, 8, 111

8――原文で強調字体（隔字体）になっている箇所は、原則的に傍点を付した。また、それが著作名などを表わしている場合には、『・・』または「・・」で対処した。

9――ギリシア、ローマの古典の格言や詩文からの引用では、平仮名のかわりにカタカナを用いる。

10――段落分けも原則的にA版、または（A版が未完の場合に依拠した）各版に従う。段落が非常に長い場合には、各訳者の判断で、読者の読み易さのために、適宜段落分けを追加した。

11――著作集第Ⅰ期（KⅠ）に既出の固有名詞や訳語については統一をはかることを原則とした。ただし、第Ⅱ期で見直したものに関してはⅡ期第1巻（KⅡ, 1）ならびに第2巻（KⅡ, 2）に従った。

12――訳語については、統一に極力努めたが、最終的な決定は各訳者が行っている。

13――各書簡の表題に掲げた日付はA版の記載に拠る。例えば一六六三年九月二日／一二日のような二重の日付は、前者がユリウス暦（旧暦）、後者がグレゴリオ暦（新暦）を意味する。これは、当時カトリック諸国ではすでにグレゴリオ暦が導入されていたのに対し、ハノーファーやベルリンを含むプロテスタント諸国では一七〇〇年まで、イングランド、スウェーデン、ロシアなどではさらに後までユリウス暦が使われていた事情による。なお、日付や発信地が推定・調査による場合には［　］を付してある。

14――本著作集第Ⅱ期に収載の手稿・書簡の写真について、選定と発注（ゴットフリート・ヴィルヘルム・ライプニッツ図書館）は酒井潔が担当した。

技術・医学・社会システム　目次

第1部 技術

Technik

【1】

Drole de Pensée, touchant une nouuelle sorte de PRESENTATIONS. Sept. 1675.

(A IV, 1, 562–568)

奇想百科　新趣向博覧会開催案★01★02

✣佐々木能章＝訳・解説

一六七五年九月、パリのセーヌ川で行われた水上走行機械の展示を見て、一つの着想を得た。それは、どれほど奇抜に思えようとも、実現すれば必ずや大きな意義をもつに違いない。では考えてみよう。人品卑しからず好奇心も旺盛でとりわけ機械への関心が深いような人々が何人か寄り集い、公開の展示会を企てているとする。

実現のためには、開催に必要な出費を賄うだけの資金がなければなるまい。だがこれも、集まった人たちのうちの何人かが実行力のある立場の人ならば難しいことではない。例えば、スルディアク侯爵[03]、バティスト氏[04]、ルブラン氏[05]など。また大貴族たち、例えばド・ラ・フイヤード氏[06]、ド・ロアンヌ氏[07]など。さらに、ド・メクランブール氏[08]、ド・マザリーニ氏[09]などなども。ただ、大貴族や宮廷の有力者たちにまで声を掛けずにすむなら、それに越したことはない。必要な費用を維持できるだけの個人が何人かいればよい。というのも、有力な貴族は、事業に見込みが立つと我が物顔になってしまうからである。万端整ったら、あとはいつも宮廷に庇護者がいるとよい。

費用を負担してくれる人々のほかには、絶えず新しい発明ができる人もいなければならない。だが、大勢いてもかえって混乱してしまうので、二、三人の提携者だけを特別の権限を持った棟梁格として置き、あとはその棟梁格が雇うようにするのがいちばんよいと思う。そのさいには、特定の展示のためとか、一定の期間までとか、親方しだいで長期間とか、支払に用意した賃金が底を突くまで、などといった条件を付けておく。

雇い入れたいのは、画家、彫刻家、大工、時計工、その他。さらに、数学者、技術士、建築家、奇術師[10]、薬売り[11]、音楽士、詩人、出版業者、植字工、銅版技師、その他何でも加えてよい。少し

★01——テクスト、翻訳など。

[A]: A IV, 1, N.49, 562–568. 694–696.[アカデミー版。第1版1931; 第3版1983では補注が付く。これを定本とする]。

[G]: Ernst Gerland, *Leibnizens Nachgelassene Schriften Physikalischen, Mechanischen und Technischen Inhalts*, Leipzig, 1906; Olms, 1995, 246–252.[ゲルラント版。最初の刊行本]。

[Belaval]: Yvon Belaval, 'Une "Drole de Pensée" de Leibniz' in *Nouvelle Revue Française*, No.70, 1958.[A版1931年版を掲載し、序文とやや詳しい注を付す]。

[B]: Bredekamp, *Die Fenster der Monade*, Akademie Verlag Berlin, 2004, 200–206, D.tr. 237–246.[A版を掲載するが一部テクストの校訂を含む。独訳版も所載。注は詳細]; 原研二訳『モナドの窓』産業図書 2010 [仏語原文、独訳の両方を訳出]。

[W]: Philip P. Wiener, 'Notes and Documents Leibniz's Project of a Public Exhibition of Scientific Inventions' in *Journal of the History of Ideas*, vol.1 1940, 232–240.[短い解説(解説へのラヴジョイによる注を含む)とG版にもとづく英訳ならびに訳注。固有名などは一部省略]。

★02——表題の欄外に「むしろゲーム・アカデミー」(plus tost Academie des Ieux)とあるが、訳語を一義的に決めがたい。Académie は、古くはプラトンが設立した学院アカデメイアに淵源をもつが、近代ヨーロッパ各国にできた学術組織でもあり、ドイツではライプニッツが後年尽力することになる。しかしこの語は、今日意味する高等研究機関だけではなく、武術などの道場や遊技場、さらには賭博場も指す。本論にとってはこちらのほうに近い面がある。以上の意味を包含させるために本作品においては「アカデミー」とする。一方、jeu というフランス語は、ドイツのSpielと同様、「遊び」とともに「賭け」も意味する。英語のgameの類語にgambleがあることと通じる。

★03——le Marquis de Sourdiac. おそらく、アレクサンドル・ド・リウ、スルデアク侯爵(Alexandre de Rieux, marquis de Sourdéac, 1620?–1695)のこと。オペラを庇護した。

★04——Mons. Baptiste. 特定不能。後ほどもう一度、同一名の人物への言及がある。B版注は、作曲家のリュリ(Jean-Baptiste Lully, 1632–1687)とする。

★05——Mons. Le Brun. G版注、B版注、いずれも、ルイ一四世付きの画家、シャルル・ルブラン(Charles le Brun, 1619–1690)とする。

★06——Mons de la Feuillade. フランソワ・ドビュッソン、フイヤード伯爵のち公爵(François III d' Aubusson, comte puis duc de La Feuillade, 1631–1691)。ルイ一四世治下のフランス元帥。

★07——Mons. de Roannez. G版注は、アルチュ・グフィエ・ド・ロアンヌ(Artus Gouffier de Roannez, 1627–1698)とする。公爵。パスカルの友人。B版注はルイ・グフィエ(Louis Gouffier, 1575–1642)とするが、年代が合わない。

★08——Mons. de Meclenbourg. B版注は、クリスティアン・ルートヴィヒ、メクレンブルク公爵(Christian Ludwich I., Herzog zu Mecklenburg, 1623–1692)とする。

★09——Mons. de Mazarini. G版注、B版注、いずれも、アルマン=シャルル・ド・ラ・メイユライエ(Armand-Charles de La Porte de La Meilleraye, 1632–1713)を指示する。イタリアの名門マザリーニ家のオルテンシア(Hortense Mancini, 1646–1699 ジュール・マザラン枢機卿の姪)と結婚し、マザラン公を名乗った。周辺の人間関係は壮絶。

★10——bateleurs. 手品師。マルセイユ版タロットで Le Bateleur は「魔術師」。

★11——charlatans. ひとしきり口上を唱えた後、怪しげな薬を売りつける大道芸人。日本ならさしずめ、ガマの油売か。

ずつ、時間をかけて、いずれすべてを揃えればよい。

　展示するのは、例えば、（まず手始めに）幻灯機、[12]飛行（体）[13]、摸擬流星、あらゆる種類の不思議な光学現象。天空や天体も展示しよう。彗星[14]。ゴットルフ[15]やイエナ[16]にあるような地球儀、花火[17]、噴水[18]、風変わりな形の船。マンドラゴーラ[19]その他の稀少植物。奇妙な稀少動物。王立曲馬場[20]。動物の曲芸。人工馬の王立競馬機械。射撃競技。戦闘ジオラマ。劇場に高く築いた木製防塁、……の内部[21]、など。どれも私が実見した製作者に倣ったものである[22]。これらは親方が使用法を説明してくれるだろう。模擬戦闘。マルチネ式[23]の歩兵訓練。騎兵隊の訓練。運河での小さな海戦。大掛かりな演奏会。珍しい楽器[24]。話をするラッパ[25]。狩猟。摸造のシャンデリアや宝飾品。展示にはいつもちょっとした口上や滑稽芝居を加える。自然と技芸の劇場[26]。格闘する。泳ぐ。並外れた綱渡り

★12――Lanternes Magiques. 一七世紀中頃に、オランダのホイヘンス、ドイツのキルヒャー、デンマークのヴァルゲンステンなどが発明者の名乗りを挙げているが、すでに一五世紀にイタリアのフォンターナが考案していたとの説もある。この時代では、彩色したガラス原版に蝋燭などの光を当ててレンズで拡大してスクリーンに投影していた（Bredekamp, 65; 邦訳20／ゴドウィン『キルヒャーの世界図鑑』川島昭夫訳、工作舎1986, 212）。なお、ニーダムはすでに紀元前二世紀に中国に影絵や幻灯機があったとしている（ジョゼフ・ニーダム『中国の科学と文明』第7巻、東畑精一＋藪内清監修、中岡哲郎他訳、思索社1991, 156。ここでは、注50に出てくる回り灯籠〔走馬灯〕についても触れられている）。

★13――イタリア人のフランチェスコ・ラナ・デ・テルツィ（Francesco Lana de Terzi, 1631–1687）は、一六七〇年に刊行された書物（*Prodomo overo saggio di alcune invenzioni nuove premesso all' arte*）で、真空球体で浮遊する飛行船のアイディアを示した。ライプニッツはこのアイディアを批判している。シュトレール『航空発達物語』上（松谷健二訳、白水社1965, 23–28）。cf. Gerland, 9.

★14――彗星（cometes）は、短時間で消滅する流星（meteors）と異なり、天空にしばらく滞在する。これが太陽系の天体であることが確かめられたのは一七世紀後半のことである。巨大彗星に名を残すハレーの予言は一八世紀初頭であった。なお、この箇所の直前からの摸擬流星、光学現象、天球、天体、彗星は、いずれも、注16のような地球儀（天球儀）内部から見せた一連のものと解すると、話が通る。

★15――ライプニッツの記述では当時に倣いGottorpだが、現在はGottorfと綴る。デンマークに近いドイツ最北地方のシュレースヴィヒ市にあるゴットルフ城には巨大な地球儀があった。ゴットルフ公フリードリヒ三世（1597–1659）お抱えの学者アダム・オレアリウス（1599–1671）が中心となって一六六四年に巨大地球儀が造られた。直径三・一メートルで内部に人が入って回転できる。この地球儀は、一七一三年にシュレースヴィヒに侵攻したロシア皇帝ピョートル一世が持ち去ってしまった。現在はサンクト・ペテルブルクのクンストカンマーの頂上に据えら

れている。ゴットルフには、最初から作られていたレプリカがある。この一連の顛末については、森貴史編『ドイツ王侯コレクションの文化史』(勉誠出版 2015)I「シュレースヴィヒ　ゴットルフ城の巨大地球儀」(森貴史)による(Bredekamp, 56; 邦訳, 59参照)。

★16――イエナ大学教授であったエアハルト・ヴァイゲル(1625–1699)は、確認されただけで一八個の地球(天球)儀を製作した。イエナでは、一六五九年から一六六一年にかけて直径五・四メートルにも及ぶ鋼板製の巨大な地球儀を作った。これも内部に人が入ることができ、穴から漏れる光で星を観察する一種のプラネタリウム、天球儀となっていた。城の屋根に設置されたが、危険になったため、一六九一年には撤去された(Johann Dorschner: 'Erhard Weigel in seiner Zeit' in Reinhard E. Schielicke, Klaus-Dieter Herbst und Stefan Kratochwil(Hrsg), *Erhard Weigel–1625 bis 1699 Barocker Erzvater der deutschen Frühaufklärung*, 1999, 23〔*Acta Historica Astronomiae*, Vol. 7〕, Thun und Frankfurt am Main.)。ライプニッツがイエナでヴァイゲルから数学その他を学んだのは一六六三年のことなので、実物を見ていた可能性がある。

ヴァイゲルの天球儀(1699; 英国国立海洋博物館)

★17――中国発祥とされる花火は、一三世紀以降ヨーロッパに伝わり、一七世紀には主として王宮の行事として各地で打ち上げられた。ヘンデルの組曲『王宮の花火の音楽』は一八世紀中葉に作曲された。

★18――噴水はヨーロッパでは古代ローマ以前から存在していた。バロック期には仕掛けも精巧、巧妙なものが考案されている。ライプニッツは後年、ハノーファーの宮殿庭園の大噴水などの設計を手がけている。以下に詳しい。ホルスト・ブレーデカンプ『ライプニッツと造園革命：ヘレンハウゼン、ヴェルサイユと葉っぱの哲学』(原研二訳、産業図書 2014)。

★19――マンドラゴーラ(Mandragores; ラテン語Mandragora; 英語マンドレークMandrake)はナス科の植物だが、強い神経作用があり古くから魔法の効能があると信じられていた。根が人型に見え、抜くさいに叫び声を発すると伝えられている。映画『ハリー・ポッターと秘密の部屋』にその場面がある。聖書『創世記』三〇・一四では受胎効能を持つ「恋なすび」として登場する。

★20――cercle royal. これが何をさすのか不明だが、前後からすると動物関係であろう。cercleを類語のcirqueに引き付けて解しておく。Bredekampは「王立動物園」と解する。

★21――この箇所は手稿解読困難からか、A版は、―(?) ouuerte, etc. とある。G版は、charité, cruauté etc.(慈愛や残酷さなど)とする〔意味不明〕。B版は、, tranchée ouuerte, etc.(開放された塹壕)とする。防塁の内部の構造を示したものか。

★22――この箇所も手稿解読困難からか、A版は、des―(?) qve j'ay veu とある。G版は、de l'art, que j'ai veusとする。B版は、des [...] luts qve j'ay veu. とする。G版の意を酌む。

★23――ジャン・マルティネ(Jean Martinet, ?–1672)。ルイ一四世治世時の中佐。監察官。近代的軍事教練の創設者。

★24――キルヒャー『普遍音楽』(*Musurgia universalis*, 1650; 菊池賞訳、工作舎 2013)には猫オルガンなどの珍楽器が紹介されている。

★25――メガホン(拡声器)のこと。*Le Grand Vocabulaire François 1773*, T.28, 525のTrompetteの項に'trompette parlante'についての記述があり、海上で船舶相互の連絡に用いられたとある。発明者は、英国人モーランド説とキルヒャー説とがある(前出ゴドウィン『キルヒャーの世界図鑑』179–85; キルヒャー『普遍音楽』273)。

★26――Bredekamp, II–2; 邦訳32参照。

芸人。危険なジャンプ。一本の糸で重いものを持ち上げる子供の見せ物。解剖学劇場[★27]。薬草園。実験室、などと続く。これらの公開展示と並んで、小規模なものとして、小さな計算器具とか、その他の絵画、メダル、書籍類があってもよい。水、空気、真空に関する新しい実験。ゲーリケ[★28]氏の二四頭の馬を使った〔真空〕機械を大々的に展示するか、小さい展示なら氏の球体だけとする。ダランセ氏[★29]が行った多くの業績、例えば、磁石論など。ドニ氏[★30]や……氏[★31]が説明してくれることであろう。ここに珍しいものを加えておこう。例えば収斂薬[★32]など。輸血の手術や浸出薬[★33]もある。〔**欄外追記**[★34]〕休日には、明日雨が降るか否か小人を使って聴衆に天気を知らせよう[★35]。キルヒャー師の小部屋[★36]。火喰い男[★37]がまだ生きていればイングランドから連れてくるのもよい。夜になったら望遠鏡

★27——西洋近世の医学教育で行われた、公開解剖のための施設。すり鉢状の階段教室の中央で解剖を行い、周りから見学する。パドヴァやボローニャが有名（Bredekamp, 25; 邦訳20）。ライデン大学の銅版画では、人間以外の動物の骨格標本も展示され、一般人も見物している。レンブラント『テュルプ博士の解剖学講義』では、当時のニコラス・トゥルプ（Nicolaes Tulp, 1593–1674）の様子が伺える。（シャーウィン・B・ヌーランド『医学をきずいた人々：名医の伝記と近代医学の歴史』上、曽田能宗訳、河出書房新社1991, 214）。

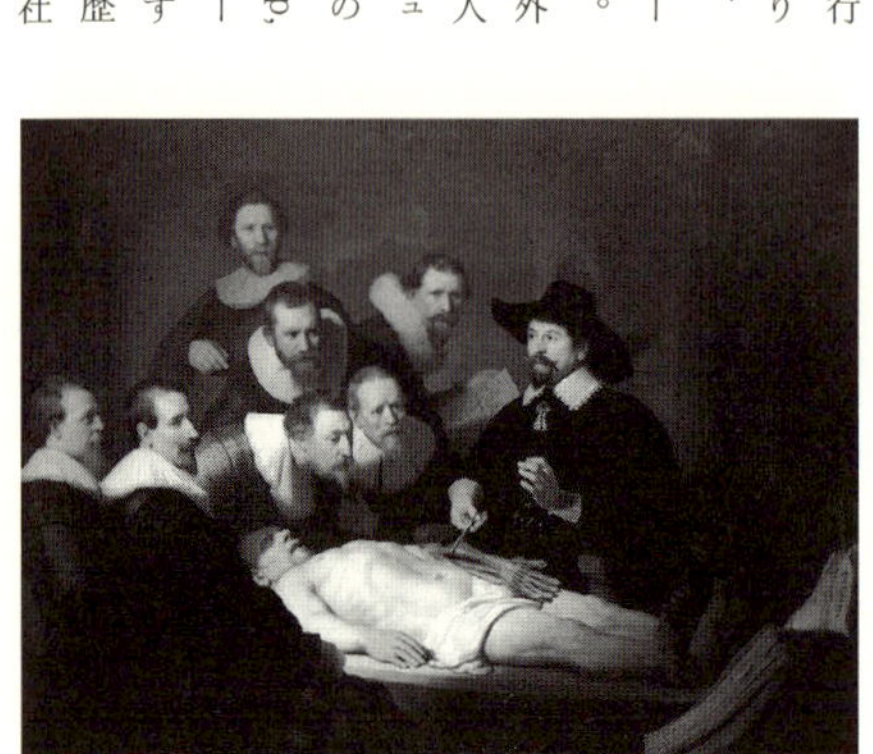

テュルプ博士の解剖学講義

★28——オットー・フォン・ゲーリケ（Otto von Guericke, 1602–1686）。マクデブルク（Magdeburg）出身の貴族で市長も務めた。気圧計の考案（注35参照）や、いわゆる「マクデブルクの半球」を用いた公開実験でも有名。市長在任中の一六五六年にマクデブルクで銅製の二つの半球を合わせて球体とし、中の空気を抜いて一六頭立ての馬が引っ張っても離れないのに、空気を戻したらすぐに離れるという実験を行い、真空の実在を証明した。一六六三年にはベルリンで二四頭立てによる公開実験が行われた（Bredekamp, 50; 邦訳50）。ライプニッツとは、一六七

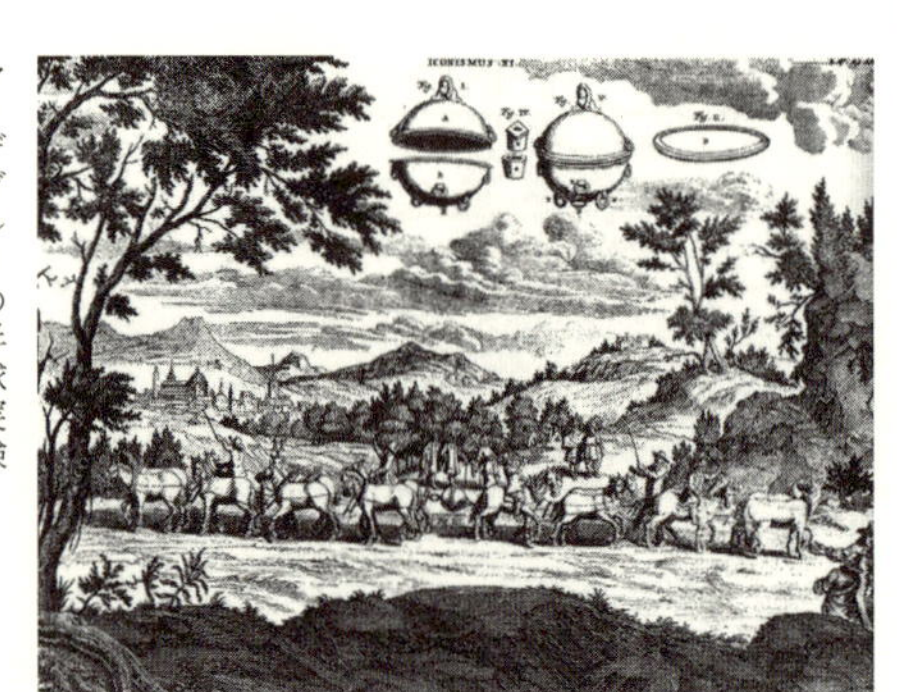

マクデブルクの半球実験

一年から翌年にかけて直接手紙のやり取りがある。この時期のライプニッツは、真空の実在性について肯定的な態度であるが、やがて真空の存在を哲学的な理由で否定する。最晩年のクラーク宛書簡では、トリチェリにも触れながら論じている(K1, 9, 314, 346)。

★29——ジョアシャン・ダランセ(Joachim d'Alencé, ?–1707)。フランスの天文学者、物理学者。気圧計や温度計についての書物と並び、『磁石論』(*Traité de l'aimant*, 1687)があるが、刊行年からすると、ライプニッツはこれ以前での業績によって知っていたことになる。

★30——G版注は、この「ドニ氏」をパパン(Denis Papin 本巻第1部5)と注し、W版注もそれにならうが、Belavalは外科医のジャン＝パティスト・ドニ(Jean-Paptiste Denis, 1643–1704)と注する。B版注は両説を併記する。文脈からするとパパン説が有利だが、姓で示さないのは不自然である。外科医は後ほど直接出てくる。注33参照。

★31——いずれの版も、不明(判読不能?)となっている。

★32——eaux stiptiques. 収斂剤。styptiqueは止血薬のこと。なおここは、G版ではceux pixtiqueとある。

★33——輸血の技術は、注30のジャン＝パティスト・ドニをもって嚆矢とする。ルイ一四世の侍医も務めたドニは、一六六七年に羊の血液を人間に輸血した。一時的には成功したものの失敗が相次ぎ、ドニは殺人罪で訴えられ、裁判では無罪となったものの、輸血は一六七〇年に禁止された。再開されたのは一九世紀以降である(河瀬正晴『輸血の歴史』北欧社 1990; ダグラス・スター『血液の歴史』河出書房新社 2009)。

★34——手稿では、この記述の右の余白に「追記A」があるが、この箇所への直接の注記ではなく、余白へ書き足したものと思われる。後注79参照。

★35——A版注によれば、ゲーリケが考案した、ガラス管内の水銀柱による気圧計に組み込まれた「お天気小僧」(Wettermännlein, Anemoscopus homo)のこと。気圧の上下に応じて水銀柱の上面に置かれた人型の目印が上下し、それによって気象の予想をするという装置(Bredekamp, 55; 邦訳56)。cf. E.Moewes, 'Otto von Guerickes "Wettermännchen"' in *Physikalischer Blätter*, vol.48, Nr.11, 1992, 939–937に、「小人」の図版収載。『ライプツィヒ学報』(*Acta Eruditorum*)一六八三年版に、Anemoscopus homoの記述と図版がある。次注も参照。

★36——「小部屋」(cabinet)は「驚異の小部屋」(cabinet de curiosités)のこと。ドイツ語ではWunderkammerなどと称する。古今東西の珍品奇品を蒐集した部屋。キルヒャーのものは「キルヒャー・ミュージアム」として一六五一年にローマに作られた。なお、A版では、前文の「小人」でピリオドとなっているが、G版ではピリオドなしでそのまま続けている。そのため、(Gは混同していなかったのだが)W版は「小人」をキルヒャーと結びつけて普遍言語計画と絡めた注となっている。

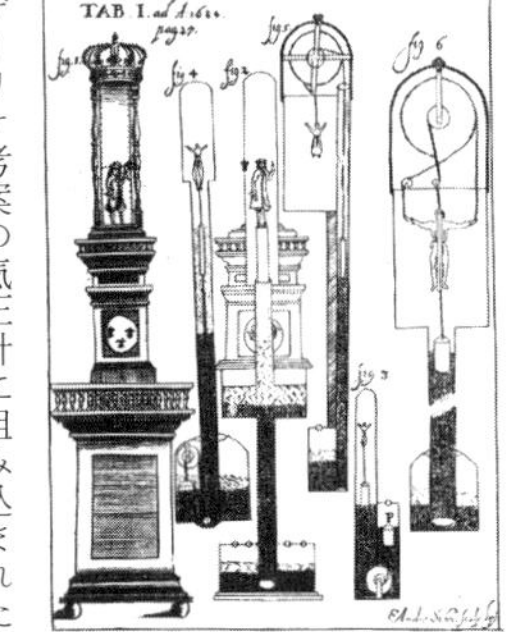

ゲーリケ考案の気圧計に組み込まれた「お天気小僧」(*Acta eruditorum*, 第65巻)

★37——炎を口に入れる行為は、古くはヒンドゥーの儀式にあるらしいが、近代ヨーロッパで大道芸として行われたようだ。イングランド在住も含めて、詳細は不明。後の一六七九年一月八日に、ライプニッツはハノーファーで、宮廷人とともに「火喰い男」の実演を見ている(Kurt Müller und Gisela Krönert, *Leben und Werk von G. W. Leibniz: Eine Chronik*, 1969, 55)。

で月やその他の天体を見ようか。水飲み男★38を探すのもよい。目的地点まで正確に動く機械の試験もしてみよう。筋肉、神経、骨格の図。人体模型も。スワムメルダム氏★39、グダルト氏★40、ユンギウス氏★41たちの昆虫。ミルメコレオン★42。ガリネー氏★43の陳列棚、デ・ビエット氏★44の陳列棚。テヴノー氏★45の工芸。愉快な論争や討論会。カメラ・オブスクラ★46を見せよう。ある仕方によって★47だけ見え、別の仕方だと違ったものが見えてしまうような絵画★48。ノートル・ダム島の某氏の……。……。ヴェルサイユ〔宮殿庭園〕のように運河に沿って立ち並ぶ柱像★49。大勢で楽しめる娯楽。油紙にグロテスクな絵を描き、内側にランプを置く。中から照らすと人物像が行進しているように見える★50。幻灯機では、スライドにそのまま絵を描くだけではなく、絵の部分をばらばらにし、人間業とは思えないほど奇妙でグロテスクな動きを見せる。馬の舞踏★51。〔**欄外追記**★52〕輪突き競技★53やトルコ競技★54。ドイツ

★38——A版注によれば、衆目の面前で水を飲んだ後、色分けしたり香を付けたりして吐き出す大道芸。G版ではこの箇所へライプニッツ自身が別紙に補注を付しているが、その出典は不明である。「これは水飲み芸のことである。それは、水の色を変えるだけではなく、香や味まで変えるということのようだが、水をそんな液体に変えるというのは信じがたい。したがって、予め飲んでいたに違いない。難しいのは、それをどうやって胃袋の中で混ざらないようにしているかだ」。ライプニッツはまやかしと見ているようだ。A版ではG版に注があることを指摘するのみで内容を収載していない。B版注は、Y. Belavalの研究('Une "Drôle de Pensée" de Leibniz' in *Nouvelle Revue Française*, Bd.12, 2, 1958, 754–768)にもとづいてJean Royerの名を挙げている。『学術雑誌』(*Journal des Sçavans*, 1709)では、水飲み芸人としてRoyerの名が挙げられているが、その情報の出所はキルヒャーである(p.514)。

★39——ヤン・スワムメルダム(Jan Swammerdam, 1637–1680)。オランダの生物学者。顕微鏡を用いて昆虫や微生物などの研究をした。ライプニッツは同じくオランダ人のレーウェンフックと共に、業績を高く評価し、随所でその名に触れている。

★40——ヤン・グダルト(Jan Goedart; Ionannes Goedartius, 1617–1668)。オランダの画家で、昆虫画で著名。『変態と自然史』全三巻(*Metamorphosis and historia naturalis*, 1662–67)がある。

★41——ヨアヒム・ユンギウス(Joachim Jungius, 1587–1657)。ドイツの数学者、哲学者。ライプニッツの評価も高く、医学や自然学方面でも業績を残しているので、ここで言及したのであろう。なお、この「ユンギウス」の部分は、G版注では確定しかねるとして、レーウェンフックの名を挙げている。

★42——Myrmecoleon. 伝説上の動物で、蟻とライオンを合体したもの。聖書に起源を持つとされる。実在の動物としてはウスバカゲロウ(myrmeleon)の幼虫のアリジゴクに擬せられる。ライプニッツがここでこの語を出した意図は計りかねる。

★43——A版ではMessieurs Galinée. G版はMepitius Galinéeとするが誤り

であろう。W版はG版によるため、次のデ・ビエットとともに人物を特定できず、ジョージ・サートンによる示唆として、二人は「恐らくはパリ在住の楽器製作者で、評価対象の階層ではなかったために科学史家に記録されなかった」としている。A版注(S. 696)は、次のデ・ビエットとともに、マルブランシュとの書簡を指示する(A II, 1. 679, 700, 726; K II, 1, 178–79, 184)。この人物の正体は、ルネ・ド・ブレアン・ド・ガリネー(René de Bréhant de Galinée, 1645–1678)で、カナダへ宣教師として派遣され、その後フランスに戻った。北米の湖水地図も著しているので、カナダ関連の展示物を所有していたのであろう。

★44——ジル・フィヨー・デ・ビエット(Gilles Filleau des Billettes, 1634–1720)。ライプニッツはdes Billetsと綴る。『工芸技術説明書』を共著で出し、パリ王立諸学アカデミーの一員となる。ライプニッツとは後年(1692–1713)、書簡を交わしている(Bodemann, LBr. S.17)。

★45——メルキセデク・テヴノー(Melchisédech〔ou Melchisédec〕Thevenot, 1620–1692)。フランスの博物学者で司書。全世界と国太平洋地域の情報を収集し、地図も作成した。ライプニッツとは、一六七八～一六九二年に書簡を交わしている(Bodemann, LBr. S. 334–336; A II, 1)。

★46——Chambres obscures. ラテン語表記の「カメラ・オブスクラ」(camera obscura)で呼ぶのが一般的。フランス語では chambre noire とも言うが、いずれも「暗い部屋」の意味で、ピンホールカメラを指す。キルヒャーにも記述がある。

★47——この箇所はA版では(したがってB版でも)判読不能としている。G版注はinstrumentを推測している。ここから数箇所、判読困難なところがある。G版注では「推測」と断った上で示しているが、A版ではそのまま不明扱いとしている。A版に倣う。

★48——これは、いわゆるアナモルフォーズ(アナモルフォーシス：anamorphosis)の技法のことだと解される。ライプニッツは『弁神論』(K I, 6)一四七節で、perspectiveという語を用いて、ある特定の方法によらなければ正しい画像が得られない画法について触れている。ルネサンス時代に開発された手法で、角度を変えて見る仕方や、円筒形に投影する方法などがある。後者は日本では特に「鞘絵」と呼ぶ。

★49——termes. 元来は、ローマの境界の標の神(Terminus)。頂部に神々の頭部や胸像を置く石柱として、道路や建物の境界などに建てられた。ギリシア神話の旅人の守護神ヘルメス(Hermes)に淵源をもつ。ヴェルサイユ宮殿庭園はルイ一四世時に大工事が行われ、大運河(グラン・カナル)は一六六〇年代にル・ノートルの設計によりほぼ現在の形に整えられた。

★50——回り灯籠(走馬灯)のようなものかもしれない。注12参照。

★51——ウィーンのスペイン乗馬学校の演技のようなものか。

★52——手稿では、この記述の右の余白に「追記B」があるが、この箇所への直接の注記ではなく、余白へ書き足したものと思われる。後注83参照。

★53——ルイ一四世当時の見せ物を兼ねた馬事訓練で、騎士が的に見立てて高く掲げられた輪を槍で突く競技。日本の流鏑馬のようなものか。cf. François Robichon de La Guérinière, *École de cavalerie: contenant la connoissance, l'instruction et la conservation du cheval*, Volume 1. 1736, 307–309.

★54——前注同様の馬事訓練で、騎士が槍、剣、投槍、拳銃を武器に摸擬標的を相手に闘う。紙製の的(testes)は四種あり、槍、メドゥーサ、ムーア人、剣の形をしている。ムーア人とはイスラム教徒のことだが、ここでは前後の時期にヨーロッパを恐れさせたオスマン・トルコ人を指す。前注書302–307.

で見たことのあるような工芸機械。着火反射鏡[55]の威力。カリニコスによるギリシア火薬[56]。舞台の上で行う新式[57]人間チェス[58]。ハルスデルファー[59]の場合のような。ドイツ風の昇降機[60]。もっと他の種類の遊びを広く学んで展示できるようになるとよい。あらゆる地域にある楽しい遊びを取り入れた喜劇を通しで上演する。各地域の人々はそれを自分なりの仕方でまねることだろう。室内ではジュ・ド・ポーム[61]などをしてもよい。また[62]、これ以外にも役に立ちそうな新しいゲームが考案されるだろう。最後には、さまざまな訓練のための学院や若者のための学校を設立できたらよいだろう。これにコレージュ・デ・カトル・ナシオン[63]を連結させてもよい。地域ごとに異なる様式のさまざまな芝居。インドやトルコやペルシアなどの芝居。職人の芝居、これは、職人ごとに、技量、小細工、悪戯心、傑作、滑稽な決まりや風習などを上演する。イタリアの道化師スカラムーシュ[64]だけでなく、フランスのおどけ者も探して、ときおり道化を演じさせよう。空飛ぶ火の龍など。油紙を照らせば可能か。どんな風でも回る風車[65]。風上に向かってでも進む船[66]。オランダのあ

★55——鏡によって熱や光線を反射させる器具。古くはアルキメデスが反射鏡で熱を投射して敵艦を焼いたとの伝説があるが信憑性はない。一七、八世紀には、放物面の反射鏡を二面向かい合わせ、一方の焦点に置かれた熱源により他方の焦点の物質を着火させる装置が作られている。『百科全書』にも記載がある(*L'Encyclopédie*, 'ardent (miroir)', 1re éd. Texte établi par Diderot et d'Alembert, 1751, Tome 1, 623–628)。

★56——ビザンチンで用いられた焼夷兵器。七世紀にヘリポリス(現在のレバノンのバールベック)出身のカリニコスにより作られたとされるが、真偽は不明。

★57——G版では判読困難とし、注でpresentationを当てている。A版は、断りなくnouueauとする。

★58——次注参照。

★59——G版ではHaychaffleとあり、W版もこれに従うが、A版ではHarsdorffer. A版で読む。ゲオルク・フィリップ・ハルスデルファー(Georg Philipp Harsdörffer, 1607–1658)はドイツの詩人で言語学者。ライプニッツは『結合法論』でその名に触れている(A VI, 1, N.8)。ベラヴァルはそれに関連させた長い注を付し、軍事戦略ゲームに絡めてチェスを解しているが、誤解であろう。ハルスデルファーの『女子部屋談義』(*Frauenzimmer Gesprächspiele*, 1642)に「人間駒によるチェス(Schachspiel von lebendigen Steinen)」とあり(S.60)、市松模様の床の上で正装した男女がチェスの駒となっている画像が見開きで描かれている(S.64, 65)。日本の「人間将棋」にそっくりである。

ハルスデルファーの人間駒によるチェス
(*Frauenzimmer Gesprächspiele*, 1642)

★60——この箇所だけドイツ語でAufzüge とある(現代表記ならAufzug, Aufzüge(pl))。この語の意味は確定しがたい。広くはパレードや劇の幕などを意味するが、現代ではエレベーターも指す。ベラヴァルはドイツ語のまま表記し、注において、迷いながらも、騎馬行進や仮装行列や「人間チェス」との関連の可能性も示しつつ、後述の「イタリアやドイツの喜劇の姿勢」に言及している。しかし、わざわざドイツ語で表示しなければならない理由があったに違いない。ちなみに、ドイツ人コンラート・カイザー(Konrad Kyeser, 1366–1405)は、多数の発明をし、その中の一つが人力のエレベーターである(左図)。昇降機は、後にハノーファーに着任したライプニッツが、ハルツ鉱山において実用的な考案をしたかもしれないが、ここの記述はそれよりも以前であるので、直接の証拠はないが、前後の流れから舞台の迫り(せり)を一つの可能性として考えたい。

★61——テニスの前身となった球技で一六、七世紀にフランスやイングランドで貴族階級の間で流行した。後にフランス革命勃発のきっかけとなった「テニスコートの誓い(球戯場の誓い)」はSerment du Jeu de paumeである。

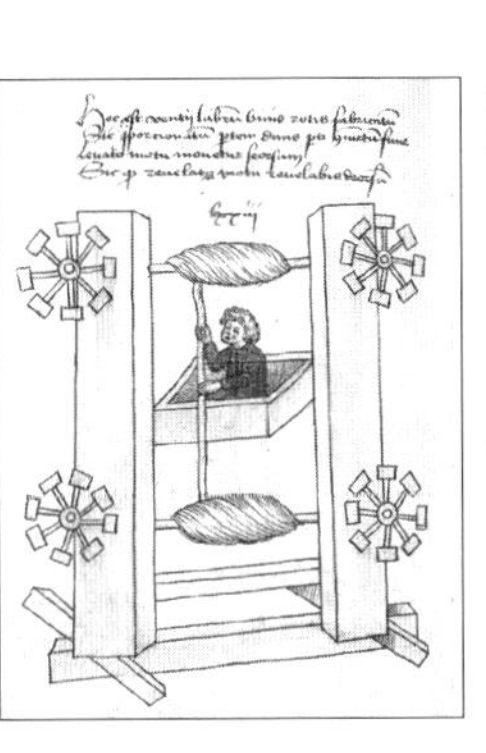

コンラート・カイザーの人力エレベーター(Konrad Kyeser, *Belifortis*, 1460)

★62——A版ではここは読み取れないとする。G版では「そのため(pour ce)」としている。

★63——College de 4 nations (Collège des Quatre-Nations). 一六六一年に枢機卿マザラン(Jule Raymon Mazarin, 1602–1661)によって、パリ大学のコレージュの一つとして設立された学校。三〇年戦争後にフランスに併合された四地域、アルトワ(北フランス)、ピニュロール(現在、イタリアピエモンテ州)、アルザス(ドイツに接する)、ルシヨン(スペインに接する南仏地域)から、それぞれ二〇名、一五名、一五名、一〇名、計六〇名の学生を集めた。

★64——スカラムーシュ(Scaramouche)。本名ティベリオ・フィオレッリ(Tiberio Fiorelli, 1608–1694)。ナポリに生まれ、フランスで活躍し絶大な人気を博した喜劇役者。

★65——これは恐らく、回転軸が垂直で羽が水平面に沿って動く風車のことを指している。オランダなどで広く見られる回転軸がほぼ水平の風車は風向きにあわせなければならないが、回転軸垂直型はどの方向からの風でも回転する。これは西アジアから中国に至るまでの地域で実用化されていた。ライプニッツは後年、ハルツ鉱山においてこの実用化を策している。佐々木能章『ライプニッツ術』238–242参照。ハルツ鉱山開発計画については、本巻第1部3参照。

★66——A版ではvaisseaux, G版ではl'aisseaux. A版で読む。風上に向かって進む帆船は、三角帆を用いるなどした縦帆が古くから知られている。大航海時代には複数の種類の帆を組み合わせた複雑な構造により大型船でもかなり自在に航海できた。

るいはむしろ中国の帆走車。★67［魔法の宮殿、魔法の島。暗がりで油紙を中から照らした劇場、立像★68］。自動演奏楽器。カリオンなど。★69 摸造の騎兵と歩兵が闘うハウツの機械。★70 叫び声でガラスを割る実験。ペッター★71を呼んでこようか。ヴァイゲル氏の各種の発明。★72 振り子の運動の等時性を見せる。★73 ゲーリケ氏の球体。★74 手品。★75 カードさばき。これを芝居の中に取り込み芸人に演じさせてもよい。最後に、これら全部、さらに別のものもオペラに付け加えることにしよう。イタリアやドイツ式の芝居におけるポーズの取り方は斬新だ。幕を引いておくのは悪くはない。幕間に暗がりで何かを見せることができるからである。幻灯機はここで活躍する。人形芝居でこうしたポーズを取らせて★76動きを透かして見せ、台詞や歌とともに上演するのもよかろう。ローマその他の古代の話を芝居にするのもよい。著名人を採り上げよう。結局は何でもありということだ。

以上のような企画の効用は、社会にとっても個人にとっても、想像を超えて絶大である。社会的には、人々の目を開き、発明への意欲をかき立て、美しいもので人を惹き付け、役に立つ巧みな新しい技の数々を万民に示すことになる。新発明をする人や創意に富んだ考案をする人を呼び寄せ、それで生計を立てさせつつ、発明を知らしめて世の中の役に立てることができるようにする。これはすべての発明家にとっての全国情報提供局★77となる。ここではやがてあらゆる想像物の劇場ができることになる。動物園。薬草園や実験室、解剖学劇場。稀少品陳列台。興味のある人は誰もが声を掛けてくることだろう。そうすれば話はもっと広まることになる。さらに、アカデミー、コレージュ、ジュ・ド・ポーム［のコート］や、演奏会や絵画展も付け加えよう。会談や協議会。これがとても有益であることは明らかだ。光学的な珍品は費用もかからず、発明品の中でも大部分を占めることになる。真面目な人もみな、これらの珍品を見ては話の種にしようとしている。高貴な御婦人たちからも案内してほしいと再三にわたり求められている。ぜひもっと多くのものにも取り組んでほしいと勧められることだろう。この企画者に対しては、他の大都市や主要

★67——chariot à voile. この箇所についてはニーダムの言及がある（ジョゼフ・ニーダム『中国の科学と文明』第8巻「機械工学（上）」同前 1991, 367. 帆走車については、362–371）。フランドル生まれでライデン大学数学教授のシモン・ステヴィン（Simon Stevin, 1548–1620）は、帆走車（seilwagen, char à voile）を考案した。一六〇〇年頃の試走では三〇人近くを乗せて一〇〇キロの距離を平均時速四〇キロメートル以上で走行した。ただしステヴィンのアイディアは、中国の技術にヒントを得たものである。ニーダムは、若きグロティウスが帆走車でステヴィンを手伝い、またそれが中国との関係にあることも言及している（同書368）。現在でも娯楽や競技で用いられ、ランドヨットと呼ばれている。

な宮廷、例えばローマやウィーンやアムステルダムやハンブルクでは、配下の人々によって秘密を守ってもらうようにしたほうがよい。★78 こうすれば、各地に諸学アカデミーの自立的な組織を作って成果を上げさせることにも資する。おそらくは関心を抱いた諸侯や著名な人々が、公共の満足のためまた学問の進歩のために自分ができることで寄与することであろう。こうして世間も驚き目を覚まし、この企画が人々の想像が及ぶ限りの美しさと重要さをもたらすことになり、やがては後世の人々から称賛されることになるだろう。

★68——括弧内は、欄外への付記。A版は立像(statues)とするが、G版は読み取り困難としてenchantéと推測し、「魔法の劇場」とする。一六六七年に刊行された仮面劇は表題が『アルミードの魔法の宮殿』(*Le Palais enchanté d'Armide*)とある。一六六四年にヴェルサイユ宮殿で催された祭典は「魔法の島」(Les Plaisir de l'île enchantée)と呼ばれる。ただここは特定の作品などを指すのではなく、どれもが影絵のようなものを指しているのではないかと思われる。G版にならって訳すと「暗がりで油紙を中から照らした魔法の宮殿、魔法の島、魔法の劇場」。

★69——鐘楼の複数の鐘を機械仕掛や鍵盤により打ち鳴らしてメロディーを奏でる楽器。

★70——原文ではMachine de Hauzとあるが、Hauz は Hautsch の誤記かもしれない。ハウチュ(Hans Hautsch, 1595–1670)はニュルンベルクの人で、消火ポンプはじめ各種の発明をした。一六六五年にフランス国王ルイ一四世に、王子の教育のためにと四六二体の銀製の兵士による戦闘模型を贈っている。ベラヴァルはデカルトの機械論と関わらせた長い注を付しているが、Hauzについては触れていない。第1部5-1訳注07、第3部5訳注11、同11訳注25参照。

★71——ニコラエス・ペッター(Nicolaes Petter, 1624–1672)のことか。オランダのワイン商人かつ格闘家。『格闘技明解指導』(*Klare onderrichtinge der voortreffelijke worstel-konst*, 1674)。

★72——注16参照。

★73——振り子の運動の等時性はガリレオが発見したものだが、これを時計に応用したのはホイヘンスである。

★74——注28参照。

★75——Tours de passe passe. G版ではTours de chasse passeとし、W版はそれにもとづいてゲームの名としている。A版で読む。

★76——G版にはfaintesが欠落している。なおここで記されている影絵の仕方とその効用については、Bredekamp, 69–73; 邦訳73–78参照。

★77——un bureau d'adresse. 情報提供局とはフランスの医師、慈善家、ジャーナリストで今日のフランスの文学賞に名を残しているテオフラスト・ルノード(Théophraste Renaudot, 1586–1653)が一六二九/三〇年に設置した労使双方の情報交換の場。今の日本のハローワークのようなものだが、科学や技術にかかわる事柄についての討論会も開催。ここでは労働者の技量も登録され、特許制度の走りとされることもある(隠岐さや香『科学アカデミーと「有用な科学」』名古屋大学出版会2011, 15; 注45頁)。

★78——「A版脚注。ライプニッツの追記：財源があるなら、一種の銀行を作り、終身年金や貸金や新たな産業のための組合も設ければよい」。

[追記A][79]町のあちこちには、いろいろなものを展示する施設をたくさん置く。あるいはむしろ、宮殿の収蔵室のように一つの建物の中に部屋を別々に作り、展示者に部屋を貸し与え、珍品を披露させよう。新……通り[80]〔辺り〕。展示を望む者には、誰にでもアカデミー内で披露する特権を与えよう。

結局は、全国情報提供局がうまく活用されることになるだろう。期待どおりに進められるならばとても重要な役割を果たす。

いろいろな参加者に一定金額を課したうえでアカデミーの建物の中で展示する自由を与えるだけなら経費がかかるものではない。こうして得られた利益は必ずアカデミーに上納させる。そうすればアカデミー側の負担は不要となる。

おそらくはコレージュ・デ・カトル・ナシオン[81]の設立に役立てることができそうで、それなら連動させたりしたいものだ。

核となる場所を据えよう。それは籤や一種のゲーム[82]で資金を当てよう。ちょっとした面白いものをたくさん販売するのもよいだろう。

[追記B][83]あやうく忘れるところだったが、ここにはゲーム・アカデミー[84]を作るとよい。あるいはもっと一般的には、快楽のアカデミーである。しかし私は前者の名称のほうがよいと思う。世間にも受けが良いからだ。人々はそこでカードやサイコロで遊ぶ。ランスクネ[85]をする部屋、トラント・エ・カラント[86]の部屋、ブレラン[87]の部屋、オンブル[88]の部屋なども置こう。チェスやチェッカーの部屋もよい。フレドク[89]のところにあるようなものを作ろう。建物の中に入りたい人には〔ゲーム用〕チップを配布しよう。こうすれば現金で賭けなくてもよくなる。これで参加者は楽々ゲームに興じることができる。中で食事をしたければ最初にチップ（ルイ金貨[90]）を一枚支払うだけで、丁重

★79——ここからの五段落は、注34の箇所へ追記されたものである。

★80——A版は判読不能とする。G版はla Ravignoy, B版はla moignonとする。Moignonはパリの古い通りの名。

★81——注63参照。

★82——A版はd'ocarとし、注（S. 696）によると、これはHocaというイタリア起源のロットのような賭事で、当時ルイ一四世の宮殿で行われていた。G版は、この箇所は判読不能とし、推測としてgivocoとする。givoco（giuoco=gioco）はイタリア語で、フランス語のjeuに当たる。

★83——ここからの段落は、注52の箇所へ追記されたものである。

★84——A版注によれば、Academies de jeuは、パリの賭博場のことで、この施設は勅令によってたびたび閉鎖させられていた。

★85——Landsqvenet. ドイツ語のLandsknechtは元来ドイツから派遣された傭兵のことで、フランス語でlansquenetとなる。このドイツ兵が三〇年戦争の時にはやらせたカードゲームの名ともなる。

に扱われる。これは同時に真面目な居酒屋でもある。ベルジュラック[★91]におけるように。ここに入れば一チップで珍品を目にすることができる。チップは事務所で購入する。チップには偽造防止のために精細な技巧を凝らす。そこに刻まれた数字は部外者には推測できないように別の数字と関連させ、小額チップとも関係づけておかなければならない。この手の施設やアカデミーは町にいくつかあるとよい。この施設や部屋では、施設長は中の会話や行動を鏡や伝声管を用いて、それとは知られずにすべて見聞きできるように作られることになる。[★92] このことは国家にとって重要であり、一種の政治的な告解場となる。[★93] バティスト[★94]がいつまでも存命するということはない。オペラや音楽アカデミーも結びつけよう。……ピグミー[★95]、噴水、貯水池、海戦、……[★96]。

　アカデミー〔賭博場〕では、人を呪ったり神を冒瀆したりしてはいけない。それが口実となってこ

★86――trente et quarante. これもカードゲーム。
★87――Berlan. A版注に従い、Brelan とする。三枚のカードによる賭ゲーム。
★88――Hombre. スペイン発祥のカードゲーム。
★89――Fredoc. 不明。
★90――Louys d'or. 賭博で用いられる二〇フラン金貨のこと。
★91――Bergerac. G版は劇作家シラノ・ド・ベルジュラック(Savinien de Cyrano de Bergerac, 1619–1655)に言及するが、文脈に馴染まない。ワインで知られるドルドーニュ県のベルジュラックであれば関連性があるがやや唐突で確証はない。
★92――盗聴システムの技術は、先述(注25)のメガホンの逆となる。

Bredekamp, .61; 邦訳65参照。

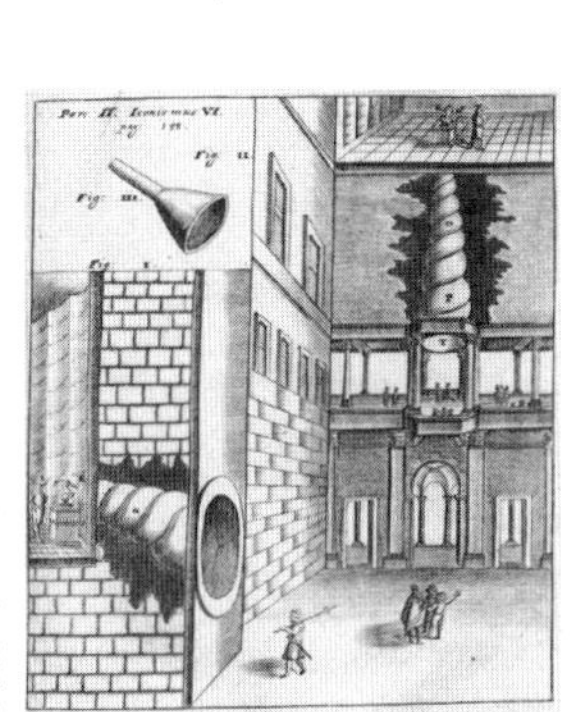
ガスパー・ショットの巻貝型盗聴器(Gaspar Schott, *Magia universalis naturae et artis*, 1677)

★93――G版はこのあと解読困難として省略している。
★94――Baptiste. 正体不明。B版独訳は、リュリのこととし(注04)、リュリがルイ一四世治下で権勢を恣にしていた背景と結びつけている。
★95――pigmée. 後述の、マレによるマリオネット劇場のことを指すと思われる。当時、マリオネットはピグミー(pygmeé)と呼ばれていた。
★96――A版は判読不能としているが、G版は、Palais enchanté「魔法の宮殿」としている。

れまでいくつかのアカデミーが閉鎖させられたことがあったからである。かっとならずに楽しむような立派なプレイヤーとなる作法を身につけさせることで、〔存続の〕言い訳となるようにしよう。かっとなる人の怒りの対象はカードや施設ではない。ゲーム〔賭け〕そのものに関心があるからだ。それだから、規則を守ることがゲームに参加する人々の関心事になってくる。しかし、まれなこととは言え、プレイヤーが一団となって怒り出し互いに規則そっちのけになるようなことがあれば、無駄であっても一応は警告を発したうえで、今後の出入りを差し止めることになろう。慈悲をかける必要はない。野卑な連中には慈悲をかけても無意味だからだ。必要なのは、しきたりと毅然とした態度だ。注意。公共の部屋でプレイしようとしている一団があれば、それを拒むものではない。これは注意したとおりである。もしあるプレイヤーの一団が個室を求めてきたら、それも認めよう。しかし彼らが悪態をついたり法を蔑ろにしたりするようなことがあれば、個室の使用は許可しない。

ゲームのさいのいかさまを認めるべきかという問題。人々の意向によって分けて考えることができる。いかさまはいっさい排除すべしと人々が口を揃えて言うのであれば、いかさまをして露見した人物には罰を与えてゲーム代に多額の追加を支払わせる。もし罰が課されなかったとしたら、いかさまは許容されていることになる。だが、ゲーム参加者たちがいかさま師を必ず罰すると望むのであれば、追放するか高額の罰金を支払わせることになる。このやり方だと、いかさまはしばしば見逃されてしまう。すると世の人々はあの手この手を学ぶことになる。しかし所定外のカードを持ち込むようないかさまは断固として禁じられるべきだと私は思う。サイコロを用いる場合も同じである。いかさまは排除するほうがよい。ただし、ゲームの参加者自身がいかさまを許容していたり一定の罰金だけでよいと考えていたりするのであれば話は別だが。ゲームの主催者が参加者を自分の味方につけておいて賭けに加わることもできなくはないが、そんなことをしたら主催者の評判を落とすことにもなりかねない。

ある種の籤においては、主催者に対して相応の利益〔算定できる金額〕を与える。

この遊技場はやがて殿堂となろう。敷地内あるいは店舗の階下にあらゆる種類の想像上のものを置く。

遊技場のみならず公共にとっても有益なことを始めようという時、ゲーム〔賭け〕は世間に対するよい言い訳となる。なぜなら、世間を欺き人間の弱点に便乗し騙すことで、世間を利するようにしなければならないからだ。荒唐無稽なことを知恵の確立に役立たせるというのは、実に正当なことだ。これはまさしく「甘美ナルモノニ益ナルモノヲ混ジエル」[★97]ことである。毒をもって解毒剤とすることである。

〔ゲーム用〕チップ[★98]を扱う部屋があってもよい。

チップはとても役に立つ。なぜなら、現金は事前に支払っているから……。

最後に、情報提供局のことを付け加えておこう。ここでポスターやその他の役立つものを登録する。

マレ地区のマリオネット〔劇場〕つまりピグミー[★99]も付け加えよう。さらに影絵も加えよう。観客席の側の端に劇場を設け……[★100]、そこでは[★101]光源と木製の小像を置き、動かして透明の紙に影を投影し、

★97――miscere utile dulci. ホラティウスに淵源があるようだが、ここでは「嘘も方便」のような意味で使われている。公営の賭博施設は、射幸心でゲームに参加する個人の利己的動機が、公共の利益に資することになるということである。

★98――masqvez. 文字どおりだと「仮面」だが、この語は次段とのつながりでmarquesの誤記かもしれない。Belavalはそのように直している。Belavalに従う。marqueは、既述のゲーム用チップのこと。

★99――A版注によれば、一六七六年にパリのマレ地区にイタリア系のマリオネット劇場が「ピグミー劇場」(Théâtre des Pygmées) の名で開館されたが長続きはしなかった。ピグミーの名の由来は、最初の上演演目による。なお、当時の「ピグミー」の呼称は、実在の人間集団に対するものではなく、古代神話由来の「小人族」につながるものである。

★100――A版は不明箇所としているが、B版ではen talud[talus? 傾斜のある」と補っている。

★101――A版ではouとあるが、oùと読む。

背後からも光を当てる。こうすると影は紙の上に鮮やかに大きく映ることになる。しかし影による人物像が同一面上にないように見せるためには影の大きさを小さくして遠近感を出すようにすればよい。影が〔スクリーンの〕端から中央に来る時に、奥から手前に移動しているように見せることができる。光源からの距離を変えることで像の大きさを変えることになる。これは実にたやすく単純なことだ。驚異的な変身も危なっかしい跳躍も空中飛行も朝飯前だ。魔法を操るキルケー★102が冥界を登場させる。その後突如暗転する。同じ壁面を用い、光を一点に絞り込んで動く小像の近くを照らし出す。この残光の中に幻灯機を用いて驚異的に美しくよく動く小像を、遠近法を用いながら壁に投影する。舞台の背後から歌唱を伴わせよう。小像は下から動かすか脚部を用いて動かし、操作しているのが見えないようにする。歌唱と音楽は絶えず伴うようにする。

［付箋紙］★103

★102――ギリシア神話に登場する女神。魔法に長けている。

★103――ロバート・フックの著書の挿し絵の切り抜きが付せられ、ライプニッツ自身によるコメントが残っている。絵は空中飛行機を用いる人物像で、左右の手足を対角線上に交互に上下して羽を動かし空を飛ぶというものである。

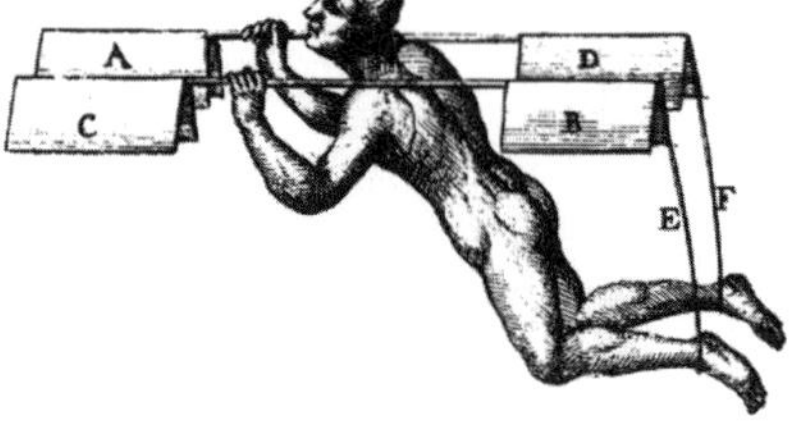

ロバート・フックの著書に掲載されたフランスの鍵職人ベスニエ考案の人力飛行機

【解説】普通学への快楽のすすめ

佐々木能章

奇妙な表題の作品である。原題の*Drôle de Pensée*は、直訳すれば「変な考え」、副題が「新しい種類の提示」であり、合わせるならば、風変わりな発想によって新趣向の見せ物を開催したい、という提案になる。架空の博覧会でその「見せ物」を次から次へと繰り出すのである。

これが書かれたのは一六七五年九月ごろとなる。ライプニッツは一六七二年からマインツの重臣ボイネブルクの命令でパリに滞在していた。表向きは外交を担当することになっていたが、その本業のかたわら、あらゆる分野に知のアンテナを張り巡らせていた。むしろこれこそがライプニッツの本領発揮というところである。当時のパリはヨーロッパの学術の中心地であり、時代の最先端の知見を吸収するのに格好の土地であった。当然のことながらそれら最先端の学術を極めた人々も終結していた。ライプニッツは、哲学、数学、神学などの「王道」の学問に加え、ありとあらゆる分野に手を染めるとともに、人的ネットワークの形成にも余念がなかった。こうした活動が、ハノーファーを中心とした後半生のライプニッツの知的活動を下支えすることになったのである。

ライプニッツのパリ滞在は四年半に及ぶことになるが、その終りに近い一六七五年秋に、セーヌ河畔の催事に居合わせたことがそもそもの発端であった。この催事について今に伝える情報はないのだが、あるいはさして特別のことではなく日常的に行われていたことなのかもしれない。しかしそれを目撃したことでライプニッツの好奇心に火が点き、想像力は最大限に膨らんでいった。人間の知恵と力の及ぶものを一切合切かき集め、それを一堂に会して供覧に付そうというのである。

ここで陳列される展示物には一貫した共通のテーマがあるわけではなく、体系性もない。ただただ物珍しいものが羅列されているだけである。しかしながら、その展示物はどれもが決して架空のものではなく、当時のヨーロッパにおいては実現していたものばかりである。多くは人目を惹くことを目的とした大道芸であったり、からくり仕掛であったり、とにかく見せ物的なものだが、中には、天球儀や、人体模型、真空実験など、科学的根拠を示したまじめなものや、軍事訓練に実際に用いられていたものなどもないわけではない。だが、それらとて、素人相手にわかりやすい仕掛で客集めを狙った仕様で再構成されている。そしてそうした見せ物もしっかりと合理的な根拠にもとづいている。例外は「水飲み男」くらいで、これだけはさすがにライプニッツもまやかしと見ていた。

ライプニッツが挙げた多くの珍品について、ここでは一つ一つについて立ち入らないが、当時刊行されていた書物などで様子を確認できるものが少なくない。個別のアイテムについて可能な限り追跡した結果を訳注において示しておいた。見当違いもあるかと思うが容赦のほどを。

しかし『奇想百科』は単に珍品奇品を並べ立てて見物人を驚かせるためだけのものではない。ここには、ライプニッツの多彩な活動とそれを支える思考様式が見て取れる。このことを四つのポイントから見てみよう。

①博覧会を実現可能なものとするために資金と人を調達する。

思いつくままに珍品奇品を並べ立てているだけのように見えるが、実際に一つのイベントとして立ち上げるために必要な条件を考えている。具体的には、まず財政的な基盤である。冒頭に示されているように、有力者たちに出資を期待している。とはいえ、なるべくなら口を出さずに資金だけ提供してほしいというところは、おそらくは体験によるものであろう。もう一つの基盤は現場にかかわる人間である。全体を統括できる人物の重要性を指摘している。技術者や芸人を数多くかき集めても全体はまとまらない。統率者は不可欠となる。あるイベントを立ち上げるために、資金とまとめ役の存在が必要なことはいうまでもないことだが、アイディアを単なる思いつきにとどまらせずに実現させるための具体的な手順が念頭にあることが、ライプニッツがただの哲学者ではないところである。後年、ハノーファーの宮廷に着任してから、さまざまなプロジェクトにとりかかることになるライプニッツではあるが、そのような事業のプロデューサーとしての資質がここに窺われる。

②ゲーム・アカデミーの役割。

以上と関連するのが、『奇想百科』のもう一つのテーマで、表題の欄外に書き足された「あるいはむしろゲーム・アカデミー」である。訳注にも記したが、この両語は理解が難しい。フランス語のjeuには、「遊び」に加え「賭」の意味もある。そしてここではその両義が含まれている。一方「アカデミー」も事情は複雑で、プラトンに始まるアカデメイアの伝統では高等教育に関る意味として現在の大学教育にもつながる一方、ルネサンス期には伝統的なスコラの学校教育がアリストテレス的であったのに対抗する新たな学芸の立ち上げとして「アカデミー」の呼称が用いられた。イタリアから始まったこの動きはヨーロッパ各地にも広まり、世俗を離れた高等教育よりも技芸や身体活動にもかかわる実践的分野を含むものとなった（ピーター・バーク『知識の社会史』井山弘幸・城戸淳訳、新曜社2004, 62「アカデミーの機関」参照。同書はライプニッツの知の再編についてもたびたび言及している。吉見俊哉『大学とは何か』岩波新書2011, 75以下も参照）。この意味は今日でも映画や身体芸術分野で賞や教育機関名として用いられているとおりである。一七世紀のヨーロッパで各地に開設されたアカデミーには後者の意味も含まれていた。ライプニッツもロンドンのアカデミーで自作の計算機を紹介したこともある。（やがてドイツにもそのような組織を立ち上げ自らその先頭に立つことになるが、それについては、本巻第3部1・2・10・11に譲る）。さらにはフランス語では古くは賭博場の意味さえあった。したがって「ゲーム・アカデミー」は狭義には賭博場だということになる。本文中では「快楽のアカデミー」とさえ言い換えている。実際、それについて詳細な記述が後半の多くを占めているのである。さまざまなゲームの紹介、参加の作法、金銭の賭け方、トラブルや「いかさま」への対応など、実にリアルな記述である。しかし賭けの問題は、ライプニッツにとってはきわめて重要で、賭博場の中にはとどまらない大きな射程を持ったものでもある。数学的な基礎を持ちながら社会的な効用にもつながるもので、背徳的な動機が公共善を促進することになる。公共事業のための資金繰りに富籤を活用するのもこの時期には各地で見られたことで、ライプニッツもいくつかの政策のために採用している。

③博覧会に教育的な価値を盛り込もうとしている。

博覧会は常設となればミュージアムと呼ばれることになるだろう（「ミュージアム」は日本語では「博物館」か「美術館」で訳し分けることになるが、法律的にはどちらも「博物館」で、実態としては、美術館、動物園、植物園、水族館、その他各種の資料館などが含まれる。松宮秀治『ミュージアムの思想』白水社2003; 2009参照。ミュージアムを思想と捉えることでコレクションと宮廷の関係を論じる好著である）。この時代はミュージアムにとっても大きな転換期である。王侯貴族や資産家が珍品奇品を蒐集し自慢気に陳列する「ヴンダーカンマー（驚異の部屋）Wunderkammer」は閉鎖空間における陳列室である。ミュージアムはこれが一般人に公開された形と考えることができるだろう。そういう意味では、「博覧会」はミュージアムの一形態である。しかしながら、ライプニッツの空想ミュージアムは単に「見せる」ためだけのものではない。その効用として、教育的な価値を見据えていた。観覧者の目を開き、発明への意欲をかき立てることを目指している。発明への意欲は仕事に結びつく。そのための情報交換の場にも触れられている。このような雰囲気が社会に醸成されることによって学問が進歩し、人々がその進歩に寄与したいという気持ちをも育成することになる。人々の知的好奇心を育てるための仕掛けとして博覧会が位置づけられている。これと同じ働きをライプニッツは図書館にも期待していた。単なる文字資料の蒐集だけではなく、技術も含めた保存と継承を行い、実体験を通じた教育活動の場としても考えていた（本巻第3部8・9の図書館論参照）。民衆レベルの社会教育にも目を向けていたといえよう。

④工学的な発想。

人類の制作活動の全般に及ぶ『奇想百科』の世界は、ライプニッツの普遍学的な構想を連想させるかもしれない。この構想をライプニッツはもっと早い時期から何度も練り上げようとしてきていたし、この後もまた継続的に取り組む主題であった。ベラヴァルがこの作品に注釈を加えたときに念頭にあったのもこの点で、いくつかの「展示物」を普遍学あるいは記号論との関係で解釈を加えている。確かにそのような意図もあったのかもしれないが、実際のところはもっと即物的な関心が先立っていたようにも思える。それは決してライプニッツの志が低かったということではなく、むしろ工学的な発想がつねに底流にあったことを示していると理解したい。「ものつくり」の考え方であり、目に見える成果を問う発想である。事実ライプニッツは、ここで半ば興味本位に挙げられたアイディアのいくつかにその後の人生の中で真剣に取り組むことになる。

本作品は、内容の奇抜さからか、ライプニッツの主要な著作集には収められてはこなかった。初めて印刷に付せられたのはゲルラント編の技術関係の小さな著作集(1906)の付録としてであった。その後一九三一年にアカデミー版に収録され、ベラヴァルが雑誌に転載した(1958)。ウィーナーの英訳が出たのも雑誌において(1940)であり、これにはラヴジョイが注釈を加えていることが注目される。自身の英訳著作集(*Leibniz Selections* 1979)には収められていない。その後アカデミー版の第2版(1983)で補足が付された後、ブレーデカンプがこの著作の重要性に目をつけ、『モナドの窓』(2004)では原文に加え自身のドイツ語訳も掲載した。同著の邦訳(2010)は原文とドイツ語訳をそれぞれ日本語に訳しているので、ブレーデカンプの解釈の仕方もわかる。本訳と注は、各版の相違や解釈を参考に、妥当と思われる理解を示したつもりである。

【2】

Konstruktion von Uhren.

時計論

✣稲岡大志＝訳・解説

2-1……懐中時計の精度★01

Touchant la principe de justesse des horloges portatives de son invention. 1675.　(A III, 1, 193–201; Dutens III, 135–137)

精確で持ち運びができる時計を作るために私が数年前に思いついた原理は、ホイヘンス氏★02がきわめて一般的な称賛とともに時計に適用した、振り子やゼンマイの異なる揺れが等しく持続するという原理とはまったく異なっている。ホイヘンス氏の原理はある自然学的な観察に基づいている。ところが、私の原理が依拠するのは、十分に容易な純粋な機械論的省察のみである。その推論と論証自体はわれわれの感覚に対して明らかであるが、代数よりもきわめて一般的な用途を持つ結合術がないために、あまり注意を払われなかったのである。

突然弛む余地さえあるとするなら、同じところで再び締められたゼンマイ(ressort)は常に同時に弛むことを考えて、私はこう推論した。すなわち、時計の第一の可動装置(premier mobile)が一方のゼンマイを再び締めている間に他方のゼンマイが動くような二つのゼンマイを用いることができる、と。早く締めようと遅く締めようと重要ではないので、片方のバネが再び弛み終わる前に、第一の可動装置がもう片方のバネを再び締めるだけでよい。したがって、一方のゼンマイは他方のゼンマイを運動の終点に向けて解放するが(délivrer)、この動きは常に均一なのである。そして、この二つのゼンマイの周期であるターン(retour)を繰り返すことで、車輪の歯が一様な運動によって駆動し、時間の秒数や周期に等しい時間の部分を刻む。かくして、われわれは望みどおりの懐

★01——J・P・ラロック(Jean-Paul de La Roque, ?–1691)宛の手紙(1675. 1:『学術雑誌』第八号〔1675. 3. 25〕掲載)。

★02——ホイヘンス(Christiaan Huygens, 1629–1695)。彼の時計に関する功績については解説参照。

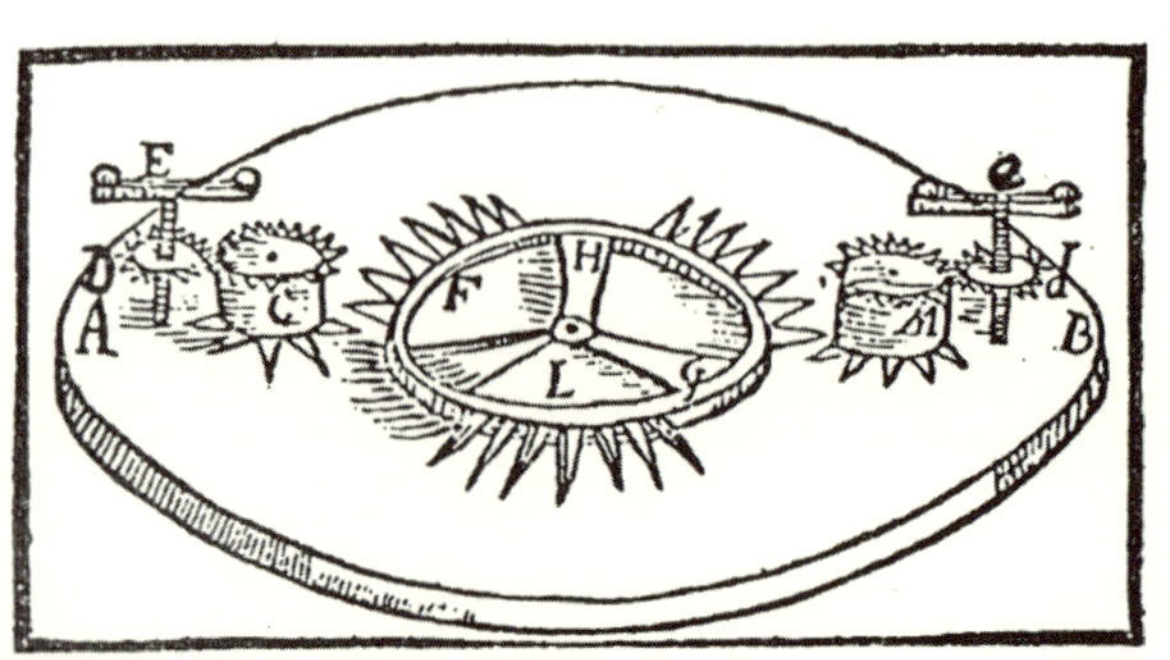

中時計を手にするのである。

私はこの考えを以下のような仕方で実現させた。ＡＢは時計の板である。ＣとＭは歯のついた二つのゼンマイ箱で、中に小さな螺旋つまりゼンマイが収められている。ゼンマイ箱の〔上の〕歯は、テンプ★03Ｅとｅを支える歯車Ｄとｄの歯と噛み合い（prendre）、ゼンマイ箱の他方の〔下の〕歯は、断続輪（rouë interrompuë）ＦＧの歯と噛み合っている。さて、次のように想像してみよう。この輪ＦＧが、時計の第一の可動装置によって、ＨＦの方向に動いて、ゼンマイ箱Ｃを回転させることで、Ｃの中にあるゼンマイが巻かれて、巻き終えたらゼンマイ箱とともに動きを止めるとしてみよう。停止に関わる部分〔を指定すること〕は容易であるが、図を複雑にしないために、印を付ける必要はないと判断した。しかし、断続輪ＦＧの歯の一つ、すなわちＦがゼンマイ箱Ｃを回転させている間、その反対側にある歯のない部分、すなわちＧは、もう一つのゼンマイ箱Ｍに対応しており、Ｍが囲っているゼンマイに緩む余地を与える。かくして、時計の運動がゼンマイ箱Ｃの小さいゼンマイを締める間、同時に、ゼンマイ箱Ｍの小さいゼンマイは緩むのである。ここで「同時に」と言ったが、ゼンマイ箱Ｍが緩み切るわずか前に、ゼンマイＣが締め終わり、輪ＦＧが止まってしまう場合を除いている。どちらもこの状態のまま、ゼンマイＭが、完全に緩められて、緩められる運動が終わるとき運動を伝える部分である歯に触れるまですすむ。そして、今度はゼンマイＣが緩められる番である。断続輪の二つの歯は、歯が運動を伝えた後もこれまでと同じ方向へと動き続けるが、それは、ゼンマイ箱Ｃがこの輪の隙間の部分Ｈに触れるので運動を妨害するものがないためである。しかし、ゼンマイ箱Ｃが完全に緩められる★04前に、隙間の部分Ｈの反対側にある歯の部分Ｌがゼンマイ箱Ｍに触れ、そのゼンマイを再び締めはじめる。そして、ゼンマイＣが緩み切り、逆の恩恵によってそれら★05を解放し、ゼンマイＣが受けた同じ仕事（service）をゼンマイＭに返して、ゼンマイＭがまったく同じ状態〔締められる状態〕になるのを待つのである。

★03——テンプとは、機械式時計の心臓部にある、ヒゲゼンマイが螺旋状に巻かれた車輪のような円形の金属板である。テンプが同じ周期で右回転と左回転を繰り返すことで時計の精度を保つことができる。

★04——デュタン版の「締められる（se bander）」を、アカデミー版にしたがって、「緩められる（se débander）」と読む。

★05——原文のlesが何を指しているかは明確ではないが、現代風に言えばゼンマイに蓄えられたエネルギー。

このことをよく考えるならば、同じ周期的作用が常に続くことは明らかであろう。ひとつのゼンマイが緩み始めてから、〔緩みきった後で再び締められて〕再び緩み始めるまでの周期は、たとえ二つの小さなゼンマイが同じ強度を持たないとしても、常に等時である、すなわち、等しいのである。テンプを二つそなえ、それぞれ同じ重さの腕が互いに前後して一方の腕が他方の平衡錘(counter-balance)となり、位置が変化しても規則正しさが損なわれないこの時計は、自在に変化可能で、遅らせることもできる。さらに、この種の構造を持つ懐中時計は、軸なしで、すなわちコードや鎖なしで、済ませることができるのである。かくして、こうした時計はかなり小さくすることができ、通常の時計よりも音が騒がしいということもなく、振り子時計と同じように精確で、ゼンマイを巻く限りでは動きを止めることはないだろうと容易に判断することができる。そして、時計の〔断続〕輪の運動は、大きな通常のゼンマイ、すなわち第一の可動装置の運動の不規則さ、土台の油による大きい輪と小さい輪との摩擦の減少、錆、緑青、部品の遊び、歯の不規則さ、その他多くの制約などの要因で変化するが、時計の輪の運動が、それを再び締めるために必要な力、すなわち、われわれの力を常に上回るのであれば、小さなゼンマイの周期には関与しないのである。かくして、規則正しさの原理はここでは、まったく幾何学的で厳密なある種の論証によって確証されるが、このことは、誰にでも一目瞭然なのである。

あとは、知性ある人たちによってなされたいくつかの反論について若干の言葉を要する。彼らは、私の時計が日常的に用いる分には完全に精確なものであることには同意してくれる。しかし、経度〔測定〕への適用という観点からは、以下のような困難がある〔と彼らは主張する〕。すなわち、衝撃がゼンマイや他の部品を振動させるし、長い航海においては、コンパスの針を箱に入れても塩分を含んだ海の湿気による錆つきを免れず、季節や気候の変化、とくに熱暑や雨季の雨がゆっくりと時間をかけて鋼を溶かし、ゼンマイをかなり劣化させてしまう。また彼らはこう付け加える。

すなわち、フィレンツェの高名なアカデミー[★06]の実験により、熱や冷気がどれほど容易に細いゼンマイを変質させてしまうか、また多少なりとも空気が濃縮されればテンプの運動に抵抗するし、さらに作動し続ければ常にある程度の摩擦を受けてゼンマイが弱まるので多かれ少なかれ部品が動きやすくなり、ゆくゆくはすり減ってしまうことなどが示されている、と。

私は、素材が不完全であるために生じるこれらの欠点すべてを、詳細にいたるまでここでは検討しないが、一般的な措置によって克服するつもりである。すなわち、時計を大掛かりに使うために、重いゼンマイ（ressorts massifs）をアーバレスト[★07]のゼンマイのように用いることができる。このゼンマイを用いれば、船中でも連続してそのゼンマイを再び締める大きな錘を制御することができるからである。さて、重いゼンマイはとても大きく、数を増やすにつれて反発は急になるので、上述の欠陥はこの力に比べるまでもないし、また、このゼンマイを繰り返し用いても影響が出てくるのはかなり後になってからである。便利さを損なわない範囲で経度の発見という本来の目的に十分な精確さを満たすように、機械をさらに大きくして重いゼンマイの力を高めることで、望むだけ誤差を小さくできることは、容易に証明できる。これらの応答はとても明晰で一般的であるので、以上の考察はすべてたいへん満足できるものであると示されたのである。

★06——アカデミア・デル・チメント（実験アカデミー）のこと。第3部11訳注03参照。

★07——アーバレストはクロスボウの一種で、弦を引き絞って矢を打ち出す兵器。

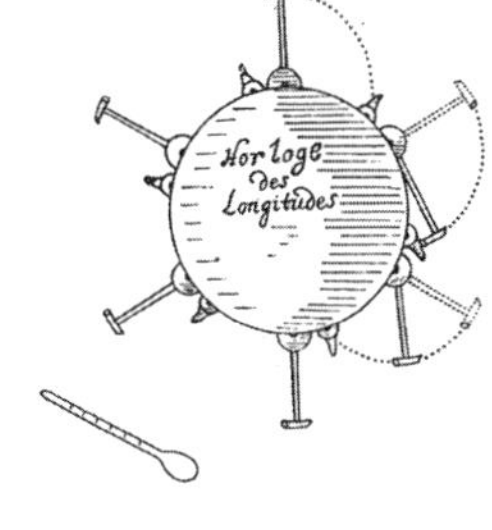

2-2……時計についての覚書[★01]

Remarques sur les Horloges. 1718.

(Dutens III, 502–504)

時間を測定する主要な部分についてだけではなく、技術の熟練者によって実践された多くの美しい発明から作られている細部との関連でも、技術の実践全般について述べる時計についての著作が〔書かれることが〕きわめて望ましいだろう。この文章の著者[★02]は、理論を実践に結びつけ、とても上手に自分の考えを表現する才能を持つので、その著作を書くにはうってつけであろう。

歯〔車〕に関連する算術の部分はオートレッド[★03]氏によって書かれたラテン語の著書[★04]においてよく論じられている。振り子の規則、すなわち、振動する錘(おもり)に関することがらは、ホイヘンス氏によってよく解明されている。まず、氏が最初の振り子を公開したさいに印刷されたフラマン語の著作[★05]において論じられ、次いで、サイクロイドが説明されるラテン語の著作『振り子について』(*De pendulis*)[★06]において、より十分に、より完全に論じられた。しかし、ゼンマイの振動の性質についてはまだ言うべきことが残されている。そもそも、その振動の均等性は、等しく張られているときは常に同じ音高を発する振動の均等性によって確証されていることである。

一六七四年頃、振動によって懐中時計を制御する最初の螺旋ゼンマイ[★07]が登場した。その頃私はパリにいた。パリではホイヘンス氏が有名な時計職人であるチュレ氏にこの発明を制作させた。フック氏[★08]は、ホイヘンス氏に対して、この点に関して、公刊された著作においてゼンマイの振動

★01——次注のヘンリー・サリーの著書の草稿を読んで書いた覚書(一七一四年頃執筆)。この覚書を収載した本は、ライプニッツの死の翌年(1717)に刊行。さらに、一七一八年五月発行の『トレヴー紀要』(*Journal de Trévoux*)にも掲載された。

★02——〔原注:「この文章」とは、ヘンリー・サリー(Henry Sully, 1680–1729:フランスに住んだイングランドの時計技師)による『時間の人工規則』(*La Regle Artificielle du Temps*, Paris, 1717)である〕。

★03——ウィリアム・オートレッド(William Oughtred, 1574–1660)はイングランドのサリー州オルベリーのプロテスタントの牧師で数学者。

★04——一六五二年に刊行された『数学の鍵 改訂版、あるいはむしろ他のさまざまな主題とともに編まれたもの』(*Clavis Mathematicae denuo limita, sive potius, fabricata cum variis aliis tractatis*)を指す。

★05——一六五七年に刊行された『経度を発見するために時計を使う短いトレーニング』(*Brevis institutio de Usu Horologiorum ad inveniendas*

によって制御される時計をすでに発明したと主張し、論争となった。しかし、フック氏の方法による時計、少なくとも、振動する螺旋ゼンマイの時計はまだ現れていない。オートフィユ氏というフランス人[★09]は、それは私の発明であると主張し、パリの高等法院にホイヘンス氏を訴えた。しかし、この訴えは却下された。まったく特別な種類の振り子時計が存在するが、それは、振動の錘が行ったり来たりせずに、常に同じ側にある。この時計は騒音を立てずに動くという特徴を持ち、睡眠不足で眠りを妨げない時計を望む人々によって探究されることがあった。ホイヘンス氏はこれに関して文章を書いたが、それは公刊されてはいない。そこでは、振り子の振動を均等にするために、サイクロイドの代わりに放物状の立体が用いられている。

ホイヘンス氏が振動する螺旋ゼンマイを発表したとき、少し遅れて私は『学術雑誌』に均等性についての別の原理を発表した[★10]。それは、振り子の振動やゼンマイバネの均等性の仮定のような自然学的なものではなく、純粋に機械論的なものである。この原理は、振動がちょうど同じであるために均等であるならば、振動しなければならないものから完全に反発するというものである。フック氏はホイヘンス氏を批判してこう述べる。すなわち、彼〔ホイヘンス〕は私〔フック〕と同じ考えを持っているが、そのことは発表していないことを認めているのだ、と[★11]。私は、相当に十分な新しい利点が期待できるこの発明を制作することを何度か考えたが、この仕事にやる気を持つ腕のよい熟練者の援助を常に欠いていた。平凡な職人、とりわけドイツの職人たちは、自分たちの習慣から外れることを望まなかったのである。しかし、この方法で作られた懐中時計や時計は糸巻き(fusée)がなくとも、錘や第一の可動装置の力を二倍にするならば、それだけで動くのである。この時計は振り子時計より海の時計[★12]に適しているのである。

小型の時計に用いられる螺旋ゼンマイに関しては、空気がこのゼンマイの振動に与える影響や、とくに、冷気と熱気が均等性をどう変えるのかを調べることは重要であろう。時計や普通の懐中

Longitudines)を指す。

★06——一六七三年の『振り子時計』(*Horologium oscillatorium*)を指す。

★07——フランスの時計職人第二代イザク・チュレ(Isaac II Thuret, 1630–1706)。

★08——ロバート・フック(Robert Hooke, 1635–1703)。イングランドの科学者。ゼンマイバネを用いた懐中時計を発明したが、特許を取得しなかった。これが後にホイヘンスとの先取権論争に発展する。

★09——ジャン・ド・オートフィユ(Jean de Hautefeuille, 1647–1724)。カトリック教会の神父。自然学者で発明家であった。振り子の代わりに天輪とゼンマイバネを用いた時計を発明した。

★10——本巻第1部2-1『懐中時計の精度』を指す。

★11——ホイヘンスによるヒゲゼンマイの発明に対して、フックは自分の方が早く同じものを発明しており、盗用だと非難した。

★12——おそらくマリン・クロノメーターのこと。時辰儀、経線儀などの訳語もある。

時計の精確さを変えるさまざまな原因のひとつが、ゼンマイを巻き直すために失われる時間である。よく起こることだが、巻き直す間時計は止まってしまう。というのも、巻き直す時間は常に同じというわけではないからである[★13]。しかし、よい懐中時計や高級な懐中時計は、ゼンマイを巻き直している間も動き続ける仕組を持つ、ないし、持つことができるのである。

懐中時計のテンプの振動に対する空気抵抗と振り子の揺れに対する空気抵抗を比べると、錘の往復路はテンプの往復路より長いので、何かを減らす必要があるように思われる。

振り子は時計を制御する部分を多く持ち、螺旋ゼンマイは時計を制御する部分を多く持たないことは確かである。引き合いに出される証拠に加えて、他のまったく顕著な証拠がある。それは、振り子時計は振り子を振動させなければ作動しないが、懐中時計はそれ固有の力で動き、螺旋ゼンマイを振動させるということである。

秒を刻む長い振り子は十分に均等に振動する。なぜなら、半径が長い円の短い弧はサイクロイドの弧と明確に区別することができないからである[★14]。しかし、第一の可動装置と歯車は、振動の軸において歯の下に位置し、抵抗する歯に作用するため、まったく自由に振動することができないので、また、振り子は第一の可動装置の力を大幅に増加させてもほとんど動かないため、振動時間に影響を与えてしまうことは認めなければならない。

経験によって懐中時計の糸巻きのかたちは調整できる。ゼンマイが締め上がるまで錘のついたゼンマイを締め、追加の錘を付けてマークする。そして、糸巻きの側の直径を、糸巻きのこの箇所に作用することでその場所にあるゼンマイを支える錘と釣り合うようにするのである。

私はここで均等な時間の視太陽時[★15]（temps apparent）への還元[★16]について語るつもりはない。しかし、本著の独創的な著者がわれわれに期待させること、すなわちとても美しくとても便利なことに従えば、時計や懐中時計の機構自体によってこの還元ができると知っているのである。

★13——ゼンマイを巻き直すのに必要な時間を一定にすることができないので、均等性を保つことができない。

★14——振り子の等時性を発見したのはガリレオだが、ホイヘンスは振り子の等時性は正確には成り立たないことに気付き、錘の軌道がサイクロイドになるように調整すれば等時性が成り立つことを発見した。

★15——視太陽時とは、観測者の土地の子午線を太陽が通過する時刻を正午として，任意のときの太陽の位置（時角）によって時刻を計ったものを指す。

★16——天球上を一定の速さで太陽が動くと想定して得られた時間と、視太陽時による時間との差を調整することを意味していると思われる。

【解説】ホイヘンスに触発されて

稲岡大志

大航海時代を経て海洋貿易が活発になったヨーロッパでは、経度を測定するために船上で用いることのできる精確な時計が待望されていた。航海中の船は現在地を正確に把握することを必要とする。そのためには緯度と経度を測定しなくてはならない。緯度は、赤道を基準の〇度とし、その地点での天頂面と赤道面のなす角度によって表示される。北極と南極が九〇度となる。緯度は、太陽が昇ってから沈むまでの時間や太陽の高さ、水平線上に見える基準星などから測定できることが大航海時代においてすでに知られていた。他方で、北極と南極を通る大円と子午線を通る大円とがなす角度によって表示される経度を、船上で測定することは困難であった。測定方法自体は単純で、船上の現在の時間と母港など経度がすでにわかっている場所の時間との時差がわかれば、地理上の距離も計算することができる。地球は二四時間かけて一回自転するので、一時間あたり一五度回転することになる。したがって、例えば、母港からの時間差が一時間であれば、船は一五度進んだことになる。このように、船上の時間を知ることができれば経度も知ることができる。しかし、当時の振り子時計は船上で用いるには適切なものではなかった。なぜなら、船上は揺れが激しいため時計が遅れたり進んだり止まったりすることがあり、さらに、気温の変化によって時計の潤滑油の粘度も変わり、金属部分が膨張・収縮して正確に動かなくなり、気圧の変動や重力の影響で時計の動きが不安定になるからである。スペイン、イングランド、フランスも国家プロジェクトとして経度の正確な測定法の開発に取り組んでいる。ガリレオは木星の衛星の動きを観察し、木星の陰に衛星が隠れる回数を数え、天体暦を作成することで経度の測定ができると考えた。しかし、船上で常に木星が観察できるとは限らず、この方法は現実的なものではなかった。

一六五六年にホイヘンスは振り子時計を発明した。ホイヘンスの振り子時計は、同じ錘とひもを持つ振り子であれば振り方に関係なく振り子は一定の周期で動くという、ガリレオによって発見された振り子の等時性原理から着想を得て発明された時計である。ガリレオ自身もこの原理に基づいて振り子時計を開発し、経度の測定に応用することを構想していたが、結局実現させることができなかった。ホイヘンスの振り子時計は、振り子に歯車が取り付けられ、振り子の振動によって歯車が回転し、歯車の回転運動が脱進機によって往復運動に変えられて制御されることによって、時を刻むことができるというものである。一六六〇年にはホイヘンスは海上で用いるための時計を開発し、実際に航海で試験使用を行っている。しかし、上述のような天候の影響は免れ得ず、満足できる測定結果は得られなかった。

この問題を解決するために、ホイヘンスは一六七五年に螺旋状のバネであるヒゲゼンマイのついたテンプを発明し、特許を取得した。ホイヘンスのゼンマイ時計は、螺旋状に巻かれた金属が元に戻ろうとする反発力を動力源とする時計である。これにより、テンプの動きが等時性を持つことを利用して時計の精密化と小型化が可能となり、持ち運びに耐える懐中時計が発明されることになったのである。それまでの時計は時針のみを持つが、ホイヘンスの時計は分針も持ち、誤差をそれまでの一時間単位から一分単位にまで小さくすることができるなど、より精確な時刻の表示が可能になった。ちなみに、『時計についての覚書』(2-2)でも触れられているように、ホイヘンスの特許取得に対してはイングランドの科学者ロバート・フックが自分のアイディアを盗用したと訴えている。

ライプニッツの時計への関心にはこうした背景がある。さらに、ライプニッツが解析学における求積問題に取り組むきっかけを与えたのがホイヘンスであるように、ライプニッツによる懐中時計の開発もまたホイヘンスが関わっている。アカデミー版全集によれば、ホイヘンスから懐中時計についてライプニッツが口頭で直接教示されたようである(一六七五年一月二二日のホイヘンスの覚書より。Christiaan Huygens, *Œuvres complètes*, tome VII, Correspondance 1670–1675, La Haye 1897, 410)。また、ライプニッツはホイヘンスの一六七三年の著書『振り子時計』(*Horologium oscillatorium*)によってもこの新しい発明品について学んでいた(A VI, 4, 27–47)。自然学の分野では、ライプニッツはガリレオとホイヘンスの仕事を一般化するかたちで、熱力学の第一法則、すなわち、エネルギー保存則を導き出したが、運動の原因と結果の同等性という法則的視点が懐中時計の開発にも適用されている。ライプニッツのアイディアは、基板上に複数のゼンマイを配置し、すべてを締めた後、あるゼンマイを緩めると、その緩みが歯車によって別のゼンマイに伝わり、それを締め、その緩みがまた別のゼンマイを締め、この過程が最初のゼンマイにまで続き、ちょうどそのとき最初のゼンマイが緩みきったところであり、歯車がそのゼンマイに作用することで再度締められ始め、また同じ過程が繰り返される、というものである。『懐中時計の精度』(2-1)の後半では、経度を正確に測定するために解決しなければならない課題が列挙されている。これらの課題はライプニッツだけでなく多くの科学者や技術者や船乗りにとってもよく知られていたことであろう。残念ながらライプニッツは具体的な解決案を提示してはいない。おそらく、このような装置を現実に制作することは困難であり、ライプニッツがそのことも自覚していたことは訳出した論考からもうかがえる。

訳出した二編のうち、『懐中時計の精度』(2-1)はライプニッツが一六七五年一月にジャン・ポール・ラ・ロックへ送った手紙として『学術雑誌』(*Journal des savants*)一六七五年三月二五日発行の第八号に掲載されたものである(ちなみに、同誌の同年二月二五日発行の第五号にはホイヘンスによるゼンマイ時計についての手紙が掲載されている)。

振り子時計を発明したホイヘンスに対して、ライプニッツはここではゼンマイの収縮の力を利用した懐中時計のアイディアを披露している。冒頭で、ホイヘンスの時計は自然学的原理に基づくが、自分の時計は機械論的省察に基づくと表明されている。これだけでは両者の違いがやや見えにくいが、ホイヘンスが振り子の代わりにヒゲゼンマイを用いたのは、空気抵抗などで振り子の揺れが乱れるためであった。ゼンマイの収縮は振り子とは異なり重力の影響を受けにくいため、そうした乱れも生じさせにくい。しかし、ライプニッツは、「軸なしで、すなわち、コードや鎖なしで、済ませる」ことで、精度を保ったままで、さらに小型の時計の開発を試みるのである。そのために、歯車が別の歯車に伝える力を利用する原理を用いる。図1からもわかるように、ホイヘンスの時計は基盤の下部に歯車が取り付けられており、輪を経由して力がゼンマイに伝わる仕組みになっている。この下部の軸部分をライプニッツは不要にできるのではないかと考えるのである（だからこそ『時計についての覚書』でも述べられているように、ゼンマイを巻き直す時間が

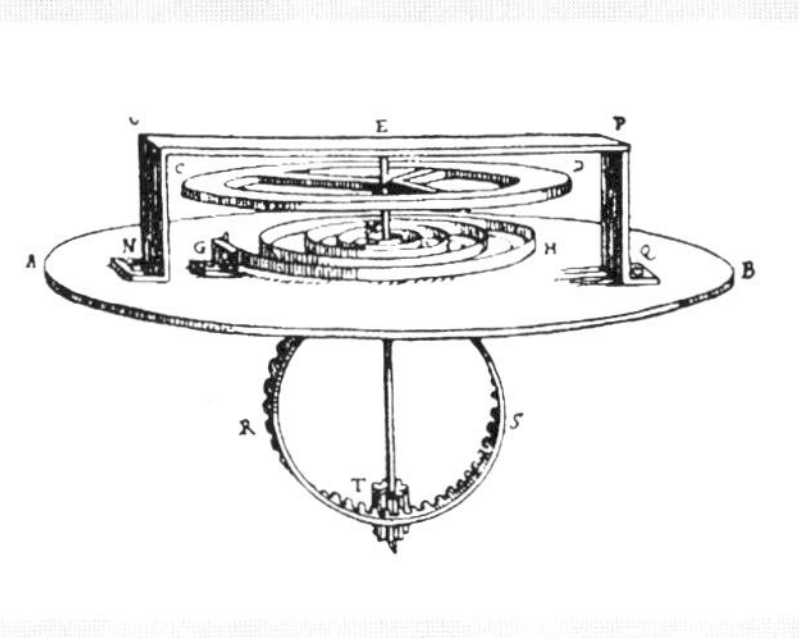

図1｜ホイヘンスのゼンマイ時計
(Christiaan Huygens, *Œuvres complètes*, tome VII, Correspondance 1670–1675, La Haye 1897, 425)

問題となってくる)。もちろん、ライプニッツ自身も認めるように、長く使うことで歯車が摩耗し、精度が下がることは避けられない。したがって、ライプニッツが自負するほどこの時計が画期的であるとは言い難い。

なお、ライプニッツはこの文章を何度か書き換えているため、この作品には複数の手稿が存在している。もとの手稿は発見されていないが、ライプニッツによる改訂を含む複写(B)、それをさらに清書したもの(C)、それをさらに改訂したもの(D)、それをさらに改訂したもの(E)、そして、EとCに基づき作成されたもの(未発見)、が存在する。デュタン版に収録されたものはEに基づいている。アカデミー版はすべての版を収録しているが(A. III, 1, 180–201)、訳出は『学術雑誌』に掲載された版に基づいている。アカデミー版全集のEはデュタン版に基づくが、句読点や単語の綴りが正確ではない箇所があるため、必要に応じてデュタン版を参考にしている。

もう一篇の『時計についての覚書』(2-2)は時計技師であるヘンリー・サリーの著書『時間の人工規則』に対する覚書である。サリーがウィーンを訪れたさいにこの本の草稿をウィーン滞在中のライプニッツに見せ、それについての覚書をライプニッツが書き、本と一緒に出版されたものである。前半では時計の特許をめぐるトラブルが簡潔に記されている。簡潔すぎる記述のためアカデミー版全集を参照して補足すると、螺旋ゼンマイを用いた時計を考案したホイヘンスはルイ一四世お抱えの時計職人のイザク・チュレにここだけの話として自分の発見を打ち明けたようである。しかし、チュレはこの発見を完全に誤解して、オートフイユに、これと同様の内容を含む文書がアカデミー紀要にすでに一六七四年七月七日に提出ずみであると伝え、オートフイユはホイヘンスが自分のアイディアを盗用したと訴えた。しかし、オートフイユのバネは直線形で、ホイヘンスのバネは螺旋型という大きな違いがあった。このため、王立諸学アカデミーはオートフイユの訴えを退けたのである。

どちらの作品でもライプニッツは時計が「経度の発見」の道具として、すなわち、「海の時計(クロノメーター)」としての使用に耐えうるものであることを強調しているが、ライプニッツにとって時計が持つ重要性はこうした実用面にとどまらない。たとえば、精神と身体との相互作用をいかにして説明するかといういわゆる心身問題に関する予定調和説を説明するさい、ライプニッツが二つの同時に動く時計を比喩として用いることはよく知られている。時計はライプニッツの力学思想や形而上学にも関わる鍵となっているのである。

参考文献:デーヴァ・ソベル『経度への挑戦』(藤井留美訳、角川文庫 2010)。

ハノーファー公爵ヨハン・フリードリヒ
Johann Friedrich, Herzog von Hannover, 1625–1679

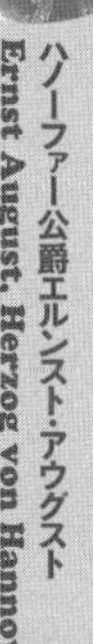

ハノーファー公爵エルンスト・アウグスト
Ernst August, Herzog von Hannover, 1629–1698

【3】

Technische Verbesserungen für den Harzer Bergbau.

ハルツ鉱山開発計画

✣大西光弘＝訳・解説

3-1……ハルツ鉱山[★01]開発献策――ヨハン・フリードリヒ公爵[★02]宛書簡

✣ Leibniz an Herzog Johann Friedrich. Anfang August(?) 1679.

(A I, 2, 188–189)

殿下

私は事態をぜひ前進させ、殿下に満足していただきたいと思っていますので、私の特権が認められることをこれからも殿下が適切と考えてくださるのかどうか、それをぜひできるだけ早く知りたく思います。それはハルツ[★03]へ匿名で旅行をして、ある総額で〔風車の〕建造物全体を建てられる腕のよい大工を選びたいからです。大工の本来の仕事は動くものとは関係ありませんので、助手兼監督者の役割を果たしてくれる水車職人が必要で、この点も保証してくれる大工を選ぼうと思います。ハルツに着いたら、もうハルツを再び訪れなくてもよいように、私は〔風車以外の仕事の〕すべてを断つつもりです。しかしもし殿下が、辞令の発行（ぜひその時期を早めて下さるようお願いします）に先立って、私に対する特権の承認を適切とお考えくださる場合は、私はこの夏のよい気候の恩恵に浴したいと思っています。それは、記号法[★04]という重要な計画について私の手助けができる人々を見つけるためです。私はこれを心から前進させたく思っています。多くの人々が必要ですし、私自身が彼らと話すことが必要です。なぜならこの種の事柄については手紙で人を教育するのは不可能であり、果たして彼らがその方面への傾向をもっているのかどうかを、何よりもまず最初に知らねばならないからです。殿下はご親切にも、この計画を可能な限り援助する

★01――Harzはドイツ中北部の東にある山地で、ライプニッツの仕えたブラウンシュヴァイク＝リューネブルク公爵領。クラウスタールとツェラーフェルトの両鉱山からなり、多くの地下資源を産出することで有名であった。

★02――Johann Friedrich. ブラウンシュヴァイク＝リューネブルクの公爵で、ライプニッツをハノーファーへ招いた人物。一六二五年四月二五日に生まれ、この手紙のわずか四か月後一六七九年一二月二八日に亡くなった。ライプニッツの学問にも大きな理解を示したヨハン・フリードリヒの早すぎる逝去は、ライプニッツの一生に大きな影響を及ぼすことになった。

★03――ハルツでもっとも標高の高いブロッケン山は、魔女伝説と光輪（ブロッケン現象）でも知られる。

★04――la caractéristique. ライプニッツがハルツ鉱山の開発事業に情熱を注いだのは、その利益の一部で「諸学アカデミー」を建て、その中で、自分の生涯のプランである「普遍的記号法」の確立を図るためだった。「記号法」とは、まずほんの少数の普遍的な原理を得たとして、それらを記号化してし

と言ってくださいました。そのためにこの旅行はどうしても必要なのです。

私は世界中を満足させるであろう完全な風車を計画しています。★05 もし殿下が私に、これについてすべてを説明するようお望みなら、私の計画と他の〔凡百の〕人々の計画との違いを喜んでご説明します。彼らが書いた手書きの原稿を私は保存しています。なぜなら、他人からすべてをその基礎から教わっておきながら、それに何かのがらくたを付け加えたからといって、すべてを自分の手柄にしてしまう人々の虚勢を、私は好きになれないからです。私が好きなのは、そういった発明をする人々ではなく、むしろ指示された内容を忠実に実行する能力をもつあの水車職人のような人々です。水力と風力のうち、ある時は一方が止まって他方が働き、あるいは一方が働いて他方が止まり、ある時は両方が動き、またある時は一方は早く働くが他方はゆっくり働いたとしても、私の考えた方法によれば、水力と風力は互いに妨げることなく、助け合うのです。この〔助け合う〕点が重要ですが、私以外にこのように考えた人はいません。これが実現すれば、〔水車は〕たとえ水量が少なくても、風車からの助けによって、まるで水量が十分であるかのように働きます。水力からの助けがない時は、風力は単独で働き、風が止まった時は、可能なら水力は単独で働きます。このときポンプは、両方の原理が働いている場合よりも、よりゆっくりと動くのです。つまり人は今まで、これほど違う二つの力のこれほどすばらしい結婚を見たことがないのです。も

かるべく結合すれば、人間の役にたつさまざまな有用な帰結を自動的に導出することができる、という（コンピューターの先駆けとなる）アイディアである。エイトンはこう書いている。「このアカデミーは絶大な役割を果たすであろう、と彼は主張する。ロンドンとパリのアカデミーが特定の発見しかもたらさないのに対し、彼の企図する普遍的記号法は、ひとたび確立された暁には、顕微鏡が眼の助けとなるように、強力な器官あるいは道具として理性を補うものとなるはずだった」（エイトン『ライプニッツの普遍計画』135）。諸学協会設立案については本巻第3部1・2・4・10・11参照。

★05――この時期のライプニッツのアイディアの中での「風車」の使い方は、水車と協力して垂直坑の排水ポンプを回す、というものだった。そのために彼は、風車と水車を結びつける「実に単純な秘密の部品」を開発した、と強調するのである。「ライプニッツの計画の基本的な考え方は、ポンプを運転するために、水力に加えて風車をも用いようとするもので、可能な限りは風車によって発生する動力を用い、必要に応じて、水力で補おうというのである」（エイトン133）。

しこれが周知のものになれば、水だけでは十分な効果を得られないときに風力を利用するために、他の水車職人たちもこれに似たようなものを使い始めるでしょう。この結婚は、ある実に単純な秘密の部品によって成立しています。残りは簡単なものですから、まさにこの中に第一の秘密があるのです。たとえこれが働いているところを見ても、この秘密の部品のことを知らない人々は、すべてがどんな風にしてこうなっているのか、そして風力がどうやって運動の中で何の障害も起こさずに水力の助けができるのか、理解できないでしょう。この方法を使えば、クラウスタールの鉱山は必ずうまく経営できるでしょう。

「ブラウンシュヴァイク=リューネブルク公爵領の」鉱床は、豊かではあるがはるかに深いところにあると言われています。そのためにもし殿下が、どんな深くまでも無限に下りてゆくことができ、さらに何の摩擦も起こすことのない空気ポンプ[★06]という疑いなくこの種の装置の決定版を用いたすばらしい計画を実現することをお望みなら、それは実現できると私は思います。なぜなら短い時間で実に巨大な総量を引き上げる方法があるだろうと私は思うからです。というのも、クラウスタールのためにわれわれに必要なのは、私の望むものだけだろうからです。

ハンセン氏[★07]からの手紙を、殿下にお送りします。殿下がこの人物をよくご判断できるようにと私が印をつけた箇所以外は、特にご覧になるところはありません。

またこの手紙を機会として生まれた対話の見本を、殿下にお送りします。先日殿下は、ユエ氏の本[★08]を誰かに貸したと言われ、この素材については注意か応用が必要だったと付け加えられました。それが、私がこの対話をするきっかけになりました。これは二つ折り本だと思い込んでいましたが、八つ折り本でした。これがその開始部分です。これを作るよりも、これを筆写させるほうが面倒でした。この対話の中には、十分に強く感動的なところもあると思いますが、この開始部ではまだ内容に入っていません。

★06——ポンプへの動力の伝達に「空気圧」を使おうというアイディアである。しかしこの着想は、「必要な厚さと強度を満たす管の製造ができなかったために、放棄しなければならなかった」（エイトン164）。パパンは同様のアイディアを一六八六年にロンドン王立協会に提出している。

★07——パリでライプニッツの代理人として、計算機づくりの時計職人オリヴィエを監督したデンマーク人の友人ハンセン（Fredrich Adolf Hansen, 1652–1711）のことか。

★08——ユエ（Pierre-Daniel Huet, 1630–1721）の『デカルト哲学批判』（*Censura philosophiae cartesianae*, 1689）のことか。

最初に戻りましょう。記号法という私の計画にどうしても必要なこの旅行にご許可をいただけますよう、心からお願い申しあげます。私の特権を認めることを適切とお考え下さるのでしたら、私は残されたよい天気の恩恵に浴したく存じます。私は時間を無駄にしたくないのです。私の望むすべては、殿下に満足して頂けるものを前進させることです。なぜなら私は、言葉を越えるものを作り上げるまでは、満足することはないからです。これほど善意と力と知性をお持ちの殿下に対してすべきことをもっていながらも成就できないなら、私は本当に不幸に違いありません。殿下に別の方面へのお気持が起きないかということが、現在私が懸念するすべてです。

3–2……クラウスタール鉱山局長フリードヒ・カシミール[★01]宛書簡

✣ Leibniz an Friedr. Casimir zu Eltz. 26. Juli(5. August) 1680.

（A I, 3, 65–66）

一六八〇年七月二六日　ツェラーフェルトにて[★02]

拝啓

こちらにすでに何日か滞在していながら、閣下にお目にかかる光栄に浴せないことに、私自身が驚いています。これは私の習慣になく、私の計画にもないことでした。しかし閣下に私の結論をお伝えする前に、何点か正確にご説明したいことがあります。すぐにできると思いながら、何日も行えなかったことです。時間はそれほど早く過ぎました。しかしこの小さな遅れは、私にとって有用でしたし、閣下にもおそらく気に入っていただけると思います。というのも、おかげで私は、私の計画の詳細な部分をすべて閣下にご説明できる機会を得たからです。

以下がその結論です。まずご自分でご検討くださるようお願いします。というのは、できれば明日閣下にお目にかかった時に、閣下のご判断をいただきたいからです。議会に送られるのはその後でもよいでしょう。これを見ていただければ、人々が考えているのとは少し違った方法で私が風力と水力を結びつけようとしたこと、また私が反論を心配しなかったのも恐らく当然であること、またその反論を一挙に退けることのできる一般的で確実な手段を自分は持っているとこれから議会に提出する報告書に私が書いても当然であること、それがお分かりいただけると思います。しかし私は何度も自分の考えを説明したくありません。とはいえ、私の提案の中のすべての

★01——エルツ公フリードリヒ・カシミール（Friedrich Casimir zu Eltz, 1634–1682）。当時のクラウスタール鉱山監督局長。ブラウンシュヴァイク＝リューネブルクの枢密顧問官であり、グルーベンハーゲン侯爵領の知事でもあった。

★02——ライプニッツはハルツのもうひとつの鉱山ツェラーフェルトから発信。

言葉は、とくにこの計画に適用できる様式で書きました。私は去年のうちに、この計画をドロテア坑に適用する方法を見つけました。そしてその証として、それをどうすればカタリナ坑にも適用できるかを考えました。[★03] しかし今や明々白々となりました。閣下はここに添付した書類によって、カタリナ坑にある三つの水車を助けるために私が計画した証明が、同時にさらに五つの水車を助けることができることをご覧になるでしょう。しかし八つの水車にこの処置を施すには、すぐにお分かりのように、すでに処置済みの三つの水車に風車をいくつか付け加えねばならないのです。

私の計画は、水車と風車を組み合わせることにより、水車の車輪を常に動かし続けながらも水を貯水池に溜められるということです。[★04] これは両立不可能で逆説的なことだと思えます。もしそれを一般的に実行できれば、これは私の契約条件を完全に満たすだけでなく、さらにそれ以上のことではないでしょうか。それはつまり、現在われわれが行っているよりも水車をよい状態にするということです。その要点は、風車の翼をはるかに拡げてそれを今まで誰にもできなかったほど有効なものにする私の発明[★05]に存しています。それをあえて行う人が今まで一人もいなかったの

★03——ドロテア坑もカタリナ坑も、ライプニッツが風車による排水実験をするために主家から提供された坑の名前。ドロテア坑は図1の右上に見える。カタリナ坑はさらに右上にあるが、図1では示せなかった。カタリナ坑も含めてのこの図の全体図は、佐々木能章『ライプニッツ術』235頁の図20で見られる。

★04——この時期のライプニッツの風車の使い方のアイディアは、「水車を均一速度で回すための均一速度の水流の供給源として風車を使う」というものだった（図1）。水平型風車と垂直型風車による二段階の汲み上げによって最高地点に達した水は、流れ下りながらカタリナ坑やドロテア坑その他の坑で水車を回して排水作業を行いつつ、最終的にプッフ水路に戻ってくる。そのあとも同じ過程が繰り返され、水はリサイクルされ続ける。水車を回すには水流による運動エネルギーが必要だが、風車はその水を汲み上げて、運動エネルギーを位置エネルギーという姿に変えてストックするために使われるのである。

ライプニッツが現在でいう「位置エネルギーと運動エネルギーの変換」という考えを得た背景には、こういう実務的な作業の経験があったのである。

このいわば「水リサイクルシステム」のアイディアは、もとはハルツ鉱山局の技師だった日系のドイツ人ペーター・ハルツィンク（彼について詳しくは佐々木232）のものだったが、ライプニッツがこれをいわば「横取り」したような形になり、ハルツ鉱山局の全員の猛反発を買った。その結果、人々はライプニッツに対して非協力的になり、この計画には最初から暗雲が垂れ込めることになった（詳しくは佐々木237、エイトン160）。

★05——従来の風車の翼は弱すぎて、カタリナ坑の水を直接排水することに失敗していた（詳しくは酒井潔『ライプニッツ』204）

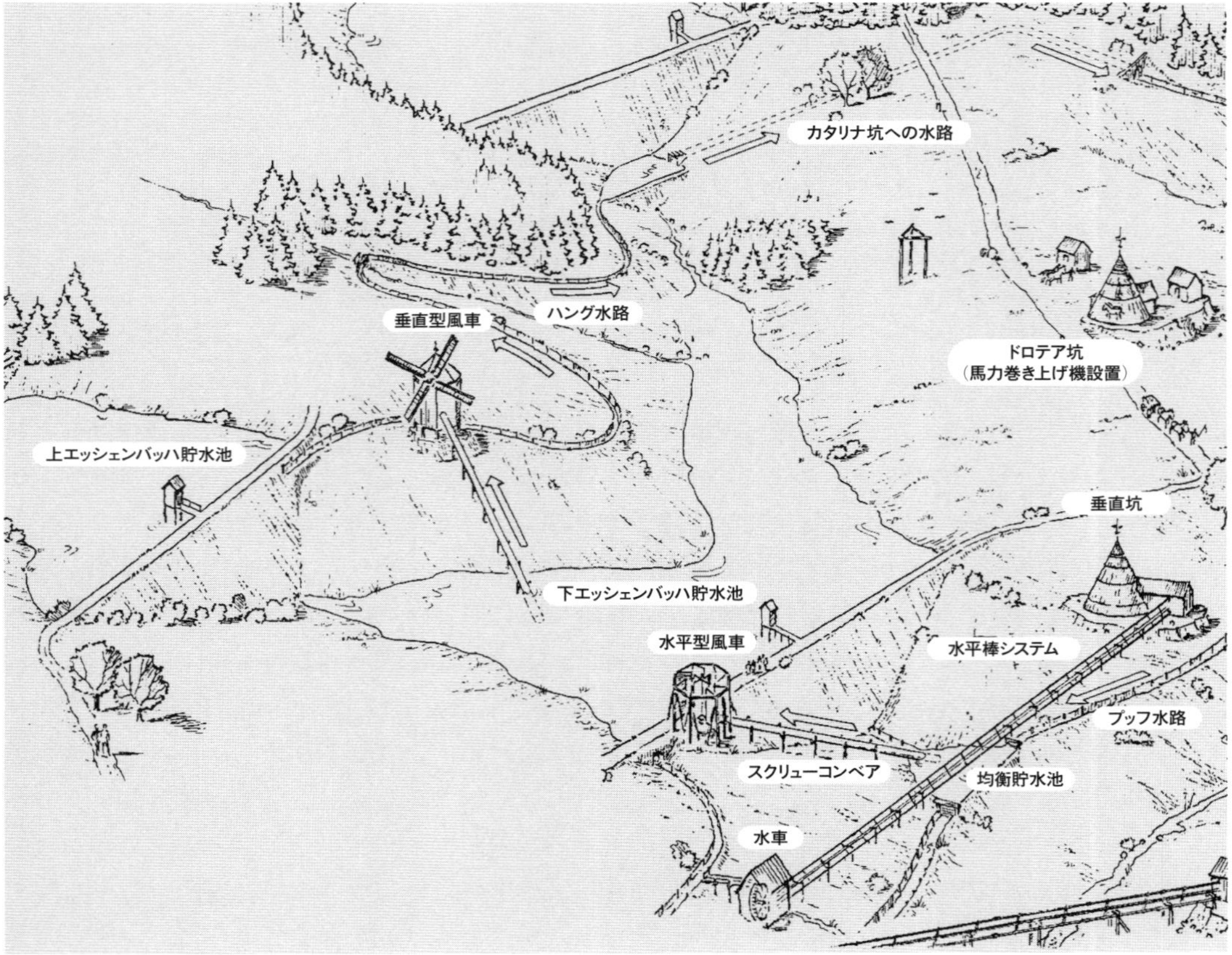

図1｜ライプニッツによる
ハルツ鉱山水循環システムの構想図。
プッフ水路下の均衡貯水池の水は、水平型風車（1684年建設）と垂直型風車の二段階で揚水。最高地点から流れ下る水は、カタリナ坑やドロテア坑などで水車を回して排水作業を行いつつ、最終的にプッフ水路に戻る。

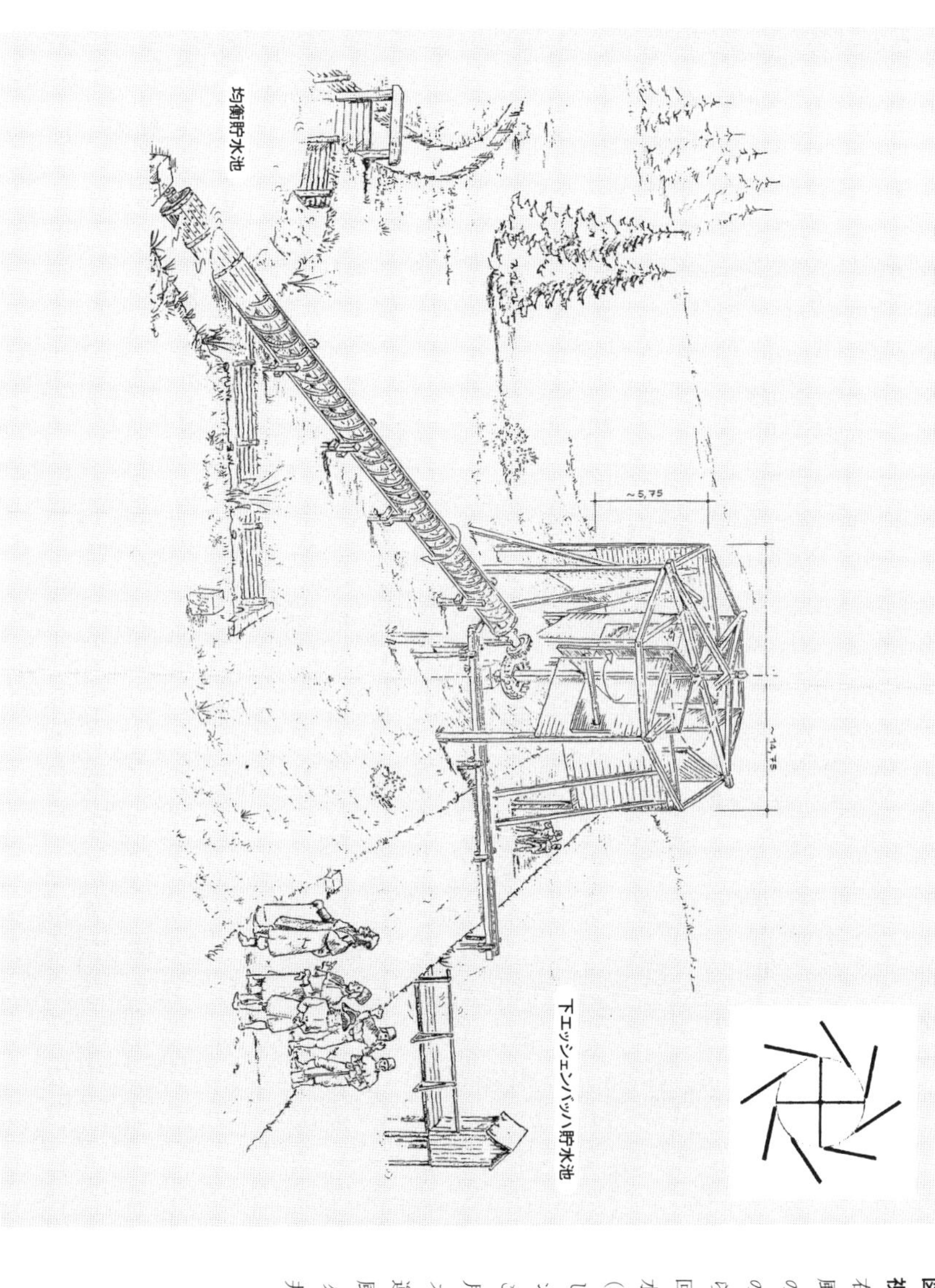

図2｜自ら考案した水平型風車を視察するライプニッツ

右上は水平型風車を上から見た模式図：風車本体は中心の垂直シャフトに4枚の回転翼を設置。風車のまわりに8枚の衝立(ついたて)を地面に固定し、あらゆる方向の風を誘導して風車を時計回りに回す。

水平型風車によりスクリューコンベア(本来は被覆され中は見えない)を回し、均衡貯水池(左下)から下エッシェンバッハ貯水池(右)に水を汲み上げる。この水平型風車の試運転は1684年11月に行われ、風車自体はよく回転した。スクリューコンベアを接続しての公開運転は1685年2月4日に行われたが、風車の力が弱く、摩擦も大きすぎてスクリューコンベアは回らなかった(酒井潔『ライプニッツ』206)。

は、そうやって風を取り入れすぎると、風車の回転が一気に速くなりすぎて、〔故障の〕危険が生じるからです。しかし私にはそれへの対応策もあります。それは、人間の助けがなくても、その激しさをすぐに弱めることに役立つものです。★06 それについては口頭でお話ししたいと思います。

先日私はブラウンシュヴァイク家の昔の鉱山を見ました。でもそこに風力の必要はありません。なぜなら水が十分にあるからです。むしろそこでは、ポンプそのものを改良して、厄介な摩擦をポンプから取り除くべきです。この摩擦こそ、力の大部分を失わせ、多くの損害や修理の原因となるものです。そのためには、私が持っているもので、閣下にもいつかお話ししたことのある手段を考えねばなりません。もし裕福な方々が熱意をもって取り組めば、これは実行されるでしょうし、そうなればこのブラウンシュヴァイク家の鉱山にきわめて大きな利益をもたらすでしょう。これは徹底的に語られる値打ちのある題材です。新しい協会★07 を立ち上げる前に、人々がこれについて語るよう私は望んでいます。なぜなら、もしこの鉱山について人々が語っている内容が真のものであり、そこで不都合なのは水だけだとすれば、誰もそれに気づいていませんが、これはきわめて重要な事柄だからです。

敬具

閣下

こよなく謙遜にしてこよなく従順な僕　ライプニッツ

★06――それが具体的な形をとったのが、本章3-6「風車の自動制御システム」である。

★07――3-1訳注04の「諸学アカデミー」のこと。

3-3……ハルツにおける鉱業の一般的改善についての覚書——エルンスト・アウグスト公爵[★01]のために

✣ Denkschrift betr. die allgemeine Verbesserung des Bergbaues im Harz. : Leibniz für Herzog Ernst Augst (?) 20. 21. 22. Februar (2. 3. 4. März) 1682.

(A I, 3, 149–166)

一六八二年二月二〇・二一・二二日

1[★02]——ハルツの鉱山は、疑いなくわが国の最重要な宝と見なされるべきものです。ここでは、大量の鉱物や金属、特に礬(ばん)類・硫黄・鉄・銅・鉛・酸化鉛・銀が、神の恵みによって毎年産出され、その一部は外貨獲得のために外国へ輸出され、一部は自国で硬貨に鋳造されています。しかしそれだけではなく、ハルツの住人やグルーベンハーゲン[★03]侯爵領の家臣や周辺の管区の人々にも生業をもたらし、共通の負担を軽減する手立てを与えています。それゆえ思慮分別のある住人たちは、もし神意によって採掘物からの利益がまったくあがらないときがあっても、事業を継続することに国を挙げて尽力すべきであると考えています。そして、ありがたいことに現在の繁栄状態にあっては、それを正しいと信じる根拠もいよいよ増しています。なぜなら時には、領内のただ一つの坑が、二、三の部局よりも多くの利益をもたらすことがあるからです。そして鉱山株や鉱山同業者組合の株がその価値に応じて換金される場合は、資本金に年三〇パーセント以上の利息がつけられることも起こっているのです。

2——それゆえわれわれは配慮のかぎりを尽くして、鉱山を正しく整えて、鉱山を保つだけでなく、その採掘量が増すようにすべきです。この目標を達成するには、鉱山の上級・下級職員や労

★01——エルンスト・アウグスト(Ernst August, 1629–1698)。急死した兄ヨハン・フリードリヒの後を継いで、ブラウンシュヴァイク゠リューネブルク家の当主となる。彼の最大の関心事は国力の増大と家名の興隆であり、ライプニッツの学問的な側面にはほとんど興味を示さなかった。彼の夫人が、ライプニッツと心からの信頼関係で結ばれ書簡も頻繁に交わしたゾフィーその人だった(K II, 1 第2部1)。

★02——原文には段落を示す数字は付いていないが、訳者の判断で読みやすさを考えて数字を付ける。

★03——Grubenhagen.「プロイセンの行政区域ヒルデスハイムに属したかつての侯爵領で、ハルツ南西の丘陵地帯にある」(グリム)。

働者には、知性・勤勉さ・誠実さが必要です。そして監督機関や理事会には、完全に明白で具体的な情報提供、さらには勤勉な研究・協議・決議、そしてとりわけ熱意のある惜しみない組織運営が必要です。

3――また神はクラウスタールの鉱山に、しばらくのあいだ期待をはるかに越える恵みを与えてくださっているので、われわれはこれを正しく経営することにいっそう専念すべきです。それは、われわれがこの神の賜物をほしいままにせずよく倹約して、将来にそなえるためです。なぜなら、この鉱山は現在のところ最高の状態に達しているようでも、場合によってはこれが変わりうることを、心に留めておくべきだからです。多くの坑は熟慮の上しかるべく採掘されていますが負債もあり、その負債の埋め合わせもならないままに採掘量が減少している坑も若干あります。その他、一部にはかろうじて現状維持しているものもあります。

4――こういう鉱山がこの一〇年ないし一二年から二〇年のあいだに半分以上増え、鉱山町の住人や労働者がほとんど二倍になったことは、神の恵みと並んで、領邦君主の大きな配慮のおかげと言わねばなりません。領邦君主が費用も組織も惜しむことなく為しうるすべてを為されたからこそ、各施設を動かす心臓部ができ、新規の鉱山も、衰退した鉱山も、またかつては漫然とほとんど成果を挙げずに操業されていた鉱山も、みごとに活性化することができたのです。この目的のために殿下は、公爵の十分の一税[★04]から多額の費用を前払いされ、一九ラハター[★05]の水平坑[★06]の重要な点を改善され、高価な貯水池や水路や大水路を建築され、何も放置なさいませんでした。そのことから現在、ツェラーフェルトとクラウスタールの間には大きな違いが感じられるようになりました。なぜなら共有する施設にこれほど熱意のある後押しを頂けるところでは、そこに非難の生まれる余地はまったくないからです。

5――この事業が再び衰退傾向に陥るのはたいへん憂慮すべきことであり、またそれに劣らず屈

★04――中世ヨーロッパで教会が教区民から収穫物の十分の一を徴収した税。のちに世俗領主も取り立てるようになった。

★05――Lachter. 当時の長さの単位で、約2mにあたる。

★06――Stollen. 山や地下を水平に掘り進む坑のこと。「横坑」(よここう)と主に訳されるが、分かりやすさを考えて本訳では「水平坑」と訳す。

辱的で有害なことです。そうならないようにするには、事前の適切な配慮を欠かさないだけでなく、懸念される衰退傾向が現れた場合はそれを増加傾向に転じさせ、役に立つものはどれほど小さなことでもおろそかにしないことが必要です。こういう事前の配慮に必要なのは、何よりもまず完全な情報です。そして勤勉な実験と、ねばり強い実行と、施設です。

6――完全な情報は、生じている物事にも関係しますが、生じ得る、あるいは生じるべき物事にも関係します。鉱山で実際に生じている物事に情報が関係する場合、そういう物事には二種類あります。普遍的な事項と、個別的な事項です。普遍的な事項とは、いかなる特別の場所・時間・人物・環境とも関係しないものです。個別的な事項とは、この時間やあの時間に、この場所やあの場所で、起こったことや起こっていることと関係するものです。

7――普遍的な事項は、鉱山での始まりから終わりまでの全過程を、どこまでも細かく完全に描写することから成り立っています。ちょうど文献の中に、それと同じものがすべて含まれているようなものですが、部分的には曖昧あるいは不完全に、最もすばらしく必要な部分についてさえも不備な形あるいは変化した形で、含まれているのです。今日では、例えば鉱業においては爆破作業を通じて、また機械においては採掘区域の掘削技術を通じて、状況は大きく変わりました。製錬所でも多くの変化が起こりました。こういう記述を行うことができるのはもはや、物理学と機械学について経験と情報をもち、そして最終的に最も恵み深い主について全権と権威をもっている人だけです。そういう人には、選帝侯官房や鉱山の議事録からすべての情報が与えられるだけでなく、鉱山職員全員が彼に相談してその指示を受け、自分の誓約と義務を肝に銘じるのです。それはすべてを正確で忠実に発見し、すべてについて迅速で明らかな情報を与えるためです。また、各々が手にしているものに関する詳細な報告を、より多くの優れた調査のためにあらかじめ文書にして送り、そのさい自分の最高の知識と良心に従って、それを小変更して改善するのに役立つと思えるものを添付するためです。

8――普遍的な事項に関して、こういう鉱山の記述の草案をなんらかの形で書くときに重要な点が二つあります。鉱石の採掘と、鉱石の精製です。鉱石の採掘は、鉱石の試掘、採掘、技術、鉱石の運搬から成り立っています。それゆえわれわれは、恐らくそこで鉱石が見つかるだろうという秘密の場所を発見するために、この辺り一帯で使われている鉱石の試掘から始めねばなりません。そこで岩石についての学問が必要になります。この学問は、ある岩石に他の岩石がどうやって連続するのか、とくにわれわれのハルツ鉱山は通常どのように地表から垂直に深まり変化しているのかを示し、長く伸びる山峡・岩層・鉱脈・側方鉱脈・斜鉱脈そして堆積をどうやって立入坑道で発見しながら場所を移動してゆくか等々や、発見された鉱脈において岩石がどのように貴金属に変化してまた卑金属に戻るのかを示す学問です。これについてはイングランド王立協会で行われた質疑や調査が重要です。それらの中にはあまり役立たないものもありますが、かなり役立つものも公表されています。

9――そういう鉱石の試掘の後に、鉱石の採掘が続きます。採掘は、まず垂直坑[★07]を掘り下げ、そして水平坑や水路や排水坑道や試掘区域や採掘区域を張りめぐらせて拡張することから成り立っています。ここで重要になるのが、仕事と労働者と作業工数の仕様と採用です。また岩石を切断し破砕し運搬するのに使われるすべての道具の取扱説明書と、その道具の正しい形、大きさ、重さ、略図、質量、そして時々必要になる修理費です。これはしばしば作業責任者に請求されます。透かし掘り[★08]とボーリングと爆破をどうやって行うか、またどんな種類の岩石が鉄製器具や爆破作業によって得られるかも重要ですし、労働者が一つの作業工数の中で岩石の種類に応じて何をすればよいのかを雇用契約のさいに決めておくことも重要です。またそれぞれの場所に応じて、一ラハターの長さ、高さ、厚さごとの賃金を決めておくことも重要です。人は概して一般的なとこ

★07――Schacht（英shaft）．地面から垂直に真下へ貫通する坑のこと。「立坑・竪坑」（たてこう）と主に訳されるが、分かりやすさを考えて本訳では「垂直坑」と訳す。

★08――垂直に切り立つ面の最下部を掘り込むこと。

ろにとどまりやすいものですから、岩石の種類をより厳密に区別し、人がそれについてよりよく判断し、可能な限り費用を回収できるようにすることも重要です。鉱山の費用の大部分は**火薬と油**に使われますので、両者について詳細な情報を集めるべきですし、そうしてこそ公正と倹約が広まるのです。その後に続くのが、垂直坑と坑道を確保するための知識です。これは、どうやって垂直坑の木材を取り付け、石炭を坑のトロッコにうまく乗せるのか、そして水平坑の足場のくぼみやランタンや扉をどうしておけば坑が崩壊したり破損したりしないのか、などについての知識です。

10——その鉱山を指揮するのは**鉱山測量技師の技術**であり、その詳細な記述は有益です。坑道の合流点を作るためには、その中に理論と測量術だけではなく、実際の多くの観察も含まれねばなりません。つまり、目標地点と出会うためには、距離などを測るだけでなく、岩石の流れから予測することができるのか、また水平坑があまりに早急に上昇せず、水が正しい流れ方をして、せき止められることなく、放水溝から坑の中へ流れないようにするには、水中でどれほどの爆破作業が必要なのか、といったことです。しかしとりわけ、現在の鉱区境界線と古い鉱区境界線はどこで区別されるのか、という点が付け加えられねばなりません。

11——鉱脈が浅いところでは別々だが深いところで合流している場合には、多くの微妙な**鉱山関係法**と判決が生じうる、ということも付け加えねばなりません。同じことはクラウスタールでも何箇所かで起こりました。だからこそ、すぐれた鉱山測量技師たちの知識が必要なのです。それは、鉱山同業者組合が有利にも不利にもされることがないようにです。そして時にはトラブルや公正性とは別のところで、さまざまな坑をまとめることのできる共通の絆が必要だからです。たとえある坑が別の坑に**採掘税または水税**を払う必要がなくても、この山地関係法は重要です。

12——鉱山の次に来るのが技術や機械で、これは原石の採掘を簡略化することに役立ちます。これは三段階で起こります。つまり、まず空気を坑の中へ送り込むことに役立ち、そして有害な地下水を汲み出すことに役立ち、そして山と鉱石を掘り起こすことに役立つのです。坑の中のよい空気を保ち換気にも役立つすべてのことを以下に述べようと思います。これは、水平坑を整備してはじめて起こることです。つまり空気孔や小さな裂け目や風車や送風機によって、新鮮な空気が坑の中へもたらされ、通気管によって坑の中へ導かれるのです。

13――地下水を防ぐには、あらゆる可能な技巧が使われます。なぜなら水の大部分は、隠れた裂け目を通じて深いところへ染み出しますから、人はまわりの水の出る箇所を発見し、それを高いところに保ち、水を放水溝によって流し去り、下へ落ちないようにして、再び汲み出さなくても済むようにするのです。人はしばしば、水源に突き当たって坑が水浸しになるのではないかという恐れから、壁いっぱいに鉱石があってもそれをそのまま残してゆくことがあります。それはちょうど、ある区画の草原で八月に増水すると、そこにある坑が何年か後にほぼ使われなくなるようなものです。われわれは集水用坑ももっています。これは、そこから排水することのできない坑のことであり、この中へは、より高地にある他の坑からの水が、最終合流点を通じて流れ込むのです。また山の側面に水平坑を貫通させて、それによって水をできるだけ多く流出させることも行われています。しかし以上のすべてでも十分ではなく、坑が水平坑より深く下りることもあるので、新しい水源がときどき発見されるのです。そこで人は高価な装置を取り付けて、それによって坑を排水し、水を地表まで、あるいは少なくとも水平坑まで、あるいは水を流し去る水路まで汲み上げねばならなくなるのです。

14――これらの装置においては原動機★09に、あるいは揚水装置から生ずる力に注目すべきです。そしてそういう力の連結は、現在は水平棒システム★10によって、そして最終的には垂直坑あるいは坑の装置そのものによって行われています。大小河川、例えばインネルステ川★11やオーケル川★12から、

★09――Motor. ここでは水車のこと。後に風車も考察に入ってくる。

★10――Feldkuns. 直訳すると「野原（Feld・英field）のKunst（技術）」。これは、原動機（水車）で発生した機械的運動を、野原を水平に伸びる棒によって、その運動を使う垂直坑まで伝達するシステム（Kunst）のこと。英語ではこれをFlatrod system（水平の棒のシステム）と訳しているので、本訳でも「水平棒システム」と訳す。Kunstをシステムと訳す点については、たとえばKunstleder（英aitificial leather・人造皮革）という言葉からも分かるように、Kunstとは「artificial・人工の」という意味である。これは「システム」という言葉のなかった時代に、「人工物たちの体系的な集まり（システム）」を表すために使われたものと思われる。

★11――Innerste.「ハルツ山地のクラウスタールの南に発し、ヒルデスハイム地方を75km流れたあとでザールシュテットの下方で海に流れ込む川」（グリム）。

★12――Oker.「ハルツ地方のブルッフベルクに発し、絵のように美しい岩石の景色で有名なオーケル渓谷やブラ

あるいは勤勉に作られた運河から取り入れられた水は、まず揚水装置へ運ばれます。これによって、雨や雪解け時に普通は余り使われずに捨てられる水が貯水池に集められ、その水はそこから徐々に、モミ材で周りを覆った水路に集められ、それに付属する排水溝と樋によって上射式水車★13の羽根板★14まで運ばれます。こういう貯水池や窪地の底は、水が漏れないようになっています。そこにある芝生やそれ以外の良土をふさぐには、堤防や栓の付いた建物などが必要になります。それは、ちょうど必要なときに、上と中と下の栓を引き抜くことができるようにするためです。また、流れからまわりへ水を流して、強力な水流を脇へそらすことも必要です。貯水池の水面が大きく、貯水池そのものも深くて広い場合は、それに比例してその貯水池は多くの水を溜めることができます。そしてしばしば、一つの貯水池は他の貯水池の下に位置しています。また場合によっては、水は上方の貯水池から下方の貯水池へ流されることもあれば、高いところで保持されることもあり、また時には、一マイル遠くまであるいは上方へ伸びる水路★15によって運ばれることもあります。高額を使って一つの山を貫いて作られるそういう水路を、われわれは大水路★16と呼んでいます。以上のすべてのために、多くの知識と観察が必要です。

15——この水をうまく使うには、水を上から水車へ落下させねばなりません。そして水車を一方向にむらなく回転させるには、水車の高さと、羽根板(水受け)の数と形と広さなどが大事になり

ウンシュヴァイク・ハノーファー地方を105km流れたあとで、ミューデンで海に流れ込む川」(グリム)。

★13——das oberschlächtige Wasserrad. 水車の上部から水を注いで動かす、いわゆる上掛け式水車。

★14——Schaufel. 落下する水を受けるバケット・水受け板。

★15——Graben. 3-2図1の「プッフ水路」の原語はPuchgraben.「ハング水路」はHanggrabenである。後者のHangには「傾斜・勾配」という意味もあるので、あるいはこれは「傾斜水路」と訳すべき一般名詞かもしれない(酒井潔『ライプニッツ』203参照)。一マイルは、当時のドイツ北部では約七五〇〇メートル。

★16——Wasserlauf. 直訳すれば「水の流れ」。前後関係から判断すると、これは「山を貫いて作られる大型の特殊な水路」のことなので、意味をとって「大水路」と訳した。

ます。こういう車輪は、建屋つまり車輪室の中にあります。これは或る時は地上に、或る時は坑の中に、またもし人が落差のために水を地上から坑の中へ流し込んで坑道で再び外へ流れさせる場合は、高い費用を掛けて岩石の中に作られます。もし水の高さが十分ではないときは、水は水車の半分にしか打ちかかりません。この車輪のシャフトには、何ツェントナー[17]かの重さをもつ鉄製のクランクシャフトが取り付けられていて、これが連結棒によって水平棒[18]システムのアームを引きます。この水平棒は、鉱区を水車から垂直坑まで移動しつつ、時には一〇〇ラハターほど伸びることもあります。こういう水平棒システムは純粋な平行四辺形からできていて、そこに水平棒とアームがついています。そしてこれは大槌や渡り板によって支えられ、さまざまな鉄製の棒や側壁や足鉄や脚鉄によって固定されています。そしてそれにはローラー、小型犬釘、輪止め、滑車、ばね、車輪止め金その他さまざまの釘や鉄製品が付いており、これらの形、名称、金額、使い方はそれぞれ違っています。ほんの少しの間違いによって大きな損害・破損・費用が生ずることもしばしばであり、これは人が経験を通じて正しいバランスにたどり着くまで終わらないので、こういう事柄は詳細に記録しなければなりません。水平棒システムは、何かが壊れていたり、単体の水平棒[19]が〔壊れて〕ぶら下がっているなどという場所以外では、全力で直線的に制御されねばなりません。

16――垂直坑の中には気密部[20]があり、これは交換するときによく詰めねばならない管や吸引管や排水口から出来ており、小さな入口を持っています。その排出口の中をピストンが通っていて、これには人工皮革が張ってあり、このピストンが上下に動くことによって、この気密部の立っている沼地から水を吸い込むのです。そのピストンの中を心棒が通っており、これが索引器に結び付き、この牽引器あるいは牽引棒は、棒のフックによって水平棒システムと結ばれ、これと連動しています。この水平棒システムにおける垂直シャフトは十字型レバー[21]から吊り下げられ、その

★17――Zentner. 当時の重さの単位で、約50kgにあたる。

★18――Feldstange. 野原(Feld)を「水平に」伸びる棒(Stange)のことで、本訳では「水平棒」と訳す。大正時代にはFeldを「岡」、Stangeを「桿」(操縦桿の「桿」)として、「岡桿」と訳されたこともある。

★19――Geschleppe. 原意は「引きずられるもの」。「地表に出ている単体の水平棒(ein einfaches Feldgestänge)のことで、他の水平棒と結ばれて、それらと一緒に操作される(引きずられる)」(グリム)。そういう理由で「単体の水平棒」は「引きずられるもの」とも呼ばれた。

★20――Säze. フランス語のsas「(外気との気圧を調整する)気密室、エアロック」からきた言葉か。

★21――Kreuz. 直訳すれば「十字」。これを英語ではCross-shaped leverと訳すので、本訳でも「十字型レバー」と訳す。

十字型レバーを水平棒が引くのです（図3参照）[★22]。また十字型レバーには、T字型のものやY字型のものもあります。また坑の中にも単体の水平棒があります。これは水を汲み上げる大きな邪魔になりますので、とくにブラウンシュヴァイク家にとって有害なものです。すべてのこういう技術を、鉱山技術監督も鉱山労働者も見習工も待望しています。この気密部は五ラハターをそれほど超えない一定の高さを持っており、これを吸引ポンプによって上回ることはできませんが、その原因は鉱山でも知られていませんでした。今日ではこれは、より軽い周辺の空気の動きによって変化することが知られています[★23]。ちょうど地面が約三〇シュー[★24]の高さの水によって取り巻かれているようなものです。坑が入口を少ししかもたず、そして深くもない場合は、その坑はポンプや人間の手を使うことによって「沼地に耐える[★25]」ことができます。

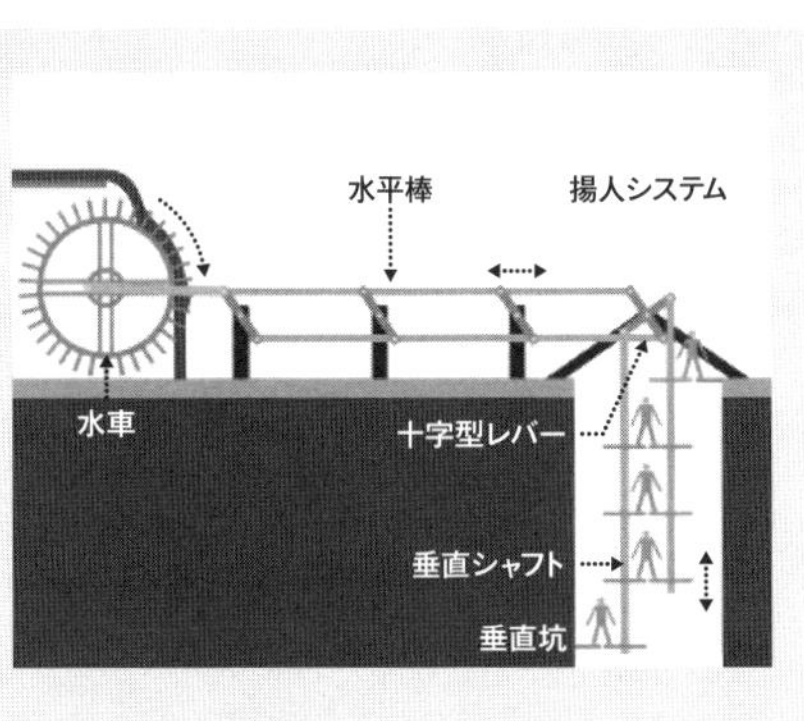

図3｜水車の動力を垂直シャフトの上下運動に変換する「水平棒システム」

水車の回転につれて互い違いの往復運動を水平方向に繰り返す上下2本の水平棒の動きは、十字型レバーにより2本の垂直シャフトの上下運動に変換される。図は、人間を垂直坑の下から上へ運びあげる揚人システムだが、ライプニッツの時代はこの上下運動が排水ポンプの動力として用いられていた。

★22――図3で、水平棒の往復運動が十字型レバーによって垂直シャフトの上下運動に変換される仕組の概要が分かる。Flatrod systemをWikipediaで検索すると、図3の動画を見ることができる（二〇一七年八月現在）。また3-2図1の右下にも水車と垂直坑を結ぶ「水平棒システム」を見ることができる。

★23――トリチェリは一六四三年に有名な「真空実験」を行い、空気が重さをもっていて、地上の物体に一定の圧力（空気圧）をかけていることを示した。ここで言われているのはその空気圧のことと思われる。

★24――Schuh. 当時の長さの単位で、約30cmにあたる。

★25――「沼地に耐える」（zu Sumpf halten）とは鉱山労働者の言葉で、「うまくポンプで汲み出す」（gehörig auspumpen）という意味。

17――以上の手段で坑から排水できれば、そこから鉱石を採掘することができます。鉱石は、水平坑でトロッコに乗せて運び出されるか、あるいは地底操車場へ運ばれて垂直坑によって引き上げられます。これは人間の手によるか、馬によるか、あるいは水車によって行われます。人間の手による場合は、円錐ドラム★26を使う巻き上げ機が使われます。馬を使う場合は、「馬力巻き上げ機」★27に巻きつけて持ち上げますが、そのときは、バケツに結んだ鉄のザイルによって鉱石や廃石〔ぼた〕を何トンという単位で運び上げます。これはその後で「馬力巻き上げ機」から建屋★28へ運ばれます。クラウスタールのあちこちの鉱山労働では、一日にだいたい百匹の馬が使われています。こうやって採掘することを、人は「使役」★29と呼んでおり、一トライベンが四〇トンにあたります。これは、採掘した量に注意を払うために使われる独自の換算法です。また人は、引き上げ機がそもそも良質鉱や普通鉱や廃石を一日にどれほどの総数引き上げうるのかをも知っています。鉱石は何か所かでは水車によって引き上げられ、これは可逆水車★30と呼ばれています。なぜならこれは、互いに行き交う二本のバケツ列をもっており、右か左かに回転しながら、水が一方か他方へ運ばれるからです。このことによって多くの費用が省かれます。

18――以上が鉱石の採掘と、それに属する事柄です。鉱石の精製がその後に続き、これは水と火によって行われます。つまり採石場では水によって、製錬所では火によって行われるのです。鉱石は、部分的には坑の中でも廃石から選別されますが、建屋の中でも引き上げ機から取り出して選別され、その後で建屋から運搬業者によって採石場へ運ばれます。そこでも人は、坑に在庫があるのかどうか、また採石場が近くにあるのか遠くにあるのかに応じて、それらをさらに選別しなければなりません。採石場は、水平棒システムよりも低いところにある自分自身の水車をもっています。その水車の上へ水が貯水池と水路を通って運ばれ、車輪の回転によって砕き棒が引き上げられ、これが再び鉱石の上へ落ちて鉱石を打ち砕き、そうやって十分に小さくなった鉱石は、

★26――3-5図4で「円錐ドラム」の形を見ることができる。

★27――Gaipel（現在ではGöpelwerkと呼ばれる）。牛・馬などの牽引力を利用して作業をさせる巻き上げ装置のこと。以下では「馬力巻き上げ機」と訳す。3-2図1右上のドロテア坑にこれが見える。

★28――Halle. グリムを見ると「極めて古い言葉で、一般的に屋根のある建物、場所を意味する」とある。

★29――トライベン（treiben; 英drive）。これは「駆り立てる・使役する」という意味の動詞で、当時の鉱山労働者は、動物に使うこの動詞を使って、採掘した四〇トンの鉱石量を一トライベン（一使役）と呼んだのである。元来「樽」を意味するトンを石炭の計量単位に定めたのは、一五世紀イングランドのヘンリー五世で、約二五〇ガロンの酒樽に入る石炭の重さを一トンとした。

★30――Kehr-Räder. どちらの側にも回転できる水車。

水によって合流点を通って運ばれて水路の中へ入り、こうして初めて「荒い精鉱」と呼ばれる最良の鉱石ができるのです。その他の貧弱な鉱石は、路盤の上で洗浄されます。鉱滓についてはここでは省略します。ここでは多くの知識が必要です。特に注意すべきは、精鉱純度が低すぎると、溶解するときに損失が出ますが、あまりに純度が高すぎても、水があまりに多くの良質のものを流し去るということです。特に鉱石が小さな尾鉱を生ずる場合です。採石場監督はこういう目標を示され、採石監督技師を配下にもち、彼らもまた採石見習工たちを配下にもち、その彼らが採石場の中で鉱石を砕いて分離するのです。同じく試験炉も、小さくなった鉱石を火の中で試験するのに役立ち、また試験槽は小さくなった鉱石を水中で試験するのに役立ちます。鉱石は何箇所かでは乾いたままで砕かれますし、まったく砕かれないことも時々あり、高炉の中で焼かれるか、あるいは石に変えられます。豊富な鉱石であっても、砕かれないことも、乾いたままで砕かれることもあります。

19――それに続くのが、製錬所の火の中での鉱石の精製です。これを微小次元で試金することについては、ラザロ・エルカー[★31]その他の著者が十分に記述しています。しかしマクロな次元での過程を詳細に記述した著者はまだいません。だからその分だけ、いっそう多くの勤勉さがこの根本的な探究には必要です。なぜならこれは細片での仕事とはまったく別の仕事だからです。これは焙焼し、溶解し、偏析し[★32]、製錬することから成り立っています。

20――焙焼は、露天火の中か、あるいはいわゆる焙焼炉もしくは熔錬炉の中で行われます。その中で、採石場から精錬所へ運ばれた精鉱が焼かれ、何か所かでは、この燃焼の中で硫黄が部分的に取り出されます。このとき、精鉱の種類に従って大きな違いが出ます。

21――溶解は、高炉かあるいは通常の溶鉱炉の中で、そして重いあるいは軽い石炭殻[★33]の上で行われます。そこで注目されるべきは、十字型レバーや通風坑であり、前壁、Spoer、るつぼ、送風機

★31――ラザロ・エルカー(Lazaro Ercker, 1530–1594)。ザクセンで生まれプラハで亡くなったドイツの冶金学者。

★32――seigern. 合金が凝固するときの溶質濃度の偏りによる分離。

★33――不明。

とその形、その修正、炉ガラ・亜鉛とガルマイ鉱であり、これが溶解のさいに表面に付くのです。そして最終的に製品が出来あがります。その製品の上には〔溶け残った〕石が付着することがあるので、これらは再び焼いて溶解されねばなりません。

22――銅は鉛と一緒に製錬され、そのとき鉛が偏析されます。そしてこれは、鉛の中にある銀を一緒に銅から引き出すのです。残った鉛は、乾燥炉の中で最終的に銅から選別され、それから黒銅が、そして最終的に精銅が作られ、これがガルマイ鉱と置き換えられて黄銅ができるのです。

23――この製品、つまりまだ銀を含んでいる鉛は、製錬炉の中で、〔浸出された灰から作られた〕製錬火床の上へ置かれ、そして製錬されると鉛が部分的に火床の中で生じ、部分的にそれは〔鉱滓や燃え殻のない〕酸化鉛になります。そして銀はきらめきながら生まれるので、人はこの銀を精製銀[★34]と呼んでいます。酸化鉛には二種類あります。取引用の酸化鉛と、精錬用の酸化鉛です。前者は後者よりも鮮やかな色をしており、より需要の高いものです。後者からはさらに鉛が溶解されます。これを精錬と呼んでいます。この鉛は、取引人が契約した価格で買い取ります。精製銀はまだ完全なものではありませんので、さらに完全に純粋に燃焼され、それが精錬銀[★35]と呼ばれます[★36]。これに、赤金(あかがね)つまり銅を添加して、硬貨を鋳造します。硬貨鋳造については、それだけでも別の論を展開できるのですが、それについては鉱山だけでなく他のさまざまなところでも知られていますので、今は次の項に移ろうと思います。

24――以上は、普遍的な事項について、つまり鉱業の全過程の細目にわたる詳細を根本的に記述して書いた短い草案です。そのためには、あらゆる人々の職分と職務規定を、そしてあらゆる仕事の機会と時間と賃金を、そしてあらゆる道具の形と比率と略図と値段を、常に記録しなければなりません。特にどんな場合でも、人が行っていることの理由[★37]を理解しなければなりません。なぜならそういう理由から人は光を得て、物事を正しく理解できるようになり、機会に従って応用

★34――Blicksilber. 直訳すれば「きらめく銀」。「製錬火床やるつぼの上できらめく純粋な銀」（グリム）。

★35――Brandsilber. 直訳すれば「燃焼銀」。「火によって純粋化された銀」（グリム）。

★36――以上でライプニッツは、いわゆる「灰吹法」（鉱石の中に含まれる金や銀をいったん鉛に溶け込ませ、そのあとで鉛から金や銀を抽出する方法）について述べているのである。

★37――rationes.（ratio「理由」の複数形）。ライプニッツ哲学の大原理に「矛盾律」と「充足理由律」があるが、その後者を述べたもの。

し、変化させ、改善できるようになるからです。またいくつかの物事はすでに模型によって表現されているので、そういう模型は再び組み立てられねばなりません。しかしその残りは、うまく区切りを入れて、均整の取れた明確な略図にまとめなければなりません。

25——個別的な事項はこの鉱業では特殊なものであり、ある場所・時間・その他の状況に結び付くものです。こういうものは、さらに区別できます。なぜならいくつかのものは安定していますが、その他のものは不安定だからです。またこういうもの〔の有効期限〕は、幅があります。なぜなら、いくつかのものは一〇年、二〇年以上たってもほとんど変化しないのに対して、他のもの、たとえば鉱山の勘定書などは、四半期ごとに、あるいは部分的には一週間ごとに新しく書かれて記入されるからです。

26——変化しない事項としては、鉱山の地形図があるでしょう。特に、鉱石を掘り出す場所の立地条件の地形図です。それは小さな川の中に取り囲まれていて、そのためには広大なハルツの測量は必要ありません。谷や山の立地条件も同様です。そこから湧き水が貯水池や水路に流れ、揚水装置までやってくるのです。それゆえ、当該の場所に高いところがあれば、必要に応じて、危険のないように取り除かれねばなりません。こうした立地には、鉱山に木材を供給する林や森も含まれます。そしてこれが最もよく区分され、下草を刈られ、伐採全体が管理されて、木材が決して欠乏しないように考慮されるのです。そういう概算は実に重要です。さらに、それぞれの土地の立地条件について、そこが砂地なのか、石が多いのか、スレート（粘板岩）状なのか、石灰質なのか、膠状なのか等々を記録しなければなりません。以上のすべては、見積をしなかったせいで多大な費用が出ることのないように、目算で設計することもできます。ただし、水路や貯水池や山脈の立地条件、そして同じ状態の垂直坑でも採光窓と坑道入口だけは、より厳密に計測しなければなりません。しかし地下では、すべての既知の岩脈と堆積を、そしてその上に存在する垂直坑と坑道と水平坑と立入坑道を、また主に地上から地下深くに至る岩石の在り方を、またそれがどんな風に同じ岩脈の上に、または立入坑道を通って一つの岩脈から別の岩脈へと発見されるのかを、最も詳細に記録しなければなりません。またそういう坑がもっている入り口は多いのか少ないのか、「沼地に耐える」ことができるのかできないのかも同様です。以上のすべてからは、観察の仕方について、またそれについて行われる多種多様な理性推論の基礎づけについて、また岩脈の立地条件をよりよく熟考し、古い岩脈に従って新しい岩脈を発見することについて、解明がなされます。それゆえしばしば、垂直坑や坑道や水平坑の中で木を交換し（これは一〇年、一二年あるいはそれ以上が経過した後でも、頃合に応じて、休みなく行わねばなりません）、その仕事を継続し、どんな岩脈や山峡や泉や岩石がそのあたりで露出しているかをも、記録しなければなりません。以前は「さまざまな十分な岩脈が発見され、それを木で補強した」などという情報は、特に水平坑を試掘する人々が一般的にもっていましたが、そういう情報をもっていた昔の人が死んだあとは、どこで山が崩れるのかという場所は現在もう発見することはできなくなり、また誰も将来そこへ到達できないだろう、ということです。こういう地下の地形図は、坑や坑道の中での岩石や岩脈をも含むものですが、今まで作成されたことはありません。もしできていれば、現在大きな利益になったことでしょう。それは、こうした性質が変化しないものだからであり、子孫に残すものとしてはこれ以上に有益なものはないからです。これは、たとえわれわれ自身がそのことから大きな利益を得ることがなくても、われわれの子孫が、われわれにできなかったことを時代がたつにつれ取り返すことができ、無駄な費用を使わなくても済むためのものです。

27――こういうことは、部分的には実地調査によって得なければなりませんし、また部分的には昔の人々の記録から受け取らねばなりません。また部分的には、木の交換状況の記録から、また毎日の鉱山労働での出来事から、抽出し引き出すものです。この場合は、人は習慣を信用しすぎてはなりません。なぜなら昔の職人たちの経験は、彼らが亡くなれば彼らとともに失われるのが常であって、他の人に伝えられることは少ないからです。しかし私自身は、現在の人々がそれについてはもう何の情報も持っていない事柄を、それほど古くない記録の中で発見したことを覚えています。とはいえそれぞれの報告を信用し、そのために費用を使わずに済むように、そういう記録を熱心に書きとめることはよいことです。それは同じことが起こり、さらなる公示がそれに付け加えられた場合に、それを使うためです。

28——この地下の地形図には、すべての坑や水平坑や坑道の現在の立地条件が含まれねばなりません。つまりそれぞれの坑に、どんな垂直坑、切羽（きりは）★38、採掘現場、水源、合流点、水平棒システム、単体の水平棒、があるのか、そしてどれほど遠くそして深くまで運営されているのか、そしてそれぞれの場所は時間で測ればどれほど岩脈から離れるのか、そしてそれぞれの場所でどれほど多くの透かし掘りが同時に行われるのか、等々です。なぜなら、それらは変りやすくはないが、時間がたつにつれて諸変化が気づかれるようになるからです。それゆえ、何年も経過した後で新しい一般的な地下の地形図を作成する必要はないのです。しかし個別的な測量なら年々作成してよいでしょう。

29——今まで使ってきた略図は、部分的には平面的な図であり、部分的には垂直的な図です。あるいはそれ以外に人が呼び慣れている言葉でいうと、平面図（ichnographia）と断面図（orthographia）★39であり、また部分的には両者の合成図なのです。平面図がもつ欠点は、垂直坑の立地条件を、また坑道が他の坑道のどれほど上にあるのかを示せないことです。他方、断面図がもつ欠点は、坑の中の場所の距離と、地上でのその立地条件を示すことができず、はるかに離れて存在しているものをしばしば集めなければならない、ということです。そして人は合成図をつくる正しい規則に気を付けようとはしないので、それをほとんど使うことができないのです。人がそれを他のものと

★38——Feldort.「垂直坑や水平坑において、垂直方向あるいは水平方向のさらに先にある鉱脈に向けて、そこから掘り進められる場所」（グリム）。

★39——ichno-はギリシア語で「足跡、歩み」の意。-graphiaeは「描（書）かれたもの」の意。合わせてichno-graphiaeは直訳すると「足跡が描かれたもの」となり、通常は「平面図」と訳される。ortho-は「まっすぐな、直立の」の意。-graphiaeと合わせてortho-graphiaeは直訳すると「垂直に描かれたもの」となり、ここでは「断面図」と訳した。

混合しようとすればするほど、それは正しくなくなります。それゆえ、鉱山の投影図的あるいは透視図的な略図を描くことが必要です。それはいわば、目が空中に漂い、山が透明であるかのようなものです。そうやって人は、地表の立地条件を、そして坑の坑道床面を（坑と坑道と一緒に）、また垂直坑やその深さを一度に明白に比例関係をもって知ることができるのです。しかしすべての測量技師が投影法に精通しているわけではないので、そこには特別の指示が必要です。こういう遠近法的略図は、その平面図や断面図と結合されねばなりません。そしてこの両者がそれぞれ自分のやり方で自分のものを表現するように、人は結合された二つのうちの一つを通じて、正しい立地条件を最も上手に構成できるのです。

30――しかし一般的な略図は、決して詳細なものではありえませんから、それぞれの坑のために再び、こういう三種類の特殊な略図を作らねばなりません。そして、ある特殊な領域についてだけでなく、たとえばライン川やドナウ川のように、ある領域から他の領域へと至るような流れの全体のために航図があるのとちょうど同じように、水平坑についても長い略図がなければならず、そのさいに搬出元となる作業場やそれと関係する坑を示さねばならないのです。でもこういうことはただの平面図を通じてもできるので、これで十分なことができたと私は思っています。

31――坑は週ごとに変化しますが、略図はそれほどしばしば変化するわけではありませんから、それぞれの坑について独自の一覧表を作ることができるでしょう。これは、たとえそれがなくても鉱山の状況を理解でき、鉱山の概略も知っているような人に、週ごとの鉱山の状態を簡潔に示すためのものです。これは、選帝侯官房の人々が毎週協議をして特別報告をするさいにも大いに役立つものです。たとえば担当係員の歩合制賃金契約や、監督技師の昇進や、坑夫の仕事を根本的に検証し、正しい概算を作り、現在行われている坑の建設によって利益と損失のどちらが期待できるのか、どんな手段をとればしばしば仕事が得られ、変えられ、そして正しく投資されるのか、赤字に陥った坑をそれから脱却させて黒字に転じるにはどうすればよいのか、などを検証するさいにも役立ちます。鉱山監督官と担当係員は、安心して概算を作成できないこともしばしばで、運まかせになり、根拠のない恐れから利益の出る仕事を放棄することもありますが、その周りにいる人々が坑の状況をあまりよく知らないようでは、彼らに助言することも手を貸すこともほとんどできないのです。

32――そこでこういう坑の一覧表は、次のように作成することができます。最初に記されるのは坑の名称で、その次が、主要岩脈の立地条件や、側方岩脈の立地条件です。つまり主要岩脈の上方に掛かっているのか、下方に横たわっているのかということです。その側方岩脈は、しかじかの時間またはしかじかの角度で主要岩脈からそれる形で続いていて、次の坑がそこにあります。それらは、主要岩脈の後方にこの岩脈が、前方にこの岩脈が、側面にこの岩脈が、反対側に別の岩脈があるというように続いています。岩脈は、しかじかの高さにあり、最初の一〇ラハターは厚く、岩塊からできていて、ある角度と倒角[★40]によって深く沈んでいます。次の一〇ラハターもその繰り返しであり、岩塊からできていて、厚く、倒角によって深く沈んでいます。これらは連続的なものです。さらに付け加えるべきは、坑の描写と、特殊な地下の地形図を説明しておくと、この一覧表の解説に役立つということです。さらに付け加えるべきは、上方に掛かるか下方に横たわるかという倒角や時間は互いに違っており、それらは上下に重なったり交わったりしていること、或る坑の岩脈は別の岩脈に続いて沈んでいること、岩石がどれほど沈殿していてどれほど荒々しいか、などです。坑は一定数の垂直坑と作業場をもっています。その場所は、切羽、採掘現場、水源などです。この場所にある切羽は、垂直坑からしかじかの距離としかじかの深さだけ離れていて、第一、二、三、四の透かし掘りを行っています。どの透かし掘りにおいても、それが切羽からどれほど深く、垂直坑からどれほど離れていて、どんな種類の岩石が見られ、どれほ

★40――Donlage.「鉱山用語で、ある鉱脈の、あるいは別の平地の傾斜の方向のこと」(グリム)。

ど厚いのか、などが示されねばなりません。またそれぞれの垂直坑がさらにどれほど沈み、それぞれの場所では透かし掘りがどれほど続けられ、そこにどんな岩石が見られるのかも、人はその中に毎週書くことができるでしょう。垂直坑と場所と透かし掘りについては、すべてを理解することができます。ここで考えられるべきは、一つの坑は通常は切羽を二つもっているということです。申請された鉱区で坑が垂直坑からその両端へ進み、その期間に別の場所で採掘権の設定を申請すれば、また一つの岩脈と出会うことになり、再び自分の切羽を持つことができます。たとえ鉱区が大きくても、そこにはしばしばさまざまな垂直坑があり、その鉱区は対になる二つの作業場を備えて着工されるのです。こういうすべての場所の週ごとの状況は、正確な一覧表があれば示すことができます。それに付け加えるべきは、それぞれの場所ではどれほどの請負仕事が行われているのか、どんな穴が掘られているのか、実際にどれほどの収入があるのか、何が積置場の前にあるのか、どれほど多くの記録が作られているのか、どれほど多くの事業が実際に行われているのか、監督技師はどんな義務をもつのか、何が採石場へ運ばれるのか、さらに建屋ではどれほどの精鉱が焼かれるのか、そこで何が一週間焼かれるのか、焼き木、賃金、どれほどの溶解物と石炭、それに精錬工の賃金が使われるのか、どれほどの製品と石が生まれるのか。何が製品から作られるのか、作業する人の賃金、作業用木材、どれほどの酸化鉛・炉・精製銀が得られるのか、酸化鉛から何が精錬されるのか、酸化鉛と炉からどれほどの鉛と精製銀が溶解されるのか、小さな検査は大きな検査とどれほど一致するのか、鉱山開発追加資金の収入、収穫物の支出、鉱山の在庫品と借金です。そして最後に、次週に何をすべきかを読み上げる中での決議です。

33——この鉱山の一覧表からは、週刊の小冊子を抜粋することができるでしょう。これによって鉱山の全状態を見ることができます。まず鉱山や水平坑などの名前です。そして坑にはどれくらいの労働者、つまり削岩坑夫と透かし掘り坑夫がいるのか、どれほどの爆破によってどれほどのものが得られたのか、どれほどの火薬と油が使われ、鉱石と鉱山はどうやって運営され、さらに運営されようとしているのか、建屋と採石場ではどれほど燃焼されたのか、どれほどの銀と酸化鉛と鉛と炉がそれぞれの坑の前にあるのか、在庫と借金はどうか、などです。

34——もしこれに加えて、さらに短い主要**小冊子**を作ることができた場合は、その中に含まれるべきは、鉱山の名前はまったく出さずに、すべての坑、馬力巻き上げ機、採石場、製錬所における鉱業全体はどれほどの値打ちをもつのか、逆にそのために何が積置場や建屋や採石場や製錬所や十分の一税の中で起こり、それは先週とどう違うのか、そしてその変化の主要理由です。また**建屋の書記の一覧表**、作業親方の選抜、鉱山の週ごとの報告書と議事録、鉱山監督局の先週の報告会で特に注目すべきだった内容などのすべてについても、人は具体的で時宜にかなった情報を十分に得ることができます。

35——またそれぞれの鉱山職員や作業親方は、そこで起こったことや憂慮され反省すべきと感じていることを、週ごとに思い出して口頭か書面で報告しなければなりません。これは特に採石場と製錬所で行われねばならないことで、採石場監督は採石場で任された鉱石について、製錬所監督は製錬所での精鉱について、それがどんな状況であり、そこで忘れてはならないことは何かを報告しなければなりません。特に採石場監督が記録しなければならないのは、しかじかの坑からしかじかの時間に採石場でどんなものを任されて、それを粗削りの精鉱にする次の工程に渡したのか、そして自分は試験槽での検査をどうやって行っているのか、などです。それゆえ彼は、鉱石の種類を毎週の抜粋の中で示して、建屋の監督技師や作業親方がそれを詳細に知ることができるようにするのです。それは、採石場や製錬所の監督がこの報告を、自分に任された鉱石や精鉱の観点から見られるようにするためであり、採石場や製錬所の書記がこういう報告書を書けるようにするためです。製錬所の報告書の中に書かれるべきは、坑の鉱石から精鉱をどのように取り出して火の中で扱っているかです。それゆえ人は将来、採石場と製錬所の週刊の報告書を持つべきなのです。

36――ですから鉱山評議会、十分の一税徴収人、鉱山監督官、鉱山書記、十分の一税書記、製錬所監督、採石場監督、山林書記、硬貨監督官の全員が、専門の月刊の小冊子を作って、それを選帝侯官房に送るのが賢明なことでしょう。その中に書かれるべきは、自分にどんなことが起こりまた将来起こりそうか、また鉱山の再開にはどんなことが役立つと思われるかなどです。また誰もが業績不振の理由と考えていること、有益な何かのために誰もが熱心に行わねばならないことも、記憶のために書かれねばなりません。

37――毎年の鉱山の会計報告がたいへん高額になり、そのためしばしば中断されることもあるので、或る特定の検査官が年に二、三回、抜き打ちで鉱山を訪れ、一つ以上の箇所を厳密に検査し、鉱山の職員たちと一緒に鉱山の会計報告を最終的に作った後で初めて重要な事柄を企画できる、というようにすることは賢明でしょう。こういう検査官は、前述した鉱山の書類を検査できるのです。とくに職員たち、なかでも鉱山書記と監査役と鉱山測量技師は、彼のところへ行かねばならないのです。

38――またクラウスタールとツェラーフェルトの間で同型の仕事が生じた場合も、その仕事を推進させるために、上述の検査官が委員会でその任務を委託されます。そういう同型の仕事を推進するには、クラウスタールとツェラーフェルトの鉱山と採石場と製錬所がその費用と作業工程を互いに提携して持ち、両者が異なる報告を検討し、最も有益と判断したものを選び、そうしてはじめて現場でこれまでなかったものを試し、それからこれを双方で導入するのです。そのようなしかたですべての鉱山労働が行われるとき、鉱山の完全な描写や厳密な検査のための基礎が置かれることになるでしょう。

39——鉱山で実際に起こったことについての完全な情報の中には、鉱山の全過程の普遍的な事柄だけでなく、或る場所と時間に限定された個別的な事柄も含まれねばなりません。ですから連続的な記録だけでなく、年次別の鉱山決算書、四半期の決算書、月刊の小冊子、週刊の報告書、有意味なものをまとめた概略書、図表、抜粋、主要小冊子などをできるだけ良く作るべきであり、これはすでにある計画の中に含まれています。その中には、このそれぞれがどうやって生じ、おそらく生じるべくして生じたのか、そして場所や時間に応じて変えられ改善されようとしたのかも、部分的に示されているものもあります。

40——最後に必要なのは、そうやって生じたもののより良い情報に役立ちうるものを、すべての物のために変化させて導入することです。つまり先に示したように、森や谷や水（つまり川）や鉱山についての地勢図であり、鉱脈や岩石の種類が書かれた一般と個別の地下の地形図です。その中には、すでに見たものもあります。つまり場所の平面図的・断面図的・透視図的な概要、道具や技術の概要、すべての鉱山労働の記録にその理由を添えたもの、〔金鉱山に〕同型の労働の継続、坑や製錬所や採石場の報告書、特殊で主要な一覧表、月刊と週刊の小冊子、検査などです。

41——また鉱山や採石場だけでなく、建物に関しても製錬所の作業工程を他の鉱山から導入するということも、場合によっては検討しなければならないでしょう。このことは、文通などだけでできることではなく、何よりも豊かな天分の感じられる鉱山の若者たちを獲得することから始めねばなりません。そして彼らには、旅行をしてさまざまな鉱山を見る機会を与えるのです。そうすれば彼らの中から、やがて有能な担当係員や監督技師が出てくるでしょう。とくにわれわれのところの人々は、概してフライベルク★41より遠くへは足を延ばそうとしませんし、また他の場所で使うことができて役に立つ多くの利益についても、何の知識も持っていないのです。

42——長く働けば働くほど労働者が鉱山労働で特別の利益を得ることや、同時に請負仕事を獲得

★41——ザクセン州の都市。ドレスデン西方にあり、一二世紀に銀鉱山が発見され、銀の産地として栄えた。

しようとするさい他人の真似をしないことは周知の事実で、改めて指摘されるまでもありません。それゆえ鉱山の人々をこの損得の激しい請負仕事へと勧誘するには、鉱山の若い人々にときどき試験を受けさせ製品を作らせて賞を与えればよいのです。なぜなら鉱山の仕事はいわば職人芸であり、親方よりも監督技師が尊重されているので、彼らは一定量の製品を作って実力を証明しなければならないからです。それは、ただ縁故や友情によってだけではなく、業績によっても助成が行われるようにするためです。そうすれば彼らは、何よりもまず自らの請負仕事を正しく獲得し、時間がたてば尊敬をもって見られるようにもなり、それだけ昇進することになるでしょう。

43――周知のように時間外労働はたいへん欺瞞的な働き方であり、労働者たちは時にはぶらぶら暮らすだけで分相応以上の賃金を受け取っています。しかし、彼らが徒党を組むことには注意しなければなりません。そうした機会があれば、そのことによって、坑は有り余るほどの労働者によって圧倒され、負債を作るようになり、鉱山同業者組合は弱体化し、最終的に閉山するはめになるのです。ですから、請負仕事がある時間内で完成されない場合は、こういう時間外労働は部分的には廃止して、この形での支払いはされるべきではない、ということをよく考えてみるべきです。また監督技師たちはこれまで時間外労働によって十分なものを享受してきたので、彼らから労働者たちに、こういう有害な習慣は廃止されるべきかどうかを尋ねるべきです。その代わりとしては、或る額の奨励金を導入して、監督技師が自分の促進した分の鉱石からそれを得られるようにするのです。これは、彼の勤勉さを激励し、たて割りの区分けをすべて廃止する正しい手段になるでしょう。なぜなら彼は、そこ〔たて割りの区分け〕に何の利害も見出さないでしょうし、もしそれで多量の鉱石〔採掘〕が将来促進されることになれば、鉱山の利害は彼の利害と一致するだろうからです。これまでは鉱山の利害だけが促進されてきました。鉱山監督官と担当係員たちは、しばしば出来高賃金契約を結び、それからいくらか収入を得ています。しかし出来高賃金契約を結んだのにほとんど利益が得られないことも多いので、果たしてこの出来高制の賃金がラハターに応じて支払われるかどうかは未決定です。もしそうして多額の利益が得られれば、鉱山監督官も担当係員もその分だけ多く享受できるでしょう。また出来高賃金そのものがラハターに従って支払われるからこそ、こういうことはむしろ行われるべきなのです。また彼らに、奨励金からもいくらか受け取らせることもできるでしょう。

44——鉱山監督官や担当係員はすべてを記憶できるわけではないので、或る人や他の人を判定するさいに、多くのいい加減さや見落としや間違いが紛れ込むこともあり、間違った名前が書かれたり、一人の労働者がある時間にさまざまな場所にいることになったり、一つの作業工程で二工程働いたことになることもあります。この不毛な出来事に対抗するには、出来高賃金契約の一覧表を使えばよいのです。その中には、それぞれの坑にいる労働者の名前と、その人の行った契約、賃金の額、実際に得ている収入の額、そしてその間の行動が、四半期ごとに書かれています。この一覧表から人は、それぞれの労働者がどれほど勤勉だったのか、彼はどれほどの賃金にふさわしいのか、さらに彼をそのままその職にとどめて昇進させるべきか、あるいは解雇してさらに処罰すべきか、などを見ることができるのです。

45——鉱山の中に多くの水平坑が作られている場合、二人以上の坑夫が一つの場所で働くことは通常は不可能ですので、たとえどれほど費用をつぎ込んだとしても、多くの水平坑は二〇年いや五〇年かかっても開通することはありません。そこで水平坑作業★42という方法が促進され、通常は五〇年かかってもできない作業が、一〇年いや五年で開通するようになりました。この方法は、垂直坑や採光窓や採掘現場や坑道を作るさいに、また多くの坑夫は同時に雇えないがそれでも時間を短縮したいあらゆる場所を運営するさいに、実にみごとに役立つことでしょう。

46——坑内空気の悪さは、主に換気されないことから起こります。これはしばしば作業の大きな

★42——Stollenarbeit.「水平坑の中あるいは傍で行われる仕事」(グリム)。

妨げになりますから、多額の費用をかけて水平坑や坑道や採光窓を作らざるを得なくなります。そのような換気を大いに促進する方法があると私は思います。それによって、おそらく採光窓のほぼ半分は不要になるでしょうし、水平坑の建設費は何千ターラー★43も節約できるでしょう。

47——その目的〔換気〕には、これまで使ったことのない風力を使えばよいのです。この技術を使えば、多くのことが改善されるでしょう。その影響力については先に部分的に見ました。そのために建設されるべき風車が水車に対してもつ長所を、ここで見ておきましょう。まず風車は、ある一定の数や大きさに縛られることがないので、一基の風車を設置できた場所には一〇基の風車を設置することができます。そして風車の回転翼は、通常よりもはるかに高く広くすることができます。また新しく発見された方法はたいへん確実で安定していて力強いので、その建設費も整備費もごく少なくて済みます。逆に水車は、数が限られており、滝★44の数に制約される上、その滝よりも高くなれず、また水車のサイズよりも大きな羽根板は作れません。風力を使えば、今まで鉱山で普通に使われていた力は倍以上になります。また揚水装置にはふさわしくない立地条件でも新しい坑を採択することもできますし、今まで「沼地に耐えられなかった」古い坑を排水することもでき、追加資金を収穫高に変えることもできます。またもし二、三基の風車を建てれば、全体の仕事を分担できるので、どんな坑でも深すぎたり水が不足したりすることはなくなり、費用を負担できて風力を付け加えることができさえすれば、地下水から解放されるのです。もし坑が風を受けるには深すぎる場合は、また手段を考えねばなりません。

48——さらに、水が風力によって上方まで持ち上げられ、そこから落下して人工の水路へ導かれることもありえます。ちょうどそれは、インネルステ川★45でトゥルムローゼンホーフ鉱床★46のために行われ、また黒水★47でブルクシュテット鉱床★48のために行われていることであり、おそらくそれ以外の場所でも利益を伴いつつ起こりうることです。

★43——Taler. 一六世紀から一八世紀まで通用したドイツ銀貨で、のちの三マルク銀貨にあたる。

★44——Fall. 水が上から下へ「落下」する場所、つまり「滝」のこと。

★45——クラウスタール＝ツェラーフェルト南東、オーバー・ハルツ地方を流れるライネ川の支流。ヒルデスハイムはその沿岸の都市。

★46——Thurm Rosenhofer Zug. ハルツ地方の鉱床の一つ。

★47——Schwarzes Wasser. 現在オランダとドイツを流れる川で、Zwarte Water (Black Water) と呼ばれている。

★48——Burgstätter Zug. ハルツ地方の最重要な鉱床の一つ。

49——水が水車の車輪を経由して谷へ落下してしまえば、その水はそれ以上落下することはできませんが、こういう水でも風力によって高いところまで持ち上げれば、もう一度使うことができます。そうすれば実質的にまだ半分ほどの水が残っていることになります。これはブルクシュテット鉱床で、特別に良い条件で生じていることであり、すでに部分的に資金も送金もされていることです。

50——採石場も風から助けを得ることができます。たとえば風力によって水が高いところまで持ち上げられて再び使用されるとか、あるいは採石場が、小川が流れてはいるがそこに水の落下がないような沼地や均衡貯水池〔ヴィーダーヴァーゲ〕★49に接して建てられている場合です。風力によって、そこに水の落下を作ることができるからです。

51——また風車を使うなら、採石場を坑のそばに建てることもできますから、高価な運送費を節約できるでしょう。また風力によっていわば滝を作るだけでなく、風力を直接的に水力に加えれば、水は節約されて多く余るでしょうから、それを採石場で使うこともできるでしょう。

52——またこの余剰水は可逆水車のために使うこともできますし、風力と水力をそのまま併用しても、これに役立てることができるでしょう。また「馬力巻き上げ機」の馬の費用の大部分を節約することもできるでしょう。

53——以上の内容をある意味で凌駕すると思われることが、まだ残っています。それは、高価な水平棒と垂直坑のシステムを、ピストンや革張りや摩擦ごと放棄してしまって、それでも何百ラハターも離れた場所で、現在使われている水平棒システムを使うよりずっと強力に働き、水をはるかに深いところから引き上げるという方法です。これは鉱業技術の領域で現在最も求められていることです。なぜなら過度な費用によって坑が極度に圧迫されるだけでなく、力の大部分が摩擦によって吸収されるからです。そしてあまりに多くの水平棒のせいで、坑が「沼地に耐えられ

★49——Widerwaage. widerは「〜に反対して」という意味の接頭辞。Waageは「揺れるもの」という原義から「秤（はかり）・水平」という意味になった言葉。合わせてWiderwaageで「水平に反対するもの」（水平になって水流が止まることを防ぐための施設）。3-2図1の右下に描かれている。鉱山で排水ポンプを動かすには水車が必要で、つねに水流の確保が必要だった。そのため自然の貯水池の近くに人工池Widerwaageを作り、渇水時はここから自然の貯水池へ（たとえば図のようにスクリューコンベアを使って）水を供給し、氾濫時は自然の貯水池の堰を抜いて、ここへ水を排水し、常に一定量の水流が保たれるように工夫した。クラウスタール＝ツェラーフェルトの東にフートタールHuttalという町があり、そこに残るHuttaler Widerwaageは、現在ユネスコの世界遺産になっている。

なく」なり、まったく圧迫されて、高価な直下坑★50を運営しなければならなくなったのです。そう〔風力と水力を併用〕すれば、たとえ坑が谷の底にある〔ので風が望めない〕ときでも、あるいは滝が垂直坑からはるかに離れたところにある〔ので水が望めない〕ときでも、こういう風力か水力のどちらかを垂直坑へ運んでくることができるでしょう。はるかに離れたところでこれを実現するには、そして自然の糸を正しく張りめぐらすには★51はどうすればよいのかは、多くの人々が研究していますが、現在は正しい原理が分かりませんので、まだ考え出されていません。

54——鉱石をよく理解するには、さまざまな倍率の良質の顕微鏡を使うことが必要です。またハルツで鉱物関係の部局をもつことも必要でしょう。つまり鉱山や岩石の種類を研究し、坑での実験を常に調整してその結果を報告する部局です。これはかつての選帝侯直轄の組織にあたるものです。

55——採石場でも、製錬所に劣らないほど細かい試験を、試験槽によって行うことができます。おそらく溶解する時より、むしろ洗浄する時のほうが、より多くの破損が生じているでしょう。それは鉱山の実験者のせいなのか、あるいは他の原因に帰すべきなのかは、これから調査すべきでしょう。

56——また現在は凹面鏡（集光鏡）というものがあり、これを使えば送風機(ふいご)や風炉の助けなしでも岩石を溶解できますから、この凹面鏡を使って細かい実験を行うのが賢明でしょう。それは鉱石を実験するさいに、風と送風機によって破損を免れることができるのかを見るためのものです。

57——それ以外にも、ランプの炎によって大がかりな実験を行うこともできるでしょう。これはたいへん稀少で、簡単で、そして美しい実験です＊01。

58——大局へ向かう仕事は、細部に向かう鉱石精製プロセスとは明確に区別されるので、細部に向かうのでは不十分です。全体でも同じことができる手段と方法をどうすれば発見できるのかを

★50——Richtschacht.「後で補完するかどうかなどは考えず、ただ直線的に掘り下げた坑。鉱脈を掘り当てるために使われた」（グリム）。

★51——das filum naturae recht anspannen. 風車と水車を併用して作る「水のリサイクルシステム」を拡張することを、「自然の糸を張りめぐらす」と言っていると思われる。

＊01——〔原注　これについてライプニッツは、後に次のように欄外に記している。「しかし賭け事だ。そのことを私はガラスを作るさいに経験した」(A I, 3, 166, 2–35)。つまり、その実験の成功率は高くないと補足したのである〕。

考えねばなりません。ですから大局的な仕事を最もよく探究するためには、次のことが必要です。すなわち細部へ向かうが中程度のスケールを伴いつつ全体におけるのと同じ仕方で進むことです。★52 つまり精鉱を焼き、石炭殻の上で溶解し、産物を引き出し、その産物をふさわしく製錬し、それから酸化鉛を分離するのです。すべては、全体でいつも起こっていたように起こります。こうすれば全体で利益を伴いつつ仕事をするときに、何かを変化させたり差し引いたり付け加えたりするにはどうすればよいのかを、多大な費用を必要とせずに経験できるでしょう。

59――この方法によっておそらく、鉱石を高炉の中で溶解し、それによって費用や採石の目減りを省き、それ以外の過程を短くすることもできる正しい工程を発見できるでしょう。費用のかからないその他の実験については、ここでは省略します。

60――また実に多くのものが鉱山測量技師の技術に拠っていますから、これを完全なものにするために二、三の新発明がされています。まず第一に、もし下げ振り付き水準器★53がなかったとしても、人は水平線と垂直線を得ることはできます。また風の強いときでも水準器で計測することはできるでしょうが、そういうときに下げ振りがあれば、一方で他方を検証できるでしょう。さらに人は、普通のものよりはるかに正確なコンパスをもつことができます。そして普通に使われているものよりあまり大きくはないが、より鋭敏に分割できる器具、たとえば新しい測量用水準器です。これを使えば、すべてのものを最も鋭敏に分割することができ、鉱山同業者組合が支配権をもっていたときに大きな被害がしばしば起こったのとは違って、それほど簡単に間違うことはなくなるのです。

以上。

★52――これは自然を考えるときにライプニッツが使っていた「自然の斉一性」の原理（連続律）である。ゾフィー・シャルロッテへの手紙でそれを彼はこう説明している。「自然の事物に関する私の大原理は…〈いつでもどんなところでも、すべてはこことまったく同じ〉であると申し上げておきました。すなわち、たとえ完全性の大小つまりその度合いに多様性があるにしても、ものの根底では自然は斉一であるという原理です。ここから、この世でもっとも容易で、もっともわかりやすい哲学が生まれます」(K II, 1, 359)。

★53――鉛製の分銅のこと。

❖ 3-4……水平型風車[★01]についての覚書——エルンスト・アウグスト公爵のために

Leibniz für Herzog Ernst August. Promemoria. März (?) 1684.

(A I, 4, 41–44)

1——たしかに鉱山では、しばしば動力不足が起こります。そのことは、この〔一六〕八四年の過ぎた四半期の記録が示していますし、それ以外の多くの冬や夏でもそうでした。なぜなら貯水池がまったく干上がってしまい[★02]、水力施設や採石場や精錬所にある水車が止まってしまうからです。このことから領主や鉱山同業者組合は一〇〇〇ターラーもの減収を蒙っています。またこの春も雨は強くは降らなかったので、この夏も水不足が心配されています。もう貯水池がひどく干上がっているからです。

2——しかし鉱山は、どんな時でも余剰の動力を持つことはできず、もし動力が手元にあれば、すぐにそれを使ってしまいがちです。なぜなら、もし水に余剰があった場合、①われわれは新技術を、余剰のない鉱山で使うでしょうし、②馬の代りに可逆水車を使って鉱山から鉱石を掘り出すこともあるでしょうし、③採石場を鉱山の近くに設置することによって多額の運送費を節約して、余剰鉱石の乏しさを補うこともあるだろうからです。

3——さて風は巨大な動力を与えるものです。そのことは、少なからぬ量の収穫をもたらす風車小屋を見ても分かります。オランダやその他の国々では、土地が水没したときはいつでも風力ポ

★01——水平型風車は3-2図2参照。

★02——ライプニッツの技術方面の研究者ユルゲン・ゴットシャルクの論文「上ハルツの鉱業における技術改革の試み」(Jürgen Gottschalk "Technische Verbesserungsvorschläge im Oberharzer Bergbau" in *Leibniz: Philosoph, Mathematiker, Physiker, Techniker*. Karl Popp, Erwin Stein (Hrsg.) Universität Hannover, 2000, 111) には、「一六六六年から一六七八年まで一二年にわたって、きわめて長期の旱魃が続いた」という記述がある。地球全体の気候条件から見ると、この時期の旱魃は、一六四五年から一七一五年にかけて、太陽黒点が著しく減少したマウンダー極小期の寒冷化と深く関係していると思われる。

ンプを使って排水していますし、フランス王国のヴェルサイユでも、揚水装置には風力が使われています。また風力は、製材所や搾油所などでも必要とされています。

4――また条件という点についても、ハルツには風力の不足はありませんし、特にクラウスタールは周知の如く高地にあるという利点をもっていますので、ここで確認実験を行うこともできます。だからもしハルツでだけ、そして鉱山でだけ風を使えないとすると、それは大きな不思議と言わねばならないでしょう。ある偉大な聖職者の言葉によれば、それは神の奇妙な摂理ということになるでしょうし、また私が以前そう感じていたように、それは人々の頑固きわまりなさということになるでしょう。

5――風の強い時期も十分頻繁に訪れます。だから、雨よりも風のほうが起こりにくい、と主張する人々の言葉には何の根拠もありません。たとえばこの六週間のあいだに風は十分に吹きましたが、雨はほんの少ししか降らなかったことを見ても明らかです。

6――たしかに風はいつも吹くとは限りません。しかしわれわれは、それを補って余りあるほどの風力を得ることができます。というのも、よく考えれば水車はある一定数の滝[★03]を必要としていて、それはわれわれにはどうすることもできませんが、風車は、自由時間と土地さえあればいくらでも多くでも建てられるからです。

7――風車の力は大きいものです。鉱山監督局の人々は、水を約五ゼッツェよりも高く、つまり垂直坑の高さより高く引き上げることはできないと考えてきましたが、彼らは、ある風車が水を一三～一四ゼッツェ、つまり七〇ラハター、つまり四五〇シュー引き上げたことを知りました[★04]。つまり彼らが不可能と考えてきたことが可能になったのです。もし私が何か大事を成し遂げたとすれば、それはこのことを示したことにすぎません。

8――風車は、十分に安全に保管することも、存立させ続けることもできるでしょう。製粉機を

★03――Fall. 水が上から下へ「落下」する場所、つまり「滝」のこと(3-3注42)。

★04――SäzeとLachterとSchuh. 当時の長さの単位。ラハターは約2mにあたり、シューは約30cmにあたる。文中の70ラハターと450シューはほぼ140mだから、それから換算すると一ゼッツェは約10mにあたることが分かる。

風力で動かしているところではしばしば、新設の風車が故障することがありますが、その主な原因は、風車を操作する人の気まぐれな操作や怠惰な操作であり、あるいは無理解な操作であることも、最近十分に判明しました。ですからすべてが十分に設備され、十分な施設が整えられれば、風車には水車よりも少ない故障しか起こり得ません。

9――風車の利益は、建設費や維持費よりもはるかに大きいのです。もし一つの風車が年に六週間以上は動かないとしても、その排水によって、維持費や建設費よりも六〇〇ターラーも多い利益を得ることができます。

10――新しい水平型風車は[★05]、大きな利点をもっています。なぜなら、そもそも風車というものが二〇〇ターラー以上はかからないし、水車に必要な手入れも必要ないし、昼夜を問わず、また方向や位置に縛られることなく、どんな風によっても動くことができるからです。また嵐に対してもまったく安全です。

11――風力は蓄えて、いわばストックしておくことができます。そのことを理解するには、風力を使って水を貯水池へ汲み上げることを考えればよいのです。風力は貯水池の水としてストックされ、そのあとで水力機械や採石場などで鉱山全体の利益のために使うことができます。[★06]風車に反対する主要な理由は、風は使いこなすこともできないし、使いたいときに手に入れることもできない、というものですが、貯水池まで汲み上げたすべての水は、純金と同じほどの価値があります。そういうものが一つでも十分にあれば、われわれは風を十分に使いこなしていると言えるでしょう。

12――これを完全に実行することは、最も喜ばしいことでしょうし、鉱業にとって有益であるだけでなく名誉なことでもあります。こういう水平型の風車は世界のどこでもまだ見られませんので、これが鉱業に少なからぬ名声をもたらすことは確実です。またこれはコストもかからず有利

★05――回転翼が垂直方向に回る「垂直型風車」に対し、「水平型風車」は回転翼が水平方向に回る(3-2図2)。

★06――3-2注04に既出の「風力と水力を併用しての水のリサイクルシステム」。風力がもつ運動エネルギーを、水の位置エネルギーという姿に変えて持続的にストックするというアイディアである。

なので、すぐに模倣されることになるでしょう。鉱業に名誉を与えるものはすべて、この業種の魅力を高めるのに役立ちます。そしてここでは誰もが、最も喜ばしく称賛すべき意図をもち、そして父性をもって配慮していることは言うまでもありません。

13――多くの人がこれを不可能だと思っていましたので、その分だけ名声は大きくなります。魂深きアイヒホルツ氏[★07]の魂深き鉱山の中では、自分がまったく知らない分野について、驚嘆すべき判断が、そしてあるパターンをもつ神学的なねじれた論説が、まかり通っています。もし善良な人々が、いわゆる精神的熱意から、あるいはむしろ驚くべき気まぐれから出発して、自分が理解していないことについて判断し、われわれの主である神の名前を濫用し、自分が聞いたすべてのことについて、辻褄が合うか合わないかにお構いなしに混乱して考えるなら、そのねじれはさらに進むことになります。風車は鉱山へ導入すべきではないし、たとえ導入しても何か納得のゆく結果は達成されない、それが神の特別で顕著な摂理だ、と彼は考えています。それを証明するために彼は、新しく発見された風の理論に言及していますが、それを彼がどうやって使っているのかは誰も知りません。それは、風を使って飛ぼうと望んだ達人について述べたものであり、自分の技術とかみ合わない理論です。ですから両者には風が必要なのです。それゆえ、風は技術や揚水機にふさわしくない、という考えは実地実験によって、世界の他の場所だけでなくこのハルツでもすでに論駁されているのです。それについては前記の**3**に書きました。人間は風を小さな建物の中に閉じ込めることはできず、必要なときに風をそこから出してくることもできない、という議論に対しては、前記の**11**で回答しました。また、われわれはたしかに風そのものを出し入れすることはできないが、例えば風の力を使って水を貯水池まで汲み上げれば、風の力や効果をストックして保管しておくことができる、ということも示しました。しかしこれは、そうであらねばならないことでもないし、そうであるべきことでもありません。われわれの主である神がそう

★07――文の前後関係から考えると、このアイヒホルツ（Eichholz）氏は、ライプニッツの風車計画に反対していた鉱山監督局の高位の役人と思われる。

望んでおられるのです。なぜでしょう。かつて「風力方式の馬力巻き上げ機」[★08]を使って鉱石を坑から引き出す実験が行われましたが、これは成功しませんでした。そのことを残念に思われた神は「風力方式の馬力巻き上げ機」という名前を特別に保存されました。ですから風力による製粉は広まってゆくでしょう。一度広まらなかったものは決して広まらない、ということがもしすぐれた議論であり、神の意志の目印であるなら、ブラウンシュヴァイク＝リューネブルクの公爵たちはブラウンシュヴァイク市を決して再び手に入れることはできないだろう、と農民たちは論じたの〔も当然〕です。[★09]それゆえ、大きな無思慮やニムロデ篇[★10]は神に反するものと考える神学者たちも、自分たちの考えを統一しようとしています。もしフランス王やブランデンブルク選帝侯が彼らに従ったとすれば、彼らは運河をこれほどみごとに建造することはできなかったでしょう。デルポイの古い神託は、人間は地峡を掘り抜いてはならないと言いました。なぜなら、もしユピテルが望めば、彼はペロポネソス半島を島のままにしておいただろうからです。アイヒホルツ氏は、もし神がそれをお望みなら風車をハルツに建てよう、と言いたいのでしょう。もちろん、風力を使えば鉱石を水と同じほど簡単に坑から直接掘り出すことができる、というわけではありません。なぜならわれわれが鉱石を引き上げようとしても、風が手元にないからです。しかしもし風を使って水を貯水池まで汲み上げれば、その風はあれこれのすべての用途に対して、首尾一貫して役立つことができるのです。

★08――Windgaipel. Windは「風」。Gaipelは「馬力巻き上げ機」。Gaipelは現在ではGöpelwerkと呼ばれている。

★09――ヴェルフェン一門のブラウンシュヴァイク＝リューネブルク家は、中世から近世にかけて帝国直属都市であったブラウンシュヴァイクをいったんは手に入れたものの失っていたが、一六七一年、再度取り戻した。

★10――旧約聖書・創世記の第10・11章で、バベルの塔を建てたニムロデ王の逸話を述べた箇所。

3-5……風力による揚水★01

Wasserhebung mittelst der Kraft des Windes. 1685.*01

(Gerland, 181-183)

風車は、鉱山の深い坑から水を引き上げるものだが、難点ももっている。それは、風が強いときは回転軸が早く回りすぎてすぐに何かが壊れてしまい、逆に風が弱いとき風車は十分な力を持たないということだ。〔中略〕それを何とかするために、ついにこの方法を思いついた、これは私の見るところでは、提案の中でも最も完全でユニークなものだろう。

Aを風車の回転翼とする〔図4〕。これは、オーク材の水平シャフトAB★02が付いている。その差し込み〔枘(ほぞ)〕をBとし、シャフトの下にある軸受けをCとする。★03このシャフトは、その中に鉄の棒を通して、固い砂岩の上に掛けてある。差し込みBの下の軸受けをDとする。この差し込みは、支柱の鉄の中まで進み、その側壁の鉄によっても固定されているので、浮き上がらない。シャフトの上に(Bの近くで、1.5シュー★04強の幅と1シューほどの高さに調整した)鉄のチェーンEFGHLEを通す。〔そのチェーンの動きは〕まずシャフトEから始まり、滑車Fの下を通り、円錐ドラムの上部GHを通り、滑車Lへ帰り、そこから再びEへ帰る。二つの滑車FとLは軸受けMNに付いている。円錐ドラムHGPQは垂直シャフトRSの回りを回転する。そのRSの上側の差し込みRは、軸受けTTに差し込まれ、下側の差し込みSは一つの皿(その中には鋼鉄の板が置かれている)に差し込まれている。円錐ドラムは車輪Qと上のHGで垂直シャフトに固定された複数のブナ材の

★01――アカデミー版第VIII系列「自然科学・医学・技術著作」の刊行は二〇一七年一〇月の時点で第2巻(1668–1678)までのため、原テキストはゲルラント編『ライプニッツの物理・力学・技術関係遺稿集』(*Gottfried Wilhelm Leibniz, Nachgelassene Schriften physikalischen, mechanischen und technischen Inhalts*, Herausgegeben und mit erläuternden Anmerkungen versehen von Ernst Gerland, 181-183)に依拠した。

*01――〔原注　ライプニッツはこう注を書いている。:一六八五年四月二〇日、よい考えが浮かんだので紙片に書き込んだ〕。

★02――Welle(英shaft)。回転する軸(回転軸)のこと。

★03――例えば、物干竿の両端が、それぞれ三日月形の留具の上に乗せて支えられ、その竿が回転しているようすをイメージされたい。「物干竿」が「シャフト・回転軸」、「竿の先端」が「差し込み」、「三日月形の留具」が「軸受け」にあたる。

★04――Schuh. 当時の長さの単位で、約30cmにあたる(前出)。

棒で構成される。人がチェーンを、円錐ドラムの（つまりPの）高いところに掛けるか低いところに掛けるかに応じて、垂直シャフトは早く回るか遅く回る。[★05] 人がチェーンをピンと張ったり緩めたりできるように、軸受けMNは可動的でなければならない。[*02]

水平シャフトに近いGの周囲に、また円錐ドラムをつくる棒にも、横向きの鉄製のギザギザを（さらによいのは凹みを）刻み込めば、ちょうど風の吹く港がそうなっているように[★07]、チェーンがそこから滑って外れることはなくなるだろう。[★08] αはブレーキ車輪で、これが風車にブレーキをかける。すべての部品が屋根あるいはまわりの小屋に固定されているので、回転翼が回転するときは、シャフトABも回転し、それと共に軸受けCDTMNも滑車FLも回転する。そうやって風車の回転翼によって駆動されるときは、垂直シャフトは中央でその回転を妨げる。[★09] しかし回転翼

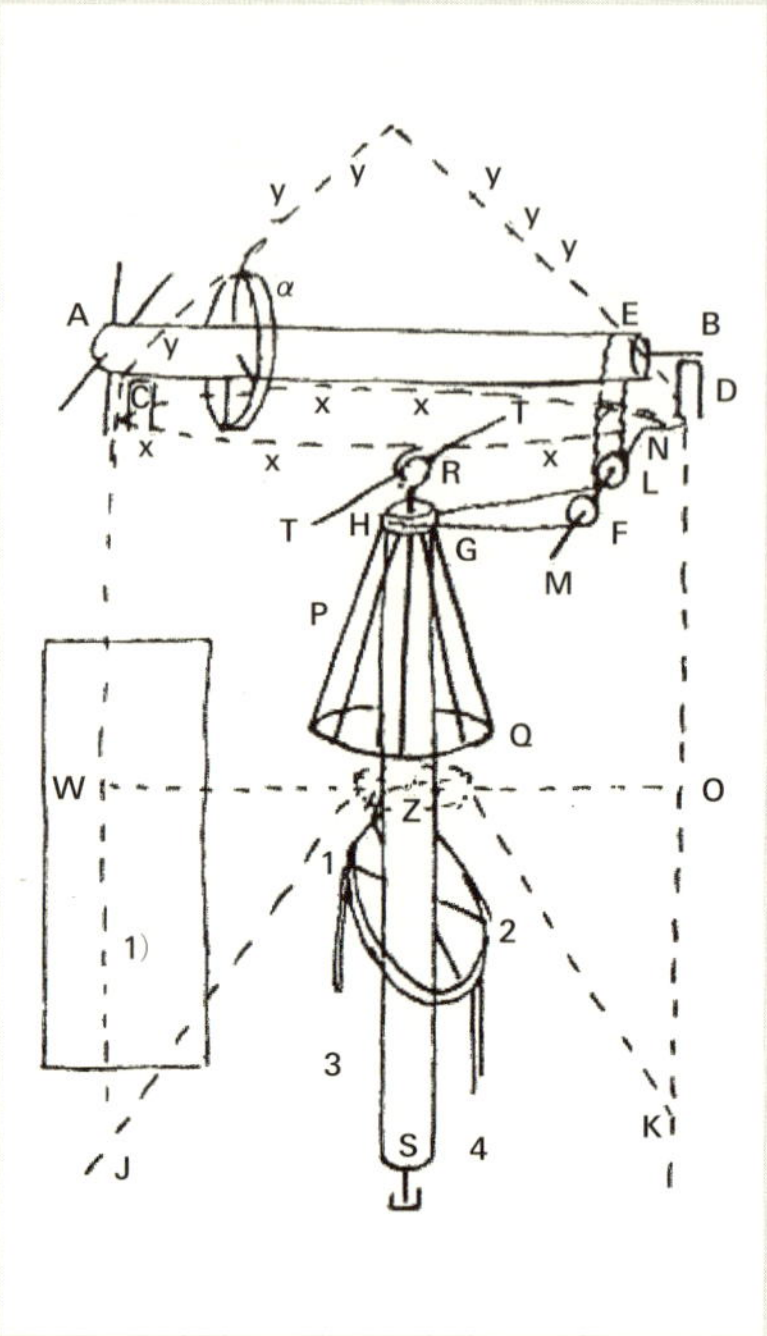

図4—円錐ドラムを利用した風力による揚水システム

★05——自転車のギヤチェンジと同じ仕組みである。同じ回転速度でペダルを漕いだとしても、チェーンを大きな歯車に掛ければ車輪は遅く回り、チェーンを小さな歯車に掛ければ車輪は速く回る。それと同じことを風車でも行うのである。風車の回転が速すぎるときは、チェーンを円錐ドラムの低いところに掛けて垂直シャフトの回転を遅くして機械の故障を防ぐ。風車の回転が遅すぎるときは、チェーンを円錐ドラムの高いところに掛けて垂直シャフトの回転を速くして動力を確保する、というアイディアである。

が止まり、人間が風車を回転させるときは、鉄のチェーンによって、垂直シャフトが回転させられるか、あるいは全装置が回転させられねばならない。つまり、もし回転翼にブレーキがかかるか、あるいは回転翼が自由★10なときは、水平シャフトと回転翼は共に〔人力で〕回転状態へ移されるのである。私がクラウスタールで建造させた風車の中でも、現在ちょうど同じことが起こっている。水平シャフトの場合はDriliz★11が、垂直シャフトの場合は歯車がそれを行う。

　ここにはそれ以外にも選択肢がある。つまり屋根xy（この屋根にすべてが固定されているから、屋根が回るときはすべても一緒に回らざるをえない）を、回らない家JWXOKの上に置き、屋根を滑車によってxxの上で回るようにするか、あるいは回る小屋ZWXYXOZを建てるかである★12。この小屋は外輪Z――この中を垂直シャフトが通っている――の上に乗っていて、滑車

＊02――〔原注　1〕とライプニッツは図の中に書き込み、それについての注釈を本文の下に書いている。：円錐ドラムの代わりに、何枚かの円盤を、一つの円盤が他の円盤よりも次第に小さくなるようにして置いてもよい。そしてそこに鉄製の凹み（くぼみ）Vを刻み込んで、そこにチェーンを通らせるのである。軸受けTT★06は、シャフトABに平行であるのがいちばんよい。なぜなら差し込みRがその方向へチェーンFGHLによって引かれ、また滑車の軸受けMNが軸受けTTの助けによって、よく固定されるからである。またチェーンによって軸受けTTはBの方向へ引かれ、他方MNはAの方へ引かれて、一方が他方を保つことができる。差し込みBに、さらに直径0.5シューくらいの鋳造円盤を入れ、その中に凹みを刻み込んでおけば、その分だけ多くの変化を生じさせられるだろう」。

★06――このTTには、家の梁（はり）が使われる。

★07――風の強い港では、船をつなぐロープをそうやって巻いて外れないようにする、くらいの意味か。

★08――原文ではγ（ガンマ）が使われているが、図でyと紛らわしくなるのでαで表示した。この「ブレーキ車輪」について詳しくは、3-6「風車の自動制御システム」を見られたい。

★09――ブレーキ車輪による意図的なブレーキではなく、回転翼以外の静止部分の慣性や摩擦によって回転翼の回転が妨げられる自然のブレーキのことを述べていると思われる。

★10――frei. 回転翼と他の部分をつなぐギヤの接続が切られ、水平シャフトや垂直シャフトが静止した状態のことと思われる。

★11――不明。接頭辞dri-には3という意味があるので、あるいはこれは、3-6「風車の自動制御システム」の図5に見られる「3・3・3という形で集まった櫛状の歯を持つブレーキ車輪」のことかもしれない。

★12――垂直型風車の回転翼が風を正面から受けて最大限に回転できるように、風車の向きを屋根ごと、あるいは小屋ごと変えるという仕組みである。なお、回らない家JWXOKとは図4ではJWxxOK、回る小屋ZWXYXOZとはZWxyyyyyyxOZを指す。

によってその上で回る。今回この外輪は小さいので、回り方はその分だけ弱くなる。もっと堅固なものを建てるには、この外輪Ｚの上そして円錐ドラムＱの下に、さらにもう一つの器具をはめ込まねばならない。外輪Ｚは、支柱ＪＺとＫＺによって支えられている。その支柱はＪとＫからすぐＺに達することもできる。なぜならＱとＺの間に相当の間隔を開けることも可能だからである。

主要原動機[★13]の状態がその状況と合っていれば、その応用がその次にくる。その応用とは、主要原動機に直接的に水平棒や垂直シャフトを動かさせるのではなく、ただ一定の荷重[★14]を上へ引き上げさせて、そうやって引き上げられた荷重が自然に再び下降し、それによって棒を引くようにする、ということである。そうすれば、勢いはつねに同じになる。なぜなら重さが均一ならいつでも均一な抵抗が生じ、いつでも同じ速さで下降するからである。逆に、風が弱いか強いかに応じて、人はこの荷重を速くでも遅くでもたいへん穏やかにでも、再び上へ引き上げることができる。そうしてのみ人は、回転翼とシャフトを休みなく動かす操作ができるのである。とはいえそれは、つねに一定時間の中で、多かれ少なかれ風の力の程度に従ってのことである。そうやってのみ人は、少ない風をできる限り有効に使うことができ、均一の勢いを保持できる。それが欠如していたことが、鉱山で役に立つ応用をこれまで妨げてきた唯一の原因である。

この応用は、次のようにすれば実行できる。垂直シャフトＲＳに、斜めのカラー[★15]つまり楕円１・２を一つ付ける。これは自分が回転するときに、２つのピストン１・３と２・４を交代で持ち上げては押し下げるのである。[★16]〔後略〕

★13――primus motor. ここでは風車のこと。

★14――Last. ここでは水車が汲み上げる水のこと。ここでも「水のリサイクルシステム」のことが述べられている。

★15――ein schiefer Kragen. 学生服の「詰襟」のような形状のこと。

★16――斜めのカラーが回転すると、ピストン１・３を持ち上げるときは２・４を押し下げ、１・３を押し下げるときは２・４を持ち上げる。この互い違いの運動は、3-3図3で見た「平行棒システム」の二本の平行棒が「一方が押されるとき他方は引かれる」という互い違いの運動をしたのと同じ運動である。これ以降の記述は、本作品がライプニッツが紙片に書き込んだメモということもあり、まとまりを欠いているので省略した。

3-6……風車の自動制御システム[★01]

Bremsvorrichtung zur Vertikalwindkunst. März 1686.

ABはメインシャフトで、風力や水力その他の力によって、あるいはそれに取り付けられた錘によって回転する〔図5〕。このメインシャフトにはブレーキ車輪CDが付いており、さらにそのCDの上には弓形のブレーキEFが付いている。ブレーキ車輪CDの側面には、歯のないスペー

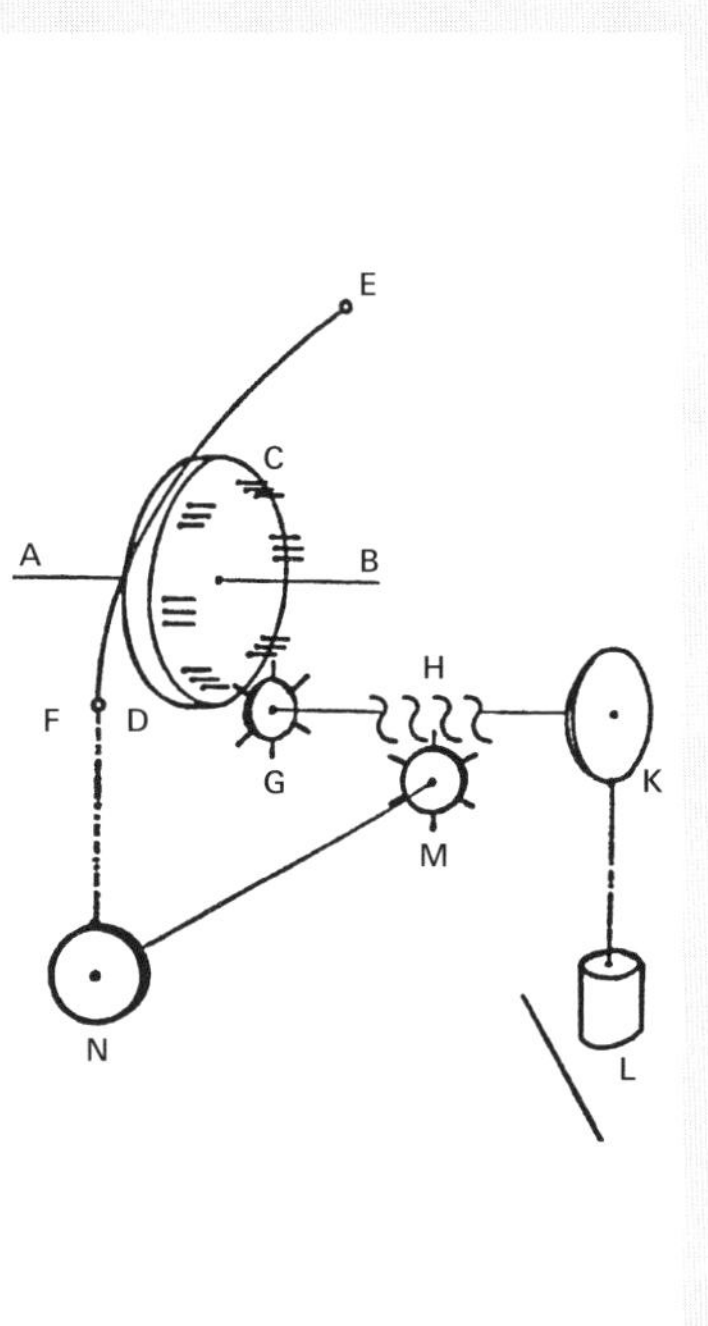

図5―ブレーキ車輪による風車の自動制御システム

★01――原テクストはミュンツェンマイヤー「一六八六年三月のライプニッツの注目すべき発明品・回転数制御の着想」H. P. Münzenmayer, Leibniz' Inventum Memorabile. Die Konzeption einer Drehzahlregelung vom März 1686. *Studia Leibnitiana*, VIII, 1976, 113; *Leibniz—Philosoph, Mathematiker, Physiker, Techniker*. Karl Popp, Erwin Stein（Hrsg.）, Universität Hannover, 2000, 130に再録）。3-5図4にαとして書かれた「ブレーキ車輪」の働き方を述べたもの。

スを挟んで、2・2・2あるいは3・3・3という形で集まった小さな櫛状の歯が付いている。この歯は、鉄製の車輪Gの6~8の歯と噛み合っており、そのGのシャフトにはウォームネジH★02と円板Kが付いており、その円板Kの下には紐KLによって錘Lがぶら下がっている。

さて車輪CDが、あまり速すぎず普通の速さで回転するときは、車輪CDの2~3の歯は、車輪Gの2~3の歯を連続的に動かすが、そのあとすぐに車輪CDの歯のないスペースが続くので、車輪Gは、車輪CDの次の歯がやってくる前に、錘Lによってもとの状態に引き戻され、すべてはもとの状態に戻る。

しかし車輪CDがあまりに速く回り始めると、車輪Gがもとの状態に戻る前に、車輪CDの次の歯がやってきて、普通の場合とは違って、車輪Gの先程の歯に再び噛み合って、一つまた一つと歯が連続して噛み合い続け、錘Lは少しずつ持ち上げられてゆく。そうやって車輪Gが回転すると、それと連結したウォームネジHも回転し、このウォームネジHが、5~6の歯をもつ鉄製の小車輪Mを回転させ、その小車輪MのシャフトMNと連結した円板Nもそれによって回転し、その円板Nの上部には紐(かロープか鎖)NFが結びつけられており、それによってブレーキEFが引っ張られ、かくしてブレーキがかかるのである。★03

★02――Schraube ohne Ende. 直訳すると「端のないネジ」で、「ネジ頭」のないネジという意味。現在の日本ではウォーム(ウォームネジ)と呼ばれる。ウォームwormとは「芋虫」という原意で、『ランダムハウス英和辞典』の3145頁を見ると「【機械】ウォーム:シャフトにラセン状に歯を刻み、芋虫状を成すもの」とあり、これとかみ合う歯車が、worm gear「【機械】ウォーム歯車:ウォームとかみ合って動く歯車」として図入りで説明されている(図5ではM)。ウォームネジは「アルキメデスの螺旋」とも呼ばれるもので、これと同時代に日本の佐渡金山でも同じようなものが木製で使われ、水上輪・竜尾車・竜樋などと呼ばれていた。

★03――ゴットシャルクによると、このライプニッツの自動制御システムのフルスケールの試作機が作られたという記録は、現在知られている限りでは存在せず、当時のエンジニアリング技術の未熟さから考えると、もし試作機が作られたとしてもそれが正しく機能したかどうかは疑わしい、ということである。

【解説】アカデミー建設のためのハルツ鉱山経営計画

大西光弘

ライプニッツが仕えたブラウンシュヴァイク＝リューネブルク家には、ハルツ山地という所領があり、ここは銀・銅・鉄その他の豊富な地下資源で有名だった。鉱業の最大の問題は、採掘するさいに湧き出る地下水であり、これをうまく排水することこそ、効率のよい発掘作業の鍵だった。

ライプニッツは新型ポンプや風車などさまざまなアイディアを出して、ハルツ地方の鉱業を興隆させようとした。それは、それから得られる資金の一部を諸学アカデミーの建設に使って、生涯の夢である普遍的記号法を確立しようとしたのである。

3–1は、ハルツ関係の最も初期の作品で、風力と水力を使って排水ポンプを回そうというアイディアを述べたもの。

3–2は、ハルツ山地全体で「水のリサイクルシステム」を作ろうという計画の最初期の形を述べたもの。水は風車によって、地域の最高標高の貯水池まで汲み上げられ（そうして最大の位置エネルギーを得る）、そこから水路を流れ下りながら、途中で出会うさまざまの坑の水車を回して排水作業を行いつつ（運動エネルギーに変換される）、最低標高の場所まで流れ落ちてくる。それをまた風車で汲み上げて…という「水のリサイクルシステム」である。

3–3は、ハルツの鉱業を如何に改善するかをエルンスト・アウグストに説明するために、ライプニッツが書いた詳細な建白書の覚書である。まだ覚書の段階なので、それほど整然としたものではない。そこで段落ごとに、以下のように整理してみた。これをもとに読めば、ライプニッツの考え抜かれた構想の全体像を、ある程度はつかみながら読んでいただけるかと思う。

1 ハルツ鉱山全体の総論／**2**〜**4** 鉱山の経営論／**5** 鉱山の健全経営に必要な「完全な情報」／**6**「完全な情報」の内わけはⅠ「普遍的な事項」、Ⅱ「個別的な事項」／**7** Ⅰ「普遍的な事項」（鉱山のあらゆる過程を細かく描写）／**8** 普遍的な事項の二つの重要点①鉱石の採掘（ⓐ試掘、ⓑ採掘、ⓒ技術、ⓓ運搬）と②鉱石の精製。

①－ⓐ試掘について／**9** ⓑ採掘について／**10** ⓒ技術について／**11** 鉱山関係法と判決／**12** ⓑ採掘に役立つ3段階の技術（㊀換気技術、㊁排水技術、㊂採掘技術）㊀換気技術／**13** ㊁排水技術／**14** ㋐水平棒システム／**15** ㋑水車と水平棒システムの接続／**16** ㋒水平棒と十字型レバーと垂直シャフト／**17** ㊂採掘技術／

18 ②鉱石の精製（化学）。採石場での水による精製／**19** ⓐ製錬所での火による精製／**20** ⓑ焙焼と硫黄／**21** ⓒ溶解／**22** ⓓ銅と鉛の偏析／**23** ⓔ灰吹き法による銀の抽出／**24** ⓕ普遍的な事項と個別的な事項／

25Ⅱ「個別的な事項」（変化する事項と変化しない事項）。

26変化しない事項①地形図ⓐ鉱山の地形図／27ⓑ実地調査や記録による知識／28ⓒ地形図に含むべき事項。

29②地図製作法ⓐ平面図と断面図と透視図／30ⓑ水平坑の地図／

31③坑の印刷物ⓐ坑ごとの一覧表／32ⓑ坑ごとの一覧表の内容／33ⓒ週刊の小冊子／34ⓓさらに短い小冊子／35ⓔ鉱山職員や作業親方による報告書の内容／36ⓕ各機関による報告書の内容／

37④会計検査官ⓐ検査官制度の導入／38ⓑ委員会での任命／39（③坑の印刷物）ⓐ報告書に書かれる個別的な内容／40ⓑ地勢図と地形図／

41⑤管理運営ⓐ製錬所の新人獲得法／42ⓑ新人勧誘のための試験と賞／43ⓒ時間外労働の禁止／44ⓓミスを防ぐための一覧表の活用／45ⓔ水平坑仕事／

46⑥風車の導入ⓐ風車による坑内の換気／47ⓑ風車と水車の性能比較／48・49ⓒ風車がうまく使われている場所／50ⓓ風車の採石場での活用／51ⓔ風車による運搬費の節約／52ⓕ可逆水車／53ⓖ水平棒システムに代わる「風力と水力の併用システム」／

54⑦特殊技術開発ⓐ顕微鏡と鉱物関係部局／55ⓑ採石場での試験／56ⓒ凹面鏡での溶解実験／57ⓓランプの炎による実験／58ⓔマクロな次元とミクロな次元／59ⓕ鉱石の溶解法／60ⓖ三つの新発明（下げ振り付き水準器・新型コンパス・新型測量用水準器）

3-4は、水平型水車のアイディアを述べたもの。風がどの方向から吹いてきても、それに関係なく回るタイプの風車である。

3-5は、ライプニッツの技術者としての側面を垣間見させるもので、風車を改良するアイディアを述べたもの。風の速さが早くても遅くても、「円錐ドラム」の上か下にチェーンをかけることによってシャフトの回転速度を一定にするアイディアや、回転翼が風を正面から受けられるように風車の向きを屋根ごと変える仕組みなどが考えられている。

3-6は、その風車に使われた「ブレーキ車輪」による「自動制御システム」を述べたもの。現在われわれが普通に使っている「フィードバックによる自動制御システム」の先行例をここに見ることができる。

とくに3-3は、三〇〇年以上前のドイツ語であるに加えて、領域も鉱山関係という特殊なものなので、現在の独和辞典・独独辞典を引いても分からないことも多かった。そのときはグリム兄弟（ヤコプとヴィルヘルム：Jacob & Wilhelm Grimm）の*Deutsches Wörterbuch*を引いて探し、（グリム）と書いてそのことを示したが、それでも分からない単語は「不明」とせざるを得なかった。もしご存知の方がおられればご教示いただければ幸甚である。物理・工学関係の用語については高木敏美氏、飛鳥井雅友氏から、古いドイツ語については平尾昌弘氏、小田智敏氏、Gudrun Gräwe氏から貴重なご助言を頂いた。ここに厚く御礼申し上げる。

なお、このハルツ鉱山開発についての先行研究としては、佐々木能章『ライプニッツ術』（工作舎2002）の第3章第3節「ハルツ鉱山開発」（229–248）と、酒井潔『ライプニッツ』（清水書院2008）の第Ⅱ部第六章「自然学」の補遺「鉱山技術開発」（200–208）がある。伝記の中での位置づけとしては、E・J・エイトン（渡辺正雄＋原純夫＋佐柳文男訳）『ライプニッツの普遍計画』（工作舎1990,132–136; 152–168）などを見られたい。

【4】

Erfindungen von Rechenmaschinen.

計算機の発明

✣稲岡大志＝訳・解説

4-1……加減乗除が楽にできる算術機械[★01]

❖ Machina arithmetica in qua non aditio tantum et subtractio sed et multiplicatio nullo, divisio vero paene nullo animi labore peragantur. 1685.

数年前、足を運べば思考をすることなく数え上げができる機械を初めて見たとき、とっさに心に思い浮かんだのが、算術全体が同じような種類の機械の助けを借りることで、数え上げるだけではなく、加法と減法、乗法と除法も、注意をすることなく、正しく調整された機械によって、容易かつ即座に実行できるようになるのではないかということだった。

当時、私はパスカルの計算箱についてはは知らなかったが、まだ一般には十分に知られていなかったと信じている。しかし、パスカルの遺稿集(パスカルの算術三角形[★02]を私は初めてパリで見た)の序文で初めて計算機械の名前〔パスカリーヌ〕のみを見つけたとき、私はパリの友人に手紙でこれについて問い合わせたのだった。この問いについて、同種の機械が存在することを知ったとき、もっとも才能にあふれるカルカヴィ[★03]に手紙で、〔その機械を〕動かしたとき少なくとも得られるであろう効果について説明してくれるようお願いしたのだった。[★04]彼が答えるには、加法と減法は直接計算できるが、他〔の演算〕は加法と減法を繰り返し、さらに他の計算を行った結果として実行されるとのことであった。[★05]私はさらに、それ以上のもの、すなわち、乗法もまた加法のように即座に、かつ、確実に、計算できるような機械〔の開発〕を進めるつもりであると返事を送った。[★06]

彼は、それはおおいに望ましいことだろう、この地〔パリ〕の王立諸学アカデミーの高名な方々の

★01――Wilhelm Jordan, *Zeitschrift für Vermessungsuesen*, Bd., 26, 1897, 301-7. 原題を直訳すれば「加法と減法のみならず、考えずに乗法も、ほとんど考えずに除法もできる算術機械」。

★02――パスカル(Blaise Pascal, 1623-1662)の計算機については訳者解説参照。パスカルの三角形とは、$(a+b)^n$を展開した式にあらわれる各項の係数を以下のように三角形状に並べたものである。

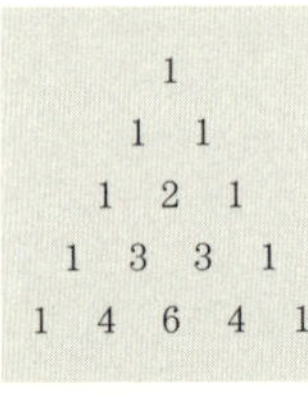

```
        1
       1 1
      1 2 1
     1 3 3 1
    1 4 6 4 1
```

★03――ピエール・ド・カルカヴィ(Pierre de Carcavi, 1600/03-1684)。フランスの数学者。

★04――一六七一年六月のカルカヴィ宛の書簡にてライプニッツは計算機について尋ねているが、この書簡は現存していない(A II, 1, 208)。

★05――一六七一年六月二〇日カルカヴィからライプニッツへの書簡(A

前で私の計画を提示してはどうだろうか、と答えた。★07

まず、機械の主要部分には二つあること、すなわち、一つは加法（減法）であり、もう一つは乗法（除法）であることを知っておかねばならない。そして、この二つの部分は互いに作用して動かねばならないのである。

加法（減法）の機械はパスカルの箱とおおむね一致する。しかし、乗法に適用するためには何かを付け加えなくてはならない。すなわち、複数の、いやむしろ、すべての加法のホイールが同時に回転し、互いに妨げることのないように、しかし、どのホイールも他のホイールに先立って動く際には、回転が完全に終わると、単位（unitas）が後続のホイールに伝達されるようにしなくてはならない。パスカルの計算箱でこれが実行できないとしても、それに付け加えることはそう難しくはないだろう。

乗法の機械は、同じものの組と同じではないものの組の二組のホイールを持つだろう。かくして、機械全体は、**加法のホイール**、乗ずる数のホイール、乗じられる数のホイールの三種類のホイールを持つだろう。加法のホイール、すなわち十進法のホイールは、今はパスカルの加法箱に見られるもので、添えた図1では、1、10、100などの数によって表現される。これらのホイールは動かない10の歯を持つ。

乗じられる数を表現するホイールは、互いにも、また、加法のホイールとも同じ大きさで、同様に10の歯がつけられている。この歯は、示すべき乗じられる数が5であるか6であるかに応じて、あるときには5を、あるときには6を表示するように、可動する。これらのホイールは、〔表示する〕数が乗じられる数に対応するものでなくてはならない。例えば、乗じられる数が365として、三つの数字3、6、5に対応する。よって、同じ数のホイールが用いられなくてはならない。このホイールによって乗じられる数が、右のホイールが5を、真ん中が6を、左が3を表示

II, 1, 207-8)、および、一六七一年一二月五日カルカヴィからライプニッツへの書簡（A II, 1, 306-8）。

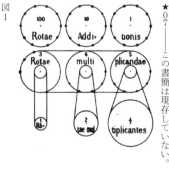

★06——この書簡は現存していない。

★07——この書簡は現存していない。

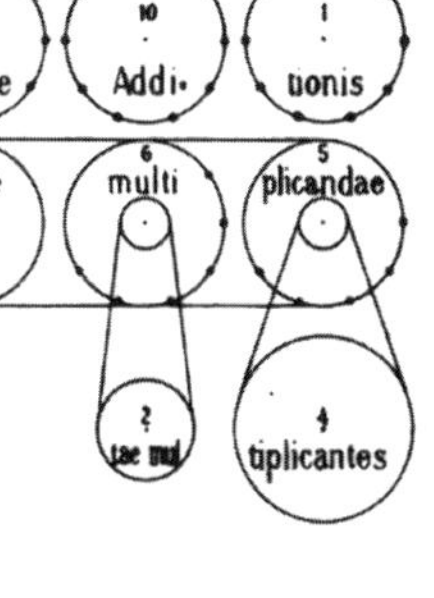

図1

するようにセットされる。

これ〔計算〕を急速かつ容易に実行できるためには特別な工夫が必要であるが、ここでそれを説明するには長すぎる。さて、乗じられる数のホイールは加える数のホイールに、最後の数は最後の数に、最後から一つ手前の数は最後から一つ手前の数に、最後から二つ手前の数は最後から二つ手前の数に、すなわち、5と1、6と10、3と100が対応するように、適用ないし配置される。加法の箱自体は、見える穴を通じて数0、0、0、すなわち、ゼロのみを表示する。この適用がなされたとして、365を1で乗じるとしよう。このとき、3、6、5のホイールを1回回転させる（ここで、ひとつのホイールを回転させればすべてのホイールも回転する。なぜなら、以下で明らかにされるように、ホイールはどれも同じもので、コードで繋がっているからである）。そして、この表示するホイールの歯は、動かない100、10、1のホイールの歯を数字の分だけ動かし、これによって、365の数が加法箱に伝えられる。

さて、365を任意の数（例えば124）で乗じるとしよう。ここで第三の、乗じる数のホイールが必要となる。これらのホイールは9個ある。乗じられるホイールは可変的であり、同じホイールが、表示する歯の数の大小に応じて、あるときは1を、あるときは9を表示することができる。反対に、乗じる数のホイールは、あるホイールは9を、あるホイールは1を表示するというように、定まった数を表示するように定められている。

計算は以下のように実行される。乗じる数のホイールはどれも、コードないし鎖によって小さな滑車に繋がっており、乗じられる数のホイールに対応付けられる。これにより、乗じる数のホイールは、対応する滑車をどれくらい含むか〔ホイールの直径が滑車の直径の何倍であるか〕に応じて、任意の数を表示するだろう。というのも、ホイールが一回転すると、滑車は歯の数の分だけ回転するからである。

かくして、ホイールの直径が滑車の直径を四つ含むならば、ホイールは4を表現するであろう。かくして、乗じる数のホイールが1回回転するとき、ホイールには〔ホイールの直径の〕4分の1〔の直径〕を含む滑車が対応している。滑車は4回回転し、滑車とともに、滑車が埋め込まれている乗じられる数のホイールも回転する。しかしながら、乗じられる数のホイールが4回回転すると、ホイールの歯もまた、それが対応する加法のホイールにおいて4回戻ってくることになる。その結果、単位の数は加法箱においてその回数分繰り返される。

以上のことは例を挙げることでもっとも明らかになるであろう。365を124によって乗じるとする。そして、まず、365全体を4によって乗じる。手によって乗じる数4のホイールを1回転させる。すると同時に、対応する滑車が4回回転する（つまり、ホイールより小さい分回転する）。そして、この滑車と一緒に、滑車が埋め込まれている乗じられる数5のホイールは4回回転するだろう。5のホイールは5を示す歯を持つので、歯が1回回転するたびに5のホイールは対応する加法のホイールを1回回転させ、加法箱に、5単位が4回分、すなわち、20単位がつくられるだろう。

乗じられる数6のホイールは、乗じられる数5のホイールと別のコードないし鎖によって繋げられている。そして、乗じられる数3のホイールは、乗じられる数6のホイールと同じく繋げられている。よって、これらのホイールは同じものなので、5のホイールが4回回転すると、同時に、6のホイールは4回回転して、24個の10を与えるだろう（つまり、10の桁の加法ホイールに作用する）。そして、3のホイールは100の桁の加法ホイールに12回作用し、合計1460が算出されるだろう。

このように365は4によって乗じられるが、これが最初の操作である。次は2（より正確には20）によって乗じるために、加法機械全体を次のステップ〔桁〕に移行して、乗じられる数5のホイールと乗じる数4のホイールはまとめて加法のホイール10の下にセットされる。これらは以前は1

のホイールの下にセットされていたが、いまは、6と2のホイールが100の下に、3と1のホイールが1000の下にセットされる。こうして、乗じる数2のホイールを1回回転させる。すると同時に5、6、3のホイールが2回回転し、5のホイールは10の桁（の加法ホイール）に2回作用し100を、6のホイールは100の桁のホイールに1200を、3のホイールは1000の桁のホイールに6000を与えて、合計7300が現れるだろう。2のホイールが回転することで、この数字が先に算出された1460に加えられる。

したがって、1（より正確には100）によって乗じられる三番目の操作をなすために、乗法機械がまた移行され（もちろん、乗じられる数と乗じる数のホイールは一緒に移行させるが、加法のホイールはそのままである）、5と4のホイールは100のホイールの下に、6と2のホイールは1000の〔ホイールの〕下に、3と1のホイールは10000の〔ホイールの〕下にセットされる。1ホイールを1回回転させると、同時に3、6、5のホイールが1回回転し、多くのユニットが、すなわち、36500が加法の箱に加えられる。以下の総和が得られるであろう。

1460
7300
36500
―――
45260

ここで注意しなければならないのだが、より大きな利便性のために、滑車は、乗じられる数のホイールに、滑車が動いたら乗じられる数のホイールが動かないということはないが、ホイールが動いても滑車が動くことはないように調整して取り付けなくてはならない。さもなければ、乗じる数のホイール（例えば1）が一回転すると、乗じられる数のホイールもすべて動き、必然的に他の乗じる数のホイールすべて（例えば2と4）も動くだろうが、これは負荷を増大させ動きを妨げるだろう。

また、乗じる数のホイールは、1、2、4、などと、どんな順にセットされてもかまわないが、数の順1、2、3、4、5、というようにセットするのがよいということも注意しなければならない。しかし、というのも、何を最初に回し、何を二番目に回すかは、その人に委ねられているからである。

乗じる数のホイール、たとえば、9を表示する、ないし、対応する滑車の9倍の大きさのホイールは大きすぎるものであってはならない。対応する滑車を小さくしても滑車と乗じる数との大きさの比率が変わらないようにしなくてはならない。

コードと滑車の運動との間の緊張から変則的なことが生じてはならない。コードの代わりに鉄製の鎖を用いることもできる。また、鎖が接する滑車やホイールの周囲は、真鍮製の小さい歯がつねに対応する鎖のひとつひとつの輪に接していなくてはならない。また、コードの代わりに、歯を滑車や乗じる数のホイールに取り付けて、乗じるホイールの歯が滑車の歯に直に接触するようにすることもできる。

もし機械をさらに驚嘆すべきものにしようと思うのなら、人間によってホイールを回転させて、ある操作から別の操作へと乗法機械を進めることが必ずしも必要とはならないようにすることができる。すなわち、すべてが機械の意志によってなされるように初めから部品を配列するのである。しかし、これによって機械はさらにコストがかかり、より複雑なものになってしまい、おそらく実際の使用には差支えがあるだろう。

この機械で除法をどうやって遂行するのか、その説明がまだ残っている。精神をまったく行使することなく、機械のみで、大きな数の計算であっても、計算が遂行できる、そんな機械はまだ誰も発明してはいないと私は思う。

しかし、われわれの機械に関していかなる労力がさらに必要かはともかく、割り算に共通する込み入った迷宮とは比べものにはならない。大きな数の〔計算の〕場合でもこの迷宮よりも込み入ったことを要求されることはないし、欺くものと考えられるものはない。かくして、〔われわれの〕除法の計算を見よ。45260を124によって割るとしよう。計算は通常どおり開始され、まず、最初の単純な商を求める、すなわち、124が452にいくつ含まれるかを求めるのである。

しかし、標準的な能力を持つ者なら誰でも、正しい単純な商をひと目で容易に見積もるだろう。かくして、124は452に3回含まれている。この単純な商を割る数全体である124に乗じるが、ホイールを一回転するだけで簡単に変換できる。372が得られるだろう。これを452から引く。残りの80を残りの割られる数60に並べる。すると8060となるだろう。（しかし、もし、割られる数が機械に、乗法によって得られた数であれば何でも引かれる数から引かれる、というようにセットされるなら、これ自体は機械では乗法計算の間になされるであろう。機械による引き算もまた、機械に初めから割られる数をセットするならば、なされるだろう。掛け算が実行されてその数から引かれ、新たな割られる数は機械によって精神を行使することなく得ることができる）。

さらに、124で〔8060を〕割り、124が806に何回含まれるかを求める。初心者であっても誰でも、ひと目で、6回含まれることがわかる。124を6によって乗じる。（乗じる数6のホイールを一回転させて）744が得られる。これを806から引くと、残りは62となる。これを残りの割られる数に並べて、620となる。この三番目の結果をさらに124で割る。この数〔124〕がそれ〔620〕に5回含まれることは明らかである。5を124に乗じると、620となる。これを620から引くとゼロが残る。よって、商は365となる。

通常の計算に対するこの除法〔計算〕の利点は、とりわけ以下の点にある（不可謬性については言うまでもない）。すなわち、われわれの方法では、少しの乗法、つまり、商の数値や単純な商の数だけ乗法をすればよいということである。通常〔の除法〕では確かに多くの計算が用いられる。すなわち、商の数値の分だけ、割る数によって乗じなくてはならないのである。上の例からもわかるように、われわれの方法では、乗法計算は3回なされる。なぜなら、割る数全体の124が商の365のそれぞれの数によって乗じられるから、3回なのである。しかし、通常の計算では、割る数一つ一つを商の数一つ一つによって乗じる。したがって、上の例で言えば、9回の乗法計算が必要なのである。★08

　われわれのわずかな回数の乗法は〔計算する数が〕大きいことは問題ではない。しかし、通常のやり方にはたくさんの小さな計算がある。また、共通の方法でも、割る数全体を任意の商の数値で乗じる場合、少ない回数の大きな計算がなされうる。しかし、答えは明白である。われわれの1回の大きな計算は容易であり、確かに、他のどんな小さな計算よりも容易なのである。実際、〔われわれの計算は〕ホイールを一回転させるだけで即座になされるのであり、しかも、誤りの恐れなしになされるのである。しかし、共通の方法では、乗法が大きくなるほど難しくなり、誤りをより起こしやすくなる。よって、算術の教師は、除法にさいしては、大きな乗法計算を1回するよりも、小さい乗法計算をたくさんするべきであるように見える。われわれの乗法の方法において実行可能な作業の大部分は、乗じられる数を構成すること、すなわち、状況に応じて、乗じる数のホイールにある可動の歯の数を変えること、であることを付け加えなくてはならない。しかし、これについては、除法においては、乗じられる数、すなわち、割る数は常に同じであり、乗じる数、すなわち、単純な商のみが変わるのであり、機械さえ動かす必要はないのである。最後に、われわれの方法では引き算の作業はまったく何もないことも付け加えなくてはならない。というのも、機械が乗法を行う間に引き算がなされるからである。これより、割る数が大きくなるほど、われわれの方法の最大の利点もまたよりよく見て取ることができることは明白である。

　さらに、この機械が便利になればなるほど、誤りやトラブルのすべてが、あるいはほとんどが、

★08――ここでライプニッツが強調していることは、45260を124で割る通常の筆算を考えればわかりやすい。筆算の場合、まず452に対して3を立て、3に124を乗じた数372を452の下に書き加えるが、このとき、1、2、4に対して3を掛ける計算を3回おこなっていることになる。ライプニッツの計算機の場合は、124に3を掛けるステップが、ホイールを1回回すだけで処理できるため、全体として必要な乗法計算は3回ということになる。

数の計算から除去されるため、国家や学芸（literarius）にも等しく大いに有用であることは明白である。ネイピアの計算棒★09が拍手で迎えられるとしても、この計算棒を用いても、通常の計算よりも早くもなければ容易でもなければ確実でもない。

なぜなら、ネイピアの計算棒で乗法を行うさいは加法を続けることが必要であり、乗法が通常〔の計算〕よりも捗（はかど）るということはないからである。したがって、〔ネイピアの〕棒はほとんど使えないものになってしまう。しかし、われわれ〔の機械〕においては、乗法では作業は不要であるし、除法でもほとんど必要ではないのである。

パスカルの機械はもっとも恵まれた才能の見本であるが、加法と減法を容易にするだけである。この二つの計算の難点それ自体はそれほど大きいものではない。〔パスカルの機械は〕乗法や除法を先立ってなされた計算に任せてしまっているため、実務家にとって実りあるものである、というよりも、好奇心を持つ者にとってはエレガントである、という点を推奨していたのである。

しかし、今や、算術機械には最後の仕事（manus）が整備されたので、この機械は、計算に従事するすべての人たち、すなわち、資産管理代行者、財産管理官、商人、測量士、地理学者、航海士、天文学者、数学を用いる職人といった者すべてにとって、歓迎すべきものであるだろう。

しかし、われわれの用途を学芸に限定するならば、大きな労力を払わずとも、古い幾何学や天文学の表を改善し、新しくすることができる。それを用いて、われわれは、どんな種類の線や図形も、それが合成されたものでも分解されたものでも名前を持たないものでも、測定するが、レギオモンタヌス★10にしたがって角を、ルドルフ・ファン・コーレン★11にしたがって円を、直線のように扱うことよりも確かさが小さいということはないのである。これが、少なくとも、線や図形に、もっとも頻繁に使われ、推奨されるのであれば、測定線（canon）を設けることで、曲線や多角形だけではなく、楕円や放物線や双曲線や他の高度な図形も、運動や点によって記述することができ、

★09——スコットランドの数学者であるジョン・ネイピア（John Napier, 1550–1617）が発明した計算道具。掛け算九九の結果が刻まれた棒を組み合わせることで、掛け算や割り算を行うことができる。

★10——レギオモンタヌス（Regiomontanus; Johannes Müller, 1436–1476）。ドイツの天文学者・数学者。

★11——ルドルフ・ファン・コーレン（Ludolph van Ceulen, 1540–1610）。ドイツ、オランダの数学者。数学者としての生涯のほとんどをアルキメデスの方法を用いて円周率を計算することに費やし、35桁まで計算した。この数は「ルドルフ数」と呼ばれる。

これでようやく、幾何学が生活の役に立つために完璧なものになるであろうと思われるのである。

しかし、光学の実演や天文学の観察や運動の合成によってさまざまな新しい図形がわれわれに与えられるとしても、その痕跡から表を作成し、より簡単かつより確実に自分の仕事を進めることは誰にとっても容易なことであるだろう。というのも、円の求積を試みる人たちの失敗から明らかなように、算術は幾何学の厳密さのもっとも信頼できる守護者であるからだ。したがって、かの名高いピュタゴラス表や平方数や三乗数や他のべき乗数の表、あらゆる種類についての結合、換算、数列の表のような算術の表〔の開発を〕できるだけ長く継続させて人々の仕事を軽減させることは取り組まれるべきである。

さらに、確かに天文学者は、計算によってつくられる労苦を超えた労苦を背負い込む必要はないので、表を構成して改良したり、日誌(ephemeris)をつくったり、仮説を完全なものにしたり、観察についてお互いに議論したりすることから解放されるのである。まさしく、卓越した人々にとっては、奴隷のように計算する仕事で時間を浪費することは望ましいことではない。こうした仕事は機械を用いることでもっとも安価にかつ安全に取り除くことができるのである。

さしあたり、来るべきもの〔計算機〕の仕組みや用途について、これまで私が述べてきたことで十分であろうし、傍目からも目下のところは、絶対かつ明晰なものになっていると信じられるのである。

4-2……算術計算機についての概説★01

Brevis descriptio Machinae Arithmeticae. 1710.

(Dutens III, 413-415)

私は若い頃、算術機械の見本を発明し、一六七三年にロンドン王立協会に提示した。直後にはパリ王立諸学アカデミーでも披露した。そして、パリ在住の学識ある数学者マティオン氏★02——この人は『空間分割表』(*Tabula aeri incisa*)を出版し、オルギア(トワーズ★03)を千等分することで日常的に利用しやすくした——は、私が作った計算機(これを彼は見ていた)が子供でも操作できることに気付いていた。この機械については、かの有名なチルンハウス★04が『精神の医学』(*Medicina mentis*)の最新版で言及していた。この機械を見た、アントワーヌ・アルノー、クリスチャン・ホイヘンス、メルキセデク・テヴノー★05といった優れた人たちは、多くの手紙で、私に、忘れずにがんばるように刺激してくれている。

〔私の機械は〕不動部分と可動部分の二つの部分から構成されている。不動部分には、穴を通じて12の輪(rotula)が見える。輪には数記号000000111085がある。可動部分には、一つの大ホイール(rota)と八つの小ホイールがある。大ホイールの内側のうち外の方には数字0、1、2、3、4、5、6、7、8、9が刻み込まれている。〔大ホイールの〕二つの円の記号の間には、一〇個の穴を持つ動くへり(limbus)があり、記号に対応している。小さい方のホイールすべてには同じ記号が刻まれており、指針(index)は回転できるものであり、これらの指針によって00001709という記号が示され

★01——『ベルリン諸学協会紀要』第1号(1710)掲載。

★02——マティオン(Oded〔t〕Louis Mat〔t〕hion, 1620–1700)。パリ在住の数学者。円積問題などについてライプニッツとやり取りがある。

★03——オルギア(orgyia)はギリシアで用いられた長さの単位、トワーズ(toise)はフランス語圏で用いられた長さの単位で、いずれも約1.8メートル。

★04——エーレンフリート・ヴァルター・フォン・チルンハウス(Ehrenfried Walther von Tschirnhaus, 1651–1708)。ドイツの哲学者、数学者、自然哲学者。ライデンでホイヘンスから数学や自然学を学ぶ。ニュートン、スピノザ、ホイヘンス、ライプニッツらと交流を結び、ライプニッツを最晩年のスピノザに引き合わせた。数学者としては方程式を特定の形に変換するチルンハウス変換を考案する。また、陶磁器の開発に携わり、いわゆるマイセン焼きの考案者の一人となった。科学方法論の著作『精神の医学、あるいは発見術の一般的原理』(*Medicina mentis sive artis inveniendi prae-*

ている。これにより、同じ記号が、〔その記号に対応する〕同じ輪の穴によって、それ自身ひとつのあらわれとなって、ひとつの数を、表示するのである。

この機械の操作は以下のとおりである。与えられた乗じる数によって乗じられる数が、計算が12の記号を超えないように与えられるとする。例えば、現在の年の数1709を日数である365によって乗じなければならないとする。かくして、最初は八つのホイールの穴は0のみを表示しているが、小さい方のホイールの右四つの指針を回転させ、1709を表示させる。かくして、これが可動部分（図では右側の可動部）★06の初期状態である。可動部分の八つのホイールが始めに示す数字は、不動部分の一二個のホイールが始めに示す数字に対応している。これは三番目の図に対応している。★07次に、不動部分の数字の初期状態は同様に0のみである。1709を365によって乗じなければならないのだから、まず、以下のようにして5で乗じる。短いレバー（stylus）が、大きい方の輪の外側にある数字において5に対応している穴に固定される。ついで、大きなホイール（これはこれまで言及されていないもの）が可動部分に対して真ん中にあるが、ゆっくりと右のハンドルを回転させる。これにより、同時に、大きいの方の輪の可動するへりの部分が動く。動いている間、（すぐに起こるが）へりにある穴にレバーが固定され、回転するへりは障害物にぶつかるが、〔図において〕大きい方の輪で0と9の間にあるのが見える。これによりわれわれは〔ハンドルの回転に対する〕抵抗から、この操作が終わり、不動部分の右の穴を通じて、1709の5による積、すなわち、8545が表示されるだろうと、知らされる。しかし、乗ずる数は複数あり、最初の数の次は6である。可動部分の左に進もう。すると、八つのホイールが最初に示す数字は12個のホイールが二番目に示す数字に対応する。これにより、これまで外の穴の数字5で固定されていたレバーを、今度は外側の穴の数字6に固定する。さて、繰り返し、可動部分の輪の真ん中にあるあの大きなホイールをゆっくりとハンドルで回す。すると、レバーが障害物にぶつかる。この仕方で、乗じられる

cepta generali, 1687/1695）では、演繹の方法を経験主義に結び付け、新しい真理の発見方法を提示した。

★05――メルキセデク・テヴノー（Melchisédech Thévenot, c.1620–1692）。フランスの著述家、科学者、外交官。物体の地面に対する角度を測定する水準器を発明した。一六九六年に公刊した『水泳技法』（*L'art de nager*）は平泳ぎを世に広める契機となった。著作集第II期1巻192頁の訳注05も参照。

★06――八つの小ホイールを指すので左側の間違いか。

★07――これに該当する図はない。

数1709を6によって乗じた数だけではなく、積が最初の積に加えられて、不動部分の右側の数は穴を通じて111085となる。残る乗じる数は3である。再び、可動部分の左にひとつ進み、レバーをへりにある外側の数字3に対応する穴で固定させる。そして、この機械は図が示すような状態になるだろう。そして最後には、三番目の大きなホイールを、障害物を感知するまで回転させることで、乗じられる数1709が3によって乗じられた数だけではなく、最初の二つの数が積に加えられて、1709に365を乗じた全体の積、すなわち、623785が算出されるだろう。

```
  1709
   365
──────
  8545
 10254
──────
111085
 5127
──────
623785
```

この操作は以下のような最大の利点を持つ。乗法でも除法でも、機械の数値（ここでは八つの数字）を超えないならば、乗じられる数が大きくなるとしても、違いはないのである。実際、数が大きくとも小さくとも、計算の遂行にかかる時間は同じである。いかなる注意も精神には求められていないのは明らかである。すなわち、それがどのようなものであれ、子供の仕事と呼ぶにふさわしいのである。除法は、操作の繰り返しで同じように容易に遂行されるが、商の数を求める必要はなく、自ずと提示される。割られる数が不動部分のホイールにセットされるが、そこでは剰余が表示され続ける。割る数は可動部分の小ホイールに表示され、商は、円の内側の個々の数字によって、その数字の操作を反対の〔乗法のときとは逆に回すことで〕レバーが最後まで進めることで、表示される。乗法のさいには、機械の可動部分は外側の円を用いるが、除法が進むと商を求める仕事は右に向かって進む。他方で乗算においては計算は左に向かって進むのである。加法は1による乗法として理解することができ、減法は商が1である除法として理解することができる。★08　かくしてわれわれはいわゆる四種類の演算を持つことになる。これらによって他のすべての計算

★08――ここでライプニッツが具体的にどのような計算を念頭に置いているのかははっきりしないが、たとえば、365＋9という足し算は、9×1という掛け算を365回繰り返したものと理解でき、365－9という引き算は、365を商が1になるように9で割ったときの余りとして理解できる、ということを想定しているように思われる。

は遂行される。しかし、加法と減法は乗法と除法の模倣なしで容易に機械で、可動部分は不必要となる仕方で実行されるであろう。

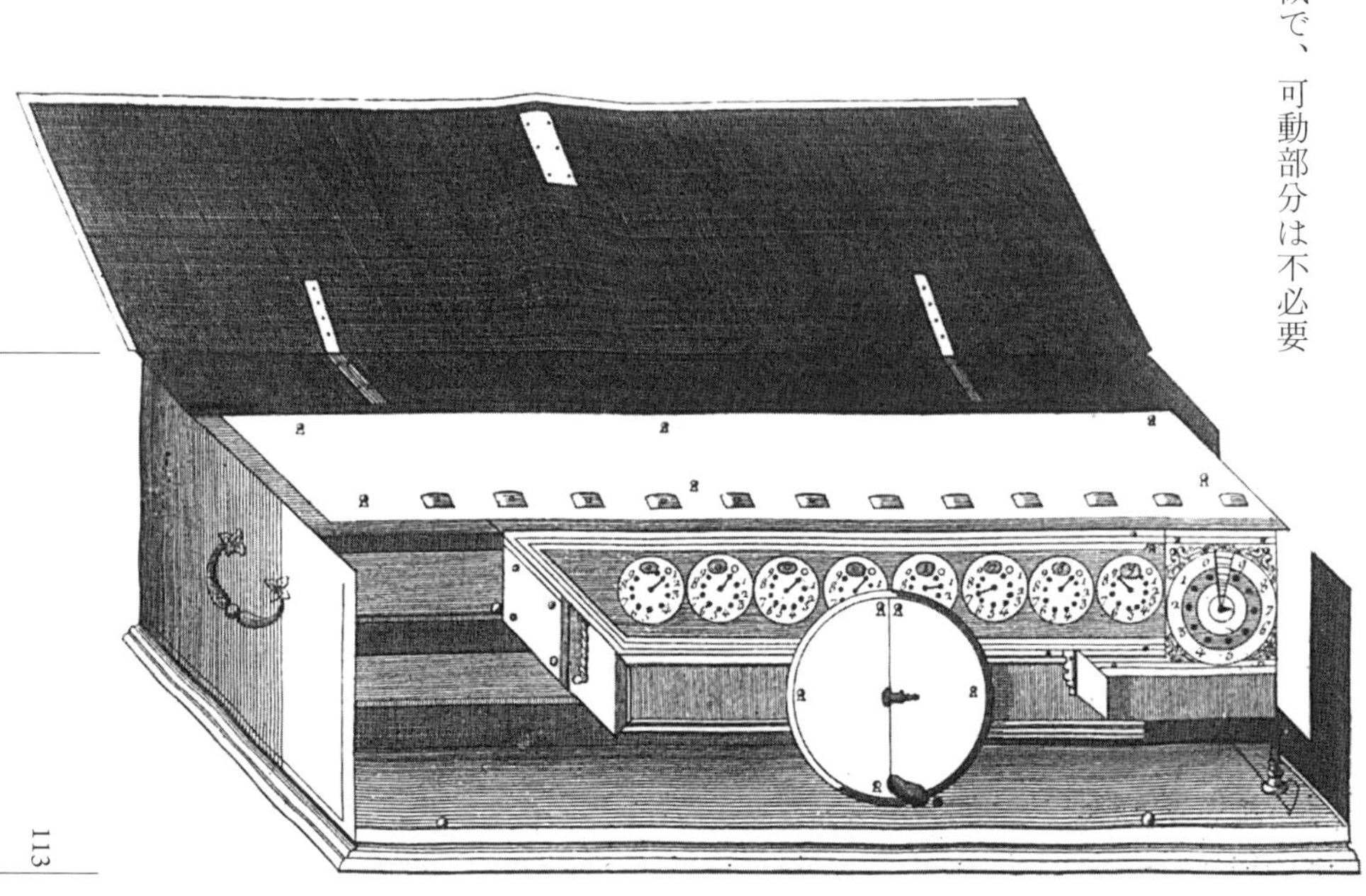

【解説】普遍学構想の核としての計算機開発

稲岡大志

ライプニッツの計算機の開発への取り組みは普遍記号法の構想とも結びつき、ライプニッツの生涯に渡る知的活動において大きな位置を占めていた。しかし、計算機の発想自体はライプニッツ独自のものではない。計算を機械的に遂行するという発想は一三世紀の哲学者ライムンドゥス・ルルス(Raimundus Lullus, 1232–1315)にまで遡ると考えられる。ルルスのアイディアは、妥当な演繹的推論に三つの記号を割り当てるというものであった。これに思考を計算と見なすホッブズ的見解を組み合わせることで、ライプニッツは人間の思考を機械的に遂行可能にする装置の開発に思い至ったのである。また、『算術計算機についての概説』(4–2)でも述懐されているように、パスカルの計算機を知ったことも直接の契機として大きい。パスカリーヌと呼ばれるその計算機は、税吏であった父親を手伝っていたパスカルによって、仕事を軽減させる目的で一六四五年に発明された。一桁の数字に対応するダイアルを回すことで計算を遂行するこの機械で扱えるのは、加法と減法のみであった。さらに、歯車が回転する方向は一方向のみであったため、負の数の計算を直接扱うことができず、補数を入力しなければならなかった。これらの点でパスカリーヌは完全な計算機であるとは言いがたいが、『加減乗除が楽にできる算術機械』(4–1)でも言及されるネイピアの計算棒や、イングランドのサミュエル・モーランドによる計算機とは異なり、計算に関する技能や知識を持たない者でも、数字を入力するだけで計算結果が出力できるという点においては画期的なものであった。

しかし、ライプニッツの計算機開発への取り組みの発端は、パスカルやモーランドの機械を知る以前の一六七〇年に遡る。一六七一年一〇月のハノーファー公爵ヨハン・フリードリヒ宛書簡では、四則演算を実行できる計算機の開発の計画について語っている(A II, 1, 262)。ライプニッツはフランスの財務総監であるジャン・バティスト・コルベールが自分の計算機に関心を持っていることを伝え、パリ行きに推薦してくれるようにフリードリヒに申し出ている。この時点でライプニッツは数を入力してハンドルを回すだけで計算結果が出力されるという計算機の設計を念頭に置いていた。そして、パリ滞在中の一六七二年にパスカルの計算機を知り、加法と減法だけではなく乗法と除法も扱うことができるような計算機の開発に取り組むようになる。ライプニッツは、ルイ一四世下で王立図書館司書を務めた数学者のピエール・ド・カルカヴィにパスカリーヌに関する詳しい説明を求め、自分ならもっとよいものをつくることができるとほのめかす。カルカヴィに自分の計算機への興味を与える目的は、カルカヴィを通じてフランス財務総監のコルベールに接触し、自分を売り込むことで、コルベールが設立に関わったパリの王立諸学アカデミーに入会することであった。

一六七二年にライプニッツは歯車をコードで繫ぐ計算機のアイディアの検討を開始する。ライプニッツの計算機は、歯車の使用が特徴であるが、この点は本巻(第1部2)収録の懐中時計に関する二論考とも技術的な関連があるだろう。一六七三年から、時計職人の手を借りることで、ライプニッツは可動式歯車の開発に着手する。後に「段階式計算機」(stepped reckoner)と呼ばれるこの歯車を用いた計算機の仕組みは『加減乗除が楽にできる算術機械』でも述べられているが、数ごとに大きさの違う歯車を取り付けて、回転させることで足し算が遂行されるというものである。

一六七三年一月二四日にロンドンに到着したライプニッツは、オルデンバーグ(オルデンブルク)に会う。オルデンバーグはライプニッツの計算機の木製モデルを王立協会の例会で公開するように調整し、ライプニッツは二月一日に実際に公開するが、剰余の計算がうまくいかなかった。また、計算機はロバート・フックによって念入りに検討されることになる。さらに、例会ではライプニッツはロバート・モーレーに会い、サミュエル・モーランドの計算機について知る。二月一五日の会合ではフックが計算機を酷評する。しかし、オルデンバーグは、フックは意地が悪い人間だから気にする必要はない、ただし、計算機自体は早く完成させなさいと書簡でライプニッツに伝える(フックの性格については本巻第1部2解説も参照)。


一六七五年初め、ライプニッツは計算機をパリ諸学アカデミーで公開する。この公開は首尾よく運び、コルベールから、王のために一台、王立天文台のために一台、財務局のために一台と、計三台の注文を受ける。ヨハン・フリードリヒ公爵への手紙で、ライプニッツはこの機械について説明し、大きな数の乗除も数回ハンドルを回すだけでよい、加減計算も書き記すより短い時間でできる、ハノーファー公爵がお望みなら特別価格で提供したいと申し出ている(A I, 1, 491-493)。他方、イングランドの王立協会での公開に関しては、パリでの公開のような成果を残せていない状態が続いていた。このため、オルデンバーグは、ニュートンの要請で自分宛のニュートンの書簡の写しをライプニッツに郵送することになったとき、計算機を早く完成させて王立協会にて披露するようにという催促を付記している。しかし、ライプニッツはこれに答えることはなかった。数学や自然学の研究など、他にやるべきことを多く抱えていたのである。

一六七六年一〇月一八日にライプニッツは再度ロンドンを訪問する。ここでようやく計算機をオルデンバーグに見せることができたが、日程が合わず、王立協会での公開は実現しなかった。ハノーファーに赴任後、一六七九年には当時の計算機開発にとって大きな課題の一つだった繰り上がりを処理することを目指した開発に取りかかる。

さらに二進法で四則演算をおこなう真鍮製の計算機の開発に取

り組むが、多数の歯車が必要で、すでに生じていた摩擦や円滑さに関する問題がよりいっそう深刻なものとなり、十進法から二進法への変換、その逆の変換を機械的に行うのも難しく、開発は難航した。『加減乗除が楽にできる算術機械』はこの時期に書かれたものである。また、この時期にライプニッツはアルノーと長い書簡を交わすが、一六八六年九月二八日のアルノーからの書簡では計算機と時計について教えて欲しいと言われている(K I, 8, 287)。

一六九三年になってライプニッツはようやく繰り上がりの解決策を形にできる実感を持ち始めた。一六九五年にライプニッツはハノーファー公爵エルンスト・アウグストに機械を見せる。しかし、これで開発が終わったわけではない。依然として繰り上がり問題は課題であり続けた。ライプニッツはハノーファーでクリスチャン・ワグナーの助けを借りて時計職人を雇って開発を継続するが、やはり望ましい計算機を作ることは困難であった。一七〇六年にライプニッツは計算機をハリファックス伯爵に披露することをもくろむが、うまくいかなかったらしい。この時期になっても職人を雇っては失敗し、新たな職人を雇う、の繰り返しであった。一七一一年五月、ライプニッツはライプツィヒを訪問し、ザクセン＝ツァイツ公爵の賓客となる。そこで宮廷付き執事のゴットフリート・トイバーと知り合い、新しい設計に基づく計算機の開発に協力してくれるように頼んだ。一七一六年六月には療養のために湯治場を訪れる。帰りにツァイツに足を伸ばして、計算機の制作の進み具合を検分する。ライプニッツは常に計算機のことを気にかけていたのである。

ライプニッツの計算機構想は四則演算を可能にするものであったが、繰り上がりや歯車の摩耗といった課題を解決することは難しく、時計職人を雇った実際の開発では難航し、満足できる計算機を残すことはできなかった。ライプニッツが計算機開発に傾倒した背景には、計算を自動的に遂行できるようにして学問を完全なものにするという普遍学構想に加えて、コルベールの件からも推察されるように、自らの立身出世、スポンサー探しという側面も大きい。

一六七三年三月のパリ発ヨハン・フリードリヒ宛の書簡で、ライプニッツはパリとロンドンで計算機が大絶賛されたと報告しているが(A I, 1, 488)、実際にはロンドンではフックに実用性のなさを批判され、パリのアカデミーにはまだ公開すらできていない状況であった。こうした誇張した自己評価をライプニッツはその後も重ねるのである。しかし、ライプニッツの自己アピールは多くの場合真に受けとめられることはなかった。

例えば、［ヘッセン＝］カッセル方伯の顧問官ヨハン・セバスチャン・ハエスに対して、ライプニッツは、パリ諸学アカデミーやロンドンの王立協会で公開したモデルに基づいた計算機の購入を主君に進言してもらうように依頼している。当初ハエスはライプニッツの計算機に興味を持ち、詳細の説明を求める。ライプニッツは、

654321と99999の掛け算が5回ハンドルを回すだけで計算でき、こうした計算機は偉大な数学者が絶賛している、と積極的に売り込む(A III, 6, 305)。しかし、積極的な売り込みにもかかわらず、結局、ハエスは「何度考えても貴方の驚嘆すべき機械の仕組みについて理解できません」(A III, 6, 368)と、ライプニッツの申し出を退けるのである。

一六八五年の『加減乗除が楽にできる算術機械』には、計算の手続は詳細に述べられているが、機械の内部構造は未知のままである。『算術計算機についての概説』は一七一〇年に発表されたものであり、長い間ライプニッツの計算機開発に関する重要資料の一つであったが、内容としてはそれほど多くを伝えてくれるわけではない。計算機が可動部分と不可動部分から構成されており、大小のホイールを持ち、乗算が足し算の結果を続けて足すことで計算されることは述べられているものの、実際の計算機の設計を詳細に伝える記述はない。こうした論述上の不足はライプニッツ自身満足できる機械を開発できていないことの現れと見るべきであろう。とはいえ、これらは段階式計算機というライプニッツの着想の先駆性を示すものであることは疑えない。ライプニッツの死後、計算機はゲッティンゲン大学に寄贈され、修理のために屋根裏部屋に保管されたまま歴史から忘れられていた。しかし、一八七九年に屋根の雨漏りを修理する作業員によって偶然発見され、歯車の回転によって計算を自動化させる段階式計算機のアイディアが広く知られるようになり、二〇世紀にクルト・ヘルツシュタルクによって発明されたクルタ計算機に受け継がれることになる。こうして、ライプニッツの計算機開発の取り組みは二進法計算のアイディアとともに、後の計算機科学に大きく影響を与えたのである。

『加減乗除が楽にできる算術機械』の原文は、ライプニッツの著作集などにはこれまで収録されたことはなく、連立一次方程式の解法であるガウス・ヨルダン消去法の発見者として知られるハノーファーの数学者のヴィルヘルム・ヨルダン(Wilhelm Jordan, 1842–1899)が『測地学雑誌』(*Zeitschrift für Vermessungswesen*, 1897)26号に発表した論考「ライプニッツの計算機」(Die Leibniz'sche Rechenmaschine)中のドイツ語訳と共に収録されたものが実質上の一次資料となっており、本訳稿もこれに基づいている。『算術計算機についての概説』はデュタン版に依拠した。(なお、アカデミー版第VII系列「数学著作」の刊行は、二〇一七年一〇月現在、第7巻(1673–1676)の暫定web版まで。)

参考文献

E・J・エイトン『ライプニッツの普遍計画』(渡辺正雄＋原 純夫＋佐柳文男訳、工作舎1990)

Erwin Stein, Franz-Otto Kopp, "Konstruktion und Theorie der leibnizschen Rechenmaschinen im Kontext der Vorläufer, Weiterentwicklungen und Nachbauten: mit einem Überblick zur Geschichte der Zahlensysteme und Rechenhilfsmittel", *Studia Leibnitiana*, Bd. 42, Heft. 1, 2010, 1–128

Florin-Stefan Morar, "Reinventing machines: the transmission history of the Leibniz calculator", *The British Journal for the History of Science*, Volume 48, Issue 01, March 2015, 123–46.

ドニ・パパン
Denis Papin, 1647–1712?

【5】

Briefwechsel zwischen Leibniz und Denis Papin. 1704–1707.

パパンとの往復書簡★01

✣池田真治＝訳・解説

5-1……パパンからライプニッツへ

Denis Papin an Leibniz. Cassel, 10. Juli 1704.

新たな不都合が生じ、ご旅行を再び延期されたとうかがい、非常に残念です。貴方に何か良い治療を施すことができれば本当に良いのですが。でも貴方、いくら私が医学を勉強して医者の免状をもとったとはいえ、処方箋すら施さないような医者はいないでしょう。ほとんどあらゆる類いの人々が、多くの病気に対して処方を施そうと試みますが、私はというと、何か悪いことをしてしまうのを恐れてしまうのです。私はとりわけ、内科（medecine）と外科（chirurgie）をはっきり区別します。なぜなら、後者〔外科〕でも同じくらい多くの失敗をするとはいえ、極めて有用な術であり、多くの失敗の機会を得ることが必要なことを告白せねばならないからです。しかし、貴方が私の意見をお尋ねくださったので申しますが、内科については実際に行われているとおり、それ〔内科〕は何か極めて有害なものであると思います。私はヴェネツィアにいる内科医との比較の事例に強く同意します。すなわち、悪い体液（les mauvaises humeurs）をほとんど焼却し、そのうえでそれらを排出するためにしかるべき時間をかけるなど、必要なことは自然〔本性〕（nature）がすべて準備し

★01——アカデミー版第III系列「数学・自然科学・技術往復書簡」の刊行は、二〇一七年一〇月現在、第9巻（1702–1705）までであるため、*Leibnizens und Huygens' Briefwechsel mit Papin*, hrsg. von Ernst Gerland, Verlag der Königlichen Akademie der Wissenschaften, Berlin, 1881, 317–330; 358–359; 372–376. を底本とし、ライプニッツの書簡手稿と照合し、必要な箇所を訂正して翻訳した。Leibniz Briefwechsel (LBr), Hannover, Gottfried Wilhelm Leibniz Bibliothek, 714, Bl. 235–243; 265–267; 279–283. なお、読みやすさのため、訳者の判断で適宜改行した。

てくれます。それにもかかわらず、やや乱暴な処方を命じる内科医は、あたかも分解された小さい部品を注意深く扱おうとしている時計職人に鞴（ふいご）を与え、すべてを地面にひっくり返して一部の部品をなくさせてしまうのと同じことをしているのです。そのようなことを私に言う内科医は、それでも他の医者たちと同じような処置を施し、次のように述べて弁解します。すなわち、「人々をあるがままに受け入れなければならない、そして、もし彼が処置をしなければ、他の人たちが常に処置をしていたでしょう★02」と。実際、その仕事をするのがそのような人たちであるほうが、単に何かを知るということは何かということを知らない他の多くの人々であるよりもはるかにましなのです。前者の人たちが彼らの作品〔すなわち処方〕のうちに見出すあらゆる清貧を預言だと見なすように。

七五歳になった私の義母が病気になったさいの事例をわれわれが見たのは、それほど昔のことではありません。義母は、ワインを少し頂戴、としきりに要求したのでした。内科医は、もっともらしい口調でその要求を全面的に擁護し、もし病気を完全に無くしたいのだったら、彼女にワインを与えるしかない、と言いました。彼女は熱が高かったので、われわれは、医者〔Docteur〕に何も告げずに、彼女にワインを与えることはしませんでした。そして晩に戻ってきた医者は、彼女がこの病気から随分良く回復したのを認めたのです。われわれのところでは、百人〔の患者〕が、内科医のあまりに厳しい命令に思い切って背き、自然〔本性〕が無条件に必要と感じたこうした小さな助けがなければ、病気で死ぬままにされかねなかったのです。

健康を維持するための方策をしたいという貴方のお望みについて。では貴方に申しますが、私は非常に繊細な気質でして、まったく頑健ではありません。さらに、私は幸運にも恵まれず、例えば良い機関がないなどして、四回も滞在先を変えました。そして、気候や食品の質などがまったく異なる国々で過ごしてきました。多くの人々にとっては、これだけでも病気を引き起こすの

★02―― Il faut prendre le temps comme il vient, les gens pour ce qu'ils sont, et l'argent pour ce qu'il vaut(天気は来るがままに、人々はあるがままに、そしてお金はその値うちのままに受け入れなければならない)というフランス語のことわざをもじったものであろう。

に十分でしょう。けれども、請け合いますが、私は三九年あるいは四〇年このかた、たったの一日でも寝たきりになるほどのひどい体調不良に陥ったことはありませんでした。私はこのための方策として、日々の体調の変化（differentes dispositions）をいつも観察することしかしませんでした。そして、私は心の告げるままに、ある時は元気を取り戻すのに適切なものを、またある時は体を温めるのに適切なものを食べたり飲んだりしていました。ある時は休息しましたし、また別の時には十分激しい運動もしていました。そうした機会において、私はしばしば、身体の健康に関して大きな影響をもつ、私の悲しみや他の人々の苦しみを和らげるために、この世の現実の虚しさについて考察していました。同じ方法に従うものたちはすべて、私と同じくらいに満足するであろうと思います。結論を申し上げますと、安全に診療をするためには、われわれがまったく無知であるような百の事柄について知らなければならない、と私は思います。その中からたった一つの事柄を無視するだけで、しばしば過ちを犯すことになるでしょう。しかし、われわれの光の不足を補うために★03、神はその無限の知恵によって、人間および他の動物たちが良い状態を維持することができるようにそれぞれの身体を構成しただけでなく、何か悪くなってしまったときに極めて頻繁に自ら自身で回復しうるようにしたのです。そのために神は、彼らに適切な食べ物を与えることしか必要としませんでした。また、各々の個物〔生物〕は、自らにとって何が適切〔な食べ物〕であるかを判断するための諸感覚を備えることしか必要としなかったのです。

私は、自分の機械★04のうちに、どのくらいの力が吸収されるのかを知るために、手始めに計算に訴えました。というのも、既知の等しい二つの重さ〔錘〕が、平衡な二つの皿の上で釣り合いがとれているとき、全体に対して必要な速さを与えるために、一方の皿にどれくらいの重さ〔錘〕を加えなければならないかを見出すのは、容易なことだからです。こうして、ポンプのピストンに一定の速さを与えることを解決したので、私の力が、それが生じる結果（effet）よりもどのくらい大き

★03——原文では pour supplier〔ママ〕 à notre peu de lumieres とあるが、supplier を suppléer と読むことにする。

★04——パパンが発明した、火力によって揚水する新しい蒸気機関のこと。一七〇七年、パパンはカッセルにて、それぞれラテン語とフランス語で『火力によって揚水する新方法』（*Ars nova ad aquam ignis adminiculo efficacissime elevandum*, Cassel, 1707; *Nouvelle maniere pour lever l' eau par la force de feu*, Cassel, 1707）を出版している。

★05——一六九二年から一七〇〇年の間に集中的に論じられたライプニッツとの活力論争において、パパンは活力の測定にさいし、力を失わせる

くなければならないのか分かります。摩擦に由来する別の障害に関しましては、その〔摩擦で生じる力の〕量を測定した実験によります。★05 ピストンに縛り付けられた縄があり、それらの縄は滑車の上を通ります。したがって、下から上までピストンを引くのに〔重さが〕十分であるかぎり、もう一方の端にいくらかの錘〔重さ〕を結びつけるのは容易です。こうして、摩擦〔の問題〕を克服できます。私のポンプは、通常のポンプと比べて、次の点で好ましいものです。第一に、ポンプは〔機械の〕内部で強く結びついており(uni)、磨かれ(poli)、一様(égal)です。第二に、〔私が考案した〕ピストンの取っ手〔柄〕は、いかなる歯車もなしに、常に上に直接押しつけられています。他の〔パパンのものではない通常の〕ポンプでは、ピストンがある時は一方の側に、またある時は別の方の側に向けて傾くのですが、その代わりです。通常のポンプは、力を失わせて、ピストンをぶち壊してしまいます。あるいは、〔通常のポンプには〕力を失わせるような類いの歯車(engrenage)がついています。第三に、人は、その全体重をかけて私のポンプに働きかけます、そしてポンプを再上昇させるために手も足も用います。通常は、足よりも力がはるかに弱い手だけで〔ポンプを〕動かすのですが、その代わりです。そしてこの点に、私の〔機械の〕主な利点があるのです。★06

ところで私は、ヘッセンの鞴(le soufflet de Hesse)を回す仕方について、貴方と考えが一致しているのをたいへん喜んでおります。というのも、そのことにより良く成功できると私が考えるのは、実際に極めて激しい噴水〔水の噴射〕によるからです。しかし、水を引き揚げるべき高さがあまりに高くなってしまう不都合を避けるために、私は管〔パイプ〕(vaisseau)を用いるのを好みます。そこでは圧縮された空気が水を激しく再び押し出します。これはアムステルダムで起きた火事を消すために使われた機械と同じ〔方式〕です。★07 この主題について私が行った最も大きなことは、新鮮な空気がないためにランプが消えてしまう、アレンドルフ近くのある炭鉱のためでした。しかし、ヘッセンの鞴の助けによって、〔ランプの〕炎は非常にしっかり保たれます。私はすでに著した『論集』

抵抗や摩擦の問題があることを指摘していたが、ここではその議論をぶり返している。

★06——パパンが発明したもので、炉に連続的に力強い風を通し、煙を排除して燃料の完全燃焼を促す装置である。この発明により、蒸気機関は技術的に進展した。パパンはライプニッツの提案により、このヘッセンの鞴を高圧蒸気の生成に応用した。

★07——〔原注：送風タンクを備えた消火ポンプは、一六五〇年代にニュルンベルクのコンパス製作者ハンス・ハウチュ(Hans Hautsch, 1595–1670)によって発明された。パリの諸学アカデミーが一六七二年頃に所有していた消火ポンプは、とある外国人が持ち込んだものとされ、一六七七年の『学術雑誌』アムステルダム版にも描かれている。ライプニッツは、一八世紀初頭に設立され、自らが初代会長を務めたベルリン諸学協会を通じてこの消火ポンプに大きな関心を持ち、プロイセン王フリードリヒ一世(Friedrich I., 1657–1713)への手紙でもその機械について触れている〕。第1部1訳注70、第3部5訳注11、同11訳注25参照。

(*Fasciculus*)[★08]の中で、川の力を伝えるための、この鞴の使用法について語りました。しかし以来私は、それ〔鞴〕をより有益な仕方で用いるいくつかの他の使用法を考えてきました。例えば、果実や他の食料を必要に応じて迅速に乾燥させることで腐敗から守ったり、鍛冶屋が用いる通常の鞴があまりに小さい場合には火の力を増やしたり、塩が浸透した水を蒸発させたりすることです。このことは、火を節約するために有用なだけでなく、より良い塩を得るためにも有用でしょう。フランスで火を用いずに作られる海塩は、よそで火を用いて作られる海塩よりも、より良いものだということを人は知っているからです。

私は貴方の判断を仰ぐべきものについてお知らせいたしました。

敬具。

貴方様へ、

貴方の謙虚で従順なる僕

D・パパン[★09]

★08――『いくつかの新しい機械およびその他の哲学的な主題に関する論集』(*Fasciculus dissertationum de novis quibusdam machinis atque aliis argumentis philosophicis quorum seriem versa pagina exhibit*, Marburg, 1695)。パパンが出版した論文や書簡を集成したもので、同内容の仏語版も同年に出版している。*Recueil de diverses pièces touchant quelques nouvelles machines et autres subjets philosophiques dont on voit la liste les pages suivantes*, Cassel, 1695.

★09――ゲルラント版では省略されている結語の部分だが、最初の書簡だけLBrに基づいて補い、原文の雰囲気を再現した。以降の手紙では適宜省略する。

5-2……ライプニッツからパパンへ

✣ Leibniz an Denis Papin. Hannover, 17. Juli 1704.

カッセルのパパン氏への手紙からの抜粋★01

外科を医学のうちで最も確かな部分とみなす点で、氏は正しいと考えます。内的医学(Medecine interne)に関して言えば、私はそれをフェアケーレン(Verkehren)★02あるいはトリックトラック(Trictrac)★03に興じる術のようなものとみなしています。そこでは能力がものを言いますが、偶然のほうがいっそう重要な要素なのです。良くないのは、医者たちがほとんど治療を施さず、すでに行われた千ものすぐれた観察を役立てようとしないことにあります。私は急性の病と慢性の病を厳密に区別します。★04急性の病気の場合、自然(本性)を紛らわしたり、喚び起こしたり、助けるために、いくらか荒療治をしなければなりません。例えば、胸膜炎の場合には採血をしたり、卒中の発作の場合には吐剤を与えたり、赤痢の場合には吐根(ipecacuanha)の下剤を投与したり、あまりに激しい痛みに対してはアヘンを用いたり、汗が必要に思われるときには適宜解熱剤を投与したり、豚肉石を与えて汗をかかせたり★05、などです。どのような大治療薬も、根本においては毒だというのは本当のことです。ヒ素は、ほんの少量であれば、効き目の強い解熱薬になることが発見されました。すなわち、自然を乱すことで、事物の流れと熱の様式(type)を変えるのです。私は告白しますが、一般に設(しつら)えられたような医学(Medecine)(内科学)は貧しい状態にあり、内科医の手に任せることは非

★01——上書きされた箇所と日付はライプニッツ自身の手による。手紙本文は、書記に書かせたものをライプニッツが訂正した。

★02——トリックトラックのこと。Peter Rondau, August Johann Buxtorff, *Neues Teutsch-Frantzösisches Wörterbuch*, Basel, 1740によれば、Verkehr; Verkehrenはjeu de trictracとある。次注および第1部6注07参照。

★03——トリックトラックとは、一七～一八世紀西欧で貴族のあいだで流行した、サイコロを用いて二名で行うボードゲームである。それは現代のバックギャモンとほとんど同じものと考えてよく、運と戦略が結果に作用する点で理論的偶然に基づくゲームである。

★04——[原注：この区別を最初にしたのは、おそらくビテュニアのアスクレピアデス(紀元前一世紀頃)である]。

★05——ゲルラント版では、LBrにある"... à propos, faire suer avec la pietra del porco"(豚肉石を与えて汗をかかせる)を省いているので補正(Gerland, 322 / LBr 714, Bl. 237)。

常な危険を冒すことなのですが、こうなったのも主として最も必要な事柄について少しも気を配らなかった大衆の責任なのです。というのも、お定まりの手順にしたがう内科医は、彼らが存続させようと考えている処方によっては、ほとんどより良くなしえないからです。たとえばシャフハウゼンの故ヴェプファー氏★06がそうであったように、意志と知性の面で優れて天性のものを持つ人物でないかぎりはそうでしょう。彼を個人的に知っていてその治療の恩恵を受けた人々は、〔彼の治療が〕すばらしかったと私に述べました。けれども、このような資質を持つ人はほとんどいません。

テバイノ門ヤ豊カナナイル河口ノヨウニ多クハナイ。★07

慢性の病気について語るのをほとんど忘れかけていました。私はそれを、病気へと傾いている、あるいは病気のままに留まっている、悪い体調のことであると理解していますが、医学的な食事療法によって治すべきであると思います。食事療法ということで私は、食物だけでなく、空気や運動なども理解しています。私はしばしば、熟練の医者が『食事療法による病気の治療』(*de curandis per diaetam morbis*)という本を書いてくれるのを望んでいました。したがって私は、あらゆる長期的な病苦において、いっさい強い不快感を与えず、またいっさいうんざりさせることがないようにしたいのです。人が「楽しく」(*jucunde*)、「素早く」(*cito*)診療しなければならないのはその点においてなのですが、そのような診療は少しも行われていません。そのうえ、公衆(public)から賃金の支払いを受けている医者によって、地方の所見を集めて、『医学年史』(*Historiam anni medicam*)の作成を王の国々に命じるように、私はベルリンに助言しました。★08しかし人は、効用が最初は現れない諸事物については、ほとんど気にかけはしません。私はさらに、食事療法が回復に役立つよ

★06——ヨハン・ヤコプ・ヴェプファー(Johann Jakob Wepfer, 1620–1695)。シャフハウゼン出身の医学者で、ドイツの王侯貴族たちの主治医を務めた。卒中の原因が脳内出血にあるとする仮説を提示した最初の医学者であり、この分野の古典となる『卒中の歴史』(*Historiae apoplecticorum*, 1658)を著した。また、薬理学や毒物学に実験的研究を導入したことでも知られ、『ドクゼリの歴史』(*Cicutae aquaticae historia et noxae*, 1679)を含む多くの著作を著した。

★07——ユウェナリス『風刺詩集』(*Satirae*, XIII. V. 26)。原文は以下のとおり。「適任者は不足している。テバイの門や豊かなナイル河口のように多くはない」(Rari quippe boni: numero vix sunt totidem quot Thebarum portae, vel divitis ostia Nili)。神話時代のテバイには、七つの門があったとされる。

★08——〔原注：グーラウアーのライプニッツ伝によれば、ライプニッツはすでに一七〇一年にプロイセン王フリードリヒ一世の勅令に影響を与え、

うに、より強い理由によって、食事療法は健康を維持するのにも役立つ、と付け加えます。それはちょうど、貴方が言われたように、日々の体調の変化を観察するのが良いのです。例えば、食べたり飲んだりすることが、あるときは冷やすのに役立ったり、あるときは温めるのに役立ったりするのを見出しますし、また必要に応じて、あるときは休息したり、あるときは鍛錬したりすることが役立つのを見出します。しかし、これらの事柄を適切に行うことができるのは重要な点であり、医者が自ら行ったものよりもいくらか明瞭★09に説明できます。さらに、苦痛を和らげるのも重要な点ですが、貴方のように優れて有徳の方が、他の人よりも多くの便益(facilité)をそこに見出すのです。これらは、何にも優るものです。

さて、私は貴方のポンプが非常によく作られているので、喜んでいます。ピストンが実に真っ直ぐに進むことは疑いなく重要なことです。ポンプが内部から極めて均等かつ一様であるように作るのは、とりわけ溶接した鉄ポンプを用いる場合は、それほど容易なことではありません。鉱山の国々では人間の力を決定するのは容易ではないようにです。しかし水でポンプを機能させるとき、歯車を回すために落下する水量と高さを、〔ポンプにより〕上昇する水量と高さと比較することができます。その差が、力の減損★10(dechec)となるでしょう。

私は、レックヴェルク(Leck-werck)と呼ばれているものを見て以来、塩水を乾燥させるには、風

「その後、国のすべての医師たちは毎年観察記録をつけ、王国の外科的・内科的歴史を送るよう命じられた」(G. E. Guhrauer, *Gottfried Wilhelm Freiherr von Leibniz: Eine Biographie*, Breslau, 1846, Bd. II, 200)」。

★09———ゲルラント版にあるun peu distinctementを、LBrに基づきun peu plus distinctementに訂正(Gerland, 324 / LBr 714, Bl. 238)。

★10———レックヴェルクとは、塩田で製塩の過程で海水を蒸発させて濃縮し鹹水(かんすい)を作るための建物のこと。Gradierwerkとも呼ばれる。日本では枝条架(しじょうか)装置のことを指す。

を利用すればよいと思っていました。そして私は、それをより良いものにすることができ、必要とされている建物なしでも済むのでは、と考えました。しかし、製塩工場を放棄し、しかも最良のものにする心配をしないで済ませる国があります。冬には、冷凍することが、塩水を濃縮させるすばらしい方法であることも発見しました。というのも、氷る部分には塩がほとんど含まれないからです。貴方が話していた、ニュルンベルクでその本体を発明し、アムステルダム★11で皮あるいは布でできた管(パイプ)を接合したという、消火のための機械に関しては、私はそれを至る所で導入してほしいと思います。ただ、小さな街においてもそうした機械が持てるように、もう少し費用を安く抑えることができればと考えます。

★11――〔原注：一六七二年、アムステルダムの消火局主任は、消防車にホースをつなげた〕。パパンは、前の手紙(5-1)でこの消防車について、「アムステルダムで起きた火事を消すために使われた機械」と言及している。この消火ポンプは、一六五〇年代に、ハンス・ハウチュにより発明された(5-1注07)。

5-3……パパンからライプニッツへ

Denis Papin an Leibniz. Cassel, 24. Juli 1704.

貴方のご病気が続いていると知って、とてもお労（いた）わしく存じます。ドラエウス博士★01に貴方が知らせてくれたことを伝えました。彼は、貴方が話したように、おでき★02に硝酸銀（pierre infernale）を塗るのは心配だと私に言いました。腱がある部位に危険がないわけではないのです。そして彼は、あるエリキシルの名前と特徴を告げました。彼はその薬が、こうした特性（nature）をもつ病気に対して、とても良く効くと言いました。彼は貴方にその薬を送るように、そして、貴方がその薬の服用に関して判断する場合に、請け合うよう私に依頼しました。彼は貴方にその薬をできるだけ早く送って、貴方の回復にいくらかでも貢献することを幸いと考えているでしょう。ですから、私はこの伝言を果たすのを遅らせたくはなかったのです。

医者たちが現在まで行ってきた所見は、内科学〔医学〕を今のそれよりも有用なものにするのに貢献しうると私は思います。しかしそれは、たった一つの巻の内に収められていて、ほとんどすべての本を満たしている無用で良く基礎づけられていない百の事柄から解放された、ある適切な選択をなすことを望んでなのです。こうした〔無用で良く基礎づけられていない〕本があまりに多すぎます。例えば、なにかあまりにひどい事態に出くわす前に、かなり冷静に急ぐ必要がある場合、そのような本があると、とてもうんざりします。したがって私は、最善なのは、すべての人が医者とな

★01——ヨハンネス・ドラエウスあるいはヨハン・ドレウス（Johannes Dolaeus; Johann Doläus, 1651–1707）。ドイツの医学博士。パパンをマールブルク大学数学教授として招聘したヘッセン＝カッセル方伯カール（Landgraf Karl von Hessen - Kassel, 1654–1730）に仕えた。主著に『理論・実践医学事典』（*Encyclopaedia medicinae theoretico-practicae*, Frankfurt, 1684）や、『理性的外科事典』（*Encyclopaedia chirurgica rationalis*, Frankfurt, 1689）など。

★02——doseとあるのをclouに訂正（Gerland, 325 / LBr 714, Bl. 239）。筆跡からして、最初の文字をdとは読めない。

り、教理問答（カテキスム）を学ぶように、幼い頃からすでに内科学〔医学〕を学ぶことだと思います。熟練した人によって作られた医学の機関は、彼らの有用で良い知見をつぎ込んで十分小さい一巻に仕立ててくれているので、それを極めて容易に学ぶことができます。それでも私は、人が提唱していると ころの基礎を示したいと思いますし、依然として疑う余地がある理由も明らかにしたいと思っています。この方法で、病人と健康に関心を持っている人々は、軽率には何もしないように気をつけて、自然のなすがままに身を任せるのです。ただしそれは、経験しだいでその有用性が明らかになるような応急手当の必要性が、はっきりと分からない場合ですが。しかし、今のところ医者たちは、もし彼らが何も処方しなければ、皆医者たちが大して役に立たないと考え、医者なしで済ませようとするだろうと心配しています。こうして、医者たちの一般的格律は、ほとんどいつも処方を施すこととなるのです。そして、こうした処方が、考えられているよりも多くの人々の命を失わせてしまうのです。しかしながら、この事項に関するわれわれの計画すべては、実行するためにあるのではないことを告白しなければなりません。と言いますのも、まず最初に有用性が現れない事例について、人はほとんど気にかけない、と貴方が述べたからです。私は次のように言うことさえできると考えます。すなわち、有用性が即効的で明白ではあるけれども、最善の結果ではないような事例があります。ドナウヴェルトの最後の戦闘★03について貴方が私におっしゃったことは、その一つの証拠を示してくれます。というのも、そのような場合において、弾道ポンプが多くの人々の命を救ったことを見るのは容易だからです。手押し車の上に、単にこうした類いの機械を数多く備え、それを調節したのでしょう。そして、その機械を、羊毛袋を乗せた歯車★04の上に、あるいはマスケット銃に耐えうる他の胸壁の上に置けるようにしたのです。各々の手押し車を押すのに四名ないし六名の人員がいて、彼らは極めて速く進むことができるので、機械の射程に入る距離まで安全であり、そして迅速にこれらの機械を作動させるので、常に安全です。

★03——一七〇四年七月二日、スペイン継承戦争の一環としてフランス・バイエルン連合軍とイングランド・神聖ローマ帝国連合軍がバイエルン州ドナウヴェルト近郊のシェレンベルクで戦い、イングランド・神聖ローマ帝国連合軍が勝利してドナウヴェルトを占領した。

★04——la roue des sais de laineとあるのをla roue des sacs de laineに訂正 (Gerland, 326 / LBr 714, Bl. 240)。

まずわれわれ〔イングランド・神聖ローマ帝国連合軍〕は敵に対して、失うよりも多くの人を殺せる状態にありました。そしてすでに数の上ではかなり劣っていたので、敵はやがてその場所を離れることを余儀なくされたのです。このように、この機械がいろいろな場合において明白で即効の有用性を持つことについて多くの人に書いたり話したりしましたが、完成させないまま、二年以上も経ちました。成果が後世のためでしかない企てを、人が気にかけてくれることを期待すべくもありません。

私の揚水ポンプにおいては、他のいかなる機械とも同じくらい、人の力を決定する（determiner）ことができます。というのも二百リーヴルの重さがある人は、単純にその重さ（pesanteur）によって水を持ち上げているとき、二百リーヴルの鉛〔の錘〕とみなせるからです。水から塩を分離するためには氷結させるのが良いという貴方の意見については、まだ賛成（oui parler）しかねています。ぜひ貴方が、この発明が幸運にも用いられるような場所がどこかあるかどうか、またそのためにどんな方法やどの装置（*apparatus*）を用いるのかについて、私にお知らせくださいますよう、お願いいたします。ここでは他所にも増して皇太子殿下★05のお怪我の具合がどうなったのかについて良く分かりません。なぜなら、妃殿下★06を不安にさせる恐れから、とりわけ秘さねばならないからです。しかしながら、あらゆる見かけとは反対に、神の御加護で、皇太子殿下に危険はなく、うわさ話（gazette）でどうこう言われていても、殿下ご自身は危険ではないとご存じです。

貴方が一日も早くご快癒なされますよう神にお祈りしつつ、手紙を終えることにします。

敬具★07。

★05——〔原注：後のヘッセン＝カッセル方伯でありスウェーデン王でもあったフレドリク一世（Fredrik I, 1676–1751）。彼は一七〇四年七月二日の、ドナウヴェルト近郊の戦闘で胸に浅い弾傷を受けた〕。

★06——皇太子妃ルイーゼ（Luise Dorothea Sophie, 1680–1705）。プロイセン王フリードリヒ一世の長女。夫の即位前に死去。

★07——手紙には、ライプニッツ自筆の紙片（LBr 714, 239a）が同封してあり、それには次のように記されている。「ドレウスの生命のエリクシルは、負傷や化膿した際に海綿状〔多孔性〕の粒子を破壊したり、骨の腐食〔カリエス〕を治療したりするのに役立つ」（Elixir vitae Dolaei ad absumendas spongiosas particulas in vulneribus et ulceribus et ad cariem ossium curandam utile）.

5-4……パパンからライプニッツへ

✣

Denis Papin an Leibniz. Cassel, 11. Augst 1704.

貴方のご病気が厄介な事態にならずに済んだと知って、たいへん喜んでおります。ドラエウス氏[01]も私に次のように言いました。貴方のお役に立ちたいという情熱が少なからずありましたが、貴方がこのさい何も〔処方を〕必要としなかったことを喜んでいます、そして、貴方にぜひよろしくお伝えくださいと。

内科学〔医学〕について人が知っていることしか含まないような教理問答（カテキスム）は小さな巻になるであろう、ということもまた彼は考えております。しかし彼は、それでも極めて頻繁に処方することは必要なことなのだと付け加えました。というのも、患者たちは彼ら自身、処方を求めているのであって、もし医者が処方しなければならないと判断したときしか処方しなかったならば、医者はやがてそのすべての医療行為（pratiques）を失ってしまうだろうと。害を及ぼさずに患者を満足させるために彼が見出した措置は、白いパンの身でできた丸剤など、何か極めて無害なものを施すことです[02]。その正体が分からないように、こんがり焼かねばなりません。そうして彼は、患者たちがその処方にいたく満足しているのを見たと、極めて頻繁に語っています。たまたまこの療法が病気の収まっていく時期とちょうど一致していたのか、あるいは、想像力が実際に働いて病人がそうに違いないと想像した状態に事態を導くようにしたのか。いつも処方を施す医者たちについ

★01――5-3注01参照。
★02――現代では「プラシーボ効果」（偽薬効果）として知られる処方である。

て言えば、処方を望まない病人たちに対しても、私は次のように考えます。つまり医者たちは単に慣習に倣って処方を施すのではなく、実際に彼らの作品〔すなわち処方〕が預言であると信じているのです。そして、いくつかの事例を私が見ましたように、医者たちは彼ら自身、自らの方針に従うために、自らの健康を損なうのです[★03]。

ところで、榴弾を投げる機械を使いたいというような場所があるかどうか、お教え願えないでしょうか。あるいは、水を引き揚げるための良いポンプを必要とするような鉱山や、何か別の機会をご存じないでしょうか。私は上々の首尾をあげられると期待しております。それは、新奇と呼ばれているものすべてに対して非常な偏見を持った人々を、迷妄から目覚めさせるのに役立つことでしょう。また、それは同時に、あるすばらしい理論に導かれている者たちが、慣例によってしか行動しない者たちよりも、どれだけさらに有利なのかを見させてくれます。このためにはいっさいの危険をさけようとは思わないでしょう。というのも、私が約束したことが果たされるのを見るまで、あらゆる投資を行うことを私は企てるでしょうから。

私は最近、ここから二時間のところにあるヴァイセンシュタイン山麓の奥深くで見つかった、大量の海の貝殻を見ました[★04]。しかし、それらはどれも化石化していました。そのことについて人が報告書を出版したとき、このことを指摘していなかったことに、私は驚きました。実際それは、非常に驚くべきある現象の原因を判断するための偉大な帰結のようです。というのも、もしこの事態が、そのような混合物を形成するのに適切な土壌（terre）のうちに発散物ないし別の粒子が存在するということを示すのであれば、それはさまざまな時にその混合物〔すなわち貝の化石〕を形成してしかるべきことになります。こうして互いにより多くの新奇な事柄があるのです。しかし、そうした新奇なものは皆、数世紀先のことを判断することができないほどあまりに古すぎるのを見ると、この形式を有しているものがいったいどれだけ多くあるのでしょうか。私は、それら新奇

★03——ils se trouveroient eux mêmesとあるのをils se tueroient eux mêmesに訂正（Gerland, 328 / LBr 714, Bl. 242）。

★04——ヴァイセンシュタインの奥深くで見つけられた貝殻というのは、化石化して石灰岩となったホタテ貝の貝殻のことであろう。ヴァイセンシュタインは、現在のヘッセン州カッセルにある、ハービヒツヴァルトのことである。その近くには現在、ヘッセン＝カッセル方伯ヴィルヘルム九世（Wilhelm IX, 1743–1821; 後のヘッセン選帝侯ヴィルヘルム一世）によって建設され世界遺産となった、ヴィルヘルムスヘーエ宮殿と公園がある。

なものがすべて、何らかの突然の変動によって土壌のうちに同時に入り込んでいたことが見出されることを疑う余地はほとんどないと考えます。かつて海であったところが、現在は陸地になっているのです。こうしたことが歴史の中で語られていないからといって、驚いてはなりません。というのも、その事態は、それについて書けるようになるよりもはるか以前に到来していたであろうからです。そしておそらくそれは、地球が形成された端緒においても同様であり、こうした類の変動は、例えばエトナ山[★05]の大噴火についても言えるように、現在よりもはるかに頻繁で大規模なものであったことでしょう。

どうか貴方が考えていることについて、私に一言おっしゃっていただけますようお願い申し上げます。そして私がいつも貴方を敬っておりますことをお忘れなきよう。

敬具。

★05——イタリアのシチリア島にある、ヨーロッパ最大の活火山。歴史を通じて大規模な噴火をたびたび起こしており、ライプニッツの時代でも、一六六九年三月に大噴火を引き起こし、一万人以上もの死者を出した。その科学的・文化的価値から、世界遺産にも登録されている。

5-5……ライプニッツからパパンへ

✣ Leibniz an Denis Papin. Hannover, 5. November 1705.

貴方のご提案を私は慎重に考えました。また、貴方の機械は、ご自身が設定された価格[★01]よりもはるかに高い価値があると思います。しかしながら、セイヴァリ[★02]氏の提案を判断しようとして、彼が提案した機械が有益なものなのかどうかを評価するためには、人の仕事ではなく、馬の仕事を考慮してなされるのだということを、私は理解しております。火の機械[★03]を人が行いうることと比較する[★04]という、ほかならぬ貴方が語ってくれた提案を思い切ってすることも、なすこともできないのは、そういうわけなのです。われわれは通常、力に加えて何かあるものを必要とする仕事に対して、人を用います。滝がある〔水の落下が得られる〕ときには、われらがハルツの鉱山に対して実際そうしたように、他のどの力よりもまずその〔水の落下の〕力を用います。水が不足していて、風車が有益に用いられていないところでは、動物を用います。動物がうまく適用できないような特別な場合を除いては、人を用いることはありません。ヘレンハウゼンの近くにライネ川というのがありますが、すでに何人かが選帝侯[★05]に対して、その庭園内にある噴水のために、その川を役立てる方法を提案してきました。しかしながら、今は貯水池の中のより高い場所から引かれてくる源泉を用いています。したがって、私は、セイヴァリ氏の場合の火の機械よりも先んじているかどうか、そして、その機械をほとんど必要としないかどうか、貴方に判断を任せることにします。

★01——le prix que vous la mettésをle prix où vous la mettésに訂正(Gerland, 358 / LBr 714, Bl. 265)。

★02——トマス・セイヴァリ(Thomas Savery, 1650–1715)。火力揚水ポンプに基づく蒸気機関を最初に発明したとされる。著書に『鉱夫の友または火で揚水する機械』(*The Miner's Friend ; Or, an Engine to Raise Water by Fire*, London, 1702)。

★03——火力によって揚水する蒸気機関のこと。当時は「火の機械」(la machine à feu)と呼ばれていた。

★04——de faire composer la Machine à feu avec ce que les hommes peuvent faireを、de faire comparer la Machine à feu avec ce que les hommes peuvent faireに訂正(Gerland, 358 / LBr 714, Bl. 266)。

★05——ハノーファー選帝侯ゲオルク・ルートヴィヒ(Georg Ludwig)で、後の英国王ジョージ一世(George I, 1660–1727)。

もし人々が、彼が用いてない人の力で置き換えることしか語らないならば、彼は私の彼に向けた提案を好意的に聞いてくれるでしょう。

火の機械は、一緒に運ばねばならない可燃性の物質の荷重と容積がそれほど大きくなければ、ガレー船にとってすばらしいものになるだろうと私は思います。しかし、もしその機械を馬〔の力〕に匹敵する★06ところまで持っていければ、その機械は〔馬〕車にとってすばらしく有用なものとなるでしょう。こうして、私は、これほど良いものを、何らかの見かけの理性(apparence de raison)や禍々しい成果(mauvais succes)でうんざりさせてしまう前に、より先に進めるように、あるいは、よりしっかり保証するように努めねばならない、と思います。私は常々、いつか貴方と光栄にもお会いする機会を得て、〔儀式や祭典などの〕よりしっかりとした場面で(dans l'occasion avec plus de fondement)、会話ができたらいいと、心から思っておりました。

塩水を加熱するのに、赤熱した鉄を用いるつもりの者は、塩で飽和している大量の水の量を単に減らせると思うでしょう。しかし最後の加熱は、ほどよい火によってなされねばなりません。その者はおそらく小石を用いることができることに思い至らなかったのでしょう★07。

熱烈な友情をもって。

★06――ゲルラントは、手稿では égaler(匹敵する)の上に pour casser(壊す)と書いてあるとする。むしろ、pour passer(越える)ではないかと思うが、解読の難しい箇所である(Gerland, 359 / LBr 714, Bl. 266)。

★07――この箇所も解読が難しい。Gerland版は peutetre auroit il 〈cru de pouvoir〉 employer des cailloux と読まねばならないと思うとしているが、cru de pouvoir に該当するような部分は LBr には見当たらない。〈 〉の部分は定かではなく文法的にも意味がとれないが、peutetre auroit il 〈nier pu〉 employer des cailloux のようにも読める(Gerland, 359 / LBr 714, Bl. 267)。

5-6……ライプニッツからパパンへ[★01]

✣ Leibniz an Denis Papin. Berlin, 4. Februar 1707.

光栄にも、貴方からの手紙と、機械のための熱による水の希薄化に役立つ方法に関する最新刊のすばらしいご高著[★02]という心地よい贈り物を受け取ったところです。その序文に、私がこの美しい本の部分的な機会原因となっているのを見出して、たいへん喜んでおります。しかし、われわれは、方伯殿下[★03]が多くの臣民のためになさってくださったお仕事について、限りない感謝の意を表さなければなりません。据え置きの機械(machine immobile)あるいは水力で動く車(voitures par eau)については、原理と比べてみましたが、これ以上より良くすることは難しかろうと私は思います。しかしながら貴方は、ご自身が試みたことについて、また、この方法によってどのような結果を得たのかについて、述べてくれていません。やがてレトルト[★04](retorte)の中にある水を大量に消費し

★01——LBr 714には、この手紙について三種の手稿が残されている。一つ目は、清書されたものにライプニッツが多くの上書きと訂正を加えた、ベルリン、一七〇六年一二月付の手紙(Bl. 279–280)。二つ目は、ノーデの息子が写した、ベルリン、一七〇七年二月四日付の手紙(Bl. 281–282)。これがパパンに通知されたものであり、本翻訳はこれに基づいている。三つ目は、一七〇六年一二月付の手紙の草稿で、ライプニッツによる欄外への書き込みを含む(Bl. 283)。

★02——パパンは、一七〇六年一一月二九日付の手紙で、翌年に出版する予定の『火力によって最も効果的に揚水する新方法』(*Ars nova ad aquam ignis adminiculo efficacissime elevandam*)の見本をライプニッツに送った。

★03——ヘッセン＝カッセル方伯カール(5–3注01)。

★04——パパンの一七〇七年の蒸気機関に取り付けられている球形の銅でできた容器で、ボイラーの役割を果たすものを、パパンは「レトルト」(la retorte)と呼ぶ。注07図左端参照。

てしまうでしょうし、水を取り替える便利な方法について考えねばならなくなるだろう、と私は思います。ある種の栓が、〔水を〕注入することなしに、そのことをなしうるでしょう。その栓のうちには水を受け取るような窪みがあり、その栓を回すたびに水はレトルト(ボイラー)の中へと導いてくれる管(パイプ)のうちに運ばれるでしょう。しかし、その栓は、貴方がしたように、〔水を〕注入することで、保持するであろうものと同じ量の空気を、そこからつねに排出するでしょう。

　貴方のお気に召すようなアイディアがあります。それは、ピストンが元の所に再上昇するさいに、ポンプから出たばかりの熱い蒸気を有効に活用することです。というのも、それら蒸気をすべて失ってしまうのはとってももったいないことでしょうから。それら蒸気が排出されるさい、まだかなりの熱と、外部の空気にもかかわらず、排出口(issue)を作るための十分な力を持っているだろうと私は思います。排出口がなければ、外部の空気は熱い場所の中に入っていこうとするでしょうし、それら〔蒸気〕の排出を妨げてしまうことでしょう。蒸気が持っている余分な熱と力を活用する、というこの理由もまた貢献しました。すべてを考察した後、私はここでは、貴方と同じく、ピストンによって水を直接的に排除するよりも、(永久ジェットを作った、ニュルンベルクのハウチュ[★05]による消火噴射器(seringue incendiaire)の発明にしたがって)、圧縮空気を応用することを好みました。それゆえ、ここで、そうでなければ余分にすぎない熱を上手に利用するためには、また同時に、圧縮空気を上手に利用するためには、たぶんまだ採用されてはいないのですが、私は、部分的に圧縮空気で満たされている[★06]貴方の容器QN[★07]の周りに、ある種のカバーないしキャップZZを付けます。そして、このキャップの下から、蒸気が自由な空気の内に力を伴って拡散するよりも前に、これら蒸気を通します。それら蒸気はキャップと容器のあいだに見出せますが、この容器を加熱すると、結果的に蒸気は空気を希薄化するのに働くことで、その内部にある圧縮空気の作用に役立ちます。私はこれが、力の倍加だと考えます。というのも、もし空気が二倍に

★05――一六五〇年代に火力機関に基づく消火ポンプを開発した、ニュルンベルクのハンス・ハウチュ(Hans Hautsch, 1595–1670) あるいはそれを改良した息子たちのことであろう(5–1注07)。

★06――plainをpleinに訂正(Gerland, 373 / LBr 714, Bl. 282)。

★07――次頁のパパンの *Nouvelle manière pour lever l'eau par la force de feu*, Cassel, 1707に挿入された図版を参照せよ。同じ本のラテン語版である *Ars nova ad aquam ignis adminiculo efficacissime elevandam*, Cassel, 1707にもまったく同じ図版が挿入されている。ここでQNとは、右上端にある容器のこと。

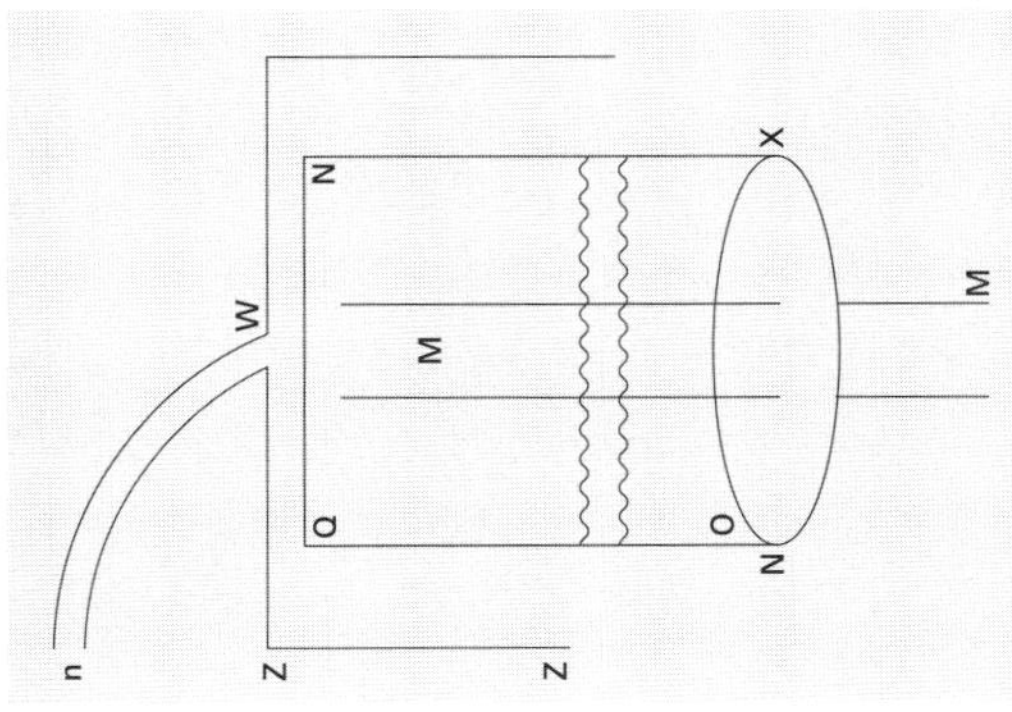

★08

★08——Gerland (*Briefwechsel*), 374.

書簡手稿LBr 714, Bl. 282にある図：

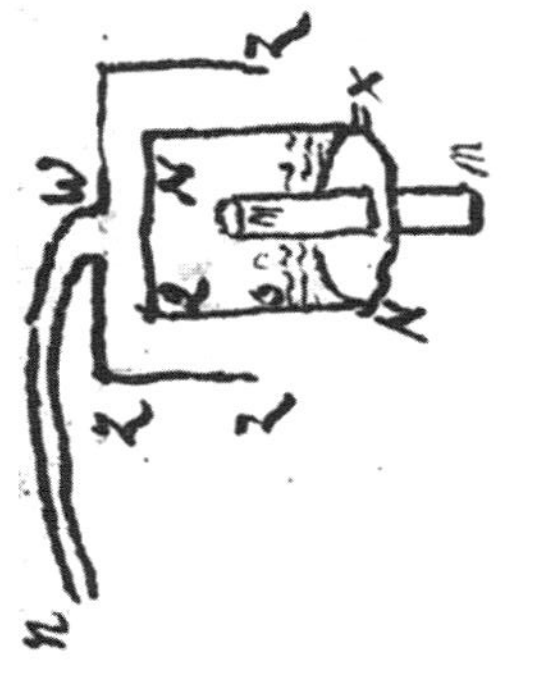

LBr 714, Bl. 280にある図：

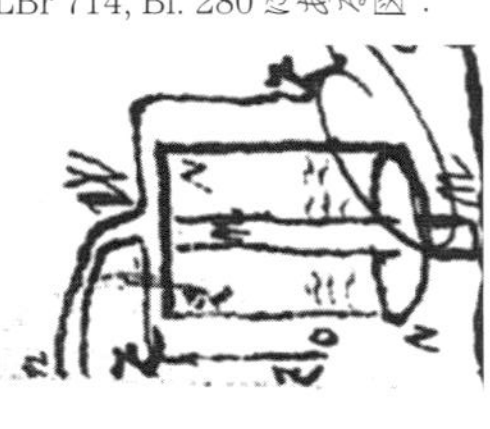

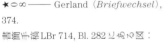

パパンによる世界初の直接駆動方式の蒸気機関

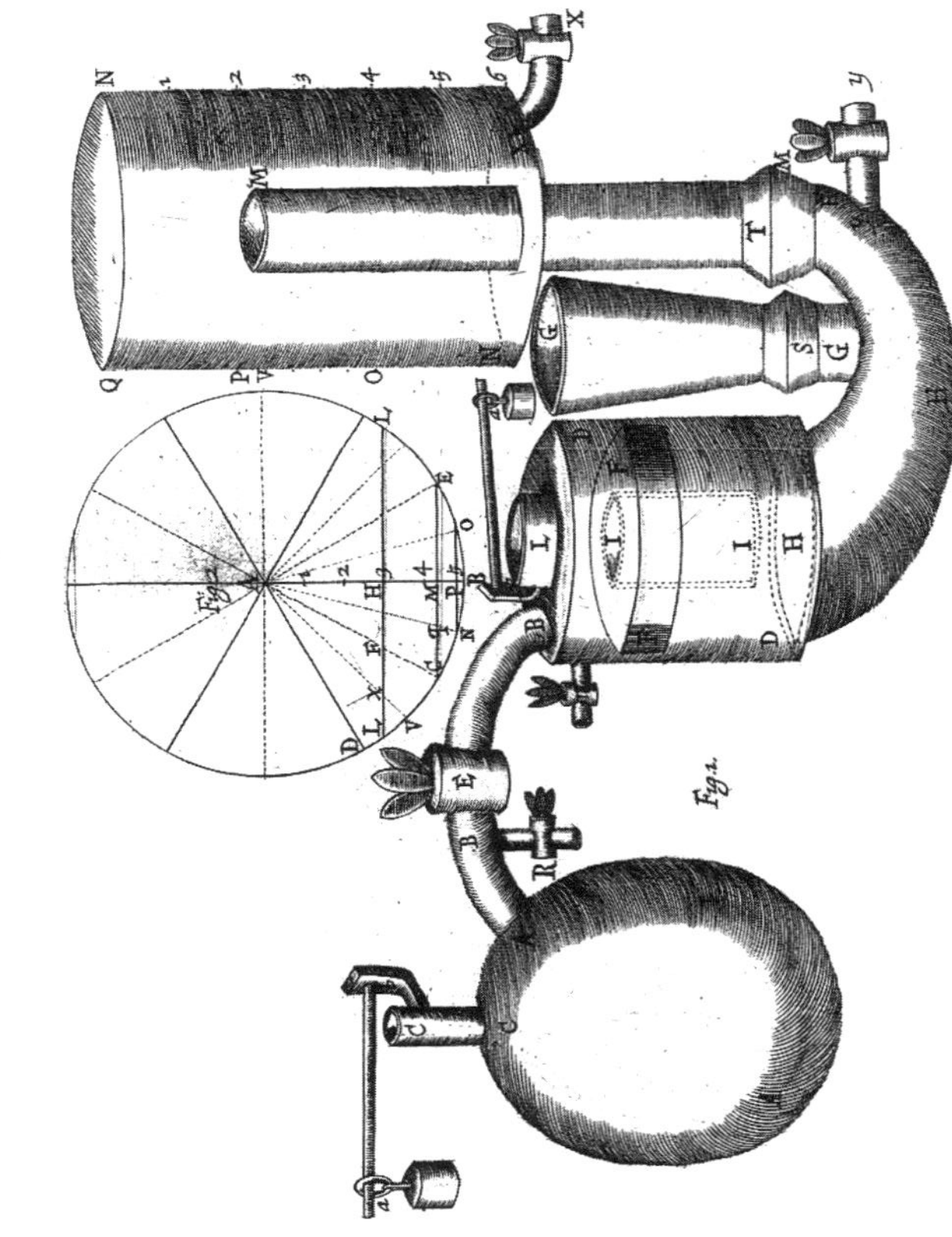

圧縮されていたとしたら、空気は熱がなくても排出しうるのに反して、熱はおそらく空気によって排出するであろうからです。こうして、ごく平凡な容器QNが、一つのはるかに大きな結果を生じるのです。なぜなら、熱が通常の空気に圧縮したのと同じ力を与えるのは、すでに確かなことだからです。そして、同じ熱は、二倍ないし三倍の圧縮空気に対して、通常の場合と同じように、それが一倍の圧縮空気に対して与える、およそ二倍ないし三倍の力を与えるでしょう。

熱い蒸気が通過していくのが続くと、ほとんどまるで火にかけたかのように、この容器を非常に加熱するはずです。★09

私は、強く圧縮して加熱した空気を使って、大いなる結果を生じることができ、しかも、小さい容量に多くの力を込めることができると、常々考えてきました。このことは、携帯可能であるべき機械にとって、大いに有益なことでしょう。また、私はここで、パイプMMを使うことによって水の侵入がなしうるであろうことのほかに、貴方の容器QNの中に、一回限りで、あるいは長い間、そこに空気を圧縮するために、空気を注入することさえできると考えます。そしてこのことは、Xによって水を排出させる速さにもよりますが、パイプMMが供給しうるよりも多くの水を消費するまで、持続できます。それ〔圧縮空気〕は、一方では熱い蒸気の大いなる力と他方では排出する水の抵抗のおかげで、その水が乗り越えるべき障害物によって、増加することができます。とりわけ似たような用法を持ちうるであろう、炉の余分な熱や、そこから出る煙については何も言っていませんが、漏斗GとパイプHの水を加熱することにします。この水の冷たさが、ポンプDの中、あるいは、容器QNの中の熱の妨げになるのを減少するためにです。キャップZZに関しては、それは容器QNを、少なくともQからOまで、上から覆うでしょう。そして、パイプnWは、ポンプDからnを通じて出て、Wを経由して上からキャップの中に入るでしょう。そして、栓nを開くとき、蒸気はキャップの下からこのパイプを通って、OとXのあいだにある台座によっ

★09――〔原注：この提案が廃熱ボイラー（calorischen Maschine）のアイディアの初出である〕。

て、そこから出るでしょう。すなわち、容器QNが水しか含まず、それほど加熱される必要がない場所に出るでしょう。けだし、もしお望みなら貴方は容易になすことを私は疑いませんが、人の手をわずらわせずに、栓Eおよびnは、機械によって交互に自ら開いたり自ら閉じたりするのです。

ところで私はうかつにも、貴方の見解を注意深く点検しそびれるところでした。九三ページ目は、物体が昇ることができる高さによる物体の力の見積もり〔推計〕(estime)に反しています。[★10] しかし私は、貴方が、私が確立したと考えていることに反しないある方法を採用すると思います。そしてこれは、かつてわれわれの間で十分議論したことです。[★11] 貴方の機械がいつか動く状態になるときが来ましたら、どうか私にそのことをお知らせください。そして、私は常々、御前会議(Cour)を殿下のために行うつもりであるので、[★12] 時間をとることができます。そこではこの機械の結果についても見る[★13]ことができましょう。しかしながら、熱烈な友情をもって。

貴方の謙虚で従順な僕

貴方様へ

★10――ライプニッツが受け取ったのは見本であるが、『火力によって最も効果的に揚水する新方法』(*Ars nova ad aquam ignis adminiculo efficacissime elevandam*, Cassel, 1707)の該当するページを指すであろう。ここでライプニッツは、パパンがライプニッツの活力保存則に反した計算をしていることを指摘している。

★11――いわゆる活力論争。

★12――また、「殿下」はヘッセン＝カッセル方伯カールを指すと考えられる。エイトンによれば、ライプニッツは一七〇七年九月にカッセルを訪れカールに謁見しており、そのついでにパパンとの再会を果たしている(E・J・エイトン『ライプニッツの普遍計画』、渡辺正雄＋原純夫＋佐柳文男訳、工作舎1990, 390–91)。

★13――avoirをvoirに修正(Gerland, 375 / LBr 714, Bl. 280–282)。

【解説】共同研究により最先端科学を拓く

池田真治

ここに訳出したのは、ライプニッツとパパンの往復書簡として確認されている全八七通のうちの六通（パパン発三通、ライプニッツ発三通）である。訳出にさいし、蒸気機関の発明に主な焦点を当てるため、ゲルラント版の『ライプニッツおよびホイヘンスによるパパンとの往復書簡集』[★01]を翻訳底本とした。アカデミー版ライプニッツ全集第Ⅲ系列「数学・自然科学・技術往復書簡」は、この校正をしている時点で、第8巻（1699–1701）まで出版されているが、ライプニッツとパパンが蒸気機関の改良について本格的なやり取りをする一七〇五年以降の書簡はまだ全集に収録されていない。したがって、ゲルラント版往復書簡集を用いたことを最初にお断りしたしだいである。

しかし、ゲルラント版の出版からすでに一三〇年余りが過ぎており、誤植も散見されるので、これをこのまま翻訳するというわけにもいかない。幸い、訳者が二〇一五年に資料収集のためハノーファーに立ち寄ったさいに、ライプニッツ文書室に収められているライプニッツ書簡手稿（LBr）[★02]のマイクロフィルムのスキャンデータをコピーすることができた。そこで、書簡手稿をゲルラント版と比較照合することを試みた。この作業によって、本翻訳では、ゲルラント版にいくつかの誤りを発見し訂正することができた。また、手紙の結語などゲルラントが意図的に省略した箇所や、誤って省略してしまったであろう箇所も含めて訳出した。とはいえ、言うまでもなく本翻訳は、最初の功労者であるゲルラントの作業に大きく負う。「粗描きのうまくできているところをさらに進め、念入りに仕上げるのは誰にでもできることである」[★03]。

以下、パパンの生い立ちや発明家としての業績に触れつつ、ライプニッツとパパンの関係や当時の状況について解説する[★04]。

ライプニッツとパパンの出会い——ドニ・パパン（Denis Papin, 1647–c. 1712）は、一六四七年八月二二日、フランスのブロワで生まれた。一家はユグノーであり、カルヴァン派の家系である。六歳のとき、医師である伯父のところに預けられ、ユグノーのアカデミーで学ぶ。一六六九年にはアンジェ大学で医学を修め、翌年にはパリで医者としての人生をスタートさせる。しかし、すぐに医学には退屈し、数学や機械学により関心を示す。当時パリには、この分野で傑出していた学者にオランダ人のクリスティアン・ホイヘンス（1629–1695）がおり、コルベールの勧告によってルイ一四世が設立したパリの諸学アカデミーに初めての外国人会員として招かれていた。パパンは、数学や機械学を本格的に研究するため、地元出身のコルベール夫人を介してホイヘンスの助手となることに成功し、パリの王立図書館内にあるホイヘンスのアパートに住み込むようになる。

ライプニッツがパパンと初めて出会ったのは、ライプニッツがパリに来てまもなくの一六七二年三月、ホイヘンスの自宅においてである。一六七二年四月、ルイ一四世はオランダに宣戦布告し、ほどなくして侵攻を開始する。ライプニッツはルイ一四世の関心をヨーロッパから逸らし、フランスによるドイツ侵攻を阻止するという、外交官としての重要な任務を負っていたが、公務とは別に、パリで本場の数学を研究することを志していた。両者の出会いは自然に訪れた。時にライプニッツは二六歳、パパンは二五歳であり、彼らの運命的な交流はここから始まったのである。

パパンの国際的活躍——一六七三年、ホイヘンスは火薬が爆発する力を応用して、ゲーリケの空気ポンプを改良したものを考案する。パパンはホイヘンスの実験助手をつとめ、一六七四年には、ホイヘンスの空気ポンプの改良を含む『真空についての新たな実験』[★05]を出版した。諸学アカデミーの創立期の会員であるマリオット(Edme Mariotte, 1620–1684)が伝えるところによれば、パパンの機械はホイヘンスの機械よりも十倍安く、より堅固なものであったという[★06]。

その後パパンは、ホイヘンスの紹介で、王立協会の事務局長ヘンリー・オルデンバーグを介してロバート・ボイル(1627–1691)に会うべく、一六七五年にロンドンへと渡る。その背景には、もっと良い地位を得たいという野望と、ユグノーであることによる宗教上の迫害があったという。パパンはボイルおよびロバート・フック(1635–1703)の真空実験の助手をつとめ、二つのシリンダーをもつ空気ポンプや、空気銃などを発明した。フックは水が沸点に達すると一定の温度に保たれ、それ以上の加熱は浪費であることを観察したが、パパンは沸点に達しても加熱し続けることによって

★01——*Leibnizens und Huygens' Briefwechsel mit Papin*, Hrsg. von Ernst Gerland (Berlin: Verlag der Königlichen Akademie der Wissenschaften, 1881). 以降、本書をGerlandと略記して示す。

★02——Leibniz Briefwechsel, Hannover, Gottfried Wilhelm Leibniz Bibliothek. パパンとの往復書簡が収められているファイル番号は714であり、そこに残されている紙片(Blatt)だけでも三〇〇葉を超える。書簡手稿の典拠は、LBr 714, Bl. 280のように、略号・ファイル番号・紙片番号の順で示した。マイクロフィルムのため、紙片の表・裏(recto / verso)の区別まではできなかったので省略した。ご甘受いただきたい。資料収集の作業を快く援助していただいた、ライプニッツ文書室のジークムント・プローブスト博士にこの場を借りて厚く御礼申し上げる。

★03——アリストテレス『ニコマコス倫理学』(1098 a 20–23)

★04——蒸気機関の歴史について概観を得るに当たり、H・W・ディッキンソン『蒸気機関発達史』(山川敏夫訳、伊藤書店、1944[原著1939])およびJohn Farey, *A Treatise on the Steam Engine, Historical, Practical, and Descriptive* (London: Longman, Rees, Orme, Brown and Green, 1827)を参考にした。

★05——Denis Papin, *Nouvelles expériences du vide avec la description des machines qui servent à les faire* (Paris, 1674).

★06——スティーヴン・シェイピン+サイモン・フィッシャー『リヴァイアサンと空気ポンプ』(吉本秀之監訳、柴田和宏+坂本邦暢訳、名古屋大学出版会 2016, 169)。

生じる蒸気の膨張力に注目した。こうして、一六七九年五月には、「ダイジェスター（消化器）」[★07]と呼ばれる蒸気圧に基づく圧力調理器を発明した。後にその説明書をロンドンで一六八一年[★08]、パリで一六八二年[★09]に出版している。それは、普段は食用ではない硬い肉や骨も調理できるようにし、「貧困からの救済」を目的とした。このダイジェスターで用いた「安全弁」が、後の蒸気機関の発明に重要な貢献をなすことになる。その仕組みは、シリンダー内が一定以上の圧力になるとふたの上部につけた錘が上がり、ふたが開くというものである。こうして、蒸気で圧力が上がりすぎてシリンダーが破裂するという問題が解消され、圧力調理器が安全に使用できるようになった。ライプニッツは、この考案に着想を得て、君主にこの調理器を入手してもらうべく、宮廷の犬たちがホメロスと聖書の文句を楯に骨の所有権を主張するという寓話『犬たちの要求』(Requeste des Chiens)を書いている[★10]。

一六八〇年一二月、パパンは、ボイルおよびフックとの共同研究の業績により、王立協会フェローに選出されたものの、待遇への不満から、パリにいったん戻った後、しばらくヴェネツィアに滞在する。しかし、一六八四年には再びロンドンに戻る。アンリ四世がプロテスタントを保護したのに対して、ルイ一四世は一六八五年にナントの勅令を廃止したため、ユグノーであるパパンは亡命の身となった。

一六八五年、パパンは水車を用いた空気圧ポンプによる噴水を考案する。このことは、『哲学紀要』にも発表され、フックやボイルから好評を得た[★11]。

一六八七年、パパンはヘッセン＝カッセル方伯領にあるマールブルク大学に数学教授として招聘され、ドイツへ渡る。一六九一年には従姉妹のマリーと結婚し、前夫との間にできた娘を引き取っている。パパンは一六九六年までこの職につき、その後は一七〇七年までヘッセン＝カッセル方伯カールに仕えている。

ライプニッツとパパンの活力論争[★12]――パリの邂逅から論争が始まる一六八九年まで両者は接触がなかった。しかし、ライプニッツがデカルトの運動量保存則を批判した論考[★13]に対し、パパンが反論を『ライプツィヒ学報』(*Acta Eruditorum*)一六八九年四月号に発表したことを契機に、両者は多くの往復書簡を交わすようになる。これが名高いライプニッツとパパンの活力論争[★14]である。パパンの批判に対しライプニッツは、同誌の一六九〇年五月号で、パパンは証明を理解しておらず、また重力の説明に関して誤りを犯していると反論した(GM VI, 193–203)。

こうして、一六九一年〜一七〇〇年にかけて、両者は活力の測定と保存に関して激しく議論した。物体の高さと活力に比例的関係を見出すライプニッツに対し、パパンは抵抗の問題をあげ、ライプニッツの活力保存則を批判した。すなわち、ある高さの物体がもつ力は、抵抗や衝突によって減衰していくので、それがもつ動的力(mv^2)と比例的とはみなせないとしたのである。また、パパンは活力の保存に関するアプリオリな論証をライプニッツに求めるが、そこではその論証の前提にある、ライプニッツの形而上学的な“actio”（活動ないし作用）概念の基礎が問われる。★15 ライプニッツはまた、熱力学的効果（仕事）の測定について、蒸気の力は熱と時間に比例するとしている。ここで扱われているのは、膨張する蒸気の活力を何によって測定するかという問題であるが、ライプニッ

★07——パパンの圧力調理器ダイジェスター（次注08・09参照）。

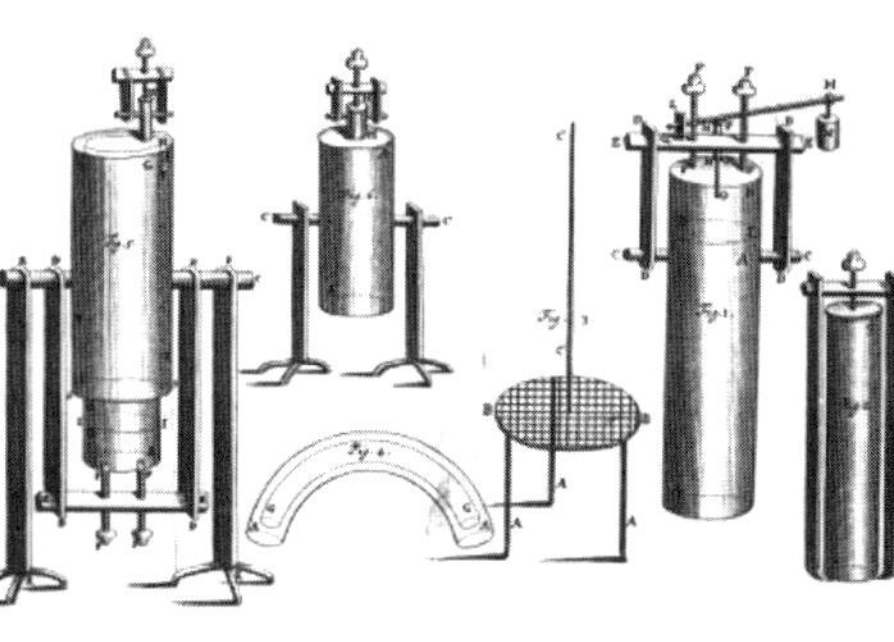

★08—— Denis Papin, *A New Digester or Engine for Softning Bones* (London, 1681).

★09—— Denis Papin, *La manière d'amollir les os et de faire cuire toutes sortes de viandes en fort peu de temps, et à peu de frais* (Paris, 1682).

★10—— Maria Rosa Antognazza, *Leibniz: An Intellectual Biography*, (Cambridge University Press, 2009), 217；E・J・エイトン『ライプニッツの普遍計画』（渡辺正雄＋原純夫＋佐柳文男訳、工作舎1990, 175）。

★11——“A New Way of Raising Water”, *Phil. Trans.* 1685 **15**, N° 173, 1093–1094; “A Full Description, with the Use, of the New Contriuance for Raising-Water, Propounded in the *Phil. Trans.* N° degrees. 173”, *Phil. Trans.* 1685 **15**, N° 178, 1274–1278.

★12——ゲルラント版には、活力論争に関する書簡や論文がごっそり欠けている。

★13——ライプニッツが『ライプツィヒ学報』の一六八六年三月号に発表した、『自然法則に関するデカルトおよび他の学者たちの顕著な誤謬についての簡潔な証明』（K I, 3, 386–395）

★14—— Carolyn Iltis, “Leibniz and the Vis Viva Controversy”, *Isis*, Vol. 62, No. 1, 1971, 21–35; Gideon Freudenthal, “Perpetuum mobile: the Leibniz-Papin Controversy”, *Studies in History and Philosophy of Science*, 33 (2002), 573–637.

★15——両者による活力論争の詳しい経緯については、例えば次の論文を参照せよ。Alberto Guillermo Ranea, “The a priori method and the actio Concept Revised. Dynamics and Metaphysics in a unpublished controversy between Leibniz and Denis Papin”, *Studia Leibnitiana*, Bd. 21, H. 1 (1989), 42–68.

ツは蒸気の温度によって測定することを提案している。

一七〇〇年以降、両者の往復書簡の内容は、医学や蒸気機関など他の議題に移った。しかし、その後発見された書簡などにより、パパンとライプニッツの活力論争が一七〇〇年以降も継続されていたことがわかっている。[★16]空気ポンプないし蒸気機関の発明は、活力論争と決して無関係ではなかったのである。パパンからライプニッツへの最後の手紙は、一七〇七年九月一七日に書かれた。ライプニッツは九月二三／二四日にカッセルに急行してパパンに会った。パパンはそれから間もなくロンドンに旅立った。ライプニッツはパパンのその後を心配し、パパンの消息について文通相手に時々尋ねている。

蒸気機関の発明に関する両者の共同研究――活力論争と並ぶもう一つの重要な主題は、蒸気機関についてである。パパンはダイジェスターの原理を応用して、一六九〇年に今日の蒸気機関の原型となるものを提案する。それは「非常に大きな動力を小さい対価で得る新方法」[★17]という題目で、『ライプツィヒ学報』に発表された。パパンはその論文で、ホイヘンスの火薬の代わりに、蒸気を用いて真空を生成する機関を最初に提案した。ここに、蒸気機関の起源がある。それはピストンとシリンダーを組み合わせたものから成り、蒸気の凝縮によってピストン下の真空度を火薬機関よりも高めていた。ゲーリケやホイヘンスの火薬機関では、火薬の煙が消えた後も空気の約5分の1が管内に残存した。これに対し、パパンの蒸気機関では、「水が、それほど強くない熱により、かつわずかな費用で、火薬の助力によっては得られない完全な真空を生ぜしめる」[★18]ことに成功した。ただし、この機構を実際に応用するには、使用に耐えうる十分大きなシリンダーを製作しうる技師と工場の存在が当時はまだ欠けていた。

またパパンは歯のあるピストンをもつ蒸気機関も考えていたが、それは外輪船への応用を含むものだった。すなわちパパンは蒸気船のアイディアをこの頃すでに持っていたのである。ただし動力を増やすにはシリンダーの直径を大きくするしかないという根本的な問題をかかえていた。力の源泉が蒸気そのものではなく大気圧にあったためである。パパンはライプニッツとの共同研究によって、すでに一六八九年に発表していた[★19]「ヘッセンの鞴（ふいご）」[★20][★21]を改良し、この問題を解決する。すなわち、炉に連続的に力強い風を通し、煙を排除して燃料の完全燃焼を促す装置である。それは、鉱石を溶解させるほどの熱風を発生させる機械であり、後の溶鉱炉の基礎となるものであった。この発明により、蒸気機関は技術的に大きく進展した。パパンは、ライプニッツの提案により、このヘッセンの鞴を高圧蒸気の生成に応用した。こうしてパパンはライプニッツとの共同研究によって、科学的名声を得るとともに、自らの発明の理論的側面を補強していった。他方でライプニッツは、パパンとの蒸気機関の開発を、自らの動力学理論の実践的展開として重視した。ライプニッツにとってパパンとの協力関係は、自らの動力学キャンペーンの一環でもあったのである。

一六九五年には、パパンは自身の蒸気機関に関する最初の研究を含む論文や書簡の集成である『いくつかの新しい機械について』[22]をそれぞれラテン語とフランス語[23]で出版する。この論集の内容は一六九七年の『哲学紀要』にも報告されており、そこでは新しい機関がシリンダー内に真空を得るのに不都合がある火薬に代わって蒸気の圧力を用いたこと、鉱山の排水に応用可能であることがはっきりと記録されている。[24] 蒸気機関の主な用途は、運河や噴水用のタンクへの揚水であった。

パパンがドイツで活躍しているうちに、一六九八年七月二五日、イングランド政府は、トマス・セイヴァリ(Thomas Savery, c.1650–1715)が設計した蒸気機関に特許を与えた。いわゆる「セイヴァリ機関」の発明である。セイヴァリは一七〇二年に、自らの機械の図板を含む解説書『鉱夫の友　または火で揚水する機械』[25]を出版する。カードウェルは、三二フィートほど下にある井戸もしくは貯水槽から揚水できたセイヴァリ機関の能力を紹介している。[26] フェリーは、蒸気機関の哲学的原理を完全に示した最初の人物はパパンであるとするものの、彼は実践家ではなく、実際に運用できる蒸気

★16——このことについては、次の論文が示唆的である。Alberto Guillermo Ranea, "Theories, Rules and Calculations. Denis Papin, before and after the Controversy with G. W. Leibniz", *Der Philosoph im U-Boot: Praktische Wissenschaft und Technik im Kontext von Gottfried Wilhelm Leibniz*, Hrsg. von Michael Kempe (Gottfried Wilhelm Leibniz Bibliothek, Hannover, 2015, 59–83).

★17——Denis Papin, "Nova methodus ad vires motrices validissimas levi pretio comparandas", *Acta Eruditorum*, 1690, 410–413.

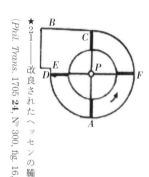

★18——*Ibid.*, 411.

★19——Dionysius Papinus, "Rotatilis suctor et pressor hassiacus", *Acta Eruditorum*, 1689, 317–322.

★20——ヘッセンの鞴(Gerland, 39, Fig. 12)。

★21——改良されたヘッセンの鞴(*Phil. Trans.* 1705 **24**, N° 300, fig. 16, pl. 8)。

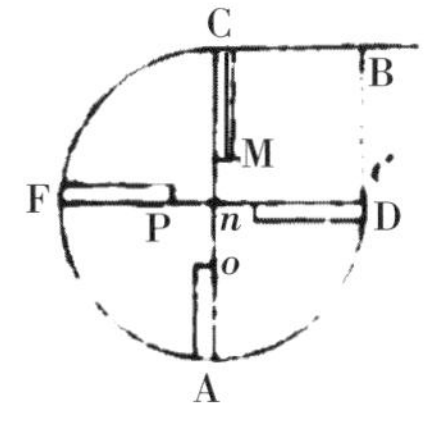

★22——Denis Papin, *Fasciculus dissertationum de novis quibusdam machinis atque aliis argumentis philosophicis* (Marburg, 1695).

★23——Denis Papin, *Recueil de diverses pièces touchant quelques nouvelles machines* (Cassel, 1695).

★24——*Phil. Trans.* 1697 **19**, 481–484. とりわけ第4の手紙について要約した箇所を見よ。

★25——*The Miners' Friend; Or, an Engine to Raise Water by Fire* (London, 1702).

★26——D・S・L・カードウェル『蒸気機関からエントロピーへ　熱学と動力技術』(金子務監訳、平凡社 1989, 27)。

機関を最初に提示したのはセイヴァリであると繰り返し述べている。[27] しかしセイヴァリの蒸気機関は揚水という目的に限定されていた。また、火の推進力によって水を揚げるため、当時「火の機関」(fire engine)と呼ばれたその機械は、模型による実験には成功しても、原寸大では動かなかった。さらに、パパンが考案したような安全弁の仕組みはなく、手動で栓を開閉しなければならないものであった。それは、後にパパンやライプニッツも指摘するように、蒸気を逃して力を浪費する非常に効率の悪いものであった。セイヴァリは驚くことに、蒸気が液化されないと考えていたようである。加えて、セイヴァリはシリンダー内の空気詰まりの問題を説明していなかった。この時代に作られた蒸気機関の多くが模型での実験のみで成り立ち、実寸大での作動や実用には耐えないものばかりであった。また、高圧・高温の蒸気で作動することに伴う困難や危険性があった。

一方その頃パパンは一七〇二年に弾道空気ポンプの実験をしている。また、一七〇四年三月の手紙では、四千ポンド(≒1.8t)の重さを搭載できる蒸気船のモデルを作ったとしている。しかし、戦争の状況やセイヴァリが先に取った特許が、パパンの王立協会への復職を著しく難しいものにさせた。

ライプニッツは遅くとも一七〇四年にはセイヴァリの発明を知り、セイヴァリの蒸気機関のスケッチを一七〇五年一月六日付の手紙に同封してパパンに送った。[28] このことがきっかけで、パパンは再度、蒸気機関の開発に取り組むことになる。パパンとライプニッツはセイヴァリ機関を検討した。パパンは、蒸気の熱が増加した分だけ、仕事量が相対的に減じると分析した。またパパンは、この機関が揚水だけでなく、車や力を必要とする他の多くのものにも応用できると考えた。そしてこの発明によって、理論的には、「人間の力を無限にまで増大させる」とまで述べている。[29] ライプニッツは、セイヴァリの機関が実寸大ではうまく機能しないことを看破した。また、蒸気の冷却で力が大幅に失われてしまうとした(この問題を解決するために、コンデンサー〔蒸気を凝縮して液体に戻す装置〕をシリンダー外部に設置する案は、後にジェームズ・ワットが採用した)。こうしてパパンは、一七〇七年、カッセルにて、ラテン語とフランス語で『火力によって最も効果的に揚水する新方法』[30] を書き、船にも応用しうる、世界で最初の直接駆動に基づく新たな蒸気機関を提案する(5-6訳注07図参照)。彼は、蒸気の圧力が上がりすぎないように調整する安全弁をセイヴァリ機関に取り入れた。しかし、彼はそれまで一六九〇年の蒸気機関以来採用していたシリンダーとピストンによる方式を放棄し、新しい機関ではセイヴァリのシステムを採用してしまったため、評価を得ることはできなかった。ディキンソンはその経緯を次のように述べている。「当時ヘッセン=カッセルにいたパパンは王立協会に請願書を提出して、それについての実験を行うために資金を交付してくれるよう要求した。〔……〕セイヴァリはその中に彼がすでに自分で行わなかった何物も含まれていないことを見出し、資金の交付を推薦しなかった」[★31]。またサーストンは、パパンが別の発明家のより劣る装置を完全にするという芳しくない試みによって、最初に蒸気機関を発明したという栄誉を放棄してしまった、と皮肉を述べている[★32]。

その頃、ライプニッツはしだいにハノーファー選帝侯ゲオルク・ルートヴィヒ(後の英国王ジョージ一世)と折り合いが悪くなっていった。パパンもまた、ヘッセンにおける科学的生活に限界を感じるようになり、自らの蒸気機関の優位性を証明すべく、ロンドンに戻ることを考えるようになる。パパンは一七〇七年九月一五日のライプニッツへの手紙で、外輪船のテストに成功したことを伝えている。ライプニッツはこの時期にヘッセン＝カッセルを訪れ、パパンとの再会を果たしている[★33]。この機会にパパンは、自らの蒸気機関を積み込める船で、ヴェーザー川からテムズ川まで渡る計画を立て、ライプニッツに援助を申し入れる。ライプニッツはゲオルク・ルートヴィヒからの援助は期待すべくもなかったが、パパンに王立協会事務局長ハンス・スローン宛の推薦状を渡す。しかし、パパンは不幸にも、そのロンドンへの途上で、ヴェーザー川の船頭たちによって外輪船の模型を奪われ、壊されてしまう。

それでもパパンはロンドンへ渡り、王立協会で自らの蒸気船のアイディアを説明することで、王立協会への復職を願った。しかし、協会長ニュートンはパパンの提案に技術的進展を認めなかった。また協会の財政難もあって、パパンに援助を提供できないとした。パパンの背後に、後に微積分発明の優先権をめぐる論敵となるライプニッツがいたことも、多分に影響したのかもしれない。

パパンの晩年――パパンは援助を得ることができないまま、その後も実験や発明のアイディアを書き続けた。しかし、良き理解者であったボイルやフックらはすでに亡くなっており、パパンが再び学会で脚光を浴びることはなかった。こうして家族を残し単身ロンドンにいたパパンは、近くに身寄りもない中、一七一二年、貧窮のうちに亡くなったと言われる。名も刻まれぬ共同墓地に埋葬され

★27――Farey, *op. cit.*, 98–99; 108; 110.

★28――ライプニッツの送った手紙は失われてしまっているが、一七〇五年一月一五日付のパパンからライプニッツへの手紙において、パパンはセイヴァリの機械のスケッチを受け取ったことに対してライプニッツに御礼を述べている(Gerland, 339)。

★29――Gerland, 342.

★30――*Ars nova ad aquam ignis adminiculo efficacissime elevandum* (Cassel, 1707).; *Nouvelle manière pour lever l'eau par la force de feu* (Cassel, 1707).

★31――ディッキンソン、前掲書32。なお、邦訳は現代文に改め、必要箇所を適宜変更した。

★32――Robert H. Thurston, *A History of the Growth of the Steam-Engine*, 4th Edition, Revised (New York: D. Appleton and Company, 1902, 53).

★33――エイトン、前掲書390。

たのか、その命日の記録すら残されていない。晩年の一七一一年大晦日に書かれた手紙で、パパンはスローンに向かい、王立協会に対して自らがこれまでに為した学術的貢献に照らして、またパリの諸学アカデミーで王から給金を得ている他の科学者たちと比較して、なぜ自らが資金の援助を受けられないのか、悲痛な訴えをしている。生前最後の手紙となった一七一二年一月二三日付のスローン宛書簡では、パパンは自身が王立協会の会合で読み上げた論文が記録に残されていないことに対して不満を表明し、次のように述べている。

私は悲しい状況にあります。というのも、私が良い仕事をしたとしても、自分の敵を作ってしまうからです。ですが、それでも、私は何も恐れません。なぜなら、私は神の全能をよすがとしているからです。★34

偉大な天才発明家が、政治的対立により優先権論争に巻き込まれた一つの悲劇的なケースであろう。故郷のフランス・ブロワには現在、パパンの功績を讃え、銅像が建てられている。★35

その後の展開と科学史におけるパパンの評価——パパンが最後の手紙を出した一七一二年、トマス・ニューコメン(1664–1729)が新たな蒸気機関を発明する。いわゆる「ニューコメン機関」である。

ニューコメン機関は、その設計において、ピストンを鎖で吊っている大きなビーム(てこの役割を果たす横梁)の動きで操作される「自動弁」のメカニズムを備えている点、および、空気をシリンダーから排除するための装置として「漏し弁」のメカニズムを備えている点で、画期的なものであった。それは、蒸気の圧力によらずに、蒸気をあくまで真空を作り出すという目的のためだけに用いている点で、セイヴァリの火の機関やパパン=ライプニッツの蒸気機関とは大きく異なっていた。

多くの歴史書では、ニューコメンこそが、実際に原寸大で動く大気圧揚水機関を組み立てることに初めて成功したとされる。例えばディキンソンは、ニューコメンが「蒸気機関の発達に最初の、かつ最大の歩武(ほぶ)を進め、そしてその歩みこそが〝真の第一歩に値する〟ものであった」としている。★36 またカードウェルは、「ニューコメン機関はたいへん重要なものであった。これはおそらく、イギリス人によってなされた最初の大発明であり、その後一五〇年続くことになるイギリスの技術的優位の時代の先駆けとなったのであった」と述べている。★37

このように、ニューコメンはピストンとシリンダーを用いた蒸気真空ポンプの真の発明者としてどの歴史書でも描かれている。ニューコメン機関は安全で信頼性があり、蒸気機関の最初の実用的モデルとして、歴史を勝ち取ることになる。しかしそれは、鉱山の排水という目的に依然として制限されているものだった。またそれは、基本的にはパパンの初期のアイディアに基づくものであり、パパンが発明したものと比較しても、大きな技術的後退であったという評価もある。[38] ニューコメンに何か独自なアイディアがあるとすれば、それは蒸気が真空を作り出すためにのみ用いられている点にあろう。もしパパンやライプニッツがニューコメン機関を見たとすれば、それは蒸気圧の力を無駄にしてしまっていると批判したに違いない。しかし、他方で、蒸気による内部圧力に耐えうる大きく頑丈なシリンダーを製作しなければならないという、セイヴァリやパパンが抱えていた技術的問題は、蒸気圧そのものの使用を不必要にすることによってクリアされている点が、まさに画期的であったと評することもできる。ニューコメン機関は既知の部分を結合したにすぎない単純なものであったが、それでも「輝かしい組み合わせ」であったのである。[39]

後にジェームズ・ワットが登場するまでニューコメン機関が用いられたのに対し、パパンとライプニッツの設計した蒸気機関を発展させようとする試みはいっさいなされなかった。一九二三年にニューコメン協会がアメリカで設立されると、蒸気機関はニューコメンが発明したものとされた。

パパンが蒸気機関の発明の歴史において、どれほどの実質的な貢献をしたのかについては、歴史家においても依然として意見が分かれており、科学史上の論争点である。しかし、今日においても、蒸気機関の発達において英国中心の記述がなされがちであり、パパンの貢献が不当に無視されている歴史書が未だに多いことは、指摘しておくべきであろう。蒸気機関に関するパパンの論文はすでに大陸で一六九〇年に出版され、『哲学紀要』にもたびたび言及

★34——"Papin an Sloane" (Jan. 23. 1712), Gerland (*Briefwechsel*), 398.

★35——ブロワにあるパパンの銅像。

★36——ディッキンソン、前掲書35。

★37——カードウェル、前掲書30。

★38——ヴァレンティは、パパン＝ライプニッツの蒸気機関が不当にも無視された歴史を、英国と大陸の対決として描く。彼によれば、蒸気機関の歴史は、英国王立協会が、蒸気がもつ力の工業的応用を、百年近く意図的に阻んでいたことを示すものである。すなわち、王立協会は、パパンの一六九〇年における蒸気船の発明を、意図的に葬り去ろうとしていた。そして代わりに、二人の英国人の英雄が蒸気船を発明したという（現在でもしつこく残っている）神話的物語を作ったのだとする。Philip Valenti, "Leibniz, Papin, and The Steam Engine", *Fusion*, Dec., 1979.

★39——ディッキンソン、前掲書36。

がなされていたのにもかかわらず、セイヴァリやニューコメンがパパンの業績を知らなかったで済まされているのは、今日の学的研究のあり方からすれば、大いに理解に苦しむところがあろう。

フレーゲの評価――パパンがもっぱら大陸側で再評価されるのは、一八六九年にルイ・ド・ラ・ソーセイの『パパンの生涯と著作』★40や、一八八一年にゲルランド版往復書簡集が出版されてからである。後者について、ゴットロープ・フレーゲが興味深い書評★41を残しているので、最後にそれを紹介したい。

　フレーゲはこの書簡集がライプニッツの新しい側面を知らしめるものとする。まず、本書簡にも当時の医学理論についての話題が含まれているが、とりわけ内科学に関してパパンは懐疑的である。パパンは、医者が薬品の処方を与えるよりも、食事療法や本来身体にそなわっている治癒力に期待を寄せている。この点に関して、ライプニッツはパパンに完全に同意しており、両者は当時の医学と比べてかなり先進的な考えを持っていたことが伺える。ライプニッツは、言うまでもなく、理性の役割を極めて重視した哲学者であるが、経験の役割を軽視していたわけでは決してなく、医学においてさらなる経験の蓄積こそが喫緊の課題であることを認識しており、ベルリンのプロセイン政府に対し、地方の医者たちの観察記録を集積するよう助言をしている。

　次にフレーゲは、「発見について、パパンの最大の関心は蒸気機関であった。パパンとライプニッツはすでに現在なされた応用のほとんどすべてをすでに予見していた」と述べている。そして、蒸気機関の発明の歴史について十分知らない者にとっては、パパンの予期したものを実現化しうる状況が整うまで、水蒸気の圧力や圧縮についての理論的見解がまず解明されねばならなかったため、非常に長い時間がかかったと説明しがちである。しかし、パパンとライプニッツはすでに十分明晰な理論的見解に達しており、ほとんどすべて利用可能な状態にあった、と分析している。

　残念なことに、当時の発明家たちは、先進的なアイディアを評価することよりも、器具の不備についてばかり議論していた。実際に、当時の技術では、要求されている大きさと強度をもつシリンダーを作ることができなかった。「このことは、大きい寸法で発明を使用可能にした最初の人ばかりを過大評価すべきではなく、先駆者にも相応の評価をすべきことを思い起こさせる」とフレーゲは述べている。パパンの事例は、まず粗描きを提出した者を評価すべきなのか、あるいはそれを完成させた者を評価すべきなのか、という発明の優先権問題を考えさせてくれよう。

　以上、ライプニッツとの関係を中心にパパンの人生とその業績を概観してきたが、科学者としてのパパンに一貫するいくつかの特徴を見出せるように思う。第一に、安全弁の開発などに見られるように、機械の「安全性」を重視した点において、パパンは他の同時代の発明家よりも優れていたと言えよう。第二に、火薬に代わる、より安全でよりエネルギー効率の良い推進力として蒸気を見出し、ライプニッツとの共同研究でヘッセンの鞴を改良して蒸気の凝集力を浪費しないようにするなど、「効率性」を追求した点も見逃せない。そして第三に、蒸気機関の「応用」の観点においても、パパンは百年先をすでに見通しており、ライプニッツとパパンの研究が見直されていれば、蒸気船の発明は大幅に早まっていたことは疑いない。最後に、何よりパパンの研究スタイルとしての「共同研究」の精神が挙げられよう。ホイヘンスやボイル、フックそしてライプニッツという、当時の最先端を行く著名な科学者たちの多くと共同研究を行った人物は、同時代を通じても、パパンのほかにいないであろう。パパンは現代の先端的研究のあり方を先取る先進的人物だったのである。

★40——Loius de la Saussaye, *La vie et les ouvrages de Denis Papin* (Paris / Blois, 1869).

★41——Gottlob Frege, "Ueber den Briefwechsel Leibnizens und Huygens mit Papin" in *Sitzungsberichte der Jenaischen Gesellshaft für das Jahr 1881*, Jena: G. Fischer, 1881, 29–32.

【6】

Annotatio de quibusdam ludis; Inprimis de Ludo quodam Sinico, differentiaque Scachici et Latrunculorum, et novo genere Ludi Navalis. 1710.

(Dutens V, 203–205)

ゲーム覚書——とくに中国のゲーム、チェスと戦略ゲームの違い、新しい種類の海軍ゲームについて★01

✣稲岡大志＝訳・解説

人間がもっとも知的であるのはゲームにおいてであることに私はしばしば注意を払ってきた。そのため、ゲームは、ゲームそれ自体としてではなく、発見術として、数学者が関心を持つに値する。とりわけ、偶然的な出来事のゲームは確率を見積もるのには有益である。また、ダイスゲームについてのもっとも卓越[★02]した計算をわれわれは持つ。その機会を与えたのは、騎士ド・メレ（シュヴァリエ・ド・メレ）である。メレは、人はいかにして愉悦を得るのかということについて書いた小冊子（『愉悦論』(*Des Agrémens*)）によって世に知られているが、彼がまずブレーズ・パスカルに〔確率の〕問題を示し、その後に当のパスカルやクリスチャン・ホイヘンスやフランス人のフェルマー[★03]といったもっとも卓越した数学者たちがその問題を鮮やかに解決したのである。ここから、もっとも多様で、長い間もっとも重要であるとされた問題の解決の基礎が生じたのである。しかし、ゆえに、才能はあるが学識は半端であり、いわゆる半可通(semi scius)のメレが才能の力だけで見通したことに、それ以降、偉大な人たちが数学の確実性の衣(habitus)をまとわせたのである。メレは、成功と称賛で膨れ上がり、パスカルに対して自分自身を学識ある者と称するが、いかなる精神の許しが数学と不合理の献身との間にあるのかを未だ私は知らない。このことは、この点についての彼の驚嘆すべき書簡（メレの第19書簡[★04]）から明らかである。これについてはベールが『批評辞典』のゼノンの項目[★05]で言及している。しかし、何がメレの心に与えられて、彼が自分の発見を誇る一方で、幾何学の論証を笑い飛ばし、それらは偽であると公言し、連続体の無限分割を（周知の詭弁として）攻撃するようになったのか、〔ベールは〕十分には理解していない。また、あまり哲学的でない人物が他の人たちに、事物の理由と原理や神秘的な真理、すべての便利さと確実さの源泉が隠されている、見えない世界に挑戦するために何を望むだろうかということも〔よく理解していない〕。確かに、数学よりも優れた科学[★06]があることは真である。この科学は等しく確実な強さと効果を持ち、理想的な計算は感覚だけではなく、想像力からも分離している。メレはこのことを

★01——『ベルリン諸学協会紀要』第1号（1710）掲載。底本はDutens V, 203-205.

ある程度理解していた。しかし、彼は、理解可能な世界を認める以上に、可感的な世界に固執しているのである。

　幸運と知性から成るミックスゲームは人間の生活によく適しているが、むしろ、軍事と医療の実践をもっともよく表現している。このゲームでは、技術や回避できない危険の一部が与えられる。ドイツ人の間で「フェアケーレン」(verkehren)という名で呼ばれ、トリックトラック(Tric-trac)[★07]がそれに近いようなゲームのように。このゲームでは、何らかの帰結が確からしさの見積りに結び

★02——アントワーヌ・ゴンボウ、シュヴァリエ・ド・メレ(Antoine Gombaud; Chevalier de Méré, 1607–1684)。フランスのポアトゥーに生まれる。貴族ではないが、著述でシュヴァリエ(騎士)を自称し、知人からも「シュヴァリエ・ド・メレ」と呼ばれるようになった。メレとは彼が教育を受けた場所。作家、賭博師、アマチュア数学者でもあり、賭博の確率についてパスカルに相談した。それは、ダイスを二つ同時に振るとき、二つとも6の目が出る確率が1/2になるためには何回振ればよいか、という問題と、ダイスを振るゲームを途中で中断した場合、取り分をどう計算すればよいか、という問題であり、後者がパスカルとフェルマー(次注参照)との文通において議論され、これが確率論の誕生につながった。また、ガリレオ・ガリレイにも同様の問題を聞いている。ホイヘンスはこれらの書簡からこの問題を知り、一六五七年に確率論に関する初の著作『ダイスゲームにおける計算について』(*De Ratiociniis in Ludo Aleae*)を刊行した。ライプニッツは一七〇二年の『ベール氏の《歴史批評辞典》第2版のロラリウスの項目に含まれている予定調和説に対する見解への応答』においてド・メレについて言及している。「しかし、シュヴァリエ氏が傑出した才能の持ち主であり、数学についてもそうであることは間違いない」(GP IV, 570)。また、『人間知性新論』第4部16章にもメレについての言及がある。同書の訳註499も参照(K I, 5, 272–73)。

なお、ここで言及されている『愉悦論』(*Discours des agrémens*)は、『正確論』『会話論』『精神論』とともに四部作を構成し、一六七八年に刊行された。

★03——ピエール・ド・フェルマー(Pierre de Fermat, 1607/8–1665)はフランスの数学者。パスカルやホイヘンスと並んで確率論の基礎を築く。数論の分野ではいわゆる「フェルマー予想」を残したことでも知られる。

★04——メレからパスカルに宛てた書簡。*Lettres de Monsieur le chevalier de Méré*, 1682.

★05——ベールは『歴史批評辞典』の項目「ゼノン(エピクロス派の)」においてド・メレの第19書簡について言及している。「連続体のこの無限の分割可能性について、次にド・メレ騎士はいくたの反論を呈する。かなりまともに近いものもあれば、非常にいい加減で、推論というよりむしろ冗談に近いものもある。これほど品質まちまちなものが同じ手紙に同居しているのは驚きだと言ってもいい」。ピエール・ベール、『ピエール・ベール著作集5巻　歴史批評辞典III』(野沢協訳、法政大学出版局1987, 976)。

★06——記号法を指す。

★07——トリックトラックはフランスで遊ばれたバックギャモンに似たボードゲーム。第1部5–2訳注02・03参照。

付けられなくてはならない。

しかし、とりわけ分け前の技術に関して、科学であるところが大なるこのゲームは、偶然には何も負っていない。このゲームでは、疑いなくシャッハ(Ludus Scachicus)[★08]あるいは王のゲーム(Ludus Regius)が傑出している。このゲームでは、戦場において、軍団長、武装兵、馬、歩兵に囲まれている二つの王が衝突する。このゲームについて、さまざまな仕方で称賛に値する大公である、後のヴォルフェンビュッテル公爵にしてアウグスト・リューネブルク公爵である、グスタヴス・セレヌス[★09]が、もっとも優れた正当な作品をドイツ語で出版した[★10]。

古代のギリシアやローマの人々は王のゲームを持っていたと私は容易に信じていたが、しかし、おそらく後期のオリエントに由来するであろう、シャッハについては同じではないように見える。少なくとも、私は、あのシャッハは略奪ゲーム[★11](Ludus Latrunculorum)とはまったく異なるものであることを確信している(しかし、最高の学識をもつ人物であるクラウディウス・サルマシウス[★12]は、多くの人と同じく、異なるものではないと考えているが)。このことは、私が略奪ゲームの主要なルールから示すことであるが、このルールを詩が私たちに保存してくれている。実際、オウィディウス[★13]の『恋愛指南』(*Ars Amatoria*)3巻には以下のようにある。

> 泥棒将棋(latronum proelia)ヲ指スニシテモ、慎重ヲ期シテ、馬鹿ナ一手デヘマヲシナイヨウニスルガイイ。一ツノ駒ガ敵方ノ二ツノ駒ニヨッテ死ヌ〔トイウコトガヨクアル〕[★14]

また、マルティアリス[★15]の『エピグラム』14巻17節にはこうある。

> 異ナル色ノ駒ガ二ツノ敵ノ駒ニヨッテ盤上カラ消エル[★16]。

★08――ドイツでのチェスのこと。名称は中世ペルシア語で王に相当する称号「シャー(shah)」に由来する。「王のゲーム」とも呼ばれる。

★09――アウグスト二世(ブラウンシュヴァイク=ヴォルフェンビュッテル公：August II, 1579–1666)を指す。グスタヴス・セレヌス(Gustavus Selenus)というペンネームでチェスや暗号理論についての著作を残した。息子のルドルフ・アウグスト(Rudolf Augst, 1627–1704)の代にライプニッツが館長に着任した図書館も設立(本巻第3部9–1)。

★10――一六一六年に出版された『チェス、あるいは王のゲーム』(*Das Schach- oder Königsspiel*)を指す。

★11――略奪ゲームは古代ローマの戦略ゲーム。チェスやチェッカーに似ている。

★12――クラウディウス・サルマシウス(Claudius Salmasius, 1588–1653)はフランスの古典学者。

★13――オウィディウス(Publius Ovidius Naso, BC 43–AD17)はローマ帝政初期を代表する詩人。代表作に『恋愛指南』『変身物語』。

一人の兵士より二人の兵士のほうがより価値があり、そしてさらに、一つのコマが二つの敵のコマの間にあると、まるで待ち伏せに襲われたかのように、〔盤面から〕失われるというようなこのルールは理性に大いに適していた。しかし、このルールの痕跡はわれわれのシャッハにはないし、シャッハの性質はそれ〔略奪ゲームのルール〕に適してもいないのである。

それほど以前ではない頃に、ソリタリウス（Solitarius）[★17]と呼ばれる特殊な種類のゲームが広まっていた。このゲームを私自身は一人で遊ぶが、立会人や仲裁人のような仲間とともに遊ぶことでも私は義務を十分に果たすだろう。盤面は穴に埋められたコマで満ちており、コマは順々に取り除かれなくてはならないが、任意に選ばれる最初に取り除かれるコマを除き、他のコマを飛び越してもっとも近くにある空の穴に来たときのみ、婦人のゲーム[★18]において〔コマが〕取られるように、取り除くことができる。ルールを守ってすべてのコマを最後まで取り除いた者が勝利する。しかし、コマをたくさん残したと考えられる者は勝利を取り逃す。このゲームは、空いた盤面にコマを任意に選んで置き、他のコマを集めて、しかし、上で取り除くと言われたこのルールにしたがって配置することで、より優雅にひっくり返すことができる[★19]。このように、私たちは盤面を埋めることができる、あるいは、より巧妙なことだが、コマを用いて、三角形、四角形、八角形、他の任意の図形といった所与の図形を、常にそれが可能であるわけではないので、可能である場合のみ、

★14――オウィディウス、『恋愛指南』（沓掛良彦訳、岩波文庫2008, 117）。ゲームに関する言及ではもっとも古い文献の一つ。

★15――マルクス・ヴァレリウス・マルティアリス（Marcus Valerius Martialis, c.40–c.104）はローマ帝政期の風刺詩人。代表作『エピグラム』12巻と『クセニア』『アポポレータ』を加えた全14巻の詩集が出版され、この全体も『エピグラム』と通称された。『エピグラム』14巻とは『アポポレータ』をさす。

★16――『アポポレータ』17節は「ボードゲーム」と題されている。17節全体は「ココデ私ハダイスデ6ノ目ヲ二ツ出ス／異ナル色ノ駒ガ二ツノ敵ノ駒ニヨッテ盤上カラ消エル」であり、一文目は「12マークゲーム」（Ludus duodecim scriptorium）と呼ばれるバックギャモンのようなゲームを、二文目は「泥棒将棋」（latronum proelia）と呼ばれるチェスのようなゲームをそれぞれ指している。

★17――「ソリタリウス」は本来はボードゲームやカードゲームのうち、一人で遊ぶゲームを総称して指すが、ここでは「ソリティア」と呼ばれる特定のゲームを指している。

★18――対角線上に配置されたコマを取り合って勝敗を競うゲームである、ドラフツ（draughts）やチェッカー（checker）と呼ばれるボードゲームを指す。

★19――コマを取り除いていくソリティアを逆にした逆ソリティアをライプニッツは考案している。

形成することができる、さらに、何が提供されうるのか自体を偉大な方法によって見通すことができる。このプロセスは特に何か幾何学のようなものも持つ。しかし、私は、ゲームをよく遊ぶことではなく、発見術を進展させるためにゲーム遊びのスキルを解明することを、称賛するだろう。[この点に関しては、さらに、ツマラナイ困難ヲ抱エルコトハ不名誉デアリ、馬鹿ゲタコトデ苦労スルノハ愚カデアル、[★20]とも言われる][★21]。

中国のゲームの説明に移ろう。[★22]以下の残りの部分ではこのゲームについて語りたい。このゲームを表した図はベルリンプロイセンの王[★23]の美しき図書館にある中国のイメージについての本にあるが、この図をわれわれは表示するように配慮する([図1])[★24]。このゲームは、技術のみを洗練させて、いかなる幸運も混ぜ合わせない種類のゲームから生まれた。さらに、このゲームは、プレイヤーが(そう見える限りでは)コマを代わり代わりに取り除くことはせず、(他のプレイヤーのコマを)取り囲み、閉じ込め、その結果、しかし、すでに述べたように、打ち負かしたり血を流したりすることなく、他のプレイヤーから動く自由を奪うプレイヤーが最終的には勝利する、というユニークさを持っている。さらに、他のゲームでは珍しいことでもないことが、[★25]このゲームでは必然的に起こるのである。

しかし、われわれはこのゲームについて、かの卓越した、中国の布教の真の創始者であるマテオ・リッチ[★26]のコメントに基づいて完成した『中国におけるキリスト教の布教について』(*De Christiana expeditione apud Sinas*)[★27]の第1巻8章[★28]のニコラ・トリゴー[★29]に耳を傾けよう。彼は以下のように言っている。「これらの種類のゲームの中でもっともハードなものは、300のマスを持つ盤面上で多くのプレイヤー(私は、彼の証言を修正して「300以上のマスを持つ」と読むべきだと思う。おそらく、リッチのイタリア語やトリゴーのフランス語のラテン語訳の解釈が間違って表現してしまったのだろう。なぜなら、プレイヤーは二名のみだからである)[★30]がコマを統率することで遊ぶ、というもので

★20──マルティリアスの『エピグラム』2巻86節。

★21──草稿にあった一文(パルマンティエによる。*L'estime des apparences: 21 manuscris de Leibniz sur les probabilités, la théorie des jeux, l'espérance de vie*, Vrin, 1995, 279)。

★22──草稿には「中国のゲームの説明で終わろう」とある(ibid.)。

★23──一七〇一年にプロイセン王となったフリードリヒ一世(Friedrich I, 1657–1713)。妃のゾフィー・シャルロッテの影響で学芸振興をはかる。

★24──この一文は『ベルリン諸学協会紀要』にはあるがデュタン版には収録されていない。

★25──欄外に「とりわけ、おびただしい婦人ゲームの名前が示すように、フランス人は婦人ゲームについて語るときその意義を転換させる。しかし、ポーンが二重に重なるとき、婦人ゲームを[…]」とある(ibid.)。

★26──マテオ・リッチ(Matteo Ricci, 1552–1610)はイタリア人のイエズス会宣教師。中国(明朝)でのキリスト教布教に貢献した。

ある。コマのうち一方は白色で、他方は黒色である。一方のプレイヤーはこのコマで他方のプレイヤーのコマを盤面の中心に集めて、残りのマスを支配するように挑む。そして、最終的には盤面上でより多くのマスを支配した者が勝者と呼ばれるのである。このゲームにもっとも貪欲に取り組むのは名人(Magistratus)である。名人は一日の大半をこのゲームをすることで過ごす。なぜなら、熟練のプレイヤーの間では一つのプレイをするのにまとまった時間(horam integram)が必要だからである。このゲームに熟練している人は、たとえ他の点ではまったく卓越したところがないとして

図1

★27――『中国におけるキリスト教の布教について』はマテオ・リッチが書いたイタリア語の遺稿に基づいて、ニコラ・トリゴーがラテン語で一六一五年にアウクスブルクにおいて刊行した書。

★28――「中国における身体の諸特徴、文化、慣習、そして他の伝統について」。

★29――ニコラ・トリゴー(Nicolas Trigault, 1577–1628)はフランス人のイエズス会神父。中国にて宣教師として活躍。

★30――ここでライプニッツが指摘していることは、囲碁は二人のプレイヤーで遊ぶものなので、「多くのプレイヤー」と書かれているのは誤りであり、正しくは「300個以上のコマが」と読むべきである、すなわち、ラテン語原文の、plus(multus の比較級)のかかる語が「プレイヤー」ではなく「コマ」であると解釈して読むべきである、ということ。

も、すべての者から崇拝され、憧れられる。実際、こうした名人たちをお馴染みの儀式に集めて、彼らからゲームのルールを正確に学ぼうとする者もいる」これがトリゴーの伝えることである。

しかし、図を見れば、記述に誤りがあることがわかるだろう。というのも、盤面は、四角形であり、その側面は18のマスを持つため、盤面全体のセルの数は18かける18、すなわち、300ではなく324であるからだ。★31 残りの記述も十分なものではない。というのも、一方のプレイヤーが他方のプレイヤーを盤面の中央に常に囲い込むことは常に可能であっても、必ずそうできるというわけではなく、中央であれ角であれ、敵のコマ(obsessum)を囲い込むことで十分であることは明らかであるからだ。多くのマスを支配した(境界を区切った)プレイヤーが勝利するのは、そのプレイヤーが、敵によって囲まれた何もない領域を持つ場合だけである。★32

私が容易に信じるように、たくさんのコマと大きな盤面のおかげで、このゲームはもっとも独創的でもっとも難しいものになっている。たとえ、このゲームのルールをわれわれがすべて知らないとしても。確かに、このゲームの原理、すなわち、敵を殺さなくても、端に追い詰めることで、すべては終了するという特徴(これはわれわれのゲームにはない)は、注目に値する。バラモン(Brachman)の誰かがこれを発明し、殺人を厭い、血を流すことなく勝つことを望んだということは信じられることだ。なぜなら、多くの東インド人は、キリスト教信者、いわば、クリスチャンと呼ばれる人よりも、この点について、たとえ戦争においてでさえも、殺人を避ける習慣を持っているのは確かだからである。

さらに、新しい種類のゲームが〔私の〕発明する精神に到来した。それは海軍ゲーム(Ludus navalis)と呼ばれ、特定の方向から風を受ける海軍を表すコマによって、艦隊が想像上の海としてのボード上で戦闘する。コマにより、風に対する航路の最大の傾きや〔傾きの〕角度に応じた速度が表現される。これによって、海軍の展開(evolutiones navales)がかなり正確に表現され、遊べることだろう。

★31——図1を見てもわかるように、コマ(碁石)が配置されるのはマスではなくてマスを区切る線の上である。交点の数361は、ほぼ一年の日数に対応。

★32——ここでライプニッツが述べていることは、単にたくさんのコマを占領するだけでは勝利とはいえず、相手に占領されていないコマをたくさん持つ必要があるということ。

【解説】ゲームから発見術へ

稲岡大志

本論考は一七一〇年に刊行された『ベルリン諸学協会紀要』第1号に掲載された。この紀要雑誌はライプニッツが設立したベルリン諸学協会によって刊行されたものだが、収録論考の大半をライプニッツが執筆している。論考の主題も、本巻収録の計算機に関するものや力学、言語学、燐の歴史など、ライプニッツの多様な関心を裏付ける論考ばかりである。

ライプニッツは若い頃からゲームに関する草稿を書き残している。ゲームに関する遺稿はまだアカデミー版全集には収録されておらず、ライプニッツの関心も十分には解明されてはいない。しかし、本論考を含む、そのうちいくつかの遺稿はパルマンティエによる仏訳が刊行されており、ライプニッツのゲームに対する関心の一端を知ることができる。そこで取り上げられているゲームは、二つのサイコロを振って出た目の組み合わせで勝敗が決まる「5と9ゲーム」、カードゲームである「バセット」、本論考に登場する、ルールに従って盤面に配置されたコマを取り除く「ソリティア」、そして私たちにもおなじみのチェス、囲碁である。これらのゲームの他にも、賭け事として遊ばれたカードゲームである「オンブル」に関する覚え書きも残されている（De Mora, 1991）。これらのゲームのうち、ソリティアやチェスや囲碁は偶然の要素を持たないが、5と9ゲームやバセットはサイコロやカードを用いるため偶然の要素を含んでいる。また、ソリティアは一人で遊ぶゲームである。このように、ライプニッツは多種多様なゲームに関する記述を残している。

実際、本論考自体は分量的には短いものであるが、言及されているゲームは、バックギャモン、チェス、ソリティア、囲碁、戦略シミュレーションゲームと、さまざまである。ライプニッツはゲームに関する体系的な著作の構想を持っていた（『人間知性新論』K I, 5, 274注505）。現実には雑多な覚書を残すにとどまったが、ライプニッツのゲームへの先駆的な関心は後に、一八世紀に活躍した屈指のチェスプレイヤーであるフランソワ＝アンドレ・ダニカン・フィリドール（François-André Danican Philidor, 1726–1795）の著書『チェスゲームの分析』（*Analyse du jeu des échecs*, 1749）の序文において、ゲームに科学的な興味を持った第一人者としてライプニッツの名前が挙げられているほどである。

こうしたゲームの多様性にライプニッツは敏感であったが、ゲームへの関心の持ち方もまた多様なものであり、いくつかの点でライプニッツの他の領域の関心と結びついているのである。第一に、本論考冒頭においてゲームは数学者にとっても興味深いものであると述べられているように、確率論との関連である。ライプニッツ自身が述べているように、近代数学における確率論の成立においてはシュヴァリエ・ド・メレが重要な役割を果たしている。賭け事を途中で中断したときの分け前の計算などに関する問題に、フェルマーやパスカルやホイヘンスが取り組むことで確率論がひとつの数学分野として成立する契機となった。ライプニッツ自身も「分け前の計算について」という論文を残している(Parmentier, 103–45)。

第二に、行政的観点である。ゲームが賭け事と容易に結びつくものであることは現代の読者にとっても明白であろう。実際、ライプニッツが生きた時代においてもゲームが賭け事の目的として遊ばれることが少なくなかった。宮廷顧問官として国家運営にも関わっていたライプニッツは、自身は賭け事をたしなむことはなかったようであるが、それゆえにか、こうした賭け事としての側面を持つゲームを、知性だけでなく寛容さといった道徳面からも重要視する。例えば、本巻に収録されている『奇想百科』(第1部1)では、公共事業としての「ゲーム・アカデミー」(Academie des jeux)のアイディアが披露されている。ここでは、入り口で現金を賭け事用のチップに交換することで、気軽に賭け事に没頭できるような配慮がなされている。もちろん、場内の会話が外からも把握できるように盗聴設備を整備することも忘れない。さらに、いかさまに対しても、それを処罰するかどうかもまたゲームのルールとして参加者に委ねるべしとされている。いささかブラックユーモア気味だが、国家運営という観点からは、庶民に娯楽を提供し、安全に管理することもまた重要な任務なのである。また、行政的観点はさらに別の側面を持つ。ライプニッツにとってゲームは「統制された条件での自由な発明の精神の表出」(L.E. Loemker, *Philosophical Papers and Letters: A Selection*, Springer, 1989, 61. n.39)であるが、このことは本論考でも海軍ゲームに対する評価にあらわれている。海軍ゲームは現代の私たちにもおなじみの戦略シミュレーションゲームの一種であり、盤面を海として見立てて、海の上を艦隊としてのコマを動かすことで敵艦隊と戦闘するというものである。盤面とコマという組み合わせを持つゲームは多いが、海軍ゲームは現実の艦隊戦を模したものであり、この点において、海軍ゲームは、軍隊教育においても有用で、ビリヤードのように、使用される盤面や球が現実の事物との対応を持たないゲームとは異なるものである。

第三に、中国への関心である。ライプニッツが中国に関して大きな関心を寄せていたことは『最新中国情報』(K I, 10)などからも明らかであるが、本論考からは囲碁に関する興味を読み取ることができる。単に囲碁のルールを解説するだけではなく、相手のコマを盤面から除去することが勝利への必要条件となるチェスとは異なり、相手の石を囲い込むことで十分とする碁に西洋には見られない「殺人を避ける習慣」を中国に見出す本論考は、東西の比較文化論の観点からも興味深いものであろう。

第四に、発見術(ars inveniendi)との関連である。より容易に真理を発見するための発見術の構想は、観念をそれ以上分析できない単純観念に到達するまで分析し、それらに記号を割り当てることで任意の観念を記号によって表現することを目指す普遍記号法の構想と密接に関連している。複雑な観念を複雑なまま扱うのでは真理の発見は難しいが、単純観念によって構築されたものであれば、そこから真理を導き出すことは困難ではないだろう。しかし、実際の科学的発見の営みはライプニッツの理想とは程遠く、何らかのことがらに関する真理を発見することを目指して探究を進めても見つからないが、まったく違うことを探究しているさいに唐突に見つかる、ということは決して珍しいことではない。こうした「発見法のパラドクス」(パルマンティエ)に立ち向かうため、ライプニッツはゲームが有効であると考える。すなわち、ライプニッツは、自然に相対する科学者と対戦相手に相対するプレイヤーとを類比的に捉えているのである。自然が科学者を欺くように、ゲームにおいてはプレイヤー同士でウラをかけあい、騙し合いが行われる。したがって、ゲームを遊ぶことによって自然の探究の技法もまた洗練されるのである。実際、ライプニッツはソリティアが終了したときの盤面の状態である、盤面からコマが一つを除いてすべて取り除かれている状態を初期状態として、そこから、コマを移動させるたびに空所にコマを埋めていく「逆ソリティア」というゲームを構想している。数学の定理の証明では珍しいことではないが、示すべきことがわかっており、それを証明するためには何が必要かを考えて、証明全体の遂行を試みるというアプローチがゲームにおいても適用されているのである。ライプニッツはこうした学問的観点からもゲームの重要性を強調する。例えば、『確実性の方法と発見術に関する序論』においては、「漁師や漁民、船乗り、商人、旅行家、それに技巧を競うゲームや運まかせのゲームでさえ、有益な学問を著しく進展させるものを供給する」と述べられ (K I, 10, 274)、磁針の発見は、針がどのように回転するかを観察する子供の遊びに負っていることを指摘している。また、一六九六年一二月一四日のデ・ビエット宛書簡では「実際、多くのゲームはきちんと考える機会を与えるものです」と述べている (GP VII, 451)。近年ではゲームの要素や手法を課題解決の場面に応用する「ゲーミフィケーション」(gamification) と呼ばれる取り組みが注目を集めているが、学問の進展のためにゲームを取り入れることが重要だと考えるライプニッツに、ゲーミフィケーションに通じる態度を読み取ることは不可能ではないだろう。

以上から、ライプニッツにとってゲームは単なる好事家的興味を持つものではなく、広い意味での学問的・政治的関心の対象でもあったことが見て取れるだろう。一定のルールに従って構築されたゲームにおいて、いかにして勝利するかという、プレイヤーにとっては重要な問題は、ライプニッツにとっては単に勝ち負けの観点に留まらない、さまざまな重要性を持つものであった。実際、多くの著作や書簡でライプニッツはゲームを引き合いに出すことが少なくない。たとえば、『事物の根本的起源について』では、神は世界を「最小の費用で最大の効果」をあげる仕方で創造するという世界創造のメカニズムが、その名前こそ明示されてはいないが、本論考でも触れられているソリティアを引き合いに出すことで説明されている（K I, 8, 94–95）。「人間精神がより鮮やかに現れるのは、最も真面目な問題のなかというよりも、ゲームにおいてなのですから」（『人間知性新論』K I, 5, 274–75）と看破するライプニッツにとって、ゲームで遊ぶことは単なる気散じではなく、真理への接近を可能にする重要な手段の一つを意味するものなのである。

参考文献

Gottfried Wilhelm Leibniz, traduction de Marc Parmentier, *L'estime des apparences: 21 manuscrits de Leibniz sur les probabilités, la théorie des jeux, l'espérance de vie*, Vrin, 1995.

María Sol de Mora Charles, "La Bassete et l'Hombre, deux juex de cartes étudiés par Leibniz dans de manuscrits inédits", *Studia Leibnitiana*, 23/2, 1991, 207–20.

———, "Quelques jeux de hazard selon Leibniz", *Histroria Mathematica*, 19, 1992, 125–57.

第2部 医学

Medizin

【1】

医事に関する諸指示★01

Directiones ad rem medicam pertinentes. 1671/72.

(A VIII, 2, 649-669)

✣長綱啓典＝訳・解説

尿と脈をこれまで以上に正確に観察するための道具がなければならない。というのも、尿と脈は一般に人の健康状態を示すものであるのだから。

尿については、単眼式顕微鏡よりもよいものはない。実際、単眼式顕微鏡は、それ以外のやり方では見つからないようなさまざまなものを尿の中に発見させるだろう。そうすれば、これまでのあらゆる規則にまさるような、そんな規則に短期間のうちに到達することだろう。

放血術を施された血液も、同様のやり方で調べることができる。脈を採ることは、どれほど腕の悪い医師ですら、いかなる差異も見落さないほど完璧にこなすことができる。これはガレノス★02が注意しているとおりである。そのためには、かの有名なマルクス・マルキ★03がその脈拍論において書いているような、すばらしい考えが行動に移されることが役に立つ。

尿と血液は重さを計測したり、蒸留したり、濾(こ)したりすることによって、火にかけたりかけなかったりしながら、そしてその他のやり方で検査されることができる。とりわけ、はっきりした判断を下しかねる場合にはそうである。

唾液についても血液や尿の場合と同様である。むしろ、血液よりも多く検査される。なぜなら唾液はより容易にサンプルを得られるからである。

また、思うに、尿と同様に唾液からも人間の体質に関する重大事を知ることができるし、唾液を調べてみれば、なぜ或る人はこれを好んで食べ、他の或る人はあれを好んで食べるのか、その原因が分かる。唾液を浄化したり、透明な鉱泉水の中に溶かしたりすることなどもできるだろう。これは尿の場合と同様である。唾液や尿を結晶化させたり、溶剤や試薬を混ぜたりすることなど

★01——A VIII, 2, 649–669を底本とした。また訳注を作成するにあたり、A版編者による注、ハルトマンおよびクリューガーによる注(*Studia Leibnitiana*, VIII 1, 1976, 40–68)を適宜参照した。

★02——クラウディウス・ガレノス(Claudius Galenus, 129–199)。脈に基づく病気の診断について、以下の三冊の本を執筆した。『脈について』(*De pulsibus*, Paris, 1529)、『脈についての小冊子』(*De pulsibus libellus*, Paris, 1538)、『脈について』(*De pulsibus*, Paris, 1531)。この三冊のいずれにおいてもガレノスは最初に医師の「完全性」について指摘している。

★03——マルクス・マルキ(Marcus Marci, 1595–1667)。神聖ローマ皇帝フェルディナント三世の侍医。著作は『脈の早さと遅さにかんする脈拍の比例ないし規則について』(*De proportione seu regula sphygmica ad celeritatem et tarditatem pulsam* [*De Proportione Motus seu Regula sphygmica*], Prag, 1639)。

ができる。そうするとさまざまな色が現れるだろう。その色からその人の体質が判断されうる。

次に、人々に対する総調査が確立されるべきである。それは静的医学を手段とするものである。静的医学というのは、サントーリオ・サントーリオ★04によって三〇年におよぶ実験を通してはじめて規則化されたものである。こうしたことが今後再開され、続行され、そうしてあらゆる特殊な事柄に応用されなければならない。

また、おそらく弾性的医学において諸々の実験をすることができるだろう。これは人間のさまざまな力の増加や減退に関するものである。例えば弓や投てきの張力において、しかし最もよいのは、歩くことや支えることといった、一定の作業が長く続くことにおいて、〔力の〕大きさをテストすることである。けれども、この場合、それらのことにとって最善なのは訓練である。だから、ここでは十分な調査をすることはおそらくやりがいのある仕事ではないだろう。

脈の観察には手の温かさと冷たさの観察も属している。これには正確で、はるかに改善された体温計を用いる。実際、或る者は生まれつき手が冷たく、また或る者は生まれつき手が温かいが、それは多かれ少なかれその人の体質によるのである。

それにしても体温計は改良されなければならない。P・エシナルディ★05の回想に従うにせよ、イングランドで円形体温計についてなされた提案に従うにせよ。この点については『王立協会の歴史』★06が報告しているとおりである。

さらに、人間に関する調査は入浴によってもなされうる。これは、その人から洗い落とされたものを分析し調査することによる。

息も同様に調べられるだろう。これは息を物体に還元することによる。

各人は自らの汗に注意しなければならない。汗をためて、その塩分の程度などを調べることもできる。

★04――サントーリオ・サントーリオ（Santorio Santorio, 1561–1636）。医療内科医（Iatrophysiker）の先駆者。パドヴァ大学理論医学教授。体温計や脈拍計を用いて、内科的および病理学的な身体の諸様態を三〇年にわたり調べた。著作は『静的医学についての箴言（医学静力学について）』（*De med. Stat. aphorismi* 〔*De statica medicina*〕, Venezia, 1614/1619?）。

★05――フランチェスコ・エシナルディ（Francesco Eschinardi, 1623–1668）。イエズス会士。哲学と古典学を教えた。著作は『光学の百人隊』（*Centuriae opticae*, Roma, 1668）。

★06――スプラット（Thomas Sprat, 1635–1713）『王立協会の歴史』（*History of the Royal Society*, London, 1667）。

国内には、嗅覚、触覚、味覚などについて、極めて高度な完全性に達している人間が一定数いるはずである。彼らを通じてあらゆる疑わしい事物を調べさせることができる。〔そうすれば〕あらゆる官庁は医師、外科医、薬剤師、その他こうしたことに従事する人々を安く手に入れることになるだろう。

料理人は、あらゆる事物についてその味と香りに基づいて完全に区別することができるだろうし、この技術についても調べられるだろう。

理髪師は触覚において完全であろう。触れることによる感覚を、ボイル氏★07の著書に出てくる、何でもできる盲人と同じくらいにまで高めた人々を手に入れなければならない。

或る人の言葉の明晰さ、強さ、純粋さなどからも医学上の帰結が引き出される。

これまでに見出されてきた医学上のあらゆる実験と観察とが利用されなければならない。それらがあらゆる著者たちから集められ、一つの秩序へともたらされなければならない。これは蓋然性の程度に応じてなされる。

その後、それらはすべて、できるかぎり速やかに試されなければならない。

いくつかのことは人が望めば試されることができる。その場合、それらは直ちになされなければならない。

いくつかのこと、例えば一定の病気に対する治療法を試すことができるのは、その機会があるときだけである。だから、あらゆる場所で、その場所にいる患者のリストを、あらゆる状況と共に持つようにしなければならない。

そうすれば、調べられるべき事柄について指示があれば、すぐにさまざまな検査をすることができる。とはいえ、それらの検査が危ないものであってはならない。〔被検者が〕断罪された患者でもないかぎりは。

★07——ロバート・ボイル(Robert Boyle, 1627–1691)。イングランドの物理学者。ボイルの法則の発見者として著名であり、リトマス紙の最初の記述者。彼は『色についての実験と考察』(*Experiments and Considerations touching colours* [*Experiments Touching Colours*], London, 1664)で、触覚によって色を識別できるマーストリヒト近郊出身のヤン・フェルマーゼン(Jan Vermaasen)という盲人について報告している。

有効な治療法を知っていて、多かれ少なかれ諸状況と共に報告し、またこれを信頼するに足るものにすることができる人物は尊敬されるだろうということを、人々に周知し示さなければならない。官庁の医師は、多くのすばらしいことを同時にもたらすことになれば、尊敬も手に入れるはずである。

すべての医師と化学者は、自分のあらゆる作業について、恒常的な日誌を付けるべきである。

老女や露天商が医療効果のある植物について述べているあらゆることが集められなければならない。

病院で亡くなったすべての患者が解剖されるべきである。

ほとんどの人間が解剖されるのがよいだろう。

あらゆる解剖は、ステンセン氏★08が『脳の解剖』のなかで指図しているのとは異なる仕方でなされるべきである。

解剖された人の自然史〔博物誌〕をできるだけ多く知るべきである。その上で、その人のあらゆる体液などを調べるべきである。例えば膵液や胆汁などが、より酸性なのかより塩基性なのか。胆汁やその他の部分はリグヌム・ネプリティクム★09などを一緒に用いた場合、どんな色になるのか。

解剖においては、どんなに小さなものも記録し、あらゆる管や通路を色つきの液体を注いで試し、あらゆる種類の結紮(さつ)が適用されるべきである。

ビルシウス★10のやり方に従いながら、血液を凝固させる手段を探さなければならない。そうすれば血液が解剖を妨げることはない。

肉はすっかり無くすが、管はすべて無傷で残す、そんな液体を探さなければならない。そうすればあらゆることを繊細に、正確に検討することができるだろう。

人間身体のあらゆる細部について、できるだけ正確な仕方で精通させなければならない。それ

★08——ニールス・ステンセン（Nils Stensen, 1638–1686）。ラテン名ニコラウス・ステノ。福音派の自然学者。後にカトリックの名義司教としてハノーファーに着任。一六七七年にライプニッツと知り合う。『脳の解剖についての論考』（*Dissertatio de cerebri anatome*〔*De cerebri anatome*〕, Leiden, 1671; フランス語版 1669）。後年ライプニッツは、『プロトガイア』（c. 1691）で地質学者としてのステノを高く評価している。第2部4-2訳注32参照。

★09——リグヌム・ネプリティクム。メキシコ産の、密な、茶色い、固い、そして重い木材。この木材が水中に置かれると、その水は青色になる。指示薬として用いられる。

★10——ルイス・デ・ビルス（Luis de Bils, 1624–1670）。死体を確実に防腐処理することができると主張した。著書は『真の解剖のあらゆる愛好家のために』（*Omnibus verae anatomes studiosis*, Rotterdam, 1660）。

は、いわば生ける解剖をいつでも眼前にするためである。それはコペンハーゲンやヘルムシュテットでの描写よりもはるかにすぐれたものだろう[★11]。

酸っぱい水を飲んだときに経験するように、飲まれた液体がどうしてこんなに早く膀胱に達するのか、またイングランドの『哲学紀要』[★12]で言及されている鉛玉がどのように消化管を通っていくのか、調べなければならない。

あらゆる医師たちに対して、きわめて精緻な問診票〔の作成〕が指示されなければならない。それに従って医師たちは自分の患者を調べるべきである。

もちろん、そうした問診票がいったん印刷されれば、利口な人であれば誰でもその問診票に従って自分のことを調べることができるし、自分の自然史〔博物誌〕を記録することもできる。

呼吸の本性と運動を知るために、空気を体に吹き入れたり、体から吸い出したりしなければならないだろう。多くの大学や個々の熱心な医師たちに、共通の問診票〔の作成〕を立案させねばならない。

手やその他のものの中にある徴が何らかの力を持っているかどうかを知るために、周知の事績の多くの著名人の手形をとらなければならない。彼らの手にしかるべき液体をぬって〔紙に〕押して手の線を目立つように示すならば、それ〔調査〕は容易になされるだろう。メイ[★13]の『医学的手相占い』を参照のこと。

占星術の伝統やプトレマイオス[★14]の諸原理に見るべきところがあるかどうか、問い合わせ、真価を問わなければならない。

食べたり飲んだりするさいにどのように振舞うべきか、人々に諸規則を指示しなければならない。あらゆるものを小さく砕いて食べるべきである。

さまざまな人に対して一定の食餌を試さなければならない。例えば、或る人にはもっぱら乳製

★11――コペンハーゲンではステンセン(注08)、ヘルムシュテットでは本稿よりも後のことではあるが、ローレンツ・ハイスター(Lorenz Heister, 1683–1758)という解剖学者が活躍していた。

★12――フェアファックス(N. Fairfax)「ある女性によって排泄された鉛玉」(A Bullet Voided by a Woman, *Phil. Trans.* 3, 40, 1668)。

★13――フィリップス・デ・メイ(Phillipus de May)『医学的手相占い』(*Chiromantia medica*, den Haag, 1667; Dresden 1670?)。

★14――クラウディオス・プトレマイオス(Claudius Ptolemaeus, c.100–c.170)。プトレマイオス的世界像の創始者。その天文学は著書『テトラビブロス(四書)』(*Tetrabiblos*)の中に書き記されている。

品を与えるようにする。別の人には温かいもの以外は飲ませないようにする。また別の人は無生物以外のものを食べてはならない、などである。人は一度に少ししか食べてはならない。

修道会に属する人々の健康状態に注意を払い、そこから諸々の帰結を引き出さなければならない。彼らは食餌や他のあらゆることにおいて、彼ら全員に共通する一定の生活の仕方を持っているからである。

諸々の野菜や動物〔の肉〕を食べて或る程度まで育った動物が食べられる場合、それが人に益となりうるかどうか、調べなければならない。

適切な技術によって年を取らせることができるかどうか、一定の人々に対してさまざまな手段を試さなければならない。これは、そこから他の人々のためのモデルを手に入れるためである。

カラス氏[★15]と共に、自然死の原因を探究し、寿命をのばす方法を見つけなければならない。

人々が何を喜んで食べたり嗅いだりするのか、何を喜ばないのか、そして喜びの度合いについて、できるだけ正確に検討しなければならない。また、どのような種類の音楽的な音によって各人があたかもタランチュラに噛まれた人々の〔踊る〕ようによりいっそう喜ぶのか、注意しなければならない[★16]。実際、プラトンの規則に従うと、「音楽が変わると国が変わる[★17]」。自分をこの世で最も喜ばせるものが何なのか、誰しも注意しなければならない。

死亡表[★18]ができるかぎり完全なものにされなければならない。しかも、単に大都市においてだけではなく、農村のいたるところでも。そのさい、気候、土壌、空気などの違いが正確に記録されなければならない。すると多くの驚くべき事柄が引き出される。だから、そこから帰納と観察結

★15――モイーズ・カラス(Moïse Charas, 1618–1698)。パリ出身のフランス人医師にして薬剤師。『アンドロマクスのテアリカの構成に入る動物、植物、鉱物の自然史』(*Histoire naturelle des animaux des plantes et des minéraux qui entrent dans la composition de la thériaque d'Andromachus*, Paris, 1668)。また、カラスは寿命をのばす手段としてマムシの肉について言及している。『マムシについて』(*Sur la vipere*, Paris, 1669)。

★16――毒蜘蛛のタランチュラに噛まれると踊り狂って死ぬという逸話をさす。またテンポの速い円舞曲タランテラも、中世以来、人々に広く親しまれてきた。

★17――『国家』第三巻398b以下。

★18――死亡表については、第2部2『保健官庁設立の提言』注12参照。

果を引き出すよう、幾人かの人々に依頼しなければならない。

天文学的な効果にも注意しなければならない。例えば、(太陽の)蝕が継続している最中に女性が出産すると、その女性とその子供は死んでしまうと言われているが、こうしたことやその他同様の伝承が述べていることは本当かどうか。

そして、入浴と放血・瀉血に関する暦作者の諸規則が検討されなければならない。彼らはこうした規則を月や天体の徴表に基づけていた。こうした検討はケプラー[★19]、カンパネッラ[★20]、トレーヴ[★21]、その他の学者によって指示されている方法に従ってなされる。

あらゆる植物を世界中から集めて、われわれの土地でも繁殖させなければならない。そうすれば当然それらを検討することができる。

植物に関する検討はまず、あらゆる感覚的な性質について、その各々の程度をできるだけ確定することから始まる。しかる後、われわれはそれらの性質をできるかぎりそれ自体として論じなければならない。それは加圧したり、ろ過したり、空気や火で蒸留したりすることによってなされる。その後、溶剤や試薬と混ぜてみる。その上で、バランスを取りながらあらゆる性質を結びつけ、その程度をメモしなければならない。

とくにやりがいのある仕事は、あらゆるものの色をリグヌム・ネプリティクムの試金石[★22]で検査することである。

何よりも味覚について方策が見出されなければならない。

探究しなければならないのは、われわれが月経に見出すのは甘味だけなのか、それとも酸味や塩味もあるのか、ということである。そうすればその程度も分かる。

何らかの真なるものが事物の徴から得られるかどうかについても注意しなければならない。それが真である場合、それは摂理の明瞭な実例であろう。

★19——ヨハネス・ケプラー(Johannes Kepler, 1571–1630)。自然学者にして天文学者。ケプラーの法則で知られる。『第三の介入者。すなわち、天文学者の迷信に対する正当な拒絶に際しても子供を入浴させない、そういう若干の神学者に対する警告』(*Tertius interveniens. Das ist Warnung an etliche Theologos, ... dass sie bey billicher Verwerffung der Sterngueckerischen Aberglauben nicht das Kindt mit dem Bade ausschuetten*, Frankfurt a. M. 1610)。

★20——トンマーゾ・カンパネッラ(Tommaso Campanella, 1568–1639)。イタリアの自然哲学者。『天文学七巻』(*Astrologicorum libri VII*, Lyon, 1629)。

★21——アプディアス・トレーヴ(Abdias Trew, 1597–1669)。アルトドルフ大学の数学および自然学教授。『正された天文学の核心。すなわち、天宮図作成にかんする簡単な報告』(*Nucleus astrologiae correctae, Das ist Kurtzer Bericht vom Nativitätenstellen*, Nürnberg, 1651)。

★22——リグヌム・ネプリティクム

生きている動物であれ、死んだ動物であれ、動物を用いて多くの解剖をしなければならない。

これまで以上に動物の病気に注意しはじめなければならない。実際、ステンセン氏[★23]が正しく述べているように、われわれは動物から今日の解剖の全体を学んでおり、ましてわれわれは望むときに望むとおりに動物を切開して調べることができるのだから、動物から病理学を学ぶことができるだろう。そして、自分の動物を共通の利益のために提供する個人に対して、国家がその支払いをすることになる。

概してわれわれはウマの病気にばかり注意して、他の動物の病気には注意しないものである。われわれは動物に対して治療を容易にかつ危険なしに試みることができる。われわれが動物の病気をよりよく認識しはじめればなおさらそうである。望みさえすればわれわれは動物に薬を試すことができる。人間に対して薬を試すことはできないが、そこから類比にもとづいて人間について結論することができる。

薬事に関する総巡察が行われなければならない。そのさい、注意しなければならないのは、バルトリン[★24]が薬剤師に反対して出版したことや、近ごろイングランドでの討論[★25]で薬剤師と医師とのあいだで起こったことである。

飲物が尿に、食物が便になるのにかかる時間を正確に観察しなければならない。こうしたことは、或る人のほうが別の人よりも早く生じる。

また、自然的な刺激や徴候をどの程度信頼することができるのか、注意しなければならない。例えば、自然が嘔吐を短い吐き気の衝動によって示したりするときや、血管の切断を流血によって示したりするときのように。これもしくはあれを食べたいとか、眠りたいとか、そういった自然的な欲求にどの程度従うものなのか、それとも従わないものなのかについても同様である。

そして、周知のように人間身体におけるかなりの部分について対称性が認められるが、いかな

の試金石。深緑色をした試金石。

★23——前注08参照。

★24——トマス・バルトリン (Thomas Bartholin, 1616–1680)。デンマークの医師。『薬の製造所の巡察について』(*De visitatione officinarum pharmaceuticarum*, 1670)。

★25——トマス・バルトリンによって翻訳・出版された、セバスティアン・コリンズ (Sëbastian Collins) がリセット・ベナンチオ (Lisset Benancio) の変名で書いた本『欺瞞の宣告』(*Declaratio fraudum*, Frankfurt, 1667) を参照。

る人間においてもあらゆる点について完全にそうであるわけではないので、そうした逸脱に注意しなければならないし、そこから身体の組成について何がしかのことを結論することができないかどうか、試みなければならない。

もしレン氏[★26]、フック氏[★27]、その他の人々の考えに従って季節に関する記述がなされるとしたら、あるいは私がしばしば考えてきたように、過去数年の暦が作られるとしたら、各自はそのつど変化として自らに感じたことを記録しなければならないだろう。この場合とくに、いつも一様な仕方で生活する必要のある人々、例えば農民や修道院の人々が最善の記録をつけることができるだろう。

或る人が水で、あるいは水とパンでなど、いつも養われるならば、どのようなことになるか、またいつも単純で一様な食物を摂るならば、どのような利益があるか、試さなければならない。

人の髪の形から有益な帰結がさまざまに引き出されることは疑いない。鼻やその他についてはここでは述べない。

未加工のアンチモン[★28]がウマやブタにとってよいものであるのと同様に、人間にとってもよいものであるかどうか、試す必要がある。それが治療法として徐々に導入されるならば、であるが。

四肢の間には一定の一致と交渉がある。そのことを生きている人は自分自身について感覚する。しかし、こうしたことは他の死者たちについては見出されない。例えば、性器や足の裏が頭と共に有している結合を、誰しも認めている。足の裏を少し摩擦すると、頭の中に同じ感覚をもたらす。他のことについても同様の仕方で実験がなされるべきである。それに、相互に恒常的な比例を保っている四肢はまた、お互いに多くの共感をも有しているということ、このことは理性にも合致することかもしれない。

いくつかの新しい箴言を作ろうと努めなければならない。

★26――クリストファー・レン(Christopher Wren, 1632–1723)。イングランドの建築士、自然学者。とりわけ天候の変化を記録するための器具(「天候時計」weather-clock)を構想した(Thomas Birch, *The History of the Royal Society of London*, vol. 1, London, 1756, 341 u. vol. 3, 222)。

★27――ロバート・フック(Robert Hooke, 1635–1703)。イングランドの自然学者。気圧計を発明し、天候の観察に従事した。論文に「昼夜あらゆる時間に風と天候の変化すべてを記録するために」(To keep a Register of all changes of wind and Weather at all hours by Night and by Day)がある。

★28――未加工のアンチモン。輝安鉱。黒く、重い、金属物質。強壮剤として用いられる。

これまでには知られていなかったけれども的確である、そういう新しい（少なくとも一般に）箴言を見出した人は、何らかの報酬を得るべきである。[★29]

すでに知られていたが、以前には不確かな理由しか持っていなかった、そういう箴言について、その堅固な理由を見出しうる人についても同様である。この点については、クラウディウス・カンペンシウス、[★30]ド・ラ・シャンブル氏、[★31]アンティムスことオノレ・ファブリ、[★32]それにヒポクラテスの『箴言』に対するその他の人々の見解を参照のこと。ラウレンティウス・ショルツィウスによって追加された新しい箴言なども付け加えること。

患者の（想像や）信条がどのような力を発揮するものなのか、テストしなければならない。そこから、あれこれするよう患者を説得するための技術と手段が医師に手渡されるに違いない。

とりわけ、推論を通して、外的な四肢と内的な臓器との交渉が見出されなければならない。そうすれば、外的な適用を通して重大なことをなすことが必ずできる。

スポイトで入れられて、膀胱の石を溶かしたり、痛風結石を取り去ったりする、そんな液体を見つけることができると、私は信じて疑わない。もしこうした方法が追求され、あらゆることが奨励されるなら、われわれは十年ですばらしい実りを共有できるだろうと期待される。

足の裏や皮膚などのあらゆる摩擦を記録すること。とはいえ、摩擦が最も強く感覚されるのは

★29——A版編者によると、続いて、おそらくライプニッツ以外の手で「ショルツィウス」と書かれている。ラウレンティウス・ショルツィウス（Laurentius Scholzius, 1552–1599）。『理論医学と実践医学の箴言』（*Aphorismorum medicinalium cum theoreticorum tum practicorum* [*Aphorismorum medicinalium sectioes octo*], Breslau/Frankfurt a. M. 1589/ 1594?）。

★30——クラウディウス・カンペンシウス（Claudius Campensius）。一六世紀中頃の医師。『ヒポクラテスの箴言について。その翻訳つき』（*Über die Aphorismoi des Hippocrates mit deren Übersetzung* [*Hippocratis aphorismi*], Lyon, 1576; Leyden, 1579?）。

★31——マリヌス・クラエウス・ド・ラ・シャンブル（Marinus Curaeus de la Chambre, 1594–1675）。フランス王の顧問官にして第一侍医。著作は『ヒポクラテスとアリストテレスを説明するための新方法についての試論』（*Novae methodi pro explicandis Hippocrate et Aristotele Specimen*, Paris, 1655/ 1668?）。

★32——オノレ・ファブリ（Honoré Fabri, 1607–1688）。フランスのイエズス会士。『好奇心に富む人々の自然アカデミーの雑録』（*Miscellanea Academiae Naturae curiosorum*）。

頭のてっぺんである。強く押されると、いくばくかの痛みも感覚されるほどである。ここ、もしくはその近くに神経の起点があるのだ。

苦味は熱に効く。

酸はペストに効く。

一定部分の均整が、通常の均整から一様な仕方で逸脱している人々は、同じ体液を持つのだろうか。

血液に入れられる、あらゆる種類の液体をテストしなければならない。

輸血を伴うテストもやめてはいけない。少なくとも動物においてはそうである。実際イングランドでは、弱ったウマが雄ヒツジの新鮮な血液によって再び元気を取り戻したことがある。★33

さまざまな種類の入浴をテストしなければならない。というのも、あらゆる入浴はいわば毛穴を通して注ぎ込むことなのだから。

軟膏や、頭や他のところに外的に付けられるものなど、さまざまな種類の油についても同様である。空気の多様性によって引き起こされる、呼吸のさまざまな変状についても同様である。

さまざまな液体を浣腸によって肛門に、あるいはスポイトによって陰部に入れることの多様な結果についても同様である。

同様に、血を吸い出すために実施された吸い玉★34が取り除かれたとおり、身体に浸入させたい液体を満たした何か別のものを充てがうこともできるだろう。同様に、一定の液体で満たされた或るものを皮膚に充てがい、しかるのちに吸い玉を(切開するにせよしないにせよ)適用してみると、よりよく身体に入っていくだろう。

さまざまに適用された吸い玉により、諸部分の一致が最もよく感覚されるだろう。血液に液体を注ぎこむことができるだけではなく、乾いた物体を混ぜることもできる。

★33——この輸血の実験は、ジャン=バティスト・ドニ(Jean-Baptiste Denis, 1643–1704)によってなされた(*Phil. Trans.*, 2, 559, 1666)。

★34——吸い玉。皮膚に吸着させた真空のカップで血液を吸引する。

注ぎ移されるべき血液は、まず意向に応じてさまざまに混ぜたり圧縮したりして、調整することができるだろう。

破れた血管は、(もしそれが自然死の原因であるなら)一定の入浴による以上に強化することはできない。

すべての高齢者について、きわめて正確な病歴が書かれるべきである。マイボーム[★35]の『高齢者について』を付け加えること。

同様に、例えば中風や癲癇などのような秩序を越えたことが生じる、あらゆる人々の病歴が記録されるべきである。

一定数の最善の食物と一定形式の最善の生活様式が確立されなければならない。それは各人の気質に基づいてなされる。

〔食物の〕種類が多すぎるので、すべてを控え目にするよう心がけなければならない。というのも、われわれの見るところ、年をとっているけれども健康な人は、わずかな食物を楽しんでいるからである。

おまけに、あらゆる気質に適応するような手段を見つけなければならないし、そのような形式を指図しなければならない。

薬局全体がわずかな主要な種類に削減されなければならない。これはダニエル・ルートヴィヒ[★36]の計画に基づく。さらに、そのような薬局の一つをあらゆる村に持たねばならない。

バルトロメウス派の人々[★37]は育成所と教区とを持つ習わしであるが、これを模倣しなければならない。あらゆる村に二人の人間をおく。そのうち一人は若く、もう一人は年をとった内科医(physici)すなわち医師とする。そして、彼ら〔のコンビ〕はしばしば変えられる。

医師たちに患者から何も受け取らせてはならない。むしろ、もっぱら国家から〔報酬を〕受け取ら

★35――ハインリヒ・マイボーム(Heinrich Meibohm, 1638–1700)。ヘルムシュテット大学の医学教授。著書は『高齢者にかんする書簡』(*Epistola de longaevis* [*De longaevis*], Helmstedt. 1664)。

★36――ダニエル・ルドウィクス(Daniel Ludovicus, 1625–1680)。ゴータの都市医師。薬学と薬理学の改革者。著書は『現今の時代に適応する薬学』(*De Pharmacia moderno saeculo accomodata* [*De pharmacia*], Gotha, 1671)。

★37――南ドイツの司教区に定住していた修道会。共同生活する在俗司祭たち。

せなければならない。

さらに、いかなる贈りものの受け取りも医師たちに禁じなければならない。そうすれば、斟酌の可能性がいっさいなくなり、すべての人が同等の熱心さで配慮されるだろう。だから、医師たちに〔患者から何も受け取らないと〕誓約させなければならない。

医師たちを、彼らの係累ともども、国家が養わなければならない。

現に存在している修道会がこうしたこと〔医療〕に適用されるならば、それが最もよいだろう。修道会の人々は無私無欲だからである。こうしたこと〔医療〕のために設立された修道会は、キリスト教を伝道するための、望みうる最善の手段だろう。

周知のとおり、数学が中国でこうしたこと〔キリスト教の伝道〕を実現した。医学と内科学ははるかに多くのことを実現するだろう。それらはあらゆる人間にとって必要不可欠なものなのだから。

布教を通じて世界中のあらゆる秘薬と植物が集められるだろう。

医師はあらゆる人々に幅広く接する。彼が無私無欲である場合にはとりわけそうである。

人口の多い都市の主要な通りや地区はいずれも、牧師と同様、担当の医師を持つべきである。けれどもそこには監督と総監督もいなければならない。

医事は教会を模範として秩序づけられなければならない。

或る種の告白も必要とされるが、人々はそうしたことを好んでやるだろう。

とはいえ、告白がよりよく行われ、より一般的になされるようにするためには、人々に対して質問内容が指示されているのでなければならない。これは告白の本を持つのとまったく同じことである。告白の本は何千もの罪を考えられるかぎり数え上げるわけだが、それは何も忘れられないようにするためである。

一年のうちに一定期間を設け、その間にすべての人が医事について告白し、すべてを述べ、そして先立つ期間を、その人にとって少々憂慮すべきであると思われることも含めて、記録すべきである。

これに対して、特別の告白をするかどうかは、各人の自由に任されるべきである。神聖なことの場合、教区に属していない特別の告白父を持つことは各自に委ねられているように、この〔医事の〕場合もそうできる、つまり希望があれば、いかなる教区にも結びついていない何らかの遍歴医師たちから〔特別の告白父を〕選べるようにしなければならない。

そして、緊急の場合には、特別の告白父は正規の告白父と連絡しあうべきである。特別の告白父に告白したことをすべて、正規の告白父に対して総告白のさいに繰り返すべきである。

聖職者にあって贖罪の指針にあたるものは、ここでは、それに従って人が行為するよう指図された規定だろう。

実際、精神に関わる告白父も、与えられた損失の弁済や補償だけではなく、将来に対する諸規定も指図するはずである。

医事に関わる告白父たちの規定や弁済は処方箋に存するというよりはむしろ養生法の規則に存する。このことは、精神に関わる告白父たちの規定や弁済が一定の有益な行為に存するのであり、例えば「アヴェ・マリア」や「われらの父よ」と一定回数祈ることに存するわけではないのと同様である。

精神に関わる告白父と医事に関わる告白父は、相互に連絡しあうべきである。ただしそれは、患者にとって不利になりかねないことを一方が他方に打ち明けないような仕方でのことである。医事に関わる告白父は、患者にとって不利になりかねないあらゆる事柄において、精神に関わる告白父と同じくらい厳密に守秘義務を課されなければならない。

精神に関わる告白父は、一定の特長と質問内容により人間の体液[★38]を判別できるように指導されるべきである。そうすれば、彼らは一般的に諸々の性向を見出すだけではなく、幾分か正確にその度合いや結合も見出す。これらはさらにその後で、気質を見分けるにあたって驚くべき光を医師に与えるだろう。

これに対して、精神に関わる告白父は諸々の情念を見分けるさいに気質の解明から大きな利益をもたらすことができるだろう。

われわれが〔これまで〕これほど盲目であったことを、そしてわれわれの気遣いの多くの部分をこの重要問題〔医事〕に向けてこなかったし、いまだに向けていないということを、私は神罰だとみなしている。われわれは、神聖な事柄についてと同様に、自然的な事柄についての怠惰に比例して悲嘆にくれなければならない、と言うことさえできる。

また、われわれ人間は浄福な人も断罪された人もけっして見たことがないため無思慮をきわめ、自らの浄福に注意しないことについては何の不思議もないが、同じように健康にも注意しない。実際、われわれが日々見ているところでは、いわば地獄の責苦とみなされるようなことが、すでに現世において、自分の身体（精神については言わずもがなであるが）よりも富のことを気にかける人々に加えられている。

急を要するのは、勧誘、奨励、助言、そして説教者や演説家が〔聴衆の〕性向を鼓舞するのに十分有効とみなされていること、私がこれらをすべて結集して、われわれの無思慮を自らに対して警告することである。

とはいえ、私が望んでいるのは、こうしたことをすべて十分に理解している人々と関係を持つことである。たとえこうしたことが彼らにおいてはごくわずかな言葉で述べられているだけだとしても。この点で私に大きな希望を与えてくれるのは、機械学においてはイングランドの王立協

★38——紀元前五世紀から一九世紀に至まで、ヨーロッパでは人体を四つの体液（血液、黒胆汁、黄胆汁、粘液）から構成される器とみるモデルが支配的であった。ライプニッツもこのモデルに従っている。第3部1-2訳注22参照。

会の計画[39]であり、政治においては国務院の調査官に対して与えられる訓令である。これらによって、同様なものが医事においても必要不可欠であることが認知されるだろう。

あらゆる場所の薬剤師を査定して、彼らに疫病条例や健康条例をまとめて発表してもらわなければならない。読まれるべきは、ベーコンの諸学の枝[40]である。また、ベーコンの『生と死の歴史[41]』、サントーリオ・サントーリオの『医事においてあらゆる誤りを避ける方法[42]』である。

多くのことを同時にもくろむような仕方で養生法がなされうるだろうか。また、いくつかのこと、例えば音楽と匂いは一度に結びつけうるだろうか。他のこと、例えば音楽と睡眠は別々にしておくとしても。

人間がより強いのか、それともより弱いのか。こうしたことを機械的に判断する手段が見出されうるだろうか。例えば目方を量ってみたり、下剤を使用してみたりといった手段のことである。

私の考えでは味覚こそ事物の本性を知るための最善の手段であるから、一定の人々がそれによって最高度に繊細な味覚に達する、そういうあらゆる手段を探究しなければならない。今では周知のことだが、水しか飲まない人々は味覚においてきわめて繊細なので、或る水を別の水から味覚で区別することができる。こうしたことは余人にできることではない。だから、一定の人々は水やパンのようなほとんど無味のものでもって、あるいはタルタル風の小麦でもって、養われなければならない。彼らは他の人々には無味と思われるものを区別することさえできるのだから、味のあるものについてはなおさら繊細に区別するだろう。ここには、純粋な味覚を保つためのワイン商人たちの技術も属する。水以外のものの味を見ようとする前に、いつでも水の味を見るべきである[43]。

もし味覚に関する観察を、例えば月々の塩入れ[44]のような何らかの手段と合致させるなら、以後、この手段を味覚の代わりに用いることができる。同様に、いったん水に塩が足されていることが

★39——前注06参照。

★40——フランシス・ベーコン(Francis Bacon of Verulam, 1560–1626)。『諸学の尊厳と増進について』(*De dignitate et augmentis scientiarum*, London, 1623)。

★41——ベーコン、『生と死の歴史』(*Historia vitae et mortis*, London, 1623)。

★42——サントーリオ・サントーリオ『誤りを避ける方法』(*Methodus vitandorum errorum omnium* [*Methodus vitandorum errorum omnium, qui in arte medica contingunt*], Venezia, 1603/1630?)。

★43——欄外に「むきだしの螺鈿の化粧品を咀嚼することによって」とある。

★44——月々の塩入れ。錬金術師たちにおいて試薬として用いられた。

分かれば、味覚なしにでも、重さに基づいて塩分の度合いを決定することができる。

嗅覚にすぐれた人々や、ボイルの書物に出てくる盲人[★45]のように触覚にすぐれた人々が国家において維持されなければならない。人間についてのこのような区分は職人の区分よりも必要なものである。

人々を実科へと励ます本がしばしば出版され、人々に配られ、多くの言語に訳されなければならない。子供たちには、学校で時を違えずにビベス[★46]、ベーコン[★47]、それにデカルトの方法[★48]が勧められる。

トルコ人にはアヘンを用いる習慣がある。これは上機嫌をもたらすためである。彼らが信じているところでは、「アヘンは顔の中に異常な色を惹き起こし、人の魂を蘇らせる。そのため、アヘンを一度でも用いたことのある者は誰でも、いつでもそれを喜びの源とみなすことだろう」。ソランツィオの『オットマヌス』(p. 2. n. 49. p. 46)[★49]を参照のこと。

音楽に基づいて性質や気質を区別することができる。或る人はこの歌を好んで聞き、別の人は他の歌を好んで聞く。だから、タランチュラと、そのタランチュラに噛まれた人々について、熱心に観察してみるとよいだろう[★50]。

あらゆる医師に対して、見聞きしたあらゆる注目すべきことを記録するよう、とりわけ彼自身に生じた病例を記録するよう、義務として課される。実際、こんな見解がある。ヒポクラテスは自らの学問の基礎をアスクレピオスの神殿に据えた。この神殿は彼の故郷であるコス島、今日ではロンガ島と呼ばれる島にあった。病気から回復した者は、その回復手段とともにそこに登録された。この記録をヒポクラテスは少々簡略化して、後継者たちに残した。そのおかげで、神殿はとっくに焼失してしまったのに、この学問がいまだに残っているのである。こんなにわずかな特別な観察だけでもわれわれにこれほど多くの光を与えるばかりか、合理的な医学を伝えてくれる

★45——前注07参照。

★46——ビベス(J. L. Vives)は教育学的な問題について多くの著作をものした。『子供の学習の秩序について』(*De ratione studii puerilis*, Oxford, 1523)。

★47——ベーコン『ノヴム・オルガヌム』(*Novum organum*, London, 1620)。

★48——ルネ・デカルト(René Descartes, 1596–1650)『方法序説』(*Discours de la méthode*, Leiden. 1637)。

★49——ラザルス・ソランツィ(Lazarus Soranzi)。『オットマヌス』(*Ottomanus*〔*Ottomannus sive De imperio Turcico*〕, Ferrara, 1598/Helmstedt, 1664)。Aは、(p. 2 n. 4us p. m 63)を指示。

★50——前注16参照。

のに、そうしたことをより熱心に秩序立った普遍的な仕方で行おうとしないほどわれわれが盲目的であったのは、一体どうしてなのだろう。ヒポクラテスから今世紀の始めまでになされたよりも多くのことを、われわれはきっと百年、いや百年どころか十年で学ぶだろう。

病院で亡くなったすべての患者〔の身体〕は、少なくともその病気の部位を切開されてしかるべきである。〔いわば〕大領主にとって厄介でないことは、私人にとっても厄介ではないと思われる。

脾臓が酸っぱい、あるいは辛い物質を生産するということは、或る二、三歳の子供の例に示されている。この子供はいつも咳をしていたが、吐くことはなかった。死後にこの子供〔の身体〕を切開してみたところ、脾臓が小さすぎ、肺と肝臓が大きすぎだった。ということは、脾臓の中にある物質がこれらの器官にまでやってきたのである。

生きている身体の最奥までますます到達することのできる通路を見つけるべきである。さまざまな管や喉に浣腸剤を注入することによって、すでにいくつかの通路が見つけられている。遍歴医のフレグマゴーグム[★51]によっても同様である。これについては『医療雑記』[★52]に論文がある。結石やヘルニアを切ること、白内障を刺すこと、つまりボッリ[★53]による目の液の復旧、最後に血管を切開することや輸血によっても同様である。胃を通して摂取されたものについてはここでは述べない。さて、人間の中に達するための方法をさらに見つけなければならない。おそらくは『クルトリフォロ』[★54]で示されたような、切開するための方法さえも。何よりも、人に深い睡眠を与える手段を見つけなければならない。人に害にならず、アヘンのようにサフランや強い香りなど感じずに〔眠れ〕、容易に目覚めることができるような睡眠のことである。それから、次のような仕方で切開する技術を求めなければならない。すなわち、傷つけるのは容易に再生する部分にかぎり、その人が目覚めたら、必要な運動が害されることのない切開法である。胃の粘液を容易に洗浄する手段を見出すことはできないだろうか。それはおそらく望みのときに吐く技術による。また、糸がくっ

★51――フレグマゴーグム。痰を除去する薬。

★52――『医療雑記』(*Miscellanea Curiosa Medico-Physica Academiae Naturae Curiosorum sive Ephemeridum Medico-Physicarum Germanicarum Curiosarum*)。ハルトマンとクリューガーの注によると、同雑誌の一六七〇年から一六七一年には該当する論文はない。

★53――ボッリ(Jos. Franz. Borri, 1616–1695)。錬金術師。バルトリン宛の書簡(*Epistolae duae ad Th. Bartholinum*, Kopenhagen, 1669)の一つの表題は、『目の体液を回復させる技法について』(*De artificio oculorum humores restituendi*, Köln, 1681)。

★54――ベッカー(D. Beckher)『プロイセンのクルトリフォロについて』(*De cultrivoro prussiaco*, Königsberg, 1636; Leyden, 1638, 78–88)。クルトリフォロは手術用ナイフを意味する。

ついた何らかのもの、例えば糸巻により後で引き出すことができて胃を浄化するものを飲み込むことにもよる。★55

身体のあらゆる病は液体的な部分のうちにあるか、固体的な部分のうちにあるか、そのどちらかである。液体的な部分において、ということはつまり複数あるならば諸々の精気においてか、血液においてか、そのどちらかである。諸々の精気は香りによって、血液は或るときは輸血によって、或るときは他の方法によって、補助できる。けれども、胆汁、唾液、膵液は、食物と飲酒に応じて増減できる。液体は、何らかの欠損もしくは過剰があるかもしれないし、あるいは不適切な運動・場所・重さだったり、外から何かが混入したり、変質したりする。変質が生じるのは、過度に流動的か濃密か、あるいは過度に温かいか冷たいか、そのいずれかの場合である。色、香り、味に関する何らかの変質も内在している。望ましいのは、しかるべき被験者を定め、吐き出されるもの、主として唾液の味をきわめて正確に探究することである。ここでは被験者自身がきわめて正確に注意しなければならない。同様に、さまざまな状態の牛乳や血液の味からも判断を下すことができる。

例えば水腫や血液の過剰すなわち多血における、不適切な量〔の液〕。例えば胸膜炎におけるような、不適切な場所での液の浸出。注意すべきは、しばしば複数の病気が重なること、つまり或る病気が他の病気から生じることである。例えば、変質から運動が生じるし、豊富さと場所から変質が生じる。他方、固体的な部分においては、大きすぎたり小さすぎたり、狭すぎたり、あるいは実体が柔らかすぎたり固すぎたり、孔だらけだったり、あるいは実体が引張られているのか圧縮されているのか、重いのか軽いのか、それから膿、分解、色、香り、味、挿入された異質なものなど。入手されるべきは、どこに患者の病気が固着しているのかを診断する方法である。病気に冒された場所を自分に述べる者のことを、医師はしばしば信じないものである。結果によって

★55——〔欄外注：メリク・カソボンのモリナエウス宛書簡を付け加えよ。その28頁で古い〔処置〕で失われたいくつかのものについて述べられている。ヒポクラテスの時代の腎臓結石の切開。蓄膿症における切開、肝臓の体液における焼灼、脳水腫における頭蓋の穿孔、滲出物における目の上の切開、皮膚中の水の抽出、改良されたこともあるがそれほど幸福になされたわけではない〕。メリク・カソボン（Méric Casaubon, 1599–1671）はスイスで生まれイングランドに渡った哲学者。「メリク・カソボンのモリナエウス宛書簡」とは『自然の実験哲学ならびにそれについて最近出版された書物にかんするペーター・ドュ・ムーランへの書簡』（*A letter to Peter du Moulin concerning natural experimental philosophie, and some books lately set out about it*〔*A Letter Concerning Natural Experimental Philosophy*〕, Cambridge, 1669）のこと。

本当のことが確認されるが、これでは遅い。けれども反対に、本当に痛い場所を病人が指示しないことがときとしてある。実際、視覚や聴覚におけると同様に、痛みや触覚においても指示されるべき場所に関して或る種の欺瞞がある。けれども、おそらくはこうした欺瞞も、視覚や聴覚におけると同様に、何らかの理由ないし規則に還元されうる。それに基づいて、病人の冒されている場所についてしばしば最善の仕方で推論されうるだろう。たしかに、痛みについてのこうした反省や衝突や共感から原因が集められうることだろう。もし私が間違えているのでなければ、ベッリーニ★56は医事において数学化を始めた。ステンセン★57も同様である。願わくは誰もがそうするとよいのだが。このようなことに関して、あらゆる民族の慣習が集められるべきである。

旅行記から医事に関わることを何でも集めるべきである。

〔それらには〕いくつか細かい点があるが、それらは観察されるに値するものであるし、一生にわたり〔健全に〕保つものである。例えば、頭のカタルに対しては、高い場所に立ちながら書いたり読んだりすることである。胸膜炎に対しては、比較的軽い運動をすることである。こまめな排尿は結石から守る。こまめに、かつ一度に少しずつ、食べたり飲んだりすること。寝酒は控えること。ロウアー★58は『心臓について』でこう言っている。いくらか衣服を脱いで、夜に膀胱を空にするために起きることによって冷却させ、全身を動かすべきだ、と。冷たい風を維持して、冷気を熱に連続的に混ぜあわせるべきだ、と。もし可能ならあらゆることを変えるべきだ、と。

最初の忠告は、他の多くの人々の忠告と熟考の集成になるはずである。このように、私の忠告は他の人々に宣布するものであるだろう。以上のことどもを最善の仕方でやることができるのに、他の人々には、あるいは自分自身にも、促されない無数の人々がいるのである。

★56——ロレンツォ・ベッリーニ(Lorenzo Bellini, 1643–1704)。イタリアの医療内科医。『諸事物の構造と利用にかんする解剖学的練習』(*Exercitatio anatomica de structura et usu rerum*, Florenz, 1662)。また、『呼吸について』(*De respiratione*)、『医療雑記』第二号(1671)。

★57——ステンセン『筋学の諸要素についての試論』(*Elementorum myologiae specimen seu musculi descriptio geometrica*, Amsterdam, 1669)。

★58——リチャード・L・ロウアー(Richard L. Lower, 1631–1691)。イングランドの医師。王立協会会員。『心臓論。また血液の運動と色について』(*Tractatus de corde, item de motu et colore sanguinis, et chili in eum transitu*[*De corde*], London, 1669)。

【解説】伝統を検証しつつ新しい医学を拓く

長綱啓典

一六七一年半ばから一六七二年初頭にかけての成立と見られている本論は、これまでは*Studia Leibnitiana*, VIII 1, 1976, 50–66に掲載されたハルトマンおよびクリューガーの版に依拠して研究がなされていたが、昨年(2016)、ようやくアカデミー版が刊行された(A VIII, 2, 649–669)。本翻訳もアカデミー版を底本とした。本論の言語は主にドイツ語であるが、一部でラテン語も用いられている。

ライプニッツにおける「医事」(res medica)の概念は、非常に広い外延を有するものだが、その指示あるいは提案は、大きく二つに分類することができるように思われる。一方は学問の対象としての医学に関わる諸々の提案であり、他方は政治の対象としての医療行政に関わる諸々の提案である。

医療行政に関わる諸々の提案としては、医師たちに対する質問内容の指図、薬事に対する総巡察、医業の国営化、監督と総監督による巡察制度、告白制度、薬剤師の査定と彼らによる条例の作成などが挙げられる。また、医学に関わる提案と医療行政に関わる提案の両方にまたがるものとしては、新しい箴言の収集や死亡表の完全化といった論点を挙げることができる。これらの医療行政に関わる提言のいくつかについては、本巻第2部2の『保健官庁設立の提言』の訳者解説において詳細に論じたので、そちらを参照していただくこととして、本解説では医学に関わる諸提案に焦点を絞ることにしたい。

本論を読んで読者がまず気づくのは、これまでに存在しているあらゆる医学上の観察を収集することに対するライプニッツの熱意であろう。

「これまでに見出されてきた医学上のあらゆる実験と観察が利用されなければならない」とライプニッツが主張するとき、彼はどのような実験や観察を想定しているのであろうか。注意すべきは、収集されるべき医学上の知見には、近代的なものと前近代的なものとが混在していることであろう。ある提案が近代的なものか、前近代的なものかは、その提案がガレノス流の体液病理学説から遠ざかろうとするものか、それを受け容れたり前提としたりするものか、を判断基準とすることができよう。紀元前五世紀から一九世紀に至るまで、ヨーロッパでは人体を四つの体液(血液、黒胆汁、黄胆汁、粘液)から構成される器とみるモデルが支配的であった。四つの体液のどれかが多すぎたり少なすぎたりすると病気になると考える体液病理学説の主唱者のうち、歴史的に最も大きな影響をもった人物のひとりがガレノスである。

近代的な要素――本論の医学に関わる諸提案のうち、近代的と評価することのできる要素をいくつか挙げてみよう。

①体温計の改良の提案――手の温度の観察には正確で改善された

体温計が用いられるべきとされている。

ライプニッツが言及しているサントーリオ・サントーリオ以前は、体温は環境の気温とともに変化すると考えられていた。ガリレオは、温度により水と空気は膨張・収縮するという自らの知見を利用して「温度計」を作製した。サントーリオはガリレオの原理を応用し、目盛を記した管を患者の口に挿入するか、手に握らせて体温を測定した。これにより、サントーリオは人間の体温には正常な範囲があることを初めて発見したのである。彼は体温計を改良するだけではなく、脈拍を測定する「脈拍計」も考案した。一六一四年に出版した『医学静力学について』には、サントーリオの三〇年にわたる実験の記録が記されている。彼はまた計量椅子を設計し、自身が摂取した食事と飲み物、排泄物の重量を計測した。サントーリオは、人体は時計のようなものであり、構成部分がその大きさと位置に応じて連動して機能するとする機械論的な人体モデルを有していた。これは従来のガレノスの体液病理学説から遠ざかるものであった（ギル・ポール『50の事物で知る　図説医学の歴史』野口正雄訳、原書房 2016, 68以下：アン・ルーニー『医学は歴史をどう変えてきたか　古代の癒やしから近代医学の奇跡まで』立木勝訳、東京書籍 2014, 33以下）。

脈拍計については言及しないものの、脈を正確に採ることの必要性を指摘し、体温計の改良を求めるライプニッツの姿勢は、機械論的な人体モデルを前提としながら医学の近代化をさらに推し進めようとしている証しなのである。

②人間の死体解剖の提案——人体解剖に対するライプニッツの要求についても近代的と評価することができる。

解剖学を医療知識の基礎とすべきことを主張したガレノスは、解剖学においても権威とされていた。とはいえ当時、人間の死体を切断することは教会が禁じていたので、実際に解剖できたのは動物に限定されており、そのせいでガレノスは多くの誤りを記述することになった。一四世紀のはじめにはイタリアのボローニャ大学の教師モンディーノ・デ・ルッツィが人体の公開解剖を行う許しをバチカンから得た。これによって後進の解剖学者に道が開かれる。レオナルド・ダ・ヴィンチは約三〇体の人体を解剖し、七五〇枚の解剖図を残したが、いずれも生前に公表されることはなかった。その数十年後、一五四三年にアンドレアス・ヴェサリウスが『人体の構造（ファブリカ）』を発表する。ヴェサリウスは観察からじかに学び、ガレノスのモデルといくつかの領域で対立することとなった（ギル・ポール、前掲書、62頁以下：アン・ルーニー、前掲書、25頁以下）。

ヴェサリウスの名を挙げていないが、動物の生体・死体解剖にならんで人間の死体解剖をも要求するライプニッツは、従来の権威に別れを告げている。

③身体物質の化学的な探求の提案——ライプニッツはあらゆるものの色の変化をリグヌム・ネプリティクムの試金石で検査するこ

とを要求している。これも近代的な発想である。

リグヌム・ネプリティクムとは、指示薬となるメキシコ産の木材のことで、それを用いて色の変化を観察すべきというわけである。色の観察、とくに尿の色の観察は、体液病理学においてもなされていたが、未加工の尿の色だけが観察されていた。これに対して、試薬を用いてさまざまな色を呼び起こすところが近代的な点である。他にもライプニッツは尿や血液といった身体物質の蒸留や加熱も要求している。これらも身体物質の化学的な探求の一環とみなすことができる。このような医化学的な発想は、上述の機械論的な人体モデルと並んで、新しいものである（セバスティアン・シュトルク「医学に関するライプニッツの手稿」長綱啓典訳、『ライプニッツ研究』第4号、18頁以下）。

④病を身体の固体的要素から説明する——ライプニッツは病気による変化を身体内の液体的要素のみならず固体的要素からも説明しようとしている。

体液病理学との完全な断絶を示す固体病理学の創始者は、イタリアの病理学者バグリーヴィ（Giorgio Baglivi, 1668–1707）とモルガーニ（Giovanni Battista Morgani, 1682–1771）と目されている。ライプニッツが病気の場所として身体の固体的要素を挙げるとき、彼は固体病理学のさきがけともなっている（シュトルク、前掲論文、23頁）。

⑤単眼式顕微鏡の使用の推奨——尿を観察する道具として単眼式顕微鏡が推奨されていることも近代的な要素のひとつである。

オランダの職人サハリアス・ヤンセンとハンス・ヤンセンが倍率の低い複眼式顕微鏡を発明したのは一五九五年、ガリレオが複眼式顕微鏡（「小さな眼」）を製作したのは一六二五年のことである。一六六〇年にはマルチェロ・マルピーギが初期の顕微鏡で人体の組織を調べ、毛細血管を発見した。一六六五年にはロバート・フックが『ミクログラフィア』を出版。複眼式顕微鏡によってフックはコルク片の中に空洞をもつ網の目状の構造「細胞」を発見した。そして、一六七六年にはレーウェンフックがみずから製作した単眼式顕微鏡（標本を最大二〇〇倍まで拡大することができる）によって水滴を観察し、その中に「微小動物」を発見する。ライプニッツが生きたまさにその時代に、顕微鏡によって、生物は肉眼では見ることのできない無数の生きた部分からなるという革命的発見がなされたのである（ポール、前掲書、82頁以下）。本論執筆時点（1671–72）においてライプニッツは「微小動物」の発見というレーウェンフックの業績をまだ知らなかったわけだが、単眼式顕微鏡の存在とその有用性自体は知っていたのであろう。

⑥尿や血液の重量の計測の提案——ライプニッツは尿や血液を検査するさいにその重量を計測すべきとしている。

これも身体物質を正確に数量化することにより物理学的に探求しようとする近代的な発想である。正確な数量化の発展は近代的な仕方で世界を記述し、近代的な仕方で世界を変えることの決定的な前提の一つとみなされる（シュトルク、前掲論文、18頁）。

以上のように、ライプニッツはガレノス流の体液病理学説や解剖学説から遠ざかる諸々の医学的知見を収集することを要求している。さらに、中世まで知られていなかった世界理解や人間理解をもたらす道具の使用をも強く要求している。医学に関わるライプニッツの提案には、近代的と言いうる要素がたしかに認められるのである。

前近代的な要素——次に前近代的と評されうる要素について見てみよう。

①体液病理学的概念の使用——人々とその性質の記述にさいして、ライプニッツは「体液」や「気質」といった体液病理学に由来する諸概念を用いている。

この点でライプニッツは体液病理学的な思考を引き継いではいるが、こうした概念を散発的にのみ使用しており、さらに彼は気質の数を「無数に」拡大している。この点においては、ライプニッツは体液病理学説の基準を離れている（シュトルク、前掲論文、22頁以下および32頁注54）。

②占星術の伝統の検証——ライプニッツは占星術の伝統やプトレマイオスの諸原理を検証することを要求している。これも体液病理学説と間接的に結びついたものであるとみなすことができる。

ガレノスの体液病理学説は一二世紀になると、神話や占星術と融合することになる。血液（その気質は多血質）はユピテルすなわち木星と結びつき、教養と富に恵まれた人々の性格と生活に関係する。黒胆汁（質）はサトゥルヌスすなわち土星と結びつき、最も貧しく最も蔑まれる人間に関係する。黄胆汁（質）はマルスすなわち火星と結びつき、兵士と関係する。最後に、粘液（質）はウェヌスすなわち金星と結びつき、学者・芸術家と関係するとされた。例えば、黒胆汁（質）について言うと、ローマ神話のサトゥルヌス（ギリシア神話のクロノス）には去勢や子供喰いという忌まわしい属性が担わされている。占星術においては、土星は当時の宇宙認識に基づいて、太陽から最も遠くに位置し、最も冷たく最も乾燥し、運行速度の遅い惑星とみなされていた。さらに、体液病理学説においては、四つの体液には優劣があり、それは血液、黄胆汁、粘液、黒胆汁の順となるとされていた（黒川正剛『魔女とメランコリー』新評論2014, 4以下）。

ライプニッツはそうした体液病理学説と密接に結びついた占星術の伝統をも再検討するよう求めている。そこに「見るべきもの」「真価」があるかどうかを問う点において、ライプニッツを単に体液病理学説の批判者とみなすことはできまい。

③暦の作者の諸規則の検討——暦の作者の諸規則の検討も要求されている。

暦や養生書（健康箇条を記した冊子）においても民間に流布した体液病理学説は、「人間の自然性」の中で四体液の優劣と増減の動きを季節（と年齢）と関係づけながら説明したヒポクラテスにまで遡る。例えば、秋の季節がすべての季節のうちで最も黒胆汁に適しているとされる(黒川、前掲書、27頁)。ガレノスは、中世において一般的であった三つの治療法、すなわち下剤、焼灼(止血法)、瀉血(切開による血液の排出)のうち、瀉血を最も価値あるものと考えた。瀉血はにきび、肺炎、てんかん、脳卒中にいたる数十もの病気に対して処方された。ガレノスはどれだけの量の血液を抜くべきかについて複雑な体系をヒポクラテスと同様に季節(さらに年齢、気質、天気など)に関連づけて定めた。こうした四季の変化と健康への心配りをどうすればよいかを示すものが当時の暦なのであった(黒川、前掲書、38頁以下)。

　ライプニッツが「暦の作者の諸規則」を検討すべきだと主張する意味は、民衆が自らの健康を保つために依拠した暦の、その背後にある体液病理学説の体系の再検討にあると解釈できる。ここでも、ライプニッツは単に非科学的として退けずに「(再)検討」を要求している。

　他にも、健康に対する手相の力や「太陽が蝕にあるあいだに女性が出産するとその女性とその子供は死んでしまう」といった天文学的な効果についての民間伝承の検証も要求されている。頭から非科学的な迷信として退けようとはせず、民間伝承が科学的な知見として受け入れ可能かどうかを検証すべきだというのである。

　以上のように、一方で近代的な医学的知見を積極的に受容しながら、他方で前近代的な医学的知見も拾おうとするライプニッツの医学的立場を単純に割り切ることは難しい。むしろ、ライプニッツがこのように多様な(あらゆる)医学的知見を収集しようとしているそのことが、本論の特徴なのではないだろうか。あらゆる医学的知見を収集する目的が、医学の進歩ひいては公共の福祉の実現にあることは言うまでもない。医学の進歩、それによる公共の福祉の実現は、以後も生涯にわたってライプニッツが抱きつづけたテーマであった。

　なお、翻訳にあたって、J. E. H. Smith, *Divine Machine: Leibniz and the Science of Life*, Princeton, 2011, 275–287を参照した。

【2】

Vorschlag zur Bildung einer Medizinalbehörde. [1680].

(A IV, 3, 370–375)

保健官庁設立の提言

✣長綱啓典＝訳・解説

自らの臣民の心の徳に加えて、為政者は彼らの身体の健康にも気を配らなくてはならない。[★01]そのために必要なのは、賢明な医師を保持すること、この件〔臣民の身体の健康〕に関して彼ら医師たちと頻繁に協議すること、しかるべき調査のために彼らにもさまざまな問いを立てること、しかしとりわけ空気、水、土地、食料、場所の病、すなわち風土病や流行病に対して彼らの注意を向けることである。

しかも、法学者〔の数〕は概して多すぎるのに、医師〔の数〕は少なすぎるという見解を私はかねてよりもっている。とりわけ、裁判所では〔たった〕一つの訴訟のために上級および下級裁判官、担当官、陪席者、法学部なみの参審人、また書記官、事務官、さらに二人の弁護士、ときにはさらに多くの代理人など、どれだけ多くの人が関わっているかを考えると〔法学者は多すぎると言えるだろう〕。ときとしてごくわずかなターラーが争われる〔にすぎない〕のに。これに対して、ある人の健康の面倒を見るのはたった一人の医師である。しかもしばしばただ表面的に、通りすがりに立ち寄るだけである。実際、医師は診療で生計をたてねばならず、それゆえ一日の間に非常に多くの患者を訪問しなければならないのだから、どうして事情が別様でありうるだろうか。患者のうちのある者はもしかしたら多大な時間がかかる熟慮やさまざまな難しい考量を必要とするかもしれない。それに、ある訴訟についてよく判断するほうが、ある病気についてよく判断するよりも、はるかに容易でもある。というのも、人は諸々の文書の中に〔判例を〕読むことができるので、それらの文書を〔言わば〕解剖することができるが、生きている人間の身体は閉ざされているし、死者の身体と生者の身体の間には極めて大きな違いがあるからである。そのうえ、正義の諸法則は広く書き記されているが、自然の諸法則はなお大部分が〔これから〕突き止められなければならない。だから私はしばしば人間の盲目ぶりを不思議に思うのである。この盲目ぶりのせいで人間の真の福祉を心がけることがきわめて少ないのである。身分の高い人々、それどころか偉大な君主たちでさえも、

★01——ライプニッツによると、為政者（Obrigkeit）の目的は公共の福祉である（Bodemann, *Die Leibniz-Handschriften*. S. 271）。公共の福祉そのもの、あるいは公共の福祉を実現するための行政を当時は「ポリツァイ」（Policey）と言った（勝田・山内編著『近世・近代ヨーロッパの法学者たち：グラーティアヌスからカール・シュミットまで』ミネルヴァ書房 2008, 173）。また、ポリツァイに属するのは「徳」（virtus）、「健康」（sanitas）、「快適」（commoditas）、「尊厳」（dignitas）であるという（A IV, 4, 76）。したがって、臣民の心と身体の健康をはかるのが行政の仕事である。これがライプニッツの確信である。それはまたファイト・ルートヴィヒ・フォン・ゼッケンドルフ（Veit Ludwig von Seckendorff, 1626–1692）など当時の国家論者にも共通して見られるものである。ゼッケンドルフによれば、ポリツァイは立法によって実現され、三つの目的を持つという。第一の目的は正義、第二の目的は平和、第三の目的は臣民の健康と暮らしである。ポリツァイの第三目的のための行政措置として、ゼッケンドルフは規律ある日常生

彼ら自身や彼らの家族、あるいは朋友が病気ならいかに困り、そしていかに多くの人々が無頓着や無知の犠牲となっているか、日々経験せざるを得ない。にもかかわらず彼らは健康なときには、病気になったら何とかしようとしても遅すぎる色々なことに〔労力や費用を〕費やそうとしない。とはいえ事情は今では幸運にも発見されたさまざまなことを、すでに手元にある学問や発明や実験とよき思想とを結び付けることによって、多くの病気が制御できるようになっている。それに大きな病院もあるのだから、わずかな年月で諸々の有益な観察という宝を集めることができるだろう。ところが、人々にとって問題なのは浄福と同じく健康、これらにつきるのに、彼らは後悔して慌てることになるまでそのどちらも気にかけないのである。

したがって、相当数のよき医師が現状よりもはるかに多く受け入れられ、為政者から恒常的な俸給が当該人物の経験の豊かさや位に応じて支給されることが必要であろう[★02]。また場合によっては、よき治療によって有名になった下級の者を年長者もしくは模範者の地位に昇進させるべきだろう。俸給なしやわずかな俸給でも、交代〔昇進〕に希望を託して雇われる者を幾人か加えることもできよう。各医師がよい治療を行うたびに、彼らに対して定収入の他にも一定額が患者から、あるいは場合によってはさらに公費から、報酬として与えられるべきである[★03]。今は治療がどのような効果を収めようと認められているのは同一収入だが、以上のような手段によって彼らはさらな

活と正しい結婚生活の規定、産婆・医師・外科医の任命、流行病の予防、火酒やタバコの禁止ないし制限、きれいな水と空気の維持、良品質の食料の調達および粗悪な食料の排除、困窮者の扶養、産業の育成、経済の発展などを挙げている（勝田・山内編著、前掲書、173ff）。これらの行政措置のうち多くのものが本テクストにおいても言及されている。第3部11訳注06参照。

★02——医師たちをその家族ともども国家によって養うというアイディアはすでに『医事に関する諸指示』（本巻第2部1）にも示されていた。

★03——『医事に関する諸指示』（本巻第2部1）では、医師に患者から何も受け取らせてはならないとされていた。本テクストでは、患者や公費からのさらなる報酬が、医師の仕事に対する意欲を増す手助けとなると提案されている。

る熱意へと励まされ、ますます意欲的になるであろう。とりわけ彼らはすでに評判と繁盛を獲得しているのだから。

そして、彼らは薬局、実験室、また花園、植物園、動物園、さらにまた自然物の珍奇蒐集室[★04]、しかしとりわけ病院を、すべて固有のそれ用の年金で一定の役人による指導管理のもとに世話するのだから、彼らは自然物（とくに健康に関係する自然物）に関する人間の知識を、日々増やすことができるだろう。これで十分な報酬があるのだから、すばらしい発見を欠くことはないに違いない。

それゆえ私は、固有の保健官庁（Collegium Sanitatis）[★05]が高官によって設立され、プロテスタントの牧師長老会[★06]の例にしたがって、統治の人々（そのうち枢密顧問官を座長とする）と、医師たちによって構成され、医師たちの中では最高侍医や最高外科医が指導を行うのが得策だと思う。これは牧師長老会において聴罪師もしくは最高宮廷説教師が教会指導をする習わしであるのと同じである。

とりわけ食餌について監督されるべきである[★07]。人間の健康にとっては、台所や地下貯蔵室のほうが薬局や実験室よりも重要だからである。したがって、食料品、果物、肉屋、パン屋、とりわけ醸造業と飲料が注意されるべきである。というのも、醸造が粗悪だったり酒場で劣化したりしたビールによって一般民衆は健康をひどく害され、その後季節が変わるたびにさまざまな病気が流行ると体質が弱っているせいでハエのように死んでしまうのは確実とみなされるからである[★08]。タバコ、ワイン、火酒、塩、砂糖や香辛料、お茶、コーヒー、そしてチョコレートについてはここでは措く。

ペストによって今や経験は、神に次いで厳しい監視が何を成し遂げるかを学んだ[★09]。そして、或る人[★10]は戯れに次のように言うのが常である。すなわち、われわれドイツの君主たちによるイタリア旅行はこれまですでに報われてきた、彼らはまさにそこで通行許可証と検疫[★11]を学んだのだから、

★04――自然物の珍奇蒐集室というのは、おそらく「自然と人工の劇場」のうち、特に「博物室」（ナトゥラーリエンカマー）に当たるものだと考えられる。一六七一年、ライプニッツは『自然と人工の劇場、あるいはまた万物の習得をより容易にするための技法、珍品、解剖のための部屋』の造営を計画した。ライプニッツはキール市の医者にして自然学者ヨーハン・ダニエル・マヨールと同様にクンストカマーの枠内に「稀少物室」、「博物室」、美術収集室、解剖学キャビネットを含めていた（ホルスト・ブレーデカンプ『モナドの窓：ライプニッツの「自然と人工の劇場」』産業図書 2010, 17ff）。第3部1-1訳注33参照。

と。これら〔の措置〕によって多くの人が生命を維持した。元々ドイツではこうしたことにほとんど無頓着なところがあったが、〔これらの措置について〕きちんと伝えられていなかった臣民たちは、最近でもなじめないまま彼らの福祉に向けられたこれらの措置にしぶしぶ耐えている。

★05——近世ドイツの領邦国家において、公共の福祉は特別のポリツァイ官庁の管轄下にあり、この特別官庁が臣民の経済生活、流通、生産を恒常的に指導・規律化することを試みた。その嚆矢となったのは、ドイツの指導的な重商主義者J・J・ベッヒャーによる一六六六年の「商務合議制官庁」(Kommerzkollegium)であった(神寶秀夫『中・近世ドイツ統治構造史論』創文社 2013, 86ff)。ライプニッツによると、良き行政は「参議会」(コレギウム)をもってのみ可能である。そのメカニズムは時計に似て、「その歯車はたがいに動きを保つのに役立つ」(土肥恒之『ピョートル大帝』山川出版社 2013, 48)。そうした官庁の一つとして、ライプニッツは保健官庁の設立を提案している。ハノーファーにおいてはこの提案への反響はなかったという。ブランデンブルクでは、一六八五年に選帝侯フリードリヒ・ヴィルヘルムによって医療官庁(collegium medicum)が設立されたが、ライプニッツの提案との関連は見出されない。選帝侯ゲオルク・ルートヴィヒは一七一〇年にブラウンシュヴァイク＝リューネブルクのために同様のプランを実現しようとしたが、果たされなかった(A IV, 3, 371)。

★06——カルヴァン主義の流れに立つ改革派の教会組織の一部をなす長老会は、教区から構成メンバーが選出され、教区の教会・宗教事に決定権を有する。長老は、聖職者や教師、教区の規律の監視者である(下田淳『ドイツ近世の聖性と権力：民衆・巡礼・宗教運動』青木書店, 2001, 41)。

★07——ライプニッツの時代、健康に関する多くの問題は、恒常的な栄養不足と悪質な食物に由来するものだった(セバスティアン・シュトルク「医学に関するライプニッツの手稿」『ライプニッツ研究』vol 4, 2016, 9)。

★08——当時、粗悪で健康に有害なビールが横行していた。例えば、イソツツジ、ベラドンナ、ケシ、ヒヨスなどの毒草や麻酔作用のある物も混入されていた。一五一六年にバイエルンで発布された「ビールは大麦の麦芽、ホップ、水だけで造るべし」としたビール純粋条例も、当時の健康に有害なビールへの対策でもあった(森貴史・藤代幸一『ビールを〈読む〉：ドイツの文化史と都市史のはざまで』法政大学出版局 2013, 243ff)。

★09——ライプニッツによるペスト対策の提案については、『ペスト対策の提言』(本巻第2部3)を参照。

★10——ヨハン・フリードリヒ公爵のこと(A IV, 3, 373)。彼は一六六七年にイタリアに旅行している。

★11——公衆衛生は、病院、大学に次いで、西洋中世に源を発して現在でも発展をつづける医事のひとつであった(小川鼎三『医学の歴史』中公新書 1964, 43ff)。一四世紀には今日でもほとんどそのまま通用する一連の防疫措置が生み出された。患者の届出制、隔離所の設定、ベッドや衣服などの焼却、商品、通貨などの消毒、港の閉鎖に並んで、検疫期間の設定もこの時期に生まれた。ヴェネツィア港ではじめて三〇日間の検疫停船期間が設けられたのが一三四七年、マルセイユで四〇日間の期間が定められたのが一三八三年であった。「検疫」(quarantine)という言葉は、この四〇日という期間に由来する(川喜多愛郎『近代医学の史的基盤』上、岩波書店 1977, 185)。

保健官庁の議事録や公文書は、健康事項ならびにそれと関連する事柄においてどんなことが時折生じるのか、とりわけこの地域と隣の地域とでどのように天候は変化するのか、どのように風は吹くのか、温と冷および乾と湿はどの程度なのか、空気の重さや地磁気の偏角と傾角はどのように異なるのか、これらのことについて新しい道具、すなわち温度計、湿度計、貧血、気圧計、正確な磁石によって何が発見されうるのか、こうしたことが特に記録できるし、またそうしなければならない。さらに、あれこれの種類の果実や果物はどのように生るのか、諸々の食料品はどのくらいの価格なのか、しかしなかんずくどのような病気と発作が人間と家畜の間で流行っているのか〔も記録されなければならない〕。次には、徴候や、促進させるものや、阻害するものも、あらゆる状況と共にできるかぎり正確に記述されるべきである。

ここには死亡記録簿ないし死亡表(Bills of mortality)[12]の週ごと、月ごと、年ごとの摘要も含まれる。どれだけの人間が生まれ死んだのか、そしてどのような病気においてどのようなことが最も重要なことか、ここから理解される。そのさい、年齢やその他の事情を忘れてはならない。ここから大きな光が確実に得られる。

また、一般的な徴候の代わりに、過去の年の日記が新しい暦に添えられるべきであり、暦の書き手たちは将来の年の状態に関する彼らの不確かな予言によってよりも、現在の年に生じたことについての熱心な観察によりさらに多くの益を生み出すことができると私は思う[13]。同様に、塔の番人や管理人夫婦、それに他の一定の人々が天候を熱心に記録するよう奨励されてよいであろう。こうして、いわゆるローツェルターゲ[14]という農民の滑稽な風習や基礎付けられていない星読みの代わりに、恒常的な、あるいは少なくともたいていの場合妥当する規則や非常に有益な徴候が数年で得られるであろう。私の知るかぎり、かくも多くの古い優れた開業医たちの誰も、彼が実践していた時代についての民衆病誌(Historia Morborum Popularium)[15]をいまだかつて作成せず、簡単に書き

★12——死亡表をできるだけ完全にすべきことは『医事に関する諸指示』(本巻第2部1)でも提案されていた。死亡表はJ・グラント(John Graunt, 1620-1674)が著書『死亡表に関する自然的および政治的諸観察』(*Natural and Political Observations made upon the bills of mortality*, 1662)で提唱。グラントは死亡表を用いた自然的および政治的諸観察の結果、社会(人口)現象の生起には諸々の数量的規則性があること、またこれらの規則性を含めた彼の諸観察が「その結果において政治的および自然的という双方の結果をもつ」ことを見出した(松川七郎『ウィリアム・ペティ』増補版、岩波書店1967, 367ff)。

★13——暦作成についてもすでに『医事に関する諸指示』(本巻第2部1)で指摘されている。

★14——Lozeltageは Lostageのこと。民間信仰で、一年の天候を予知できる運命の日とされる。

留めて人々に伝えようとしただけなのを、私は不思議に思わざるを得ない。そのようなもの〔民衆病誌〕が、天候の変化や果実の出来不出来、また病気の原因が求められるべきその他の状況についての手間のかかる記録なしには十分有用性をもたないことを、私は認めるけれども。

さて、熱心な観察によって新しい箴言[★16]すなわち自然の習わしが発見されるたび、われわれは新しい光を得るだろうし、その発見者は感謝の気持をもって称賛されるであろうし、もしあらゆる開業医がたった一つ〔でょいから〕適切な箴言をヒポクラテスの『箴言』やその他のすでに知られている箴言に追加していたならば、人は今ごろ〔もっと〕遠くまで到達していたであろう。しかし、私はあらゆるテーゼを箴言と呼ぶわけではなく、理性によって明らかになるのではなく、おのずから理解されるのでもなく、経験から熱心な観察を手段として発見される、そういうテーゼだけを箴言と呼ぶ。容易には与えられないようなすばらしい定理や理性推論は、鋭い思念によってアプリオリに、あるいは原因を究明することから見出されるのではあるが、それは経験を通して後で正確に判定されよう。それは明敏さをもつ経験による。前者〔理性を通して得られるテーゼ〕に劣らず〔経験

★15——ライプニッツは一六九四年二月の小著『医療上の年次報告の計画』(*Projet d' une histoire annale de médecine*) において、イタリアの医師にして産業医学の父と称されるベルナルディーノ・ラマツィーニ (Bernardino Ramazzini, 1633–1714) による報告を紹介している。『一六九〇年の流行病について』(*De constitutione Anni*, 1690) および『一六九一年の流行病について』(*De constitutione Anni*, 1691) において、ラマツィーニはモデナとその周辺における季節と空気の組成、穀物と果実の生育状態、動物たちの流行病、人間の健康状態、薬の効用などについて報告した。ライプニッツは、もし長期にわたって同様の試みがなされたなら、どんなにすばらしい知見になるか、と評価している。こうした試みはポリツァイにとって重要なので、「公の命令／規律」(ordre public) としてもなされるべきである、と述べている (A IV, 5, 661ff)。おそらくライプニッツは、本テクストで「民衆病誌」と呼んだものの一つの実現をラマツィーニの報告に見てとったのではないかと思われる。

★16——新しい箴言を作るべきことは『医事に関する諸指示』(本巻第2部1) においても提案されていた。「箴言」はヒポクラテスの著作『箴言』(*Aphorismoi*) に由来。

を通して得られるテーゼも」その熱心な注意のおかげで称賛されるべきであり、報酬を与えられるべきである。

自然ととりわけ人間およびその健康に関わるあらゆる重要な実験、観測、発明が、書物からも他の報告からも、人間的諸学問の共通宝物庫[★17]としての確かな偉大な作品の中に登録され、さらに正確な多岐にわたる目録や有益な抜粋が作成されるよう、努めねばなるまい。これは、われわれよりも前の時代の人々や同時代の人々の勤勉と幸運をできるかぎり利用するためである。医学については他の学部とはまったく異なり、諸々の書物に基づいているだけなのでなおさらである。というのも、経験は医学においてなお依然として理性よりも多くのことをなさねばならないのだから、きわめて些細な兆候でも正しい原因を究明できたさまざまな特殊例を報告した、つまり経験に基づく医学書をどれほど多く持っていても持ちすぎとはならない。それに反して、神学者たちや法学者たちは聖俗の法をよく把握し、起こっている状況をそれに従って考察することに慣れており、それどころか多くのそして大部の新しい書物や諸々の名辞における事項をまさしく必要不可欠とはせず、むしろ自分自身によく満足することができるであろう[★18]。

★17――総合文書保管室兼博物館のようなものと推測される。

★18――同様の指摘は後に『人間知性新論』においても繰り返されている。「医学では、私たちが法律においては思うにあまりにも多く持ちすぎていること、つまり個々のケースについての書物や既に観察されたことの事例といったものが、欠けていると思います。というのも、法律についての本は「今の」千分の一でも私たちには十分ですが、医学という題材では十分に詳しい観察が更に一千倍持っていても多すぎるということはないと思うからです。それは、法学が、法律あるいは慣習によってあからさまに述べられていないものに関しても全く理性に基づいているということなのです。なぜなら、そういうものを、法律や、法律がない場合には自然法から、理性を介して引き出すことはいつでもできるからです。そして各国の法律は有限で決定されているか、あるいはそうなり得ます。それに対して医学では経験の諸原理つまり観察は、自然が私たちに中途半端にしか教えてくれないことを解読する機会をもっと理性にもたらすのに多すぎるということはあり得ないでしょう」（第4部7章：A VI, 6; 米山訳、みすず書房1987, 434f; K I, 5, 221）。

【解説】人間の真の福祉のための提言

長綱啓典

一六八〇年成立とされる本提言は、ライプニッツの保健・衛生行政構想を簡潔に示したものである。以下にその概要を示す。

保健・衛生事業の主体としての国家――中世における保健・衛生事業の主体は教会や修道院、あるいはそれらに付属する施療院であった。しかし、一四世紀にヨーロッパでペストが流行すると、「行政の手による公衆衛生」という思想が初めて生まれた。「病気が民衆の上に襲いかかるとき、個人は無力」だからである（梶田昭『医学の歴史』講談社学術文庫 2003, 107）。「人民の健康の保全が国の責任である」というこの思想は、公衆衛生学の父と称されるヨハン・ペーター・フランク（Johann Peter Frank, 1745–1821）にまでつながっていくことになる（川喜多愛郎『近代医学の史的基盤』上 岩波書店 1977, 428）。

「自らの臣民の心の徳に加えて、為政者（Obrigkeit）は彼らの身体の健康にも気を配らなくてはならない」との表明ではじまる本提言も、このような流れの中で理解することができるであろう。ライプニッツによると、国家は臣民の一般的な福祉を目的とする（Guhrauer I, 414–416）。また、一般的に「福祉」の内容には「健康」が含まれる（Mohammed Rassem, Wohlfahrt, Wohltat, Wohltätigkeit, Caritas, in: Otto Brunner (hrsg.), *Geschichtliche Grundbegriffe*. Bd. 7. Stuttgart 1997, 610）。それゆえ、保健・衛生事業の主体は国家であるべきことになる。ここでの国家は特に当時のドイツの絶対主義的な領邦国家、いわゆるポリツァイ国家とみなしてよいだろう。事実、ライプニッツは「ポリツァイに属するのは徳、健康、快適、尊厳である」と述べている（A IV, 4, 76）。

医師の数の確保と国家による扶養――保健・衛生に関わる為政者の仕事としてまず挙げられているのが、医師の数の確保、そして医師たちと臣民の健康について協議を重ねることである。「医師〔の数〕は少なすぎる」。その結果、医師による治療は高価なものとなる。そのため、当時は医師以外にも多くの治療提供者がいた。例えば、理髪師、軍医、歯抜き屋、そこひ除去者、結石除去者、産婆である。ここにはまた詐欺師やいんちき医者も含まれる（セバスティアン・シュトルク「医学に関するライプニッツの手稿」長綱啓典訳『ライプニッツ研究』vol.4, 2016, 7）。本提言の主旨は、このような状況を少しでも改善することにあったのであろう。

『医事に関する諸指示』（本巻第2部1）と同様に、本論においても為政者から恒常的な俸給が医師に支給されるべきであるとする。ミシェル・フーコーは、一七世紀半ばにドイツで計画され、同じ世紀の末期と一八世紀初頭に導入された医療行政の要素の一つとして、「政府によって任命され、地方の責任を引きうける医学官僚の創設」を挙げている（『フーコー・コレクション6　生政治・統治』小林康夫・石田英敬・松浦寿輝訳、ちくま学芸文庫 2006, 174ff）。本論のライプニッツの主張がフーコーの言うような医学官僚の創設と正確に合致するかどうかは分からないが、国家による医師たちの雇用と俸給支払いを求める点で、医療を「国営化」する提言であるとは言えるだろう(Gernot Rath, *Unbekannte medizinische Vorschläge aus dem Leibnizarchiv*. 1951, 747)。

保健官庁の設立——保健・衛生に関わる為政者の仕事として次に挙げられているのが、保健官庁(*Collegium Sanitatis*)の設立である。この論点も『医事に関する諸指示』においてすでに提出されたものである。近世ドイツの領邦国家において公共の福祉は特別のポリツァイ官庁が管理することになっていた。そうした動向と軌を一にして、ライプニッツも「良き行政は「参議会」(官庁)(コレギウム)をもってのみ可能である」と述べる(訳注05:土肥恒之『ピョートル大帝』山川出版社, 2013, 48)。保健官庁はそうした官庁の一つである。

『医事に関する諸指示』におけると同様に、本提言においてもライプニッツは教会組織を保健官庁のモデルとしている。ただし、『医事に関する諸指示』においては、「監督官」と「総監督官」という役職を置き、「教区巡察」という制度を持つようなものであった。それゆえ、そこでは保健官庁のモデルはプロテスタント(ルター派)のいわゆる領邦教会制に求められているものと推定される。それに対して、本提言においては、保健官庁のモデルはカルヴァン派(改革派)の「長老会」(Konsistorien)に求められている(訳注06)。

このように、ライプニッツが考える保健官庁のモデルには変遷が見られる。しかし、保健官庁の役割に本質的な変化が見られるわけではないように思われる。領邦教会制も長老会も、どちらも宗教改革以後のいわゆる「宗派化」(Konfessionalisierung)の時代に形成された制度である。宗派化とは、カトリック圏とプロテスタント圏を問わず、領邦国家が自らの支配領域の宗派的均一性ないし均質性を確立するために推進した運動ないし政策である。領邦教会制にせよ、長老会にせよ、宗派化のための本質的な役割の一つとして、聖職者、教師、教区民の規律の「監視」があった(踊共二「宗派化論:ヨーロッパ近世史のキーコンセプト」『武蔵大学人文学会雑誌』vol.42, 2011, 112)。それゆえ、領邦教会制をモデルにしようと、長老会をモデルにしようと、ライプニッツは保健官庁の目的の一つとして、領邦内における臣民の健康事項を監視するシステムの確立を想定していたように思われる。それを「臣民の身体とその健康の、官憲による全体的な把握と一元的な管理を可能にするシステムの確立」と言い換えてもよいであろう。少なくとも、領邦教会制や長老会に見られる宗派化の手段が、当時としては住民全体を把握する唯一の方法であったので、ライプニッツがモデルにしたことは間違いあるまい(シュトルク前掲論文22)。

保健官庁の任務設定と保健・衛生行政構想の射程——本提言において保健官庁に課された任務を列挙しよう。①食餌の監督、②ペスト対策、および厳しい監視、③保健官庁の議事録公文書への健康事項と関連事項の記録(天候、風、気温、空気の重さと地磁気、新しい道具の効用、果実の出来不出来、食料品の値段、人間と動物の流行病、徴候その他、死亡表、暦ないし民衆病誌、箴言)、④自然・人間・健康に関わる実験・観察・発明の登録、目録の作成、である。

これらの任務はいずれもライプニッツの保健・衛生行政構想の特徴を示すものである。以下に二点だけ示しておきたい。

第一に、ペスト対策について。中世末期以来、ヨーロッパのあらゆる国で、ペストや深刻な伝染病が発生したときには、いわば緊急政策が取られてきた(フーコー前掲書 181ff)。これは非常事態の発生をうけた事後処理であり、その施策は一定期間に限って実施された。この点で、ペストと共に生まれた公衆衛生は、当初消極的な性格を持っていたと言える。一八世紀、監視を日常的・恒常的にすることによって伝染病の「予防」が目指されるようになって、公衆衛生は積極的な性格を獲得するに至る(見市雅俊「公衆衛生の発展と身体の紀律化」『規範と統合』岩波書店 1990, 280ff)。本論においては、監視、通行許可証、検疫の重要性は認識されてはいるものの、それが日常化・恒常化されるべきだとも、積極的な「予防」が目指されるべきだとも述べられていない。それゆえ、ライプニッツの提案する監視はいまだに「消極的な」ものにとどまっていると判断すべきであろう。

第二に、死亡表や暦について。死亡表(Bills of mortality)はグラント(John Graunt, 1620–1674)が著書『死亡表に関する自然的および政治的諸観察』(*Natural and Political Observations made upon the bills of mortality*, 1662)において提唱したものである(訳注12)。グラントは死亡表を用いた自然的および政治的諸観察の結果、社会(人口)現象の生起には諸々の数量的規則性があることを見出した(松川七郎『ウィリアム・ペティ』〔増補版〕岩波書店, 1967, 367ff)。また、暦に関しては「いわゆるローツェルターゲという農民の滑稽な風習や基礎付けられていない星読みの代わりに、恒常的な、あるいは少なくともたいていの場合妥当する規則や非常に有益な徴候が数年で到達されうるであろう」と述べている。ここから、ライプニッツが死亡表や暦の作成を通じて、領邦内の人口および病気に関わるさまざまな事柄の変化の中に恒常的な規則性を発見しようとしたことが分かる。領邦内の臣民の健康を全体的に把握して一元的に管理しようとする志向がここにも見て取られよう。

一六世紀末から一七世紀初頭にかけて、重商主義の支配する時代に、ヨーロッパのあらゆる国が国民の健康に気を配るようになった。生産と労働力の増加が重視され、フランスでは出生率と死亡率の統計が記録されるようになり、イングランドでは一七世紀に始まる大規模な人口調査が実施されるようになった。しかし両国とも、出生率と死亡率の表の作成にとどまり、健康レベルを高めるために国家が介入することはなかった。逆にドイツでは、実際に公衆衛生の改善をめざすための医療が発達した。例えばフランクとダニエルは、一七五〇年と一七七〇年にこの方向にそったプランを提出する。それが、初めて国家の医療行政と呼ばれたものにほかならない。一七六四年に現れたこの医療行政(医療ポリツァィ：Medizinischepolizei）という概念には、単なる死亡率や出生率の調査以上のことが含まれている（フーコー前掲書、173ff）。

少なくとも本提言においては、ライプニッツが死亡表や暦の作成からさらに一歩を進め、公衆衛生の改善をめざすための医療を提案しているようには思われない。彼の保健衛生上の関心は、臣民の人口およびその健康事項の把握という段階にとどまるものと思われる。

ライプニッツの保健・衛生行政構想の暫定的な歴史的位置づけ――バルテルは、保健官庁の設立と機能に関するライプニッツのアイディアが一八世紀後半における医療ポリツァイの枠組みを完全に開陳していると評価している（Vgl. Christian Barthel, *Medizinische Polizey. Aspekte des öffentlichen Gesundheitsdiskurses im 18. Jahrhundert*, Frankfurt/ New York, 1989, 70）。また川喜多愛郎は、「健康を単に病気の不在という消極的な理解にとどめずに、それをすぐれた意味での社会の厚生（Wohlfahrt）の視角からとらえ、それに直接あずかる医者たちと、さらにそれを管理する国家とに高邁な理念を提示したのは、あの比類まれに巨大な頭脳をもった一七世紀の大哲学者ライプニッツの多彩な活動の一面であった。（…）フランクが直接になり、あるいはライプニッツの弟子である啓蒙期の哲学者クリスチャン・ヴォルフを通じてなり、それに深い影響をうけたとみてそれほど無理はないだろう」と評価している（川喜多愛郎前掲書、428ff）。なるほど、「為政者は彼ら〔臣民〕の身体の健康にも気を配らなくてはならない」という本論の中心的テーゼはフランクと共通するものである。

しかし、先に見たように、後の医療ポリツァイの目指すところを基準とする限り、ライプニッツの保健・衛生行政構想は多くの点で消極的なものにとどまっていると言わざるを得まい。よくも悪くも「上からの健康」「強制的な健康」という観念が徹底されるためにはさらなる年月が必要だったということであろう。とはいえ、ライプニッツの保健・衛生行政構想の研究は緒についたばかりである。現在のところ、ライプニッツの保健・衛生行政構想そのものの分析および一七世紀後半におけるその構想の意味の分析がより綿密になされるべきであろう。それまでは、いかなる歴史的位置づけも暫定的なものにとどまる。

ハノーファー公爵エルンスト・アウグスト
Ernst August, Herzog von Hannover, 1629–1698

【3】

Leibniz für Herzog Ernst August(?). Vorschläge gegen die Pest. 1681(?)　(A I, 3, 131–136)

ペスト対策の提言——エルンスト・アウグスト公爵のための覚書

✣長綱啓典＝訳・解説

ヨーロッパのはずれからわれわれの国に向かって一路前進してわれわれの国境に迫り、二つの先端によってハルツを捕えんばかりの伝染病[★01]に対し[★02]、後悔しないように今からでも可能なあらゆることを熟考判断する賢慮と義務が求められる。実際、一見したところ窮地に立たされたとしても、あきらめてはならない。われわれの祈りによって気持を和らげた神が、この病の蔓延を妨ぐのに必要な光明をわれわれに与えてくださるかもしれない。それにわれわれには、シュペースアルト山麓、つまりシュヴァルツヴァルトの寸前で終息した一六六六年のペストの例がある。さらに思うに、よき規律・命令(bon ordre)[★03]が欠けているために亡くなってしまう多くの人々がペストのさなかでも救われうるだろう。したがって、すべては以下の二点に還元される。すなわち、予防と保護である。

しかし、確実な予防措置はいまだに医師諸氏によって見出されていないので[★04]、政治に基づく予防措置に訴えざるをえない。それだけが効果を確認されているものである。それはつまり伝染病を避けることである。さて、伝染病がうつる可能性があるのは、空気によってか、接触によってかである[★05]。接触というのは、感染した人間もしくは動物との接触か、あるいはそうした人間や動物が触れたものとの接触か、あるいは、最後に、感染した空気が入り込んでしまったかもしれないものとの接触かである。例えば布地とか脂肪質のものなど、とりわけスポンジ状の物質や粘りのある物質の場合、それらのものの諸部分は空気や湿気をたやすく吸いこみ、長期にわたって(内部に)とどめるから(注意を要する)。私としては、河川や湖がそうたやすく汚染されることはないのと同様に、家や通りの外の大気が感染することはめったにないと思うし、感染した人間によって運ばれたのでない布地は、おそらく一般に考えられているほどには脅威にならないと思う。だが、やはり一般になされている用心を決して怠ってほしくはない。とはいえ、疑わしい物質は勝手にやってくるわけではなく、疑わしい人間によって運ばれることがはるかに多いのだから、何より

★01――ペスト(黒死病)のこと。ペスト菌の感染によって発生する急性伝染病。ペスト菌は本来ネズミ類の病原菌で、ペストに感染したネズミの血を吸ったノミを介して人間に伝染する。またペスト患者の皮膚・粘膜から伝染し、飛沫伝染もする。潜伏期は一~七日で、突然悪寒を覚え、高熱を発し、頭痛・倦怠・めまいなどの症状を起し、皮膚は乾燥して紫黒色を呈する。腺ペスト・ペスト敗血症・肺ペストなどの病型があり、死亡率が高い。古来欧州で、たびたび大流行をくりかえした。なお、ペスト菌がアレクサンドル・イェルサンによって発見されたのは一八九四年のこと。同時期に北里柴三郎もこれとはまったく独立にペスト菌を発見している。

★02――一六八一年、オーバーザクセンからブラウンシュヴァイクの諸地方にまでペストが迫った(A I, 3, XXX)。

★03――原文のフランス語ではbon ordreとあるが、これを当時のドイツ語に訳すならgute Policeyになると思われる。その場合、このbon ordreは「よきポリツァイ条例」を意味しているこ

も人間に対して十分な警戒をするべきである。

疑わしい人間からの伝染を避けるための警戒には一般的なものと個別的なものがある。一般的というのは、共同体の全体、国の全体に関わるということである。個別的というのは、幾人かあるいは幾つかの家に関わるということである。国の全体を監視するためには、二つのことが必要である。すなわち、入口の監視と、熱心な監視人にもかかわらず入ってしまった人物の発見である。入口の監視には二種類ある。固定的な監視と可動的な監視である。固定的な監視というのは、通りや門など定位置における監視のことである。遠方からの招かれざる人々を発見するために高台に置かれる見張りに加えて、こうした監視が置かれる。さて、通りの監視はすでに非常によく確立されているので、私には特に付け加えるべきことはない。ただし、通りの監視に関わる人々の熱意をときに呼び覚まして、諸々の場所を訪問させなければならない。それはとりわけ、危険がかつてよりも大きくなると、過去には旺盛だった熱意も所によっては鈍ってしまうといったことが見られるからである。可動的な監視もやはり二重になっている。一つは、見渡すかぎり何もない平野での監視である。そこに数名の騎兵がいて、道を行き来する。もう一つは、森や山での監視である。そこでは猟師が監視をして、諸々の場所を偵察することになるだろう。また、イヌもここではなにがしか有益な手助けをしてくれるかもしれない。何より肝心なのは、いくつかの道や通りを完全に閉鎖することである。疑わしくはないけれども、疑われている道に近い場所に行くだけの人々も、できれば迂回をしたほうがよいだろう。そして、騎兵と見張りという手段で複数の疑わしい場所を分断して、それらの場所のうち最も近いところを監視すべく努めるだろう。疑わしい場所を完全に包囲することができなければ当然そうするだろう。私は、必要なあらゆる厳格な処置をとろうとしない隣国に対して援助を与えることもありうると考えている。それどころか、彼らの意に反してでも、なにがしかの部隊を送りこんで彼らを保護することもありうるだ

とになる。「ポリツァイ条例」とは、公共の福祉の実現を目的として、当時の領邦君主によって発布された、状況に応じて制定・改廃可能な法のことである（神寶秀夫『中・近世ドイツ統治構造史論』創文社 2013, 83f および本巻第2部2訳注01、第3部11訳注06参照）。

★04——現代では、ペストの予防措置として、ノミやネズミの駆除、ワクチン接種、腺ペスト患者の体液に触れないこと、患者部屋への立ち入り制限、患者に近づく場合にはマスク・眼の保護用具・手袋着用などがある。

★05——ペストの感染の仕方については、注01を参照。

ろう。なぜなら彼らの脅威はわれわれの脅威でもあるのだから。もしもこれらのことがノルトハウゼン★06で実施されていれば、この美しい都市は今頃危険ではなかっただろうに。この危険がわれわれのところにまで及んでいるのだ。

しかし、結局のところ、〔第一に〕監視という仕事を負う者のうちの幾人かの人間的な弱さ、怠慢、軽率さ、そして悪意、〔第二に〕疑わしい場所から救われることを望む者の必要に迫られた抜け目なさや、われわれのうち、彼らの友人たちや親たちの間違った慈愛、〔第三に〕ペストに対する用心を公然と非難する者にみられる、不適切で危険な、しかもかなり一般的な見解、〔第四に〕神の至高の能力と意志とに反するこれほどの侵害、あえて言うが、これらすべてが一緒になって、厳格さを貫けないようにさせている。どのような仕方で近隣の場所が感染したかを知れば、次のことがわかる。たいていは、旅行者のようには見えない、顔が広かったり、その土地に通じていたりする幾人かがあらゆる監視を通過してしまい、検査されたとしても万事説明でき、また彼らの友人たちや親たちの家に迷わず受け入れられるので、ペストを運び入れてしまうのである。こうしてペストが、すでに十分〔感染しやすく〕準備された身体の中に一瞬にして撒き散らされてしまう。今年や過去の流行病がその証拠である。これらの流行病はペストの前触れとみなされうるものであるが、これらの流行病が身体の傾向を印づけるのである。こうした流行病は、着火するのに小さな火の粉しか必要としないような、引火性の高い物質に似ている。

これらの不都合を防ぐには、監視人に対して、いかなる差別もせず、けっして気をゆるめず、疑わしい場所にいた可能性があるのに、〔安全な〕地域を出なかったことが十分証明されないかぎり、誰であれ手形を持たない者を通さないよう、厳命するだけではだめである。むしろ、これらのことに加えて規律・命令を与えて、都市、村、家のすべてにおいて、用心の目をかすめる者を出さないようにするべきである。さて、都市は市壁を持っているので、その入口を閉じるのは比較的

★06――Nordhausen: ハルツ地方南端、ブラウンシュヴァイク南方八七キロメートルに位置する。ルターの宗教改革をいち早く一五二四年公式に支持。しかし三〇年戦争で荒廃し、一六二六年にもペストの流行に見舞われていた。

容易である。しかし、村やその他の開かれている土地には何らかの規律・命令が、とりわけ何らかの疑わしい場所の近隣にある国境に向けた規律・命令が必要である。そのためには、各地の行政官に対し規律・命令を与えて、その場所の入口を少なくともざっと観察する手段があるかどうか認識させなければならない。こうしたことにもイヌが役に立つかもしれない。とくに夜には。こうして普通の道よりも、出入について厳密な防衛がなされるであろう。これを怠る者についてはこれを罰する。疑わしい土地に行くのに必要な期間不在だった地元民も、審査なしには入れない。というのも、経験が示すところでは、わずかな儲けのために感染した土地に行く無鉄砲な輩がいるからである。そのわずかな儲けが彼ら自身にも共同体全体にもしばしば高くついてしまうのである。

しかし、とりわけ最も効果のある監視は、家族や住人のうち各々の家父が、家の中でなしうることであり、なすべきことである。実際、最終的に、もし誰であれ疑わしい人物を迎え入れたり泊めたりしなければ、彼らは避けられてすぐに発見されることであろう。だから、この件についてなお存在しているあらゆるなすべきことのうち、最も必要なのは、私の考えでは、きわめて厳密、きわめて峻厳、きわめて厳格な条例を公布することなのである。こうした条例が通知されうるのは、(とりわけ疑わしい場所のそばに面している)あらゆる住民に対して、たとえどのような身分や地位の者であろうと、知人であろうとなかろうと、仲のよい友人であろうと、もっと近い関係にある親、兄弟、子供であろうと、手形なしには、あるいはまた土地の行政官やこの仕事に携わっている者の特別な許可なしには、家に誰も迎え入れたり泊めたりしてはならないという禁令を出すことによってである。知人のところに姿を現したり訪れたりするすべての者を告発する規律・命令により、〔違反すると〕体刑が課される。こうしたことはビラや教会での読み上げだけで公布されてはならない。やはり適切なのは、行政官が住民たちを集めて、この規律・命令の必要性をまっとうな理由によって強調することであろうし、説教師が入念に情報を与え、不条理な予定とか間違った慈愛といった臆見から目を覚まさせることであろう。さらには住民を良心という動機によって義務づけて、為政者の規律・命令に正確に服従させることであろう。疑わしい場所への往復に必要な期間外出していた者を、家父が容易に自分の家に帰宅させないことも必要であろう。また、隣人やその他の者も目を持ち、お互いに〔監視しあうであろう〕。この規律・命令に反してなされたと知ったことだけではなく、疑わしいと思ったことも、彼らはいち早く告発するであろう。さらに、旅館に対する特別な規律・命令も必要であろう。また、特に国境にいるすべての者に対して、できるかぎりお互いに交際したり、家を訪ねたり、また他人の村や土地に行ったりしないよう、そしてあまりに頻繁な会合を慎んで気晴らしよりもむしろ神の気持を和らげるように努めるべきで、かくも危険な期間には、少々の我慢がきわめて必要であることが忠告されるであろう。下位の行政官、説教師、土地の長の敏腕と注意深さはこうした事情にさいして大きな効果を発揮することがある。こうしたことにしかるべく尽力した人々に報償を与えることも約束されるであろう。ただしそれは、いかなる仕方であれこの条例を乱用して、以上のことを口実に、誰かを告発しようとしたり傷つけようとしたりする行政官やその他の者に対する確実な懲罰という大きな脅しを伴う。

しかし、自らの正義と永遠の知恵とが命じるところに従う神がわれわれを罰するのがよいとみなす場合、またあらゆる監視とあらゆる規律・命令にもかかわらず伝染病が諸国に広まる場合、できるかぎりわれわれを保護するよう注意を払い、前もってすぐれた条例を出すことは禁じられないであろう。こうした注意は何よりも、国の中でいまだに〔伝染病を〕免れている部分を、かつて国全体を監視していたのと同じくらい正確に監視することに存する。むしろ、人はそれ〔かつての措置〕を上回るように努めることであろう。というのも、経験は失敗から学ぶのだから。しかしながら、必要があれば、友人たちのなぐさめも、身体の糧も、木材も、薬も、外科医も、その他の必要なこともろもろも、不足しないようにするであろう。ペストが大都市のどこかの通りで発生したのであれば、その通りは鎖やその他の手段によって都市の残りの部分から分断されたり、封鎖されたり、分離されたりすることがありうる。ある家が感染したのであれば、その家も同様に閉鎖される。けれども、不正義や過酷なことがないようにするために、まずその家に十分な量の食糧やその他の必需品を支給すべきであろう。これは家の中にとどまる人々にとって、できるかぎり不十分なことがないようにするためである。次に、毎日二度ずつ、あるいはそれ以上の回数、閉鎖された家の前を通る者が数名必要である。これは〔閉鎖された家の〕必要なものを知り、運ぶためである。彼らは必要なものを声やメモによって知ることができ、カゴを用いて必要なものを受け渡しすることができる。そのカゴを家の高いところにある窓や枠から外に出すのである。こうした運搬人たちは〔家の中に隔離された人に〕何かを要求したり取ったりすることはないであろう。彼らは宣誓させられる。また、考えられるこの上ない正確性をもって、彼らに対する監視がなされる。他にも、〔閉鎖を〕免れた家に対してサービスをするための運搬人もいる。実際、経験が示したとおり、外出しなかった者や自分の家人を外出させなかった者は、予防された。だから、これらの運搬人を養うことができる者は、およそなしうる最もよい仕方で予防することになる。しかし、誰でもこうしたことをできるわけではない。だから、そうした運搬人が必要であることを念頭に置かなければならないし、貧者の家にもサービスをすることができ、またそうするよう義務づけられている人々を持たなければならない。皆が家で蓄えを持つよう手伝うだけではなく、返済の見込みがそれなりにある場合には、掛け売りがなされるであろう。そうした見込みがない場合には、共同体全体が手伝って、幾人かのメンバーの負担を肩代わりするであろう。自分のものが余っているなら、それによって他人の必要が補われれてしかるべきなのだから。金持は早くから大部分の必需品を仕入れることができるであろう。そのため、彼らは外部の援助をほとんど必要としないであろう。すなわち、彼らは自分の家にビール、ワイン、酢、ウィスキー、塩、砂糖、食料品、ビスケットつまり軍艦で作られているような二度焼きパン、塩漬けないし燻製の肉、乾燥したリンゴやナシを保有するであろう。また、蓄えた鳥、ガチョウのヒナ、若鶏、その他の肉は、まずは焼かれ、次に半分ローストされ、最後に鍋に入れられて上にバターがかけられる。こうすれば空気が入ってくることはないし、その肉は極めて新鮮なものに劣らず安全である。実際、塩をきかせたものや燻製した肉だけを食べていると、健康を害しかねない。複数の小さな鍋がなければならない。というのは、いったん開けた鍋に二日間で食べきれない量〔の料理〕がある場合、腐ってしまうからである。また、日々を日雇い仕事でしのいでいる人々もいるが、彼らについては公的に援助して、頻繁に外出する必要がないよう彼らの仕事に払うべき金を与える。パン屋などの仕事や職業は、人々の往来があるので、用心をして、彼らの商品を公共の土地に引き渡す。そして特別店員が販売を担当する。彼らや、他人にサービスする者は多くの人と付き合うことになるが、残りの住民たちから何らかの印によって区別される。彼らは厳密に観察される。それは、もし彼らのうちの誰かが病気になったら、まず隔離するためであるし、彼らにいかなる狼藉もはたらかせないためである。

私見では、極めて危険な時期にある都市は社交の一部を制限され、容易に農村に移れる者は皆移り、沢山の家を入手して、必要に応じてこれを病院として用いてもよいであろう。実際、窮屈な隔離所に置かれた人々がほとんど全員死んでしまったとしても、私は驚かない。反対に、空間的なゆとりがあれば危機を免れるであろう。その上、しばしば嫌疑のため〔だけで〕隔離所に置かれることがあるが、健康な状態で入った者も、間違いなくそこで間もなく感染してしまう。ある家が感染してしまった場合、思うに、そこから出たいと考える人がまだ健康だと認められ、そう判断できるかぎりは、外出は自由にできないが感染してしまった家にいるよりはましな土地に泊まりに行ってもよいであろう。複数の家がそのために使用される。しかし、ペスト患者が置かれるような本当の意味での隔離所はこうしたことからはほど遠いものであろう。もしペスト患者を、大通り沿いの閉鎖された小屋なり、どこか別の人里離れた場所なりに隔離する手段があるのなら、混み合った隔離所にいるより、そこにいるほうが彼らにとってははるかによいと思う。仮に都市の内外に何らかの畑や島があるなら、もっとよいであろう。けれども、最も一般的で最も実践的な窮余の策はおそらく家の屋根裏部屋を用いて他人から感染を分離することであろう。実際、ペストの蒸気が、他の蒸気と同様に、下降するよりはむしろ上昇すると考えるのはもっともなことである。それに加えて、屋根裏部屋は空気により多く晒されているし、いわば家の残りの部分から分離してもいる。公共の家の、もしくは空き家の屋根裏部屋が隔離所として役に立つであろう。その他の家の屋根裏部屋は、その家の感染者を置くのに用立てられる。これは家の他のメンバーを保護するためである。そして、ある家の屋根裏部屋はしばしば隣家の屋根裏部屋と接しているので、そこに穴をあけ、その穴を通って病人のいる家に行くことができるであろう。そうすればその家の下の階を通る必要はない。家の中に複数の母屋がある場合には、それらもこうした事情のさいに有効に使用されるであろう。

空気、ジュネーヴ産の香水、新鮮な水、白い衣服、風に当てられたベッド、風呂と発汗用のサウナ、レモンジュース、音楽と少々のワインなど、これら人々を励ましレクリエーションを与えるものも、やはり病気を予防し、健康な人々を救う可能性がある。以上の注意およびその他の同様の注意が、まだ本当の解毒剤が見出されていないこの病気の猛威を大いに弱めうることを私は固く信じて疑わない。

【解説】伝染病に対する政治的措置

長綱啓典

ここに訳出された『ペスト対策の提言』は一六八一年に書かれたエルンスト・アウグスト公爵のための覚書であるとみなされている。底本として、アカデミー版（AI, 3, 131-136）を用いた。

本解説ではライプニッツによるペスト対策の特徴を示したい。そのため、まずヨーロッパにおけるペスト対策の歴史を概観しておこう。

中世のヨーロッパにおいて、保健・衛生の主体は教会であった。修道院の医務室で病気の診断や治療が行われた（久木田直江『医療と身体の図像学』知泉書館 2014, 93）。教会や修道院に付属する施療院（hospice: ここに病院［hospital］の語源がある）も疾病に対する対応措置であった（樺山紘一「医と病いの歴史学」『医と病い』藤原書店 1984, 24）。

一五世紀の末が近づくと、保健・衛生の主体は都市へと変わっていった。その目的は、ペストをはじめとする伝染病の大流行を防ぐことであった。伝染病が民衆の上に襲いかかるとき、個人は無力である。そこから行政――まずは都市行政、後には国家行政――の手による公衆衛生という思想が生まれることになる（梶田昭『医学の歴史』講談社学術文庫 2003, 104以下）。ここから、近世ヨーロッパにおけるペスト対策は一般的に政治に基づく措置という性格を強く持つことが分かる。

この時期の行政によるペスト対策としてM・フーコーは以下の五つを挙げている。

①一つの場所に局地化できるよう、住民はすべて自宅にとどまること。

②町はいくつかの地区に分けられ、各地区は特別に任命された者の責任下におかれること。この地区主任の下に検査官がいて、日中は通りを見回ったり、通りの外れにも目を配ったりして、誰も家から出ていないかどうか確認することになっていた。それは町を区分けして管理する全体監視システムであった。

③道路や地区の検査官は自分が見たものすべてについて、詳しい報告書を毎日、市長や町長に提出すること。こうして全体監視システムだけでなく、情報集中システムも用いられた。

④検査官は毎日、町のすべての住居を検査すること。要するに、生存者と死者の数を網羅的に調査した。

⑤香料や宗教用の香を用いて、家ごとに消毒すること。

これらの措置はいずれも今日でいう「緊急政策」としてなされたという（『フーコー・コレクション6　生政治・統治』ちくま学芸文庫 2006, 181以下）。

さらにフーコーは当時のハンセン病対策の特徴と対比しながらこれらのペスト対策の特徴を説明している。中世にはハンセン病患者が発見されるとすぐに公共空間や都市から「排除」された。排除は都市環境の「浄化」をも意味した。この点においてフーコーはハンセン病対策を「宗教的な」排除および浄化の図式として特徴づけている。それに対して、ペストによって生み出された政治的・医学的組織のモデルは、人々をまず分散させ、次に分離し、個別化し、ひとりずつ監視し、その健康状態を検査し、まだ生きているのかそれとも死んだのか確かめることにあった。それによって、細分化された空間のなかに生起したあらゆる出来事をできるかぎり詳しく書き留めた記録簿によって絶えず監視され、管理される空間の中に社会を保つ。なお、フーコーは、ペスト対策の模範となったのが徴兵検査であるとして、ペスト対策を「軍事的モデル」として特徴づけている（同前書183以下）。

このように見てくると、当時の防疫措置は、見市雅俊氏の言葉を借りるならば、これを「監視および取締りの深くゆきとどいた組織化によるペスト汚染の局地化政策」と要約することができるであろう。見市氏によると、この政策は非常事態の発生をうけた事後処理にとどまる。ここでは、権力装置としての公衆衛生の施策はもっぱら「一定期間に限って」実施される。その性格も悪の阻止、情報伝達の遮断、時間の中断といった「消極的」機能の次元にとどまる。

ところが、一八世紀になると、本当の意味での伝染病の「予防」が目指されるようになる。一八世紀に入りペストの脅威がうすれてくると、疫病が流行するための内なる条件に「日常的に」取り組むべきだとする考えがしだいに有力になっていった。それは不断の環境の改良によって伝染病に対する免疫性を獲得できるとするものであった。ここにおいて疫病対策は「積極的」機能をもつに至る。こうして、行政による公衆衛生は一時的な措置から日常的な措置へと変わっていったのであり、その機能も消極的なものから積極的なものへと変わっていったのである（見市雅俊「公衆衛生の発展と身体の紀律化」『規範と統合』岩波書店 1990, 280）。

このようにヨーロッパにおけるペスト対策の歴史を概観すると、ライプニッツのペスト対策の特徴もより一層明確になる。まず、本論の冒頭で、ペストに対する確実な予防措置が医師たちによって見出されていないこと、それゆえ政治に基づく予防措置に訴える必要があることが強調されている。政治に基づく予防措置を実効的なものにするために「規律・命令」(ordre)や「条例」(ordonnance)が要求されていることにも、ライプニッツの考えているペスト対策が何よりも政治的なものであることが現れている。

次に、本論の至る所で「監視」(garde)が強調されている。ライプニッツによると、ペスト対策は「予防」(preservation)と「保護」(conservation)という二つの要素に還元される。「予防」は疑わしい物質や人間から伝染することを避けるための警戒を意味し、それはさらに共同体や国の全体に関わる一般的な警戒と幾人かもしくは幾つかの家にのみ関わる個別的な警戒に分類される。一般的な警戒は国の全体の「監視」を意味し、個別的な警戒は家の中でなされる「監視」を意味する。「保護」についてライプニッツは本論において明確な定義を与えていないように思われるが、文脈上それは共同体内ないし国内でペストが発生した場合に、感染を免れている部分を守ることを意味すると考えてよかろう。「保護」に対する注意は国の中でいまだに伝染病を免れている部分を「監視」することに存するとされている。このように、ライプニッツの考えるペスト対策の核心には「監視」システムの確立ということがある。

次に、「予防」と「保護」のどちらの文脈においても、「分断」(couper)が要求されている。「予防」の文脈においては、何よりも肝心なことはいくつかの道や通りを完全に閉鎖することであるとして、騎兵と見張りによって疑わしい場所を「分断」することが求められている。「保護」の文脈においては、ペストが大都市の或る通りにある場合には、その通りが都市の他の部分から「分断」されることが要求されており、或る家がペストに感染した場合には、その家が同様に閉鎖されることが要求されている。ここからライプニッツもペスト対策のモデルを「排除」や「浄化」といった宗教的な図式に求めていなかったことが分かる。しかし、だからと言って、ライプニッツの考えるペスト対策も、フーコーの言うような「軍事的モデル」に含まれうるかどうか、本論だけからは、判断できない。

次に、本論のいくつかの箇所で「観察」(observation)の概念が用いられていることも注意されてよいように思われる。本巻所収の『保健官庁設立の提言』(第2部2)でも、「観察」の概念がしばしば用いられているが、そこではこの概念は普通の意味における「観察」、つまり自然的な事象を理解するために観測したり、データを収集したり、そこから何らかの結論を導き出したりすることとして用いられている。ところが、本論においては、「観察」の概念はむしろ「監視」と同様の意味で用いられている。例えば、「騎兵と見張りという手段でもって、ひとは複数の疑わしい場所を分断して、それらの場所のうち最も近いところを観察すべく努めるだろう」という箇所があるが、「観察する」を「監視する」と言い換えても差し支えあるまい。また、「そのためには、各地の行政官に対して規律・命令を与えて、その場所の入口を少なくともまず観察する手段があるかどうか認識させなければならない」という箇所についても、「観察」を「監視」と置き換えることができるであろう。ライプニッツの公衆衛生行政構想において用いられる「観察」の概念は多義的なものなのである。また、本テクストにおいてはっきりと書かれているわけではないが、『保健官庁設立の提言』や『休みなく行われるべきであり、恒常的に続けられるべきである医療上の観察に関わる簡潔な要点の指摘』(Summarische punctation, die Medicinalische observationes betreffend, so durchgehens anzustellen und beständig fortzusetzen seyn möchten, Klopp X, 346–350)などから推測すると、この「観察」の結果は記録され、『保健官庁設立の提言』で言及されている「共通宝物庫」のような総合文書保管局に最終的に収められることになるはずである。その意味において、ライプニッツにおいて

「監視」としての「観察」のシステムは、通常の意味での「観察」のシステムとともに、フーコーならば情報集中システムと呼ぶものに包含されるのである。ライプニッツの保健衛生行政構想は単なる全体監視システムの確立に尽きるものではない。

　最後に、ライプニッツが用いている「予防」という概念については注意が必要であろう。ここでの「予防」は決して環境の改良を通して伝染病に対する免疫性を獲得することを意味してはいない。それはペストが、より正確にはペストに感染している可能性のある人間が、共同体ないし国の内部に入り込まないように警戒することを意味している。その意味では、ライプニッツの考えている予防措置は決して積極的な機能をもたず、むしろ消極的な機能をもつにとどまると言わざるを得ないであろう。また、本論においてはこのような予防措置が果たして一時的なものであるのか、それとも日常的・恒常的なものであるのか、はっきりとは述べられていない。しかし、『休みなく行われるべきであり、恒常的に続けられるべきである医療上の観察に関わる簡潔な要点の指摘』においては、予防が年ごとのさまざまな観察とその記録や収集の措置によって最もよく実現されるが、そのような観察が「恒常的なもの」(beständig)であることが要求されている(Klopp X, 347f.)。そうであれば、ライプニッツにおける「予防」の概念には、後の日常的・恒常的な措置としての公衆衛生を先取りするような側面を認めることができるであろう。

　他にも多くの興味深い議論がなされている。例えば、「保存」の文脈に見られる必需品や調理法などの議論は、当時の食餌あるいは養生法を、少なくともそれについてのライプニッツの理解を知るのに有益であるように思われる。しかし、これらの点は必ずしも政治的な措置とは言えず、それゆえに必ずしも本論の主題ではないように思われるので、ここではこれ以上の言及は避けることにする。

　ペスト菌がまだ発見されておらず、それゆえにペストに対する適切な医学的対応を取ることができなかったこの時期にあって、ライプニッツは当時の一般的なペスト対策を踏まえつつ、しかしそれを恒常化するアイディアを暗示しながら後代の保健・衛生行政構想に一歩近づいたと評価することができるであろう。

【4】

ゲオルク・エルンスト・シュタール
Georg Ernst Stahl, 1659–1734

Animadversiones in G. E. Stahlii theoriam medicam; Explicationes ad Stahlianas observationes. 1709; 1711.

シュタール医学論への反論★01

❖松田 毅＝訳・解説

✣ 4-1……高名なるシュタール氏の『医学の真の理論』[★02]に関する注解

Animadversiones circa assertiones aliquas Theoriae Medicae verae Clar. Stahlii. 1709.

〔序文〕

1――論証の第一原理のなかに「なにものも根拠なしにはない」という原理がある。[★03] それは、完全に知性的な理解をするものによってさえも、その根拠を与えることができない、そのような真理は存在しない、という原理である。そこからは、真理が、本性上、先行する[★04]さまざまな真理からどのようにして導出されるか、が明らかになるが、これは、真理そのものが、同一性だけがそれである、原始的真理やそれに類するものでない場合でも変わらない。

2――その帰結は、「事物のあらゆる性状、事物に生じるあらゆる出来事は、その事物そのものの本性と状態から導出することができる」というものである。特に、物質[★05]〔質料〕のうちで生じることは、どんなものであれ、物質の先行する状態から、変化の諸法則によって生じる。そしてこのことが、諸物体[★06]のなかにあるもののすべてを機械的なしかたで説明できると言う人々が、要求するか、あるいは要求しなくてはならないことなのである。

3――ある人が、物質のなかになにか原始的な引きつける力を置く、と想像してみよう。これは、不合理であり、論証のこの第一の重要な原理に反することになるだろう。実際、ある物質が別の物質を、そして、別の物質ではなくて、この物質が、どのようにして引きつけるのかは、誰も、

★01――ラテン語フランス語の対訳（*Stahl-Leibniz Controverse sur la vie, l'organisme et le mixite*. Texte introduit, traduit et annoté par Sarah Carvallo. Préface de Michel Serres. Vrin 2004）を底本とした。デュタン版Dutens: *Leibniz, Opera Omnia*. 1989. Olms. Hildesheim（1768. Genève）. II, 2, 131–161. の原題は*Animadversiones circa Assertiones aliquas Theoriae Medicae Verae clarii Stahlii, cum ejusdem Leibnitii ad Stahlianas observationes responsionibus.* であるが、仏訳は、Eduard Bodemann の Die Leibniz-Handschriften（1966）III, 1, 5 の *Animadversiones in G.E.Stahlii thoriam medicam*を校閲、参照し、文献考証的注も付けている。ライプニッツ、シュタール、ホフマンを中心にした多くの有益な訳注は（仏訳者）と表記し、可能な限り紹介した。2016年後半に出版された資料の考証がより厳密な英訳（*The Leibniz-Stahl controversy*, trans, ed, with an introduction by François Duchesneau and Justin E.H. Smith, Yale University. 2016）を参考にした場合、（英訳者）と表記した。〔 〕

全知の存在さえも、けっして説明できないことが認められるだろう。したがって、そのような〔想像をする〕人は、事実、秘密裏に奇跡に助けを求めているのである。というのも、今の場合、この引力は、事物の本性を超えたところで、神自身がそれを引き起こす、と想定することによって以外には、説明できないからである。それは、結果として、物質が、他の物質へと向かうように、引きつけられなくてはならないようにする、奇妙な摂理なのである。しかし、もし事物の本性からの説明を知性的なやりかたで要求しなくてはならないとすれば、そこから導出されるのは、その本性において判明に把握されるものである。つまり、物質のなかにあるもの、そのなかにある形態と運動とから導出されるものである。ここから、現象として観察される引力は、実は、隠れた撃力にほかならないことが明らかになる。★07

さらに、実は、物質のなかにあるものすべてが機械的に説明されるとしても、物質のなかにあるすべてが、物質的に、つまり物体のなかにあるたんに受動的なもの、言い換えれば、たんに数学的な諸原理、すなわち算術的なものと幾何学的なものとによって説明されることはないのであ

は底本に見られる補足。テクストと出版の経緯については訳者解説参照。底本にならい、生気論を唱えるシュタール(Georg Ernst Stahl, 1659–1734)の医学理論に関する《注解》(4-1:〔序文〕と〔本文〕:一七〇九年執筆)、これに応えたシュタールへの《再抗弁》(4-2:一七一一年執筆)の二部構成とした。また、英訳者に従い、適宜ライプニッツの《注解》に対するシュタールによる『応答』ないし「解明」(enodationes)の要約を《再抗弁》以下の訳注に示し、(**En 00**)と表記する。

★02——正式タイトルは、『医学の真の理論。生理学、病理学、また、医学の学説の諸部分を、汚れ無き理性と揺るぎなき経験によって基礎づけられる、自然と真の技術から真に考察することで確立する』(*Theoria Medicae Vera, physiologiam et pathologiam tanquam doctorinae medicae partes vere contemplativas, et naturae et artis veris fundamentis intaminata ratione et inconcussa experentia sistens.*, 1707)。

★03——ここでは、根拠律が同一律と充足根拠律を包括するかたちで述べられている。同じ説明は、「哲学的証明遂行の手段」に関する遺稿にも見られる(K I, 10, 290)。

★04——「本性上先立つもの」(natura prius)という概念は、スピノザの『エチカ』第一部の重要な諸命題にも見られる。ライプニッツは『エチカ』に関する一六七八年の注解(K II, 1, 106)の頃から一連の基礎概念を分析し始め、一七〇二~四年ごろ完成していた『定義集』(C. 437ff. esp. 471)にまとめている。

★05——Materiaというラテン語は、近世の文脈では、「心」との対比で用いられる「物質」の意味と「形相」との対比での「質料」という意味の双方を含意する。適宜、訳し分けた。

★06——Corpusは、デカルトが『省察』で自分の身体を「自分のもの」と呼んだように、日本語の「物体」と「身体」の双方を意味する。人間の身体も他の自然物や人工物と同様、物体であるかぎりは、自然に帰属し、自然法則に従う。本稿では明らかに「身体」と訳すべき箇所以外は、「物体」と訳した。

★07——4-2訳注57参照。

ライプニッツ手稿
技術・医学・社会システム

❶　風力による揚水　1685年（第1部3-5）
Gerland, 181f; LH 038, 068+ra-06944

❷　加減乗除が楽にできる算術機械　1687年（第1部4-1）
Zeitschrift für Vermessungswesen, 26, 1897, 301f; LH XLII, 5, Bl.1r

❸　医事に関する諸指示　1671/72年（第2部1）
A VIII, 2, 649f; LH III, 1, 3, Bl.4v

❹　高名なるシュタール氏の『医学の真の理論』に関する注解　1709年（第2部4-1）
Dutens, II, 2, 131f; LH I, 1, 3, Bl.1r

❺　諸々の技芸と学の興隆のための協会をドイツに設立する提案の概要［草稿1］　1671年?（第3部1-1）
A IV, 1, 530f; LH XL, Bl.1r

❻　公営保険　1680年7月?（第3部5）
A IV, 3, 423f; LH XXXIV, Bl.97

ゴットフリート・ヴィルヘルム・ライプニッツ図書館
（ニーダーザクセン州立図書館）提供

Jetzt ... ersten ... in scheda 20 April. 1685

68

Windmühlen so das wasser bey bergwercken aus tieffen Gruben ziehen sollen, haben diese schwürigkeit, dass sie das ... bey starcken Winde das Gestänge allzu geschwind umbgehen machen, ... welches leicht etwas zerreissen kan; bey schwachen winde aber haben sie nicht krafft genugsam, und da frägt man ob man nicht lange Schwinge stangen wolle, daran der Kreuzbalg ... wenigster oder mehr näher gegen den Centro oder walze der Schwinge gebracht werde, und also der Hub gemindert oder gemehret wird, so gehet der Kolbe in den Mörser der Pumpen oder Satze, also langsam, und weil das wasser wieder ... zukommen, habe endlich diesen Modum erfunden ... verlangen werde, ... der Vollkommenheit so einmahl in ... [illegible]

A flügel der windmühle, so in der ... liegenden wolle AB, deren Zapfen B. ... der angelangte Centro der wolle C, alda eiserne stäbe in die wolle gelegt, so auff einem harten Sandstein ... das angelangte untern Zapfen B gehen ... ist D, alda der Zapfe in einem ... gehet, und an einem ... Zugang ... worauf das ... nicht habe auff der wolle ... Schwerkraft B ... 1½ ... nicht dick, ... bis auff eine ... geht ... EFGHLE ... wann der wolle E ... die wolle F, von deren auff den Korb ... GH geführet wird, ... zurück auff die wolle L und ... von solcher wieder an der ... die Bogen der wolle wieder nach E kommt. Die ... MN der wollen F, L, sind an einem angelangte ... Korb aber HGPg ist an der stehenden wolle ... KS, ... deren oberer Zapfen K, in einem angelangte T.T, der untere aber S in einer ... stählinen platte gelegt, umbgehet. Der Korb bestehet aus einem rad etwa von 10 stufen, von welchen buchene stangen aufwerts zusammen nahe HG gehen, und alda in die stehende wolle befestigt seyn. Nachdem man nun die stehende wolle geschwind oder langsam bringt, gehet die stehende wolle ... [illegible]

A B C D E F G H K L M N P S T V X Y

[illegible]

possit circumagi eodem tempore, nulla alteram perturbante, nec ideo minus procedente, +quaelibet ubi tota semel circumacta est, unitatem in proximam sequentem transferente. Hoc si in cistula Pascaliana nondum praestitum est, non difficulter et adjicietur.

Machina Multiplicationis constabit gemino ordine rotarum aliarum aequalium, aliarum inaequalium. Tota ergo machina Tria rotarum genera habebit: Rotas additionis, Rotas numeri multiplicandi seu decadicas, Rotas multiplicantis. Rotae additionis sunt, quae jam in cistula Pascaliana Additionis visuntur, et repraesentantur in figura adjecta numeris 1. 10. 100. etc. Harum quaelibet 10 dentibus iisque immobilibus instructa est. Rotae numeri multiplicandi repraesentantes sunt tum inter se tum Rotis additionis aequales, decemque itidem dentibus instructae, sed iis mobilibus ut scilicet modo emineant dentes, modo non, multiplicandi [illegible] etc. pro ut scilicet numerus repraesentandus est ternarius, quinarius, senarius etc. Rotarum autem totidem esse debent, quot cyphris constare potest multiplicandus, v.g. numerus multiplicandus 365. constat cyphris tribus. Ergo adhibendae sunt rotae totidem, in quibus Numerus Multiplicandus implantabitur, si efficietur, ut ex rota dextra emineant dentes 5. ex sinistra 3. ex media 6. Iis applicentur perpendiculariter rotae multiplicandi rotae additionis, ita ut ultima ultimae perpendiculariter, penultima penultimae perpendiculariter, seu 5. et 1. item 6. et 10. item 3. et 100 respondeant. In ipsa autem cistula additionis numerus positus per foramina eminens sit 0. 0. 0 etc. seu nil nisi zero. Hac applicatione facta, si 365. multiplicari suppono per unitatem, circumagatur Rota 365. semel, et dentes earum nunc eminentes, totidem dentes immobiles Rotae 100. 10. 1. circumagent

unde si Rota [illegible] diametri tripla aequalis [illegible] Rota repraesentabit 4.

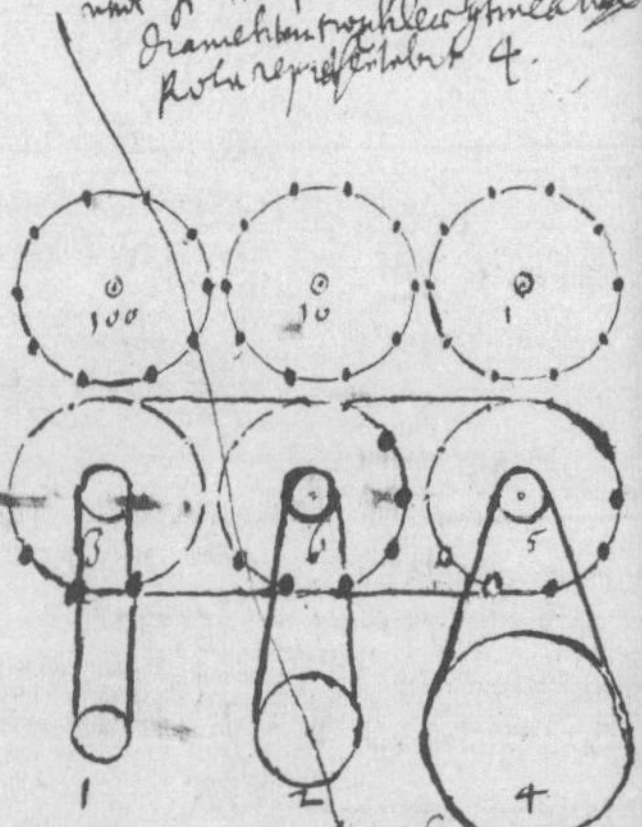

100 10 1

3 6 5

1 2 4

Hoc fiet si Rota quaelibet multiplicantis [illegible] trochlea [illegible] exaequat Rotam multiplicandi respondentem [illegible] dentibus implicatur [illegible] catena committet: quo facto Rota Multiplicans tot cyphris repraesentabit [illegible] trochleae respondentis [illegible] circumacta dentium semel.

+ quod ut subito facile peragi possit, industria peculiari opus est, quam hic exponere longum foret.

Funiculus circumagentibus [illegible] aequales chordae connexae sunt ut clarius inspicienti patebit.

2

Es sind gewisse Consensus und Communicationes unter den gliedern so ein lebendiger an sich selbst fühlen, ursachen aber an andern doch finden kan. Ist also zum exempel [illegible] und die planta pedis mit dem haupt [illegible] consensum habe [illegible] planta pedis [illegible] frictu [illegible] in capite [illegible] sentitur. [illegible] de certis instituenda experimenta.

Und kan sagen ~~[illegible]~~ ist auch ~~[illegible]~~ der Vernunft gemäß das die gliedmaßen der [illegible] proportion unter einander haben auch einer [illegible] sympathiam mit einander habe.

Man muss [illegible] quantitatis [illegible] aphorismorum zu machen.

[illegible] unbekandt [illegible] Jahre [illegible] soll ein gewiss [illegible] haben. Scholtzius [illegible] werke eine solide [illegible] aphorismorum [illegible] rationis [illegible] complete finden kan.

[illegible] Claudium Campensem [illegible] de la Chambre [illegible] Hippocratis. Adde novos aphorismos additos a Laurentio Scholtzio.

Man muss auch suchen [illegible] die imagination und glauben des patienten [illegible] medicin [illegible] der patient [illegible]

~~[illegible]~~ Man muss ~~[illegible]~~ per rationem [illegible] communication [illegible] externe [illegible] internae [illegible] applicationen [illegible] einen grossen theil.

[illegible] liquores zu finden [illegible] per syringam [illegible] calculum [illegible] methode [illegible] und alles [illegible] in 30 jahren [illegible] dinge [illegible] haben.

Nota alle frictiones plantae pedis [illegible] oleo [illegible] um stärcker [illegible]

Amara gustui flores
acida gustui pestem.

Ob die [illegible] humores seyn, so [illegible] exspirationes symmetricae certarum partium a symmetria ordinata habe.

Man muss probiren alle sorten der liquorum sanguini injectorum.

Man muss auch anstellen proben mit transfusione sanguinis der thiere, zum wenigsten in thiere, wie denn in Engeland ein [illegible] blut [illegible] worden.

Man muss probiren varia genera balneorum, etiam alle balnea ~~[illegible]~~ sunt quaedam genera infusionis per poros.

Item varia genera oleorum [illegible] cutis [illegible] capiti [illegible] externe imponenda.

Item varias [illegible] respirationes per varietatem aeris attractionis.

Item effectus varios immissionum variorum liquorum per clysteria in anum [illegible] per syringam immittenda.

Item [illegible]

Item [illegible] liquore [illegible] applicirt [illegible]

[illegible] consensus partium [illegible]

Man kan auch sanguini [illegible] infundendo liquores [illegible] corpora [illegible]

Man könnte sanguini [illegible] varias infusiones [illegible]

Vasa corporis [illegible] causa mortis naturalis [illegible] balnea [illegible]

[illegible] omnium [illegible] Adde [illegible] de Longaevi[illegible]

Item omnium [illegible] accidit.

Ad 1.

1.

(1) Assertio erat, alia in systemate rerum naturalium fieri secundum finem, alia casu. Animadversio statuit casum non nisi ignorantia nostra locum habere, cum omnia revera in finem dirigantur. Responsio agnoscit has duas sententias è diametro opponi, sed petit objectionis afferri rationem. Sed ea vera allata fuerat, supponendo omnia quae fiunt à Deo oriri aut gubernari, Deum autem cum sit sapientissimus omnia in finem dirigere. Nec video quomodo contrarium cum providentia divina, omnia complexa, atque adeò cum Theologia non solum revelata sed etiam naturali conciliari possit, nisi aliter explicetur quam verba sonant. (2) Assertio potius paradoxi sui rationem reddere debebat, ea autem aut nulla aut admodum debilis affertur. Prima haec esse videtur, quod considerandi commoditas non est argumentum. Deinde consideratio inserviat ad melius distinguenda organica à mechanicis. Sed etsi in organicis finis sit manifestior, non tamen sequitur in caeteris esse nullum; # cum fieri possit (imò ex supposita providentia absolutissima debeat) ut organica nihil aliud sint quam machina ubi divina inventio et intentio magis expressa. (3) Secundam rationem hanc invenio quod sine minima quaeque velut motus pulvisculi à vento agitati # sequatur ab aeterno certo causarum ordine ab aeterno à Deo destinatum esse ut fiat, et ad effectum certum inserviat. Verum hoc non est rationem afferre, sed negare quod est in quaestione. Qui providentiam admittunt nihil Dei providentiam in Deo perfectissimam agnoscunt, # eum latere aut ejus directionem subterfugere. # Cujus sententiae optimas rationes habent, non tantum ex revelatione, quia etiam capillos nostros numeratos Christus dixit; sed etiam ex ratione. Nam primo ita ubique fines primum efficiunt, et si minora ipsa à Deo non dirigerentur in finem, etiam majora ejus directioni subtraherentur. Exempli causa lapillus aliquis tormento pyrio suppositus mutare ejus directionem potest, et efficere, ut rex aliquis vel dux exercitus feriatur unde maximae mutationes consequi possent. (5) Secundo nulla est massa tam rudis aut tam parva quae non in se contineat aliquod corpus organicum seu machinam naturae; quia nihil est quod non impressa sint divinae sapientiae vestigia. Interim aliquos fines rebus esse internos, quos scilicet machina naturae ex sua structura consequitur, alios externos, quos effectus qui oriuntur ex concursibus diversarum machinarum, sic bombycis finis internus est sericum confectio, externus ut sericum nobis serviat.

Sic Omnia in defensione contenta examinare nimis prolixum foret, tantum quaedam annoto. Primo etsi quaedam species interirent, non ideò minus organicas fore dum subsistunt. Secundò posse longinquitate temporis ita transmutari species ut planè alia videantur, et verb. gr. aliquando aquatica animalia fuerint, quae nunc terrestria sunt, nequid de majoribus mutationibus dicam, quas evenisse et evenire debere judicari potest.

(6) Interim concedimus magnum esse discrimen inter machinas et aggregata massas, quod machinae fines et effectus habent internos et per se, vi sua structurae, at aggregatorum fines et effectus oriuntur ex serie rerum concurrentium; # atque adeò ex diversarum machinarum occursu, qui etsi etiam sequatur divinam destinationem, plus tamen minus manifestae coordinationis habet. Sed ut etiam bombycem ita Bombycis finis intimum est ut sericum producat; sed ut etiam in congressu maris et foeminae gignat, opus est et conceptu. At adeò consideratione unius animalis tam aliarum externarum combinationes plus habet coordinationis manifestae, et illustrius est indicium divinae sapientiae argumentumque divinitatis quam facit ut sericum transeat in vestem hominis; etsi utrumque divinae providentiae consentaneum, interim nec opus maximè intimum, veluti serici producti obtineretur, nisi externa accederet velut calor solis, nutritio ex foliis mori aliaque id genus. Memini Augustinum Gallum virum doctrina non vulgaris inter maxima argumenta divinae existentiae Dei, non inepte referre partium generationi dicatarum consensum. In his scilicet manifestiores sunt fines. Sed ubi ex providentiam semel agnovimus, facile intelligimus etiam caetera quaeque suos fines habere.

Ad II

(7) Fatetur Responsio omne organum esse machinam, etiam oriri mechanismo seu praesupponere omnem organismum mechanismum, sed hoc non est satis, addi enim debet organismum nihil aliud esse formaliter quam mechanismum, etsi exquisitiorem et diviniorem; quia omnia in natura fieri debent mechanicè. Cujus ratio dudum allata fuit in discursu objectionibus addito, quia omnia debent ita fieri in corporibus, ut possibile sit ea ex natura corporum, id est ex magnitudine figura et legibus motus distinctè explicari, et hoc est quod mechanicum appellamus.

Ad III.

Cum allegari Boylium et Sturmium, et alios, ad ad auctoritatem eorum sed rationes provocari, ne repetere eas necesse haberem

Grundriß eines Bedenckens von aufrichtung einer Societät in Teutschland zu auffnehmen der Künste und Wißenschafften

(§.1.) Die Stück dieses Bedenckens sind 1. ob, 2. wie sie aufzurichten. Wiewohl was man sagen wird wie sie aufzurichten, dienen wird zu beweisen, daß sie aufzurichten. Denn weil man von ihrer Natur und Eigenschafft gedencken wird, so wird man Exempel ihrer wirckung und nuzens erzehlen müßen.

(§.2.) Fragt sich nun ob sie aufzurichten, antwort: Ja, und zwar sowohl umb der Stiffter derselben, als gemeinen bestens willen. Die Stifftende seze ich also beschaffen zu seyn, daß sie hohen Standes, Vermögens, und Ansehens wegen, nichts bedürffen als guthes gewißen und unsterblichen Ruhm, bey den unbetrüglichen Richtern, Gott und der Posterität. Beyde werden zwar erst künfftig ihr Urtheil fällen, doch kan auch in dießem Leben hohen Personen und sonderlich generosen Menschen, die vor Nothdurfft nicht sorgen dürffen, und der Leibeswollüste über nothdurfft, so wohl der conscienz als gesundheit wegen, nicht achten, nichts süßers+ seyn als das contento, die freudigkeit, die ruhe des gemüths und mit einem wort das coelum in terris, so ihnen der unbetrügliche Vorschmack+, wo anders ein Gott und eine Posterität zu glauben und zu hoffen ist, schohn anizo giebt, und die künfftige Ewigkeit dem gemüth in einem blick gleichsam auf einmahl concentrirt vorstellet. Schließe also daß solche Gesellschafft (1) gewißens, (2) unsterblicheren Ruhms der Stifftenden wegen, und denn (3) umb gemeinen besten willen aufzurichten. Wiewohl der gemeine Nuz eines so löblichen, Gott und Menschen angenehmen Wercks den nuzen der Stifftenden, als in welchem das guthe gewißen bestehet, und des unsterblichen Nahmens, wahrer unfehlbarer Ursach ist. Welches anizo von Stücken zu Stücken zu erweisen.

\+ ja nichts zu ihrer Gesundheit dienlichers

\+ künfftiger Glückseeligkeit

(§.3) Gutes gewißen ist, daß ichs so zu sagen definire, eine Ruhe des gemüths wegen Hofnung künfftiger Glückseeligkeit. Soviel nehmlich solche, wie sich denn selbst verstehet,+ in menschlicher Macht ist, wenn einer alles thut was ihm möglich ist, und das übrige der unfehlbaren versprochenen Gnade des allgütigen und zu gleich gerechten Gottes anheim stellet+

\+ deren versicherung

(§.4.) Die Hofnung ist ein glaube des künfftigen, gleich wie der glaube so zu sagen eine Hofnung des vergangenen. Denn glauben ist soviel, als hoffen, daß das vergangene so wie man sagt, wahr sey. Der wahre glaube nun, und die wahre Hofnung aber ist

Assecuranz-Ges.

[illegible] Abgaben, [illegible]

[illegible]

Nachdem wohl [illegible] festen alß vorh[er] in Teutschland die Abgaben weit höher als [illegible] über dieser gestiegen, [illegible]

[illegible] Staat [illegible] gebäu [illegible] unterhalten [illegible]

[illegible] dadurch [illegible] alle solche [illegible] kosten [illegible] ja bisweilen [illegible] des geldes und dessen krafft [illegible] nahrung der unterthanen [illegible] gemacht [illegible] unterthanen [illegible] solche [illegible] das geld [illegible] andere [illegible] unterthanen [illegible] unvermögen [illegible]

[illegible] Mittel [illegible] zu ertragen [illegible] Und solches ist [illegible] Teutschland [illegible] da doch die [illegible] dero [illegible] großen theil [illegible] mit 200 th. [illegible] mit 100 oder [illegible]

[illegible] Staat [illegible] und die [illegible] bauen [illegible] und [illegible] nicht allein [illegible] Staat [illegible] auch [illegible] unterhalt [illegible] zwar [illegible] nicht aber [illegible] und oeconomie [illegible] als solche kosten [illegible] ja bis weilen [illegible]

[illegible] zugelassen werden

arbeit und [illegible] des geldes und dessen krafft [illegible] nahrung der unterthanen [illegible] gemacht werden [illegible]

Uber ist hochst Zeit [illegible] bedencken [illegible] Nachbarn [illegible] Teutschland [illegible] gantz ohnmachtig gemacht [illegible] Nachbarn [illegible] werde.

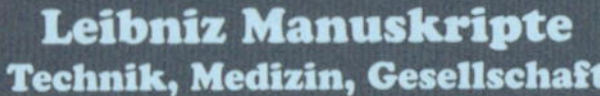

Leibniz Manuskripte
Technik, Medizin, Gesellschaft

❶ Wasserhebung mittelst der Kraft des Windes. 1685.
Gerland, 181f; LH 038, 068+ra-06944→1, 3-5

❷ Machina arithmetica in qua non aditio tantum et subtractio……. 1685.
Zeitschrift für Vermessungswesen, 26, 1897, 301f; LH XLII, 5, Bl.1r→1, 4-1

❸ Directiones ad rem medicam pertinentes. 1671/72.
A VIII, 2, 649f; LH III, 1, 3, Bl.4v→2, 1

❹ *Animadversiones circa assertiones aliquas Theoriæ Medicæ veræ Clar. Stahlii.* 1709.
Dutens, II, 2, 131f; LH I, 1, 3, Bl.1r→2, 4-1

❺ Grundriß eines Bedenckens von aufrichtung einer Societät in Teutschland zu auffnehmen der Künste und Wißenschafften[Konzept A]. 1671?
A VI, 1, 530f; LH XL, Bl.1r→3, 1-1

❻ Öffentliche Assekuranzen. Juli 1680?
A IV, 3, 423f; LH XXXIV, Bl.97→3, 5

Gottfried Wilhelm Leibniz Bibliothek(Niedersächsische Landesbibliothek)
Hannover, Abteilung Handschriften und Alte Drucke

る。このことは、しかし、私がフランスの雑誌★08のある箇所ですでに証明したことである。もしわれわれが、たんに数学的なだけの諸法則に従うならば、静止している物体は、それがどんなに大きいものでも、動いている物体には、その物体がどんなに小さくても、抵抗できず、それらの衝突後に生じる衝撃によって連れ去られることになるだろう。さらに、これ以外にも、諸現象の真理からまったくかけ離れてしまう、かなり多くの他の不都合も生じるだろう★09。

　だからこそ、私は、物体の作用のためには、たんに質料的ではなく、形相的でもある原理が必要であることを証明したのであるが、それは、別のところで、私が「原始的エンテレケイア」と呼んだものである★10。その変様から運動が生じるのであり、その結果、物質の変様からおのずから形態も生じるのである。また、だからこそ、私は、質料的な原理が、形而上学的な諸規則に結びつけられることも証明したのである。そのような規則は、「全体はその部分よりも大きい」、「第三のものに等しい二つのものは、互いに等しい」であり、また同じく、形相的な諸原理も形而上学的な諸規則に結びつけられるが、それは、「結果は原因よりも強力ではない」、「有限なものは、すべてそれに影響を及ぼすものからの反作用を受けることなしには、作用しない★11」であり、他の同様なものは、現象にも理性にも一致する。

　ここからは、確かに、物質のなかで生じることのすべては、機械的に生じることが帰結するが、私が証明したのは、機械論の諸法則そのものは、より奥の深いものであることであり、それらが物質からは生じることができないことである。こうしたことは、私が例えば『学報』のいたるところ★12で書き記した、多くのことがらから知性によって理解できるだろう。

　さまざまな物体的な出来事の内在的な諸原因、つまり、質料と形相、あるいは物の塊とエンテレケイアには、外在的な諸原因、つまり、作用因と目的因も加わる。確かに、すべての哲学者は、作用因を認めるが、目的因は、エピクロス派★13とその学派はこれを否定する。彼らの考えるところ

★08――『学術雑誌』(*Journal des savants*)に一六九三年に掲載された、運動合成の普遍的規則に関する論文(Dutens III, 283)、同じく一六九四年掲載の、デカルト的な解析とライプニッツの超越数に関する新しい解析の違いに関する論考(Dutens III, 301)を参照(仏訳者)。

★09――ここでライプニッツは、デカルトの「運動量保存則」および衝突規則に関する物理学上の難点への批判を繰り返している。前者は『形而上学叙説』17・18節(K I, 8, 170ff)に簡潔な説明があり、後者は『デカルトの哲学の原理』に関する注解(GP IV, 376ff)で詳細に示されている。「物体の本質が延長にあるかどうかという問いについて」『学術雑誌』(1691.6.18, 259–62)参照(英訳者)。

★10――「エンテレケイア」は、「潜勢力」としての「エネルゲイア」と対をなす「現実態」として、アリストテレスの『心について』(412b5)などで定義されている。ライプニッツは、『第一哲学の改善と実体の概念について』(1694; GP IV, 469, 岩波文庫『単子論』河野与一訳 1975, 305)では運動におい

では、質料の無数の組合せのなかで、別の組合せよりも、よく適合する、或る組合せがたまたま生じて、動物が生成したのである。眼は見るために構成されたのではなく、実際は、眼が構造として適合しているがゆえに、動物は見るのである。しかし、真実には、発生した事物とその「ペリコレシス」[★14]に関する、より奥の深い諸原理から、このような主張は決定的に反駁される。

作用因には二つのものがあるが、それは、個別的な原因と普遍的な原因とである。物質の現在の運動の個別的な原因は、その物質の先行状態のなかにある。さらに、どの物体の場合も、それ自身の状態と周囲の状態がともに働く。しかし、その先行する推移は、それよりも先の状態から導出されなくてはならないし、それは、さらに別の、それ自身に先立つものを必要とする、なにかから導出されなくてはならないので、もしそのために、それが無際限に続くとしても、もはや根拠づけを必要としないような、根拠が見出されることはないだろう[★15]。このことから帰結することは、諸々の個別的な原因のなかには、事物の十全な根拠を見出すことができない、ということであり、それは、普遍的な原因のなかに求めなくてはならないということである。そのような普

て保存される「活力」がエンテレケイアを含むと述べている。

★11——前二者はユークリッド幾何学の公理に、後二者は力学の公理に対応する。

★12——ライプニッツは、『ライプツィヒ学報』に一六八二年から数多くの論文を発表した。本稿の主題に関連する、よく知られたものとして、『顕著な誤謬についての簡潔な証明』(1685; K I, 3, 386)、『力学提要』(1695; K I, 3, 491)、『自然そのものについて』(1698; GP IV, 510; 岩波文庫『単子論』323以下)などがある。

★13——エピクロスのピュトクレスへの書簡(出隆・岩崎允胤訳、岩波文庫1975, 46ff)、ルクレティウスの『物の本性について』V, 196–200; 樋口勝彦訳、岩波文庫1961, 219)参照(仏訳者)。ルクレティウスは、世界が人間のために神々によって作られたことを否定する。この問題は、作用因と目的因の対立、ラマルク対ダーウィンというかたちでも取り上げられることになる。

★14——一般には「旋回運動」と訳される原語は、περιχώρησιςの複数形。この語はストア派のクリュシッポスや古代末の三位一体論にも関わるとされる(*Historisches Wörterbuch der Philosophie*. Schwabe. 1971–2007, 255–258)が、ディールスとクランツ編集のアナクサゴラスの断片12と13(『ソクラテス以前哲学者断片集』内山勝利編、岩波書店 1997, 第Ⅲ分冊286–7頁)に遡り、ビスターフェルト(Bisterfeld)の*Philosophiae primae seminarium*(1652)との関連が示唆される『結合法論』(1666; GP IV, 70)とデ・ボス宛書簡(1710.11.7; K I, 9, 157)にも見られる。後者では「事物の依存関係」と訳されている。英訳は「諸事物の起源と相互関係に関するより高次の諸原理」と訳している。

★15——ここには、ライプニッツの初期以来の「根拠づけ」に関する議論が反映されている。仏訳者は、『事物の根本的起源について』(1697; K I, 8, 91)を参照指示。この問題がスピノザのいわゆる「無限書簡」(1663.4.20; マイエル宛)などと深く関連する点については、シュラーとの書簡から書かれた遺稿(1676; K II, 1, 76ff)に見ることができる。

遍的な原因から、現在の状態も先行する状態も直接に流出するのである。★16 つまり、〔事物の十全な根拠は〕世界の知性的な制作者のなかに求めなくてはならないのである。その制作者が、物質が取ることのできる、他の無数の系列のなかから、それらの系列ではなく、事物のこの系列を選んだのである。★17

　したがって、事物の制作者は知性を通してすべてを理解するので、すべては秩序のあるしかたで、つまり、ある目的に向かって働く。それゆえ、そこから「目的因」も、二重に、つまり、個別的および普遍的な目的因として生じるのである。個別的な目的因は、特に「自然の諸機械」、つまり、生物の有機的〔器官的〕な諸物体★18に現れるが、これらのものは、神が制作した機械なのである。★19 それらは、一定の種類の働きのために設(しつら)えられており、とりわけ、われわれ人間の場合には、理性の機能を展開できなくてはならないのである。そして、それらの神の機械が、われわれが制作することができるものを凌駕する、そのような傑出したものを持っているのは、それらに対して定められた働きが、それらに相応しく生じるように、自分自身を保存し、自分に似たものを生み出すことができるからである。★20

　しかし、われわれは、確かに自然の機械以外に、多くの手の加わっていないもの★21や、その類のものに似た、諸物体を見るだろうが、それらのものには特に特定の目的が現れてはいない。とはいえ、創造主である神を見るならば、まさにそれらのものも、(たとえわれわれにはそれが知られないとしても)特定の目的のために、非常に優れたしかたで配置されていること、また、すべてのものが、普遍的目的――事物の調和――のために生じることは、まったく疑ってはならないのである。★22

　しかしながら、私の考えるところでは、そのような手の加わっていないものにも自然の機械は隠されている。なぜならば、最も智慧ある創造主によってなされることは、なにも無秩序なもの

★16――新プラトン主義由来の「流出」(emanatio)の概念をライプニッツが用いることは『モナドロジー』(K I, 8, 164, 201)以外ではあまり多くないが、若いライプニッツに「プロティノスの哲学が満足を与えた」(GP III, 606)とも述べている。

★17――「物質」の取りうる形態と選択の問題は、粒子論的な質料概念を批判するさいに重要な役割を果たす。ライプニッツは、『自由について』(De Libertate. Contingentia et Serie Causarum, Providentia, 1689; A VI, 4, 1654)では、デカルトの『哲学の原理』3部47項に言及し、粒子論が「物質がどんな形でも取りうる」とした点に触れ、その「世界像」が世界の美と事物の刺激を無にしてしまうと嘆いている。

★18――「有機的」(organicus)は、ライプニッツの場合、古典的意味での無機化学に対する、炭素原子を含む有機化合物に関する有機化学のような意味は持たず、「機械的」とも対立しない。フランス語ではorganiséに当たる。語源的には、目的に対する「手段」、機能を実行する「器官」、いわゆるバラバラのたんなる「寄せ集め」ではない、

として生じることはありえないからである。また、手の加わっていないものの塊の内部が、池の中よりも雑然としていることもありえないのである。たとえそこでは、水の塊が、離れた遠くから見て、水中を泳いでいるたくさんの魚を見逃してしまうような★23、人の眼には、手の加わっていないもの、雑然としたものとしてしか現れないとしても、そうなのである。

以上のことから、私が確立しようとするのは、二つのまったく完全な対応である。そのひとつは、質料的な原理と形相的な原理とのあいだに、つまり、物体と心★24とのあいだにあり、もうひとつは、諸作用因の領域と諸目的因の領域とのあいだにある★25。

物体と心とのあいだにある対応を含むのが、予定調和の仮説であるが、それは私が最初に提唱したものである。あらゆる能動的作用の直接的源泉が心のなかにあるのは、受動的作用の場合、それが物質のなかにあるのと同じであるが、たとえそうであるとしても、心が、その内在する働き、つまり、表象と欲求とによって、どんな小さな物体であっても、それを物体に固有の諸法則から逸脱させることがあると考えてはならない。むしろ、それらの物体は法則に従って働くので

（部分が緊密に相互依存する）「組織」にかかわるものを意味する。適宜、〔器官的〕という語を補い、これを明示した。ライプニッツはアルノー宛の一六八七年九月の書簡では、自分は、心があれば、必ず心の宿る身体があり、心の宿る身体があれば、それは必ず器官を具える、と仮定すると述べている（『形而上学叙説』河野与一訳、岩波文庫 1988, 417; K I, 8, 381）。

★19———ライプニッツは、『実体の本性および実体の交通ならびに心身の間に存する結合についての新たな説』（1695; K I, 8, 82）に先立ち、コルドモワの『物体と魂の識別』（フランス語1666; ラテン語訳1679）に関する批評（一六八五年ごろ執筆）で「人工の機械」と区別される「自然の機械」について語っている（A VI, 4, 1797ff）。

★20———ライプニッツがガッケンホルチウス(Gackenholtzius) 宛の書簡（1701. 4.23; Dutens II, 2, 169）のなかで、人間の場合、個体の自己保存と種の繁殖の意味での生殖に加え、明らかにその身体機械（つまり、脳）が、永続する思索に適合するようになっていると述べた点を参照（仏訳者）。

★21———「手の加わっていない」と訳したrudisは「粗野」、土地が「未開墾」「構造をもたない」（C, 441）などの意味をもつ。ライプニッツのハルトスケル(Hartsoeker) 宛の書簡には「どんな物質の部分もcultivéeでないものはない」（1710.10.30; GP III, 507）とある。

★22———「普遍的調和」の典拠として、調和を神と同一視した初期のテクスト（A VI, 2, 153）、『形而上学叙説』14節（K I, 9, 166）を参照（仏訳者）。

★23———『生命の原理と形成的自然についての考察』（1705; K I, 9, 9）と『モナドロジー』67〜69節（1714; 同233）の同じ例を参照（仏訳者）。

★24———Animaは「心」を意味するが、文脈に応じて宗教的な含蓄のある「魂」とも訳出した。

★25———作用因と目的因の対応は、『モナドロジー』87節など（K I, 9, 237）、『理性に基づく自然と恩寵の原理』15節（同255）にも見られる。

ある。また、そうしてすべてのものは、原初から、心と物体の創造主である、神によって構成されているが、その結果、心のなかにある表象の系列と物体のなかにある運動の系列とは完全にそして相互的に対応するのである。★26

被造物の場合、それがなんらかの完全性を含むかぎり、すべては神から流れ出るとはいえ、それでもしかし、事物の自然な進行においては、すべては、自然の諸法則によって先行する状態から後続する状態が導出される。それは、すべてがそれらの状態相互のあいだにある、黄金の鎖のようなものから生じるように★27、神が原初からこの上なく智慧あるやりかたで設えていることによるのである。同じことは、生きたものの有機的〔器官的〕な物体の場合にも言えるが、そこでは、心がそれを特別な導き手として司る。★28 たとえ、すべての能動的作用の源泉が心のなかにあるとしても、なにも物体の諸法則を超えて生じるようなことはないだろう。同様に、これとは逆に、心のなかにおいて生じることは、たとえ、その受動的作用の諸源泉が物質から生じるとしても、もっぱら心に固有の法則によるのである。

それゆえ、心がなにかをうまく望むときには、その機械は、自発的に自分のさまざまな内部的な運動から、この行為へと傾き、またそのように設えられているのである。そして、これとは逆に、心が物体の諸変化を表象する場合は、心は、物体によってその法則を乱されるのではなく、（たとえ雑然としていても）それ自身の先行する諸表象の系列から新しい表象を汲み取るのである。

もし事実がこれ以外のことであるとすれば、この考察の始めに立てられた、論証のあの大原理につねに反することになるだろう。心の諸表象からいったいどのようにして、物質のなかに、さまざまな形態や状態が生じるのかを、あるいはさまざまな形態や状態から心の諸表象がどのようにして生じるかについても、誰も説明できないことになるだろう。★29

したがって、一致の原因は、神のなかに求められなくてはならないが★30、それは、（機会原因の著

★26――デカルトの物心二元論と松果腺仮説の抱える困難とに由来する。心身問題について、ここでは「二つの全く完全な対応」から心身の予定調和説が導かれている。

★27――アリストテレス以来の「存在の大いなる連鎖」の思想に由来（『動物誌』681a9–15、『動物部分論』588b4–23; ラヴジョイ『存在の大いなる連鎖』内藤健二訳、晶文社 1975, 66)（仏訳者）。「黄金の鎖」はホメロスの『イリアス』(VIII, 19–27) でゼウスがそれを自分の住居から垂らすように命じたものに由来するとされる。パトリディーズ（村岡晋一訳「ヒエラルキーと秩序」『存在の連鎖』平凡社 1987, 35) は、この連鎖のもうひとつの起源として、『創世記』(28.10–15) でヤコブが見た天上から地上にまで達する一本の梯子を挙げる。鎖のイメージは、デ・ボス宛書簡では「表象の連鎖」として語られている (1709.4; K I, 9, 148)。

★28――「導き手」(rector) は、指導者、支配者を意味する。これは『モナドロジー』70節の「支配するエンテレケイア」(K I, 9, 234) を思わせる。

★29――仏訳者は、この箇所にシュ

者たちが望んでいるように）神がその一致をたえず新たに生み出し、事物の諸法則を乱すことによってではなく、神が、始めから心には諸表象を、物体には運動を、それらが互いに調整され、心は本質的に物体の表象であり、また、物体は本質的に心の道具である、そのようなしかたで与えることによってである。

　このようなしかたで、心においても物体においても、一切のものは、自然的に根拠を与えることができる。というのも、物体の現在の状態は、先行状態から作用因の諸法則によって生じ、心の現在の状態は、先行状態から目的因の諸法則によって生じるからである。前者では、運動の系列が、後者では、欲求の系列が、重要であるが、前者は、原因から結果に、後者は、目的から手段に移るのである。そして実際、心における目的の表象が、同じ心における手段の表象の作用因である、と言えるのである。★31

　こうしてさらに、諸生物、つまり、自然の機械の場合の質料因と形相因のあいだの対応から、われわれは作用因と目的因のあいだの対応へと導かれると思う。そして、この対応は、手の加わっていない、物の塊の場合には、さまざまな感覚器官に対して同じように現象することはないとしても、それでも、その〔対応の〕関係は大いに生じているのであり、それは、理性によっても認識される。つまり、それは、確かに普遍的にアプリオリに、すなわち、創造者の智慧から認識されるのであるが、しかし、また、いたるところでアポステリオリに、理性によって支持される経験からも認識されるのである。したがって、たとえ手の加わっていない物の場合には、また、より一般的に有機的〔器官的〕でない諸物体の場合には、実際、目的因は無用のものであるとしても、目的因本来の使用が生物の機械組織だけに限られると考えてはならない。★32 実際には、生きている、つまり有機的〔器官的〕な物体が、そのなかに潜んでいないような物の塊の部分は存在しないとしても、しかし、物質そのものは、必ずしも生きているもの、あるいは心をもつものではない。というの

タールの「生気論」と心身の相互作用を認めるデカルト派双方への批判を見る。この解釈によれば、同じ本性をもつものの先後関係にこそ根拠を求めなくてはならない。物質を観念と見なすことも、逆に観念を物質で説明することも不合理となる。

★30――『形而上学叙説』22節（K I, 8, 182）参照（仏訳者）。そこでも機会原因論への批判が示唆されている。

★31――「原因」概念を定義しようとする、一連の草稿にも、目的の表象が行為の作用因となるという因果的説明が見られる（A VI, 4, 403）。

★32――シュタールの物体論への批判（→4-2注02 **En 1**）。「実体的形相の復権」に見られるように、ライプニッツは、近世の機械論の形而上学が形相を排除したことに抵抗する。例えば、一六八六年七月一四日のアルノー宛書簡では、実体的形相が有機的物体の「一性」に果たす構成機能を強調する（『形而上学叙説』岩波文庫282; K I, 8, 277）。

も、すでに池の例で述べたことであるが、その池には動物が満ちるほど存在しうるとしても、池そのものは、動物ではないからである。★33 他方でしかし、見た目には手の加わっていない、このような物の塊は、その美しい目的のために、神によってこの上なく完全なしかたで適合させられていて、言わば、彫琢されているのである。それは、こうしたすべてのことをわれわれが完全に見抜くことが不可能であるとしても、やはりそうなのである。とはいえ、ある一定の普遍的な諸性質については、われわれの理性にも、それらに接近することができるので、なんらかの目的の普遍的な観察がはっきりと現れてくる。

私は、たとえ、生きている、つまり有機的〔器官的〕な物体が問題ではない場合でも、自然の目的因がどれほど大きな効用をもつかを、別のところ、つまり、『学報』に組み入れられた、光学に関する論文で論じた。★34 そしてこの論文は、外国の人々にはかなりの程度受け入れられた。私が言いたいのは、ある非常に重要な隠された諸真理が、目的因に関する考察から取り出されうるからであるが、このような秘密や真理を、作用因から明らかにすることは困難ではないかと、私が示したことである。なぜなら、自然の諸目的は、時には明らかであるが、その効果的な諸手段は隠されているからである。つまり、ここで取り入れられた事例の場合は、なにが光学の基礎であるかを、優れたしかたで照らし出すのである。さまざまな作用因から、光線が反射する場合や屈折する場合に従う、諸法則に根拠を与えることができるしかたで、光線の本性をわれわれが正確に認識していると、われわれは今のところ確信をもって肯定できないのである。たとえケプラー、デカルト、ホイヘンス、ニュートンのような傑出した人々が成し遂げたことでも、なんであれ、部分的には困難に巻き込まれるものがあるし、部分的には、証明されたというよりは、仮説的なものにとどまるものもある。★35 しかし、目的因を考慮すれば、驚くほど容易に、経験もそれを裏付けるような諸法則が与えられる。事実、「与えられた点から別の点へと光線が最も容易なしかたで導

★33——世界全体が生命かどうかという問題に関して、ストア的な「世界霊」を否定したクラーク宛第5書簡43節（K I, 9, 350）、およびカドワース（Ralph Cudworth, 1617–1688）の『宇宙についての真の知的体系』（1678）に対する、ライプニッツの『唯一の普遍的な精神の説についての考察』での批判（1702; K I, 8, 121–136; GP VI, 537）を参照（仏訳者）。

★34——『光学、反射光学、屈折光学の唯一の原理』（1682; KI, 3, 528）を参照（仏訳者）。同じ趣旨が、『形而上学叙説』19・21節（K I, 8, 175ff）などでも繰り返される。ライプニッツはそこで「スネルの法則」を目的因の立場から証明している。

★35——ライプニッツはロバート・ボイル（Robert Boyle, 1627–1691）の『懐疑的な化学者』（1661）の仮説検証の方法を「現象を救う」ものとして評価し、『実体の本性および実体の交通ならびに心身の間に存する結合についての新たな説』15節（K I, 8, 86）で「予定調和の仮説」を示唆した（仏訳者）。

かれるように、自然が振舞う」といったん仮定してしまえば、[★36]そこから帰結するのは、同じ媒体のなかでは、光線が直線で進み、入射角に等しい角度で反射することであり、また、光線がその正弦に比例して反射することである。われわれは、このように、自然の諸過程の秘密に関しては無知のままでも、自然の諸意図を考慮することから、最大の成果を伴いながら、自然がそれらを用いる、最も美しい諸法則を突き止めるのである。[★37]

同じ巧みさから期待されることは、〔動物の〕諸部分の使用と自然の諸目的を観察することによって、動物のエコノミー[★38]と医学の実践において多くのことが発見できることである。事実、〔動物と医学に関連する〕諸結果は、機械の内部の運動と構造とから生じるが、これらのものの深部は、われわれには未知なので、機械組織からよりも目的からのほうがより容易に推測できるのである。[★39]

そしてこの点で古代の人々はすでになにかを見て取っていたように思われる。というのも、かれらは、「自然が、なにも無駄に作ることはなく、目的に向かう」と述べたからである。[★40]そして、彼らが見て取ったもののなかには、最近の人々がよく理解していないこともあり、今では、物体

★36——この仮定は、後に、モーペルテュイ(Pierre Louis Moreau de Maupertuis,1698–1759)により、「物体の運動は、作用積分と呼ばれる量を最小にするような軌道に沿って実現される」「最小作用の法則」として定式化された。

★37——「最小の支出から最大の効果を生み出す」ことは神の智慧、あるいはその行為の完全性を表すものとされる。ライプニッツは、それを『形而上学叙説』5節ではさまざまな隠喩で表現する(K I, 8, 149)と同時に、『諸原因の探究における神秘解釈的試論』(GP VII, 72)などで「最適な形式の方法」、つまり「所与のものからの最大ないし最小(極大ないし極小)」の方法として位置づけている。

★38——「エコノミー」と訳したoeconomiaには、文字どおりの「経済」の意味と、神の「摂理」の意味の双方が込められている。イギリスの原子論者チャールトン(Walter Charleton, 1619–1707)が、血液循環の生理学についてこの用語を用いたようである。

★39——仏訳者は、ガレノスの『動物部分論』を参照させ、ライプニッツが、「有用性」を意味するギリシア語χρειαと「ロゴス」を同一視し、そこに部分の根拠を見たとする。

★40——アリストテレスの『天界について』(II. 11『アリストテレス全集5』山田道夫・金山弥平訳、岩波書店112)、『生成と消滅について』(II.10同338)参照。ボイルによる「自然の人格化」の批判にライプニッツも『自然そのものについて』(GP IV, 505; 岩波文庫324)で同意した(仏訳者)。

の自然本性は機械組織以外のものではないかのようになっている。神的な制作者がすべてを目的に導いていたこと、また、心は表象と欲求を享受するが、心の諸作用が、完全に身体の諸作用に合致することに関する考察はあまりにも少ない。こうして、制作者の目標と心の欲求とから結果が予見できるが、その最も近い作用因は、物体のうちでは十分には説明されない。★[41]

この点で重要なのが、形成的な諸自然であるが、それは、哲学者も医学者も昔は認めていたものである。最近、カドワースがそれを非常にはっきりと再び提起したのであり、きわめて博識なル・クレールはその解釈を行った。★[42]とはいえ、その場合、心に、身体を自分の力で構成して――あるいはその制作を別の主導者がするのかどうか、私には分からないが――動物の神的機械を考案し、実行できる智慧や能力があると考える人々は、確かに誤っている。なぜなら、その機械制作の成功は、神の予先形成に帰さなくてはならないからである。他方、きわめて真なることは、心は、同じ様式の神的な予先形成★[43]によって、その表象と欲求によって活動するように、この働きへと調整されていることである。つまり、あたかも心だけが身体を形作るかのように、身体の形成のうちで生じることは、なにであるにせよ、心のなかで直観することが許されるのであり、それを人は十分に心のなかで見て取ることができるのである。

そして、確かに心は、心のもつ判明な概念は非常に制限されているので、その知性だけによってそれほど賛嘆すべき行為を導くことはできないし、知性を意志の選択だけで導くこともできない。とはいえ、心は、雑然とした表象とその欲求――それは、その種のなんらかのものとともに「本能」★[44]と呼ぶことができるが――に対応するように、無限の神性を模倣しているのである。★[45]それゆえ、心が真実に表象しないもの、また、心の欲求を喚起しないようなもの（私は、状況によっては、ここに忌避も含めるが）は、たとえそれらがわれわれの注意を引かないとしても、なにも身体のうちで生じることはないのである。

★41――このような最近原因の未解明性と関連して、ライプニッツは、マルブランシュへの書簡（GP I, 335）で「真の科学の用途と特徴が有益な発明にある」としている（仏訳者）。

★42――いわゆる「形成的な力」が問題になっている。ライプニッツは、一六八九年頃に関連するメモを残していたが、ル・クレール（Jean Le Clerc, 1657–1736）がカドワースの『宇宙についての真の知的体系』の注釈を『精選文庫』（*Bibiothèque choisie*）に一七〇三～六年に公刊したことをさす（仏訳者）。カドワースは、生物の変化やその規則性の原因としての形成的自然を、直接的に神に帰属させずに、質料に内在させ、それを「より高度な神の英知に従う道具」として位置づけた。また、動植物に内属する「非物質的な形成的自然」は、原子の運動や物質の機構にはない、「あらゆる現象の唯一の理解可能な原因」ないし「生命力」であると主張した。この形成を「神の技術」と呼び、それが動植物の身体に具現化されると言うが、ライプニッツは「生物学的説明」のために「非物質的力」を持ち込むことを避ける。予先形成とそこからしばしば生じることは、非常に激しい心の受動〔情念〕が大きな運動を身体のなかに引き起こすことであり、胎児の形成では妊婦の情動がいたるところで顕著に現れることである。★46 確かに、心が、他の場合と同様に、この場合も、身体に関わる運動とその形成の法則を、多少とも変えることはなく、心は、双方で〔身体と〕同等のしかたで一致し、共に働く。しかし、変化が心に帰属させられることに相応の権利があるのは、そこ〔心〕で、どのような身体的な変化が続くかが明らかである場合であるが、身体の場合は、たとえ受動が、非意志的なもの〔不随意なもの〕に少なからず結びついているとしても、われわれが「意志的」と呼ぶ身体の活動を、どのようにして個々に心に帰属させるかは、明らかではない。そのうえ、心にさまざまな情動が帰属させられるためには、実際には、感覚器官のうちで身体的な諸印象に従って生じる、身体の結果を直接に〔身体〕機械

無限の有機化により「物質的な形成的自然を手にできる」のであり、動物は「先在する有機的物体から展開や変形を通じて引き出されうる」(GP VI, 44ff)からである。ライプニッツは、シュタールもカドワースと同じ見解であるとして批判する(→4-2注09 **En 2**)。

★43——「予先形成説」については、例えば『弁神論』第1部90節とその訳注参照(K I, 6, 189)。また、発生における胚の役割をめぐる、クロード・ペロー(Claude Perrault, 1613–1688)、「精原論者」レーウェンフック(Antonie van Leeuwenhoek, 1632–1723)およびマルピーギ(Malpighi, 1628–1694)、スワンメルダム(Swammerdam, 1637–1680)らの「卵原論者」の論争を参照(仏訳者)。「生気論者」として著名なハンス・ドリーシュは、ライプニッツを「精原論者」に数えている(『生気論の歴史と理論』米本昌平訳、書籍工房山田2007, 30. ドリーシュは、21頁以下でシュタールに多くの頁を割いているが、ライプニッツは、弟子とも言えるブルゲ(Louis Bourguet, 1678–1742)宛の一七一五年八月の書簡を見る限り、「卵原論者」の側に立っており、この問題について、ライプニッツの取った態度は必ずしも一義的ではない(GP III, 580)。

★44——『人間知性新論』3部11章8節(K I, 5, 114)でも本能は、根拠が不明でも、適合したものに向かう動物の傾向性として位置づけられている。

★45——『モナドロジー』83節でも「小さな神」としての精神が語られる(K I, 9, 238)。

★46——マルブランシュは『真理の探究』で母親と胎児の一体性に注目した(第2巻第7部1節)。胎児の形成に関する妊婦の想像力の影響の問題に関してライプニッツはレーウェンフックに言及し、『人間知性新論』3部6章23節(K I, 5, 70)で、胎児の形成に母親の想像力が大きく影響しないとは言えない、とした(仏訳者)。

の運動が生み出すとしても、なにかがわれわれの諸表象から帰結すれば、十分なのである【そして、もし不可能な〔不合理な〕仮説によって、心がかりに身体からそのまま同じ状態で取り除かれうるとしても、それらに注意を向ける実体が内側には存在しない場合も、同じ諸印象から同じ結果が身体のなかには生じるだろう★47】。

心の身体との結合、特にその胎児との結合においては、これらの〔自覚的〕感覚や感情のなかで、非常に判明かつ優勢な、他の諸表現のなかには知性的に把握されるものもあるが、雑然とした諸表象と隠された欲求は、身体内部のあらゆる諸機能と大いに共に働き、互いに一致する。それらは、「非意志的〔不随意〕」と呼ばれ、それは、意識されないものではあるが、胎児のあらゆる形成についても当てはまる★48。〔自覚的感覚や感情の〕大きさは確かに感覚できるものを与えるのではあるが、〔心と身体の結合の〕形相を変えることはないのである。他方、「意志的運動」と適切に呼ばれうるものは、それらが十分に判明に認識される、欲求と結びついているものであり、その場合、その手段をわれわれの心が目的に適合させていることにわれわれ自身が気づいている。他の運動の場合は、われわれがそのことには気づかないで、欲求がその手段によって目的に対し先行することもある。つまり、固有の意味でまさに「意志的」と呼ばれる活動は、それをわれわれが熟考したうえで行い、かつそのことを意識しているような活動なのである。

さらに、古人★49が医学のために目的の観察を順応させたことは明らかである。しかし、そうした著者たちは、ある特殊な根拠によって、彼らがこの「生命〔生気〕的」と呼ぶ、医学に傾注したのである。その欲求と刺激、その強さや長さによって身体の諸活動が支配される、「アルケウス★50」のようなものを導入したことによって、彼らのなかでは、パラケルスス★51とヘルモントが特に傑出している。すなわち、彼らにとって真なることは、すべてわれわれと一致している。そして身体のなかにあるものを、依存するもの、自存するもの、そして衝撃を与えるもの、これら以外のなにか

★47——【 】は一七二〇／六八年の版ではライプニッツの草稿どおりに括弧が削除された。削除された箇所は、予定調和が前提とする心身二元論の側面とは対照的に心身合一の側面が強調されていることは興味深い。

★48——意志的ではなく、気づきのない「無意識」の行動の問題が指摘されている。神経科学のパイオニアであったジャクソン(John H. Jackson, 1835–1911)は、左右の脳の機能の違いを研究しただけでなく、てんかんや失語症、精神病の研究者として知られるが、王立協会のクルーニアン講義『神経系の進化と解体』(1884; 秋元波留夫訳、創造出版 2000)では神経系と心的現象の関係をライプニッツと同じ用語concomitance(共存)で把握した。

★49——ヒポクラテスやガレノスを参照(仏訳者)。

として把握する必要はないし、心の欲求以外のなにかに訴える必要もない。アルケウスは、心とそれに一致する身体の諸精気のうち以外に探究されてはならないが、われわれは形成的なものや質料を原因とする原理[★52]あるいは心臓や胃やそれらに類する[★53]身体の諸分肢にある多くの支配者や小さな王たちのようなものを必要としていないのである。

しかし、これらの人々以外に、ゲオルク・エルンスト・シュタールという、ハレの極めて聡明な医者が、この学説を再び取り上げ、復権し、実際の使用のために、順応させるように促し、多くのものを巧みに観察したが、不注意なしかたでこれを公けにしたのである。彼の諸論考は、ここそこで際だって傑出しているが、新たに彼は理論に関する纏まった論集を公刊した。それが私に以下のような対照の様式で批評する機会を与えたのである。

★50——生命的〔生気的〕な（vitalis）力としての「アルケウス」は、動物、植物、鉱物すべての種子の内在的成分とされる。パラケルススは、アリストテレスの四元素としての「水」に作用する種子の「精気」が大地に与えられたと考える。その発現の道具が「発酵」である（A・G・ディーバス『近代錬金術の歴史』川崎勝・大谷卓史訳、平凡社 1999, 314）。アルケウスは「精錬された目に見えない精気」であり、死はその喪失、病気は病原体の侵入にそれが対抗できなかったこととされた（M. Foster『生理学の黎明：16・17・18世紀』西丸和義監訳・小野紀美子訳、医歯薬出版 1978, 121）。仏訳者は、ライプニッツがアルケウスの概念に触れた箇所として、『新物理学仮説』の結論（1671; GP IV, 218）を指示。そこでは、アルケウスは互いに押し合う「エーテル」として、発酵の働きなどにより、宇宙を無限に循環し、分離と結合を繰り返し、さまざまな物質と生命を作り出すものとして要約されるが、アルケウスの理論の認識論的限界を同時に指摘していたとされる（ただし、ヘルモントの「アルケウス」への言及がGP IV, 200にはある）。

★51——パラケルスス（Paracelsus, 1493–1541）とヘルモント（Jan van Helmont, 1580–1644）は、錬金術師であり、医化学派の代表であった。両者の学説とシュタールまで及ぶ影響作用史は前注の『近代錬金術の歴史』が詳しい。しかし、ヘルモントは、ボイルに先立ち、パラケルススの三原質（硫黄、水銀、塩）説を金の安定性から否定し（『近代錬金術の歴史』296）、化学の定量化を行い、「ガス」の概念を作り出しており、二酸化炭素を発見するなど、より近代的な実験的な化学者であったと言えるようである。

★52——ヘンリー・モア（Henry More, 1614–1687）の「物活論」などをさす（仏訳者）。

★53——モアは、ヘルモントに従い、噴門（食道からの胃への流入口）の機能に注目し、生命的な作用が本質的に「消化」であると見なしており、それがライプニッツとシュタールの論争の具体的な争点のひとつであった（仏訳者）。ヘルモントの理論では、心臓や胃にも、生気的な下位のアルケウスが含まれ、それは身体全体を支配する上位のアルケウスから派生すると考えられた（英訳者）。

〔注解本文〕

1★54——しかるに、ここでは当然ながら、彼〔以下、シュタール〕は、目的にしたがって生じるものと、偶然によって生じるものとを検証し、それらの区別に注意している(以下シュタールの著書6頁★55)。ただし、その区別は、もっぱら、現象とその証拠の程度によってのみ受け止められなくてはならないものであり、また、偶然も、われわれの無知だけを原因とするので、すべては実際には、目的によって導かれているのである。

2——彼は、しばしば機械的なものと有機的〔器官的〕なものの違いにも強くこだわる(同書13頁★56)が、本当のことを言えば、すべての有機的なものは、実は、機械的なものなのである。とはいえ、この機械的なものは、洗練されており、あえて言えば、神的なものなのである。また(すでに私が注意したように)、自然の有機的な物体は実際に神的な機械である、と言うことができる。

3——それゆえ、その著書17頁★57で、有機的〔器官的〕なもののなかには、機械的なものとまったく異なるなにかがあると主張するために、定義されていることがらを私は認めない。というのも、私は、近年の人々による、物体においては、機械的な、すなわち、知性を通して理解可能な諸根拠がないならば、なにも生じないとする、すぐれた決断を覆したくはないからである。

　確かに、「細紐」の擁護者である、フランシスクス・リヌス★58も、質料因論の著者である、ヘンリー・モアも、他の学識ある人々も(これらの人々は、非物体的な精神のうちへ訳もなく逃げ込もうとするのだが)、重力、引力、弾性力やこの種の他のものをなにか不合理なものへと還元しようとする。一方で、ボイル、シュトルム★59などの人々が、これらに対して反論して述べているすべてについては、機械的な根拠があるし、われわれの理性が完全にそれ〔機械的な根拠〕を与えることを許さない、われわれの無知は、知性を通して理解可能な原因が存在することを否定する〔全く退ける〕十分な口実にはならない。

★54——パラグラフ番号はライプニッツの秘書による(仏訳者)。

★55——シュタール『医学の真の理論』(1707)の原文はwebで参照できた(現在はアクセスできない)。仏訳者は第2版(1737ハレ)を指示しているが、特に必要がない限り、触れないことにする。仏訳と英訳には、適宜『医学の真の理論』の第1版と第2版の関連箇所の訳文が付けられている。

★56——シュタールは、身体を心の道具とし、偶然的な要因を含む機械的な作用(facere)と目的的な有機的な行動(efficere)とを区別する。前者は後者に従属するとされる。ライプニッツは《注解》1でこの点に言及している。シュタールは、物体が有機体の形相的特徴を有するためには、機械的な存在以上の何かが必要であるとし、その限りで、機械的作用が有機体に従属するとした〔英訳者→4-2注09 **En 2**〕。

★57——シュタールは、「有機的なものは、決定だけに存するのではなく、現実に非常に特別な行動のためには付加にも存する」とし、特にその付加が目的に関わるとする(仏訳者)。

★58——フランシスクス・リヌス

4——人間の心のすべての力は、具体的には、唯一のものとして統合されている、物体的に複合したもののもとで、物体的な諸事物に結びついていることを、シュタールは24頁で肯定する。[★60] また、人間の心は、目的については、すべて唯一の方向に導かれ、物体的な事物の諸状態が、心の真の、ひとつの普遍的な目的であるように、追求されると、229頁で付言している。[★61] 私は、いかなる物体的なものにも対応しない、抽象的なものが、感覚的な諸精神によって考えられるようになることはないと思うし、われわれのいかなる思考も諸物体の完全な表象を知りうるとも思わない。また、(より重要なことではあるが)、どのような心であれ、有機的〔器官的〕物体からすっかり切り離されることはありえない、と思う。しかしながら、諸精神は、諸物体よりも、神のほうにより いっそう緊密に結びついていて、外にある事物を知ることに方向づけられている以上に、自己自

(Franciscus Linus, 1595–1675)。イエズス会士で磁石時計の発明で知られる。ニュートンやボイルの批判者でもあった。リヌスはボイルが、温度計のなかの水銀を上昇させる大気圧の働きを、「細紐」(funiculus)に帰属させた(英訳者)。

★59——ライプニッツの『自然そのものについて』(1698)は、ボイルの*De natura sive libera in receptam naturae disquisition* (1687)や、シュトルム(Johann Strum, 1635–1703)の*Idolum narurae... sive de natura agentis aliorumque cognatorum... Dissertatio* (1692)を受けた論考(仏訳者)。ライプニッツは『無神論者に対する自然の告白』(1668; GP IV, 106)ですでにボイルを機械論の哲学者の代表のひとりとして挙げていた。ライプニッツの友人チルンハウスはボイルと親交があり、ライプニッツは、ハルトスケル宛書簡(1704.4.9)でボイルの化学についても議論している(GP III, 494)。ボイルは、錬金術が生み出そうとした金がひとつの「実体」であることを例に、パラケルススの三原質説を否定した(『近代錬金術の歴史』155; 438)。ライプニッツとホイヘンスは、一六九二年二月にボイルが、「実験家としては優れていたが、重要な理論的成果については乏しい」とする見解が一致することを書簡で確認している(*Œuvres complètes de Christiaan Huygens*. edit.by publiées par la Société hollandaise des sciences, Amsterdam. 1967ff. vol.10. 239. 263. cf. *Elements, principles, and corpuscles: a study of atomism and chemistry in the seventeenth century*. Clericuzio. A., Kluwer Academic 2000, 105)。

★60——シュタール『機械的なものと有機的なものの差異の探究』(1706) 85–90, 110節参照。そこでシュタールは、この「心」の力を運動に介入する機能として特定している(仏訳者)。この力は特に、身体の状態に配慮するものである(英訳者)。

★61——『機械的なものと有機的なものの差異の探究』51, 58, 122節(仏訳注)。

身を認識し、そのことを通して事物の制作者を認識することに向けられている、と言いたい。★62

5――ざわめきがわれわれの耳に入り込んで来ても、それに対する気づきが欠けているとき、その感覚は形相的に否定される（35頁）★63。私は、気づきがない場合も、表象はきわめて確実に現存する、と思う。それゆえ、黄色の粉末と青色の粉末とが混ぜられ、緑色が生じるとき、私は黄色と青色を緑色のなかに雑然と表象するが、その個々のものには気づいていないのである。したがって、私は緑色を意識しているが、黄色と青色は意識していないのである★64。他方で、しかし、これらの部分の表象がなければ、黄色の粉末と青色の粉末から合成される全体を私は表象しない。これと同じしかたで、身体のなかに生じるものは、なんであれ、心によって表象されるが、それらのものは、習慣のため、また途切れのない、一様性のために気づかれることがないのである。

6――40頁★65について私が期待するのは、しばらく閉じ込められていたハトが解放されるや元の巣に戻るときに、そのハトの身体のなかには、（たとえ媒介されているにせよ）ハトがその巣に向かう方向を受け取るような諸印象が生じることを、この高名な著者が否定しないことである★66。

7――62頁について。時計に関するすばらしい記述からは、時計がなぜ、どのように作動するのか、に関する諸根拠の理解が生じると私は思う★67。

8――この高名な著者は、いたるところで、生物と混合物体との途方もなく大きな区別を最大限強調している★68。私は、通常、生物〔の本質〕を表象と欲求の双方に置くようにしている。この非常に高名な著者が、生物の本質を置くのは、内的な諸傾向に逆らい、物体のなかにある、自己を維持する力であるが、それは、そのようなものがなければ、生物の諸物体は、まったく流れ去り、生物は、塩水のようなものになってしまうからである。このことは、確かに冗談で、ブタの魂について述べられていたことである★69。

9――私は、これらのことを、生きた物体が、それによって自己を完成し、栄養を取り、呼吸し、

★62――同じことが、『形而上学叙説』35節でも述べられている（K I, 8, 206）。

★63――この箇所の「感覚」の原語はsensum.『機械的なものと有機的なものの差異の探究』76節（仏訳注）。

★64――『認識、真理、観念についての省察』（1684; K I, 8, 33）に同じ例が用いられており、シュタールも化学の問題として「色」の現象を探究した。シュタールは色を物質の変化に対応する心の反応として理解したが、この節のライプニッツのような「微小表象説」は認めなかった。この箇所にはニュートンの光学的な色彩論へのライプニッツの批判もうかがえる（仏訳者）。

★65――『機械的なものと有機的なものの差異の探究』78節（仏訳注）。

★66――デカルトの『情念論』19－20節のいわゆる「動物精気」の運動による記憶の説明が背景にある（仏訳者）。（→4-2注19 **En 6**）。なお、「動物精気」は、本来「生命的精気」とすべきであり、ライプニッツも動物、植物、鉱物の精気を区別しているが、この翻訳ではデカルトとの関連を示すために、慣例に従った。

繁殖する植物的な力に帰属させてきた。★70 心はそのどれにも関わっているが、私は、これらのことが、その機械の構造から帰結すると考える。そして、われわれが観察するのは、まったく流れ去ってしまうが、最小限度で生きている、諸物体のなかにある植物となにか類比的なものである。そ

★67———機械時計は、デカルト、ホイヘンスをはじめとして一七世紀の機械論者の好む、世界モデルであり、隠喩であった。ライプニッツは、身体を精密な時計に譬え、医学がホイヘンスの振り子時計の観点から、身体を構成するさまざまな小さな繊維の揺れの運動を把握すると、(『機会原因論者』シュトルムの論争相手)シェルハマー(Schelhammer)宛の書簡(1715.11.19; Dutens, II, 2. 73)で述べている(仏訳者)。シュタールは機械の隠喩が、正常な場合も病的な場合も、有機的な物体の状態を説明することに役立たないと考える(英訳者→4-2注20 **En 7**)。

★68———シュタールはこのことを『混合物体と生きた身体の真の差異』(1706) 1-29節で明言。『医学の真の理論』(1707) 85頁以下に当たる(仏訳者)。

★69———ブタの魂が「豚が腐らないようにするある種の塩」である、とクリシュッポスが語ったとキケロが『神々の本性』(『キケロー選集』山下太郎訳、岩波書店2000, 11巻191)で言及している(英訳者)。死の問題はシュタールの生気論にとって試金石であった。シュタールは死の自然的あるいは有機的根拠の発見に努め、たえず破壊される身体について、機械的原因では、この維持が説明できないと考えたが、例えば、心臓が最初に生きて、最後に死ぬというハーヴェイの機械論とは真っ向から対立した。シュタールはそれ以上のなにか超越的なものを生命に帰属させるのである(仏訳者)。(→4-2注21 **En 8**)。

★70———シュタールはこれらの現象が生気的な力のうちに現れると考え、ホフマンは機械としての心臓の停止と死を同一視した(仏訳者)。ライプニッツは、『人間知性新論』でも植物と動物のあいだの類比を認め、植物にも何らかの表象と欲求があるとせざるをえないとした(K I, 4, 149)。『生命の原理と形成的自然についての考察』(1705; K I, 9)の解明などで、ライプニッツがカドワースの『宇宙についての真の知的体系』と彼と並べて論じるグリュー(Nehemiah Grew, 1641-1712)の *Cosmologia sacra, or a Discourse of the Universe*. London (1701) にも同様の見方が見られる。カドワースは「植物的な心」が「形成的自然」にほかならないとし、それが感覚より劣るとしたが、医師であったグリューは顕微鏡を用いた観察を行い、「植物解剖学の父」と呼ばれた。花(特に雄しべ)が植物の性器にあたると最初に予言したとされる。アンドローによれば、グリューは、『植物解剖学』(1682)では植物の構造や活動を一貫して機械論的に説明する一方、神の創造した世界には物体とは区別される、機械論では説明できない「生気的で非物質的なもの」がなくてはならないとした。ただし、グリューは非物質的な原理と物体が相互作用するとはしなかった(Andrault. R., "What is Life? A Comparative Study of Ralph Cudworth and Nehemiah Grew" In: Nachtomy. O & Smith.J., (ed.) 2014. *The life sciences in early modern philosophy*. Oxford University Press. 29-46. *La vie selon la raison : physiologie et métaphysique chez Spinoza et Leibniz*. Andrault.R., Paris. 2014. esp. 170ffも参考になる)。

れは、炎のようなものであり★71、自己自身で栄養を取り、繁殖し、栄養物が無くなり始めると、驚くべき運動によって拡散し、自己を保存するように、自己を動かすのである★72。また、われわれの身体よりも、長く存続する物体に、有機的〔器官的〕組織と感覚器官とを与えることを神に禁じるものはなにもなかったのであるが、こうした物体が、確かに生物と見なされてきたのである。しかし、私は語彙について争うことは、望んではいない。著者の意見で「生物」と呼ばれるものは、他の人々が「植物的なもの」と呼ぶものなのである。

10――67頁★73では、近年の最も実り豊かな解剖学も医学の目的には不適切である、と警告されている。私は〔医学と解剖学の〕それぞれが互いにその固有の目的に益することを認めるが、われわれがいたるところでその実状を目にするように、より多くの効用の発見には時間が必要である以上、現在の効用から遠い諸真理を単純に役に立たないものと見なすことはしたくない。確かに、解剖学がしていることはすべて些細なことである、とあらゆる医者が必ず主張するわけではないが、私が思うところでは、それが自分たちにとって非常に重要な仕事であると判断する者がなくならないようにすることが、国家には求められる★74。そして実際に、外科にはどんなに微細な解剖学★75もとても大きな効用をもつ。そして私が信じるところでは、この技術を改善することにより、人間は、これまで諦めていた、かなり多くの病気の治療を、切開、切除、分離、摘出により、いつかはできるようになるだろう。確かに、外科医は、骨、管、筋肉、神経あるいは損傷した四肢を、仕立屋が衣服に対してするようには、修復できない――それは自然の働きである。とはいえ、骨、管、筋肉、腱、神経、四肢の形態、位置、連結をそのために正確に知ることをなおざりにしてはならない。それは、外傷がある場合には、自然の作用を阻害するものに警戒し、促進するものに優先的に配慮するためであり、また、切除や壊死を避けられないものに治療を施して、そのまま残すためである。したがって、69頁で否定されていることがどんな正当性をもつのかが、私にはよく

★71――仏訳者は、呼吸と炎の類比はガレノスの『部分の機能について』(*De usu partium*) 5巻などに由来し、ライプニッツがこの類比を呼吸の問題に決着をつけないまま、機械論の文脈に置いたとする。しかし、生命を炎に譬えることは近世自然哲学において特異なことでない点がガッサンディなどに即して指摘されている(カンギレム『反射概念の形成　デカルト的生理学の淵源』金森修訳、法政大学出版局 1988, 95ff)。(→4-2注22 **En 9**)。

★72――ライプニッツが炎と生命の類比を用いた例として、運動による感覚の起源と器官の多様性があるなかでの心の特徴を説明しようとした、クロード・ペロー宛書簡 (A VI, 3, 479-480) 参照(仏訳者)。書簡では、エーテル状の流体が不断にわき出て、流動するなか、「心」が渦を引き起こすというイメージが語られるが、それ自体が唯一の神によって回転する渦としての世界全体のモデルに準えられる。建築家としても著名なペローは、『動物機械論』(1680) で、デカルトを批判し、動物に感覚を認め、機械が魂によって動かされ、導かれる点、表象がメカニ

理解できない。つまり、身体の器官的部分の普遍的な構造や組織には医学に関係するものがなにもないとか、あるいは、そこには治療、再建、修復の目的に貢献する特別なものもなにもない、と主張されているのである。外科を医学から完全に締め出すのでもないかぎり、こんなことは私には考えられないことである。

11――実際、外科が切り離されてしまった場合にも、医学がわれわれの身体の内部を知っていると言えるだろうか。確かに、これまでのところ、医学は、近年の動物のエコノミーに関する発見の成果から始めることをおそらく十分にはしてこなかったが、しかしながら、これは、私の思うところ、問題に誤りがあるのではなく、人間の無知によるところが大きい。それは、特に、真理の探究をほとんど疎かにした臨床家の無知なのである。しかしながら、本当のことを言えば、身近なことを取り扱うことに専心する医師たち以上に、より大きな責任は、国民の健康を増進させ、必要な学問的知識の増加を顧慮しなくてはならない、国家の指導者たちにある[★76]。私は、その有益であることがまだ十分、はっきりと明らかになっていない多くのことがあることを認めるが、そ

ズムで説明できない点を指摘した。デカルトの「胎児形成」に関する遺稿についても、胎児の形成が、物体と運動からなる、機械的運動だけからは説明できないと述べ、発生期の混沌状態から「種子」と異なる性質のものが作り出されることもありうる、と指摘し、マルピーギやスワンメルダムらによる、胎生動物の「卵」の発見(1669/72)も認めた(Roger. J., 1969. "Leibniz et les sciences de la Vie". *Studia Leibnitiana. Supplementa*. 2. 217)。前注43参照。

★73――ロジェ(Roger)によれば、解剖学を復権させた医物理派に対するシュタールの見方は当時、特別ではなかった(仏訳者)。

★74――一七一六年九月一日付ヤブロンスキ(Johann Theodor Jablonski, 1654–1731)宛の書簡(*Leibniz und seine Akademie*, H. S. Brather. Akademie Verlag. 1993, 274)参照。ライプニッツは一七一一年にベルリン諸学協会における解剖学部門の創設に努力した(仏訳者)。

★75――「微細解剖学」は顕微鏡を用いて多くの生体を観察したマルピーギに由来する(仏訳者)。その意義については、ドゥシェノーが「マルピーギ、デカルトと医機械論における認識論上の問題」(ボネリ・シェイ編『科学革命における理性と神秘主義』横山輝雄ほか訳、新曜社 1985, 68ff)で論じている。ドゥシェノーは、マルピーギによる生物の微小構造の機械論的モデルが機械装置との類比によって隠れた自然を発見する手法であった点でアプリオリな性格を持っていたと指摘する。器官の発生や胚の生長もこうした機械の構造の量的拡大ととらえ、先在説と前成説を採らせることになったという指摘は、ライプニッツの発生学を考慮する上でも重要である。(→4-2注28 **En 10**)。

★76――ライプニッツは、『保健官庁設立の提言』(1680; A IV, 3, 370; 本巻第2部2)などでこの批判を繰り返し、疫学や統計学に関する研究によってそれを正当化した(仏訳者)。

れはいつか急速に現れてくるだろうし、その美しくかつ広範囲に及ぶ真理が軽蔑されることがあってはならない、と考える。臨床家を鼓舞するためには、そのことにあまりに時間を使いすぎることがないようにという注意を与えれば、十分なのである。他方では、人間、特に若い人の才知は、とりわけ現代においては、骨を折る仕事よりも、容易に快楽へと向かい、その結果、〔彼らが〕無知であることをわれわれが教える必要もほとんどないし、過度によい解剖学者にはならないように、などという注意を与える必要もないのである。

12——高名な著者は70頁では正しい。つまり、著者は、化学がこれまで解剖学に比較して医学の目的からは遠かったと思われる、と述べているからである。しかし、私は、これ〔化学〕が〔医学から〕遠ざけられることをけっして望まない★77。というのも、たとえ多様な酸、アルカリ、油★78が根本的に多様な効果をもつとしても、それでもやはり、それらのものは、多くの共通のものをもつからであるが、それらのものの諸特徴を観察すれば、われわれには道が開かれるのである。確かに、動物的な諸変化は植物的な諸変化とは大きく異なり、おそらく、われわれの身体には、本来の意味で「発酵」と呼ばれるもの★79に対応するものは、なにもないだろうが、この発酵によって、諸々の植物的なものが燃えるような精気になり、さらには、酸になり変わるように設えられているのである。とはいえ、なんらかの動物的なものに特有な、言わば、化学的なものは存在する。そして、この化学的なものに大いに関わる諸変化は、動物の諸々の体液のなかでも、植物の液体のなかでも、同じように生じているのである。それゆえに、すべての身体にとって化学が重要なものとなるのは、われわれには気づくことができない、一貫した諸過程により、自然の諸作用に従い、身体の構造ではなくて、〔身体〕の物の塊としての質が説明されるときなのである★80。

13——たとえしかし、71頁で反論されていることが、化学によっては、どのようにして心のさまざまな情念が身体の興奮をそれほど激しく引き起こすのかが、まったく明らかでないことである

★77——ライプニッツは、デカルトと異なり、最終的にはそれが、機械論に還元されるとしても、化学の特殊性を擁護した。スティッサー（Johann Andreas Stisser, 1657–1700）宛の書簡（1700.5.25; Dutens II, 2, 128）参照（仏訳者）。

★78——仏訳者は、当時十分に区別されていなかった発泡と発酵に関連して、「酸」と「アルカリ」が発泡に関わるとした『百科全書』の叙述を紹介。この時代、鉱物的酸（「塩」、硫酸、硝石）、植物的酸（酢）、動物的酸（蟻酸）の体液における割合で病気か健康が決まるという見方があった。また「アルカリ」は、カリ（ソーダ）に由来する用語で、酸と共同し、発酵を行う塩類を意味する。そして塩類と精気以外に、シュタールの化学の、物質の第三の状態として錬金術の意味の「硫黄」と類比的に「油」がある。油にも、鉱物的、植物的、動物的なものがある。硫黄と油の違いは純度の違いとされる。

★79——この時代の「発酵」概念は曖昧であったが、シュタールはアンモニア塩の現れる動物の腐敗、ビール酵母などが関わる植物的な発酵などの有

としても、私の考えるところでは、まさに化学によってのみ、火の排出に似たものが巻き起こることが、正しく推論されるのである。そして、われわれの身体は、「水力と空気の機械」であるだけでなく、「火力の機械」でもある、と言うことができるのである。[★81]

14――（同じ箇所で注意されているように）、確かに、われわれの身体が、非常に多様なものを吸収することよっても想像以上に変化しないのは、吸収物を、絶え間なく非常に大きな速度で血管中に循環させ、これ以上ないほど、活発に咀嚼[★82]することが原因であるように思われる。このために、そのさまざまな力のうちで特に目立つもの以外は、それらの固有の諸作用について痕跡が残されるものは少ないのである。

15――75頁で否定されるのは、動物の運動の全体的な統合が、物質と諸々の器官の適切な配列によるものである点である。というのは〔シュタールによれば〕、動物の運動の本質は、それが、心のさまざまな情念によって、活発に始まり、終息し、妨げられることに存するからである。しかしながら、このような見解が想定しているのは、身体の微細な内部の運動には、心のさまざまな情念

機的現象と、酸とアルカリによる鉱物的な現象を区別した（仏訳者）。

★80――これに関連して、シュタールは身体の構造以上に、混合物体（化学的な諸要素や体液の混合）としての身体全体の状態が重要と見なした（仏訳者）。（→4-2注42 **En 12**）。

★81――ライプニッツは『新物理学仮説』(1671)以来、しばしば新しい形式のエネルギーを考える「火による機械」に触れていて、ホフマンもそれを大砲のような火器と結びつけた（仏訳者）。ライプニッツは、一六八〇年代の初期に動物を火力の機械とする隠喩を用いている。沸騰状態が最も長く続くのが、それが本質的に不均等で、ある部分が尽きると、隣接する部分がしだいに沸騰に導かれるか、そこで生じている循環により部分がすべて、炎の場合のように、少しずつ火の中に入るようになるか、いずれかの場合であり、動物の身体の場合、それがわれわれに隠されている、とライプニッツは言う（*Corpo e funzioni cognitive in Leibniz*, Milan. Pasini, E., 1996, 222: 英訳者）。（→4-2注53 **En13**）。

★82――消化吸収についてライプニッツは咀嚼による説明の限界を、化学により補完した。シェルハマー（Gunther Christoph Schelhammer, 1649–1716）宛書簡（1715.11.19; Dutens II, 2, 73）を参照（仏訳者）。（→4-2注54 **En 14**）。

になにも対応するものがない、ということである。したがって、物質のなんらかの異常が、病気と症状が現れる機会を与える点が、しばしば無視される（76頁を見よ）点が問題なのではない。われわれの無知から見て、不適切なのは、このことを否定するための論証である。生命が異質なものを排除し、自分自身に固有なものを維持することによって、保存されるという事実は、炎が空気を引き付け、煙を追いやることに劣らず、機械的なものを除外するものではない。★83 以上の点を集約して言えば、動物の機械がより傑出したしかたで明らかになればなるほど、その構造の神的な技巧もまた目立ってくるということである。

16――心の欲求ないし嫌悪は、（たとえ、それらが気づかれていないとしても）なにかあるものを引きつけたり遠ざけたりする、身体の多様なコナトゥスとともに働いているとすれば（この高名な著者はそれを「選択」と78頁で呼んでいるが）、現在あるものをたんに欲求することも、その欲求に先行する運動がともに働くことがないかぎりは、それを考えることはできないのである。★84

17――高名な著者は、（混合物体に関連する）諸悪（問題）の起源を、85頁では物体の分割可能性に関する、数学的無限分割のアリストテレス的な思弁に帰着させている。著者によれば、問題が適切に評価されるならば、それこそが、第一の誤謬、真の「プロトン・プセウドス」★85 なのである。私は、彼のような高名な著者が、このような考えに陥ることがありえたことに驚いている。この数学的なものは、心によって具体的なものから抽象されないかぎりは、自然的なものと異ならないのである。心による抽象★86 は、なにか偽なるものを付け加えるものではないが、なにか真なるものが切り離されることになるのは、すべてが同時に考えられることはできず、また、すべてが重要ということはないからである。必然的なことは、延長するもののすべての部分が、延長していることであり、直線の場合に非常に明白なのは、その諸部分が全体に類似することである。また、それゆえ、さらに部分はその部分をもつのである。★87 この種の学説の著者がアリストテレスでなかった

★83――《注解》9、15と《再抗弁》9は、マトゥラーナとヴァレラの「オートポイエーシス」としての生物の定義に通底する（*Autopoiesis and Cognition*, 1973. Maturana. H. & Varela. F.;『オートポイエーシス　生命とは何か』河本英夫訳、国文社 1991）（仏訳者）。（→4-2注55 **En 15**）。

★84――この点については、微小表象の連続性の数学的理論モデルとして『極大と極小についての新しい方法』（『ライプツィヒ学報』1684.10; K I, 2, 296）を参照（仏訳者）。（→4-2注59 **En 16**）。

★85――原語は、πρῶτον ψεῦδος. いわゆる三段論法の必然的論証の諸形式を論じた、アリストテレスの『分析論前書』第18章（66a16）には「偽なる議論は第一の偽（誤謬）を原因としてそこから生じてくる」とある。シュタールはアリストテレス自身が間違いであるとした二つの主張をアリストテレス本人に帰属させている。それは、物質の無限分割可能性と混合物体がその最少部分までその全体と同じ属性をもつという主張である（英訳者）。前者は、注88、後者は、注89を参照。

ことは、十分に明白である。★88

さらにこの分割は、幾何学だけではなく物理学の課題でもあるが、物体は無限に分割可能であるだけでなく、現実に分割されている。したがって、物質のいかなる部分も、そのなかに、さらに多様な多くのものがあることを見出せないようなものはなにもないのである。この点に気づかない人は、自然の信じがたいほどの偉大さに対して向き合うことがあまりにも少ない。

アリストテレス主義者が、混合したものの部分が、どんなに小さかろうと、全体と同じ様態で混合していることがありうる、と信じ込む★89ことが、間違っている点は、〔シュタールの場合も〕正しく認識されている。明らかに、その諸部分が、水＝塩的な物体★90に変容するようには、塩が水に溶融する必要はなく（たとえそのことが知性によっては理解できないとしても）、塩が水によって分解されれば、それで十分なのである。

18――動物の身体の分析について、この学識ある著者が95頁以下で示していることは、疑いもなくすばらしく、それは正当に化学にまで高まっている。しかし、私が望んでいるのは、いつか〔蛋

★86――ライプニッツはしばしばこの意味の抽象作用の必要性を強調した。『弁神論』356節（K I, 7, 106）とデ・フォルダー宛書簡（1703. 6. 20; K I, 9, 97）参照（仏訳者）。

★87――ここでは線分の部分全体関係の同質性が語られているが、「連続体合成の迷宮」（『弁神論』; K I, 6, 67）とデ・フォルダー宛書簡（1706.1.9; K I, 9, 126）では、全体が部分に先行する点が強調されている。

★88――無限分割の問題に関しては、アリストテレスの『自然学』3巻5節204a-bでの「実無限の否定」参照（仏訳者）。シュタールは、当時の大学のアリストテレス主義者が物体の無限分割の議論に没頭していたこと、自然を数学的区別と物理的分割の観点から解釈する点を批判していたとされる（『近代錬金術の歴史』426）。ライプニッツからすれば、その批判は受け入れがたいものであった。

★89――アリストテレスの混合物体の学説については、「混合が混合した諸物体の変化を伴う結合である」と論じる『生成と消滅について』1巻（328b『アリストテレス全集5』292）を参照（仏訳者）。アリストテレスは、動植物をモデルにした、質料形相論の観点から生成消滅を論じた後、火、空気、水、土の基本要素の混合（微小部分に分割され、その部分が感覚には明らかでないしかたで並置されている状態）の観点から「同質部分体」を話題にしている。しかし、アリストテレスは最小部分への分割を否定し、微小部分が保存される複合とそうでない混合とを分けた上で、水の部分への分割の例では、混合が同質部分的であるとした。（→4-2注62 **En 17**）。

★90――パラケルススとファン・ヘルモントの錬金術と化学の伝統では、四元素のひとつとしての「水」は万物の元であり、あらゆるものになると考えられた。また、錬金術師は、すべてのものを溶融させるアルカヘスト（alkahest）を追い求めたという。

白とデンプンの混じった）粘着的な動物の本性★91がもう少しより正確に説明されることである。その特殊性は、それが湿った状態でも消えてしまうことがなく、熱のある状態でも堅くならないことであるが、このことは、ちょうど卵に見られるようなものである。さらに注目すべきことは、諸々の動物においては、植物の場合よりも、揮発性の塩★92が、重要な役割を果たしていることである。

19——ほとんど予期されないような場合も、心の状態は身体の諸状態に同気していることを、私は喜んで認める。また、人間精神の薄弱さが、動物よりも人間が頻繁に病気になることになにか寄与していることも認める。高名な著者が**107**頁★93で巧みに説明しているように、人間が行為するさい、その行動は、動物ほどは一定しておらず★94、また人間の本性も悪を避けるさいに一定しておらず、注意深くない点も〔私は〕まったく否定するつもりはない。しかし、（人間の場合、特にそうなのだが）壊疽については、手遅れにならないように、急いで取り除かれるもの〔壊疽〕が守られるべき部分から引き離されるのである。実際、人間が動物よりも恐怖によって動かされ、失神しやすいこと、また、動物は理性によってよりも、無秩序になんらかの本能によって失神することをわれわれは知っている。それゆえ、動物は、われわれよりも自分にとって有益なものを有害なものよりもうまく区別する★95。他方で、このようなしかたの諸論証は、なるほどそれが巧みであることは認めるが、それらにそれほど大きな重要性を与えようとは思わない。われわれは、しばしば勇気のない人のほうが、賢明な人よりも健康に優れ、病気に対して抵抗力があることを見ている。いずれにしても、そこに含まれている諸原因には多くのものが存在する。

20——**130**頁では、この高名な著者には、生命力に由来する運動が、健康なものであれ、病気のものであれ、心の能力が及ばないということは、なにか不合理なことであるように思われている★96。これとは反対に、私の信じるところでは、心の能力をそのように拡大することを不合理に思う他の多くの人々がいる。双方に多くの真理が含まれてはいる。心のさまざまな情念には（それらは

★91——ルメリ（Nicolas Lemery, 1645–1715）の化学の教科書『化学教程』（1675）では、粘膜などの分泌を伴うような現象は熱のもたらす凝固作用によるとされていた（仏訳者）。ルメリの著作は化学反応の粒子論的説明という革新性を有し、一八世紀半ばまで改訂版が刊行され続けた（『近代錬金術の歴史』411）。（→4-2注66 **En 18**）。

★92——ここで言及されているのは、炭酸アンモニウムと考えられる。それは有機物の蒸留によって得られるが、非有機物を混合することでも得られる（英訳者）。一般に「塩」は当時、水に溶解可能な物体であるが、不燃性で味のあるものとされ、空気に溶けるか否かで、気化するものと固定的なものがあるとされた（仏訳者）。ライプニッツのハルトスケル宛書簡では、これらのものを原子と混同してはならないという条件のもとで、これらの塩が寄せ集めと分離の作用に依存することを強調し、化学の学説が、反対のことが証明されるまで真という意味での、暫定的なものであるとしている（1707. 3. 10; GP III, 491ff）。この箇所から理

途方もない多様性によって混乱し、また微小性のために、われわれの意識から逸れるのであるが)、あたかもそれらの情念が従うかのように、正確に生命力に由来する運動が対応している。しかし、これとは反対に、〔身体の〕機械がそれ自身によって自分自身を、欲求が向かうところへと、起動させるのでないかぎり、機械は、欲求に従うことはないのである。

21——もし、心が〔身体の〕機械に対する支配力をもってなにかを支配できるとするならば、〔心には〕自発的にはできないことがあっても、どんなことも支配できない、ということには、もはや根拠がなくなるだろう。心と身体のあいだにはなんの比例関係★97もない以上、心のなかで働く、さまざまな支配力が妨げられる根拠もけっして見出せないことになるだろう。したがって、もしわれわれが、心の力によって飛ぶことができるとし、かつ、そのことが、突然の飛翔を引き起こす、流

解されるように、ライプニッツが「塩」と呼んでいるものは、塩化ナトリウムと同じものではなく、当時、金属でもなく、液体でもない物質を表現した。一六六八年にメイヨウ(John Mayow, 1640–1679)は、空気が呼吸に関係する「硝酸塩の性質をもつ万能自在な塩、活力のある火のような高度に発酵する精気」で満たされているとしていた(『生理学の黎明：16・17・18世紀』176)。

★93——『混合物体と生きた身体の真の差異』34節(仏訳注)。シュタールは病理学のなかで壊疽の兆候と原因について論じている。壊疽は生きた身体の部分の腐敗とされているが、不安のような心の情念がかかわるとされた。(→4–2注71 **En19**)。

★94——ライプニッツは『定義集』(遺稿；C, 480–490)で、体質は化学に関連するもので、薬剤などで変化するとした(仏訳者)。

★95——この種の、動物の優越性に関する行動学的主題は、〔モンテーニュと同様に、ピュロニズムの伝統に属する〕ベールの『歴史批評辞典』の「ロラリウス」の項目に見られるように、古典的である(仏訳者)。

★96——(→4–2注74 **En 20**)。

★97——比例関係の原語はproportio. 数的な比例、音楽の協和音の関係、より一般的に「調和」などを意味するがこの語を、ライプニッツは『対話』(1677)では「真理の基礎」としている。「記号は恣意的であるとはいえ、その用法と結合は、ある恣意的でないもの、つまり記号とものとの間の一定のプロポーションと同一のものを表現するさまざまな記号相互の関係をもっているからである。そしてこのプロポーションもしくは関係が真理の土台なのである。つまり、われわれはあれやこれやの記号を用いるが、つねに同値ないしプロポーションによって対応する同じものが残る」(K I, 8, 15: 引用者一部改変)。また、一六八七年一〇月九日のアルノー宛書簡では、肌を刺す針の一連の運動と痛みのあいだには確かに何の類似性もないが、針の運動の系列と微小表象も含めた痛みの系列のあいだにはある実在的な対応があるとされる(同 361)。ライプニッツのこの着想は数学的な系列間の同型性や『数学の形而上学的基礎』(1715)の「同属性」(K I, 2, 71)にも関連し、微積分の基礎づけにも適用される。シュタールは注解21については特に長い応答を書いている(→4–2注76・77・86・96・97・103・104 **En 21**)。

体の力★98によってではないとするならば、われわれが〔現実には〕どんな高さにでも飛び上がることができないことの根拠もなくなるだろう。また、身体によっては心にとっての障害となるものも生じないことになる。そして、自然は、確かに（それは、高名な著者に従えば、心なのであるが）、あらゆる病に対する最も効果的な治療になるだろうし、けっしてその目的から外れることもないだろう★99。

22——133頁で指摘されていることは、固いものの不可入性が無限分割可能性と共存することができないということである。しかし、私には、不可入性が問題になるとき、なにが分割可能性を構成したり、妨げたりするのか分からない。物体が分割可能であるにせよ、分割不可能であるにせよ、あるいはそれが流体であるにせよ、固体であるにせよ、なにかがそこから切り離されることがなければ、物体はその場所★100に他のものが入って来るのを受け入れないだろう。

23——あらゆる作用が運動（すなわち、場所的運動）である、と私は言ったことはない。多様な心の内的な諸作用は、部分をもたない実体のなかにある。しかし、今は神の内在的な諸作用については、なにも触れないでおこう★101。

24——（137頁ではそうされているが、）私が医師たちを非難するよりは、むしろ賞賛するのは、彼らが、外に流れ出る、血液の凝固★102を妨げるために、尿からアンモニアの塩が抽出されることに気づき、体内のそのような塩がどのように活動するかを捉えようとしたからである。そして、体内にそれが多量にあると想定しなくてはならないことはないが、さほど大量にある必要はない、と考える傾向は医師にあっただろう。というのも、それは、身体のなかでは他の補助するものもともに働いているからである。また、それがうまく働かない場合も、もし彼らが、死による報いを受けたり、病気になる危険を冒したりしないように、段階ごとに処置し、警戒するならば、それら〔の塩〕は正しく、秩序に従って働いていたのである。

★98——ライプニッツの用語では「弾性」に当たり、『具体的運動論』（『新物理学仮説』23節、GP IV, 191ff）などでのエーテルとしての水粒子の仮説と関係づけられる（仏訳者）。

★99——シュタールがヒポクラテスの伝統の「医学的な自然」の主題に入り込んでいることが「日和見主義」である、とライプニッツが批判する、シェルハマー宛書簡（Dutens II, 2, 73）参照（仏訳者）。

★100——ライプニッツは、「位置」概念との関連で、「場所」を測度論的にではなく、近傍の概念で定義した。クラーク宛第5書簡47節（K I, 9, 352）参照（仏訳者）。（→4-2注105 **En 22**）。

★101——（→4-2注106 **En 23**）。

★102——当時の医学界では、血液の凝固は輸血の効果に関わる重要な問題として、ボイルなどにより実験されていた（仏訳者）。尿や血液は、ヘルモントにとっては「生命精気」の化学的探究の問題であった。その成分を求めて、蒸留を行い、尿から揮発性の塩を、静脈血からも塩精気を取り出した（『近代錬金術の歴史』338）。また後述のステノ（Nicolaus Steno, 1638–1686）

25――私は、140頁[★103]で語られていること、つまり、変化させるものがあることは、空を飛ばない鳥のように、稀なことであると言うことにどんな正当性があるのか、分からないし、著者が、他の〔治療法〕ではなく、ほとんど排泄だけしか勧めていない点[★104]も理解できない。しかし、ペルーの樹皮[★105]やそれと同じ種類のものは、はっきり感じ取れる排泄が生じなくても、有効である。確かに、ひょっとすると、それが、体液のなかではなく、なにかよく分からないが、精気のなかで作用することによって、そういうことが起こることもありうるのかもしれない。同じことが、アヘンの作用についても言えるのではないだろうか。毒物とは強く変化させるもの以外のなにものであろうか。毒物が薬剤と異なるのは、用量の違いである、ということは珍しいことではないだろう。そして、われわれが知っているように、解熱剤のなかのあるものは、（危険があるとはいえ）、実はヒ素に由来するものも幾つかあった。それは、おそらくその害については当然、恐れもあるが、とても役に立つ[★106]。しかし、私の考えでは、なにか体液を改善する方法もあるが、それは、たいていそれほど急激なものではないのである。例えば、乳による治療や樹皮とそれに準じたものの煎じによって、体液の状態が変化させられるのである。むしろ私は、たいてい、通じが有効なのは、それが、排泄するからではなくて、変化させるからであると考える。それは、ちょうど脳の出血の場合には、吐瀉が役立つようなものである。したがって、私が言いたかったのは、二種類の変化させるものがあることである。一方は、急性の病気により関わるものであり、それらは精気のなかで働く。他方は、慢性の病気により関わり、体液のなかで働く。たいていの場合、排泄は、善いものと害のあるものとを分けない。しかし、排泄は、外に出すことによってではなく変化させることによって有効ではあるということは、おおむね否定し難い。

26――不合理ではない、と私も考えるのは、不快なものは、それが集中している場所から外に出されなくてはならないが、その結果、押し出されなくてはならないもののために、外に排出する

は動脈血と静脈血の成分の違いも化学的に分析した(Andrault, ibidem. 67ff)。(→4–2注107 **En 24**)。

★103――シュタールは、「技術が自然にとって変わることはできない」として薬剤による治療を否定することがあった（仏訳者）。（→4–2注108 **En 25**）。

★104――シュタールは瀉血のような方法、発汗や瀉下のような治療法を発展させた（仏訳者）。

★105――マラリアの特効薬とされたキニーネのこと。一六五八年にヨーロッパに紹介されたキニーネを、ライプニッツは一六七九年にアウクスブルクに設立されたレオポルド協会に提供した(Dutens II, 2, 110–119)（仏訳者）。当時、すでに薬剤の商品化と管理が問題になっていた。

★106――ライプニッツはブルゲ宛書簡(1714. 1. 3; GP III, 562ff)でも薬剤の有益さを擁護している（仏訳者）。パラケルススも薬剤として、硝石を混ぜたヒ素から砒酸塩ポタジウムを調製したとされる（『近代錬金術の歴史』110）

器官が刺激される、と言われている点である。したがって、私に十分には分からないのは、148頁でこの主張が退けられているように見える、その理由である。

151頁で認められているのは、害になる物質は排出されるようになっていることであるが、このことは、ある種の変化であるように思われる。★107

27——諸々の生きて活動する〔身体の〕組織を司るものに関して、いったいなにが心に帰属させられるか、という153頁の問いについて★108は、私の予定調和の体系に基づいて、答えが与えられるだろう。もし一致から身体が〔心に〕従うことを見るならば、すべてが心に帰属させられなくてはならないだろう。しかし、もしなにか身体がそれに抵抗し、命令されるならば、なにも心には帰属させられることはない、と思われる。もし心が身体のなかにその本性を超えた、なにかを引き起こすならば、それはなんらかの奇跡になるだろう。身体の法則を超えた、なにかを事物のなかに入れ込むことができるとすれば、それは、ただ神だけの固有性なのである。★109

28——161頁で主張されているのは、多かれ少なかれ、活発であれ緩慢であれ、連続的であれ断続的であれ、運動するものが、有機的〔器官的〕な物体の配列★110ではなくて、心によってそう決定されるということである。このようなことが主張されることに私はまったく驚いてしまう。したがって、その帰結として、たった今述べたことではあるが、どんな大きな力でも、心によって身体のなかに押し入れられることになるだろう。まったく確実なのは、排出、発酵★111、その他の内臓の運動も、諸々の体液と管そして特に作用の刺激に比例して、段階的に多様なものとなることである。さらに、より嵩の大きな機械組織の場合には、不均一で、間欠的に流れ出る源泉が存在するのである。ここで示唆されている習性は、心に劣らず、身体を作用に適ったものにする。★112

29——感覚は、表象のために心が直接に導く、非常に鋭敏な運動による、外にあるものの運動に対する鋭敏な反作用にほかならない、ということが同じ箇所で主張されている。★113しかし、私が危

★107——ライプニッツは機械的な「排出」と化学的な「変化」とを区別する傾向があった。これに関連し、ライプニッツは、ステノ、マルピーギ、気づきの伴わない発汗作用に注目したサントーリオ(Santorio, 1561–1636)などの業績にミケロッタム(P. A. Michelottum)宛書簡(1715.9.17; Dutens II, 2, 90)で触れている(仏訳者)。(→4–2注109 **En 26**)。

★108——この問いについて、シュタールは、心があらゆる「生命〔生気〕的な」ものの機能に含まれると考えた(英訳者)。(→4–2注110 **En 27**)。

★109——自然法則を超えた「奇跡」の問題については『形而上学叙説』6・7節(K I, 8, 150ff)などで論じられている。

★110——原語はdispositioであり、現代哲学では「傾向性」と訳されることが一般的であるが、ここでは身体機械の物理的組成の構造を強調した。

★111——この発酵の概念はシュタールのものではなく、精気の沸騰によって生じるとしたボイルやルメリのものである(仏訳者)。前注50、59、79、92参照。

惧するように、魂は、このように物体と死すべきものにけっして切り詰められることはないし、他の人々が（物体的なものの意味の）「精気」という名称[★114]で指示するものに、変えられてしまうこともない。この高名な著者は、特に、精気がこうした点で、心と異なる点を否定する。確かに、ホッブズは、感覚を反作用によって説明する意図をもっていた[★115]が、この高名な著者は、心の非物質性を退けようとすることからはほど遠い、と私は思う。というのも、〔シュタールは〕確かに運動を非物体的なものとして主張し、さらに、心が運動の源泉に等しいとしているからである。

30——しかし、実際には運動（つまり、場所と位置の多様な変様）は、心の力なしには生じないとしても、物体のなかにその基体がある。運動は、モナドの変状である以上に、寄せ集められたものの変状であるからである。心に固有の働きは、運動とは異なるのである[★116]。

31——しかし、生きた動物的な精気——それは感覚することができない流体である——が、身体のなかを急速度で循環していることを、驚いたことに、この高名な著者は認めない。その理由は、身体のなかで刺激[★117]を引き起こすものは、心以外にはない点の根拠が与えられないからである。そ

★112——ライプニッツの言う「習性」は、頻発する状態として、水が液体状態であるような場合も含む。ライプニッツは、「健康」が、そのことに人が気づいていない状態での、身体の（よい）習性的状態である、とした（C, 480–490）（仏訳者）。ライプニッツは、『弁神論』などでは、教育により、心身の習性を獲得できると述べる（K I, 7, 23）。（→4–2注111 **En 28**）。

★113——『医学の真の理論』（1707）161頁。（→4–2注112 **En 29**）。

★114——spiritus, espritという用語は、「精神」と粒子状の「精気」の双方の意義を持つ。一七世紀の化学では、動物精気、植物の燃える精気、酸の精気が認められ、ライプニッツは『人間知性新論』序文（K I, 4, 37ff）で精神の非物質性を強調した（仏訳者）。

★115——若いライプニッツがホッブズの特に『物体論』の影響を受けた点については、本著作集のホッブズ宛の書簡と解説（K II, 1）を参照されたい。「感覚を反作用によって説明する意図をもっていた」に該当する箇所は邦訳『哲学原論　自然法および国家法の原理』（伊藤宏之＋渡部秀和訳、柏書房2012, 424）。

★116——（→4–2注113 **En 30**）。

★117——刺激と訳した原語はim-petus. ライプニッツは、刺激の概念を振動する筋（靭帯）と「不安（落ち着かなさ）」の理論との関係で発展させた。ライプニッツは、快不快や痛みなどを、管のなかで微小なエーテルを噴出させることにより、全身に伝える、ヒポクラテスが「刺激を生み出す」と呼んだ機構について語る。ミケロッタム宛の書簡（1715.9 . 17; Dutens II, 2, 90ff）を参照（仏訳者）。（→4–2注114 **En 31**）。

のうえ、実際には、生命を欠いたもののなかにも刺激を引き起こすものがあることは明白であり、動物の〔身体から〕抜き取られた、心臓が拍動することもしばしば観察される。これらの〔心臓の〕作用は明らかに物体の作用である以上、なぜ物体的なものではない、諸影響が当てにされるのだろうか。つまり、現実になにか超自然的なものを、あるいは事物の自然からは説明することが不可能なものを当てにすることができるだろうか。さらに、このような原因はあまりに大きな結果をもたらすことにもなる。★118 というのも、すでに注意を促したように、〔シュタールの議論では〕心の能力にはどんな制限も加えられないことになるだろうからである。

★118――ライプニッツは、《注解》〔序文〕3で「結果は原因よりも強力ではない」と述べたが、デカルトは「十全な原因と完全な結果の同値」に関する力学の原理を無視したとされる（仏訳者）。この原理がデカルトの運動量保存則の難点を指摘する論拠となる点は、アルノー宛書簡（1686. 11. 28/12. 8; K I, 8, 301）にも見られる。また、「機械的な永久運動」の否定の論拠となる点は『形而上学叙説』17節（K I, 8, 171）で指摘されている。

4-2……シュタールの諸観察に関する再抗弁★01

Responsiones ad Stahlianas observationes. 1711.

1について——①その主張は、自然の事物の体系においては、目的に従って生じるものと、偶然生じるものとがある、というものである。私の《注解》が立論したのは、一切が、現実には目的へと導かれる以上、偶然は、われわれの無知以外には場所をもたない、ということである。彼の『応答』は、この真っ向から対立する二つの主張を区別しているが、その反論の根拠を提出することが必要である。ところが、実は、その根拠が示唆されるのは、生成する一切のものが、神に起源をもつか、あるいは確かに神によって司られていると想定することによってである。ところで、神は、最も智慧あるものであり、一切を目的によって導くものである。言葉の意味を通常とは異なるように説明するのでないかぎり、その反対のことが、一切を包括する神的な摂理および、さ

★01——ライプニッツの《注解》に応じたシュタールの『応答（解明）』に対するこの《再抗弁》は、一七一一年一〇月に書かれた。なお、（**En 00**）以下は、4-1注01に示したとおり英訳者に従った、《注解》に対するシュタールの『応答（解明）』の章ごとの要約。

らにたんに啓示されたばかりでなく、自然的でもある神学と、どのようにして調停されうるのか、私には理解できない。★02

②主張は、むしろその逆説の根拠を与えなくてはならないが、『応答』ではそれはまったく与えられていないか、あるいは極端に弱いものしか与えられていない。その第一の根拠と思われるものは、このような考察が、有機的〔器官的〕なものと機械的なものとを十分に区別することに役立つというものである。しかしながら、その考察が有益な点は、論拠にはならない。つまり、有機的なもののうちに目的が明らかに現れているとしても、他のもののなかに目的がなにもないことは、帰結しない。というのも、（それどころか、絶対的な摂理を想定することから、そうでなくてはならないが）、有機的なものは機械にほかならないことがありうるからである。そこには神の創造されたものとその意図とが非常によく表現されているのである。

③私がその第二の根拠として見出すのは、ここから帰結することが、非常に微小なものやそれと同類のものが、細かい塵の運動が風によって引き起こされるように、確かに、神によって諸原因の秩序により原初から定められて生じること、そしてある結果を導くことに寄与する点である。しかし、このことは、根拠を与えることではなく、問題になっているものを否認することなのである。★03

④神のなかにこの上ない摂理があることに同意するならば、その摂理はなにも見逃さず、その導きを免れるものはなにもない点が認められるだろう。これらの主張の最善の根拠は、キリストの言葉によれば、〔神は〕われわれの髪の毛の数すらも数えられるので★04、啓示に拠るだけではなく、理性にも拠っているのである。というのも、第一に、もし仮にこのような非常に微小なものも目的の観点から神によって導かれないとすれば、それより大きなものもその導きから外れてしまうだろうからである。例えば、小石〔大砲の弾〕が熱せられ、飛ばされるならば、その運動方向は変え

★02――《再抗弁》の書かれた直前の一七一〇年に、自然神学の書である『弁神論』が出版されたことに注意（仏訳者）。

（En 1）［目的なしに生起する「単なる偶然」、孤立した出来事の存在、有機的な根拠を与え得ない出来事の集まりや系列の存在を認めるべきである。風に吹き寄せられて出来た砂山やハエの毒死などがその例である。有機的でない物体の世界には意図的な目的はなく、神の普遍的指示により物質的結合はたまたま秩序をもつ。個々の物体的事象に適用される自然法則も決定論的ではない。ハサミであることは、鉄の目的ではなく、両者の結合に必然性はない。他方、有機的存在（生物）は目的と必然的に結びついており、神により繰り返し創造され、時間の展開とともに現実化する神の個別的なデザインを体現する。生殖に関しても、心の働きが身体を方向づける以上、機械的展開としての前成説は退けなくてはならない。妊婦の抱く表象は胎児に影響する」。

★03――ライプニッツは、アルノーと同様にシュタールが現実的なものと

られるだろうが、そのようなことは、王や精鋭部隊の指揮官が行うことであり、それによって非常に重要な変化が生じうるのである。

⑤第二に、どんな物質も、それが手の加わっていないものであれ、小さなものであれ、それ自体としてなんらかの有機的〔器官的〕物体、つまり自然の機械を含まないものはない。というのも、そこに神の智慧の痕跡[★05]が刻み込まれていないものはなにもないからである。それゆえ、いたるところに自然な諸目的が存在するのである。

⑥しかしながら、われわれが譲歩して認めたのは、機械と寄せ集め、ないしは物質のあいだにある区別が大きい点である。というのも、機械は、その構造の力によって諸目的と諸結果とをもつが、寄せ集めの諸目的と諸結果は、諸々の協働する事物の系列から生じ、さらに異なるさまざまな機械が結合することからも生じるからである。そのような結合も、確かに神的な定めに従うとはいえ、それが持っている、優れた相互秩序[★06]がどれほど顕著であるかには程度がある。したがって、カイコの目的や働きは、非常によく知られているように、繭を産出することであるが、別種のカイコが生じるためには、雄と雌の交配が、さらには、ある動物と他の異質の動物との掛け合わせも必要なのである。[★07]しかし、このような組合せは、より明白な優れた相互秩序を有する。そして、神の智慧と神性の証拠に関する判定は、繭を人間の衣服に変形させる証拠よりも、明白に

潜在的なものとの区別をしなかった点を批判している（仏訳者）。例えば、ライプニッツはアルノー宛書簡（1686. 7. 4/14: K I, 8, 256ff）では、必然真理とは区別される、神の意志に依存する、神がアダムについて有する個体概念の含む、可能的なアダムの諸属性について論じている。

★04——『マタイによる福音書』10. 26–33参照（仏訳者）。

★05——同様の表現がマサム夫人宛の書簡（1704. 3; K II, 1, 375）にある（仏訳者）。

★06——相互秩序の原語はcoordinatio。デカルトは第六省察で「自然」を説明するさい、（神あるいは）「神が設えた被造物の相互秩序」（rerum creatarum coordinatio）という言い方をする。

★07——カイコに関するマルピーギの一六六九年の論考とレーウェンフックの一六八七年六月一一日の書簡での、特にその卵に関する精確な記述を参照（仏訳者）。マルピーギによるカイコの観察の話題は、アルノー宛書簡（1687. 10. 9; K I, 8, 379）にも登場している。ライプニッツは、「新しい種」が交配などにより生じることを『人間知性新論』3部6章13項（K I, 5, 61）や『モナドロジー』74節（K I, 9, 235）で示唆する。

与えられる。とはいえ、後者もまた神的な摂理の帰結であることは否定できない。ともかく、繭の産出の場合の、太陽の熱、クワの葉から来る栄養や他のその類のもののように、異質なものを加えることがなければ、この非常によく知られたものも必ずしもうまくいかないのである。私は、オズー[★08]という、洗練された学識あるフランス人が、神の存在に関する最も有力な諸論拠のなかで、生殖のために、両性に対して〔神によって〕振り分けられているさまざまな役割が調和することを正当にも参照させていることを思い出す。事実、このなかには、より明白に目的が存在する。しかし、以上のことからいったん摂理を認識してしまえば、他の場合にも目的が存在するのを理解することは簡単なことだろう。

2について――『応答』が述べているのは、すべての器官は機械だということである。また、『応答』は、すべての有機的〔器官的〕なものが機械的なものに基づき、機械的なものを前提としていることを肯定する。しかし、これを言うだけでは不十分である。事実、付け加えねばならないことは、たとえ非常に洗練されており、かつ神的なものであるとはいえ、自然のうちでは、一切が機械的に生じる以上、有機的なものが形相的には機械的であるほかない点である。その根拠は、諸反駁に対して加えられた論述のなかですでに与えられた。つまり、一切が物体のなかで生じなくてはならないので、それらは物体の本性、つまり、形態の大きさと運動の諸法則から判明に説明することが可能なのである。これらのものをわれわれは「機械的」と呼ぶ[★09]。

3について――私がボイルとシュトルムや他の人々のことを仄めかしたとき、私が訴えたのは、彼らの権威ではなく、彼らの諸根拠であったが、それはその論拠を繰り返さないためであった[★10]。

4について――①『応答』が繰り返し擁護するのは、「心全体の素質だけでなく、また、われわれが知りうるかぎりの決定も、そして、われわれがそれを知りうるその量も、もっぱら物体的な事物のさまざまな性状をめぐるものである」という主張である。この主張にわれわれは反対する。つまり、心は、外にある事物を認識することを決定されているだけではなく、確かに、それ以上に、自己自身を知ること、およびその作り手である神を認識することへと決定されているのである。[★11]『応答』は、物理的[★12]なものと物理＝道徳的なものとを区別したが、この区別はある主張に付け加えられなくてはならない。その主張は、非常に一般的で断定的な主張であるが、あたかも、物体の性状は、心の決定に関与するもの以外の、なにもわれわれには知ることができないと言うようなものである。しかし、われわれは、物体だけではなくて、自分自身も神も、われわれによって認

★08——オズー(Adrien Auzout, 1622–1691)。天文学者としてマイクロメーターの発明、彗星の観測とその軌道の確定で知られる。パリの諸学アカデミー初代会員、イングランドの王立協会の会員。イングランド、ローマのアカデミーなども通じて多くの科学者と交流があった。ライプニッツは、一六八九年四月のローマ滞在中にオズーに会い、デカルトの生涯をまとめている(GP IV, 315)。ライプニッツは同年ボローニャでマルピーギにも会っており、この頃のビアンチーニ(Francesco Bianchini, 1662–1729: 当時のローマのアカデミーの物理数学の若手会員)宛書簡でも動物の問題が論じられた(Robinet.A., G.W. Leibniz : *iter Italicum : (mars 1689–mars 1690) : la dynamique de la république des lettres : nombreux textes inédits*. Firenze. 1988, 139ff; GP III, 336)。ライプニッツはカドワースの『宇宙についての真の知的体系』に関するノート(c.1689; A VI, 4, 1950ff)も書いている。マルピーギがイングランドの王立協会にカイコの研究を送ったさい、オズーがフックやオルデンバーグにその出版を促し、マルピーギの王立協会会員選出に寄与したことも知られている(Meli. D. B., *Mechanism, Experiment, Disease: Marcelio Malpighi and Seventeenth-Century Anatomy*. John Hopkins Univ. press, 2011, 186)。ライプニッツは、オズーやマルピーギとカイコの生殖、性の分化、自然神学などを議論したと推測される。

★09——《注解》〔序文〕3節冒頭部で同じことが述べられていた。(**En 2**)〔あらゆる器官は機械であるが、有機体が無際限に機械的な部分からなることはない。メカニズムにとって外在的な原因が機械の構成要素に方向を与え、目的志向的機能の活動に導く場合に、物質は有機体となる〕。

★10——『自然そのものについて』(1698)でボイルとシュトルムに言及したことをさす。4–1注59参照。(**En 3**)〔有機体をメカニズムと同一視する背景には「機械論のみが理解可能で合理的」という原則があるが、この原則を権威に基づいて乱用してはならない〕。

★11——ライプニッツのラミ(François Lamy.1636–1711)に関する論考(1702; GP IV, 572)参照(仏訳者)。

★12——原語のPhysicisは、化学的と対比し、「自然的」の意味のnaturalisと区別した。

識されるし、認識されなくてはならないことを知っている。この制限によって、同じく必然的となるのは、この主張が、人間の心にも関係することである。なぜなら、獣の心のなかには道徳的なものがなにも内在しておらず、すべてがたんなる物理的なものだからである。[★13]

②『応答』は、良心、不安、悪事を働く多くの者に対する罰のような物理＝道徳的なものを加えなければ、心がなんらかのしかたで、作り手としての神の認識に達することができるかどうかを、自らが探究できる力をもつ点を否定する。しかし、私が驚くのは、なぜこれほどに弱い論拠が持ち出されているかである。そのような不安や恐れは、なにも証明しないし、ここ〔この世〕では悪人の多くは罰せられない。これらの論拠に優先するのは、事物の秩序と第一原因の必然性を、あるいは他のこれに類する、神性に関する非常に確実な諸論拠を申し立てることである。[★14]

③また、『応答』では、心が自己を認識するように決定されていることも否定されている点に私は驚く。実際、自己を知ることは、ある完全性なのであり、少なくない心〔魂〕が、確かにそのような状態になるのであるが、そのなかに神によって決定されてはいないほどの大きな完全性にまで達するものはない。とはいえ、その本質にしたがって、心が自己を認識する点が否定されている点は疑わしい。そして、そのことが事態になんら影響を及ぼさないのは、同様なしかたで、心は、その本質にしたがって、外部に存在する事物も認識しないからである。心にとっては、自分の外部にある事物を知覚表象することに劣らず、反省の作用を行使すること、すなわち自己を直観することは、大いに自然なことである。実際、心自身のなかに内在するものの認識によらなければ、心はその外部にある事物を認識しないのである。[★15]

④以上のことが、物理的なものから完全に締め出される必要はないし、道徳的なもののために拒絶される必要もない。というのも、物理的なもののなかでも記憶が扱われるからであるが、記憶のうちで心は反省作用を行使する。[★16]心は、先行する認識を反復するだけではなく、心が以前に

★13——快苦の感覚はあるが、反省を持たない、獣あるいは動物の非道徳性という主張が『形而上学叙説』34節（K I, 8, 205頁）、『弁神論』250節（同7, 18）にも見られる（仏訳者）。しかし、『モナドロジー』28節も述べているように、「人間といえども、表象間の連結がただ記憶の原理によってのみなされているあいだは、動物と同じような行動をしており、…われわれの行動の四分の三は、経験論的なものでしかない」（同9, 214）点もライプニッツは認める。

★14——『事物の根本的起源について』（K I, 8, 92ff）を参照（仏訳者）。

★15——示唆されている「生得観念」と「反省」の関係については、『人間知性新論』序文（K I, 4, 18）を参照。シュタールも、心ないし生命が自己認識をもつことを否定しないが、その直観は、根拠の連鎖によっては表現されない（仏訳者）。

★16——「記憶」に関しては、一七世紀には、デカルトのビュルマンとの対話（三宅徳嘉＋中野重伸訳『デカルト著作集』第4巻、白水社 1993, 342）に見られるように、外部からの刺激の痕跡による「物質的記憶」と心に始め

持っていたものも再認するのである。★17

5について——問題は、気づきの伴わない場合も、なんらかの〔知覚〕表象が存在するかどうかである。『応答』は、諸反駁に関して、先になされた私の論述の意図がよく認識されていないことを十分に示している。というのも、『応答』は、表象が知性による理解と同じものであると仮定しているからである。ところが、事実はそこからかけ離れており、表象を気づきと同じとすることはけっしてできないのである。〔知覚〕表象★18は、非常に幅広く考えられるので、それは、まったく雑然としていることもありうるが、気づきは、なにか判明なものを有する。知性による理解は、諸根拠を通して、あるいは普遍的な諸真理を通して進むが、それらは必ず、理性的な心のうちで観て取られるのである。しかし、雑然とした表象の本性を、知性により、よりよく理解するためには、以前に示唆した事例が考察に値するだろう。つまり、青色と黄色、二種類の粉末を混ぜ合わせると、そこから緑色の粉末が生じるが、そのとき、心は、二つの粉末の両方とも、すなわち、青色も黄色も、表象しているというものである。というのも、刺激の強い部分が表象を触発しなければ、全体がもはやそのような効果をもつこともないだろうからである。そして、青色と黄色の粉末に由来する、このような心の受動を私は「表象」と呼ぶ。しかし、この二色の表象は雑然としているし、緑色に気づいている場合には隠されている。そして、二色が緑色に隠されていることを除けば、黄色も青色もわれわれにはほとんど表象されていないのである。このような説明が与えられれば、『応答』に関するさまざまな疑念は終わると思う。そして、ここから、われわれの身体のなかでも、無数のものが表象されていることを、私が導くこともなんらかのしかたで認識されるだろう。それらの表象は、その事象がかすかなものであったり、習慣となったりしているので、つまり、さまざまな印象が微小であるので、われわれが気づくことのないものなのである。

6について——『応答』★19は、ハトが、自分のよく知っているハト小屋に、その身体の諸印象によっ

から刻み込まれている「知性的記憶」とを分けて論じることが一般的であった。

★17——表象と道徳性（自由）の関連については、『人間知性新論』2部21章（K I, 4, 193ff）参照（仏訳者）。

★18——原語はsensio. この箇所でも「微小表象」概念が示しているように、表象は必ずしも気づきを伴わない。表象の区分に関しては、『認識、真理、観念についての省察』（K I, 8, 26）などで論じられている。ライプニッツは『モナドロジー』13節（K I, 9, 209）で表象と欲求を特徴とする単純実体について、その「一の中にある多が含まれているはずである」と存在論的に語る。

★19——（**En 6**）［遠い場所で放たれても、自分の巣へ戻るハトの心のなかには、感覚や記憶を結びつけ、自ずと目標へと導く暗黙の判断がある］。

て帰って来ることを否定しているが、私にはこのことが理解できない。しかし、さまざまな光線も、音や匂いの拡散も、そのような身体の印象の原因となるのではないのか。彼らが、多くのものを通して幾千もの道を見つけるとき、イヌも匂いや、これらに似ている非常に希薄な流出するものに従っているのではないだろうか。同じことが、ハト小屋に帰って来るハトについても言える、と私は思う。つまり、ハトたちの感覚と記憶が駆動させられているのである。最初のものが、後に続くものより好まれるかどうかが、あまり重要でないのは、イヌは自分の以前の主人を探すが、ときには新しい主人になつくこともあるからである。

7について――ここに関しては見解の相違がないことは明らかである。★20

8について――もし物体が表象と欲求を欠くならば、自分を維持するために努力する炎ほどにも、それを正当に「生物」と呼ぶには値しないと思う。そして『応答』も、心に立ち戻っているように見えるので、おそらくこれに抗弁することはないだろう。★21

9について――①〔植物の〕成長、栄養摂取、繁殖は、機械の構造と運動から生じる。『応答』は、これを論証のない単なる主張と見なしている。しかし、『応答』は、その反対のことをむしろ論証しなくてはならなかった。それは、身体のうちで生じるものも、身体から生じるものも、なんであれ、その反対のことが論証されないかぎり、つまり、示されないかぎりは、機械的に、すなわち、身体の形態の大きさと運動によって生じる、と仮定される以上、〔これと反対のことが論証されれば、『応答』の〕論証は、物質の本性を超越することになるだろうからである。

②「自己を維持し、栄養摂取し、繁殖する火」の類比と同じ働きを、より洗練されたしかたで示している動物との比較は、『応答』がそれをあてにしているほどには、期待できるものではない。実際、『応答』は、より厳密な説明に立ち戻るさいには、火が、自分で存続し、自己を維持し、自分で栄養摂取し、自ら繁殖するが、流れ込む空気を必要としていることを否定するのと同じよう

★20――時計の機械論的説明についてはライプニッツとシュタールのあいだに見解の相違はないが、機械論を混合物体と生物に適用するさいに、相違が生じる。シュタールは、器官の機能の説明について機械論では不十分と見なした（仏訳者）。**(En 7)**［メカニズムだけでは生命は説明できない。ライプニッツは時計をモデルにその物質的な組織を完全に分析すれば、その機能も説明できると言うが、時計のバネを観察するだけでは不十分で、実験的に力がどのように作用するかを評価する必要がある］。

★21――**(En 8)**［生命の本質は、適切な活動によって自己を保存し、破壊に抵抗する身体の能力にあり、生命はこのかぎりで心の直接的介入に依存する。生命を物体の力に還元することには賛成しないが、生命が運動を含意する点は認めよう］。

に、動物が自ら自己を維持することも否定できるだろう。というのも、周囲から絶えず流れ込むものとその内部への浸透がなければ、呼吸ができないばかりか、熱やさまざまな体液の流れも止まってしまうからであるが、このことは、身体の内部の冷たさから経験にも明らかに示されているとおりである。『応答』は、弾性力と緊張力による運動（これは、私は、弾性力の働きにほかならないと思うが）[★22]については語らないが、それらが、浸透する運動によって生じることは明らかである。われわれは、空気ポンプの実験[★23]によって、周囲を取り囲む空気を押すことによって、血液やその他の液体の多くが、しかるべき一定の状態に保たれることを知っている。そして、それらの液体は、周囲を押すのをやめれば、泡立ち、その管も破壊されるので、循環することもやめるのである。さらに、不断の発汗[★24]が加わり、他の多くの証拠も与えられるが、それらのことから明

★22――「緊張力」の原語はtonicum. シュタール『生気的緊張力的な運動とそれによって生じる血液の循環』(1692)参照（仏訳者）。同書では人間の意志の伴わない、器官による運動を「生気的」と呼び、緊張的運動が、神経の諸部分の緊張として捉えられ、この緊張が周囲の状況に応じて増減するとされ、古代の「精力」概念とも区別された。フォスターも、血液の循環に関連し、緊張的運動が毛細血管の多孔組織を引き締めたり、緩めたりすることで血流の変化が生じるとされた点に触れ、この緊張力がシュタールの病理学の大部分の基礎であったとしている（『生理学の黎明：16・17・18世紀』214）。

(En 9)［ライプニッツは、生命を植物的な力に還元し、機械的なモデルで自己生成する炎のアナロジーを展開するが、保存の機能は、器官の構造以上に体液の循環、分泌、排泄に基づくのであり、その作用は、物体の属性を超えた、方向づけにより決定される。炎のモデルは、炎が空気の渦動に因果的に依存する点で自己保存的ではない］。

★23――トリチェリ、パスカル、ゲーリケ（Otto von Guericke, 1602–1686）などの実験およびボイルの法則参照。この動物実験は、呼吸を維持する気圧の役割を確認したが、より重要な点は、肺の組織を通して肺動脈から肺静脈に流れる血液と空気中に含まれる「硝石の精気」（4-1注78参照）との化学的結合の役割を確立したことである（英訳者）。ライプニッツは『トレヴー紀要』で、この現象について機械論と化学の両方の説明をしている（1701. 1; Dutens II, 2, 88）。血管の中を流れる液体に混じった脂肪の塊を想定し、この塊が管の中で弾性的な部分をもつことで、脂肪が安定した状態になるとし、血液の激しい運動は脂肪と液体が固まることを防ぎ、管も真っ直ぐにならぬよう渦を巻くようにしているが、この脂肪がなくなると、液体の運動も無くなるとした（仏訳者）。なお空気ポンプに関しては、化学的帰結を導いたゲーリケと『新物理仮説』のころのライプニッツの往復書簡（A II, 1, 98, 102, 150–166）を参照（仏訳者）。

★24――ヒポクラテス以来知られていた、汗と気づきの伴わない発汗の区別を、サントーリオ（Santorio, 1561–1636）が正確に量的に計算し、観察した（仏訳者）。

らかになるのは、動物の身体は、間をおいて栄養物を摂ることを必要としているだけではなく、炎のように、絶えざる流動のなかにあることである。★25〔身体〕内部の運動によって生じるもので、周囲からの浸透によって維持されているもののなかには、感覚可能な諸物体に属するような固いものはなにもない。このことをボイルは多くの観察から確証した。炎と動物とのあいだにある類比は、炎を、空気によってかき立てられる塵の渦に比較することを妨げるものではない。★26というのも、身体の全体は、大小の程度がある、このような流体の渦から成り立っており、身体そのものの堅さも、流動する諸身体が同気する運動から生じるのである。このような運動が、抵抗なしにも、ある凝集を生み、互いに身体が分離しないようにするのである。★27

10について――①医学は、人間の身体を維持するための技術であるので、人間の身体に関する正確な認識は、医学の目的のためには、たとえすべての医師が同じ知識を有することが必要ではないとしても、多すぎるということはありえない。『応答』は、解剖学、特に、近年非常に洗練されてきた解剖学については、それが役に立たないものと理解されると、仄めかしている。しかし、それを論証するために持ち出される論拠は、医学の学問的知識の現在の状況からすれば、ほとんど根拠を欠いている。私の信じるところでは、これまで医学が揺籃期にあったことを誰も否認しない。確かに「外科」と呼ばれる医学の分野は、それが特に目に見えるものを通して進歩するので、比較的容易に発展させることができる。しかし、時代の進行とともに、解剖学の進歩も、期待できるようになってきており、それが大いに完成されればされるほど、洗練された解剖学の有益さも増すことになるだろう。その結果、われわれは、確かに眼の白内障★28や膀胱結石を取るまでに解剖学が進歩したのを見る。いつの日か、皮膚の隙間にできた水★29や他の小さくない有害なものも確実に切除できるようになることが期待される。また、現在、見込みがないと思われている、他の開口、分離、再建や補正なども手中におさめられるだろう。したがって、将来の発展のためにで

★25――ライプニッツはこれを『人間知性新論』第2部27章第4項の「テセウスの船」のモデルで取り上げた(K I, 4, 277)。同じ喩えは、『モナドロジー』71節(同9, 235)などに見られる。このモデルはホッブズの『哲学原論』11章7節において取り挙げられている。

★26――渦のモデルは『新物理仮説』(1671)以来、『「天体運動の原因についての試論」の解説』(1706; K I, 3, 425)などにいたるまで、ライプニッツの自然哲学において重要な役割を占める(仏訳者)。

★27――ライプニッツは、無限に分割されている多数の粒子の同気する運動が生み出す「凝集」による物体の固性に関する説明を一貫して保持した(英訳者)。

きることはなにも放っておかないことが、国家の利益となる。

11について——①そしてもし、〔解剖学の〕必要性やその確実に大きな利益を明らかにでき、大多数の人がそれらを熱心に習得しなくてはならないとすれば、金細工師よりも多くの農業者が必要となるだろう。しかし、国家の管理にとって重要なことは、そのような工業者も育成することであり、彼らが共同体の生活にも、真理によって国家を飾ることにも貢献するようにすることである。同様のしかたで多くの医師や外科医が、有益性がますます明白となるものを取り扱う必要があるが、注意すべきは、新しいものを探究する、一定数の優れた解剖学者、植物学者、化学者[★30]がつねに存在するようにすることである。これらの人々が、役に立たないと非難され、遠ざけられたり、軽蔑されたりしてはならない。そのような状態では、小さくない誤謬と不公正が生じるのであり、それは、民衆のことわざでは、「仕事が少しでも立派になると、パンから遠ざかる」ことなのである。[★31]『応答』が実際に示唆していると思われることは、解剖学者が、今でも十分に傑出しており、将来もそうなるだろうということであるが、これが正しいことを私も望んでいる。しかし、私が

★28——白内障の切除の理論的な可能性は、ライプニッツが『人間知性新論』第2部9章（K I, 4, 145）で紹介した、生まれつきの盲人が開眼手術後に視覚だけで対象の識別能力をもつかどうかを問題提起したモリヌークス（William Molyneux, 1658–1698）によって一六九三年に示された。またイギリスの外科医（Cheselden）による実際の成功例が一七二八年の『哲学紀要』に報告されている（仏訳者）。

（**En 10**）〔マルピーギの「微解剖学」は、好奇心は満たしてくれるが、臨床医学には役立たず、生理学的過程は微小部分の構造や傾向性に直接には還元できない。構造よりも、心が方向付ける体液の循環や自然治癒力を重視しなくてはならない。医師の仕事は、心の形成的、保存的、矯正的な活動が、身体の普遍的エコノミーに影響を及ぼす、状態と兆候の経過を観察、制御し、体液の流れを規則正しくし、病的な物質を排泄することにある。医師は、自然治癒力に代わることはできず、その発露を妨げるものを除去するだけである〕。

★29——皮下への水の浸潤としての「水腫」（仏訳者）。

★30——ライプニッツはガッケンホルチウス宛書簡で、分類学上の問題を扱った（1701. 4. 23; Dutens II, 2, 169; Smith. J. *Divine Machine, Leibniz and the Sciences of Life*. Princeton Univ. Press. Princeton. 2011, 303ff）（仏訳者）。後述のマルピーギにも『植物解剖学』（1675–79）がある。

★31——ライプニッツが、医学の現状に触れ、化学が医学の発展に益する、と宣言するレオポルド協会の設立文書（1679; Dutens II, 2, 111）を参照（仏訳者）。

懸念するのは、これが経験によって覆されることである。というのも、われわれが解剖学者を有するようになって、まだほとんど二世紀しかたっていないからであるし、その数も、今では増えるより、むしろ減っているようにも見えるからである。われわれが、たくさんのステノやマルピーギのような人々[★32]のことで苦労することなどけっしてないだろう。

②血液の循環と血管の分離に関する多くのことがらは、《注解》の医学の職務に基づいているので、触れられる必要はなかった。実際、ヒュラスが擁護するに値しなかったのは誰にとってなのか。[★33]一言で言えば、そのような警告が幾つかあったが、医学的なことがらについては、これまで「動物のエコノミー」に関して近年発見されたことに基づいても十分な成果がなかった、と把握されたことが注記されていたからである。しかし、同様に、そのような発見を軽視することがあってはならないが、それは、真理の効用は必ずしも真理そのものとともには進歩しないからなのである。

③私がしばしば警告したのは、これまで医学があまりにも経験的であったこと[★34]であり、また、解剖学が生理学のために、生理学が病理学のために、病理学が薬学のために十分に役立っていなかったことである。[★35]というのも、われわれは、目に見える諸部分の目に見えない諸機能について、これまでその諸根拠よりも、むしろその観察を追求してきたからである。例えば、生命機能のための諸神経や四肢の機能である。そして、われわれは、健康な状態が病気の状態へと変化することや、病気から健康への回復に関しても当惑するが、問題は、病気の原因と治療なのである。しかし、このことに驚いてはならないのは、特殊な物理学[★36]が今のところほとんど揺籃期の状態にあるからである。古代ギリシアとラテンの経験の多くは消えてしまったし、そのなかで残っている諸論証もまったく取るに足らないものである。アラビアとラテンの人々は、暗黒の世紀のあいだにもおそらく病理学と薬学のために、なにかを付け加えたが、それらのものはほとんど大きな価

★32——耳下腺管の発見で知られる、ステノのこの分野の功績としては、『筋の観察』(*De Musculis & Glandis observationum specimen*, 1664)と、『筋構造の要点』(*Elementorum myologiae specimen, seu musculorum description geometrica*, 1667)の心筋の解剖学および『脳の解剖学』(1669)がある。特に、最後のものは、デカルト『人間論』(『デカルト著作集』第4巻伊藤俊太郎・塩川徹也訳、特に268頁以降)などの松果腺仮説を脳の解剖学的知見に基づき退けたことで知られ、腺が精気の流れを変えることは不可能であると明言している(Niels Stensen. *Discours sur l'anatomie du cerveau*; présenté et annoté par Andrault.R., 2009. Paris, 95–100ff)(仏訳者)。スワンメルダムともマルピーギとも交流があったステノは、地質学の研究でもライプニッツに影響を与えたが、研究をやめ、改宗しカトリックの僧侶になった。ライプニッツは、パリ滞在中に書いた『哲学者の告白』(A VI, 3, 115ff; K II, 2)についてステノに批評を求め、その見解を高く評価したことが知られている。ステノについては、『プロドロムス：固体論』(山田俊弘訳、東海大学出版会2004)の訳者解説が有益である。マルピーギは、『肺の解剖学的観察』(*Observationes anatomicae de pulmonibus*, Bologne, 1661)などでの解剖による肺の毛細管の循環の観察や赤血球の発見などでも知られる。植物の解剖学も行い、胎生学の分野では、『卵におけるひなの発生』(1673)で、ニワトリの卵から成鳥に至るまでの発生を的確に描写した(『生理学の黎明：16・17・18世紀』)。

★33——ウェルギリウスの『農耕詩』(3.6)の句(英訳者)。古代ギリシア神話上の人物、ヒュラスは、父を攻め滅ぼしたヘラクレスの愛童となり、アルゴ船の遠征に加わったが、一行がミシュアに立ち寄ったとき、泉の水を汲みに行き、妖精たちに美貌を見そめられ、水の中に引き込まれてしまう。そのために、ヘラクレスは、仲間から置き去りにされ、一行と別れることになった。理性を曇らせる、生気論の幻惑的な魅力の寓話的な表現は、ライプニッツのことをサモトラケのアリシュタールコス(アレクサンドリアの文法学者、ホメロス学者)と揶揄したシュタールに対する「リベンジ」か(仏訳者)。

★34——ライプニッツの同趣旨の発言は、カルカヴィ(Pierre de Carcavy)宛書簡(1671. 11; A II, 1, 181)などにも見られる。また、医学が幾何学的な様式ないし計算に従うものに還元されるという主張を疑った点は、『公共的な議論』*Dissertaio exoterica*(1676; AVI. 1. 448)を参照(仏訳者)。ライプニッツは臨床医学独自の問題と固有の方法論を認識していたことは、後述のように、ヒポクラテスの「箴言」にならい、多くの症例の可能な限り詳細な観察記録の収集が非常に重要であると考えていたことにもうかがえる。

★35——当時、「イギリスのヒポクラテス」と呼ばれた、シデナム(Thomas Sydenham, 1624–89)を暗に批判している(仏訳者)。シデナムは臨床的な観察を重んじたことで知られ、既出の「ペルーの樹皮」の最初の使用者であり、舞踏病などの記述も行っている。

★36——「類」(genus)としての物理学のもとに入る「種」(species)としての「特殊な物理学」は、物理学の有機的物体への適用。シュタールはこの見方に反対したが、ライプニッツにとっては、化学も「混合物体」に適用された物理学である(仏訳者)。その後に発展した「生理学」に当たると言える。

値がなかった。他方で、非常にしばしば、彼らは古いものを無視したり、破壊したりしたのである。今やしかし、そのような状態から、物理学的な理性は、数学や機械学を通して、[★37]経験は、顕微鏡[★38]や化学[★39]を介して高められている。物理学がしだいに発展し、ようやく子供のおもちゃから大人のためのものにまで発展できるものとなったと期待されているのである。また、現在では、観察を通して少なからず、解剖学、生理学、薬学も発展した。病理学も（これまで、それはおそらく最も無視されてきたが）、もし観察に多くの注意が払われることになれば、進歩のきざしが見えるだろう。また、医学の国家による賢明な管理が十分に鼓舞された努力を促す場合も、そうなるだろう。しかし、特に病気の記述に関して観察が進歩し、また、新しい多くの箴言[★40]が作られるならば、正しい理性にますます近づくことになるだろう。このことが今まで欠けていたのである。[★41]

12について——①化学もこれまでは経験的であったことは認めなくてはならない。しかし、化学は、それらから有機的〔器官的〕物体自体が成立する、類似した物体あるいは類似に準じる物体の諸現象[★42]を観察するので、同様に、化学的な観察は動物の領域でも有効に利用されるだろう。しかし、実際にはそのような結果は生じていない。化学の進歩は不十分であるので、それを鍵[★43]として利用することは理に適わないのである。実際にそれが大いに飛躍すれば、利用されるだろう。

②こうして、諸々の動物のなかで、気づかれないしかたで生じているものを説明するために、化学が有益であることに対する関心が現在でも大きくないことを私が認めるのは容易なことである。しかし、化学の学問的知識が発展すれば、その応用も増加するだろう。というのも多様な動物には、炎の噴出や排出に似たものがあるからであり、そのようなものの多くをわれわれに提示するのが化学だからである。

③《注解》が、多様な酸、アルカリそして油のなかに多くの共通するものがあるのを認めたとき、そのことで私が言いたかったのは、化学は特殊な実験を提示するだけではなく、多くのアルカリ、

★37——医学では動物に関する認識が数学の数列の認識と類比的に現れるとするビアンチーニ宛書簡（1690. 3. 18; A III, 4, 481）、および結合法の観点で動物や植物の正確な記述を企図するホイヘンス宛書簡（1679. 9. 8; *Der Briefwechsel von G. W. Leibniz mit Mathematikern*, Hildesheim. 1962, 570）を参照（仏訳者）。

★38——フックの『ミクログラフィア』（1665）、マルピーギ、レーウェンフック、スワンメルダムなどの顕微鏡による生物学上の諸発見を参照（仏訳者）。

★39——ライプニッツは、化学に関しては、特にボイルの実験と方法論を重視した（仏訳者）。

★40——「箴言」は、ヒポクラテスに由来する「学問は長く、人生は短い」のような格言だけでなく、臨床上の有益な知見、ある種の「医学的定理」（仏訳者）も含む（新訂『ヒポクラテス全集』第1巻、大槻真一郎編集責任、エンタプライズ1997）。ライプニッツは、『医事に関する諸指示』でもヒポクラテスに言及しつつ、新しい箴言の作成が必要であると述べている（本巻第2部1注27）。

多くの酸そして多くの油について、互いに共通する普遍的なものの箴言[★44]も示すことである。そしてその結果として、化学は、類似するものと有機的〔器官的〕な物体が、そこから成立する物質についての学問的知識を増加させるために有益なものとなるのである。

④化学は、三つの領域に共通するものも、個々のものの固有性も観察する。[★45] 例えば、可燃性は、鉱物、植物、動物のなかに、鉱物性の硫黄、植物油、動物の脂肪のように、現れる。[★46] というのも、すべての領域にはアンモニア塩[★47]が含まれており、それが、動物の場合は、支配的であり、植物の

★41――公衆衛生の向上のため、人口の多い大都市での疫学を目的とした統計調査の必要性を論じたラマッジーニ（Bernardino Ramazzini, 1633–1714）宛書簡（1692–3; Dutens. II. 2. 75）参照（仏訳者）。このプロジェクトは、ホフマンの努力もあり、ベルリン諸学協会で取り組まれた。

★42――「類似した物体」は、安定した規則的な混合物体から合成され、合成の同質的原理を与えるような物体を意味し、「有機的」に対する「非有機的」を意味した。また「類似に準じる物体」は、その物体が結晶として現れるような相対的に有機化された複合体を指示することがあった（英訳者）。

（**En 12**）［化学は、解剖学以上に医学の目的と手段にそぐわない。化学によって動物の体内で起こっていることを一貫して理解することはできないし、そもそも有機的でないものと生物のなかで展開しているもののあいだには類比はない。特に、植物的発酵と動物的発酵は違う。排泄と分泌、感情の影響、消化の過程などは、特に化学の観点では説明できない］。

★43――「鍵」（clavis）は錬金術に特有の表現（仏訳者）。

★44――箴言は上述のように一般的な知見ないし定理のようなものを意味する。

★45――一六六六年から一六九〇年にかけて植物の化学的分析がクロード・ペローらによって幾つかのアカデミーで行われ、それにベルリンでも「解剖学の劇場」のプロジェクトのかたちで参加した（仏訳者）。

★46――可燃性の事例がシュタールの「フロギストン」の化学理論に当たる（仏訳者）。シュタールの『合理と実験の化学』（*Chymia rationalis et experimentalis*; 田中豊助・原田紀子・石橋裕訳、内田老鶴圃 1992）では、「化合した塩などについて」の箇所で「硫黄、Φογιόν はアンチモニウム、錫、鉄に十分ある」とし、燃える硫黄とギリシア語のフロギソンとを対応させている。邦訳者はシュタールがベッヒャー（Johann Joachim Becher, 1635–1682）の理論の基礎を論じた著作を引用している。「炎の火は、その熱と暖かさを道具として用い、物質と自らの火の元素を一緒にして混合物体を生じさせる。火の元素は、もはや炎ではなく、混合物体中の化合物体を構成するのである。この火の元素を、私ははじめてフロギストンと名づけた」（iv頁）。同書ではボイルの『懐疑的な化学者』でもフロギストンが鉱石、金属、石、植物、動物に内在しているとしていた点が紹介されている。シュタールは、ベッヒャーが混合物体、溶解の無機的過程に注目した点から「酸化還元過程」の理論を導いたとされる（『近代錬金術の歴史』426）。

★47――ライプニッツの「アンモニア塩」についての言及は、伝統的にリビアのアンモニアから取り出された塩酸塩の性質と多様な製法を論じたスティッサー宛書簡（1699. 12. 12; Dutens. II. 2. 127）を参照（仏訳者）。

場合にも少なくはないからである。鉱物の場合にもまったく欠けているのではないが、それは、(ヒ素やそれに類似のものは言うまでもないが)、製造所のアンモニア塩そのものは実際に鉱物の領域から取られているからである。また、多様な領域の諸物体がそこから結合される。それは、石炭や他の植物油が、鉱山のなかに隠されているさまざまな金属の溶融を促すようなものであり、尿素やワインから凝固剤★48が生まれ、あらゆる領域から動物のための薬剤が提供されるのである。

　逆に、個々の領域に固有ななにかが存在する。硝酸は鉱物の領域からしか得られないし、燃える精気★49は植物の領域ないしは、(鉛糖★50の精気が酢から蒸し返されるように)まだ不十分にしか変形していない生産物からしか得られない。また、リンも動物の領域からしか生じることはない★51。

13について――動物の身体は水力＝空気＝火力の機械★52であり、その駆動力は、その機械においては、火に似たものを排出することによって生じる。生命をもつ、分割不可能な諸々の魂、自然な形成力、志向的な形相、活動するイデア、質料因的原理★53、その他、「アルケウス」のような、それらが機械論的なものに還元されないかぎりは、なにも意味しない、不合理な原理を主張するのでない場合を除けば、このことを疑う人はほとんどいないのではないだろうか。

14について――多様な管を通しての非常に激しい分解や回転から、分配、混合そして分泌が生じることは明らかである★54。

15について――①運動の原理が、運動する物質と区別されなくてはならないことから、生命的な運動の全体が、物質と器官の配列にまったく依存しないことは帰結しない。なぜなら、器官を通して広がっていく物質のもとで運動の原理そのものは把握されるからである★55。確かに、すでに動いていて、こうして新しい運動を機械的に生み出している物体がなければ、自然的には、運動するものの原理は不十分なものとなるだろう。したがって、容易に理解できることであるが、運動を起こす原理は、動物の身体のなかにある、そのエネルゲイアを、天窓やふいごそして燃料が燃

★48――凝固剤はレンニン(凝乳酵素)のこと(仏訳者)。当時の化学ではその性質をめぐり、それが、酸と脂肪の分離により生じるなどの議論があった。

★49――蒸留されたアルコールのこと(仏訳者)。

★50――Saccerum Saturn. 酢酸鉛のこと。水溶液は甘味があるが、有毒で医薬・染色、鉛めっきなどに使用される。古代ローマでは、完熟した葡萄果汁を鉛でコーティングした青銅器で煮ることによって得られるシロップが作られた。そのために鉛中毒の危険もあったようである。すでに変質してしまった混合物体を塩ないしスフレにより最初の状態に戻す「蒸し返し」ないし還元と、水銀を加えることで混合物体の外的な形態を変化させることとが当時区別されていた(仏訳者)。

える力を強めたり、弱めたりするのと同じようなしかたで、増加させたり、遅らせたりすることができるのである。人間の場合も同じであり、心の諸情念には身体の効果が密接に関連しているのであるが、それは、微細な物質、通常の言い方では、精気が身体のうちで心のさまざまな情念に対応するから以外のなにものでもないのである。★56

②このことから、心の諸情念は身体にとって有益にも有害にもなるが、その根拠は、物質のうちでアルコールないし駆動するものが生み出されることによって、正確にそのような情念が表出されるからである。

③人間のなかに駆動するものを生み出す物質が全然知られていないということはなく、それは、結果によって知られている。疑うことのできない、真なる哲学の諸規則を想定すれば、物体は自

★51——ライプニッツは二つのタイプの硫黄を区別した。一つは、中世の錬金術で議論された、いわゆる「賢者の石」に関連する。錬金術の言う、水銀、硫黄、塩のうち、ここでまず問題になるのは、硫黄を含む硫化バリウムであり、第二は、尿から取り出されるリンである。ライプニッツはホフマン宛書簡（1701. 5. 3; Dutens II, 2, 97）などでリンに触れており、ライプニッツの普遍学関連の遺稿では、リンの発見が化学の顕著な発見の例と考えられた（GP VII, 69）（仏訳者）。

★52——英訳者の一人、スミスは、4–1注81で触れた遺稿に類似の表現が見られることについて、特にその箇所が判読し難く、ライプニッツ本人がそのように主張したとすれば、誤解を招くとしていた（Smith. J. ibd, 294）。

★53——原語はprincipium hylarchicis.《注解》3ではヘンリー・モアのものとされている。

（**En 13**）［感情と消化・同化に関する化学的説明を含む、「水力と空気と火力の機械」の概念について、物体的効果の直接的原因として、心の感情が除去される点は衝撃的である］。

★54——（**En 14**）［消化の過程の暴力性は疑わしい。循環の視点から、化学的過程を超えたものとして、排泄や分泌を捉えるべきである］。

★55——物質の器官を通しての拡がりについてライプニッツは、デ・フォルダー宛書簡で言及（1699. 3. 24/ 4. 3; GP II, K, I, 9, 62）（仏訳者）。

（**En 15**）［運動は、物質の配列に依存する運動能力と器官の条件ではなく、心の意図に依存する。意図により、さまざまな目的、強さ、持続を有する運動の諸決定が区別される］。

★56——『人間知性新論』2部1章9節（K I, 4, 114; 訳者が修正した）でライプニッツの代弁者テオフィルが、血液循環をはじめとした、身体内の無数の体液などの絶え間ない渦動に触れ、同じことを別の表現で述べている（仏訳者）。

然的には近接する物体の運動によってしか動かされない。これに異を唱える人々は、不合理な原理と無意味な言葉に逃げ込むが、それらに従えば、誰でもどんなことでもできてしまうのである。

④私が、火が空気を引きつけ、煙を追い払うと述べるとき、そのことで言いたいことは、ポンプが水を、ふいごが空気を引きつける、と言われるのと同じようなことである。実際、私は、一切の引力が明らかに撃力である、という考えを無視するどころか、擁護しているのである★57。この擁護にもかかわらず、私の考えが〔シュタールの反論では〕疑われることがありうるとすれば、驚くべきことである。炎に関して真であることが動物にも同じように生じていることは、当然のことと見なされる★58。

16について――①私は、〔知覚〕表象を欲求と同様に把握したが、当然ながら、微小で曖昧であるのは、心のコナトゥスも同じであり、それは、なにか適合しているものを手に入れようとしたり、適合しないものを拒絶したりする、多かれ少なかれ雑然とした、表象から生じるものである。これが「欲求」の名称で理解されうるものである★59。したがって、われわれは、自分のすべての欲求やすべての表象に意識を向けるのではない。このことで、私が主張するのは、身体の運動が、心の欲求に対応していることにわれわれの意識が対応することがない点である。

②『応答』では、身体のなかで機械的に生じることと、そこで有機的に生じていること――後者は、心によって生じる――とが区別される。しかし、知られなくてはならないのは、そのように身体が心によって作用を受けることはありえない点であり、身体の機械的法則は、少しも破られないことである。心は、物体に、物質の先行する状態と運動から機械的に帰結しない運動や運動の大きさや方向をけっして与えないのである★60。これに反することを主張すれば、心が物体のなかで運動する、と言うことになるか、説明不可能な諸原理に立ち戻ることになってしまう。

17について――①私が、数学が物理学と異なると言うとき、抽象的なものが、心によって、事物

★57――クラーク宛第4書簡45節(K I, 9, 310)参照(仏訳者)。周知のように、ライプニッツは、遠隔作用としての引力を超自然的なものとし、『「天体運動の原因についての試論」の解説』(K I, 3)では、近接作用である撃力(impulsio)による数学的には等価な説明を試みた。これについては山本義隆『古典力学の形成　ニュートンからラグランジェへ』(日本評論社 1997)が詳論している。

★58――ライプニッツは、これらの三領域が同じように類比的に機能することから「生気(生命)的」な力を回収し、動力学的な物理学に統合する(仏訳者)。

のなかにある具体的なものとは別に、知性によって理解されること、および、数が、数えられるものと異なるようになることを意味する。同じように、数学的な形態は物体の形態とは異なる。しかし、『応答』が、一方では、想像されるもの、他方では、記憶されたものに関係させている違いを私は認めない。というのは、知性によって抽象されるすべてのものを、想像力ないしは表象力によって把握することはできないからである。例えば、感知できない数[★61]、非共約な量、作用する力そのものは、思惟されるものなのである。

②物体の無限分割が経験によって検証される、と仮定することは、感覚することのできないものが直接的に指示される、と仮定することである。この種のことは、疑うことができない理性〔推論〕に支えられるものである。

★59――『モナドロジー』15節では「一つの表象から他の表象への変化や推移を引き起こす内的原理のはたらき」を「欲求」と名づけ、「欲求のはたらきが、その目ざす表象の全体に完全に到達できるとは限らないが、いつもその表象から何かを得て、新しい表象に到達するのである」(K I, 9, 210)と述べる。

(**En 16**)［生気的活動は、化学にも機械論的メカニズムにも還元できない。特に異常な条件のもとでは、それは、容易に有機体の能力を超える。治療でも心の意図的な力を引き出すことが重要である。心の活動が、欲求の意図的エネルギーに還元できない点と、生気的運動に先行する体内の運動の存在とを認めても、緊張的運動、従属的な有機的活動のもとにある「物体の生気的な管理」を機械論は位置づけることができない］。

★60――デカルトの物心二元論と意志の力が動物精気の運動の大きさや方向を変えるという松果腺仮説(『情念論』第1部31項)の困難である。これは典型的にはスピノザの『エチカ』第5部序言(岩波文庫版『エチカ』98ff)で問題化されている。ライプニッツがこの問題を明示的に論じたニケーズ宛書簡(1692; GPII, 535)参照(仏訳者)。この問題に関するステノの貢献については、前注32を参照。

★61――Numerus surdu. フィボナッチ数列で知られる数学者、ピサのレオナルド(Leonardo Fibonacci, c.1170–c.1250)は、非共約数を、共約数とは区別し、このように呼んだ。このような言葉遣いはケプラーにも見られるようである。

③どんな物体でもさらに下位のものに分割されうる、と仮定したとしても、混合物体のどんな部分も全体に類似している、ということは帰結しない。[★62]例えば、銅と銀から混合された、銀貨にどれほど小さな部分があるとしても、そのような類似は生じ得ない。同様に、小麦と大麦とを混ぜ合わすことで、どのような寄せ集めでも、小麦と大麦から合成されることは、帰結しないし、認めることもできない。どんな穀物、小麦であれ、大麦であれ、さらに小さな部分に切り刻まれることはできるが。そして、『応答』に見られる、正確さへの拘りが空しいものであるのは、それが、しばしば私の表現をあえて修正しようとして、時間をかけた省察に基づくのではなく、性急に書こうとすることから生じているからである。

④私は、もはやどんな部分ももつことができないような、物体の諸部分が与えられることがありうる、とそこから帰結すべきような、論証の逃げ場を確かに見出すことはできない。そしてこの問題は、アリストテレス＝スコラ的な混合物体に関する教説と関係ないのである。アリストテレス自身もこの点について自分がなにか関係のあることをした、と思ったかどうかについては、ここで私は議論をしたくないが。

⑤『応答』は、無際限の分割可能性についてのわれわれの見解が、検証を欠いており、そのために、あたかも著作全体が証明を欠いているかのように評価する。そして、同時に、私は手短に《注解》では論拠を示唆したが、私のやり遂げたことは（しばしばそうなっているように）『応答』においては無視されている。それは、直線のこうした本性と特性は相互的であって[★63]、直線が存在する場合、その部分は全体と類似する、という論証である。[★64]したがって、事物の本性によって、真の直線が存在することを否定するか、どのような直線であれ、部分をもち、その部分はまた部分をもつかである、と言うか、いずれかでなくてはならないが、これこそ私が意図するものである。

⑥『応答』が主張するのは、どんな部分も現実に分割されていることが、まったく知性による理

解の可能性を超えている点である。というのも、それは、確かに、概念と想像とを混同しているからである。[★65] 疑うことができない証明によって明らかであり、また、概念も真であるとはいえ、これと同様に考えれば、対角線が辺に対して非共約であることも、まったく知性による理解の可能性を超えることになってしまう。どのような部分であれ、その現実の分割を否定するような人は、流体の運動については不十分な考察しかしない。

18について――①〔シュタールの〕抗弁で、水分が蒸発しないとしても、消化によって固くなる、動物の領域の、流体について主張されていることについては、賛同する。他方で、また考察に値するのは、アルコールの精気も、同じ消化の効果を現に与える点である。『応答』が主張しているのは、そのようなさまざまな動物的な液体に脂肪が含まれていることであるが、このことが実験によっ

★62――混合物体に関するアリストテレス的な理論を批判している。大麦と小麦の混合の例のある『生成と消滅について』1巻10章（『アリストテレス全集5』289）参照（仏訳者）。また4-1《注解》17と注89を参照。

(**En 17**)〔アリストテレスは、合成体の部分と全体の「同質性」を想定した点で誤った。さまざまな混合物体に分解される寄せ集めの説明を行うために、合成体が特殊な割合に従い、本質的に異質なものから作られていると考えなくてはならない。ライプニッツは、生物にその構造の維持、修復、再生などのより大きな能力を帰属させるが、心にこそその種の能力を認めるべきである。また、幾何学的表象の場合と異なり、物体に無限分割可能性を認めることはできない。混合物体と無限分割可能性の理論は融合できないので、特定の組織をもたない、デモクリトス的粒子論を採用し、粒子の微構造は動物の身体の機能を決定しないとすべきである〕。

★63――『普遍的計算の試論』の「人間は理性的可死的である」という命題と「理性的可死的なものは人間である」のような例で言えば、概念「人間」と概念「理性的可死的」は相互に置き換え可能である。このような事物の本質的な特性を「相互的性質」と呼ぶ（K I, 1, 145）。

★64――線分の無限分割とその部分全体関係については、4-1注87・88参照。

★65――概念と想像ないし表象の混同は、デカルトも用いた「千角形」の例からよく理解できる。ライプニッツは、『認識、真理、観念についての省察』（K I, 8, 28）では、千角形を考えるとき、その辺や角のひとつひとつを思い浮かべることができなくても、その意味を知っているような思考を「盲目的あるいは記号的思考」と呼んでいる。

て示されることを[★66]私は望んでいたのである。というのも、他のものについても、しかし、動物の脂肪と卵白や、他の類似したもののあいだには、強い精気[★67]とシカの角の精気やこれと似たもの[★68]とのあいだにある違いと同じくらい大きな違いがあることは確からしいように思われるからである。②動物的なゴム[★69]が消化によって溶けることや凍結によりゲル化することのなにが変わっているのか、私には理解できない。実際、なんらかの植物の液は、熱によって濾過されるし、凍結によって樹脂か樹脂質のなかで固まるのである。また、鉱物の領域では、その液体とレギュラス[★70]は凍結によって固まるのである。

19について——①ここで心が病気に対してもつ支配力について主張されていることには、優れたものがないではないし、ある程度、説得的で真かつ有益なものもある。しかし、多くの曖昧で不確かなものがそこには混じっている。また、そこで現象によって確証されうるものは、心が、諸物体の機械的な法則になんの影響も与えることなく、説明することができるものである。というのも、心のあらゆる表象と意図には物体の形態と運動とが対応しており、そこから機械〔身体〕のなかに結果が生じるのである。さらに、ここから、そのような心の働きに、機械的な影響以上になんらかの根拠を帰属させる必然性はない。他のことから明らかなように、心そのものを微細な物体として把握する場合[★71]を除けば、そうしたものが、心によって与えられるようなことはまったく生じえないのである。とはいえ、心の情念についてのこのような考察が有益であるのは、そこから身体のなかで生じる多くのことを認識できるからであるが、それは、心が、われわれには身体よりもよく知られているからであるし、身体のなかに生み出すことを望む、多くのことを結果させることができるからである。なぜなら、心のなかの道徳的な原因によって、掻き立てられたものであれ、鎮められたものであれ、情念には、身体のなかの物理的な原因により、物理的な結果が対応することになると認められるからである。したがって、理論が不安定であっても、その主

★66——仏訳者は、「考えたことを私に告げるひとりのデカルト主義者よりも、見たことを私に告げるひとりのレーウェンフックを私は好む」というライプニッツのホイヘンス宛の書簡(1691. 5. 2; A III5, 62–3)を参照指示。**(En 18)**〔生物体内の混合物体に関する化学的分析を厭っているのではない。有機体の構成要素の特徴を特定した『混合物体と生物の真の区別の証明』を、ライプニッツも賞賛したが、強調点は、あくまで「心」の介入を要する、結合の結果、生じる不安定状態にある。この問題が、ライプニッツが見たように、動物と植物の膠質〔タンパク質を含む混合物〕の類似性の問題に引き継がれることはない〕。

★67——「強い精気」(spiritus ardens)は、有機的な物質の蒸留によって得られる。高濃度のアルコール成分を有し、可燃性を有する。硝酸として知られる(英訳者)。「シカの角の精気」は、その花と皮膜とがオオバコに似たセンナの通称。センナは乾燥して薬草となり緩下効果がある(仏訳者)。英訳は、動物の角から蒸留されるアンモニアとしている。後者か。

張の適用〔実践〕が成立しうることは珍しいことではない。また、他の医者たちの諸学説についても同様に多くのことを述べることができる。なぜなら、実践は、現象に基づいて築かれなくてはならないが、理論は仮説や推測によることも珍しくないからである。

②情念は、それが心を非常に重要なさまざまな思考から逸らせるあいだは、しばしば有害であるとしても、心のもつあらゆる情念が混乱し、また間違った意図を含むとは私は考えない。それどころか、むしろ私は情念が必要であると思う。善いことのために、そのようなある程度の刺激を、道徳的な意味でも物理的な意味でも用いる技術が存在する。私が言いたいのは、それこそ医学が行うことであるということである。医学は、患者自身に、ストア風のやりかたで、緩和効果を得させるためのものである。長いあいだ成果はなかったが、さまざまな個人的な過失によって、憤怒を引き起こすまで、怒りを掻き立てるように唆（そそのか）してきたものを和らげるようにするのである。[★72] 他方で、恐怖による衝撃が熱を安定させることもあるが、しかし、恐怖がそのような効果をもたらすことは少ない。たいていは、ペストの場合に特に明らかなように、恐怖は有害である。

★68――当時の化学の言う「油」が単一の「元素」に還元されるかどうかという問題について、ライプニッツが、鉱物、植物、動物の異なる精気を異なる油に由来するとして区別するのに対して、シュタールはフロギストンに還元される一つの油という元素を措定する（仏訳者）。

★69――シュタールは正当にもゴムと松脂のような樹脂とを区別したが、ライプニッツはそれらを同一の物理的構造に還元した（仏訳者）。

★70――当時の化学ではレギュラス（「摩滅合金」）は、アンチモンと鉄、錫、銅の合金のことであり、酸化物もあり、黒ガラスの形態をしていた（仏訳者）。溶解の過程にある鉱物の中間的で液体の段階を意味する（英訳者）。

★71――ライプニッツは、心の非物質性を説く一方、心を物質化してしまう点で生気論が矛盾を抱える点を指摘しようとしている（仏訳者）。（**En 19**）〔合理性は、生気的機能に潜在的な不調和を引き起こすので、ライプニッツの語るような無数の微小運動を認めることはできない。すべての運動は心が生じさせるのである。通常は、心が引き起こす生気的な運動は、身体の傾向性と調整されて調和に導かれる習慣を形作るが、受動的な感情が強い場合は、機能不全を引き起こし、病理が生じうるからである。虚構的な表象、誤った意図などに支配されると不安などがその例である〕。

★72――「怒り」の害悪を説き、その原因を解明し、対処することは、セネカの『怒りについて』以来、ストア哲学の重要な主題であり、怒りの生理的原因を説明し「高邁の徳」を説いたデカルトの『情念論』や「感情の療法」を掲げるスピノザの『エチカ』（第4部定理45）に受け継がれている。ライプニッツも『定義集』では「怒り」を「侮蔑するものを害しようとする、より一般的には悪を退けようとする刺激である」（C, 492）と定義している。ライプニッツは、受動的な諸感情の分析、分類を行い、それらが思索、観想の妨げとなるとし、怒りもそのひとつであると見なした（Grua, 514）。

③私が、人間の壊疽の原因は、人の乱れた情念のためであるとしているような主張を「推測」と呼んだことで、私が著者に対して不当なことをしたことになるかどうか、私には分からない。確かに、そのような言い方は臨床的な記述ではない。そして、私の考えでは、壊疽は臆病な人々よりも、非常に勇気のある人々の妨げとなるものなのである。

④「心が弱い」と呼べるのは、簡単に動揺させられ、したがって、また、落ち着かず、辱められやすい人々のことである。このような人々は、〔シュタールの〕示唆するところでは、病気によって非常に妨げられやすいかどうか、が探究されなくてはならない。臆病な人と不安の強い人については、彼らが低下した認識の働きによって、その害を大きくしていることを私も認めるが、実際にはその衰弱には身体の運動が対応しているのである。★73

20について――①私がかなり大ざっぱに受け入れていた主張を、『応答』がより厳密に解明したことに私は好感をもっている。★74

②動物のあらゆる生命的な運動には心の表象と欲求が対応するので、それらのものは非常に多様であることは必然的である。というのも、生命的な運動の数は非常に大きいからであり、それらは、雑然かつ曖昧である以上、その多様性と習慣性のために、われわれが気づかないことも必然的である。同じことは〔シュタールの〕抗弁でも認識されているようである。なぜなら、このような表象と欲求は、形態化できず、想像や記憶の支配に入らないことをそれは、認めているからであるが、その結果、その抗弁では、このような不一致が、実際に見出される以上に、強いものとして捉えられている。確かに、目的は単純である、つまり自己保存である、と言えるが、手段も、一般的には、その数は多くない、つまり、栄養摂取と適切な排出であると考えられる。しかし、ここから帰結することは、ある人が、あたかも戦争の指揮官と、「戦争に目的を与えることほど簡単なことはない」と言い争い、「フランスに勝ち、パリまで進軍することが必要である」と主張する

★73――快と苦の感情に関する、ライプニッツのこの種の説明は、スピノザの『エチカ』(第3部定理11)の主張「すべてわれわれの身体の活動能力を増大しあるいは減少し、促進しあるいは阻害するものの観念は、われわれの精神の思惟能力を増大し、あるいは減少し、促進しあるいは阻害する」を想起させる。『人間知性新論』2部21章42節(K I, 4, 227)参照(仏訳者)。

★74――『応答』においては、シュタールも心が身体のあらゆる病理的運動まで支配できるものではない点を認めている(仏訳者)。

(**En 20**)[心は、身体の自己保存を欲求し、必要な能力を手段として用いる。心身の関係では、それは、身体が破壊されるのではないか、心身の相互的共同が乱されるのではないか、という恐怖の感情として、脈拍のような生気的運動を引き起こす]。

ようなものなのである。目的は、単純に言えば、平和であり、その手段も少なからず単純であるが、それは、戦闘で敵に勝ることであり、敵の重要な都市を掌握することである。しかし、このためには、さらに手段のための手段がどれほどたくさん必要とされるだろうか。★75 このように、栄養摂取や排出が正しく生じるためには、生命的な運動の数え切れない部分が必要とされている。そして、身体のこのような運動には、全体としても個々のものにも、たとえ気づかれないにしても、心のなかの欲求が対応しているのである。

③『応答』で〔シュタールが〕述べていることのなかで驚くべきことは、兵器からの爆発や他の爆発音が、精神を、その轟音による、なんらかの作用によって物体を揺らしたり、破壊したりすることによってではなく、不安や懸念によって動揺させる、とすることである。なぜならば、心は、その有機的〔器官的〕な物体がまったく影響を受けないならば、そのような爆発音によって破壊されることはないからである。実際、精気、つまり心の微細な物質のなかに、それに対応する、大きな動揺がないならば、心のなかに恐怖も存在しないだろう。さらに、明らかに間を置かない、突然の恐怖には不安も懸念もないのではないだろうか。中身のない、虚構や空想は、諸器官と体液とが器官と結合し、確かに激しく刺激されないかぎりは、心を破壊することもないだろう。したがって、私は、以上から簡単に説明される、諸現象に共通する諸主張に異議が唱えられることに驚く。しかし、不一致はそれほどまでに大きかったのである。

21について——①《注解》で述べたことは、心は機械を、機械が非自発的に行為することによってしか、支配できないことである。このことを説明できるのは、心が、それに対して適合性をもたない、物体に運動を押しつけることができない、という意味でではなく、むしろ、字義どおりのことであり、『応答』もそれを結局は認めているように、心は物体の自然法則を破ることはできないし、物体は心の自然法則を破ることはできないという点なのである。物体の法則は、運動の法

★75——ライプニッツは「意志を意志する」無限後退のアポリアを指摘。実際には習性による身体に対する支配力が機能するのであり、心の身体に対する支配力は傾向性を介した間接的なものであり、またよりよい意志を獲得するためには対象の性質を知り、自分自身を修正していくことが必要であるとした(『弁神論』327・328節; K I, 7, 83)(仏訳者)。

則であり、心の法則は、欲求の法則である。心は確かに、心をもつ物体のエンテレケイアであるが、しかし、物体で生じるあらゆる作用は機械的に行われるのである。したがって、心のさまざまな情念によって、精気の運動が引き起こされることもないし、その逆もなく、それらは自発的に相互に一致し、それ自体として考えれば、心が、目的因によって向かうところは、それ自体として見られた、物体的な機械が作用因によって達するところなのである。また、心は、速度を大きくも小さくもしないし、また、精気の方向を変えることもない。さもなければ、自然法則が破られ、なにか説明不可能なものが導入されることになるだろう。このような主張を、私はすでに公刊したもの[★76]のなかで展開してきたし、それは、しばしばすぐれた人々の反論に対する抗弁でもあった。しかし、私の信じるところでは、それは、われわれの教授(シュタール)が認識するところとはならなかったのであり、同様に、教授本人によって明らかに眼にするところとはなっていないのである。

②このような教説の根拠は、私と他の多くの人々の判断するところでは、あらゆる心〔魂〕は、人間のそれであれ、他のどのようなそれであれ、その名称を受け取るのに本当に値するものは、つまり、現実に、表象し、欲求するものは、なんであれ、延長をもたない実体であるということである。それは、部分を持たず、それゆえ、自然的に産出されることもないし、破壊されることもない。それは私が「モナド」と呼んできたものでもある。しかし、そのような実体と物体的なものとのあいだには、比例関係[★77]はないので、その実体の欲求と物質の運動のあいだにも結合を考えることはできない。したがって、二つのうちの一つを仮定しなくてはならない。つまり、大多数のデカルト派とともに、神がなんらかの約束によって自分自身を拘束し、心の欲求が要請するものを物体のなかに産出し、また、心のなかには身体の運動が要求するようなものを産出させる、と仮定する[★78]か、あるいはむしろ最初から神により予め定められた、調和によって心の欲求と身体の運動とが互いに一致すると仮定するかなのである。そして、このことが神には困難でないことは明

★76――心身の予定調和説に対する反論にライプニッツが答えたものには、『心身の調和に関する注解』(GP IV, 499)がある(仏訳者)。さらに、関連するフーシェやベールに対する一連の論攷を挙げることができる。

(**En 21a**)［ライプニッツの微小表象説、表象と欲求の対応関係も、生気的な運動が認知や意図に因果的に結びついている以上、あくまで心の作用である。突然生じる恐怖の場合、心の情動とその機械論的効果の対応が存在しないので、それは、心に依存する。ライプニッツは、そうだとすれば、心は身体をどこまで高く飛ばせるはずだろう、と述べ、自律した心が身体に直接作用するのは逆説だとして、自然機械としての有機的物体の自律と法則的決定を主張するが、そこにあるのは「物理的な心」である。心が物体に力を行使する。ライプニッツの有機的物体も心を備えているのである］。

★77――「比例関係」については、4-1注97を参照。

(**En 21b**)［主張は、①心は身体にどのような運動でも引き起こしうる、②心身のあいだには心身の因果を支えるよ

らかである。というのも、身体のなかにあるすべてが先行する運動から生じ、また、心のなかのすべてが先行する欲求から生じるとしても、心の欲求と身体の運動とがひとつになって互いに同気するには、それで十分だからだし、それらは永続的に同気するのである。しかし、身体はその外部にあるものから多くの影響を蒙るとしても、それらの影響も、事物の「ペリコレシス」★79、つまり、諸物体のあいだにある交通と物質の現実的な無限分割によって、身体のなかにすでに以前から隠れたしかたで含まれていたのである。というのも、一切が充実し、多かれ少なかれ、流動的である、と仮定するならば、そこからどのようなものも、それらがどれほど離れていても、他のものすべてのものから影響を蒙るからである★80。したがって、あらゆるモナドが、自分自身の身体だけでなく、世界全体の鏡であるのは、身体のどのような運動にも世界全体が表現されているからであるが、それは、モナドが世界に類似しているかのようであるからではなく、円が、放物線と他の直線から〔円錐曲線の〕グノモン投影法により、射影のしかたで表現されるようなものだからである★81。すなわち、どのような部分からであれ、全体は、ライオンをその爪から認識できるよう

うな、対応関係はない、の二点である。①は、心のエネルギーが運動であることと、心は、スコラの原理「動作主は受動者の受容性に応じて活動する」に基づく、物体の運動能力に比例して働くことを意味する。しかし、心は有限なので、それが、力を行使するのは、物体と内在的な関係をもつ限りでのことである。したがって、ライプニッツが揶揄するように、心がどんな高さにでも身体を上昇させるようなことはない。量的に嵩のあるものが心の活動の制約になるように、心が絶対的な力を有することはない」。

★78——マルブランシュなどの機会原因論の立場を表す（英訳者）。

★79——ペリコレシスについては4-1注14を参照。

★80——この表現は、ヒポクラテスの言葉として引用される「スベテガ共ニ呼吸ヲシテイル」を含む『モナドロジー』61節（K I, 9, 231）に典型的に見られる。

★81——心射図法のこと。地球の中心に眼があるとして、その接平面上に地球の表面を投射することによって地図を作成する方法。ライプニッツは、パスカルの円錐曲線論に触発されて書いた『普遍性の方法について』（1674; C, 97ff）など以来、一般に連続律の形而上学的問題を考える場合が典型的なように、射影幾何学とその代数的表現の解析的関係をさまざまな場面で思索のモデルに用いることを好んだ。

に、全知のものは、認識できるのである。[★82] したがって、現在が未来を孕んでいるのは、将来が現在から全知のものによって結びあわされることができるからであるし、そのことは、世界全体についてだけでなく、また、そのすべての部分の場合にも同じである。それゆえ、このことは、モナド、つまり単純実体それ自身にも言えるのである。

③他方で、心が能動的であり、それ自体として想定される、物質、つまり、第一質料は、受動的であること、しかしまた、心が身体のエンテレケイアであることが真であることは変わらない。また、物質は心による作用を受けるが、しかし、それは、機械的法則によるほかない。したがって、繰り返し私が注意したことだが、たとえ物質においては、すべてが機械的に生じるとしても、しかし、運動と機械組織の形相的な原理は、物質のなかにではなく、本質的には非物質的な実体のなかにある。ここで私は「形相的」と言うのであって、第一の作用因、つまり神について述べているのではない。事物の受動的な諸変様、つまり、物質ないし受動的な原始的力が形態のようなものであるように、インペトゥス[★83]ないし派生的な力は、能動的なもの、すなわち、エンテレケイアないしは能動的な原始的力の変様なのである。あらゆる変様が偶有的であり、変化にさらされている以上、変様は、実体的で永続的なものの制限であり、実体に、肯定的な、なにか新しいものが付け加えられるものではなく、〔実体の〕制限ないしは否定なのである。さもなければ、あらゆる変化に創造が内在していることになるだろう。

④したがって、私は、原始的なエンテレケイア、つまり永続的に存在する心を、派生的なエンテレケイア、つまり多様に変化するインペトゥスから区別する。しかし、インペトゥスは、さらに運動と区別される。なぜなら、インペトゥス、つまり派生的な力は現実に存在する力であるが、運動はけっして現実には存在しないからである。というのも、運動は同時には部分をもたず、時間のような継起のなかに成り立つものだからである。[★84]

★82——レーウェンフックは、この方法を用い、一六八四年には細胞諸層〔年輪〕の観察から、木の年齢を計算した（仏訳者）。ライプニッツは、ブルゲ宛書簡などで、曲線の頂点、変曲点、尖点と呼ばれる、一定の目立つ点からその規則を導くことと生物の「進化」の法則との類比も語る（GP III, 635.）。

★83——Impetus. ライプニッツは力学において、死んだ力能ないし「死力」と区別される、生きた力能ないし「活力」の概念を用い、運動において保存されるのが「速度の2乗に比例する」活力であるとした。その意味でインペトゥスは、古典力学のベクトルとしての運動量に「ほぼ対応する」（K I, 3, 392）。エンテレケイアとしての能動的な力と受動的な力の区別、原始的な力と派生的な力の形而上学的な区別については、『力学提要』（1695; K I, 3, 491）を参照（英訳者）。

★84——物理的モナドをめぐるライプニッツとファン・ヘルモント（Franciscus Mercurius van Helmont, 1614–1699）との一六九六年の論争参照（仏訳者）。ライプニッツは無限に分割されるよう

⑤原始的なエンテレケイアは有機的〔器官的〕な諸物体だけにしか帰属させられないが、しかし、あらゆる物体は原始的なエンテレケイアをそのなかに含む[★85]。われわれには必ずしも表象できることではないとはいえ、物体もそれ自身のなかに有機的な諸物体を含んでいるからである。このことは、万物の創造主の智慧に適うし、実際、物質のなかには混沌は存在しないし、けっして無秩序もなく、機械、器官を欠くものも、目的の秩序のないものもないからである。私の信じるところでは、以上のことから、これまでの抗弁の論述〔《注解》〕と『応答』への《再抗弁》で述べてきたことの源泉が容易に見て取られるだろう。また、それらのなかには最初にそう思われた以上の繋がりがあることが知性によって理解されるのである。

⑥しかし、人間の心は精神であり、物体の世界の鏡であるだけではなく、そこから世界が流れ出る[★86]神そのものの鏡でもある。というのも、人間の心は、表象や感覚をもつだけではなく、知性、すなわち、その連鎖[★87]が論証を形作る、外的真理の認識ももつからである。実際、動物の心の内的な諸作用は、単なる経験的な連合、つまり帰納を通して説明することができる[★88]。動物の心がエピ

な物理的モナドを認めなかった。「モナド」をめぐる両者の関係については、Coudert. A-P, *Leibniz and the Kabbalah*. 1995.Kluwer.で論じられている。

★85――これが、ライプニッツの複合的な実体に関する標準的な見方である。それは、支配的なモナドと有機体な物体の実体的な結合を含むが、有機的でない物体は単なる寄せ集めにすぎない。しかし、それらの物体も、その現象的な実在性については、より基礎的な次元の真なる複合的実体の相互関係から生じることが分析によって示される（英訳者）。ただし、シュタール医学論への反論では、「複合的実体」の用語は使用されていない点に注意しておきたい。

★86――ライプニッツと新プラトン主義との関わりについては、4-1注16を参照。

（**En 21e**）［ライプニッツの自然機械としての有機体論は神学的・思弁的な仮説である。心は、神に依拠せず、無神論の危険さえある。人間精神を、霊的性格によって特例扱いすれば、自然的存在の目的に関する不適切な物理的・神学的な思弁に導かれる］。

★87――ライプニッツは『弁神論』緒論23節で「真理の破壊しがたい連鎖」を「理性」（ratio）と呼ぶが、それは、意見や論議でも、事物を自然の通常の運行に従い判断するための習慣でもない、客観性を有するとした（K I, 6, 67）。

★88――『モナドロジー』26節（K I, 9, 213）参照。

クロスやガッサンディの原子と同様に、存在を維持することはそれほど不合理なことではない。実際、どのような心も、自然的にはすべての物体から分離されることはなく、つねになんらかの有機的〔器官的〕な物体を保持しており、それが、そのなかにとどまる状態に適合しているのである。★89

⑦しかし、そのような心ないしは原始的エンテレケイアが存在するかどうかについては疑うことができる、という人もある。確かに、ピュタゴラス、プラトン、アリストテレス、スコラ派、そして近年ではデカルトがそれを認めたが、デモクリトス、エピクロスそしてわれわれの時代では、ガッサンディが、(少なくとも人間の心を例外として)これを否認した。★90しかし、これには多くの論拠が付け加えられる。なぜなら、複合体は、延長を持たない単純実体が与えられないならば、存在しないし、インペトゥスと運動も、そのような属性が、それ自体によって能動的ななんらかのものの変様でないならば、存在しないからであるが、そのようなものは物質ではない――私は、物質を、抵抗する延長ないしアンティテュピア★91のあるものとしてしか理解しないが。さらに、延長とアンティテュピア、つまり単なる受動的な作用だけからは、外的な作用ないし運動だけではなく、内的な作用すなわち、表象、感覚、知性やこれらに対応する欲求がどのようにして派生することができるのか、が説明できない。それゆえ、あらゆる作用は、能動性が備わった実体に帰属するものとしなくてはならない。また、内的な作用(それらは、諸部分の多様性に依存せず、単純なもののなかに等しく場所をもつ)も、単純な、すなわち延長を持たない、実体なしには存在しない。しかし、内的な作用は、表象と欲求である。そして表象は、言わば、ある種の図形であり、単純なもののなかで合成されたもの、つまり〔モナドにおける〕多様なものの表現である。〈とはいえ、内的な作用は、実際には欲求にほかならない〉。それは、ちょうど角が中心、つまりそこから発出する諸々の線の傾きによって表現されるようなものである。また欲求は、実は、新しい表象に向かう、傾向性にほかならない。しかし、感覚と知性(意志はそれに依存する)は、〔より高貴な〕

★89――「適合」はライプニッツの言う「充足根拠」を特徴づけるものである。『モナドロジー』46節(K I, 9, 225)では、「偶然的真理の原理は、適合つまり最善なものの選択ということである」。54節では「適合、すなわちこれらの世界が含んでいる完全性の度合い」(同、228)とされている。

★90――ここで指示されているのは、ガッサンディの心に関する二重の理論である。微小な物質の部分から形成される動物の心(anima)と、人間のような理性的なものだけがもちうる、非物質的で知的かつ不死の魂(animus)である。後者は神の創造に帰する(Gassendi. *Syntagma philosophicum*, Physicae, sect.3. memburum posterius, bk.3.ch.4.*Opera omnia*, Lyons. 1658, 2:255–59)(英訳者)。

★91――ライプニッツは、「アンティテュピア」(抵抗を意味するギリシア語から派生)を延長と並べて語るが、それを、物質が空間内にそれによって存在するようになる属性と定義する(GP VII, 328)。「アンティテュピア」という用語は、一六世紀末にパトリッツィ(Francesco Patrizi, 1529–1597)が、物

種類の表象であり、〈感覚は単純な表象よりも、知性は自覚的感覚よりも高貴なものなのである〉。★92

⑧さて『応答』で強く主張されている、対立する見解に向かおう。まず応答されているのが、心は、物体の配列に適合しないかぎり、〔運動の〕なんらかの程度を刻むことができないとされる点である。しかし、私が反論するのは、すべての物体は、どのような大きさの速度でももつことができる点である。したがって、心は、物体に、大きかろうが小さかろうが、運動を刻みつけることはないし、刻みつけることができないのはなぜか、という点には確かに根拠は与えられないのである。★93 それゆえ、もし物体が心の力で上昇するならば、それがどんな高さにでも上昇できないのはなぜか、ということに根拠が与えられないという結論は、心が非物体的な実体であるとし、物体を動かすことができると仮定したとしても、いぜんとして正しいのである。

⑨他方で『応答』は、心が物体のなかにあるので、物体と心のあいだには、比例関係が存在すると主張する。いずれにしても、心と物体のあいだには共同関係が存在し、それが比例関係を作り出す、と言うのである。しかし、今は、心が、場所のなかにあるように、物体のなかにあるのかどうか、それがどの程度かは論じないが、そのような共同関係から比例関係が帰結することを私は否定する。★94 線分と表面も物体のなかにあり、なんらかの共同関係を有するが、線分と表面あるいは表面と物体のあいだには比例関係は与えられない。また、運動も延長のなかにあるか、延長している物に共同の関係をもつが、運動と延長のあいだにも、場所と時間のあいだにも比例関係は与えられない。言うまでもないが、他の似たような様態についても、まったく類を異にするものが、共同関係をもつことはある。

⑩人間の心の本質的な作用は、〈私はそう認識するが〉★95、理性と意志の行使である。しかし、その他の諸作用は動物たちと共通することを行っている。他方、理性と運動のあいだになんの比例関係もないのは、理性が本質的な対象としてもつのが、真理の諸帰結であるからであるが、それ

体に帰属する性質として用いたようである（カッシーラー『認識問題1』須田朗＋宮武昭＋村岡晋一訳、みすず書房 2010, 229ff が参考になる）。

★92――シュタールの『無駄な争い』（ライプニッツの《注解》《再抗弁》収載）では、ライプニッツの草稿の［in monade］が［intellectes］とされ、〈 〉の文章が付加された。［より高貴な］はラテン語綴り訂正（英訳者）。なお、「高貴」という表現は、若いライプニッツも読んだトマスの『在るものと本質について』にも見られる。トマスの言う単純実体のなかに存在する本質は、高貴なしかたで在るとされる（稲垣良典『トマス・アクィナス　存在の形而上学』春秋社 2013, 51）。

★93――4-1《注解》21参照。

★94――4-1注97を参照。

★95――前注13参照。この指摘の背景には、レーウェンフックとクロード・ペローらの著作に見られる、人間と動植物、さらには大気の運動に共通する循環運動の観察がある（仏訳者）。

らのものは、同様にどのような段階の運動のなかにも場所をもたない。そして、非物体的で永遠の神的な事物についての諸真理が知性を通して知られることができるので、理性の対象が、物体的な事物に属し、形態をもつことができ、場所をもつことができるもの以外にない、という主張がどのような権利で抗弁されうるのか、私には分からない。それゆえ、私が驚くのは、物体のなかにあるか、物体的なものになにか関係するものでないかぎりは、なにも真ではないと、『応答』で言うことができるのはどのようにしてなのか、ということなのである。

⑪心が比例関係を望むことは正しいが、しかし、比例関係を決定するのは、理性でなくてはならない★96。ところが物体のなかにはそのような理性がないのは、物体がどんな比例関係でも、それを許容できるからである。また、もしなんらかの比例関係が、身体にとって有益なものであると（このような道徳的な理性が物理的な効果にとっては十分ではないとしても）、考えることができるならば、そこから帰結するのは、心がつねに、身体にとって不都合なすべてのものに打ち勝つために、十分な力をもつことになるだろうということである。さらに比例関係と重要性とは別物である。というのも、比例関係は同じままでありうるが、重要性はどのようにも増加するからである。

⑫心が有限な存在者であることを私は認める。しかし、このことからは、心が引き起こさなくてはならない、そのような有限な運動の大小の程度は決定できない。つまり、機械的な法則がそれを生み出すものでないかぎりは、それはなにも産出しないだろう。

⑬心は、有限な存在者であるが、境界づけられない★97。そうでなければ、心は形態をもつだろう。しかし、それが完全であるのは、その表象に応じてのことであり、表象は、神の場合、まったく判明であるが、表象をもつ他のものの場合、つまり、精神や動物においては、完全性の段階に応じて、多かれ少なかれ雑然としている。しかし、同一の表象が、速度の大小がある運動について

★96――**(En 21d)**［心が害されると、動物が有機体的活動を行えなくなる事実が機械論の反証である。心の活動が身体のなかで、身体のために生じるからといって、心が身体から独立に存在する証拠にはならない。魂の不死の問題には触れないにしても、栄養摂取や排泄に及ぼす、心の作用については、緊張的な運動に依存する機能の働きに関するさまざまな報告がある。また、人工機械と自然機械の類似性をアプリオリにもアポステリオリにも確かめることはできないし、物体的な機械は、心には依存しない内在的性格をもつ］。

★97――シュタールは、『無駄な争い』(*Negotium otisum*) 21節で心が境界づけられるとした。ライプニッツは『人間知性新論』2部23章21節（K I, 4, 264）でスコラ哲学の「場所性」の三種類を、シュタールのように物体に帰属させられる「境界的」、デカルトの松果腺仮説のように心を物体の特定の点に定める「確定的」、（神のような）「遍在的」に区分した（仏訳者）。

(En 21e)［心がまったく非物質的であるということもない。運動が、物体の本質（形相と延長）から生じるのでな

のものであるとき、もしすべてがそれに比例して増加したり、減少したりするものとして、知性がそれを理解するとしても、その帰結として、心の諸表象から物体の速度の大小を決定することはできないだろう。それは、歪んだ像に映し出される壮大な宮殿の小さな表出からは、他のものを付け加えなければ、宮殿の大きさが決定できないようなものなのである。他のそのようなものは、像自体と宮殿からの距離のように、心のなかに場所をもたないものなのである。

⑭心のなかでは表象と欲求とが非常によく把握できる。しかし、それによって欲求が満足させられるような運動は、機械論的な法則が働けなければ、身体のなかに生じることはけっしてない。

⑮『応答』で述べていることは、心が不安定なことと無力であることが、身体のうちで望まれることをうまく果たせないようにする点である。しかし、心の不完全性は、表象や欲求の様式でなければ、成立しない。また、心が、すべての手段を十分に表象しても、同時にそれを欲求しないあいだは、心は目的を確実に達成することはない。そして、そのような場合は、その手段、つまり適切な運動が実際に、身体のなかですでに生じているのである。そうでなければ、心はそれらのものを表象しないだろう。このような原因が、なぜ心がその意図したことに成功するか、失敗するかに関する、真の原因であり、証明が可能でかつ知性によって理解できるものなのである。これに対して、心が身体を動かすことや、心が、物体のなかに存在する速度の大きさや方向を変化させることによって、運動の法則を破ることなど、まったく理解できないことなのである。

⑯私が『応答』に賛成するのは、すべてがもっぱら人間を原因として行われる[★98]のではない点であり、私はすべての有機的〔器官的〕なものに固有の目的を認める。しかし、私が一般的に考えるのは、

く、むしろ、それが物体に作用し、大きさや形態を変化させる。運動は、物体の構成を乱す外在的要因であり、運動が動作主であるとすれば、物体は受動者である。受動的なものとしての程度、時間、順序、目的との関係、連続的変形などの特徴は、すべて物体自体の内在的特徴と異なる。この意味で、心のあらゆる作用と状態は、「類的な意味」での運動の事例である。さらに、物体の場所移動としての運動の代わりに、或る動作主が行う「志向性」を持った物体から他の物体への「運動の移動」も認められる。あらゆるものがそこから始まり、そこへ流れ込む、永遠の循環状態にある海のように、心は、「生気づけ」の原理として、有機体によって形成されたミクロコスモスにおいて動的な力を行使する」。

★98――『弁神論』118・119節（KI, 6, 212）の同趣旨の神学的論証参照（仏訳者）。

そこに価値や適合性によって大小の違いがあるにしても、一切のものが、一切のものを原因としてなされることである。[★99] また、私は、自然の有機的な物体が、原始的なエンテレケイアないしモナド（これは広い意味で「心」と呼ぶことができるものである）を現実にまったく欠いているということはないこと、そして、いかなる心も、有機的な物体からけっして自然的には分離されないことにも賛成する。[★100]

⑰しかし、有機的〔器官的〕な物体のどの部分も有機的〔器官的〕な物体である、ということはない。それゆえ、心臓は、身体から切り離されても、かなりの時間、運動を維持するとはいえ、このことから、心臓が生命ある物体であることは帰結しないのである。[★101] また、表象と欲求はそこにはないが、単なる機械組織があれば、その場合、多少の運動を続けさせるためにはそれで十分なのである。動物の心が諸部分に分割され、それが、引き抜かれた心臓の部分になると、『応答』は示唆するが、それは、このような心が物体であることとはなにか異なることだろうか。正しいことは、心臓の部分そして生命的な物体のどの部分にも、そのどの塊であれ、たいていの時には、感覚はできないとしても、そこに歴とした有機的〔器官的〕な物体があることであり、同様に、それらの物体が、生命的〔生気づけられているの〕であり、**自己自身により活動する**ことである。そして、もしそうでないとすれば、物質はどこであれ、活動的ではありえなし、機械組織自身も生じないだろう。[★102]

⑱しかし、もしわれわれが、心は延長をもたないもの、したがって単純実体である、と主張するならば、そのことから帰結するのは、それが不滅だということであるが、このことは、人間に劣らず動物の心にも認められなくてはならないことになる。とはいえ、人間の心は、それが実体であるだけでなく、悔いと罰とを受け入れることのできる、自己の良心〔意識〕を有するので、本来の意味で「不死」であると呼ばなくてはならない。

⑲しかし、魂〔心〕の不死をもっぱら信仰の光と神の恩寵、つまり、奇跡的で異常な働きからだ

★99――「一切のものが、一切のものを原因としてなされる」という言い方は、『モナドロジー』61節では「充実原理」と関連づけられる。「充実体の中では、…どの物体もそれに接触しているものから影響をうけ、そのものに起こるすべてのことを何らかの仕方で感知するばかりでなく、自分に直接接触している物体を介して、この物体に接触している別の物体のことを感じる」とされる。ライプニッツは、デ・ボス宛書簡（1700. 11. 7; K I, 9, 157）で「ペリコレシス」に触れ、「個々のものを知る人は世界全体を知る」と述べる。この原理もアナクサゴラス（断片11『ソクラテス以前哲学者断片集』第Ⅲ分冊285）に由来する。

★100――『モナドロジー』14節（K I, 9, 210）でも完全な分離がスコラ学者の偏見として批判されている。

★101――心臓の位置づけは、生気論と機械論の間の試金石であり、『医学の真の理論』のシュタールは、この点で医物理派と見解を異にし、ホフマンと対立した（仏訳者）。

けしか導き出さない人々は、自然神学を弱め、その第一の永続的な把握（つまり、神の摂理と魂の不死）が理性によって与えられなくてはならない宗教に多くの害を与えるのである。[★103]

⑳『応答』で〔シュタールが〕正当に反論しているのは、自然的に始まるものは、自然的に終わりうる点である。このことは正しく述べられているが、正しく反論されてはいない。なぜならば、ここで言わなくてはならないのは、単純実体が自然的には始まることも終わることもないことだからである。[★104]

★102――この箇所は、心臓の機械組織の基礎に「自己自身により活動する」(per se actuata)ものを認めることを述べているように見えるが、本論全体の機械論的な主張と《再抗弁》最後の31でのライプニッツのシュタールの心臓に関する説明への批判的な調子から考えると、有機的物体の「どの部分も生命的(animata)であり、自己自身により活動する」という主張については慎重な解釈を要求する。その主張の力点は、「生気づけられ」かつ自己自身により活動する点にある、と解釈できる。

★103――医学に基礎をもつ自然神学のために、『人間知性新論』4部7章11節(K I, 5, 207)でも同趣旨の神学批判を行っている（仏訳者）。

(En 21f)〔心は、エネルギーを創造により付与されたのであり、モナドのような運動を通して物体に作用を及ぼす媒介的存在を想定する必要はない。心の意識的活動が多様な有機体の活動にどの程度責任をもつかについては、logosとlogismosを区別し、幼児にも暗黙的判断を認めればよいのである。動物の場合、直接の感覚作用や意志作用がこの役割を果たし、意識の欠如は、生気的過程における心の存在を排除しない。心は、表象の伴う場合もそうでない場合も、理解力、目的達成の意志力、目的実現のために動き、維持する力を有する」。

★104――生物哲学の試金石としての「死」の問題について、シュタールは、『混合物と生きた身体の真の差異』(1707) 47－51節で、生命を機械と同化させる、機械論では死を説明できないとし、生気論は「生を死に対する抵抗の力の総体」であり死と生は矛盾するものとした（仏訳者）。シュタールの場合、4－1注50で触れたように、パラケルススの伝統の「アルケウス」の概念を受け継ぎ、あらゆる化学変化は感覚的な「魂」に直接的に支配される（『生理学の黎明：16・17・18世紀』157）。これに対しライプニッツは『デカルトの哲学の原理注解』第2部の54・55節(GP IV, 384ff)で、生と死を、矛盾ではなく、移行状態とする。この箇所はライプニッツが連続律を用い、デカルトの衝突規則の難点を批判した箇所に関連する。

(En 21g)〔機会原因論よりも予定調和説が優れているとは思わない。神の意志こそがアプリオリに心身の一致の条件であるからである。ガレノスの心の機能の三区分も認めなくてよい。心身の存在者としての違いを重視し、有機体が隅から隅まで無限に機械的であるという見解にも従うべきではない。心は「道徳的原因」として目的論的方向づけを行う」。

㉑身体においては一切が機械的に生じる、と私は主張したので、私は孔の非常にすぐれた形態を強調しないが、このことの大部分が形態以上に運動にある点を認める。

㉒『応答』は結局、心が物質的でないことを否定するような結論に陥る。この点を認めるならば、私が述べなくてはならないのは、それらによって、心が物体に新しい運動や新しい方向を与えることができないことをわれわれが示した、諸論証が無効になる点である。しかし、そこから帰結することは、心が実は物体であることなので、このために、間違った論証からは、すべてが機械的に生じる、あるいは運動の法則による、という(『応答』の精神にも反した)どのような帰結でも生じてしまう。〔シュタールが〕『応答』で提起し、また反駁しようと努める、非物質性と不死のための、他の論証は、私が以前に提出したものと大きく隔たっている。

㉓運動が物体と異なるというのは、正しいが、しかし、運動が場所の移動にほかならないように、たとえ偶有性の原因がもっぱら物質からしか導出できないとしても、運動が物体の偶有性であることは明白である。運動の原因は非物体的であるが、運動の基体は物体なのである。したがって、運動が非物体的で非物質的である、と言うのは、馬鹿げた言い方であるが、形態が非物体的なものであると言うことには正しいものが含まれている。物体に作用を刻みつけるのは、運動ではなくて、運動の原因なのである。確かに驚くべきことであると思われるのは、少し前に心の物質性が擁護され、今度は、運動の非物質性のために抗弁がなされることである。

㉔さらに驚くのは、『応答』が持ち出している逆説である。それは、運動がそれ自身によって存在するものであり、それが物体のなかにはないとしても、その存在を維持することができる〔と主張する〕。これは、用語の意味をなんの必然性もなく、変えることであり、「運動」の名称によって、他の人々が、物体の変状として理解しているものではなく、むしろ、エンテレケイアないし運動の原因を理解することになる。さらに、この驚くべき論証では、物体が運動なしに(このことは

正当に否定されるが）、存在を維持することができるので、運動は物体なしに存在を維持することができる。このことは、ちょうど、物体が丸さなしに存在を維持することができると言う人がいるようなものであるが、そうだとすれば、丸さが物体なしに存在を維持することができることになる。

㉕また、運動が能動者であり、物体が受動者である、というのも認めることができない。なぜなら、実際、運動は、能動者ではなく、作用だからである。他の物体に、それ自身の固有の運動により、運動を与える物体が、能動者であるが、確かに運動を他の物体から受け取る物体は受動者なのである、

㉖思考と論証が運動であるという点も認めることができない。というのも、それらのものは、単純実体、つまり部分を、したがって、身体内部の運動も欠いている実体の内的な作用だからである。しかし、このような心的な諸作用にはそれと同型的な身体運動が対応している点はそのとおりである。

㉗心は物体を表象するから、物体が心の欲求に付き従う、と私は主張しない（私の判断では、物体にはいかなる表象も帰属させることができないからである）が、それは、物体が、心の欲求に付き従うために、すでに機械的な法則によって、そのように動かされているからなのである。したがって、『応答』でこれに対して反論されていることは、問題ではなくなる。有機的〔器官的〕な物体だけに原始的なエンテレケイア、つまり心が帰属させられるのでなくてはならない点を私は認める。

㉘『応答』で形態化の可能なものだけを想像の力にゆだねている点を私は認めない。というのも音、匂い、味からも想像が生じるからである。

22について——次元[★105]を貫通することを認めない人は、その物体が破壊されることなしには、物体

★105——ライプニッツは『数学の形而上学的基礎』では幾何学が「長さ」、「幅」、「深さ」の三次元しかもたない（K I, 2, 72）とし、「幅をもつ」こと（二次元）を切断により、「延長体によって境界づけられるもの」として具体的な存在者である延長体から形而上学的に導入している。また、『普遍数学』（1695）では重さが四つの次元をもつことを認め、運動や力のさまざまな度合いを結びつければ、次元は掛け合わせることができると述べる（K I, 2, 44）一方、単位を導入したデカルトが「同次の法則」（物理法則を表現する数式は、数式に現れる物理量の単位とは無関係に成立するので、その数式や方程式の両辺は同一の次元をもたなければならないとするもの）を破る習慣があったのに対して、それが事物の秩序によく合致しているので、自分自身は数の場合にも可能な限り、それに従うとも言う（同49）。《再抗弁》17の①でもライプニッツはシュタールが数学的なものと物理的なものを十分に区別できていない点を指摘していた。

（**En 22**）［17と同じ問題が不可入性についてもある］。

が他の物体の場所に入り込むことができない、と把握しているのにほかならない。したがって、ある人が用語の意味を不必要に変える点以外には、分割に関する論争が、なんの関係があるのか、私には分からない。私が物体的なモナドをけっして認めないことは、あらゆる物体が部分を有し、それゆえ、単純ではない、つまり「モナド」ではないからである。

23について——変化には場所的なもの以外のものもあるが、運動には場所的なもの以外のものはない。★106

24について——尿のなかにあるアンモニア塩の使用が役に立たないかどうかは、事実の問題であるが、この問題については、私は『応答』の著者や他の医師たちに任せたい。★107

25について——主張されたのは、〔身体に化学的な〕変化を起こす薬剤があることは、空を飛ばない鳥のように、稀なことである。★108 反論は差し迫ったものであるが、他方で、その例外を挙げても無駄である。変化を起こすことは、排泄の準備だからである。そのときなにが生じているのだろうか。また、その変化は小さいものなのだろうか。それが、ただ恣意的な発言をすることによってしか反駁されえないだろうとしても、経験によって確立された、いぜん真であることは、排泄ではなく、変化させることから、時には嘔吐剤が無効であることである。また、アヘンやペルーの樹皮については、排泄や排泄を準備することなしに変化させることに対応する例はない。過剰な欲望が痛みに変わるように、立派な薬剤が毒物に変化することもあり、それらがこうした変化なのである。

26について——『応答』は、しばしば、自分にとって害のあるものを探すような、心の諸作用に助けを求めているのであるから、なぜ不快なものを排除するために、苛立ちによってわれわれが刺激される、というような言い方を受け入れることを嫌うのであろうか。他の人々がそれを言ったからということが根拠なのだろうか。他方では、すべてのものが刺激から説明されなくてはなら

★106——(**En 23**)〔場所移動は心の活動に依存する。心の活動は、物体に変化をもたらし、位置の座標の変化として現れる〕。

★107——(**En 24**)〔人工的な凝固に関する化学の医学に対する貢献に関して言えば、化学と生命の過程はまったく異なる。血液や尿の化学的実験に否定的なのは、血管の壁を通って流れ出た血液が有機体内部で自然に生じる化学的過程に対応するという仮説を認めることができないからである〕。

★108——「変化」の概念については、4-1《注解》25と注107を参照。(**En 25**)〔24と同じ問題が薬剤の使用に関してもある。薬剤により有機体の体液と薬剤の構成要素とのあいだに化学的相互作用が生じるとする立場に対しては、排泄に関する心の感覚作用を認めるべきだと言いたい。治療は、あくまで心という自然そのものの力の発揮と人工的手段との合致に由来するのである〕。

★109——(**En 26**)〔排泄の過程で

ない、と言うことはもっともである。同じことが、心の受けた触発から生じることについて考えられるべきである。というのは、すでにしばしば注意したように、たとえそれが、心の欲求に一致しているとしても、それらが身体のなかで生じるのは、しかし、この欲求によってではなく、刺激の機械的な法則によるからである★109。

27について——予定調和がなんであるかが、今になってやっと、私の信じるところでは、21節で述べたことから理解されるだろう。したがって、これに反することを述べることは、目的に合致しない★110。

28について——ここで論じられていることは、先行する箇所で詳しく述べられた★111。

29について——①なぜ心がつねに自分の身体のことを気遣わなくてはならないのか、私には分からない。この気遣いによって心は、絶え間ない不安のなかで苦しむだろうが、このことを著者は別の箇所では正当に諫めてはいる。たえず自分の健康のことで動揺する人以上に不健康な人はいないだろう。心の力やこれと関連する他の主題については、すでに十分に論じた★112。

②『応答』は、心が、非物質的であることを、肯定することもあれば、否定することもある。しかし、ここではその考えが説明されており、心が物質的でないのは、それが、その固有の活動を欠くことがないからであるとされる。しかし、この論証はほとんどなにも示していない。運動しているあらゆる物体は、固有の活動をもつが、たとえそれが非物質的ななにか、つまり原始的なエンテレケイアを含むとはいえ、だからといって、非物質的であるとは言えない。実際、『応答』の考えから浮上してくることは、心が分割可能、つまり延長をもつということであり、物体を押すことができ、それゆえ、アンティテュピア、つまり抵抗をもつということである以上、そのような考えからすれば、なぜ心が実は物体にならないのか、分からない。実際、こうして名称を変えることで、心は動物精気によって置き換えられているように思われる。その区別は、なにか訳

生じる刺激や反応としての「落ち着かない感じ」は、機械的ないし化学的な作用の一部としては理解できない。生命の過程は機械的な対応物に還元できないのである。心的状態と機械的喚起とを同定することは機械論的考察の乱用にほかならない」。

★110——(**En 27**)［予定調和説を分析すれば、それは、アポステリオリに動作主と受動者のあいだの対応関係として確かめられる実証的自然法則になる」。

★111——(**En 28**)［予定調和説のアプリオリな考察については、自然における不調和の源泉を考察しなくてはならない。体内の自然な過程に対する誤った活動、心身の不調和に注意すべきである。習慣は、心の意図的な活動による身体の支配なのである」。

★112——(**En 29**)［身体は、しかるべき敏捷さで動き、習慣の安定した機能に貢献する。習慣が意識の下にあることは、心の及ばないことではなく、そこに繊細な内的感覚があることは否定できない。心が身体に直接働きかけることで心を物質化するような危険な見方を退けなくてはならない」。

の分からない不合理なもののなかにあるが、それはなにも意味しない。物体の外で自分自身によって存在を維持するものの運動について言われることは、ちょうど、延長するものや、こうしたことが語られうる、他の同じ類のものの表象と欲求については知性によっては理解されえないのである。近年のさまざまな発見の後で、そこに立ち戻るものは、小麦が発見された後でも、実の少ないドングリを味わうようなものなのである。

30について――物理的ないし物体的モナドが与えられないことは、十分に示されている。私が「モナド」で理解するのは、単純な、したがって非物体的な実体のことであるが、これらのものは、延長に関係するものはなにも持たない。このようなモナドだけが認められることができるし、またそうでなくてはならない。★113

31について――①私が、動物精気、つまり流体が刺激を生み出すことを一般的に示したのは、自然的には物体が、近接し、運動する物体によってしか動かされないことからであるが、キメラ的な〔不合理な〕原因に立ち戻ることを好む人でなければ、〔これを認めるだろう〕。しかし、私が、特に持ち出した事例は、身体から引き抜かれた心臓の運動である。心が、引き抜かれた部分にもあると考える人があるが、心が身体のなかに実際に移動している場合を除けば、そこで動物的な心によって運動が生じていることはないのである。★114 しかし、これも、すでに先行する箇所で議論したことである。

②以上は、『応答』に対しての再抗弁を意図したものであるが、それらは、私の心に生じてきた多くのことから来る、問題にとって最も重要であると思われたものから抜書きすることとよってである。というのも、気づかれうることのすべてに注記しようと望んだなら、《再抗弁》は分厚い書物になっていただろうし、その将来的なものは、『応答』が《注解》よりも冗長であった以上に、『応答』よりも冗長になっていただろうからである。

★113――(**En 30**)［心が有限であること、心が身体の破壊や形成と保存に関わることが問題である。心はたんなる物体的精気には還元できないが、心が身体を道具とし身体に関わる限り、心はまったく非物質的とも言えない。人間は知性の点で動物に勝るが、それが死後にも続くか否かは、信仰の問題である。運動の諸様態は、物体で生じるが、それは、運動の原因となる活動に依存する。物理的モナドや寄せ集めの運動には、衝撃を与える非物体的な動作主が必要なのである］。

★114――このことは、《再抗弁》21の⑰で論じられている。(**En 31**)［ライプニッツの「動物精気」は、それが衝撃の動作主である点で存在論的に曖昧である］。ハノーファーのライプニッツ文書室の草稿を調査した英訳者たちによれば、以下のテクストの箇所は誤って、シュタールの原稿が差し挟まれてきたものである(英訳409注61)。翻訳では、底本にしたがい、従来どおりのかたちにした。

【解説】ライプニッツの生物哲学——シュタールの生気論との対決から

松田 毅

ライプニッツより少し若かった、論争相手のシュタール（Georg Ernst Stahl, 1659-1734）は、一般に、科学史においては、いわゆる「フロギストン説」（燃焼の現象を可燃性物質からのフロギストンの分離として説明する仮説、後にラヴォアジェが実験的に否定）を唱えたことで知られるが、ライプニッツの同時代には著名な医師であった。後述のホフマンの招聘があって、一六九四年から一七一六年までハレ大学医学部教授を務め、その後、ベルリンでプロイセン国王、フリードリヒ・ヴィルヘルム一世の侍医となった。本稿でライプニッツも問題としているように、医学に関しては、唯物論に対抗して、「心」（その二義性がひとつの大きな問題なのであるが）の独立性とその独自の機能を強調し、「生物学」に関しては、機械論的には説明できない要因を認める「生気論」の立場を取ったことで知られる。シュタールは、無生物と区別される生物を意味するorganismもすでに一六八四年に使用している（Duchesneau. F., "The Organism-Mechanism Relationship: An Issue in the Leibniz-Stahl Controversy". In: Nachtomy. O & Smith.J., (ed.) 2014. *The life sciences in early modern philosophy*. Oxford University Press. 99）。

シュタールには多くの著作があるが、ライプニッツが批判の対象とした『医学の真の理論』（『医学の真の理論。生理学、病理学、また、医学の学説の諸部分を、汚れ無き理性と揺るぎなき経験によって基礎づけられる、自然と真の技術から真に考察することで確立する』）は、一七〇七年にハレで出版されている。[★01] また、ライプニッツ没後の一七二〇年には、この論争を反映した著作（『非常に高名な、熱心だが、弱々しい武器を向ける、或る人からの医学の真の理論の根本的な立場に向けられた、無駄な争いあるいは幻との戦い』以下『無駄な争い』と略）も公刊された。シュタールのこの晦渋な著作はこれまで現代語訳がなく、内容もつかみにくいものであったが、注で触れたように、二〇一六年後半にドゥシェノーとスミスの羅英対訳の労作が出版された。その結果、シュタールの側のライプニッツへの『応答』の詳細にもより容易に接近できるようになった。ただ、英訳者たちも認めているように、シュタールの応答は長くて分かりにくい。英訳の刊行は、日本語訳の作業をほぼ終えた時期であったことに加え紙幅の制約もあり、本飜訳では重要な点についてだけ、訳注で触れるにとどめざるをえなかった。ライプニッツの論敵シュタールの立場については後述する。

★01——仏訳に従う。英訳は一七〇八年としている。

訳出したテクストが書かれた直接の経緯は以下のようなものである。ライプニッツは、《注解》(4-1)をハノーファーで書き上げたことを、カンシュタイン男爵カール・ヒルデブランド[★02]宛の一七〇九年七月二九日付の手紙で報告している(仏訳145)が、その背景には、ライプニッツの友人である、医学者、ホフマンとシュタールの学問上の対立関係があったようである。フリードリヒ・ホフマン(Friedrich Hoffmann, 1660–1742)は、一六九三年創設のハレ大学の最初の医学部教授であり、一七〇四年一二月から一七一六年までライプニッツと手紙のやりとりもした。ライプニッツは、クリスティアン・ヴォルフがハレ大学で数学と物理学の教鞭を取るようになったことを、ホフマン宛の手紙(1707. 1. 15; Dutens V, 560)で、感謝している。機械論的な医学の推進者であったホフマンは、生気論的な医学の代表であったシュタールを批判する書物を公刊している。

そのため全体の構図は、医物理派のホフマンの肩を持つライプニッツが、《注解》と《再抗弁》(4-2)で生気論者のシュタールを批判するということになる。[★03]前出のドゥシェノーは、ライプニッツがホフマンの一六九九年の医学書から機械論的な医学の概念として「有機体」(organism)という用語を借りたとしている。ただし、4-1注18でも触れたように、ライプニッツには「有機的〔器官的〕物体」に類する用語法はそれ以前から見られる。

ライプニッツのテクストは、ライプニッツの没後、最初、上記シュタールの『無駄な争い』の一部として出版され、その後、デュタン版に収録された。『無駄な争い』は、ライプニッツの《注解》、それに対するシュタールの詳細な『応答』ないし「解明」(enodationes: ライプニッツの《注解》が原文で19頁であるのに対して、原文で115頁もある)と続き、最後に、ライプニッツによる《再抗弁》とシュタールの「再応答」が各節ごとに連記されている。ライプニッツが、「再応答」を見たかどうかは、資料がなく不明である。ロックの死後、完成していた『人間知性新論』の出版を取りやめたライプニッツとは対照的に、シュタールは、もはや反論の期待できない、論争相手の死後、この辛辣な題の書物を出版した。

論争の文脈を理解するため、シュタールの生物・医学思想について英訳者(ドゥシェノーとスミス)の叙述を手がかりにまとめておきたい。最近の研究によれば、シュタールは、ハレ大学で「ピエティズム」(一七世紀ルター派の改革運動である敬虔主義)の流れの影響を受けた。これが、シュタールが「合理的な医学」(ホフマンもライプニッツも与した医学を機械論の自然法則の枠組みで考える「医物理派」)に反対することを動機づけた。ピエティズムの神学とシュタールの経験的方法論そして、病気を誘発したり、身体のコントロールができなくなったりすることを「心」(「魂」)の責任とする見方とが合致すると考えられる(英訳xxvi)。

シュタールの医学は、医学を生命の概念に基礎づけるさい、その目標を病変や病気の除去を通して、人間の身体のなかにある生命を維持し、再建することに置いた。また、その生命概念は、身体の構造・構成と関連する生理学的諸過程の諸原因の研究に由来する。生気的〔生命的〕な活動が依拠する、器官の構造も生命活動があるあいだは生じている、発酵や溶解による不安定な化学的混合の結果とされる。このような前提で治療を行う医師の正しい選択は、複雑で壊れやすい「寄せ集め」を、生命「力」で維持することである。シュタールの「生命」は、「破壊されうるもの」としての生物を保存する活動であり、その活動が、「単なる混合体としての物体」と「生きている物体」を区別するのである（英訳xxvii,『医学の真の理論』254–55, cf. 英訳96）。

ライプニッツは有機的物体と寄せ集めを区別したが、シュタールは、「生命」が生物と「単なる混合体」を分けるとする。シュタールの見解では、生物の保存のために、器官に道具的目的を帰属させることができるのは、それらが物質的構成からは生じることができない特別な「形態と比例関係」とを具える場合だけであり、その比例関係と秩序は、「アプリオリ」に器官に与えられているが、器官の部分の機械的配列・傾向は、適切な運動を必ず生じさせるとは言えない。例えば、恐怖が生理的過程に影響を及ぼすとされた。健康も身体の統合的構造やその動態を維持する「心」の非物体的な力の本質的機能の成果とされる。シュタールの生気論では、「心」が物体に介入し物体を「生命的」（vital）にすることがライプニッツの批判の的になる。

まず、《注解》〔序文〕で、ライプニッツは自らの形而上学の簡潔な概要を述べている。論証の第一原理である、根拠律から始め、物体の作用の認識のためには、たんに質料的ではなく、形相的でもある原理が求められる点を説明したうえで、機械論の諸法則が形而上学に基礎をもつことを述べて、生物の諸現象を説明するさいに問題となる、心と身体の、そして目的因と作用因の「予定調和」を語る準備にする。ここで特に強調されるのは、「物質の現在の運動の個別的な原因は、その物質の先行する状態のなかにある」こととそれが普遍的原因としての世界の知性的な制作者に帰着することである。ただし、このことは、生命を持たない物体にも、生

★02——カンシュタイン男爵カール・ヒルデブランドは、ライプニッツとシュタールを仲介した。英訳者は、おそらく一七一一年にシュタールの「解明」（Enodationes）がライプニッツに送られたらしいとしている（英訳xlii）。ライプニッツが本文中で『応答』と呼ぶものは、シュタールのこの「解明」以外に資料はない。ライプニッツはこれに再抗弁した。法学者らしい言い方か。

★03——川喜田愛郎『近代医学の史的基盤』上、岩波書店1986, 343–349にホフマンとシュタールに関する記述がある。

命を有する物体にも同様に妥当する。

つまり、物体〔身体〕の現在の状態は、先行状態から作用因の諸法則によって生じ、心の現在の状態は、先行状態から目的因の諸法則によって生じるが、それぞれが完全に対応する、という予定調和の仮説もそこに基礎をもつ。このようにして、心的現象も物体的現象も、一切のものは、自然〔学〕的に根拠を与えることができる、というある種の「自然主義」が語られる。これは、しかし、動物・植物の有機的〔器官的〕な物体ないし機械組織としての身体の制作が、神の予先形成に帰されなくてはならないと考えることを意味する。ライプニッツは、そこから《注解》〔本文〕で、人間も含めた「生物学」〔この用語は一九世紀の初頭に初めて登場する〕に踏み込む。《注解》と《再抗弁》は、このような形而上学的な基盤を準備したうえで、シュタールの化学、医学そしてその方法論の各個別の論点を各個撃破する。

《注解》の批判は以下のように進む。機械的なものと有機的なものに本質的な区別はないこと。また、混合物体と生物のあいだにも、シュタールの言うほどの大きな違いがないこと。ここでライプニッツ自身の「生物哲学」が展開される。さらに、機械論的医学の観点からの解剖学の重要視。化学は、原理的には物理学に還元されるはずであるが、医学に必要なこと。身体が「水力と空気と火力の機械」であること。心が身体に直接、因果的影響を及ぼすことはできないことの確認。そしてシュタールが提案する具体的な治療法や薬剤の効果の解釈、心臓に関する機械論的な説明の徹底などである。

加えて、シュタールの『応答』に対する、一七一一年一〇月に書かれた、《再抗弁》では、以下のような論点が登場する。仏訳者も指摘するように、この間の一七一〇年には『弁神論』(KI,6・7)が公刊されており、生物そして医学的探究が神学と無縁ではないこともうかがえる。ライプニッツは、「物理的なもの」と「道徳的なもの」との関連を論じるなかで、特に、動物の心と人間の心の異同を論じ、気づきと微小表象の違いを述べ、人間の精神には反省能力が備わる点を説明する。また、情念の性質についても「怒り」を例に自説を述べている。ライプニッツは、シュタールにはこれらの視点が欠落していると言うのである。そして、ライプニッツは、後述するように、人間も含む生物の有機的〔器官的〕物体を「自己を維持し、栄養摂取し、繁殖する火」に類比させ、その機械の構造と運動について、医学と化学の個別的な諸論点を吟味する。さらにシュタールも含め、医学も化学もこれまであまりにも経験的であった点も強調されている。もちろん、ライプニッツ自身が、医学と化学の特性と同時代の現状を踏まえて、経験を重視する点は、ヒポクラテスの『箴言』に見合う、多様な臨床的知見の収集を訴えていることからも見て取れる。とはいえ、ライプニッツの眼には、当時の医学と化学には体系性と普遍性への志向が欠けていると映ったことはまちがいない。「普遍学者」ライプニッツは、体系性と普遍性をあくまで目指し、血液循環や不断の発汗、消化や排泄に関する観察とその機械論的（および化学的）説明を重視し、アルカリ、酸、油については互いに共通する普遍的なものを探究する必要性、あるいは鉱物、植物、動物それぞれに鉱物性の硫黄、植物油、動物の脂肪という「可燃性」が現れる点の化学的認識も強調してやまないのである。[★04]

さらにライプニッツの批判は、シュタールのアリストテレス（主義）理解の不十分な点、特に、数学と物理（自然）学の区別、そしてそれらの関係の不正確あるいは誤った理解にまで及び、幾何学的対象と物体の無限分割の議論に関しては、数学が物理学とは異なる点、さらに、混合物体とその部分全体関係（分割された諸部分と全体の「同質性」と「異質性」）をめぐる問題からライプニッツ自身の形而上学と物理学に跨がる基本概念、「エンテレケイア」と「インペトゥス」の説明を加えている。最後に、シュタールの「心」の理解のなかにある混乱ないし二義性を指摘して批判は終わる。ライプニッツの予定調和説の前提となる物心二元論と並行論に立てば、心は機械である身体に直接的な影響を及ぼすことができない点を改めて指摘し、シュタールの心が、ともすれば、粒子である「精気」と同じものになっていると批判するのである。

こうして、ライプニッツのホフマンへの援護射撃が大規模な論戦となったことは一目瞭然である。《注解》も《再抗弁》も、ライプニッツが、デカルトの『哲学の原理』、スピノザの『エチカ』、マルブランシュの『真理の探究』、ロックの『人間知性論』などに対して行ったのとまったく同じスタイルで、『医学の真の理論』の各節ごとに逐次的に批判を加えることによって、シュタールの生気論の、形而上学、方法論的基礎、化学、医学の細部、具体的事象の説明

★04——仏訳注で触れられていた、「オートポイエーシス論」以外にもライプニッツの生物哲学を、熱力学の第二法則と関係づけ「自己組織化」の理論などとも結びつけてその現代性を強調することもできる（Arthur. R., 2017. “Leibniz, Organic Matter and Astrobiology.” ed. Strickland L., et al. *Tercentenary Essays on the Philosophy and Science of Leibniz*. Palgrave Macmillan., 81–107.）。訳者は、レーンが『生命・エネルギー・進化』（斉藤隆央訳、みすず書房 2016, 109）で「生体細胞の6つの基本的特質」として挙げるもの（①新たな有機物の合成のために反応性の高い炭素が継続的に供給されること、②代謝の生化学的メカニズム、新しい蛋白質やDNAなどの形成、を働かせる自由エネルギーが供給されること、③代謝を加速し、誘導する触媒、④熱力学第2法則の借りを返し、正しい方向へ化学反応を促すように、老廃物を排出すること、⑤内と外を隔てる細胞状の構造による区画化、⑥RNAやDNAのように、具体的な形状や機能を規定する遺伝物質）をこうした生物哲学とあわせてライプニッツの文脈に移し置いて考察することもできると思う。

にわたる全面対決になった。その意味で、訳出したテクストは、初期近世の化学と医学に跨がる重要な科学史的な文献である一方、《注解》〔序文〕を中心に、この時期のライプニッツの形而上学の見取り図も描き出している点でも興味深い。

晩年に当たるこの時期のライプニッツの哲学を取り巻く状況を簡単に思い出しておこう。《注解》と《再抗弁》は「後期」の哲学の圏内にある。訳注の所々でも触れたように、一七〇六年からはデ・ボスとの往復書簡が始まり、『弁神論』の出版も一七一〇年である。これらのテクストにも、「寄せ集め」と区別される、身体独自の存在論的統一性ないし多重階層的な「無限の」部分全体関係、生物や心の発生のような、生物に関わる幾つかの話題が散りばめられていることも偶然ではない。その意味では、訳出されたテクストを足場として、化学や医学のより具体的な観点から、ライプニッツの「寄せ集めとしての物体」の存在論的な問題や単純実体として複合体を構成するモナドの存在そして生物の発生などの問題をあらためて考察することもできるに違いない。

逆に、ライプニッツがすでに一六八六年の『アルノーとの往復書簡』(K I, 8)の後半の論戦からは、論理学と形而上学の問題圏を離れ、その戦線を力学からの形而上学構築の問題と有機的物体としての身体の問題に拡大して考察を展開するにあたり、《注解》と《再抗弁》にも登場する、クロード・ペロー、ステノ、レーウェンフック、マルピーギ、スワンメルダム、オズーなどの知見を援用しながら、生物の問題を論じ始めていたことを忘れてはならない。この主題群は、その後、一六九八年の『自然そのものについて』、一七〇三から四年の『人間知性新論』(K I, 4・5)の執筆、一七〇三年に『精選文庫』でカドワースの『宇宙の真の知的体系』を紹介したル・クレールとその著作に無神論の嫌疑をかける一七〇四年の『続・彗星雑考』のベールの論争に関連する『マサム夫人との往復書簡』(K II, 1)、一七〇五年の『生命原理と形成的自然に関する考察』(K I, 9)へと連なり、《注解》と《再抗弁》に至っている。そしてこの後、一七一四年に執筆された『モナドロジー』や『理性に基づく自然と恩寵の原理』(K I, 9)などが続く。このようなテクスト群の系列のなかにおいたとき、《注解》と《再抗弁》の占める位置には非常に興味深いものがある。そこにはライプニッツのモナドの存在論を理解するうえでの重要な、現在でもまだ十分に解明されていない、生物哲学上の争点も含まれている、と訳者は考える。それが、「生物」と「生命」に固有の存在論上の位置である。この論点については、今回、初邦訳された本論考も含め、ライプニッツ自身も完全な「判明さ」には至らなかったようにも思われる。もちろん、それは現代の生物哲学に続く問題でもあるが。

この意味でライプニッツの生物哲学を理解するうえで、ひとつの障害あるいは(積極的に言えば、)哲学的な魅力ともなるのが、ライプニッツ哲学に特徴的な両面作戦である。実際、訳者は、翻訳作業を進めるなかで、デカルト的機械論と錬金術の流れも汲むとも言える生気論、その双方に対するライプニッツの挑戦をどのようにひとつの描像あるいは整合的な命題群にまとめあげることができるか、という解釈上の問題に直面したことを告白しておきたい。《注解》と《再抗弁》の基調が、シュタールの生気論を機械論ないしは「医物理派」の徹底の観点から批判するものであることは間違いないが、それでも、一筋縄ではいかない微妙な点をライプニッツ自身が吐露しているからである。これは、ライプニッツが当時の生物と生命に関する「医機械論」の説明能力に満足できず、「医化学派」に一定の譲歩を示したというだけにはとどまらないものを含んでいる。

若いライプニッツは、故郷ライプツィヒ郊外のローゼンタールの森での思索により、実体的形相を捨て、機械論の哲学を採ったが、その後、デカルトらの機械論に対抗し、再び、実体的形相を復権させることになったことがよく知られている。また、ライプニッツは、晩年の『モナドロジー』で明言したように、ガッサンディやコルドモワのような物質的原子ではなく、「部分をもたない」単純実体としてのモナドこそが「自然の真の原子」であるとした。その意味で、ライプニッツが機械論と原子論に対抗させた実体的形相やモナドの概念は、一見すると、「生命」をなにか実体的なものとして措定する、シュタールらの生気論のほうに相性がよいようにさえ見える。実際、伝統的に、ドイツ・ロマン派の自然哲学がそう考えただけでなく、現代の古典的な解釈で言えば、C・D・ブロードのように、『モナドロジー』を「汎生命論」の存在論として解釈する立場が根強いことも確かである。

これに対して、近年の有力な解釈者、たとえば、英訳者である、ドゥシェノー（Duchesneau. F., 2010. *Leibniz le vivant et l'organisme*. Vrin. Paris）やスミス（Smith.J., 2011. *Divine Machine, Leibniz and the Sciences of Life*. Princeton Univ. Press. Princeton）らは、シュタールへの批判も含めて、ライプニッツが「人工の機械」と有機的〔器官的〕物体（corpus organicum）とを区別したうえで、「生物」が神の機械＝「自然の機械」である点を強調している。特に、スミスは、ライプニッツの生物哲学を「機械論の神学」として解釈する（ジャスティン・スミス「ライプニッツとメカニズムの神学」『ライプニッツ研究』日本ライプニッツ協会編第3号2014）。実際、ライプニッツは、本邦訳にも登場する、カドワースの「非物質的形成力」を不要なものとし、「物質的形成力」で十分とした。そして、本論考では、「モナド」への言及はあるが、「実体的形相」という用語は登場していない。ここに至って、ライプニッツは再び「実体的形相」を見限ったかのようにも見える。

しかし、ライプニッツは、実は《注解》でも、「形相」を欠いているように見える「手の加わっていない」単なる質料としての「物質」と有機的〔器官的〕な物体としての生物とを区別したうえで、自然の機械としての生物については、それが「一定の種類の働きのために設えられており、とりわけ、われわれ人間の場合には、理性の機能を展開することができなくてはならない」という目的論的な表現により、実は、生物が「形相を付与された」(informata) 物体であることを語っているとも言える。これが生物の個体の発生と同時に「種」の発生の問題に関わることは言うまでもない。

また、ライプニッツは《注解》と《再抗弁》で、シュタールが「心」を物体とは異なる実体的なものとして措定することのさまざまな問題点を指摘し、生物にまで拡張された、心と有機的物体としての身体、「生物学」における目的論と機械論の完全な並行論を語っている。このこと自体はライプニッツの形而上学を多少とも知るものにとってはけっして特別なことではないが、生物哲学が「生命・生物とは何か」と問うかぎり、これら二つの完全な並行論はある緊張をはらんだ問いを提起するように思われる。シュタールが、死に抵抗して「自然的に始まり自然的に終わる」生命を考える一方で、ライプニッツが「自然的に始まることもなければ、自然的に終わることもない」単純実体を持ち出し、「生命をもたないもの」あるいは「死」と根本的に区別される「生命」など存在しない、という連続主義のなかで、生物の独自性は、確かに程度の問題に過ぎないというとき、存在論的には、生命が、「基体」となる単純実体ないしモナドの複合体の「状態」ないし「属性」として捉えられるのではないか、と思われると同時に、それでも、本文にも登場したライプニッツの、「物質そのものは、必ずしも生きているもの、あるいは心をもつものではない」にせよ、水中を泳いでいるたくさんの魚が棲む「池」に世界を喩える隠喩などを見るかぎり、そこにある種の「汎生命論」を語る余地も残されているように感じられるからである。この問題をどのように考えたらよいだろうか。

実際、ライプニッツは、《再抗弁》21の⑰では、身体から切り離された心臓がしばらく動くことからは、心臓が「生命のある (animatus) 物体」であることは帰結しない、と言う一方、心臓の部分も生命のある物体のどの部分も、われわれには感覚できない場合でも、歴とした有機的・器官的な物体であり、「生命的であり、自己自身により活動する」と述べ、そうでなければ、物質は活動的ではありえないし、機械組織自身も存在することはないだろう、と述べるのである。素直に読めば、この「自己自身により活動するもの」こそ、あるものの状態ないし属性というよりも、単純実体としてのモナドであると言うべきである、と思われるが、それが、シュタールと同じ意味では「生気的〔生命的〕」なもの――シュタールの場合は、「心」として物体＝身体に外側から加わるもの――ではないとしても、やはり何か「生命的」でなければ、いったい何であるか、という問いが生じる。

もちろん、ライプニッツは、ここで心臓の機械組織の根底に「自己自身により活動する」ものを認めているが、シュタールの心臓の説明に対する《注解》の批判とライプニッツの徹底した機械論から考えれば、この活動がシュタールの生気論の「心」の活動と異なる点は明らかである。有機的物体の「どの部分も生命的であり、自己自身により活動する」という主張の力点は、それが、自己自身により活動する点にあると考えることができる。しかし、それでも、単純実体として「自己自身により活動する」モナドが、「生命」と「有機的物体としての生物」に対してもつ存在論的関係をどう把握するか、という問いがまだ残る。

あるいは《注解》9でライプニッツが、シュタールが峻別する、生物と混合物体との区別に関して、生物の本質をモナドと同様に、表象と欲求の双方に置くとした後、表象と欲求とを、自分は「生きた物体が、それによって自己を完成し、栄養を取り、呼吸し、繁殖する、植物的な力に帰属させてきた」と述べる一方で、「心はそのどれにも関わっているが、私は、これらのことが、その機械の構造から帰結すると考える。そして、われわれが観察するのは、まったく流れ去ってしまうが、最小限度で生きている、諸物体のなかにある植物となにか類比的なものである」とした点もここで合わせて解釈しなくてはならない。ライプニッツは、この「諸物体のなかにある植物と類比的なもの」を、さらに「自己自身で栄養を取り、繁殖し、栄養物が無くなり始めると、驚くべき運動によって拡散し、自己を保存するように、自己を動かす炎のようなもの」と言い直している。

読者もここでライプニッツが、身体を「水力と空気の機械であるだけでなく、火力の機械」でもある、としたことを想起するだろう。モナド、いや少なくとも、生物は、その種の力、特に「火力」あるいは「エネルギー」なしには、確かに、その存在を考えることはできない。《注解》と《再抗弁》を読む限り、ライプニッツはこの機械が粒子である精気を「燃やし」続ける、と言うだろう。ライプニッツは、炎と動物の類比は、炎を「空気によってかき立てられた塵の渦」に比較することを妨げるものではないとしたし、有機的物体としての身体全体も、大小様々な程度の「流体の渦」から成立し、身体の堅さも流動する諸身体が同気する運動から生じると述べ、この運動が、抵抗なしにも、ある凝集を生み、身体が互いに分離しないようにすると言う。この状態が活力をもつ場合が「生きている」状態であり、それを失い、極小化した場合が、現象的な「死」なのである――「モナド」は、生命を可能にする活力ないしエネルギーであり、それ自体としては生物的なものではない、と言えるかもしれない。したがって、「生命」をこのような有機的物体の「属性」であると見なすことには十分な理由があるだろう。アンドローの言い★05方を借りれば、「生命」は、この場合、生気論者の場合のように、「説明項」ではなくて、「被説明項」となる。それでもなお、モナド自体が生命的であるとし、訳注でも触れたよう

★05――アンドローが、生命を何か独立した原理あるいは実体と見なした、カドワースとグリューとの対比でそのような解釈を示唆している。

に、晩年のライプニッツに「脱生気論化」されたとはいえ、「アルケウス」の余韻を見ることも不可能ではないかもしれない。

訳注で触れた、カンギレムの指摘によれば、「炎」の隠喩は、近世の哲学者のあいだではけっして特別なものではなかったが、「塵の舞い上がり」、「渦動」の隠喩やモデルもわれわれの想像と思索とをいまなお十分に掻き立ててくれるものがある。ライプニッツの生物哲学は、肉眼では見えない微小なものから人間のような歴とした動物の構造や発生までをカバーするが、生物が「空気によってかき立てられた塵の渦」に喩えられるとすれば、塵の渦が生物になるには、何らかの条件が整うことが求められるだろう。「水力・空気・火力の機械」としての有機的物体自体が、流動状態として不断に生じる「不均衡」を内包すること、これが、この機械が「自己自身を動かす状態」であり続ける根拠のひとつである点も認めなくてはならないように思う。残念ながら、ここではこの問題をこれ以上、追究することはできないが、ライプニッツが、「生命・生物とは何か」という大問題についても、われわれに課題と示唆とを残してくれたとは言えるだろう。

《注解》と《再抗弁》の生物哲学に関して最後に一点追加する。有機的物体としての生物の「無限分割」についての言及が、「分子生物学的」な極小領域の探究を指示するとともに、生物存在の時間・空間的な「メレオロジー」あるいは部分全体の存在論的問題を提起していることである。些細な論点に見えるが、ライプニッツが、人間身体の全体とその諸部分は互いに似ている必要はないし、その部分とその「部分の部分」、そしてその「部分の部分の部分」にも同じことが言えるとしたことは、「毛虫が蝶に変態する」というよく知られた事例が持ち出される『モナドロジー』74節が述べるように、発生現象にも言えることなのである。「どんな物体でもさらに下位のものに分割されうる、と仮定したとしても、混合物体のどんな部分も全体に類似している、ということは帰結しない」というう主張はそのことを含意し、このことは生物個体の時間的な同一性の問題にも光を投げかけるのである。

翻訳を進める過程で、訳者自身のためであったが、本論考の背景を理解するために、参照し、訳注でも触れた、幾つかの文献に当たった。フォスターの『生理学の黎明：16・17・18世紀』（西丸和義＋小野紀美子訳、医歯薬出版）、カンギレムの『反射概念の形成　デカルト的生理学の淵源』（金森修訳、法政大学出版局）、ディーバスの『近代錬金術の歴史』（川崎勝＋大谷卓史訳、平凡社）、ロジェの浩瀚な一八世紀生物学史研究、ドゥシェノー、スミス、アンドローのスピノザとライプニッツの生理学と形而上学の関連に関する研究書、メッリのマルピーギ研究などである。これらの諸研究と仏訳者および英訳者の多くの注から得られる知見からは、ライプニッツが、イギリス、フランス、オランダ、イタリアなどの学者から以上の分野に関する多くの最新情報を収集し、彼らと連係し、生物と生命の問題を自分の問題として考察しようとしていたことがうかがえる。もちろん、科学史的に見たとき、ライプニッツ自身が本論考で賞賛している、ステノやマルピーギのように、実際にさまざまな解剖や観察を行い、歴史に残る貢献を行った人々と比べたときに、これらの諸分野について、ライプニッツに微積分の計算法の発明や活力保存則の発見に匹敵するだけの、具体的あるいは理論上の貢献があった、とまで主張するのは困難であると思う。しかし、一八世紀前半の化学、生理学、解剖学、医学の分野における状況を理解し、特に、医物理派と生気論の対立の実情を知るうえでも、たとえ現代の読者には錬金術と同時代の化学や解剖学などの用語をめぐる理解の困難があるとしても、ここでもライプニッツが興味深いドキュメントを後世に残したことはまちがいない。

第3部 社会システム

Gesellschaft

マインツ選帝侯ヨハン・フィリップ・フォン・シェーンボルン
Johann Philipp von Schönborn, Kurfürst von Mainz, 1605–1673

【1】

Grundriß eines Bedenckens von aufrichtung einer Societät in Teutschland zu auffnehmen der Künste und Wißenschafften. 1671(?)

(A IV, 1, 530–543)

諸々の技芸と学の興隆のための協会をドイツに設立する提案の概要

✣酒井　潔＝訳・コラム・解説

1-1……草稿1[★01]

✣ Konzept A [1671?]

(A IV, 1, [N.43], 530-538)

一——本構想は、①〔そもそも〕協会が設立されるべきかどうか、②〔そして協会は〕いかにして設立されるべきか、という二部からなる。とはいえ、いかにして協会は設立されるべきかについて語るなら、それは協会が設立されるべきであると証明するのに役立つであろう。ひとは協会の本性や特性について熟考すればするほど、それだけ協会の効果や利益の実例を説明しなければならないだろう。

二——協会が設立されるべきかどうかと問われれば、答えは「然り」であり、それは協会の設立者のためにも、共通の最善のためにもそうである。設立する人たちとは次のような性質の者と私は想定する、すなわち彼らは、その高い身分、財産、評判のゆえに、良心と欺かれざる裁判官における、すなわち神と子孫における不朽の名声以外には何も必要とはしない。なるほど両者〔神と子孫〕とも将来に初めてその判断を下すだろう。しかしこの世の生においても高貴な人格ととくに寛大な人間たちにとっては、つまり彼らは生活の必要を心配してはならず、生活の必要以上の身体の欲求には、良心と健康の故に、注意もしないのだが、そういう人間たちにとっては、満足、喜び、心の静けさ、そして一言でいえば地上の天国以上に甘美なものは何一つなく、それどころかそれ以上に彼らの健康に役立つようなものも何一つとしてあり得ないのである。これらのもの〔満

★01——テクストについては訳者解説参照。

足、喜び、心の静けさ〕を、もし或る神と或る後世が期待され得る場合には、すでに今彼らに与え、永遠性の諸果実を彼らの心に対して一目でわかるように、いわば一度に集中的に説明するのは、将来の幸福の偽らざる先触れである。したがって、そのような協会は、①良心のゆえに、②設立者たちの不滅の名声のゆえに、そして③共通の最善のために設立されるべきである、と私は結論する。もっとも、かくも神と人間に心地よい賞賛すべき作品〔協会のこと〕の共通の利益は設立者たちの利益を生じ、そして良心に恥じぬとともに不朽の名の真で間違いなき原因であるのだけれども。これらの点が今や一つ一つ示されねばならない。

三――良心に恥じないとは、私のいわば定義によれば、永遠の幸福への希望のゆえなる心の喜びのことである。つまり、人間が自分に可能なすべてを行い、そして残りを、慈悲深くかつ正義なる神の間違いのない約束された恩寵に委ねるなら、そのときおのずから理解されるように、多くの幸福の保証は人間の権能のうちにある。

四――信仰がいわば過去のものへの希望であるように、希望は将来のものへの信仰である。なぜなら、信仰するとは、過去のものが、ひとが言うように真であると希望することと同じだからである。ところで真なる信仰つまり真なる希望は、しかしただ語るのではなく、それどころかただ考えるのでもなく、実践的に(practice)考える、すなわちそれが真であるかのように行うことである。神を信じ、神を希望することは、神がわれわれを愛しており、神の愛は〔神に対する〕愛し返しの覚醒を、われわれの救済者にして仲介者〔イエス・キリスト〕を通して／によってわれわれに提供したと信じることである、そしてさらに、もしわれわれが神を心底から愛し返すならば、それゆえ或る切り離し難い友情、つまり真の永遠なる友情が成立するなら、そのときあの世における得も言われぬ無限の享受が帰結するだろう、と希望することである。

五――つまり希望と信仰は愛に、そしてこの三つはすべて認識に基づけられている。愛は他人の美しさまたは優秀さを考察することからくる精神の或る喜びである。すべて美は調和と均衡において成立する、たとえば心の美しさを、あるいは知性★02をもつ諸事物は、知性と力との比例において成立する。このことは、この世界においても正義と秩序と功徳の基礎であり、それどころか、各人は自分が為し能うことを理解し、自分が理解するだけを為し能うという、共和国の形相の基礎である。もし権力(Macht)★03が知性より大きければ、権力をもつ者は、もし彼が権力を用いる術を知らない場合は無知な羊であり、あるいは、権力を良く用いる術を知らない場合は狼と独裁者である。もし知性が権力より大きいなら、知性をもつ者は、〔知性を良く使用する術を知らなければ〕抑圧されないように用心するために知性を使う。どちらの場合も無益であり、それどころかおそらく有害である。しかるに諸精神の美が知と権力の均衡において成立するなら、最大で無限なる精神の美は無限の権力と知恵の双方において成立する、したがって、神の愛、最高善の愛は信じられぬほどの無限の愛のうちに成立する。そうした無限の愛を、ひとは(至福直観★04をもたずともすでに現世においても)神の美または均衡、すなわち無限なる全能と全知を考察することから汲むのである。

六――さらに、信仰、希望、そして愛は、神の全能を認識し確信することによってすばらしいしかたで確固としたものにされる。というのも、神は最高知であるがゆえに、神がかくも正義で善意に満ちており、われわれを、つまり被造物をすでに愛してきたので、その結果神は、神に属する一切のことを為し(すなわち諸物の普遍的調和に服する限り、われわれの自由意志を妨害することなく行為する)、神をわれわれも愛し、そこに信仰が基づくように〔神が〕為したということは確かである。また神は最高の権力であるなら、神が、神を愛し返す人々に神の愛を享受させ、すなわち彼らを永遠に幸福にするのに十分に力強いということも確かである。以上のような考察がこうした希望を根拠づけるのであり、しかもそれが正しく心に捉えられるのであれば、人間を幸

★02――原語Verstandは当時の用法ではintellectus, entendementに対応し、「知性」と訳されることができる。「悟性」という訳語は、判断の機能としてのVerstandを「悟性」と訳した日本のカント研究の歴史的事情に少なからずよるものと思われる。

★03――この文脈で原語Machtは、Kraft (vis, force)「力」と区別して「権力」と訳す。ただし、ライプニッツが神について言う場合は、「権力」と「力」はとくに区別されない。『モナドロジー』中盤で、トマスにも倣って、神に「知性」、「意志」、「能力」が属するという場合に用いられるpotentia, puissanceに集約される。*Monadologie*, §48.

★04――visio beatifica: 神の似姿として造られた人間にとっての最高目的である神を、顔と顔を合わせて見ること(『新カトリック大事典』研究社1998)。

福にし、不幸、貧困、迫害、軽蔑、病、責め苦、死を人間から取り除き、それどころかこれらのものを甘美にするためには、ただそれだけで十分である。

七——しかし信仰と希望は、うわべだけでなくまた実践的に考える、すなわち、「神はわれわれを愛する」ということが真であるかのように行う（前出第四節）。それと同じように神を愛するということも単にうわべだけでなく、実践的に欲すること、すなわち、われわれもまた神を極めて愛するということを真にそして現実にするために、われわれの力のうちにある一切のことを行うのである。愛の現実性が成り立つとすれば、それは愛された者にとって好ましいことをわれわれが為すことのうちに成立する。神にとって好ましいことは、さらにそのことの認識をそれがわれわれの能力のうちにあるかぎり与えるはずである。というのも、神が全能全知であることの認識は、われわれが神を愛すべきであることの原因なのだが（前出第六節）、それと同じように、神がどのように全知全能であるかの認識は、われわれにもしその認識が得られるなら、われわれが神をどのように現実に愛すべきかの指針だからである。

八——神的本性の認識は、自然的なしかたでは、神の現実存在[★05]の真なる証明以外の何ものからも得られない。主にそのような認識は、とくに神なしには、なにゆえ諸物は、存在することができなかったかもしれないにもかかわらず或るもので有るということの原因をもつのは（不可能であり）、さらに（神なしには）、なにゆえ諸物はたとえ混雑し錯雑としていようとも、かくも美しい得も言われぬ調和のうちにあるのかの原因をもつのは不可能であること（なぜなら原因なしには何も無い故）から汲み取られねばならない。前者は、神が諸事物の究極理由（ratio ultima rerum）で、それゆえ最高の力（Macht）でなければならないとするものであり、後者は、神は諸事物の最大の調和、すなわち最大の知恵でなければならないとするものである。

九——ここから最終的に帰結するのは、慈愛（caritas）すなわち万物への神の愛と、至福の保証がそ

★05——原語のExistenzなるドイツ語は現代哲学では「実存」という意味を帯びてくるが、一七・一八世紀ではまだそのラテン語源existentiaに従い、事物が可能なだけでなく、現実に存在する、すなわち時間空間に従って規定され得る「定在」を意味した。

れにかかっている真の悔悟（contritio）とは、公共善と普遍的調和を愛すること（amare bonum publicem et harmonium universalem）に他ならず、あるいは同じことだが、神の栄光を知性認識し、かつそれがそれ自体あるよりも多くを為すことに他ならない。なぜなら、普遍的調和と神の名誉とのあいだには、前者が実際にあるのに対し、後者は神を知る人々の心のうちにあるということによって〔生じるような相違、すなわち〕身体とその影、個人とその〔似〕像、光線とその反射以外のいかなる相違もないからである。なぜなら、神が諸々の理性的被造物を創造したのは、これらの被造物が、それによって神の普遍的調和が或るものの中で無限に多重化されるような鏡として奉仕する、という目的のために他ならないからである。神の〔創り給うたこの世の〕時にかんして、至福直観（visio beatifica）または非感覚的な喜びにおいて完璧になされた神の認識と愛、すなわちそれはわれわれの心という一個の小さな点における無限の美の鏡映と或る種の集中をともなうであろうが、そのような神の認識と愛が成立するのでなければならないゆえに、ちょうど集光鏡★06または集光レンズ★07のように自然的な似姿も成立するのでなければならない。

一〇――ところで、人が神の美と普遍的調和を、各自が自分の知性の能力に応じて捉え、そして〔それらを〕さらに他の人々に反映し、やはり自分の力能の割合に応じて、人間や他の被造物における〔神の美と普遍的調和の〕輝きを促進し増大させるということのうちに、万物への神の愛、悔悟、永遠の至福（beatitudo aeterna）が成立するとすれば、そこから次のことが帰結する。すなわち、世界を色彩豊かに陰影づけるには少々乏しい本性〔の人間〕は、より低度の知性と力を賦与されており、他の人間の道具または機械でありさえすればよいのだが、そういう本性を満たすすべての人間は、もし彼らが、神の名誉のための――それと一つのことだが――共通の利益、すなわち彼らの隣人の食糧、安寧、便宜、教育、悟り、さらには諸被造物の発見、探索、改良のための道具として、生来の限られた能力と知恵に従って必要とされるなら、彼らの良心を満足させるのである。★08

二——権力ではなく知性を神から与えられ助言を行うべき人間と、権力を与えられ〔かつ他人の言うことにも〕親切に耳を傾け、良い提案を疎かにせず、次のことを考慮すべき人間〔がいる〕、すなわち、善良だが嫌われた助言者は、全知の裁判官の前で、いつか沈黙しつつも、彼ら〔権力を与えられた人間〕を〔助言者の〕臆病または悪意を非難する者だと思い恐怖で立ちすくむだろうことを。片や、知性的にもかかわらず嫌われた助言者は、助言以上は何も企てず、次のことを考慮すべきである。すなわち、神はその良い計画をもっと良い時期に保留し、それゆえ神の隠れた助言によって彼らには知性に匹敵する権力を与えなかったのであり、したがって彼らも良い助言を実施するためだからといって、禁じられた国家転覆の陰謀に及ぶような言動に向け、そうした権力を望むことは断じてすべきではないということを。★09

三——しかるに、神が知性と権力を同時に最高度に与えた人々こそ、神が自らの意志を実現するための最も基本的な道具として創造した英雄たちであるが、彼らには隠されたその計り知れない才能は、彼らにとって十分すぎるほど重荷となるだろう。腐敗、そして過度の怠惰により最善が劣化することは最悪である。至福★10と、知性と権力を神の名誉のために正しく用いるという最終的な釈明とがそれにかかっている一つの重要な点がある。それは、私が思うには、真面目な人間なら、汝は自らの富で地獄に堕ちるなどという厳しい言葉を一度も聞かずにすむためには、すべて

★06——凹面鏡

★07——凸レンズ

★08——この節では、知性も権力もとくに与えられていない者は他の人間に導かれるべきであることが言われている。

★09——この節では前節に対し、知性は与えられているが権力は与えられていない者（ライプニッツを指す）はもっぱら助言を行い、権力を与えられた者は助言者に耳を傾けるべきであることが言われている。

★10——Seligkeit, beatitudo: 新約聖書マタイ伝、「山上の説教」の冒頭でイエスが語る教え。「心の貧しい者は幸いである。天の国はその人たちのものだから」などに表される、

の大きな権力に切り離し難くぶらさがり高禄をはむ錬金術師たちの石★11を恐れと震えなしに受け取らない方がよい、ということである。★12

〔三〕――さて知性と権力は、神の名誉のために主に三通りのしかたで使われ得る。ちょうど私がひとりの人間のために三通りのしかたで、すなわち善い言葉、善い思い、そして善き仕事／作品、あるいは、人々が呼ぶ★13ように、善行とともに出会い★14得るのと同様に。神の場合は、★15〔いま言われた〕第一は、讃歌と捧げ物、第二は、信仰をともなう希望、第三は、善き業、または従順または有効な慈愛である。慈愛は単なる信仰よりも善い、従順は捧げ物よりもより善い、信仰は、神をただ口先で敬うだけの人々の偽りの捧げ物や讃歌よりも善い。ゆえに、われわれは祈禱師や司祭として、あるいは自然哲学者として、あるいは道徳哲学者または政治哲学者として神を敬愛する。

〔四〕――したがって、神を讃歌と捧げ物とともに敬う人々は、彼ら自身〔すでに〕説教者や司祭である(彼らが人々の魂に有益であり、〔上記の〕三つ目の場合に属するように、魂の世話(cura animarum)と秘蹟(sacramenta)〔に携わること〕はさておき、古代人にあって司祭は同時に哲学者にして公共政治の指導者でもあったのであり、多くの案件に関してさらに法律の手続きに従わねばならなかったのは言うまでもない)。ところで説教者は言葉によって説教者であり、司祭は儀式によって司祭である。このことは、神の名誉という偉大ですばらしい作品を繰り広げ、各人〔の心〕に神の愛によって火をともす。それゆえそのために付与されたものを、人は神の名誉のために絶対的に付与されたと呼ぶのが常である。なぜなら、すべて善なるものは神の名誉に向けられているにもかかわらず、神を敬うこの仕方は、神の名誉を、それがそこで成立する言葉によって直接名づけるゆえ、普通の人間ではたいてい目と耳に流れ込むからである。それはちょうど、そのために付与されたものも真の意味で(κατ᾽ ἐξοχήν)★16、また絶対的に「善き作品」(opus bonum)と呼ばれるのと同様である。ところで、神の御心にかなう捧げ物、説教と音楽、すばらしい感動的な讃歌の作曲、(それらの讃歌は古

★11――lapis philosophorum= Stein der Weisen「賢者の石」。古代中世には錬金術者によって金の生産に関して多くの論考が書かれ、「賢者の石」もその伝統に由来。本稿執筆当時ライプニッツは実際そういう石があるかもしれないと考えていた(一六六七年初頭アルトドルフ大学で博士号取得後、半年間滞在したニュルンベルクで彼は当地の錬金術秘密結社の秘書を務めていた)。錬金術師たちは、鉄、鉛、他の金属を金や銀に変えることができるような石を持っていると主張し、諸侯の関心をひいた。しかし本稿執筆から数年後にはライプニッツは彼らに対し懐疑的になる。そして、もし鉛を金に変えることができると称するなら、錬金術師がその場にいなくても、化学的プロセスの記述書と賢者の石さえあればそれが出来るはずと指摘したところ、錬金術師たちは拒否した。なぜなら彼らは人目を盗んで金を投入していたからである。これは一六八一年秋にハノーファーで実際にあった事件であって、ライプニッツは彼らが詐欺師であることを君主エルンスト・アウグストにもわからせたのである(A I, 3, N.90,

N.100/A III, 3, N.287, 288)。

代のヘブライ人、それどころか異教徒もわれわれよりはるかに多くまた上手に歌っていた）、上品な儀式と教会の飾り、多くの崇敬を喚起するのに役立つすばらしい寺院や教会、これらにおいて手段として捧げられているものは、それらが適切に用いられるなら、疑いのない★17良い心根で尊敬するように作られている。そこで私は以下のことを思い出した。すなわち、彼ら〔フランス人〕の言語の受容と誉のために枢機卿リシュリュー★18によって設けられたアカデミーあるいは協会の設立★19にさいして、なかでも或る敬虔な人物がその規程に、どの会員も毎年神を讃えるために作曲する責務を負うべきことを挿入せんと熱望したが、しかし何故かはわからぬが、そうはならなかった。

五——しかし哲学者として神を敬うのは、自然と技芸に新しい調和を発見し、神の全能と全知を可視的に感得させる人々である。それゆえモーセ、ヨブ、ダビデたちはたいてい、神が被造物に

★12——この節では前々節と前節に対し、知性も権力も最高度に与えられている者（賢明な君主を指す）は、神の意志を実現するよう天命を授かっていることが言われている。

★13——「讃歌」(laudes複数）は教会の日課となっている祈り、「捧げ物」(sacrificium, Opfer）は教会のミサで供え物を捧げる行為。

★14——「希望」spesとは、キリストの復活と昇天を根拠にして、何時かを予測することはできないが、必ず訪れるキリストの再臨を、信仰に勇気づけられて期待する態度。信仰と愛とともに、恩恵によって与えられる三つの注入徳（対神徳）の一つ。

★15——「従順」obedientia: 聖書の説く、神あるいは真の権威者に従う人格的な態度。

★16——ギリシア語で書かれているが特に古典からの引用ではなく、ドイツ語ではkatexochenと書き、「真の意味で」、「端的に」という意味で普通に用いられる語。

★17——unzweifentlichであるが、unzweifelndと読む。A IV, 1, 534, Z.8.

★18——リシュリュー(Armand Jean du Plessis, Duc de Richelieu, 1585–1642)。一六二四年以降ルイ一三世の宰相として、中央集権体制の確立と王権の強化に尽力。行政組織の整備、三部会の停止などを通じて、後年のフランス絶対王政の基礎を築く。

★19——ルイ一三世下一六三五年二月一〇日リシュリューは、フランス語の基本を制定し、アカデミー辞書の編纂などを行うAcadémie françaiseを設立した。一七世紀設立された「フランス学士院」Institut de Franceは当時、個別の六つの王立アカデミー：アカデミー・フランセーズ(1635)、碑文文書アカデミー(1663)、諸学アカデミー(1666)、絵画・彫刻アカデミー(1666)、音楽アカデミー(1669)、建築アカデミー(1671)から構成されていた。まもなくライプニッツがパリで関わりをもつことになる「諸学アカデミー」Académie des sciencesはルイ一四世によって一六六六年設立された。

植え付けた自然的奇蹟からも、神が〔選〕民の救済のために行った自然的奇蹟からも、彼らの〔歌う〕讃歌の源を採ってくるのが常であった。ちょうど、神は海にその境界を引き、天を張り掛け、雲の上を走ってきて、雷鳴を響かせ、大河を膨張させ、草木を茂らせ、動物に彼らの栄養と食物を適時見つけさせる、というように。

一六――それゆえ次のことは確かだと言える。すなわち、人は自然の驚異を知れば知るほど、自然そのもの、つまり自然の原像に向けて研究しさえすれば、それだけ多くの偉大なる神の似像を心の中に所有する。それゆえ優秀なイエズス会士シュペー神父★20のすばらしい思想も讃えられるべきである。神父は、できるだけ神の名誉にかんする内省なしに、ほとんど何も見過ごさず、まして被造物が神を黙って示し讃えるようにするためのすばらしい奇蹟を見過ごさないように、人はどのように慣れるべきかを助言した。

一七――ゆえに私の考えはこうである。すなわち、最も偉大な道徳哲学者や政治家であっても、彼らがすこしも自然愛好者でなく自然の驚異を知りも注意もしないなら、卓越した知識と人間を認識し統治する彼らの技の良き使用で埋め合わされない限り、彼らから正当な驚き、神についての真なる認識と熱愛、それゆえ彼らの心の完成の大部分が失われる。したがって、雄弁と詩歌においてもまた真なる哲学においても、普通の知識の限界を超えた人々にまさる情熱や強調によって神を讃えることは誰にもできない。

一八――しかしとくに人々に尊重され、神によって疑いもなく恩寵のうちにあるのは、創造主を讃え隣人を利する★21善き意図とともに、経験であれ十分に根拠づけられた調和であれ、自然または技術のすばらしい驚異を発見し、いわば事実そのものによって神を崇敬することを熱弁し詩にうたう人々である。ちょうど経験主義者が説教者または歴史家を、理論家が詩人を尊重するように。なぜなら前者は確実な経験を、後者は見かけながら自然によく一致し経験に共鳴する仮説を考察

★20――シュペー(Friedrich Spee, 1591-1635)。ドイツのイエズス会士。マインツで神学を修めた後、司祭となり、パダボーン・イエズス会大学で講師。一六二九年には道徳哲学の講座をもつが、修道会内部の反対派により一年後に解職。魔女裁判の批判者として著名。匿名で *Cautio criminalis*, 1630を出版。多くの美しい教会讃美歌の作詞者としても有名。ライプニッツは三年前の一六六八年夏、君主マインツ選帝侯(J. Ph. von Schönborn)よりシュペー著『金色の道徳書』(*Güldene Tugendbuch*)を下賜された。さらに一六九八年にはライプニッツは同著の序文を仏訳し選帝侯妃ゾフィー・シャルロッテに贈呈した。Kurt Müller/ Gisela Krönert, *Leben und Werk von Gottfried Wilhelm Leibniz*, Frankfurt/M 1969, 14, 140. ゾフィー宛の書簡でも言及(KII, 1, 305-06)。

★21――「隣人を利する」(dem Nechsten zu nuzen)〔原文ママ〕。イエスが説いた「隣人愛」の教え(マタイ伝第22章37-39節、ルカ伝第10章29-37節)。すなわち、「隣人」とは特定の人間ではなく、出会うすべての人間が隣人であ

するからであり、〔両者は〕経験と仮説の合致によって神の知恵を称賛するからである。

一九——たしかにいまでは勤勉な解剖学者[★22]によって新しい血管が実験的方法によって発見され、ずっと以前から知られていた血管のこれまで未知だった用途が仮説の方法によって解明されることが頻繁になればなるほど、それだけ頻繁に神の全能と知恵はいわば生き生きした色彩で照明される。そして知性的な人は、〔神の〕知恵に驚嘆し、力を畏怖し、知恵と力の一致、すなわち創造主の美と善を愛することで、千の祈りや祈禱歌によるより、それどころか時にはおそらく講義や説教によるより一層感動させられるのである。そうした発見のただ一つでも、幾千もの美しい讃歌のための素材と源泉であり得るからである。

二〇[★23]——それゆえどの驚くべき興味深い真理も、実験または定理も、神の美の新たに発見／発明された鏡として、測り知れず最も高価なダイヤモンドより価値があると注目されるべきである。これは、たとえ定理から何の問題も作ることができず、また新しい真理がすぐ利益にはならず解明するだけであっても妥当する。それゆえ正直で神を畏れ知性的な人々に自然研究や実用技術の完成のために適用されるもの〔資金〕は、最も敬虔な目的や神の無尽で真なる名誉のための支出と見なされるべきである。

二〇−1[★24]——言うまでもないが、もしわれわれの劣悪な手段方法、不注意、そして回り道によって、われわれの時代が多くのものを得ているきわめて実用的で有益な発見／発明のすべてがわれわれに無用なものにされないのであれば、たいていの発見／発明は人間生活に或る利益を有するだろう。たとえば、新たに発見された乳腺とリンパ腺の医学は、循環や他の多くの管についていまだ

る。明らかにライプニッツはこの考え方を指示している。「共生者」、「他者」とも表現できよう。

★22——一七世紀解剖学は飛躍的な進展をとげ、ライプニッツも本稿と同じ時期、マインツ選帝侯へ宛てたと思われる文書で、国家の予防医学のために解剖学(anatomia)が促進されるべきことを提言している: "Directiones ad rem medicam pertinentes", Mitte 1671−Anfang 1672, A VIII, 2, N.70, 640−664, bes. S.651f. 本巻第2部1。

★23——erfinden, Erfindungは、今日では(技術的な)「発明」の意味で用いられるが、一六～一七世紀では、findenという語源により近く、さまざまな自然や生命の現象の「発見」を意味していた。しかし「発見」と「発明」は分かち難く一体をなす。けだし、少なくとも当時は、(人間が用いる道具を)発明することは、元々自然を発見することに基づいていた。したがって「発見／発明」と訳記する。

★24——この節の番号は「§21」となるはずであるが、手稿LH XL Bl. 2rで確認すると、ライプニッツは「§20」と誤記している。しかし§20を§21に改めると§22以降の節番号もすべて変わってしまうので、それを避けるため、アカデミー版編集者はこの節の番号のみ「§20−1」と記すことで対応した。

少ししか改善されておらず、そして治療法もただ金ほしさの施術師たちにおいてはそういう具合に、かつてそうだったのと同じ劣悪な状態にあるのだから。

二一――ゆえに、神の名誉を探求する三番目の方法がある。それは道徳哲学者[★25]として、政治家として、公共の事柄の指導者として、神に奉仕する者たちのなかでも最も完全な者〔が行うもの〕である。すなわち彼らは自然における神のすばらしい諸物の輝きを発見するだけでなく、また模倣によって真似をするように、つまりただ賞賛や記念やあるいは言葉や思想によるだけでなく、良い仕事によっても神を敬うよう努力するのである。すなわち、いかなる善を神が為したかだけでなく、自らを道具として神に捧げ、神に示すよう努力する。それによって一般的な利益、とくに人類の利益についてより多くの善がうみだされる。というのも、われわれが働きかける力をもつすべての可視的な被造物は、人間にとって最善へ向けて秩序づけられているからである。

二二――それは次のような人々のことである[★26]。すなわち、医療、機械、生活の便、働き口と貧者の食糧、無為や悪習の隔離、正義の実践、報酬と罰、適度な休息の確保、祖国の興隆と福祉〔の推進〕、〔そして〕ペストや戦争という高代償の時代を、われわれの力の及ぶ限りそしてわれわれに責任のある限り終わらせること、真の宗教と神への畏敬を広めること、さらには人類を幸福にすることにも、自然と技術の発見／発明された奇蹟を、自分たちになし得る限り適用しようと、そして神が世界に為したことを自分たちの領域において模倣しようと、汗を流す人々のことである。

二三――人類のそのような幸福は、もし普遍的な共鳴と理解が、キマイラ[★27]と同類視されたり、トマス・モアの『ユートピア』[★28]やカンパネッラの『太陽の都』[★29]や〔フランシス・〕ベーコンの『アトランティス』[★30]へ向けてなされるのでなければ、また一般に普遍的福祉に関する最大の偉人たちの助言からかけ離れ過ぎているのでなければ、可能であるだろう[★31]。にもかかわらず、理性、正義、良心は、各人が自らの〔なすべき〕ことを自分の活動領域で行うということをともない、それによって各人は

★25――moralistaeは所謂「モラリスト」のことではなく、「道徳哲学者」philosophi moralesの意味。本稿一三節参照。同様の用法は『形而上学叙説』一〇節にもある（"philosophe moral"）(A VI, 4B, 1543, Z.14; K I, 8, 157)

★26――すぐ前の二一節で言われた、「神の名誉を探す第三番目の方法」を行う人々。

★27――chimaera; χίμαιρα: ギリシア神話に登場する怪物で、頭はライオン、尾は毒蛇、胴は山羊。転じて、単に想像されただけのものを意味する普通名詞。哲学では、単なる抽象的存在としての「理性的存在」(ens rationis)（スピノザ『エチカ』第一部附録、第二部定理49備考）や、「石である人間」「丸い三角」のように矛盾(b≠b)を含み、存在することが不可能なものの観念（ライプニッツ、GP VII, 212f.）を指す。唯名論からみた「普遍」（類・種）の観念を指す場合もある。

★28――Thomas Morus（1472–1535), *Libellus vere aureus, nec minus salutaris quam festivus, de optimo rei publicae statu deque nova insula Utopia*（社会の最善政体とユー

神と、神の良心の法廷との前で免罪されるのである。もし自分の欲することができないなら、われわれは自分のできることを欲する。見かけは小さく大きな費用もかからず、しかしそれでも共通の利益、祖国の興隆、多くの人間の生計や健康維持、神の名誉と神の驚異の発見のために大きな効果があるであろう手段をおそらく見つけるために。

二四——そのような手段のなかでも、**初めは小さくてもしかし良く基礎づけられた**協会またはアカデミーの設立は、最も容易で重要なものの一つであろう。これによりドイツ人の精神は彼らのあらゆる隣人の手本に従って鼓舞される、もっともドイツ人には隣人たちに先行してほしいのだが。経験をつんだ人々の多くの共鳴やより緊密な文通が喚起される。ただ、それらの人々には、〔情報を〕やりとりし、機会と手段方法を見つけ、資金の貸し借りを拡大するなどの信頼が欠けているため、多くの有益な思想、発見／発明、実験はしばしば失われるが、〔それでも〕保存され利用される、こうして理論家は経験論者と幸せな結婚によって結ばれるだろう。次々と不足するものに技術者学校(seminarium artificium)が対処し、実験に携わる者のいわば成果を安定させるだろう。そこでは誰もが自分の試みと着想を簡単に形成できるし、様式や利点、〔単なる〕増加ではなく進歩する実験結果が見つけられる(最初に僅かな基礎がありさえすれば)、さらに国内における食糧を保持するための資金も調達される、国内に手工業を樹立する、そしてその結果として商業を国内に導入する、

トピア新島についての楽しく有益な小著), London, 1516.

★29——Tommaso Campanella (1568–1639), *La città del sole*, 1602; *Civitas solis*, 1623.

★30——Francis Bacon (1561–1626), *New Atlantis*, 1627.

★31——いわゆる(現実の世界にはない理想境としての)「ユートピア」(u-topa＝何処にも無い)に対するライプニッツの批判は、一六八八年頃の『普遍学への序言。ユートピア的な島について』をすでに先取りしている(A VI, 4A, 981–987; K II, 2, 110–117および訳者解説)。彼の反ユートピア論(ユートピアならぬ現実世界に生きる人間が、いかにして幸福や公共の福祉を実現し得るかを示そうとする)は、一六七一年のこの諸学協会設立構想と緊密に結合しているのである。

無為の人間と犯罪者を労働させる矯正施設や刑務所を頃合いを見て設置する、百貨店を設けて非常時のためにあらゆる必需品を備える、さらに自分のお金を預けておきたい年金受給者のために安全な銀行を将来形成する、会社に加入し株式で〔運用〕取引をする、ドイツ人を海上貿易へ督励する、〔そのため〕ハンザ同盟[★32]の諸都市に上手く話をつける、学校を改善する、青少年には、彼らが欠陥をもったまま旅立つことのないように故郷で訓練、言葉、諸学問の〔実用的〕内容を教える、また〔できれば〕貴族の学校にも、手仕事を利益と道具と共に容易ならしめるための施設を設ける、絶やされることのない持続的で廉価な火と動力によって、化学／錬金術と機械学における一切を試験し形成することができる、ガラス製造、透視図法、機械、噴水、時計、旋盤所、絵画、書籍印刷業、染色業、織物業、鋼鉄と製鉄所、またまっとうだが細部に設備が及ばず非生産的ないくつかの業種に利益があがるようにする、国内ではすべてのものに、国外では新しく発明されたものに優遇措置を維持する。高貴な身分筋の出資金、愛好者の寄付や基金を受け取る、自然と技芸の劇場(theatrum naturae et artis)[★33]、もしくは技術、稀少物、解剖学の部屋を、あらゆる物事を容易に習得するために、現在設けられている薬局、庭園、図書館とは異なったしかたで整備する、諸々の書物からその核心を抜き出す、草稿、遺稿、失われた報告、実験〔結果〕、文通の手紙を収集する、あらゆるものを秩序立て索引を付して持っておく、貧乏な学生たちに生活費を、そして同時に彼らの勉強が彼らと社会に有益であり得るよう施設を供与する、常軌を逸したふるまいで身を滅ぼすような貧困に陥った奇人変人、不運によって挫折した商人を、彼らの利益と社会の利益とともに庇護する、彼らの技術がパンのために使われるような貧しい人々(もし、彼らが少しでも世間のにおいを知るや、〔すぐさま〕国を後にし、異国の支配者たちのもとへ行き、腐敗する故国に最大の害を与え恥をかかせ、一部は不品行な生活に陥って戦争に加わり、それどころか、それ自身によって国の人口が増え有益であり得る多くの家族が没落に向かい、もしくはまだ初花のうちに摘まれる

★32――北ドイツの商人および都市が結んだ海外貿易に特権を有する同盟。北海とバルト海沿岸およびドイツ内陸部の主要河川の各港湾都市からなる緩やかな連合。一二世紀中頃リューベックが起点となり、一四〇〇年頃最盛期を迎え、加盟都市も二〇〇を数えたが、一七世紀には三〇年戦争を経て衰退する。本篇1-2訳注31参照。

★33――二〇〇四年、新たに美学史の方法を用い、「諸学と諸技芸の劇場」としての協会の性格付けに注目し、博物館、植物園、動物園、稀少物展示室等の施設計画を、「他者に見せ、魅せる」知と表象の象徴的事例として読み解くHorst Bredekamp, *Die Fenster der Monade*(『モナドの窓――ライプニッツの「自然と人工の劇場」』原研二訳、産業図書2010)が、多くの図版を付して公刊された。同書第II章「展示品の劇場」1は六か所について本稿(A稿)を参照している(原訳、17頁以下)。

か抜かれるならば、ほとんどの場合、彼らは自分を養う方法手段と食物しか欲しないようになる）を国の中に維持し、仕事につかせ、貧乏生活から遠ざけ、妻子とともに扶養する、そして罪、恥、魂の堕落から彼らと彼らの家族を保護するのである。以上のことに、しかし或る時或る場所に応じて対処するのではなく、すべては細心にゆっくり着手され、少ない資金とごく僅かな利益とともに、この〔協会という〕機械は普及されねばならない。

二五――これら〔協会〕は正当で恒常的な、それどころか連続的な喜捨★34である。それら協会は終わることなく成長し、自ら増え、数千もの人間の役に立つことができる。それらは、いかなる限界によっても制限されない。それらは他の諸財団（そこでは慈善行為の受益者と運営者の関心はかならずしも〔財団の〕存立や成長や目的に結び付いてはいない）と違っていかなる誤用にも服してはいない。それらはいったん軌道に乗れば、戦争や疫病死その他の国難によってそう簡単に滅ぼされることはない。それらは神の最高の名誉と、実用的なものだけに照準をあわせている。それらは一般の喝采、永遠の祝福、そしてその慈善行為をさらに長く享受するであろう後世からの感謝を招き寄せる。それについて神は多くの好機を授与したが、しかしそうした好機を怠ることの責任は神に帰せられてはならない。願わくば、神が前述のもの〔すなわち協会〕を祝福され、また（そのように敬虔に始められたものが実現され得るために）健康と長寿で、そして最後には（すべての知者の最高の望みなのだが）不死の魂の永遠の浄福で報いてくださり、それによって悲惨と堕落から解き放たれ最後の審判において〔証人と代弁者として〕登場するであろうかくも多くの魂の、その祈り、祝福、証言をわれらに享受させてくださらんことを。これをもって私は、この〔協会という〕仕事／作品において神の名誉とその良心のために事を行う力を持つ者は、以上の省察を怠るべきではない、ということの論点を終えることにする。

★34――Allmosen（Almosen）．生活困窮者に対する贈与（金銭の場合が多かったが、食事の無料提供もあった）を意味する語。ライプニッツはここでは比喩的に使っている。

1-2……草稿2

❖ Konzept C [1671?]

(A IV 1, [N.433], 538–543)

諸々の技芸[★01]と学を増やし、改善すること。

ドイツ人の精神を鼓舞すること、商業の事柄においてただ他国の餌食となるのではなく、また諸学の陶冶においてただ他国に後れを取るのではなく、イングランド[★02]、フランス[★03]、ヴェネツィア[★04]、ローマ[★05]の各協会（Societät）とその機関誌（Journal）[★06]の手本に従うこと、それどころか望むらくは間もなく彼らを凌駕すること。

〔それらの各協会と〕同じように雑誌を創刊し、そこに諸々の学術知識や独自の反論や書簡のやりとりを収載し、また〔学術的知識のうち〕直接有益な結果をもたらさないものを出版すること。[★07]

経験をつんだ人々の多くの協議とより緊密な文通を喚起すること。

いわば諸学をともなった交易と商業を開始する、このことは無尽蔵であって、資金を支払っても何も失わないという、他のあらゆる事柄にはない利点をもつ。

死後は失われるのが常であるような、功労者の讃辞や伝記、メモまたはメモ帳[★08]、日記、随想、遺稿類[★09]を散逸しないように保存すること、このことは或る人々に究極的な〔強い〕意志をもって意欲

★01——Kunst: ラテン語のarsに対応。芸術という意味（schöne Künste美術）と技術、技能という意味を兼ね、中世では学芸、学科をも意味した（die Sieben Freien Künste自由七科〔文法、修辞、論理、算術、幾何、天文、音楽〕）。しかしライプニッツは諸学問にはWissenschaftenなる語を用いているので、Kunstは芸術と技術を含む語として「技芸」と訳す。

★02——ロンドン王立協会（The Royal Society）。一六六〇年創立。後にチャールズ二世の勅許を承ける。ライプニッツはパリ滞在中の一六七三年一月に公用でロンドンに渡り、オルデンバーグの計らいで会員に紹介され、一六七三年四月一九日満場一致で会員に選出された（エイトン『ライプニッツの普遍計画』工作舎1990, 79）。

してほしいものである。

人々の自信の無さ、お役所仕事、実験助手にも尊敬されない逃げ口上、職工たちの退屈やおしゃべり、場所の不便さ、物資や配給の不足、また補償や維持を申請しても為政者の不注意のゆえに、無駄に終わってしまう有益な思想、発明、実験を、維持し、見つけだし、モデルと試行によって検証すること、あるいは個人が行うよりも良い手段方法で、拡大して利用するのが正しい。

理論家たちと経験論者たちを幸せな結婚によって結合する、そして一方の欠陥を他方によって補うこと。

異なった実験と発明を組み合わせることによって、個々の物を、それら自身は不完全であっても、有益なものとすること。

★03——パリ諸学アカデミー：Académie des sciences。フランス学士院Institut de Franceの一つ。国内の学術研究を盛んにし保護すべきとの財務相コルベールの助言を受けたルイ一四世によって一六六六年に創立。一六九九年正式に王立協会として認可され、本部はルーブルに設置。ライプニッツはパリ滞在時から入会を希望していたが、ようやく一七〇〇年三月一三日付で外国人会員に選出され、事務局長フォントネルから会員証書を送付された（エイトン、87; 356）。

★04——ヴェネツィア：本稿執筆と同じ一六七一年頃当地には多くの小アカデミーが存在したが、なかでも一六二三年創立のAccademia degli Incognita（知られざる者のアカデミー）が有名で活動的であった。一六五三年にAccademia dei Defisiに交替。当時は、一五五〇年創立のAccademia dei Pellegrinimoもまだ活動していたが、これは文学に関わるものだった。

★05——ローマ：多くの小アカデミーがあったが、なかでも一六〇三年創立の世界最古の学術アカデミーAccademia Nazionale dei Lincei（大山猫の目人間の国立アカデミー）が有名で、ライプニッツも耳にしていたはず。その活動はガリレオ裁判後の一六五一年中断したが、本稿執筆の一六七一年頃も細々と活動してはいた（このアカデミーはその後も続き、今日イタリアで最も重要な学術アカデミーとなる）。

★06——パリ諸学アカデミーでは、『学術雑誌』(*Journal des savants*：週刊、一六六四／六五年一月五日創刊)。ロンドン王立協会では、初代事務局長オルデンバーグ（Heinrich Oldenburg 1618?–1677）が編集した『哲学紀要』(*Philosophical Transactions*：月刊）一六六五年三月六日創刊。会員ニュートンも最初の論文*New Theory about Light and Colours*（光と色に関する新理論）を寄稿。

★07——ライプニッツは、学術的知識のもたらす実用的利益が他国に奪われてはならないと考えている。当時、特許権がほとんど存在せず、ドイツは経済的にイングランド、フランス、イタリアに大きく遅れをとっていた。

★08——adversariaとは、メモ帳ないしメモのこと。

★09——scheda posthumaとは、遺稿中のさまざまな書類。adversariaとほぼ同義。

技術者のための学校、実験と発明のための作業場や収蔵庫や集積場を、次のようにして設けること。

〔すなわち〕最初に或るものの基礎がおかれさえすれば、おのずと改善され増大する実験によって方法と利点を見出す。

学術(res litteraria)★10を**改善すること**。

〔協会は〕書籍に対してとくに監視の眼を持つこと★11。

〔そのための〕責任者と何人か幹部を置くよう努めること、皇帝や帝国大宰相★12の名前によるだけでなく、また書店／出版所に前払金を融資すること★13によって、彼らに将来もいっそう理性に従うよう義務付けること、そしてガラクタ本と屑紙によって世界を一杯にしないこと、それによって、主要本で出版に値するほとんどすべてのものが、前払金と美しい印刷のゆえに、他所に出回るのである。

この利益によって〔協会〕独自の印刷所と製紙工場を設立すること。

ほぼすべての本のカタログを収集すること。

常設の公共図書館の中に埋もれているものについて、とくに情報を得ること。

もっぱら基本書と実用書★14からなる〔協会〕独自の蔵書を設けること、そしてオランダの書籍市〔における出品と競売〕にはいつも注意しておくこと★15。

しばしば故人の遺族からは嫌われ投げ売りされている草稿類、すなわち報告〔文〕、日記、旅行記、遺稿紙類、有益な往復書簡、およびその他の学問の宝物を集めること。

諸々の本から基本書が選ばれ、有益で易しい一般的原則(loci communes)が立てられるような手段方法を作ること。

すべてのものを秩序づけ、それに索引を付けておくこと。

★10――res literaria (litteraria) の意味についてはK II, 1 (res publica litteraria：学者の共和国) 参照。Holz版ではLiteratur (文芸) と記しているが、不適切である。Holz, II, 43, Z.13.

★11――ライプニッツは、魔女裁判や拷問には反対であるが、図書の検閲を必要と考え、有害な図書は排除されるべきという立場である。

★12――Archichancellarius imperii：帝国大宰相。

★13――当時書籍商(Buchführer)は、売れるのに時間を要する大部のラテン語の良書よりも、すぐに売れる俗悪書を出版していた。というのも、書籍商はしばしば出版者でもあるため、出版費用を前借りする必要があったからである。そこでライプニッツは彼らに低金利または無利子の融資を行い、本が売れた暁には国庫に返済することを提案。これによって、良書の提供が資金的に容易になることを期した。

★14――実用書Realität, realia：基本書Kernに対して、自然科学書、旅行記、経済や商業や金融に関する本、軍事書などを含む。

それゆえ、貧しい学生たちに勉学を続けるための生活費を給付する、ただしそのさい、彼らの利益と協会の利益によって彼らの食費は捻出すること。

また、頻繁に友人や家庭教師によって軽率で意図的に悪い仕方で教育され、悪の道に誘われ、さらに嫁によって消耗し、〔さりとて〕彼女のものは享受できず、彼女の後見人に食費を与え、その結果二重に悲惨となり、質的にも金銭的にも貧乏に陥る羽目にならずにすむように、裕福な未成年者の教育と彼らの財産の管理も何らかの承認を得て引き受けること。

さらにすべての貧しい孤児や捨て子が養育され、労働へ向けて、そして大学での勉学か、さもなくば機械〔の知識と使い方〕★16と商い〔の仕方〕へ向けて教育されるような〔受入〕制限無しの孤児院を設立すること。

そしてそれゆえこうした努力とともに個人の敬虔な教育をも引き受けること。また病院、奨学金、孤児院、食堂、小学校、加えて大学も備えること。〔そうすれば〕すべてがいまよりもさらに多くの普遍性と強調と正しさをともなって起きる〔だろう〕。

それらの施設がないところでは、当地の為政者からそのための基金を請い受け、〔施設の設置を〕引き受けること。

それゆえそのことによって、身分を問わず神を怖れ名誉を愛する人々からの遺産、供物、寄付、基金〔の提供〕をますます惹起すること。

それゆえ、知性的な人なら誰でも宗教の違いにかかわらず敬虔な理由のためにこのことを守らなければならない、と自らに言い聞かせること。

学校を改善すること。

学校に教科書、正しさ、斉一性を導入すること。

青少年たちを、詩、論理学、スコラ哲学よりは、むしろ歴史、数学、地理学、自然学、道徳、

★15――当時、思想の自由が大きく、交易も盛んだったオランダでは、その国際書籍市も有名であった。古書の入手は遺族からの出品によるしかなく、競売にかけられた。ライプニッツは常々欲しい本のリストを文通相手に送り、出品されればすぐに買い付けるよう依頼していた。三三八頁コラム参照。

★16――Mechanik：大学の学科ではなく、機械とその扱い方についての実用的知識及び訓練。

政治学（civilia studia）へ導くこと。旅する青少年たちの集団を、彼らが適齢に達し適性があるなら、相互に派遣しあい、経験をつんだ教師を彼らに付き添わせ、これによってコストを削減し、青少年たちが羽目を外さぬよう保護し、加えて協会のいろいろな目標を促進すること。

郷里で得られる事物のために、他所で世襲財産の半分を使い果たし[★17]、身を持ち崩して祖国の貧困化に手を貸したりせずにすむように、郷里に言葉と静修との良き師を確保すること、さらに貴族の正しい学校を設立し〔費用を〕前払いすること。

技芸、稀少物、絵画、解剖学のための部屋、現在とは別の仕方で設計された薬局、完全な薬草園、動物園、つまり**自然と技芸の劇場**（theatrum naturae et artis）[★18]を設置し、あらゆる事物について生きた印象と認識を手にすること。

外国の模範に従い、上流紳士、ドイツ貴族、彼らの金で生活する人々、とくによく肥えた聖職者に、珍しい事物への欲求を生じさせるか、もしくはその欲求がすでにある場合には、彼らを楽しませ難なくそれを行使する機会を与えること。さらに、そのように無害かつ最高に有益な取り組みによって、粗暴、耽溺、罪を予防するだけではなく、人によっては吝嗇と怠惰から自分の才能と資金を埋もれさせてしまうのを妨げること。それら〔の有益な取り組み〕を権威ある多くの人々が始めれば、他の人々もやがて従うはずである。

医学と外科学を改善すること。

動物や人間の解剖を無数に行うこと、そのためのいかなる機会をも疎かにしないこと[★19]。

珍しい病気についてだけでなく、ありふれているのに少ししか研究されていない事柄についても最も正確な医学上の記録（historia medica exactissima）を書きとめること、というのもそうした通常の病状のほうがわれわれを悩ますのだから。

最も正確な医学上の疑問を結合法（ars combinatoria）によって形成し、それにより、いかなる病状も

★17――Exerzitienであるが、recollectioキリスト教の黙想。信仰・希望・愛の意識を深め強めるため一日かけておこなう自己内省が原点。

★18――1-1訳注33参照（A IV, 1, N. 43, 537, Z.11）。なお、ブレーデカンプは前掲書第Ⅱ章1で本草稿中の二箇所（A IV, 1, 540, Z. 16, 18）を指示している（原訳、18頁）。

★19――医学や保健衛生のための解剖の奨励についてはA VIII, 2, 651。1-1訳注22、本巻第2部1参照。

診断も反省されずに聞き漏されることのないようにすること。[★20]

逍遥学派[★21]の言う諸性質の結合によって成立するのでは全然なく、むしろ体液(humor)[★22]のいわば化学反応と発酵によって激しく攪拌される気質／体質(temperamentum)の、その真の差異を、最小かつ究極の細分化にまで、常にできるだけ正確に構成すること。

従来の医者たちのように病気と治療だけに関わるのではなく、さらに健康の度合いや病気への傾向についても、すなわち諸気質／体質の徴候や反＝徴候を規則づけること。

そして最後に、一緒にいる人間の飲食、睡眠、体格、身振り、容貌に関してとくに変わった点が認められるあらゆる詳細を注記すること、これをそれぞれ区別すること、個人の以前の身体状態と比較し、その後の状態に注意し、各人の生命／生活の自然史(historia naturalis)を指定の質問事項

★20――次の段落「逍遥学派の言う……」から5行先の「規則づけること」まで(A IV, 1, 540, Z. 34–541, Z. 5)はホルツ版『ライプニッツ政治著作集』(Holz, II, 45)では削除されている。その理由は記されていないが、二つ考えられる：第一に、編者ホルツは医学を政治(あるいは弁証法的歴史)とは無関係とみなしたのだろう。(協会の課題である社会の改良は、そのまま「治癒力の欠如した」当時の医学の改善を意味していたことにホルツは気づいていない)。第二に、ここでライプニッツが述べている「四気質／体質」と「四体液」は古代からの学説(体液病理学)であり、ライプニッツの時代でもすでに時代遅れと見られ、今日では否定されているからではないだろうか。ライプニッツは、当時登場した対抗学説、すなわち「固体病理学」やパラケルススの「医化学」を知ってはいたが、それらの新学説の基礎も甚だ不十分であり、「体液病理学」も使用していた。「近代人」のイメージにふさわしからずライプニッツが時代錯誤的な学説を述べていた事実を隠しておきたかった、と考えるのは穿ち過ぎであろうか。

★21――逍遥学派(ペリパトス派：περιπατητικός)とは、アリストテレスが創設した哲学者のグループ。アリストテレスは熱・冷・乾・湿の四つの基本的な「性質」の結合によって病気など人体の自然現象を説明した。

★22――ヒポクラテス(BC460?–370?)によって構想され、ケルスス(BC1C)とその『医学論』(*De medicina*)によって伝承された体液病理学は一九世紀まで行われていた。それは血液、黄胆汁、黒胆汁、粘液という四つの体液(humores)によって人間の状態を説明する。四体液にはそれぞれ「多血質」、「黄胆汁質」、「黒胆汁質」、「粘液質」という「気質／体質」が対応するとされる。病気は体液の不均衡によるとされ、均衡を回復するために瀉血(血液の一定量を取り除く措置)がなされた。セバスティアン・シュトルク「医学に関するライプニッツの手稿」(長綱啓典訳『ライプニッツ研究』第4号、2016, 4)。

に従って記し、そのようにしていわば〔健康〕日誌を作成する、もしくはそれが自分で出来ない場合には、手を貸すこと。

　これによって短時間のうちに、さまざまな徴候について、それら相互の結合、原因と結果の結合、あるいは気質と病気の結合が多様なしかたで明らかになるだろうし、真の箴言(Aphorismen)と観察とからなる信じられないほどの対策ができあがるだろう。

　まして、その大部分が人々の自然な精神や傾向とともにそのつどの現在の感情を認識し完成する技術である道徳や政治では、いま述べたようになる。

　これらはすべて、修道会や協会や病院のように、協同生活で行うのでなければおそらく可能ではないだろう。

　そして、貧しい人々のもとに診察や〔医療〕行為とともに医者や医学者が無報酬で駆けつけ、人々の好意を獲得し、それによって彼らといっそう信頼をもって交渉し、増大されるべき医学上の観察のために彼らを役立て、簡単な事柄については、往々にして学者などよりも農民や老女のほうが、技術や農業や、天気予報等々の経験をよりよく披露し、そしてこれを有益な知の公共的倉庫に登録する、そのような措置もおそらく為される。

　こうしたことが短期間のうちにどれだけ効果を出すだろうか、わずかな語では語り尽くせない。

これに対して、イングランドやフランスの協会が彼らの機関と法律に従って設立し得るものは、人形細工[★23]〔のようなもの〕だから。

・・・・・・・・・・

手工業を改善すること。

手仕事を利益と道具によって容易にすること。

常に安価な火と〔火力による〕動力を絶やさず、あらゆる機械を動かすための基礎を確保すること。[★24]

同じように連続的に、自分のであれ他人のであれあらゆる着想と構想を試すこと、そしてそれ

★23——Puppenwerk:「子供の玩具」とも訳され得る。つまり、イングランドやフランスのアカデミーはただ学にのみ、もしくは学の応用の理論的研究にしか従事しない。若いときのライプニッツは、本稿に示されているように、経済的な社会的な諸問題に積極的に関与し、自らの政治を進めるような協会(アカデミー)を望んでいる。これに対し、後に、一七〇〇年ベルリンに諸学協会を設立したときは、イングランドやフランスのアカデミーにきわめて似てくるのである。

★24——この段落は次の段落と連関しており、アカデミーはあらゆる改善提案を即座に試行できる可能性を有するべきである、という趣旨。すなわち、化学実験であれ何であれすぐ実行し得るための火が常時得られるべきであり、しかも火は安価だったから燃やし続け、いつでも動力あるいはエネルギー源とすることができた。

に長く引きずられてはならない。
〔製粉用〕水車、旋盤、ガラス研磨機械、そして透視図法（遠近法）、あらゆる種類の機械や時計、噴水技術、造船／操船の極意[★25]、絵画とその他の造形芸術、織物業、ガラス吹きとガラス造形、染色業、薬剤師技術、製鋼所とその他の金属精錬所、化学、さらにいくつかの本物の、しかし方法なしには解明できない特殊〔物質〕、新しい有益な方法、またそれらとともに外国の植物や動物を国内に導入すること、そしてすでに有るものを改良し、鉱山を一層利用すること、そしてこれらのすべてを、他の多くの有益で真なる発明とともに、手配し、所有し、あるいは希望すること、手仕事で食べているすべての人間を援助すること。

商業を改善すること。

国内の食糧を調達し、国内の人口を維持し、人々を〔国内に〕引き入れること。

手工業を国内に築き、商業を国内に移すこと。

外国の粗悪な手工業品を、ゆっくりと〔時間をかけ〕、禁止したり疑いをかけたりせずとも排除すること。

原料をけっして産地から未加工のまま流通させないこと、外国の原料はわれわれのところで加工すること。

無為徒食者、物乞い、身障者、要救貧院収容者、犯罪者をガレー船送り[★26]〔の刑〕や、誰の得にもならない死刑、あるいは少なくとも有害な棒たたきの刑などに処するかわりに、労働させるための工場と刑務所を設置すること。

貯蔵庫と百貨店を設立し、あらゆる種類の物品を、適切な時期にあわせて備え、けっして必需品に不足をきたして非常時を迎えてしまうことのないように、つまり食糧危機や高騰を招かないようにすること。

★25――Schiffs=vortheil (A IV, 1, 542, Z. 1) は、造船技術あるいは操船術について、普通のありふれた知識や技術ではなく、特別の専門的技巧 (Kunstgriff) を指す。

★26――ガレー船（ドイツ語：Galeere）は、主として人力で櫂を漕ぐ軍艦。古代に出現、中世・ルネサンス以降、囚人や捕虜に漕がせるようになる。一七世紀にはフランス王の下でガレー船が量産され、裁判でガレー船徒刑囚の判決を受けた者が非常に多い。

自給自足の養老院を設立する。というのは、まったく働くことができないほど手足が麻痺しているような人は皆無だから(上記を見よ)。

貧窮者、日雇い労働者、貧しい手工業徒弟が、誰でも希望する限り働けて、自分の生活費や、またさらに旅するための路銀として何がしかを稼げるような工場を有すること、そこではあらゆる製品が〔彼らに〕贈られるであろう(哀れな孤児院の子供たちのことを見よ)。

年金受給者が自分のお金を預けるための安全な銀行をつくること。

好機がくれば新しい会社に加入すること、そしてすでに売れた株で投資すること。

楽しさと静けさを求める人々★27や君主とともに、賃貸借契約★28や生命保険条約へ加入すること。

借り入れたお金をその利息より高く運用すること。

ユダヤ人を〔道徳律の〕必然的拘束と〔キリスト教の〕信心のうちに置くこと。★29

有害なふるまい方や働き方をする外国人や流浪者、また地元民のすべての儲けに警戒すること。

何より通商と往来に関しては、諸々の正確な報告と見積もりを作成すること。

とくに通貨制度を研究すること。

あらゆる種類のポリツァイ条例★30をまとめて有用なものにすること。

海上交易に対してよく目を光らすこと。

ハンザ諸都市に拠点を置くこと、それらの再生に向けて協力すること。★31

すべての物品に対する国内の諸々の特権、外国の特権を排除し、値段の高い物品は供給しないこと。

新しい、そして以前には為されも推進されもしなかったすべての交易と手工業に対する国外での特権を維持すること。

つまり、すべてを他国よりも安価に供給し、そうすることで特権がなくても〔外国産品を〕排除で

★27——生活に余裕のある人々。当時では通常は王侯・貴族。

★28——原語amodiatio(賃貸借契約)は、古代にも、ドイツやイングランドの中世にも見当たらず、唯一フランス中世に見出され、一七世紀に至る。これも協会の可能な企業的プロジェクト。誰かが家屋付農場を高齢やその他の理由で辞めたい場合、協会はその農場を借り上げ、必要な運用資金を得たと考えられる。また協会は老後生活資金を欠く人々に、平均寿命を基に算定した年金を提供し、少なからぬ利益を上げた。

★29——ユダヤ人とユダヤ教に対するライプニッツの見方は、アウグスティヌスなどの中世神学の影響を受けており、その中には当時のキリスト教社会の反ユダヤ教的態度が反映されているという面がある一方、プロテスタント・ルター派ライプニッツは、初期教会と聖書への直接回帰はユダヤ教およびユダヤ人をより肯定的に見る根拠である、と考えてもいた。D. J. Cook/ H.Rudolph/ Chr.Schulte (Hg.), *Leibniz und das Judentum, Studia Leibnitiana Sonderhefte* 34, Stuttgart 2008.

きるように、〔制度や環境を〕整備すること（なぜならあらゆる手工業品は安価なコストのゆえに、手段方法がありさえすれば、ドイツにおいて安価に、オランダより大量に作られ得るから）。

そして、常に持続する循環を通じて、〔国の〕土台を保存し、増大させること、また、神に気に入られ、祖国に有益で、創設者に名声をもたらすようあらゆる起草計画を常に前へそしてより高く推進すること。★32

★30――「ポリツァイ条例」Policei-ordnungenとは、一五～一八世紀ドイツで発布された法令で、「公共体の良き秩序」を意味し、公共の福祉の増進とそれを目的とする活動全般を指す。ライプニッツはすでに一六六七年の『法学を学習し教授する新方法』でも言及していた（K II, 2, 31f. および訳注67）。

★31――ハンザ同盟は一七世紀には弱体化し、一六六九年リューベックで最後のハンザ議会が開催された時には、加盟都市はリューベック、ハンブルク、ブレーメン、ブラウンシュヴァイク、ダンツィヒ、ヒルデスハイム、ケルン、オスナブリュック、ロストックの九市だけだった。衰退の理由として、内部抗争、イングランドやオランダによるハンザ商人排除、スウェーデンの強大化、地理上の発見に伴う商業中心地の移動（北海・バルト海から大西洋への）などがあげられる。本篇I–1訳注32参照。

ライプニッツの手稿にみる一七世紀ドイツ語綴り方

一七世紀（そしてもっと後の時代まで）ドイツでは、ドイツ語の文書はドイツ字体（Schütterlin）、いわゆる髭文字（Fraktur）で印刷され、他方ラテン語、フランス語、英語、イタリア語などの文書は、今日見るようなローマン字体（Antiqua）で印刷されていた。それは手書きの場合でも同様で、ドイツ語の文書はドイツ字体で、それ以外の言語の文書はローマン字体で書かれた。また、同一のドイツ語文書中にラテン語の単語や熟語、あるいはフレーズが使用されている場合も、その部分はローマン字体で書かれた。

ところで、例えば、formiren（「形成する」現在：formieren）のように、元々ラテン語由来で、ドイツ語として慣用になった単語がある。この語はラテン語formareから来ているが、語尾-irenはドイツ語式である。こういう場合、formはローマン字体で書き、-irenはドイツ字体で書いたのである。この区別は一七世紀では一般に行われていた。しかし煩瑣なためか一八世紀になると行われなくなった。

「協会」設置構想に関するライプニッツの著作においても、一六七一年の『概要』（第3部1）と一七〇〇年の『構想』（同11）を比べるとやはり変化が見出される。すなわち、前者では頻出していたローマン字体で書かれたラテン語起源の単語やフレーズは、後者ではわずかに見られるだけである。とはいえ、この字体の使い分けは、一九世紀後半のフシェ・ド・カレイユ版『ライプニッツ著作集』（1875）でも堅持され、『構想』は、上段にドイツ語原文、下段に（編者による）フランス語訳文という二段組みで印刷されている（Tom VII, 599－618）。

アカデミー版全集においては、旧版の諸巻では、印刷のさい、草稿にあるままを正確に反映して印刷していた（例えば、一六七一年頃の『概要』A IV, 1, 530–543, 改訂増補第三版 1983）。しかし最近刊行された諸巻ではもはやそのような区別はせず、すべてローマン字体で印刷されている（例えば、一七〇〇年六月前半のA IV, 8, 426–429: 2015）。

ライプニッツの手稿は、ハノーファーのライプニッツ文書室に保管され、閲覧が可能であるが、『構想』の手稿は現存せず、『概要』の手稿のみ現存する（LH XL Bl. 1–6）。これを見ると、ここではライプニッツは全文を同じ字体で通してはいるが、しかしドイツ語以外の部分についてはそのつど下線を引くことにより区別を堅持している。

【解説】「人類の完成」をめざして

酒井 潔

成立事情と二つの草稿――ドイツ最初の「諸学協会」(Societät der Wissenschaften)の設立はライプニッツ終生の構想に属するが、すでに彼の二〇代のマインツ期に多くの覚書が書かれている。アカデミー版第四系列「政治著作集」第一巻(1667–1676)には11篇が収載されている(A IV, 1, dritte, durchg. u. erg. Auflage, 1986)。本篇『諸々の技芸と学の興隆のための協会をドイツに設立する提案の概要』[N. 43](以下『概要』)はその一つで、自筆のA稿とC稿からなる。『概要』は未完であり、さらに別のヴァージョンが存する。すなわち、A稿第二四節で、「さらに国内における食糧を保持するための資金も調達される」という文(本巻321頁、A IV, 1, 536, Z.32)の後に、箇条書のC稿の全体が挿入されているヴァージョンである(自筆B稿)。クロップ版ではB稿を印刷したが(*Die Werke von Leibniz*, hrsg. v. O. Klopp, I-1, Hannover 1864, 111–133)、アカデミー版はA稿(A IV, 1, 530–538)とC稿(538–543)を収載する。本訳では分かり易さのためにA稿を「草稿1」、Cを「草稿2」と呼ぶ。

歴史的背景――『概要』は覚書と言うより、協会構想の促進に決定的な人物すなわち当時の君主マインツ選帝侯ヨハン・フィリップ・フォン・シェーンボルンに向けたアピール文である。一六七一年当時選帝侯はドイツ諸侯による対仏連合をあらゆる方法で図っており、これに連動して、ライプニッツの帝国の安全への構想も成立。「ドイツ」に強調が置かれ、諸々の技芸と学のドイツ協会の設立は国民の義務とされる。

なお、B稿の書き込みによれば、ライプニッツは後のイタリア旅行の途中一六八八年四月から一六八九年初頭までウィーンに滞在したが、『概要』を持参したうえ、学と技術のプランを多数起草し、それにより皇帝の下で帝国宮廷顧問官および史料編纂官として採用されることを望んだ(A IV, 1, 686–688)。

「草稿1」(1–1)について――『概要』で目を引くのは、上述のように二つの草稿からなることである。「草稿1」は、協会設立を、ライプニッツ形而上学の普遍的な目標設定のもとに構想している。この目標設定は、「最も敬虔な理由と、神の尽きざる真の名誉の創出のために」という伝統的なキリスト教的話法で語られている。しかし内容的には一六八六年の『形而上学叙説』第1～7節(K I, 8)の論点、すなわち政治家としての課題、公共の事柄の指導者としての道徳哲学者の課題が示されている。彼らは、「自然における神のすばらしい諸物の輝きを発見するだけでなく、また模倣によって真似をするように……努力するのである」(1–1第二一節)。神の名誉は、地上世界の完成としての「人類の完成」と同等に見られる。ちなみに、第二三節にもすでに一六八八年頃の『普遍学への序言。ユートピア的な島について』(K II, 2, 110ff.)の思想的萌芽が認められる。

われわれは全知全能の神の造った世界を知り、神が人間を愛すること、神が人間に欲するのは人間が神を愛することだけであることを知る。それは、たんに知識として学び、情念として知るのではなく、神の業を模倣によって表現し行うことである。つまり、この世界、国、共同体を改革し、そのために新しい「協会」を設立しなければならない。新しい「協会」の目標は神の意志＝善の地上における実現であり、そのモットーは「人間の幸福・社会の利益・神の名誉」となる。このように「協会」の意義を神と世界の形而上学的かつ道徳的な秩序から説き起こそうとするのが草稿1である。「協会」は単なる学術機関（アカデミー）ではなく、むしろ国家＝共同体とその全成員の「幸福」、すなわち「公共の福祉」を目的とする。協会構想は、単なる諸学の組織や技術の理論ではなく、むしろ理想国家の形と機能を論じた社会システム論ともいえよう。「草稿1」は、ライプニッツが協会を最初からこの文脈で構想していたことの証拠文書である。そのため諸々の機関や設備、運用などの具体的な提案はその大要が一部終盤第二四節に触れられるにとどまる。

「草稿2」(1–2)について――これに対し「草稿2」では、この計画が実際に共同体・国家で実現されるための施設（病院や孤児院のような福祉施設と、動物園や植物園のような「自然と技芸の劇場」に属するものに大別されよう）や政策が枚挙される。それは、社会政策と保健政策を包含し、生活諸領域を包括する改革プロジェクトである。そこでは、狭義の意味で政治的な、すなわち政府による実践的な実施を目指す論議こそが求められる。「従来そうした論議では皆政治的な観点よりも神学的な観点を持ち込みました。そして、行うべきと〔だけ〕言い、どのように行うべきかを言わなかったのです。〔中略〕それゆえ知性的な為政者から軽蔑されました。ゆえに、神の名誉と普遍的な福祉に関わるような事柄は、内閣ではなく宰相が検討します」（ヨハン・フリードリヒ宛一六七一年一〇月後半：A II, 1, 267）。

おそらく「草稿2」は、「草稿1」の趣旨をより具体化してほしいとの依頼に基づいて書き下ろされたのではないか。しかし仮にそうした依頼がなかったとしても、実践（praxis）への言及は彼の政治思想の構想に完全に対応しており、そして「人類の完成」を一歩ずつ実現するための諸提案が示されるのである。両草稿からなる『概要』の協会構想は、「人類の完成」(perfectio generis humani) なる目標を伴った普遍的君主国への参加・関与なのである。

『概要』のドイツ語――『概要』は、その両草稿ともドイツ語で書かれている。しかし 一七世紀ドイツ語の文法や語彙は今日とは非常に異なり、加えてラテン語やフランス語からの単語や熟語等の直接転用も頻繁である。しかし何よりも、ドイツ語の甚だ未整備な文法や不満足な語彙という当時の制約下、母語と外国語のつぎはぎのような文体にもおそらく少なからず受忍を強いられながら、それでも故国ドイツの諸学と技芸の興隆への強い願いを込め、多くの協会関連文書を書き続けた若きライプニッツその人の胸中が察せられた。

謝辞――本篇の形而上学的、実践的性格についてはポツダム・ライプニッツ編纂所前所長H・ルドルフ博士、一七世紀ドイツの言語、社会、文化についてはハノーファー・ライプニッツ文書室前所長H・ブレーガー教授、またイタリアのアカデミー史についてはトリエステ大学R・クリスティン教授から、それぞれ多くの貴重なご教示をたまわった。謝して記す。

一七世紀オランダの古書事情とライプニッツ

一七世紀のオランダは当時のヨーロッパでは最も自由な国であった。デカルトもベールもオランダ国内に移住し、ガリレオの『新科学対話（ディスコルシ）』もライプニッツの『弁神論』もそれぞれライデンとアムステルダムで刊行された。オランダではローマ・カトリック教会の影響力は小さく、新教各派の学者・思想家による出版も可能であった。Elzevier, Reidel, Kluwer, Brill, North Hollandなど今日でも有名なオランダの出版社のいくつかは一七世紀の創立になる。一七世紀はオランダ人にとって「黄金時代」であり、オランダの商人はイングランドやスペインの商人と競争し、インドネシア（「東インド会社」）や日本にも進出した。また知的な開花も目ざましく、グロティウス、ホイヘンス、スピノザらが活躍したことは周知の通りである。そして、オランダにおける本の競売はヨーロッパ中に知られていた。

ライプニッツは常にオランダの競売カタログを自分に送らせていた。彼はカタログ上に欲しい本を見つけるとチェックを入れて文通相手に返送し、購入を依頼した。当時、遺族に愛書家がいない学者が亡くなると、その蔵書は競売にかけられた。本はペーパーバックではなくしっかり製本されていたため今日の多くの本よりもずっと堅牢であった。多くの場合本を購入する唯一の可能性は、競売に出品されるまで待つことだった。遺族から本を買い付けて競売にかける書籍業者はまずカタログを作成し、それをイングランド、フランス、ドイツ、オランダの購入希望者に送付した。本に関心をもつ人が集まれば集まるほど、競売で書籍業者が得る儲けは大きな額であった。むろんドイツにも競売はあったし、ライプニッツもハンブルクなどでの競売で購入することもあった。しかしオランダでの競売はさらに有名であった。

書籍見本市（Buchmesse）はドイツのフランクフルトにもライプツィヒにも、もちろん他の国にもあった。フランクフルトやライプツィヒの書籍見本市では、ラテン語やドイツ語の新刊書が展示・販売され、ライプニッツもしばしば足を運び購入した。それに対して古書はフランクフルトやライプツィヒでは買うことができず、オランダの競売が頼りだった。もし人が一六八〇年頃にデカルトまたはガリレオの本を入手したいと思う場合には、その本がいつか競売に出品されるまで待たねばならなかった。

マインツ選帝侯ヨハン・フィリップ・フォン・シェーンボルン
Johann Philipp von Schönborn, Kurfürst von Mainz, 1605–1673

【2】

Societät und Wirtschaft. [1671?]. (A IV, 1, 559–561)

協会と経済★01

✣中山純一＝訳・解説

〔諸学〕協会（Societät）が適切で安い価格を常に保とうとし、それどころかより廉価な価格を多様に保とうと努めることで、独占は防止される。こうした価格で、協会はそれぞれの場所で、まずもって各地各様に導入される諸々の手工業を行わせようと努める。とりわけ商業経営者による独占や、手工業者による寡占は阻止される。とくにオランダにおいては★02、商業経営者の富に対し手工業者の貧困が目に余り、商業経営者が最大の富を有し、手工業者は絶えず貧困のうちにあり、〔富を〕維持するために働かねばならない。こうしたことは共和国にとっては有害である。というのも、アリストテレスの考えによれば、実際のところ手工業者自身もまた最も優遇される者であるべきだからである★03。なぜなら商業（Mercatura）は移送するのみで、手工業（Manufactura）が産出するからである。いったいどれだけの人が、他者のかくも少ない利益に対して、気の毒に思い、見るにしのびなく思うのだろうか。それゆえ協会の全目的は、手工業者を貧窮状態から救い出すことにある。農民にはその必要はない。というのも、農民はパンを確実に手にしているからである。商業経営者はそれ以外上を手にしている。その他の人々は利益を持たない人か、あるいは公務員のいずれかである。協会はまた、安値にせよ高値にせよ、農民から彼らの生産物をつねにほどほどの適正価格で買い取ることによって、農民をその他〔食以外〕の最大の心配事から解放する。賢者の本性がいかなる物価高騰も永遠に生じさせないことで、〔独占は〕防止されうる。というのも協会が、共有の穀物倉庫をいたるところに持っているからである。

かかる協会の設立によって、多くの共和国に共通の★04深く穿たれた困窮が解消される★05。すなわち、人がてんでんばらばらに、可能で望むように生計をたてた場合、他の多くの人〔を貧窮させること〕によって豊かになるが、彼を信用し、彼によって生計をたてている他の多くの人と衝突する。彼は自分の家族を破滅させたあとで、自分の道具や他の道具を持ち逃げしようとしたりもするのだ。彼はところで、資金は他の州へと移されるのだろうか。移されることはない。そうではなくむしろ

★01――ニーダーザクセン州立G・W・ライプニッツ文書室所蔵のライプニッツによる手稿（LH XXXIV Bl. 228–229）。同草稿が含まれる一連の紙束（一六六九年末から一六七一年の夏に書かれた）は、もともと『復旧法大全』（*Corpus juris reconcinnatum*）のものと推定され、草稿の右下、ならびに冒頭の箇所に『聖会法大全』（*Corpus juris canonoci*）への立場表明の内容が含まれている。この草稿は部分的には、E・ボーデマンの『ライプニッツの国民経済への諸見解と覚書』（『プロイセン年報』53巻401–403, ベルリン1884）に印刷されており、ボーデマンに拠ったマシューの『政治的書簡集』（1951, 325–328）に、またヘールの『選集』（1958, 93–96）に印刷されている（A IV, 1, 687, 693）。

★02――八〇年戦争（オランダ独立戦争1568–1648）を経た一六七一年頃のオランダは、総督であったウィレム二世（1626–1650）の死後、総督をおかないいわゆる無総督時代であった。この時期は、ホラント州法律顧問ヤン・デ・ウィット（1625–1672）のもと、オランダは海運業や貿易、織物工業で栄

どの州も、自分の州が持ちうるものが、他の州によって空洞化されないように、必要かつ各地各様で、生産され実行される手工業[★06]を備えようと努めるべきである。各州固有の国内の正当性がいかにして要求されるべきかが、どの州にも示されるべきである。このようにして、どの州も十分に蓄えられるだろうし、手工業が入植されるべきであり、かかる入植によって素地が形成される。ある州はこのようにして、亜麻と織物技術により領民を雇用し続ける[★07]。それゆえこうしたことによって、全州にわたり協会に必然的な自由がもたらされることで、どの州も他の州に対して有利に扱われず、むしろどの州もこれら諸部門において繁盛させられるべきである[★08]。神と自然が各部門に優位を与えるのだ。それゆえ手工業はいつも、本来あるべきところにあり(in loco nativitatis)、これに対して商業取引は、自然の流れと大洋に従ってあるべきである。しかしながらこのことは、別の原因から惑わされないわけでもない。協会が必然的な自由[★09]を失い、多くの場所の統一が、とりわけ共和国が失われるうちに、手工業は、素材から離れて商業取引に近いものにされてしまう。

共和国と諸州において大いに足りないのは、手工業者よりもむしろ学識ある人々が、多くの場所で無為に沈黙しないよう努めることである。協会こそ、学識ある人を無為に過ごさせず、絶えず生じる問題について協議させ、快活さを着想させねばならない。協会はすべての貧しい人々[★10]に、他の職業の斡旋をすることができる。さらにまた、すべての罰すべきものを拘禁すること、これ

え、経済大国として絶頂期を迎えた。住民の生活水準も向上したが、それにともない税金も上がり、しだいに工業製品の輸出価格も相対的に高くなり、他国との競争力を失っていった。賃金の安い地方に生産の拠点を移すことで、生産コストの削減を図り織物工業の復興を目指したが、このことがオランダ都市部の経済の空洞化を招くことにもつながった。

★03——アリストテレス『政治学』第4巻第3章1291a参照(A IV, 1, 693)。

★04——「共通の」allgemeinはライプニッツの自筆による(A IV, 1, 693)。

★05——「阻止され、奪い取られ」verhindert, nehmという語が、ライプニッツによって削除されている(A IV, 1, 693)。

★06——「…そして」…undという語が、ライプニッツによって補完されている(A IV, 1, 693)。

★07——オランダの織物工業は、八〇年戦争のさなか、スペインの支配から難を逃れてきた人々によって伝えられた。ラ(レ)イデンでは羊毛を用いた毛織物が、ハールレムでは亜麻織物工業や漂白業が盛んであった。

★08——「本性」die Natという語が、ライプニッツによって削除されている(A IV, 1, 693)。

★09——「自由」freyheitは、ライプニッツの手稿による(A IV, 1, 693)。

★10——「手工業者」Handwergs Leという語が、ライプニッツによって削除されている(A IV, 1, 693)。

もまた共和国に大きな利点をもたらす。

手工業者は、必要に迫られて働くと言われるかもしれない。すべての必需品が提供されるなら、彼らはまったく働かないだろう。必要に迫られて働かざるをえないときに、手工業者はむしろ喜ぶという矛盾を、私は認める。というのもまずは、一片の食物すらない人は、まったく元気でも熱心でもなくなり、もはやまったく働かなくなるからである。学が浅いために、排除すべきものを信用した人は、小銭を持つにとどまり、何らかの新しいものや実在的なものを得ようと企てることもなく、それゆえまた何も稼ぐこともできず、しばしば完全に酒浸りになるに違いなく、ただ自暴自棄になって自嘲し、酒を飲むことで悲しい出来事を忘れようとしても、さらに気まぐれに苦しめられる。しかしながらここで、別のことも生じる。つまり仕事を愛する者は、自分が何に従事しているのかを知っているので、喜んで働くのだ。そうでない場合、人は再び無為に過ごそうとし、どのみちそのように過ごす。というのも、人は一人で働くのではなく共に働くのであり、一方の者は多く持ちすぎ、他方の者は持たなすぎるというように、人は他者に獲得権を認めるからである。これとは逆に、手工業者は何の必要も持たない。どのみちおそらく山積みの仕事は常にあるだろうから、手工業はこうした仕事にさいして、自分の仲間とともにいちど半分死んだように悩むのだ。職人は、公的な職場の寮で競い合いながら、他者とともにある喜びをもって働くだろう。親方(Meister)は、職人と上手くやっていくことに労を惜しまないし、すぐに上手くやっていくだろう。職人が賢いことに腹を立てる親方はいないし、親方のうち半分は、職人が賢いことを好ましく思ってもいるだろう。というのもこのこと〔職人が賢くないこと〕は、親方にとって不利益になるからである。すべての手工業の道具が与えられていれば、職人の糧と必需品はどうでもよいのだ。自分の子供を世話するように、親方は面倒をみるべきではない。親方は子供らに真正の金言を創造する。協会が子供の教育に向けて配慮するだろう。親たちは自分たちの子供を唯一の者であるように教育すべきである。妻たちからの教育が受けられないすべての子供たちは、公共的な賢者の家においてよくしつけられるべきである。それでもなお、子供たちが太りすぎてお互いに押し合うことのないように、健やかさを保つように、病気が生じないように、といった理想的な意図は保持されるだろう。どのようにして人は至福の生を送ることができるのだろうか。沈思黙考することを要求するような労働を除けば、手工業者は喜んで集まり、多くの時間を同僚と歌い、語らいながら働く[★11]。たいていの仕事は午前中のうちになされる。いかにして多くの仕事に、酒を飲むのとは別の喜びを見出しうるのかが求められているのであり、つまり仕事の技術について語らい、多様で好ましい話題を物語ることが望まれるのだ。そのさいには、不快よりも渇望につながるような、食べものについての話題が与えられるに違いない。分別のある者には、これにまさる喜びはない。それどころか次のような人、すなわち快くて役に立つ[★12]話題が望まれ、つねに誰か同僚がそばにいて、随時有益な注意をしてくれる手工業者がいるような職場の喜びにひたれたのは、ただ一度きりだった者にとっても、これにまさる喜びはない。協会の原理のみが真の愛であるべきであり、愛された者のもとにある内密さを設立するべきであり、誘惑し甘美で、軽蔑に値するいかなるものも、他者に気づかせてはならない。それどころか協会は(obren)、他何ものも効き目がない場合は別として、すべての軽蔑に値するものを避けるべきである。というのもこれらは、内密さを妨害する唯一のものだからである。いかなる人も、見誤りから、嘲笑されるべきではない。無礼がひどい場合にはむしろ、人は兄弟として柔和に注意喚起するべきであり、また同時に慎重に機会をうかがって手綱が引き締められるべきである。親方が職人のように、職人が若者のように働かねばならないとき、厳かさは増やされるべきであり、重大な仕事が増やされるべきなのだ。

道徳的意志は、オクタヴィオ・ピサニ[★13]の原理に従って、身分に即して最大限促されるべきであ

★11――「ボーリング」Kegelspielという語が、ライプニッツの手稿にある(A IV, 1, 693)。

★12――「役に立つ」und nüzlichという語が、ライプニッツによって補完されている(A IV, 1, 693)。

★13――オクタヴィオ・ピサニ(Octavio Pisani, 1575–1616/37以後?–)の原理とは、弁護士、代理人、手続きなしに、ラテン語による口頭でのやりとりや訴訟なしに、諸権利と迅速な正統性を定める諸法律と諸規律のこと。ピサニ著／F・M・ファン・ヘルモント訳『イタリアのリュクルゴス』(1666: A IV, 1, 693; K II, 2, 26–27)。

る。ふたりの人が一緒に比較されえないことに気づいたのであれば、彼らを選り分けるべきである。偽りもまた引き締められるべきである。しかしながらこれは、すべての人が直ちに収税請負人を祓い清めるということではない（Sed hæc non omnia statim initio publicanda）。

【解説】仕事を愛する者たちのネットワーク

中山純一

ここに訳出した『協会と経済』(Societät und Wirtschaft)は、一六七一年に書かれたと推定され、アカデミー版ライプニッツ全集の第Ⅳ系列第1巻第9節「技術と学問一六六七から一六七六年」に属する草稿47番にあたる。同節は、フランクフルトで書かれた草稿(42番)、マインツ宮廷に使えていた時期に書かれた草稿(43～48番)、そしてパリに旅立った後に書かれた草稿(49～51番)から成立する。

一六七一年当時、ライプニッツはマインツ選帝侯のヨハン・フィリップ・フォン・シェーンボルン(Johann Philipp von Shönborn, 1605–1673)に、実質的な宮廷顧問官として仕えていた。彼の仕官に尽力したのが、マインツ選帝侯の元宰相であったヨハン・クリスティアン・フォン・ボイネブルク(Johann Christian von Boyneburg, 1622–1672)である。マインツ選帝侯のもとでライプニッツは、ローマ法の改革に従事しつつさまざまな政策や社会改革への提言を行い、また同時に、庇護者であるボイネブルクのもとで彼の政治文書を起草し、彼の蔵書整理を行っていた(酒井潔『人と思想　ライプニッツ』清水書院 2008 第1部第3章参照)。マインツ時代に書かれた草稿43番と44番は、こうした若きライプニッツの充実した実世界から誕生したものであり、技術と学問のドイツ学術協会設立のための詳細な諸計画が含まれている。

この時期はまた、マインツ選帝侯ヨハン・フィリップがフランスに抗して、ドイツ諸侯を統一するためにあらゆる努力を講じていたときであり、こうした情勢のもとで、領国の安全に関してライプニッツは苦慮することになった。草稿43番と44番で謳われているのは、技術と学問のドイツ諸学協会の設立が国家的な義務であり、かかる協会を設立することでドイツ諸侯の統一を働きかけるというものである。その梗概で明らかにされるのは、神の栄誉と普遍的で最もすぐれた人間との関係である。最高善とはわれわれが神を愛するということであり、かかる神への愛は神の存在の認識に基づき、力と思慮の普遍的な調和に根ざしている。この調和に示されるのが、神によって秩序づけられた世界の姿であり、われわれ人間もかかる世界の住人である。他方で、愛は実践的な行為でもあり、この世界との連関において無限の美を含み、われわれの能力に応じて人間社会のうちで反映する。学問が努めるのが、かかる神の御業を解くことであり、学問と領主や君主などの権力が神の御前で、そして隣人の前で自らの責任を自覚すること、ここに協会設立の意義がある(A IV, 1, XXXV)。ライプニッツが構想した技術と学問の諸学協会は、その国の重要な中心機関になることで、精神的な生と経済的な生を結びつける役割を果たすものとして期待された。

一六六九年に書かれた草稿45番の『フィラデルフィア(友愛)協会』では、皇帝と教皇、フランス国王、大小の共和国、イングランド諸学協会、オランダの東インド会社、そして宗教団体、これらすべてに関わる壮大なプロジェクトが企図されている。かかる協会をライプニッツは、イエズス会における厳格な制度、青少年教育の権利要求、政務管理などを模範として構想する。とはいえ彼はまた、精神の自由は確保されるべきとも考えており、カトリックとプロテスタントの共同生活に、文化と教会組織にお互いが譲歩することで、一定の節度を求めてもいる(A IV, 1, XXXVf.)。

訳出した草稿47番は早急に書かれた覚書の体裁をとる。本稿では、独占による富の分配の不公平性が共和国にとって有害であることが主張され、独占の防止に果たす協会の役割が強調される。具体的には、協会が農作物を適正な価格で取引すること、ならびに十分な穀物倉庫の確保と穀物の保管によって独占が防止される。とりわけ協会は、学識者に格差是正や罰則などについて協議させるよう働きかける。後半では、各人の労働意識や師弟関係にまで踏み込んで、ライプニッツの構想が提示される。働くことにとって重要なのは、その仕事を愛することであり、他者たちと協力しあうことである。また、親方は職人を、子供を世話するかのように指導してはならない。親方は、職人に金言を授けるようにしつけることが重要であると説かれる。最終的に、人間の至福の生は、他者とともに語らい合いながら、愛すべき仕事をする生であることが述べられ、こうした人間関係を基礎づける真の愛こそが協会の原理である旨が述べられる。ここに、具体的な施策と同時に、神への愛、神の名誉を盛り込んだ「人間の幸福と社会の利益」を実現しようとするライプニッツの社会福祉思想が明確に示されているといえる。

【3】

De l'usage de la méditation. 1676(?)

(A VI, 3, 662–667)

省察[★01]の使用について

✣津崎良典＝訳・解説

省察を実践している人は、本当に僅かしかいないようだ。というのも〔多くの〕人は感覚のもたらす快楽に耽るか、あるいは、さまざまな用務にかかり合って〔それに気をとられて〕いるから。しかし、いつの日かそのことを後悔するだろう、そして、省察を蔑ろにしてきた者は例外なくそのことを後悔してきた、ということを彼らに分からせるのは容易い。なぜなら省察とは、自分が何であるのか、自分がどうなるのかについて、全般的な考察を加えることだから。つまりそれは、自分の生活について自分自身に言わば総括的な告白[★02]をすること、そして、自分たちの能力についてどれほどの歳入と歳出があったかを時おり計算すること、そして、賢明な商人を真似ることなのである。それというのも、このような商人であれば、すべての取引日記帳の要点を漏らさず、誰の目にも触れることのない帳簿に記入するだろうから。こうして人は、自分の商取引の状態を一目でこの帳簿

★01――原語であるフランス語のmeditation（参照のためにアカデミー版から引用したフランス語は現代表記に改めない）は、キリスト教学において黙想と訳されるのが慣例であるが、この術語を哲学の文脈において初めて用いたデカルトの主著の邦題『神の存在と、人間の魂の身体からの区別とが論証される、第一哲学についてのルネ・デカルトの省察』（*Meditationes*, 1642）との連関を見えやすくするために、それ自体は仏教用語である省察を宛てる。ところで、一七世紀と一八世紀に編纂されたフランス語辞書（アントワーヌ・フュルチエールの『普遍的辞典』、アカデミー・フランセーズの『辞典』、トレヴーの『フランス・ラテン語万有辞典』）を参照するなら、méditationという言葉には三つの主要な意味のあることが判明する。第一の意味は、一般的かつ日常的なものであり、それ以外の二つの意味は、個別的かつ専門的なものであり、それぞれ宗教用語と哲学用語に相当する。第一の意味における

méditationは、精神が自分に対して考察対象を現前させ、かつ、この対象の考察に精励恪勤することである。この点でméditationはcontemplation（観想）から区別される。前者には精神の注意深さが要求されるが、後者の場合、精神は夢幻状態におかれたり、無作為に或る思考から別の思考へと移動したりする。またméditationは、他のさまざまな精神作用から三つの特徴によって区別される。第一に、それは精神の一貫して持続する注意作用を前提にするため、一時的ではなく継続的である。第二に、それは或る一つの考察だけからなるのではなく、幾つかの考察からなる。つまり、考察対象に幾度となく立ち返り、また、様々な観点から検討するということである。第三に、méditationに取り組む精神は、その考察対象と特別な関係を取り結ぶ。つまり、対象を漠然と考察するのではなく、その前に立ち止まり、その内に分け入り、そして深く掘り下げるということがなされる。それに対して特殊な意味におけるméditationは、何よりもまず宗教的修練を指す。つまり、精神がキリスト教の教義について考察することである。宗教的なméditationと一般的な意味におけるそれは、その対象（神、秘義、有限かつ堕落という人間の条件）、目的（人間の救済）、さらに形式（修道制による規定）によって区別される。宗教的なméditationは以上の特徴のために、祈祷という形式に帰着する。さらにméditationが純粋な幻視であるcontemplationから区別されるのは、前者が推論に基づいて、つまり、順序と段階を踏まえて進められる限りにおいてである。méditationとは、前提から始めて結論に行き着くこと、真理から真理へ、命題から命題へ前進していくことなのである。理性の使用という途を通る、方法的な進展がméditationであるとすれば、contemplationはこのような途をとらない。なぜならそれは、神のうちに諸事物を直接的かつ無媒介的に認識することだから。したがってméditationは、なるほど宗教的実践のなかでも必要不可欠だが下等な形式を備えたものとしてみなされる。

一般的な意味のméditationから第二に派生してくるのは、デカルトに代表される哲学的修練である。méditationが哲学的といわれるのは、その対象が形而上学に関連するからであり、形式的な観点からいえば、これを一般的な意味におけるméditationから区別するものは何もない。しかし哲学的なméditationは、精神の注意深い行為だけを指すのではもはやなく、その足跡が書き留められ公にされた時の結果そのもの（例えばデカルトの主著『省察』）も意味している。つまりméditationは、私的で孤独なもの、ひたすら個人的なもの、（神以外の）証人を欠いたものではもはやなく、公的なもの、共有可能なもの、そして誰か他の人によって再現可能なもの（例えばデカルトの読者はそのméditationを自分のこととして実践できる）となった。

以上の整理については、ポール・ラトー「近世ヨーロッパにおける省察という修練——宗教的な修練から、デカルト、マルブランシュ、ライプニッツにおける哲学的な修練へ」（津崎良典訳、『哲学・思想論集』第四一号所収、筑波大学大学院人文社会科学研究科哲学・思想専攻2016）に学んだ。

★02——フランス語の原語confession generaleは、術語としては、カトリックにおける総告白を指す。総告白とは、前回の告白以降ではなく、これまでに犯した全ての罪を告白することであり、カトリックにおいて、結婚や叙階などの前に行われる。しかしライプニッツは、この言葉を非宗教的な文脈と意味で用いている。

のうちに見てとることができるようになる。[★03]

さて、これをしない者は、無数の過ちを犯してしまうのは明らかだ。時が経って、事が起きてから、ようやくそのことに気付くというわけだ。そして、省察に取り組んでおけば過ちを防げたかもしれないと分かって、それだけいっそう怒りにかられる。しかしこのような悲劇は、自分が犯した過ちの埋め合わせなど叶わず、その望みも絶たれて、しかも、予見不可能な未来が引き起こす当然の怖れに酷く脅かされて、その結果、死に至るなどということになれば、それこそ筆舌に尽くし難いものになるだろう。というのも、ようやくその時になって、感覚のもたらす快楽が収まり、また、われわれも用務を放っておくことで、魂は自らの内奥に立ち返り、そこに落ち着くことになるわけだが、それでは遅過ぎるし、魂にとっても不本意なことだから。つまり、さまざまな思考が浮かんできても、それらは混濁していて十分な保証を欠き、決断を下したところで、それも曖昧で、即断の産物となってしまうのだ。そして、死ぬほど辛い不安に引き裂かれた精神は、その不幸な在り方を来世にまで引きずりかねない。

自由思想の傾向を非常に強くもった人々は[★04]、〔何かに〕没頭しようと望んでいるのかもしれないが、だからといってこのような怖れから抜け出すことはできないだろう。というのも彼らは、堅固な哲学のもたらす偉大な諸根拠のうちに招き入れられることがないため、将来の生について、極めて強力〔ではあるが、真実ではないよう〕な本当らしさ〔という外見〕に振り回されてばかりいるからだ。しかもこの本当らしさには、人間に固有な仕方で同意が与えられてしまうため、この同意だけで、将来の生についてしっかりとした見込みを立てるには十分にちがいないとされる。

これまで述べてきたことから判断できるように、省察をしない人々は、〔省察に励む人々よりも〕いっそう多くの時間を無為に過ごすため、その分だけそのことを後悔するだろう。反対に、然るべき仕方で十分に省察した人はその分だけいっそう、省察に取り組んだことについてはもちろん、あらゆる事柄についても後悔の念を抱くことはなくなるだろう。なぜなら人は、全般的な見直しを行ったのちに慎重(prudence)を期すことで考え出されるさまざまな対処法をいったん講ずれば、また、決断したことを遂行するにさいして改善策を講ずれば、爾来、決断どおりに実現したことについて充足感を覚える(content)だろうから。なるほど、自分のために作った諸規則に従っても過ちや失敗を犯してしまうことはたびたびあるだろう。それでもわれわれは充足感を覚えるのだ。なぜならこれらの過ちは、多くの事柄をすべて同時に考えることができない、また、然るべき時に

★03――これは、セネカの『怒りについて』第三巻三六等に典型的な《良心の検討》という主題である。さらに、良心を検討するのみならず、それを書き留め、一種の帳簿をつけるべきだという考えは、エピクテトスの『人生談義』等に見られる。しかし《良心の検討》とその《帳簿の作成》という考えを本格的に発展させたのは、四世紀にアレクサンドリアで活躍したアタナシオスといったキリスト教徒たちである。その代表作『アントニオス伝』には「毎日、われわれは各自、日々の行為、日中の行為、夜間の行為を自ら検討し、(中略)隣人にさらけ出すかのように、各自、自分の行為と心の動きに気を配り、書き記すことは、われわれにとって罪を犯さぬための防壁となるだろう」(小高毅訳、『中世思想原典集成』第一巻所収、平凡社 1995, 815)とある。また、ミシェル・フーコーのコレージュ・ド・フランスでの講義録『生者たちの統治』(廣瀬浩司訳、筑摩書房 2015, 294–295)が引用するところによれば、アタナシオスと同時代のヨハネス・クリュソストモスも「僕(しもべ)に私たちは問う、適切にあるいは不適切に消費されたものは何か、どれだけ残っているのか、と。[……]私たちの人生の振舞いにおいても同じような手続を踏むべきだ。私たちの良心を呼び出し、その行為や言葉や思考を報告させよう。私たちにとって益になることと害になること、言ってしまった悪口、どのような考えであまりに自由な視線を投げかけてしまったか、どのような企てを、私たちの害になるような形で行なってしまったかを検討しよう。無駄な支出の代わりに、有益な資金を貯めるようにしよう」と述べていた。とりわけこの後者の事例では《良心の検討》が商取引に喩えられていることから、ライプニッツとの類似性が興味深い。しかしライプニッツがどこまでこれらキリスト教徒の文献に通暁していたかは定かでない。ライプニッツがこのように喩えられもする《良心の検討》という、ヨーロッパ精神史に連綿と受け継がれてきたトポスに関心を示していたことのほうが重要である。

★04――この箇所で用いられているlibertinsというフランス語は、一八世紀であれば誘惑者カザノヴァという実在の人物やサド侯爵の創作した架空の人物のうちに認められるとおり、行為において自由に振舞う人々を指す。しかし一七世紀においては、常識や通念と同様にあまねく受け入れられた道徳的・政治的・宗教的な規範に囚われずに、文献的博識に立脚した批判的精神を発動させて、思想的に自由である人々を指した。具体的には、懐疑論、唯物論、無神論といった思想的立場に与した人々である。

すべての事柄を想起できないという人間本性の弱さ[★05]のために、それらを犯す羽目になってしまった時には避け難いものであったということが同時に自覚されるからだ。さて、これ以上は最善を尽くせなかったと分かっている人々は、もし彼らが賢明なら充足感を覚える。そして、充足感を覚える者は幸福（heureux）である。準備として自分たちに課した諸規則に恒常的に従う人々が幸福であると言われる所以である——たとえ、彼らの企図のうち幾つかは上首尾に終わらないとしても。

省察を実践する、つまり将来を切り開くために、生きている限り直面せざるを得ないさまざまな事態や邂逅（かいこう）について全般的な見直しを行う心算のある人々は、特に、自分たちが神、魂、そして本当の幸福（bonheur）に関して信ずべきことについて、あるいは為すべきことについて或る程度は確信できるようにしておかなければならない。というのもまさしくこの確信によって、彼らが残りの人生のために下すべき決断は左右されるから。そしてわれわれがじっさいに目撃してきたように、極めて賢明で、かつ、高い徳を身につけた多くの人々は、自分たちの生き方に反省的考察を施すことで、これを全面的に変えてきた。私が思うに、人はどれほど慌ただしい日々を過ごすことがあるとしても、或る種の行動計画表（Agenda）を策定しようとし、そしてこれら人生に関する諸規則を実行に移す態勢を調えようとするには、一年しかかからない。ただし、この諸規則は（何かを実現するに先立ってその）準備としてわれわれを導いてくれる性格のものであり、策定後も増やしたり正したりすることができる。

そして最後に、自分とのあいだに締結したさまざまな維綱を絶えず実行に移すのに慣れ親しむことで、あらゆる種類の邂逅に前もって大まかな仕方で配慮すること[★06]。そうすればわれわれは、残りの人生を深い静寂のうちに、そして、現生のあらゆる甘美をも上回る満足（satisfaction）とともに過ごすだろう[★07]。

しかし、このような大事を熟考するにはこの上ない正確さが要求されるし、また、真の信仰心を下支えする堅固な根拠と迷信をめぐって上辺だけを繕った幾つかの詭弁とを区別するのは、真の哲学に少しも関心を示さないのであれば困難なことであるから、真剣に省察を実践しようと望み、さまざまな事柄を深く掘り下げるだけの余裕がある人には、準備としての道徳[★08]に関する計画

★05――西洋哲学史における一七世紀の特徴の一つは、多くの哲学者が知性改善論に関心をもったことである。デカルトであれば『精神指導の規則』(1628頃執筆)や『方法序説』(1637刊)などであり、スピノザであれば『知性改善論』(1662執筆)であり、ロックであれば『知性の正しい導き方』(1697執筆)である。知性改善論は、改善すべき問題点を人間精神のうちに同定することから始まるが、人間精神の「弱さ」(foiblesse)に関する限りでライプニッツとの類似性を強く指摘し得るのはデカルトである。デカルトの「第四省察」によれば、「多くのものを知解しないということは、有限な知性の有限な知性たる所以であり」、しかも「常に一つの同じ認識に粘り強く集中することができないという弱さ(*infirmitas*)が私のうちにある」(所雄章ほか訳、『増補版デカルト著作集』第二巻、白水社1993, 80, 82)。さらに、一六四四年五月二日付メラン神父宛書簡によれば「魂の本性は、同じ一つの事柄に対してはほとんど一瞬しか注意を向けないようになって」(倉田隆ほか訳、『デカルト全書簡集』第六巻、知泉書館2015, 154)いるとも、一六四五年九月一五日付エリザベト宛書簡によれば「われわれは同じことにずっと注意を払っていることができない」(同上書、336)とも指摘されているからである。

★06――「維綱」(loix)を人生における偶発事から「前もって」(par avance)身を守るための或る種の《備え》として見なすなら、ヘレニズム期およびローマ期の哲学者たちとの接点が浮かび上がる。なぜなら彼らは、*paraskheuê*(準備)というギリシア語で呼ばれ、とりわけセネカによって『ルキリウス宛書簡』(24, 61, 109, 113)のなかで*instructio*(装備や防御)というラテン語を宛てられた、人生における一つの保証のメカニズムに関して考察したからである。つまり人は、このような「維綱」を「前もって」準備し、これを遵守するという《自己育成》(*instructio*は本義から転じて、教育、育成、養成も意味する)を通じて、人生におけるさまざまな偶発事に然るべき仕方で対処できるようになるし、そうしなければならないのだ。注08参照。*paraskheuê*に関する概念的分析については、とりわけミシェル・フーコー『主体の解釈学』(廣瀬浩司+原和之訳、筑摩書房2004, 109)参照。

★07――魂は、たとえ失敗した場合でも、実際に行動したように行動すべきであった、あるいは、それ以外の仕方で行動することは自分には不可能であった、ということを分かっているから、静寂と満足がもたらされる。

★08――原語であるフランス語のmorale par provisionは、すでにデカルトの『方法序説』(1637)第三部で使用されていたものである。デカルトの主張によれば、行為主体が学知の構築を目指して懐疑論的状況に身をおき、ドクサ(偏見、臆見)を拒否した場合、実践に関する判断の不可能性を招来するが、これを回避するために、認識論的には偽である蓋然的判断が実践の領域では認められる。それは「行動では不決断に陥らないで」「できるだけ幸福に暮らせるため」(三宅徳嘉+小池健男訳、『増補版デカルト著作集』第一巻、白水社1993, 30)である。学知の構築に先立って予め「準備として」(par provision)策定すべき道徳の諸規則がこの蓋然的判断を許容するのである。それと類似した仕方でライプニッツにおいても、「真の哲学」へ抜ける「省察」の途を辿ろうとする主体が前もって整えておくべき準備の必要性が説かれている。ただし、デカルトとは異なり、誇張された懐疑が問題になっているわけではないことには注意しなければならない。

をまずは自分のために策定し、これを厳格に——過ちを犯した場合は自分を罰するくらいに——実行し、そしてその後に、失敗してもそれほど危険でないような、そして真理を自得するのにいっそう容易な題材、例えば数、線、そして運動に関して、推論のための能力を行使するということを勧めたい。なぜなら幾つかの論証の理解に達した者は、真理のもたらす力強さと明るさに感嘆し、それ以外のすべての題材についても事物の本性が許す限りで何か同様のものに到達しようと努めるだろうから。そのような者であれば、瞬時に自分が変化するのを見てとり、過去に下した判断と現在の判断の違いに自ずと気付くだろう。その感情はもはや安定を欠くことはなく、不安は本当の休息のうちに消え去るだろう。つまり、堅固な真理に関心を向け始めた時点というのは、回心(conversion)のそれに他ならないのである。〔それなのに〕大多数の人は、混濁した諸観念を通常のものとして受け容れており、最も美しい諸真理は彼らには関係がない。それどころか、明晰な諸認識が智恵には不可欠であり、智恵のみがわれわれを完全に幸福にしてくれることを見過ごしている。

ここで言う幸福が立脚する困難で高尚な事柄、経験するのが容易でないような事柄について省察しようと望む者は、しばらくのあいだ、(数学に関する)◉01 容易な諸問題で練習を積むべきであると私は結論する。★09 そのような諸問題においては、間違いを犯したところで危険な目に遭うことはなく、また、間違いに気付くのも困難なことではない。(そして誤謬推理を避け、覆い隠された微妙な真理を発見する技を身につけたなら、その者は数と線を運動ならびに自然〔の諸現象〕に応用できるだろう)。そしてそのことに成功するなら、その者は、神、魂、そして至福(felicité)に関して明晰な認識を自得する態勢におかれるだろう。そうするには一年以上もかからない。そしてこの一年だけで、残りの人生を充足のうちに過ごすには十分なのである。というのも、生活の糧を得て、かつ、召命の求めるところを全うした後は、さまざまな徳の行使において、また、われわれ

★09——「省察」には精神の集中力が求められる。この能力を涵養するために、ライプニッツにおいて特権的に取り上げられるのが、数学である。なぜなら、数学的に思考するとは、精神が諸情念に惑わされずに注意力をもって思考することだから。つまり、日常生活の困難に起因する諸情念(怒りや悲しみなど)に惑わされずに対処していく思考力を予め養っておくことが、数学に取り組む過程で目指されるのだ。その限りで数学には、練習、修練、訓練としての側面が認められる。ライプニッツと同様の仕方で数学が精神の諸能力を涵養すると考えていたのが、デカルトである。その『ビュルマンとの対話』(1648)では、「知能がつちかわれうるためには、「数学的な学問」が必要であり、そしてそれは書物からではなくて、使用そのものと技術から汲み出されなければなりません。〔中略〕「数学が真理を認知するのに慣れさせる」のは、数学のうちにはあなたがどこにもよそで見つけ出すことのない正しい推論が見つかるからです。そこでまたいちど自分の知能を数学的推論に慣れさせた人は、他の真理を探し求めるた

とそれ以外の人間たちの災厄を鎮めるのに適切であるのみならず、諸事物の製作者の完全性をわれわれに感嘆させうるような真理ならびに認識の発見において精進することだけを考えればよいから。そして、この製作者について観想（contemplation）することに沈潜し、その観想に魅了されることは、私たちを満足させる唯一無二の手段に他ならないのである。

①数学つまり数と線〔に関する諸問題〕から始めるべきである。

②数学を、具体的事例に、つまり運動の諸法則、偶然性の予測、法学、そして一言でいうなら、われわれの権能のうちにあることはあるが、しかし、単なる数学よりもいっそうの注意深さが要求される些か微妙でデリケートな諸問題に応用する練習を積むべきである。なぜなら、算術と幾何学においてわれわれを助け、また、われわれにとっては確証のための作業にもなる試算と図形は、

めにも知能が適するようになるでしょう。というのは推理はどこでも一つで同じですから」（三宅徳嘉＋中野重伸訳、『増補版デカルト著作集』第四巻、白水社1993, 390–391）と述べられている。

【ライプニッツによる注解】

◉01――抽象的な数学に関する諸問題、つまり数と線に関する諸問題においては、間違いを犯したところで危険な目に遭うことはなく、間違いに気付くのも困難なことではない。

数学を〔運動や法などに〕応用した場合の諸問題においては、誤ったとしても危険な目に遭うことはない。しかしこの場合、難点として浮かび上がってくるのは、たとえ問題がどれほど簡単なものに映ろうとも〔それに〕きちんとした表現を与えることである。

明晰な論証ならびに真実と認定された天啓に立脚した真正な形而上学と道徳に関する諸問題において究極的に重要なのは、失敗を避けることである。このことを上首尾に行うのは、非常に困難である。

第一番目の〔抽象的な数学に関する〕問題から始め、ついで第二番目の問題、そして第三番目の問題へ移っていくことが求められる所以である。容易さの度合いを根拠にするなら、第一番目の問題においては、経験〔実験〕と想像が推論の進展に足並みを揃えることがありうるため、間違いを犯したことに気付かれないばかりか、どこでそうしてしまったかもはっきりとしない。第二番目の問題において経験は検査官として機能しうるものの、案内役としての役割は果たさない。つまり経験によって、間違いを犯したことは示されるが、どこでそうしてしまったかは示されないのだ。第三番目の問題に関しては、現生では、〔その実際を〕経験するという地点には到達できないだろう。

運動、力、快楽、蓋然性の度合い、法といった、なかば非物体的な諸事物に関する、上述したような諸問題のうちにわれわれを留めおく〔ということの契機になる〕からである。そうすることでわれわれは、試しにやってみることが確信をもつための手段とはならない完全に抽象的な諸事物に向けていっそうしっかりとした足取りで上がっていくよう促されるだろう。

③つまり、そこから〔私が取り組んでいる〕第一哲学のほうにやって来るべきだ、ということである。言い換えるなら、神と魂に関する認識をもつことである。そこには、天啓に関する信仰の礎を確かなものにするために古代より必要とされてきたことを付け加えるべきである。

④その上に正しい道徳を打ち立てるべきである。

⑤〔以上に取り組んだうえで〕残された時間は、生活上のさまざまな義務を果たすこと、人々と交流すること、感覚のもたらす快楽を味わうこと、いろいろと経験〔実験〕を積み、想像力を働かせたり、抽象的な観想に取り組んだりすることに振り分けられよう。

⑥そして最後に、人は将来に必要な処置をひとたび講じたなら、そして、あらゆる邂逅に大まかな仕方で前もって配慮したなら、自分とのあいだに締結したさまざまな規則を絶えず実行に移すのに慣れ親しむことになるだろう。

⑦そして人はこのような仕方で、残りの人生を深い静寂のうちに、そして、現生のあらゆる甘美をも上回る満足とともに過ごすことになるだろう。

注記。十分な能力をそなえた精神の持ち主であれば、三番目のところから始めてもよいだろう。それはとりわけ、すでに他の人々によって発見されたさまざまな論証を拝借できるような場合である。というのも、たとえ卓越した人であっても、〔数〕学の助け〔なしに自分〕自身で〔これらの論証を発見するのは〕困難なことだから。

【解説】社会の基本単位としての〈私〉の磨き方

津崎良典

〈私〉は、今の自分の在り方を問題視し、これを変容せずに真理に到達しうるのか、そして真理に到達したとき、いかなる倫理的な変容も被ることがないのか。前世紀フランスを代表する古代ギリシア哲学史家ピエール・アド、ならびにその仕事に啓発されたミシェル・フーコーによれば、超越的な審級を括弧に入れた、〈私〉の自己に対する自己媒介的・自己目的的・自己規範化的な働きかけという《反省》の運動こそが、古代ギリシアに哲学が誕生した時点で目指されていたことであった。

この運動の概念的要諦は三つだ。第一に、〈私〉はありのままでは真理に到達する権利も能力も有さない。第二にこの前提より、真理に到達するために今の自分の在り方を修正して、或る意味で、そして或る程度、別の在り方をせねばならない。ここで注目されるのは、修練を意味するギリシア語の《アスケーシス》という概念である。これに相当するフランス語のascèseは、現世や自己の放棄による禁欲を想起させ、また、そのような営為は実際に、一六世紀にイエズス会を創設したイグナティウス・デ・ロヨラ等のキリスト教的霊操を一つの主要な源泉として、一七世紀ヨーロッパで霊的な《黙想(メディタシオン)》を中核とする信仰生活の一環を構成した。しかしその語源であるアスケーシスに宗教的な含意は希薄だ。むしろ哲学的な概念として、自らの責任のもとで長い修練を経て達成される、〈私〉による自己の段階的な変容を意味していた。つまり、このような《転換(コンヴェルジオン)》を経験せずに真理に到達することはできないとされていたのである。そして第三に、この訓練の結果として〈私〉が真理に到達すれば、倫理的な効果がもたらされる。真理への到達は、認識行為の完遂を意味するだけではない。魂に充足、至福、そして平穏などを与え、その存在を倫理的に完成すると考えられていたのだ。

ライプニッツは、このような反省の範疇に含められる《省察(メディタシオン)》に関して、少なくとも二つの小論を残した。一つは、日本の読書界には既知の『認識、真理、観念についての省察』(K I, 8)である。一六八四年一一月の『ライプツィヒ学報』に掲載されたこの小論によれば、省察は、精神のうちに見出される諸認識に明晰・曖昧・判明・混雑という区分を導入することで、正当な推論が成立するための条件を探る。〈私〉に真理を直接にもたらしはしないが、諸認識を評定するための道具を与えることで、真理の探求を前進させる。つまり、学知そのものではなく、学知への《予備教育(プロペデュティック)》である。

とはいえ、ライプニッツにおいて省察は、単に理論上の取り組みに留まらず、実践上のそれでもある。その証左がここに訳出した一六七六年の小論である。著者によれば省察とは、〈私〉が自己への《立ち還り(コンヴェルジオン)》を通じて、自己のこれまでの行為とこれからの義務について批判的検討を定期的に施すことだ。それは『哲学者の告白』において指摘されているように、「何故ココニイルカヲ述べ(*dic cur hic*)、目的ヲ見定メヨ、為ストコロヲ見ヨ」(K II, 2, 227)という命令を想起しつつ、自分の内的指導者になることでもある。しかもこの命令は《精神のハビトゥス》と化すことで、ストア派の賢者のあらゆるパラドクスを超えて、各人を瞬間的な変身(メタモルフォーズ)により、過つことのない、思慮深くて幸福な存在にする。

しかしこれは、言うは易し行うは難しの典型ではないか。この問いをもって本論を再読するなら、「数学」の効用が強調されていることに目が向く。数学は〈私〉が正当な推論に慣れ親しむのを可能にする。そしてこの慣れ親しみが「省察の使用」を容易くする。そもそも省察の目的は、上述した命令に集約されるような、行動の諸規則を〈私〉が自らに課したうえで、あらゆる状況下でこの諸規則に照らして正当な判断を下して行動することだから。つまり「省察の使用」のために、失敗しても大過ない「数学」にまずは取り組め、というのだ。いずれにせよ省察は、一六八四年の小論が関説する理論の領域と同様に、実践の領域において良く判断するための条件を探り、この判断に裏付けられた行動のおかげで魂が「満足」「幸福」「至福」そして「静寂」を感得する道程を示す。この点でライプニッツ的な省察は、本解説の冒頭で提示した概念史に位置付けて理解すべきなのだ。

さて、かの《予備教育》論として枢要な、判断力の育成という主題を少しばかり展開しておこう。ライプニッツ的な省察においては、俗世間の諸事から一時的に身を引き離すことが求められる。それは再度そこにより良い仕方で戻ってくるためだ。ということは、省察の継続的な取り組みが前提にされる。なぜか。本論に垣間見られる、省察のライプニッツ的区分に注目しよう。まず、或る意味で端緒をなす、一回限りの修練がある。〈私〉が現在の在り方を問い、それに根源的な変革を施す「決断」つまり「回心(コンヴェルジオン)」をすること。ついで、俗世間で定期的になされる修練がある。それによって、決して不意を襲われないように、そして、時宜を得たなら然るべき仕方で行動できるように準備する。実際に〈私〉は俗世間において、実践上の純粋な諸規則では立ち行かない状況に直面する。なぜなら、現実の状況は常に具体的かつ個別的なのに、行動の諸規則は抽象的かつ一般的なままだから。〈私〉は、あれこれの状況下においてどのように行動すべきかを、この諸規則から自動的かつ機械的に直ちに決定することはできないのである。そこで省察は、個々の状況を評定し、然るべき仕方で判断する修練を課す。この修練は、本論と同時期に執筆された『知恵について』(De la sagesse, 1676(?), AVI, 3, 669–673)で言及される、「それが必要となった時に、時宜を得た時に、既知のことを想起するための技術」の習得でもある。そして、この技術は〈私〉が「居室にいるときと同様に、喧騒のなかでも好機にあっても十分に省察できる」(GP VII, 84)ようにするのである。

【4】

Ermahnung an die Teutsche, ihren verstand und sprache beßer zu üben, samt beygefügten vorschlag einer Teutsch-gesinten gesellschafft. [1679].

(A IV, 3, 795–820)

知性と言語をさらに鍛錬するよう[★01]ドイツ人に勧告する文書——

ドイツ的志向の協会を設立する提案を附して

✣高田博行＝訳・解説

言うまでもあるまいが、徳の高い人間ならば、神の栄光に次いで祖国の安泰と名声に最も心を砕くべきである。祖国を尊ぶことは、われわれが生活を維持し毎日を享受するにさいしてわれわれ自身に関わってくる要件であり、またわれわれが共通に負う責務でもある。生活の維持ということに関して言えば、周知のように、あまねく平穏であってこそ各人の安全が保障されるわけである。平穏が損なわれると、大地震や大暴風のときに似て、すべてが倒壊し、誰ももはや自力で如何ともできず、近年の戦争[★02]の様子を見れば十分にわかるように、逃げることなどほとんどあたわず、ただ手をこまねいてその中に身を委ねて、今にも迫る破滅を待ち受けるほかない。あまねく不幸が広まるとわれわれの身に危険が差し迫るが、祖国が安泰であればわれわれは毎日を享受できる。われわれは安泰な祖国にいて、快適な生活をもたらしてくれるありとあらゆる物をあふれんばかりに手にし、ブドウの木とイチジクの木の下に住まい、この幸福を他国の人々に認められ褒め称えられる。われわれ国民はみな、いわば国という胴体についた手足も同然である。それゆえに、おおもとの胴体自体が健康であればわれわれにも力がみなぎり、われわれは神の特別な思し召しにより胴体の具合を微に入り細にわたり感じ取ることができる。にもかかわらず、自らの国、国民、国家の幸福を心の底から喜ばず、他国にあっては自らの同胞と心を分かち合うことをしない心根の悪い人間がいるというのは、いったいどういうことなのであろうか。言語と風俗習慣が絆となって、そしてまた共通の〔国の〕名前をもつことが絆の役割をして、人々は気づかないうちに力強く結びつけられ、いわば同胞となるのである。同胞に関する文書や報告を見聞きして、われわれは不快な気分になったり嬉しく思ったりする。われわれの目を見れば、他国の人もわれわれの人となりがわかり、分別のある人ならわれわれの品性を称賛するにちがいない。しかし、祖国の不幸を喜ぶような人は、自らを必要としてくれる人にさえ、心根の悪い不誠実な人間と内心で思われてしまうことであろう。そのように思われるのは、気高い心の持ち主には堪えがたい

★01――アカデミー版を底本とする。
★02――フランス王ルイ一四世によるネーデルランド継承戦争（1667–68）につづき、オランダ侵略戦争（1672–78）の脅威がようやく収まった時期にあたる。

ことである。そのような国賊のなかには、悪巧みをしてもまったく良心が痛まないほどに悪辣さが高じた連中がわずかながらいる。ここで言っておきたいのは、祖国愛とは愚かな人間が抱く妄想ではなくて、真に賢いあり方であるということである。祖国愛が賢明なものであることは、神と人がわれわれに何を責務として求めるかを考えれば明らかである。すなわち、神は常に最善を欲し給うので、神という観点から見て、一人のためにしかならないものよりも多くの人のためになるものを優先するべきである。また、人間は不義理を許すことができないので、人間であるのならば、祖国に命を守られ庇護されているにもかかわらず、祖国の安泰を自分の損得勘定でしか気にかけないということはあってはならない。

　さて、祖国に感謝せねばならない人間がいるとすれば、それは、類いまれなドイツに住まっているわれわれである。詳しく説明をするつもりはないが、ドイツは天を味方に付けて、過度の暑さで灼熱になることも、耐えがたい寒さで極寒を余儀なくされることもない。また、ドイツでは伝染病はまれで、アジアとイタリアをおびえさせる地震もほとんど起こらず、土壌はどこも金属が豊かで果実で覆い尽くされ動物があふれかえり、生活の上で欠かせないものだけでなく、生活における楽しみと悦びを与えてくれるものがほとんどすべて揃っており、われわれは大いなる幸せを実感できる。ドイツにはオレンジは自生していないが、サソリを恐れる必要もない。ドイツのボルスドルフ村で取れるリンゴは、インドから送られてくるリンゴよりも新鮮で美味しい。ドイツにおいて質のよい絹や砂糖が作れないとか、日光を多く必要とするワインが作れないなどということはありえない。ドイツの綿布をうまく加工すれば、有害なインドの綿布など使わずにうまくやっていくことができる。金属に関しては、われわれはヨーロッパで抜きんでていて、金属加工の技術はドイツで最高水準を誇っている。初めて鉄を鋼鉄に、銅を真鍮に変え、また鉄に錫を塗布してブリキを作ることが発明されたのはドイツにおいてであり、その他にも数多くの有益な知識がドイツで発見された結果、ドイツの技術が冶金学と鉱山業において世界一となったのである。[★03]ドイツには、豊かな塩泉と比類ない炭酸泉があり、この水を味わうことで薬以上の働きが期待でき、まさに自然がもたらす奇跡である。ドイツの海岸線には立派な都市とみごとな進入口があり、ドイツの中央部には多くの船が航行する河川が縦横に流れている。岩山には石材と大理石の採石場があり、森には建築材がふんだんにあり、皮革、毛皮、木綿、綿布があり余るほど取れる。すでに触れたように、ドイツで絹を効率的に生産することは可能で、すでに絹の試作品がさまざまにあるが、これに関しては別の機会に詳しく説明してみたいと思う。

われわれが神の賜物を十分に役立てる術を心得ていたならば、ドイツほどに誇り高く快適な国はどこにもなかったはずである。しかるにわれわれは、ドイツの畑一面を覆っている作物をわざわざ他国から取り寄せている。われわれは旅行をしたとき他国の外面の輝きに驚くばかりで、実は他国ではいつも一番よいものがこれ見よがしに見せられているということに思い至らない。他国の人々は不都合なものを隠すのがわれわれよりもうまいが、内面をよく注視すると、彼らの悲惨さが見透けてきて、ドイツのほうがよいことが必ずわかる。ドイツは見た目こそ無骨であるが、中には栄養のある果汁が詰まっている。言わば、ドイツの丘にはワインが流れ、ドイツの谷には脂が滴っている。神が安寧を与え給えば、われわれの市壁のうちに喜びと至福が住まう。主を畏れるこの国、住民が徳を愛するこの国は、祝福されている。神はドイツ人に強さと気力を与え給い、ドイツ人の血管には高貴な血が流れていて、ドイツ人の誠実さに嘘偽りはなく、ドイツ人が口で言うことと心で思うことが矛盾することはない。他国では毒殺事件が起こっては裁判沙汰になっているが、そのような話をドイツで聞くことがあるだろうか。他国ではいったいどのようにして、日雇い馬を賃借りするかのようにいとも簡単に暗殺者や偽証者を雇うことができるのであろうか。われわれは、珍獣の話を聞くかのように珍しげに、他国における悪行のことを聞く。〔ド

★03——ライプニッツのハルツ鉱山業への関わりについては、本巻第1部3参照。

〔ドイツの場合は〕手足の何本かが万一病気に感染していたとしても、胴体〔国〕自体は健康であると言うことができる。

ドイツに見られる自由さよりも気高いものがあるだろうか。かの勇敢な領主は、ドイツは自由な帝国で、世界じゅうで一番束縛がないと正しくも言ったではないか。私がこう言うと、聡明だとうぬぼれている人たちのなかに、私を嘲笑する人がいることを私は知っている。彼らと言えば、常識を踏み外した理解しかできない人たちで、宗教は下層民に付ける馬勒で、自由は愚かな人間が抱く妄想であると見なすほどに、その無軌道ぶりが高じている。彼らは、〔自由は妄想だと吹聴する目的で〕帝国等族[★04]の身分にある者たちに皇帝が圧力をかけていると言ったり、帝国等族の身分にある者たちが自らの臣下たちに厳しく従順を求めていると言ったりして、われわれを言いくるめようとする。このような人物たちのことをわれわれは、井戸に毒を流す連中と同じように見なし憎むのが正当である。彼らは、おぞましい物をまき散らしては人々を不安に陥れる連中よろしく、世間一般を平穏に保つ源泉となっているものをぶち壊し、満ち足りた人心を揺さぶる。彼らは、健康な人に貴方は病気だと言いくるめて病に伏させてしまう連中と同じである。彼らは、傷口に油を塗って痛みを和らげるどころか、反対に傷口に塩と酢を擦りこむ。しかしわれわれは、ありがたいことに、そこまでの不幸をまだ味わってはおらず、われわれの大切な宝物は失われず、われわれの王冠は奪い取られていない。われわれが安泰でいられるかどうかは、われわれ自身のあり方で決まるのである。

ドイツが秩序ある帝国であるおかげで、われわれは至福を欲しいままにできると常に私は考えてきたし、またその考えはまったく変わらない。ドイツの皇帝の権威とドイツ国民の崇高さはどの国も知るところであり、司教会議やさまざまな会議においてドイツ皇帝とその使者には優位が与えられていることに異論の余地がない。ドイツ皇帝は、キリスト教徒および普遍教会の世俗の

★04――帝国議会に参議でき、議席と投票権を持つ身分。

首長である。皇帝の権威のあり様は大きいけれども、皇帝の統治のあり方は温厚で心地よい。この温厚さはオーストリア家〔ハプスブルク家〕に受け継がれていて、レオポルト★05が心の底から祖国のことを思っていることを、どんなに不信心な人もどんなに疑い深い人も認めるほかない。帝国議会議員が自分の訴えを聞いてもらえないとか、自分の頭越しに決定がなされたなどと不平を言うのはおかしなことではないだろうか。ドイツにおいて嘆くに値する唯一のことはひょっとして、あまりにも温厚すぎるということではないだろうか。先の戦争★06で起こったことについては、われわれ自身に最も責任がある。このことを自らの戒めとしたいと思うならば、われわれはこの戦争を教訓とし、将来の備えとして役立てることができる。いわゆる四元素を入れたコップを振ると、最初はすべての元素が入り交じるが、少しの間そのままにしておくと、ほどなくどの元素も元に戻る。これとちょうど同様に、ありがたくもふたたび安寧が戻ったことで、すべてが元の鞘に収まってくれると私は期待している。

　諸侯の宮廷が数多くあるおかげで、ほこりに埋もれるほかなかった多くの人々が頭角を現す手だてが得られていると思われる。首長が絶対的な権力を持つ場合は、人々の生活を加護するべき統治に関わる人の数はほんの少数となる。しかしドイツにおいては〔一箇所に集中するのではなく〕宮廷が多く分散していて、その宮廷には高い位の従者たちがいる。この者たちは、王侯にある程度直接に近づくことが許されていて、単なる家臣としての発言しかできない者たちとはまったく異なった位置にある。したがって、ドイツでは家臣を侍らせるほんの一握りの人物にしか自由はなく、奉公する家臣たちに自由はないなどと考えるのは極端な意見である。侯爵家であれ伯爵家であれ、自由という点で高位の君主と異なるわけではなく、違いは権力の大きさにすぎないという国が、〔ドイツ以外に〕この世界のどこにあるだろうか。ドイツ以上に、貴族が群を抜いて優れていて恵まれている国がどこにあるだろうか。たしかに、ポーランドではどの貴族も王になることが可能であ

★05――ハプスブルク家のレオポルト一世（Leopold I, 1640–1705）のこと。一六五五年にオーストリア大公、ボヘミア王、ハンガリー王となり、一六五八年以降は神聖ローマ皇帝となる。ライプニッツが「ドイツ皇帝」としているのは神聖ローマ皇帝をさす。

★06――ルイ一四世が起こしたオランダ侵略戦争（1672–78）時（前注02）に、オランダと同盟を結んで参戦したことをさす。

るが、ポーランドの王以上になれるものではない。しかしドイツでは、数多くの高位の寄進者、諸侯の大修道院、裕福な高位聖職者が、家臣を侯爵、帝国等族、そして領主に抜擢することができる。われわれのことをあまりよく言わない他国の人たちも、この点に話が及ぶと、いつも肩をすくめ当惑した表情になる。

また、自由都市がドイツ以上に多くある国がどこにあるだろうか。ドイツにおいては、商取引と暮らし、糧と信用、秩序とポリツァイ[★07]が群を抜いていることは認めざるを得ないであろう。かつてマキャベリが自らの著作における報告[★08]のなかで、またボッカリーニ[★09]が『パルナッソス』のなかで、あることに関連して、ドイツ人自身が判断するよりもはるかに高い評価をドイツについて示したのを読んでみるとよい。都市がドイツの諸侯の支配下に入ってしまうことは悲運なことではないと、私はさらに言っておきたい。そのような境遇になった都市に尋ねてみればよい。〔その都市を支配する〕諸侯に対して今寄せられる苦情の数は、以前に市の参事会に対して寄せられた苦情と比べて少なくなったのではないかと。例えば、諸侯の支配下にある都市には宮廷貯蔵所が置かれているのが常であるので、少なくなった自由の量よりも、増えた食料の量のほうがまさることは間違いない。私は、市を開き商売できる権利や大学など、よくなった点に触れようとは思わない。農民たちでさえ、ふつう思われている以上によい生活をしており、もし農民たちがさらにもう少し勤勉になり、意欲、活力そして敏捷性を発揮して、よい手ほどきのもと勤労意欲を高めれば、さらによい生活が農民たちを待っているであろう。卑しい人間がしばしば根拠のないことを大きな声で嘆くのを、分別ある人は気にとめる必要はない。そのような人間は、心安らぐことがなく、満足だとは決して言わない輩たちで、神にことさらに懲らしめを乞うような振舞をしている。われわれはいまわしいほど頭が頑固になることがあり、肝心なときに自分たちの行政府に頼ることを拒否してしまい、その結果、ドイツに在留する他国の民に骨の髄まで吸い尽される始末である。

★07——公共の福祉および公共の福祉を実現する行政をさす。第2部2訳注01・05、同3訳注03、第3部11訳注06参照。

★08——マキャベリ(Niccolò Machiavelli, 1469–1527)。イタリアの政治思想家。ここで言及されている報告は、一五〇八年六月一七日の日付のものである。

★09——ボッカリーニ(Traiano Boccalini, 1556–1613)。イタリアの政治風刺作家。主著『パルナッソス』(*Ragguagli di Parnaso*, 1612)。

以上述べたことすべてから言える結論は、次のことである。われわれにはただ、至福を求める意志が欠けているだけで、自由はドイツに息づいているものであり、妄想などではけっしてない。したがって、真の愛国者であるならば、最善のことを期待しながら祖国を愛すべきで、また、叶わない願いを持ち出したり後先考えずに情熱をほとばしらせたりするのではなく、きちんとした提案を冷静に考え、その提案を忠実に実行することによって祖国の至福を促すよう努めねばならない。

　祖国を愛するまっとうな心を持つ実直なドイツ人がまだかなりの数いることは、疑いの余地がない。われわれは、ありがたい講和[★10]のおかげで、一息ついて将来のことを考える時間が神から与えられた。そのような今であるからこそ、さまざまな意義ある提案が今後公けにされて、神のご加護により実を結ぶことを私は期待する。提案がめざすべきは、人心の統一を促進し、世間全般の平穏を保障し、戦争の傷を癒やし、食料不足を克服することであろう。しかし、大きな変更が必要となるこれらの課題は、そもそも高位の方々に任せるべき事柄であるので、私はそのような身の程知らずのことをするつもりはない。だからといって私は、〔高次の課題を解決すべく〕誠意のある意見を開陳してくれる人たちを責めはしない。私はもとより、モーセと同じくすべて民が預言者となることを望む者である。私が尊重したいと常に思うのは、提案者自らが部分的に実際に実行することができる提案である。言葉だけで助言するのは容易であるが、実際に手を差し出すことはいつも難しい。私が今いったん脇に置いておきたいと考える高次の事柄を挙げるならば、社会体制の恒常性、役に立つ密な帝国内の交通、一般の資産もしくは恒常的な財源、宗教の統一もしくは少なくとも和合[★11]、司直・刑務所・孤児院の推進、貨幣の統制、商業と手工業と工場の振興と促進、軍紀の矯正等々がある。一方、われわれの計画が対象とするのは、われわれが提案するだけでなく、実行もできる事柄である。高次の事柄に関わる提案については、一私人が意見を述べ

★10――本文書が一六七九年に執筆されたことからして、「そのような今」という文脈にある「講和」とは、オランダ侵略戦争終結時のナイメーヘンの和約(1679)のことを指すと考えられる。

★11――新旧キリスト教の再合同計画については、ボシュエとの往復書簡参照(K II, 2, 第2部3)。

るのは許されていても、高次の特別な機関が推進しないと実行が不可能であるが、われわれの考える計画はそれとは異なるものである。

右に述べたさまざまな高次の事項をさておくなら、行うべきこととして果たして何が残るのか、何がドイツにとって重要となるのかという疑問が、おそらくわいてくるであろう。それに対する私の答えは、次のとおりである。上述のような肝心の事柄がすでに完了しているならば、もちろんもう何も行うべきことはない。建物が完成したあとには、職人に下働きをしてもらう必要はないからである。しかし、難なくすべてが簡単に完璧に進むことはふつう期待できないのであって、重要でないように見えて実は有益なちょっとした事柄が課題としてまだいくつか残っている。靴の中に小石が入っていると旅人の妨げになり、また、壁にハエが止まっていると偉大な政治家の思索も攪乱されることになろう。それと同様に、ふつうは無視されるが、しかし目には見えない形で影響をもち事態をよくしたり悪くしたりするような事柄も存在する。

こう聞くと、例えば学校制度と大学の改革のことを考える人も少なからずいるであろう。それらはたしかに重要なことであるが、ここではそのことを考えてはいない。学校制度と大学の改革によって、益が多くもたらされることはたしかである。しかし、これらの改革を主導した一部の者はあまりにも手荒いやり方をし、自分の考えばかり主張しすぎて自分に反対する人たちを馬鹿にし、とりわけ、青少年に教育を施す教授やその他の人たちを激しく攻撃した。改革の主導者たちは気づかなかったことであるが、このように攻撃された人たちのなかに、力の限りを尽くしきる有能な人がたくさんいる。ただ彼らには、よい機会も、後援者も、資金もなく、規約と同僚によって両手を縛られ、その他多くの悩ましい障害に行く手を阻まれていたため、甚大な苦労を味わい、自分たちの誠意ある考えを実行に移すことができないことがあったのである。このような人々に対してこそ救いの手を差し伸べるべきであり、ゆめゆめ批判したり、けちをつけたり、口出しをするべきでない。

したがって、私が今考えている計画は、これら〔学校制度と大学の改革〕とは無関係である。今の〔ドイツの〕学術の水準は、何人かが言っているほど悪いものではなく、また大きな変革を行うとその代償として公益上大きな不都合が生じるので、今のままにしておくのが正当である。私が今回申し述べたいと思うことは、青少年の教育に関わるものでも、大学や学校に関わるものでもない。私が考えていることは、学問から離れた事柄ではないけれども、学識があり尊敬される仕事をしている人たちのみに関わるのではなくて、本を愛し社交を好む人たち全員に関わるものである。〔今回の提案の対象者は〕始めたばかりの勉学を続けていく人たちではなく、自らの目標をすでに達成していて公務や職務において精力的に貢献してみたいと思う人たちである。今回の提案は、そのような人々に資して満足を与えるためのものであり、同時にまた、このあと明らかになることであるが、世間全般の最高の幸福と祖国の名声と声望を思ってのものである。さて、そのような〔今回の提案の対象となる〕人物に含まれるのは、学識者に限らず、宮廷人や世俗人、さらには第一に女性も含まれ、つまり、卑しい人間と見なされない人なら全員が含まれる。では、プロメテウスが質のよい土から作った人間と、卑しい人間との違いがそもそもどこにあるのかについて、ここで説明しておく必要があるだろう。その違いは、富、権力または家系の違いにではなく、人となりの違いにある。誰かが私に、卑しい人間とはそもそも何かと尋ねるならば、それは、食べ物のことしか考えず、なんの向上心もない人間であると答えるほかない。このような者たちは、ちょうど生まれつき耳が聞こえない人がみごとな演奏を聞かされても評価などしようもないのと同様に、知識欲もしくは事物に対する愛好心など持ち合わせることができないのである。この者たちは、意気込みも熱意もなく、アダムの土から作られてはいても、いわば生気が吹き込まれていないかのようである。この者たちは、この世で漫然と生活を送り、家畜のように〔何も考えることなく〕歩き続けるだけである。歴史は彼らにとってはお伽噺も同然であり、旅行や世界のようすを聞いてもなんの興味も持たない。したがって、彼らは神の英知と統治についてほとんど何も考えはせず、目に見えることより先に考えが及ばない。彼らは、少し先へ進んで群れから離れ去ろうとする人たちと敵対する。そのような連中が集まると、話すことと言えばしばしば隣人の中傷以外の何ものでもなく、好むことと言えば家畜のように飲んだくれるか、悪童のようにトランプ遊びに耽ることである。束縛のない生活を送り、歴史や旅行について関心があり、娯楽となる本をときには読んで読書を楽しむような人たちは、今述べたような愚かな民衆たちから隔絶されるべきである。この人たちなら、社交の場で学識のある雄弁な人に気づき、その人の話す内容にとりわけ熱心に聞き入る。この人たちはふつう、気高く品行方正な生活を送り、社会でうまく折り合いを付けながらやっていくことができ、行政府に逆らい暴れることも、下層民の抱く感情に流されることもなく、自分たちより上位の者が指示することにもいやがらずに従う。このような人たちは、ほかの人たちよりも先を見通すことができるので、困難な時代に気づき、苦しみを共有し、そして自分たちの行政府が万が一に備えてくれていることを強く意識することができる。このような人たちは、戦争に関わる事柄においても見境のないことはせず、すべてを破壊するというばかげた気持は持ち合わせず、逆に名誉と名声を愛する気概を強くもって、感情と理性をうまく働かせて、戦時でも平時でもあらゆる職務と業務を手際よく務めるであろう。このような人が多くいる国ほど、その国民は洗練されていて、その住民は至福で凛としている。

さて、そのような人の数を増やし、ドイツ人の間で知恵と美徳を愛する気持をかき立て、眠っている人たちを起こすことがわれわれにできるならば、言い換えれば、身分の高い人であれ低い人であれ、また慈愛ある女性であれ勇敢な男性であれ、多くの卓越した人たちの心のなかにすでに灯っているこの純粋な炎に新たな燃料をつぎ込むことができるならば、祖国に対してわれわれが私人として行うことができる最大の貢献のひとつをなしたことになると、われわれは考える。これがわれわれの計画であるが、誰に介入するものでも誰かを苦しめるものでもない。この提案は、発議するだけで終わるのではなく、善意の人々の協力を得て実際に成し遂げることが可能なものであり、このための調査を推進するのはわれわれである。以上が、ドイツ的志向の協会の概要であるが、以下でさらに、そのあり方について説明しておきたいと思う。

　こうした事柄すべてをわかりやすく説明するには、行いと考えの両方が好ましくあってこそ意欲というものが湧いてくるということを知っておく必要がある。ただし、ここでは行いについては触れずにおいて、考えについて次のことを指摘しておこう。よい考えというものは、面白くて役に立つ書籍を読むことによって、また、有益なことを聞いたり話したりできる社交の場を訪れることによって、思い浮かぶのが常である。他国では読書と社交がきちんと整備されているようであるが、ドイツではなかなかそうなっていない。ドイツ語で書かれた書籍の場合、他国民の書物に際立って見られるような味わいや活力のあるものはほとんど存在しない。

　ドイツで一般に出されているのは、外国語から書き写しただけの寄せ集めのような書籍か、それとも、他国からの借り物でないにしても、書かれている考えも結論もばかげていて納得などできない代物の書籍である。この愚かぶりは、今出回っているかなりの数の駄本にあふれかえっていて、これらの駄本には力も活気もなく、健全な理性とは相容れない稚拙な内容に読者は少なからず惑わされて、知らず知らずのうちに純粋な知性が損なわれてしまう。このようなドイツの一般状況は、音楽を聴いてもその美しさについて判断することができない野蛮な国民とあまり変わらず、また、気高い学問に対する感性を何百年も前に失ってしまい、いわばふるいにかけられた小麦の代わりにドングリともみ殻と糠で間に合わせていた僧院の学者たちと状況は変わらない。そもそも〔知性に〕光が再びしっかりと灯されたのは前世紀になってのことであり、その後ほどなく、別の輝きが書物に現れ、今ではイタリア、フランス、イングランドにおいては学者たちも母語も、その輝きに照らし出されているのである。

他国に見られるような進展がドイツになかったのには、数多くの原因がある。私は、戦争がよい考えすべてを打ち砕いてしまうことについて語るつもりはない。また、流行の発信源となり、国民にとって規準となる国全体の首都がドイツにはないために、人々が同じ道に行き着けず、意見を一つにすることもできず、よい考えが少なからずあっても、いわば花が摘み取られて散り散りに枯れるほかなかったことについても詳しくは述べない。さらにまた、気概のある人々が引き立てられることも労(ねぎら)われることもほとんどなく、高い地位にある人々が他国の例に見られるような気概を必ずしもいつも示したわけでなかったことにも私は触れないでおこう。宗教上の分裂のためドイツでは学問においても大きな亀裂が生じていて、この事情を知る者はさらに大きな相違が教育の施し方に生まれていることを十分に心得ている。このようなことすべてを差し置いても、神のおかげで再び安寧が訪れて明るい展望が見えてきた今となっては、これらすべての障害を克服することが可能であると、私は敢えて主張したいと思う。もしも皇帝陛下がドイツの真ん中に位置する大きな帝国都市に住まうことになったとしたら(ただし、そうなればウィーンが消滅してしまうことになりかねないので、こういう仮定はためらわれる)、その意味合いは大きく、ドイツの権力と英知はその都市に集まり、さらにそこから帝国内のさまざまな地方へと広がっていくことであろう。しかし他方で、(イタリア語はローマよりもフィレンツェに負うところが多いかもしれないので)イタリアにもそのような首都が存在しないことを考慮するならば、この障害はあまり重要ではないと私は考える。気概ある人が上にいるかどうかによって、人の心が目覚めることも、逆に冷めることもあるのはたしかである。よく知られているように、ローマ教皇レオ一〇世[12]とフランス王フランソワ一世[13]が学問にいわば命を吹き込み、また、フランスではリシュリュー

★12——レオ一〇世(Leo X, 1475–1521)。ローマ大学を刷新し拡充した。

★13——フランソワ一世(François I, 1494–1547)。コレージュ・ド・フランスを設立し、フランス語とフランス文学を振興。

枢機卿[14]のおかげで国力だけでなく言葉の雄弁さも現在の水準に至った。しかし、われわれドイツ人はこの点についても嘆く必要はなく、その責任の多くは高位の君主たちよりは何人かの学識者にある。私は、ドイツ人の心を呼び覚まし実際に少なからぬ実りを結んだ称賛に値する協会[15]の会員となった諸侯たちの永遠の名を、ここで挙げるつもりはない。この協会に興味を示した学識者の数は、非常に少なかったのである。それは学識者のなかに、知識はラテン語とギリシア語の衣に包まないと言い表せないと考える人がいたからであり、また、そのように包み隠さないと、言葉が立派であるだけで実際は無知であることが世間に知られるのではと心配に思う人がいたからである。しかし、真に学識のある人は、そのような心配をする必要はなく、逆に、知識と学問が人々の間にますます広がっていくことによって、その知識と学問の中身が優秀なものであることが広く証明されると確信してよい。他方、ラテン語のマントを羽織って、いわばホメロスの霧[16]に身を隠した人々は、真の学識者の間にうまく紛れ込んだつもりでも、時間とともにその覆いは剥げ、恥をかくこととなるであろう。フランスでは実際にそのような状況が続いたが、その後貴人と騎士も学問と学識をある程度母語で享受するようになってからは、論争好きで知識を鼻にかけ小事にこだわる人たちが軽蔑され、反対に、功績のある人たちが高位の君主にさらに認められ、労われ、登用された。しかるにドイツでは、いまだにラテン語と技巧をあまりにも重視しすぎ、母語と自然を軽視しすぎたため、学識者だけでなく国民全般に悪い影響が出ている。学識者は、ほとんど学識者だけのために書き、役に立たない事柄にしばしば関わりすぎ、他方、国民全般について言えば、ラテン語を学ばなかった人たちが学問からいわば閉め出されているという事態になっている。そのためドイツでは、とにもかくにも他国では認知を受けている事柄について関心をもって明晰に考え、長けた判断を下し、細やかな感性で接するということが、人々の間でまだ一般的になっていない。他国では母語は十分に鍛錬されていて、母語はきれいに磨かれたガラス

★14——リシュリュー(Armand Jean du Plessis, cardinal et duc de Richelieu, 1585-1642)。ルイ一三世の宰相として一六三五年にアカデミー・フランセーズを設立。

★15——一六一七年ワイマールで設立されたドイツ最古の国語協会「結実協会」(Fruchtbringende Gesellschaft)のこと(K II, 2, 133 津崎良典氏による訳注10参照)。

★16——ホメロスの作品に霧のモチーフがよく用いられた。

のように人の心を明快にし、隈なく光を当てて知性を明晰にする。われわれドイツ人にはこのすばらしい美点が欠けているのであるから、多くの点で、とりわけしかるべく知性が試される事柄で、他国の人々にかなわないとしても何ら不思議ではない。ドイツ国民はいわば薄暗い雲でおおわれていると言える。並外れた洞察力をもっているのに、自らが求めるものを国内にではなく、旅行や読書を通じてイタリアとフランスに見出す人たちは、ドイツの書物を嫌悪し、他国のものだけを愛し高く評価するので、ドイツ語とドイツ国民のほうに実際には高い能力があるということをほとんど信じようとしない。そのためわれわれは、知性に関わる事柄においてすでに奴隷状態に陥っていて、自分たちの生き方、話し方、書き方、さらには考え方まで他国が望むあり方に盲目的に合わせざるを得なくなっている。

　ドイツ語の育成に腐心した称賛に値する人たちは、長年にわたりドイツ人の無頓着さと自嘲に抗してきたが、勝利できないできた。この災いはさらに高じてしまい、どんなにみごとな韻文や喜劇書をもってしてもこの災いを十分に乗り切ることはできず、乗り切るには別のもっと重くて強い武具が必要である。というのも、腕力がどんなに強くても、羽毛を石と同じくらい遠くまで投げることはできないのと同様に、知性がどんなに立派であっても、軽い武具では十分な装備にはならないからである。鋼鉄製の石弓から遠く放たれる矢は、胴体に〔美しい〕羽飾りが、頂部に〔力のある〕金属が付いているのが常である。それと同様に、実用性と審美性とは両立する必要がある。ドイツ語の威信を高めようと考えた人たちもたいてい、〔審美に関わる〕詩作にふけるばかりで、実用に関わるものをドイツ語でほとんど書かず、また外国語で書かれたもののほうがドイツ語で書かれたものよりも優れていたので、ドイツ語に対する軽蔑心が深く根づいたのも不思議でない。ソネットだけでも外国語の場合と同じくらい優美にドイツ語で書くことができる人が多くいたならば、それは本当によいことであろう。しかしながら、それだけでは、他国の人に対してドイツ語という英雄言語の名誉を保つことも、聞き分けのない子供と見まがうばかりのドイツ国民のねたみと軽はずみの心に打ち勝つことも十分にはできない。このような人たちは自分では何もよいことをしないくせに、せっかくよい提案を示してみても、その提案の値打ちをとことん確信できない限りは、無視を決め込むのである。この点における改善は、われわれがドイツ語を学問および主要な事項において鍛錬して初めて期待できる。これこそが、他国の人たちにドイツ語を高く評価させ、ドイツ的志向のないドイツ人たちを恥じ入らせる唯一の手段である。われわれのドイツの庭にも、見て美しい百合と薔薇だけでなく、食べて甘いリンゴと服して体によい薬草も必要なのである。百合や薔薇はすぐに美しさと香りを失うが、リンゴや薬草は保存して役立てることができる。数多くの高位の方々や卓越した人々が事に当たってみても、十分な成果を上げられなかったのも不思議ではない。結実協会という名前で取り組んだにもかかわらず、花は咲いても実は付かない植物で当座をしのぐだけであった。魅力ある着想によって咲いた花も、不滅の学問という樹液を養分として吸い込むことができないと、魅力をみるみる失っていき、人はその花を見てほどなくうんざりすることになる。こう私が言うのは、先人たちのこの〔結実協会という〕卓越した企てを批判するためではない。ドイツ語に今日なお純粋さが残っているのは、大部分がこれらの先人たちのおかげである。初めての試みで一挙に成し遂げられるわけではないことを私は知っているが、上のように述べたのは、今日まで十分な成果が上げられなかった理由について、また、それでもなお希望が残っていると言える根拠について、理解が得られるように十分に説明しておくためである。そうしておかないと、私はきっとたちまち批判を受け、次のようなありがたい言葉をいただくことになることであろう。いわく、それほど高位の方々でも、築いたものすべてが運命の定めで崩れ去るのを目の当たりにし成果を上げられなかったのに、今さらなお同じことを企てようとすることなど無駄である。またいわく、身に降りかかった災いを防ぐ力がわれわれになかったことが判明したからには、このような川の強い流れを堤防でせき止めようと無駄なことをするよりも、流れに逆らわず、神に今後を委ねるほうがよい。堤防が決壊でもすると、川の勢いがさらにひどくなりかねないではないかと、彼らは言う。このような批判に対して私が出せる答えは、今までずっと小さな石、砂、土を一緒くたにして堤防を築いてきて、丈夫な大型の石はけっして調達してこなかったのであるから、しかるべき時に真に最後の本気を出したとはまだ言えないはずだということである。即刻このことを意識しないと、もう手遅れになるかもしれない。

　ドイツという国が存続してきたなかで、残念ながら今ほど非ドイツ的で愚にもつかない話し方がなされている時代はないと、私は公言せざるを得ない。その証拠として、半年ごとに開催される見本市で見られる書籍のことを挙げてみたい。[★17] 見本市には、あまりにお粗末でやりっ放しの書籍ばかり並んでいて、なにを書いているのかについて考えないような書き手が少なくない。そこに出回っている印刷物の十に一つでも、他国の人に笑われたり愛国心のある人に憤(いきどお)られたりすることのないものがあればいいのだが。仕事や旅行がきっかけでドイツ語を理解する必要ができて、ドイツ語に関心をもっているフランス人の知人が私には何名かいる。彼らが〔ドイツ語に関して〕軽蔑的な言葉を口にするのは、けっして感情的な嫌悪感からではなく、ドイツ語がこれほどまで愚にもつかない状況にある理由が不可思議だと思うからである。ドイツにも他国に恥じないすばらしい著書を書いた声望ある大家たちがいると私が彼らに説明すると、彼らはなおさらそのことを不思議に思うばかりであった。それを聞いて彼らは、自分たちのところではどこでも明るい太陽が輝いているのに、ドイツは太陽はすでに傾きはじめていて、統一性、勇敢さ、知性のいずれも失われているのがよくわかると、私に包み隠さず言い放った。そのときにどのような気がしたかを、私はうまく言葉にできない。この話を聞いたり読んだりしてもなんの感情もわいてこない人には、血管にドイツ人の血が通っているのかどうかを自分で確かめて欲しいと思う。すでに言ったとお

★17――一五世紀に始まり今日までつづくフランクフルト書籍見本市は、この頃にはヨーロッパで最も重要な書籍見本市となっていた。本巻336頁コラムおよびKII, 1, 023訳注05参照。

り、私は統治と軍事については意見を差し控えたいと思う。というのも、神の思し召しによってわれわれは安寧に至る道をみつけられるであろうし、また、キリスト教の主たる砦であるこの帝国が神の深い恵みによって守られ、それによってドイツ皇帝および君主と帝国等族はドイツの美徳を再び以前の輝きに戻す術を見出すであろうと、私は思うからである。しかし、知性および、いわば知性の鏡である言語に関しては、誰もが自らの意見をのべてよいと私は考える。祖国を愛していて、この災いを見て、嘆かないでいるのは難しいことである。

　知性と美徳の点で私が尊敬する人たちのなかには、言語の改良などに関わるべきではなく、事柄自体にだけ目を向ければよいと考える人がいることを私は心得ている。そのような人によれば、言語は自分の言いたいことを相手にわからせ、相手の心を動かすために編み出されたものである。彼らによれば、言葉を飾ることばかり気にして、おかしな言葉を使って事柄のよさを台なしにする人はいただけないが、〔使う〕単語が〔相手にも〕知られていて、説得力があり人の心を動かすものであれば、オーピッツ[★18]とフレミング[★19]に非難されようがされまいが、それ以上に何も考える必要はない。彼らによれば、フランス語はラテン語とドイツ語の混合物で、初めは愚にもつかないものであったが、繰り返し使用されるなかで磨き上げられて、今では粗野でなくなっている。また、イングランド人とオランダ人がほとんど行ごとにスペイン語、イタリア語、フランス語を混ぜて話すことに何の良心の呵責もないのであるならば、イングランドとオランダの書籍のことを洗練された言葉で書かれたものと考え称賛しているわれわれは、〔言葉を混ぜているからといって〕自らを責める必要はないと、彼らは言うのである。

　このような論に根拠がないわけではない。事実、大変にうまい文章、わかりやすく説得力のある文章を書くのに、さまざまな言語を詰め込んで書いてしまう人たちはたしかに存在する。このような人たちについては、ごたまぜで書くふつうの人たちの場合と同じ否定的な判断を下すこと

★18——オーピッツ(Martin Opitz, 1587–1639)。ドイツの詩人、文学理論家。ライプニッツは一六九七年八月のゾフィー宛書簡でも、ドイツ語詩文におけるオーピッツの影響力に言及している(K II, 1, 306)。

★19——フレミング(Paul Fleming, 1609–1640)。オーピッツを範としたドイツの叙情詩人。

はできないと私は考える。というのも、これらの人たちは、仕事を次々になさねばならないために非常に急いで書く必要がしばしばあり、その結果、自分たちが書いたものを読み直すことがほとんどできないでいるからである。彼らにとっては、次々に頭に浮かんでは消えていく考えを大急ぎで紙に書いて残しておければ、それで十分なのである。深く根づいた悪習を断ち切れず、最初に思い浮かんだ単語で間に合わせるからといって、彼らのことを悪く取るべきではない。というのも、外国語の単語であってもわれわれに馴染みのある単語があるし、また逆に、ドイツ語の単語であるからと言って聞き慣れない単語もあるからである。したがって、〔外国の単語を〕別の言い方に〔翻訳〕できない場合には、その〔外国の〕言葉を受け入れるのが正当である。私も迷信深いドイツ語至上主義者ではなく、ドイツ語らしくないドイツ語の単語を使うことに必死になって肝心の表現の簡潔さを弱めたいとは思わない。われわれは常に、それぞれの事柄に応じて最善を尽す必要があるのであり、世間の考え方がわれわれと異なるような場合は、われわれのほうが世間に合わさねばならない。流れに逆らって泳ごうとしたり、壁に向かってぶつかろうとしたりすると、体力が続かないであろう。

　しかしながら、だからといって、急ぎの郵便物ゆえに言葉を速く選ばねばならないとか、皇帝の命令によって書籍を書かねばならないというわけでもない人が、急を要するからでなく不注意から過ちを犯すということが許されるわけではない。このような人たちは、自分のすばらしい考えを言い表すのに十分に的確なドイツ語が、どう考えてみても爪をかんでみても見出せなかったと言うかもしれない。そのような言い訳で、自らの考えが卓越したものであることを言ったことにはならず、雄弁だというのは思い込みで実際には言葉が貧困であることを露呈していることにしかならない。われわれの祖先は、同じようなすばらしい考えを思いつくことができたとして、その考えを〔的確に〕言葉で言い表せなかったとでも言うのであろうか。とはいえ、われわれはドイツの書き手たちの思想が深淵すぎると嘆くには及ばない。すべては残念ながら世俗的で媚びたものので、驚くというよりみじめに見えるのが現状である（ただし、書き方は批判されるべきであっても考え方は非常に高く買うべき何人かの人は、例外である）。慎ましいが善良で誠実な、ある老齢のドイツ人が書いたもの[★20]が、何年も前に出された。その著者の書いたいくつかの書籍に何度も目を通してみて、〔ドイツ語での〕書き方すべてが明確で説得的で、純正で自然であるのを目の当たりにした。私は自分自身および今の時代のことが恥ずかしくなり、この著者を真似ることができないものかとしばしば考えた。この著者の場合、そのような表現は迷った末のものではなく、ペン先から自然に現れ出たものであることが十分に感じられた。学識はないが聡明な何人かの人たちが（私はここで、この人たちを称賛するつもりも批判するつもりもない）ドイツ語で書き、多くの共鳴者を得たことには、きわめて強く心打たれる。聖書の内容をドイツ語以上に的確に言い表すことができる言語がこの世界にあるとは、私は想像することなどできない。ドイツ語で黙示録を読むといつも私は、愛読書であるウェルギリウスを読むときよりもはるかに強く魅了される。そして私は、神の考えのなかに預言者の高尚な精神を見出すだけでなく、〔神の考えを言い表した〕言葉自体のなかに、こう言ってよければウェルギリウスの威厳を見出す。われわれの祖先はおよそ百年前に、どのようにして大型本〔の聖書〕を純正なドイツ語で満たすことができたのであろうか。われわれの祖先は読むに値するものをなにも書かなかったと言う者は、何も読んでいないからそう言えるのである。ドイツ語とドイツの平穏とが時を一つにして台なしになり、われわれが一挙に名声とドイツ語の正しさを失った経緯を理解すれば、だれもが、帝国議会議決文に書かれた言葉に黄金の時代から鉄器の時代への劣化があることに気づくであろう。そのとき以降、ドイツの軍勢は祖国に不利益な命令を出す他国の指揮官の意のままとなり、ドイツ人の血は土地を狙う下心のある他国の人たちの甘い誘いの犠牲となった。以降、ドイツ語についても隷属時代が始まること

★20――神秘主義者のベーメ（Jacob Böhme, 1575–1624）のこと。自らの神秘体験をドイツ語で綴り一六一二年に完成した『オーロラ』（*Aurora oder Morgenröte im Aufgang*）は手稿および筆写本として普及し、没後一六三四年に出版された。

となった。言語面でほとんど衰退してしまった今、ドイツの自由までもが衰退することはないよう、この懸念を神が恩寵のうちにぬぐい去ってくださいますように。

どこの歴史を見ても一般に、人民と言語は相ともに同時に栄えるものである。ギリシアとローマの人民の権力が全盛期を迎えたのは、ギリシアではデモステネス★21、ローマではキケロが生き〔言語が栄え〕た時代である。また、フランスで現在通用している文体がキケロに匹敵するほど栄えているのは、フランスの人民自身が戦争に関わる事柄についても平時に関わる事柄についても、図らずもめきめきと頭角を現して興隆したからである。

さて、このようなことが起こるのは偶然ではなく、民族の盛衰と言語の盛衰との関係は、月の満ち欠けと潮の満ち引きとの関係と同様であると私は考えている。というのも、すでに述べたように、言語はまさに知性を映す鏡であり、したがって、言語をうまく書くことができるようになることで、知性のほうもいわば廉価でよく流通する商品とな〔り、誰でも容易に手にできるようにな〕ることは一般に間違いない。それはまさに、フランスに当てはまる。意気込みばかり盛んで冷静な判断ができなくなった時代遅れの人でなければ、また、両国民の行いをよく知る人であれば、次のことを認めざるを得ない。ドイツにおいてうまい文章と見なされるものは一般に、フランスでは一番下の等級に属する文章にもほとんど匹敵せず、書くこととほとんど関わりをもたない人たちや慌ただしく書きなぐる人たちの文章と同等である。ドイツ語を書くのと同じ調子でフランス語を書いてしまったならば、女性からも責められ、会議では笑われることであろう。今述べたすべてのことは、ただ単に単語の純正さだけを問題にして言ったのではない。論理をどう導くか、〔話題を〕どう発見するか、言葉をどう選択するか、本来の明確さを言葉にどう与えるか、言葉に自然な洗練さをどう与えるかということを問題にして言ったのであり、まとめて言えば、言葉に関わるいっさいがっさいを問題にして言ったわけである。ドイツの場合、これらの取り組みがまったく

★21――デモステネス (Demosthenes, BCc. 384–322)。古代ギリシアの政治家。弁論家。

欠けていた。したがって、ドイツ人の雄弁さを取り戻すには、他国の単語を排除するだけで済むと思い込んでいる人たちは、大変な思い違いをしている。この点は重要でなく、外来語の使用が適切でふさわしい場合には、外来語を使ったからといって糾弾されるべきではないと私は考える。ただし、理解もしていないくせに、単語はまだしも言い回しまでも外国語を不必要にとってつける愚を犯したり、文と段落を破綻させたり、単語と単語を不用意につなぎ合わせたり、使いものにならない論理の導き方をしたりすることについては、少しでも思い出して恥じて欲しい。このようなことをするから、ドイツ語がすさみ、人心もますます病んでいくのである。注目してみればわかることだが、他国では往々にして一二歳の子供たちのほうがドイツの二〇歳の青年たちよりも理性的な話し方ができ、フランスではご婦人たちは家事などの用務について、ドイツの帝国議会議員が国事について語るのと同じくらいに手堅くきちんとした的確な話し方ができるのである。それは、フランスでは幼いときから洗練された書籍や意味ある書籍を読んでいて、また、社交においては趣味の悪いばか話をするのではなく、気取らずに骨のある話をするからである。そのときの話の中身というと、読書によって得られ、会話を介してもたらされたものである。ここに、フランス人がドイツ人に優る理由の根幹がある。空気のなかに〔ドイツとフランスとで〕別の要素が混入しているのだとすれば、なぜドイツ人もフランス人も長い間野蛮であったという点において同じであったのであろうか。であれば、天空のほうがその間に〔ドイツとフランスとで違った〕変化をしたのであろうか。私は、食料と栄養をきちんと享受できることで成果が上がることを否定はしないが、教育こそがすべてを克服するのである。フランスでは正当にも、人はその行いで決まると言われている。このことは、すべての実践について通用するものである。

話の下手な人たちと付き合わされ、趣味の悪い書籍を読まされ、退屈な社交の場に何度も通わされると、若者はいったいどうなるであろうか。のちのちまで、その経験がつきまとい、長く尾を引くことであろう。ドイツ人の雄弁さは現在、根本的に低下している。この弱体ぶりがさらに広がって、有能な人たちにまで影響が及ぶのが心配である。今日かなりの数の牧師が説教壇で、そして弁護士が文書のなかで、わけのわからないフランス語を振りまわしているのを見たり聞いたりすると、笑わざるをえない。そこで語られるものには、面白みも力も味けもなく、さらには、論理の健全さとドイツのプリスキアヌス[★22]が至る所で破綻しているのを見るにつけ、笑う気になどなれない。

この災いがいわばこの国の伝染病になってしまったのであるから、われわれが祖先から受け継いだドイツの高貴な美徳も滅びてしまうとしても、何も不思議ではない。というのも、知性を伴わない美徳には何の意味もないから。〔知性を働かせずに〕当てずっぽうで攻めようとする者は、戦争において〔徳のない〕卑しい戦い方をすることになる。球技では、〔知恵のある〕うまい競技者が必要とされるではないか。

今の時代をそこまで軽蔑してはいけないと、私に答える人もいるであろう。そのような人たちによれば、むしろ逆であって、ドイツ人は何年か前にはいつも飲んだくれていたが、今ではこの悪徳が徐々になくなってきている。もしわれわれの祖先たちが勢揃いして今の時代に現れて振舞えば、農夫にしか見えないであろうし、今の時代の家財道具、食卓、作法を以前の簡素さと比べてみて、どちらが洗練されているかを判断すべきであると彼らは言う。それに対して、私は次のように答える。知性とは浪費と作法に関わるものであると見るならば、たしかに今の時代に知性は高まっている。われわれの祖先たちはチョコレートを知らなかったし、茶の葉から煎じたものを薬草浴のためのものと思い込み、食事をするのに銀食器も陶器も使わず、部屋に壁紙を貼らず、パリからきれいな衣装をまとった人形を取り寄せることもしなかった、これはたしかであろう。しかし私は、だからといって、祖先たちの知性がいくぶんでも今より低いものであったという見

★22——ここでは「文法の正しさ」という意味。プリスキアヌス（Priscianus）は、紀元後五〇〇年頃のラテン語文法家。主著『文法学教程』（*Institutiones grammaticae*）は中世にラテン語の教科書としてよく用いられた。

解にはならない。はたしてこれらの物品は、統治の巧拙に関わり、国と人民を幸せにするものであるだろうか。このような物品のために、われわれは若者を世界に送り出して、その若者が相続するはずの財産の大部分を使い果たさせるのであろうか。そのあげく、フランスの場合には〔それぞれに修行や勉学を終えたあと〕仕立屋、料理人、また外科医という職にきちんとついているのに、ドイツでは〔職に就かず〕家でぶらぶらするだけで人に見くびられる始末である。私はこのようなこと自体を、一般に非難するつもりはない。分別のある人なら、賢い医者が化学薬剤をうまく扱うのと同様に、この状況にうまい対策を講じることができる。しかし、上に挙げたような些細な物品のあるなしで今の時代の幸福が決まるなどと思うのは、ばかげている。フランスで流行のものを手に入れれば飲んだくれが治るということであれば、それは称賛するべきことであろうが、それでは悪霊をベルゼブル★23の力で追い払うことと同じになると私は思う。老いた飲んだくれのドイツ人がかつて語ったり書いたりしたもののなかに感じられる知性は、現在のしらふのフランスかぶれのサルよりも高いと私は理解している。フランスかぶれのサルという言い方をここで私がするのは、他国の影をがつがつと食べてはドイツ人としての誠実な行いを放棄し、ものまねの所業が愚かであるのがわからないような若者は、こう呼ぶほかないからである。複製品のフランス人よりも、本物のドイツ人のほうがよいに決まっている。他国の人のほうがまねたくなるほど快適なものを仮にわれわれが今生み出せたとしても、それは所詮〔本物とは〕別の作品である。今のドイツ人の話し方、書き方、生き方、屁理屈のこね方は、サルのものまねであるから、われわれの手に残るのは中身の芯ではなくて中身のない鞘であることは容易に判断できる。われわれの現在の状況は、放浪の道化役者たちが一週間公演を行ったあとの小さな町の子供たちのようなものである。というのも、その子供たちはみなその芝居を〔まねて〕演じたがり、その道化芝居で頭がいっぱいになって、学校やその他のなすべきことがほとんど頭から抜け落ちるからである。

★23——新約聖書のルカによる福音書11章14節以下の論争に出る悪霊の首領。ベールゼブブ、ベルゼバブとも表記される。ライプニッツはパリ滞在中に著した『哲学者の告白』(K II, 2, 第2部1)にも、対話中の挿入劇に登場させている。

私はここで、神を忘れる心と他国の悪癖がはびこっていることを述べるつもりはない。ただ、われわれがこのようなことを続けるならば、誠実さも知性も、学問も雄弁も、勇敢さも気力も、ドイツには借り物としてしか、または絵に描いたものとしてしか残らないのはたしかである。また、このようなことが続けば、他国のものしか尊敬しないドイツ人たちが多いなかで天分を備えている人たちは、相応の評価と報酬がえられる他国へ去って行くにちがいない。このような状況下では、ドイツは翼を垂れるほかなく、気高い人たちの唯一の励みである改善の希望も完全に消え去ってしまうこととなる。少し前までは、分別もなく毅然とせずただ見境なく興奮して他国の人たちに怒り狂っていたのに、今では反対の極端に走り、絶望感から他国の人たちにすり寄って、祖国の繁栄と名声のことを考えるのをやめて、万事窮した時代をどうすればやり過ごせるかばかり考えている。こんなことになると、希望も、あらゆる美徳も、また、人々の心を動かす高貴な炎も消えることになろう。われわれの身に〔他国への〕隷属状態が迫っていることを、これ以上にはっきりと示すものがあるだろうか。他方、幸運と希望が時を得て栄えている民族にあっては、祖国に対する愛情、国民の名誉、美徳に対する褒美、知性の光、そして知性から流れ出る言葉の正しさが、ごくふつうの人にまで行き届き、ほとんど常に感じ取られるのである。

さて、もしもドイツの美徳がすでに燃え尽きて、かすかな燦めきすら残っていないとすれば、私が今まで熱い思いで述べてきたことは無駄であるばかりか、害をもたらすことになろう。傷が治らない、もしくは肌を刺すような風が傷に当たってさらに悪くなるような場合に、傷口の覆いを外して何のためになるだろうか。しかし、ありがたいことに、われわれの不幸はまだ最悪の段階には至っておらず、これを機にわれわれの目が開かれただけでも十分である。病人が痛みを感じる間はまだ希望がもてる。神がわれわれを懲らしめられた理由は誰にもわからないが、われわれが自らの快復を自らの手で不可能にさえしなければ、神は父親にふさわしい鞭を使ってわれわれを助けてくださる。上述のことからわかるように、人の心を鼓舞し、知性を呼び覚ますことが、真に必要なのである。知性は、あらゆる美徳と気力の〔本質となる〕魂である。したがって、善意の人々が結集して、高位の方の保護のもとドイツ的志向の協会を創設するべきであることを、私見として述べたいと思う。その協会のねらいは、知性と学識と雄弁におおいに関わる事柄において、ドイツの名声を保つもしくは立ち直らせることである。言語は考えをつまびらかにし、学問を維持するものであるので、今述べた事柄はみなとりわけ言語の形で実体が見えてくる。したがって、意味のある書籍、有益な書籍、また娯楽としての書籍など、中核となるさまざまな書籍がドイツ語という言語で書かれるように努めねばならない。そうすることで、今の野蛮状態の進展をせき止めることができ、ただ漫然と書いている人たちも恥じ入ることであろう。文の書き方をまともに習っておらず、そもそも質のよい書籍と質の悪い書籍をうまく区別できないことが理由で、文を書くのが下手な人が多い。また、読者のなかには、ニワトリが真珠と大麦の粒〔ほど明らかすぎる違い〕も区別できないのと同様に、よい書き方と下手な書き方が区別できない人もいる。したがって、そのように〔中核となるドイツ語書籍を出版〕することによって、書き手は光を得て、読み手は目が開かれることになると私は期待している。そうすれば、ドイツ語によるすばらしい書籍が短期間のうちに揃うことになるはずである。宮廷人も一般人も、女性も、また聡明で知識欲がある人なら誰もが、ドイツ語書籍を読んで喜びを噛みしめる日も遠くないであろう。こうなることで、人々は潑溂として、社交の場、旅行中、また手紙のなかで話題にする有益な素材を手にすることができ、よい気晴らしになるであろう。そしてさらには、知性が啓かれ、勉学の開始が〔他国と比べると〕遅すぎるドイツの青少年も早い成熟が期待でき、ドイツ人の気力が鼓舞され、他国のくだらない作品が捨てられ、ドイツ人らしいくつろぎが生み出され、学問が広がり興隆し、真に学識と徳のある人々が歓待され奨励され、ひとことで総括するならば、ドイツ国民が名声を得て繁栄することとなるであろう。

追記　この協会の細目とあり方については、別に述べるつもりである。

終わり

【解説】知識を共有するための母語の鍛錬

高田博行

ライプニッツは自らの思想や認識を母語のドイツ語ではなく、ラテン語とフランス語で書かねばならなかった。その頃のドイツ語には学問を不足なく表現する力がまだなく、ドイツ語は十分には「文化的」でなかったのである。この実態を踏まえてライプニッツが提案したドイツ語改良の提案としては、『ドイツ語の鍛錬と改良に関する私見』(*Unvorgreiffliche Gedancken, betreffend die Ausübung und Verbesserung der Teutschen Sprache*, 1697頃執筆、1717刊、以下『改良に関する私見』と略記)がよく知られている。今回訳出した『知性と言語をさらに鍛錬するようドイツ人に勧告する文書―ドイツ的志向の協会を設立する提案を附して』(Ermahnung an die Teutsche, ihren Verstand und Sprache beßer zu üben samt beygefügtem Vorschlag einer Teutsch gesinten Gesellschaft, 以下、『ドイツ人に勧告する文書』と略記)は、訳出の底本としたアカデミー版(A IV, 3, 795–820)によれば、『改良に関する私見』の執筆よりも二〇年近く前の一六七九年に執筆されていたものであり、『改良に関する私見』で打ち出されている考え方がここには先取りされている。(『ライプニッツの国語論』〔法政大学出版局 2006〕には、高田博行訳『改良に関する私見』、渡辺学訳『ドイツ人に勧告する文書』を収載)ただし、この文書は長い年月のあいだ人目に触れずハノーファー王立図書館に所蔵され、グローテフェント(C. L. Grotefend)がこの文書を発見し公刊したのは一九世紀も半ば、一八四八年のことであった。

さて、中世以降ずっと、教養人の公用語はラテン語であり、ドイツ語は民衆の言葉にとどまった。イタリアに端を発する母語愛の思潮がドイツに波及し、ドイツ語に対する意識に変革がちょうど生まれたころ、ルターが聖書をドイツ語に翻訳して、ドイツ語も神のことばを言い表せることが実証された。その後とりわけ三〇年戦争(1617–47)の時代に「当世風の」外国語の断片がドイツに多く入り込み、とくにフランス語の氾濫を来した。長期間の戦争状態という荒廃のなか、ドイツ文化を守り民族を一致団結させる絆として母語ドイツ語の重要性が強く認識された。三〇年戦争と相前後して設立された一連の「国語協会」の会員たちは、詩人、文法家、辞書編纂家、あるいは文体家としてこぞってドイツ語を擁護し顕揚することに力を尽くした。政治的・文化的な中心地を欠き、宗教的にも分裂していたドイツにおいては、ライプニッツが『ドイツ人に勧告する文書』を書いた一七世紀も終わりに近づいてもなお、先進諸国と比べると文化言語の形成が明らかに出遅れていた。

ライプニッツにとって、「言語は知性を映す鏡である」。言語が事柄を「十分に的確に」言い表すことができないと、事柄を真に理解する知性が育たない。言語が「目には見えない形で影響を与えて」、母語で事柄を的確に表現できない民族は停滞し、他方、母語で事柄を的確に表現できる民族は大きく飛躍する。その意味において、「民族の盛衰と言語の盛衰」は表裏一体である。隣国フランスでも長い間、「知識はラテン語とギリシア語の衣に包まないと言い表せない」という考え方が支配的であったが、フランス語を鍛錬してフランス語で学問を行うことができるようにしてからは、フランス人の知性が真に磨かれ「ガラスのように」明晰さをもつようになった。これに対して、ドイツ人の知性は「薄暗い雲でおおわれ」たままであり、「ドイツにおいてうまい文章と見なされるものは一般に、フランスでは一番下の等級に属する文章にもほとんど匹敵」しない。そのため、「今日かなりの数の牧師が説教壇で、そして弁護士が文書のなかで、わけのわからないフランス語を振りまわして」いて、「今ほど非ドイツ的で愚にもつかない話し方がなされている時代は」ないと、ライプニッツは断じる。ドイツにおいては、ドイツ語による文学は行われてきたが、「実用に関わるものをドイツ語でほとんど書かず」にきたのである。「言語面でほとんど衰退してしまった今」、ドイツ人は「知性に関わる事柄においてすでに奴隷状態に陥って」いる。

言語の表現力が不十分な場合は、「言語の改良」が必要である。言語の発達のレベルがその民族の文化的発達のレベルを決定すると考えるライプニッツは、公的な機関を設立して、「意味のある書籍、有益な書籍、また娯楽としての書籍など、中核となるさまざまな書籍がドイツ語という言語で書かれるように」組織的に推し進めていくことを提案したのである。その協会を、ライプニッツは「ドイツ的志向の協会」と名づけた。協会員たちが「ドイツ語を学問および主要な事項においても鍛錬」するよう取り計らい、ドイツ語が的確な表現力をつけることになれば、ドイツ人にも学問の「光」が明るく灯される。そのさい、ライプニッツの考える言語の改良は、けっして外来語排斥主義的に「他国の単語を排除するだけで」済ませるものではなく、「論理をどう導くか、〔話題を〕どう発見するか、言葉をどう選択するか、言葉に本来の明確さをどう与えるか、言葉に自然な洗練さをどう与えるかということ」という、言語に対する総合的な要請となっている。

「教育がすべてを克服する」というライプニッツのモットーは、言語改良によって知識を「学識者だけでなく国民全般に」広く知らしめ、蒙を啓く（ひら）という国民教育的な視点を明確に指し示している。協会設立の提案は、究極的には、「世間全般の最高の幸福と祖国の名声と声望を思ってのもの」であり、「祖国の至福を促す」べきものである。

この「ドイツ的志向の協会」の「細目とあり方」について、ライプニッツは『ドイツ人に勧告する文書』には具体的なことを書いてはおらず、『改良に関する私見』のほうにその概要を書いている。それによれば、「アカデミーの会員数が四〇を超えないフランスの例にならって会員数を五〇名程度に限定するか、それとも会員数に制約を設けないのか、はたまた正規会員と特別会員とに分けて、人数を限定した正規会員にはすべての事項に関わってもらい、特別会員にはこの賞賛されるべき計画にある程度の関わりをもって援助をお願いすることにするのかについては、さらに検討していただきたいと思う」(§116)。「会員たちは、主たる業務の遂行と並んで、ときにはそれぞれの好みと能力と機会に応じて、協会の目的にある程度合ったものを寄せて送付することができよう。このような選りすぐりの信頼に足る著述を取りまとめて印刷物とすることもできよう」(§117)。「会員たちの書いた作品や会員たちの行動を見れば、会員たちが協会とひとつになって、協会の名声を高めて共通の目的が達成できるよう、賞賛すべき熱意を持って事に当たっていることが必ずや明らかとなろう」(§118)。「ドイツ的志向をもつ何人かの学識者によってさらに考えが推進されて、機が熟したときに高位の方の提案によって［このような協会の実現へと］近づくであろう」(§119)。これらの具体的記述は実は、この『改良に関する私見』の最も古いA版（一六九七年頃執筆）に付けられていたもので、一七〇五年から一七〇九年の間に書かれたとされるB版（献辞用のもの）とC版（印刷用のもの）とではなくなっている。この部分が削除されたのは、ブラウンシュヴァイク＝ヴォルフェンビュッテル公爵アントン・ウルリッヒに協会の設立を訴えたライプニッツの思いが届かず、落胆したためである。

【5】

Öffentliche Assekuranzen. [Juli 1680?] (A IV, 3, 421–432)

公営保険★01

✣佐々木能章＝訳・解説

ドイツでは近年どの地方においても支出が以前よりはるかに増えていて、資産の少ない個人までもが、先祖の時代よりもずっと身代を大きくし、流行で着飾り、家族ぐるみで旅行をし、家を建て、美しい家具を備えようとしている。君主や領主はといえば、領地を増やすだけでは飽き足らず、外国並の立派な軍隊までも持ちたい、持たなければならないとしている。それでいて外国の優れた施設や管理法を真似ることはない。だがそうした施設や管理法があってこそ、諸侯や領主にとってはこの種の支出を支えるものとなり、さらに、ときには(資金も循環し、課された仕事も人々の暮らしも)利益に浴するものとなるはずなのである。このことについては、後に述べよう。

今こそいろいろと手を打っておくべき時であり、ドイツが完全に疲弊しきって近隣の拡大勢力の餌食となってしまってからでは遅い。このことは、ドイツではドイツ〔三〇年〕戦争[★02]開始以前より人口が激減しているのだから、なおさら留意すべきことである。ところがこのことがあまり深刻に思われていない。国土の豊かさは何よりもその人口によって成り立つものであるのに、〔人口が減ったため〕実に多くの物価がますます高騰してしまい、昔なら百ターラー[★03]あるいは五〇ターラーでも手に入れられたものが、今や三百ターラーでも手に入れることはできないほどである。

だがこうした事情にもかかわらず、君主たちは現状をふまえつつも長続きする組織を何としてでも築かなければならない。もしすでにそうした組織ができているなら維持しなくてはならない。君主自身や国の安全が今ではそうした組織の上に築かれているからである。したがって、もし君主が新しい手だてを考案し、国民にそれほど重荷を負わすことなく、人々が困難な生活を優れた管理法によって切り盛りし国内で生活できるように援助しようとするならば、悪く思われることはない。だがこうした手だては今のところ取られてはいない。

こうした課題に新しい名称を付けることはわけないことだが、その前に考えるべきことが二つ

★01――原文はドイツ語でアカデミー版を底本とした。他に参照したのは、*Gottfried Wilhelm Leibniz Hauptschriften zur Versicherungs- und Finanzmathematik* : Hrsg. von Eberhard Knobloch und J.-Matthias Graf von der Schulenburg. Akad.Verl., 2000: 保険・年金・財政関係の著作五〇点をまとめた選集。ドイツ語訳と解説等を含め七〇〇ページ近い大著(Knobloch: VF 12–20)。Klopp VI-231–242. フランス語訳はRené Sève: *G. W. Leibniz Le droit de la raison* Vrin. 1994, 169–182.

ある。一つは、どの負担でもそうだが、国民にとってある程度有益なものでなければならないということ、もう一つは、とりわけ何にもまして彼らの気持を和らげ、喜ばせるものでなければならないということである。そうすれば、彼らは利益を実感できるようにもなる。しかし国民および国の利益が追求されるようになるのは、人と資金が国に集まり、国〔土〕そのものが改良され、その中で仕事をするための雰囲気がつくられ、彼らの労働が貨幣に換えられ、自分の勘定書に付けられるときである。

どのような〔国家〕形態が国を改良し人々を援助できるかについては、語るべきことも多く検討を続けてもよいし利点もかなりあるのだが、今のところそれについては問題としない。むしろただ一つのことだけを詳しく述べたい。これは他にはいっさい依存せず仲介業者も煩雑な手続きも必要としないのに、決して少なくない利点が政府と国民とに同時に生み出されるものである。しかも国民は励まされ、余計な義務感も抱くことがなくなり、そのため彼らの暮らしをより快適なものへと導くことが可能となろう。

★02――一六一八年から一六四八年までの三〇年間、神聖ローマ帝国を主戦場としながらヨーロッパ各国を巻き込んだ戦争で、単に「三〇年戦争」とも言う。当初はカトリック側とプロテスタント側の争いであったが、次第に宗教上の対立を越えて各国の利害が表に出ることとなり、各地で戦いが勃発した。やがて、戦争終結のために講和会議が開催され、一六四八年に、複数の講和条約を総称する形でウェストファリア(ドイツ語読みヴェストファーレン)条約が締結され、幕をとじた。この条約は国際法の性格を持つとされ、各国の独立を認めるものとなった。その結果、ドイツでは、三百近い領邦国家が確立した。この戦争により、主戦場となったドイツは、農地が荒らされ、人口が激減した。ただ、伝説では人口が四分の三にまで減ったと言われていたが、近年の研究では、それほどではないともされている(C・ヴェロニカ・ウェッジウッド『ドイツ三十年戦争』瀬尾義生訳、刀水書房 2003, 551〜)。

★03――クロップ版では次の記号が示されている。

セーヴはducatと訳しているが、アカデミー版ではthl.として当時ドイツを中心に広く流通していたターラーTaler, Thaler銀貨としている。

自然の社会では親と子、夫と妻、主人と奴隷は愛と苦を共にしなければならないが、それと同様に、共和国[★04]あるいは市民社会においては公平であることが求められる。ここでは、偶発事[★05]は神の秩序にしたがって人々が互いに引き受けるものであり、共通のものとして手助けしあうことが求められている。それはちょうど、ロドス投棄法[★06]が実に賢明にも、〔嵐に遭った〕船舶を軽くするために投棄した船荷は共同の費用から支払うべきだと制定していたのと同じように、共和国全体もいわば一艘の船舶と見なすことである。船舶はさまざまな気象条件と不運の下に投げ出されているのだから、わずかな者だけが不運に見舞われそれ以外の者は無事だというのでは不公平である。各商社では損失も利得も会社の全体で考えられているのだから、それが千倍も集まった大きな社会においてはなおのこと、損失と利得は単に少数の者にだけではなく、共通の福祉に方向づけられ、ある者が他の者の損失を見て取るべきである。そこに感情や気持を持ち込むのは禁物である。ともかく一方は他方によって利益を得ているのであり、また市民も農夫もそれぞれが、共通の利点全体を引き受けているからである。しかも、単に一方が他方の重荷を負うのを手助けするだけではなく、一方が他方の暮らしにもっと手を貸してやり、秘かにではあるが広範囲にわたって他方を手助け、相手に利点を生み出してもいるのである。

以上のことから、よく整った共和国においては、自分の手落ちによってではなく、不運な出来事や想定外の力や偶発事によって生じた被害者は、いつもついて回る幾つかの〔税〕負担が免除されるだけではなく、実際の援助金によっても助けを受けることになり、哀れな同胞は仲間として命永らえることになる。ところで、負担免除というものは、それだけでは概して悪しきサービスである。というのも、免除の対象となるのは大抵の場合、〔被害に遭った〕人々がどのみち手元に残しておかなければならないものについてだけであり、現に持っていないものから〔税を〕取り立てることはできないからである[★07]。したがって、何が起きても、被った損失は、たとえすべてではないに

★04——Republik: 狭義では「君主国」と対立概念となるが、ここではむしろ政体を越えた広義の「国家」を指すものと解すべきであろう。

★05——casus fortuitus: ライプニッツは本論の中ではほぼ一貫してこのラテン語表記を用いている。「偶然の出来事」なのだが、形而上学的な様相概念として用いられるcontingentia系と区別するために「偶発事」と訳す。

★06——Lex Rhodia de jactu: 古代ギリシア時代にロドスで定められた海事法Νόμος Ροδίων Ναυτικός. 部分的にはローマ法に組み込まれている。中でも有名なのが、海難時に船舶が積荷を投棄することを認めるものである。

★07——ややわかりにくいが、無一物となった被害者に提供したものから減税しても被害者には気休めにもならないということであろう。

しても、部分的には共同の寄附金によって補償されなければならない。

これに対しては反論が出るかもしれない。つまり、不運と同じく幸運も共同のものでなければならなくなり、そうすると、宝を見つけ出したり、あるいは勤勉に働くことなく幸運のみによって財産にたどり着いたりした人は、誰でもそうしたものを他人と分かちあわなければならなくなる、と。だが、こうした考えは私の考えとは大きく異なる。そもそもそうした幸運というものは、出会うことがあるとしても滅多にあることではないし、出会えてもそれを現金に換えることは十分にはできない。したがって、国が存在することの利点は、市民が暮らしをそのまま続け、没落しないようにしているという点にあると考えるべきである。このとき、ある人にかかる負担は別の人も担うことになる。そこで神は、一方に特別な幸運を贈り、それによって他方も手助けされるようにしているのである。というのも、幸運に恵まれたその人は自分自身の力に応じて税を担い、国が仲介する配分のときに、他の者から負担の一部を肩代わりすることになり、その他にも、貧しい人々への隣人愛的な仕事、さらには暮らしや消費を調達するような手段が神から授けられているからである。

そのさいに、望もうが望むまいが、いずれにせよ富める人々や中間層の人々は、偶発事と不運とを運の悪い人々と共に受け取り、彼らを手助けしなければならないと考えるべきである。というのも、弱者つまり、恵まれた人々とは違って零落し世間から見放されてしまった人々は、概して不運に見舞われたさいに人から手助けをしてもらえずに没落してしまったのだからである。助けを差し延べなければ、世間はそうした人々を軒並み落ちぶれさせてしまい一家まるごと路頭に迷わせてしまうであろう。そのため国は、無用でいわば怠惰〔だとされてしまったよう〕な連中である彼らを養わざるを得なくなる。そうすると、共和国にとって彼らの存在は、生活必需品を人々が十分に受け取ることができるようにと偶発事を埋め合わせたときよりも、ずっと高くつくことになってしまうはずである。

さらにまた次のような反論があるかもしれない。つまり、たいていの人々は自分のせいで破滅するのであり、偶発事から生ずるもの〔損害〕や、気の弛みあるいは悪意から生ずるものは、十分には清算できないのだ、と。しかし私は、このことを承知した上で考えを進めてみたいのだが、明ラカナラザルモノカラ明ラカナモノヲ（liqvidum ab illiqvido）分離すること、つまり偶発事としか見えないものの中に変わらざるものを見抜くことができるのではないだろうか。確かに、自分のせいで貧困や不運を背負い込んでしまう人は多い。しかし、悪意やだらしなさは元は往々にして不運から生ずることもあるし、こうした悪の原因は複雑でもあるのだから、二つの面から対応するとよい。つまり、〔一方で〕不運な人々は〔物質的な援助などの〕現実的な慰めによって元気づけてあげ、〔他方で〕不心得な者や怠け者は、国の良き秩序と恒常的な管理によって法の下に従わせるのである。大きな不運は概して絶望を生み出し、そこからときには悪意がもたらされ、またあるときには無気力を呼び込むので、そのようになった人々は一切を成り行きに任せ、長い間いたずらに嵐に立ち向かって振舞ってきた人のように、ついには己れを波間に捧げ、両手を水底に沈めてしまう。だが容易に考えつくことだが、人間の悪意や自堕落さが首をもたげる時でも、人間の善き本性が不運と戦い己れを守る意志が存在する限り、そうした悪意と自堕落さに抗する最強手段のひとつは残り続け、時が至れば立ち上がるものである。

しかし、第一の反論（つまり、もしある人が他の人の負担を手助けしなければならないとしたら、幸福も共有すべきことになる、という反論）を完全に払拭するためには、共和国が無料無償であらゆる不運を担わなければならないと考えるのではなく、後ほど詳しく述べるように、上に立つ政府が公正さに基づいて一定金額を予め保有すると考えればよい。このことは、保険業者が商業都市で現に行っていることである。もし商業都市における保険業者が、災難に遭うような船だけが保険に加入し、しかも割り当てられた保険金は支払われるべきだとするなら、保険業者は逃げ出してしまうに違いない。やがて保険は成り立たなくなり、崇高な助力も大勢の気持を惹きつける力もなくなってしまう。だがそうではなく、幸運な者も不運な者と一緒に保険業者を維持するのを手伝うのでなければならない。したがって結論としては、偶発事がいつ起こるかは誰にもわからないのだから、共和国において単にそうした出来事に見舞われる人だけではなく、あらゆる人が残らず保険に寄与し一定の年額を支払うべきで、政府はその偶発事に応じた分を彼らに保証しなければならないことになる。

以上のことはわかりきったことだ。不運な目に遭った者だけがその不運を一身に引き受け、政府から援助を受けてもそれを再び返済させられるというのでは、彼らにとっては悪しき援助というものである。実際、それは彼らが助けられなかったときよりも、ずっとひどいものである。すると今度は、援助を立替えへと変更しようとする。しかしそうすると、財と家族に少なからぬ負担がかかることになる。もちろん今は、政府が至るところですぐに資金を立て替えたり、身を滅ぼした人に資金を貸し出したりするように期待できる時代ではない。というのも、多くの人々は利子が常に増えることによって絶えず苦しめられるよりは、一度だけ苦しむ方を選ぶからである。したがって、不運な人が自分の不運を実感できないようにするためには、そうした不運をその人だけではなく、共に暮らす人々全体が共通に受けもち、幸運な人も不運な人も、同様に保険制度に役立つように手助けするのでなければならない。

そうした保険制度はとてもよくできたものであり、国にとってもいろいろと利益になるであろう。というのも、これによって資本が基礎づけられ、この資本を媒介にして政府は国民の暮らしを多くの仕方で手助けすることができ、困窮した彼らを助け、とりわけ火災と水害に対して、また飢饉その他の不運に対しても、前もって立派な施設を造ることができるからである。保険のこうした方式は商取引をする人々にとっては当たり前のように行われているものだが、それよりもずっと優れている。そもそも〔民間の〕保険業者は、例えば〔商船が〕危険な場所を通ろうとするときに自分の商品を守ることしかしようとはせず、天候や風や海賊〔の害〕に対してまで広く救済しようとはしない。これに対して、政府がその国民を手助けするさいには、軍隊によって敵軍に備えるだけではなく、火災、水害その他の自然発生した外的な猛威に対しても施設を整えて、ある程度国民を守ることができる。そのためにこそ、こうした保険制度を媒介にして国民に救済手段が与えられ、援助の手が差し伸べられねばならない。

もし、オランダやハンブルクに見られたように、政府当局が総合保険業者となり、護送艦をつけて民間の船舶を安全に守るか、あるいは少なくとも〔民間〕保険業者が当局の護送艦に協力するようにさせているのなら、おそらく同じことになるであろう。★08 この場合、保険業者の利益は税として分担させ、彼らがわざわざ資金を調達しなくても、護送艦を設置するために振り向けられることになる。これは大いに称賛すべきであり、有益となるに違いない。というのも、こうすることで、護送艦を造り船舶の保守と維持に向けられる関心も高まり、損失は穴埋めされて、保険者には利益が生じることになる。こうして保険は、単に言葉の上だけでの保険ではなく、現実の保険ともなる。大部分の保険業者は、その言葉上の保険によって特殊な人格も有し、その財を確保して損失を埋め合わせる。それで、国にも商取引にも損失はない。もっとも商取引の場合、例えば海賊によるのと同じくらいの損失はある。とはいえこれも、現実的な保険、つまり護送艦やその他の整備をすればどうしても生ずるはずのものである。

このような出費は、偶発事に対する保険においてはどうしても避けられない。というのも、政府は損失を補償することによって、補償対象の国民だけを（少なくとも部分的に）保険で保障するのではなく、さらに大部分の国民をも損害から守ることができるようにするからである。しかし、

★08――ここでライプニッツは公営保険制度の利点の実例としてハンブルクをあげているが、一七、八世紀のドイツの各地で試みられた公営火災保険が当時の農民の経済構造（グーツヘルシャフト）とすれ違っていずれも効果を上げなかったという指摘もある（水島一也『近代保険の生成』千倉書房 1975, 10–24）。

すべてが補償されるわけではなく、大きな障害、危険、健康被害、いろいろな不都合（例えば、光熱や水などの必需品が保障されず与えられないとか、それを与えるには莫大な費用がかかるということになって結局誰にも与えられないということになる、など）から生じる損失などはやむなく補償されないこともある。これはちょうど、通行税をとることによって政府が大小の道を維持し、橋を建設し、堤防を築き、照明を設置し、ブイを浮かべて岩礁や浅瀬があることを警告するように、あるいはまたちょうど、通行役人に護衛料を支払って道路が混乱なく安全に保たれるようにし、その費用は政府が場所ごとに支払い、申し立てがあれば商人にも支払わせているように、これと同じように、分別のある政府は、国民が水害や火災による困窮のさいに一定の年払いの掛け金に応じて保険金を受け取れるようにし、国民がこの制度なしに一人では決してできない重要な事業を共和国に委ねることになるのである。

このとき、政府が多くの利益を上げることは疑いない。これによって政府は、確かで安定した前代未聞の保険国王特権（Regale Assecurationis）（従来の徴税貸借国王特権のようなものだが）を獲得することになる。その大きな長所は、商業都市において個々の保険業者が資本をもってそれを合理的に用いることができ、広く運用されるということである。政府にとっての長所は、施設を整えることで危険を減らし、しかも単に国民だけではなく政府自身をもある程度損失に対する保険をかけることができるということにある。この意味で保険業者も、これとは違うがやはり自己を保険にかけ、損失のないように保つことができるのである。★09

保険金の額は、一部は他の保険業者の持ち分に応じて（このため商業都市においては固有の規則が定められている）、また一部は政府が引き受けようとするものに基づいて決定しなければならない。つまり、政府は補償請求可能な偶発事をすべて引き受けるか、あるいは水害と火災だけを引き受けるかのどちらかだということになる。というのも、領地や地所や農場で、大河や湖沼に

★09——これは現在の保険業において「再保険」といわれているものである。言わば「保険の保険」である。

よって生じる水害に対する保険は、ほぼ十年の間に当該の地で平均して（L'un portant l'autre）[★10]起きるはずのことを資本として正当に査定した損害の評価に応じて計算し、こうした査定はその資本から生じる利子以上のもの、特に堤防や堰堤や水門などの水利事業に必要なものを計算しておかなければならず、政府は将来に備えて経費の節約をしておく必要があるからである。

一方、火災の場合には、不動産と同時に動産も保険にかけるかどうかを決定しなければならない。というのも、もし動産も保険にかけなければならないとしたら、世帯主だけではなく住居人すべてが、その資産算定に応じて一定額を年払いし、この全体が資本となり、その一部はいわば安全税として政府に支払われるものの、全体としては、換算可能な火災やその他の金銭に比較できるような不運に備えて、保障されていなければならないからである。

しかし、人々はこれほどにも広範囲に渡る仕事を始めようとは望まず、ただ偶発事に遭った不動産だけ、特に火災に対して住まいのみを保険にかけようとする。その意味で、ハンブルクに設立された火災保険会社に良い見本を見ることができる。それは最初、政府の同意を得て個人的に始まった。しかし今やそれはすべての自家保有者によって認められ、受諾され、一定の条件での制限があるだけである（したがってすでに述べた点をあわせて考慮することができる）。これは実にすぐれた事業である。というのも、保険に入るか入らないかは自由であっても、賢明な人であれば進んで（保険に入ることによって）自分の心情をひたすら平静に保つようにするだろうからである。ところが、これが素晴らしいことだと実感できるのは、かつて不運に見舞われた者には及ばない。彼は、自分と自分の家族が困窮していたさいに、そのような保険制度があったとしたらどれほど慰めになったことかと思ったはずである。

ところで、こうした保険金には、それに見合った管理法が必要で、この資金を君主の他の収入と一緒にしてはいけない。というのも、国民はこの資金を保険の目的以外に用いないということ

★10——ドイツ語原文にライプニッツがフランス語を（ ）内に記す。

をはっきりさせてほしいと望むからである。この目的がうまく達成されるのは、国民が次のことを知っている場合をおいて他にはない。つまり、この保険のためだけの資金が定められ、一定数の人に管理が任されて、国民は定められた額だけを支払うようになっているということを知っている場合である。一方君主は、ある程度自分自身を束縛せざるを得ない。しかも、君主は自分によってなされた処理を確固として保たねばならない。そもそも信用(credit)は何より大切なものであり、人はそれを求め受け取り、そして額面どおりの資本よりも時々高く評価するほどである。信用が保たれれば、人々の間にも周知されてきて国民もいわば習慣的に約束を交わすようになる。このようになってはじめて、信用は維持される。

ところで、議会は君主の領地を掌握し、借地料や〔土地〕税を徴収して、廷臣の給料その他の支給をまかない、戦費、軍税、予備費を調査し、士官や軍人に給料を払っていたが、修道院から徴収された金は本来の信仰事業のためにのみ支出することにしていた。これと同様に、保険の金も国の改良のためにのみ使用すべきである。つまり、勤勉なのに乏しく貧しい生活を余儀なくされ、過失もないのに不運に襲われたような人々に、まともに生活する手段と機会とを与えることによって国をもっとよくするのである。一言で言えば、国民の暮らしの保険のために彼ら自身によっていわば寄託されるものは、ひとえにこうした彼らの暮らしの維持と享受へと用いられねばならない。たとえ当事者が逮捕されたり過失があったり〔過失に伴う損害賠償の〕請求があったとしても、被った損失の補償は妨げられてはならない。問題として残るのは、損失の埋め合わせと火災現場の再建の分だけの金を支払うか、あるいはむしろ相当の木材や石材などの建材をその人々に与えるかだが、いずれにしても、善良でしかも公正な管理術が求められることになる。

ともかく、とりわけ火災後の処理が一貫してなされねばならない。これは都市や国において注意されている通りである。現に火災がなくても、特にこうした火災の処理を一手に引き受けるような人員を常に一定数抱え給料を支払わなければならない。こうしたことは、もし彼らが怠慢であれば処罰し、火災によって損失が生じた場合にはその埋め合わせを特別税によってまかない、今後も役に立つようにするなら、いっそう念入りに行われることになるだろう。大小を問わずあらゆる都市で、国民に〔消火〕ポンプ★11を調達させ、信頼できる人々のもとに預けて、折りにふれ練習をさせておくことが必要である。そのためには放水ノズル★12も新しいものとし、ポンプ本体にも新たな改良を加える。国中に警鐘を発すれば、こうした設備がつくられ、いちばん近い村の人々が助けにきて、ある程度までは秩序正しく気遣いと仕事とを互いに分かち合うことになる。

水害においてもいろいろなことを考えておかねばならない。例えば、国土を視察し、苦情を受け付け、被害があった場所の正確な見取図を作り、補償金に見合った仕事の斡旋を分別のある企業家に依頼することなどである。しかもこうしたことは、今すぐになされることはもちろん、恒常的にもなされなければならない。つまり、道路を改良し、沼地を干拓して良質の土地にし、その他の多くの点で国土を立派に改良するように企てることが望ましい。このためには、それなりのアイディアが必要となる。すでに他の補助金がこうした特別の申し出としてなされているところではある。

安定した資本を三、四年のうちに蓄えるためには、すでに考察したように、さらに幾つかの他の〔資金提供の〕申し出がなければならないことは間違いない。この資本は災害に対する費用の一切をまかなうだけではなく、毎年増額すれば国の正当な宝ともなることだろう。というのも、ちょうど、ひどい困窮にあえぐ商業都市で保険業者や資本家が貧しい人々に仕事を与える一方で中位の人々に資金を前貸しして助けることで、ややもすると萎（しお）れそうになる心優しい思いが実を結ぶようにさせることが可能となるのと同様に、ここで資本を保有するということは、それを国で活用することに他ならず、それによって新たな手工業と商業が導入され、これまで多くの人が理論

★11――sprize Feuerspritze は、水を遠くに飛ばすポンプ式の消火器。一六世紀頃には、注射器型の筒式ポンプ（日本の竹製水鉄砲のようなもの）が用いられていたが、一六五〇年にハウチュ（Hans Hautsch, 1595–1670）が大型の消火ポンプを発明した。大勢でポンプを動かして高さ二〇メートルまで間断なく放水ができた。

第1部1訳注70、同5–1訳注07、第3部11訳注25参照。

★12――Schlange: 蛇を指す語だが、ここ形態から「蛇砲」の語義もある。

的に考えていたことも諸侯と国民によって極めて有用に実践されることになるからである。それが大きな援助になることは言うまでもない。ドイツでは人は終身の民兵(ad pertum miles domesticus)として各自が国の維持に意を注ぎ各人が自分の国の主人となるべく決意すべきであると思われる。こうして、この目的のために、考え方を一つにまとめ、この提案によって人々がしっかりと結びあわねばならない。

では消火器の先端ノズルを指すと思われる。

【解説】支え合う社会に向けて

佐々木能章

ライプニッツは一六七六年にハノーファーの宮廷に職を得てから、内政、外交に手腕を発揮し、その該博な知識と各界の主要人物とのネットワークを駆使してさまざまな取り組みを展開した。その獅子奮迅ぶりは、一見すると哲学者でも数学者でもないライプニッツの姿を示している。しかしながら矢継ぎ早に繰り出す具体的施策は、やはりライプニッツならではと言えるものである。一六八〇年頃にライプニッツは国内経済の立て直しのための研究と提言を集中的に進めている。保険についての論考もその中の重要な一つの分野である（以下は、訳者がこの『保険論』について以前やや詳しく検討した旧稿にもとづいている。佐々木能章「共有された悪──ライプニッツの保険論」『横浜市立大学論叢』第46巻人文科学系列第1, 2, 3合併号1995; 拙著『ライプニッツ術』[工作舎2002, 183–]ではその要点を示した）。

そもそも「保険」は西洋語でinsuranceあるいはassuranceといい、「確かsure」であろうとするものである。だがその内実は、むしろドイツ語のAssekuranzから見た方がわかりやすい。語源的に分解すれば、ad+se+curaつまり、「気づかい、心配curaから解放する」ということである。その結果、安全、安心が得られることになる。安全、安心に日々の生活を送ることができるならば、「備えあれば憂い無し」ということである。保険という制度は、不測の事態に備えるための発想から生まれた。このような「憂い無し」の保険ではあるが、人間の行動パターンに即して昔から二種類の保険類似のシステムがあった。一つは、死亡や事故や重病などいつ起こるかわからない事態に備えるもので、こうした場合に西洋では、主として寡婦や孤児を対象として地域や教区が扶助する慈善事業としてのシステムがあった。もう一つは、海上貿易など危険が伴う事業の場合に損失を予め共有しておくというものであった。これは冒険を冒してでも儲けを得たいという博打に近い資金集めでもあり「冒険貸借」とも呼ばれていた。これを支える発想は「虎穴に入らずんば虎児を得ず」というものだが、一応はセーフティネットの役割を果たしていた。この二つの起源は、前者が慈善の思想、後者が進取の意気で、発想をまったく異にしている。しかしながらこれらが近代に入り数学的合理性とりわけ統計にもとづく確率論的な操作を介することによって、いずれもが資本主義的な事業として成り立つことになるのである。とはいえこの淵源の違いが前者は生命保険業、後者は損害保険、火災海上保険業として長らく別の経営によっていた。

ライプニッツの保険論は、このような歴史的な流れのうちにあるのだが、とりわけ、三〇年戦争後の荒廃したドイツをどのようにして復興させるかという課題の中で検討された。自然や人為の偶発事が原因で零落してしまった人がいる。それは本人の責に帰すことのできない予期せぬ不運によって惹き起こされたことである。保険の思想とは、不運な少数者を多数の幸運な者（というよりも不運に遭わずにすんだ人）によって救済するという考え方である。その不運な者には誰がいつそうなるのか、これは神ならざる人間にはわからない。しかしながらそこで統計的な調査をするなら、確率論的に合理的な数字を出すことができるようになる。これにより、「助け合い」の精神がなくても、不運な人を合理的に救うことが可能となる。保険史の研究者の中には、数学的な合理性に支えられて初めて保険が成立するのであって、近代以前の保険に類した営みは保険とは言えないと考える人もいるが、少なくとも近代以降の資本主義的な経済活動の中で保険事業が業として成立するためには、数学的な根拠が必要であったことは確かである。

だが、ライプニッツは、保険の考え方にはやはり助け合いの発想が必要であると見ていたようである。それはこの保険論の隅々に現われている。保険の種類として、本論の記述は概ね火災などの損害保険を想定しているが、生命保険や年金に近い内容も含まれている。いずれも本人の責に負わすことのできないような事情で不運に遭った人に対して、周囲が手を差し伸べるような世の中であってほしいという願いでもある。同時に指摘しておかなければならないのは、保険という制度が支え合いによって成り立つものである以上、個人の中だけで損得の収支を考えるのではなく、社会全体で考えるように個人が参加していなければならないということである。とはいえ、個人が全体的な立場に立って考えることの難しさをライプニッツは実感している。任意の保険制度がうまく運営されなかった実例をライプニッツは知っている。しかも参加者が少数では保険は成り立たない。そのため、ライプニッツは保険を公営で運営することを提案するのである。政府の力を借りて、国民がこぞって参加するのでなければ保険というシステムは稼働しないからである。

ここまでは、いわば「政治家」としてのライプニッツが自国の国民の生活の安定のためにとった政策である。しかしながら、はたしてこれが「哲学者」ライプニッツの思想として理解できることであろうか。ライプニッツといえば、予定調和の哲学者であり、最善世界説を唱えたことが後世には楽天主義として揶揄の対象とさえなった。すべてのことが最善のものとして予め決定されているということであるならば、そこに保険の入り込む余地は一切ないのではないだろうか。保険は、「何が起きるかわからない」という無知と不安を前にして、それでも何らかの備えをしておかなければならないという切羽詰まった思いを形にしたものである。しかも保険にとって「予期せぬもの」は、「好ましからざるもの」である。このような保険の場面には、「予め決定された未来」もなければ、「最善」も存在しない。およそライプニッツの予定調和の世界とは正反対の場面であるということになる。「政治家」ライプニッツと「哲学者」ライプニッツとは相容れない存在だということになるのだろうか。

だがこのような疑問は、ライプニッツの哲学への誤解あるいは曲解から生じるものである。確かにライプニッツは、世界の推移が予め決定されていると言う。神は世界の隅々に至るまで、その推移を見渡している。そしてそれは、他の可能性を考慮に入れた上での最善の選択としてなされたものである。今ここでこの議論の細部に入り込むことはできないが、ライプニッツの当時から神の決定の自由の問題が争われていたこともまた確かである。だが以上のような形而上学的あるいは神学的な議論は、人間の立場からすると同列におくことはできない。つまり最善世界の論理は、第一義的には神における世界創造にかかわる問題の中で論じられたものである。別の言い方をするなら、人間にそのまま当てはめることはできない論理である。保険は人間にとっての制度である。そもそも神には保険は不要である。

では人間は神とどこが違うのか。保険論との関係に絞って考えてみるなら、人間は未来の出来事を完全に知ることができないということである。人間の根本的な不完全さが神とは決定的に異なるからである。しかしながらライプニッツは、人間が理性を駆使することによって合理的に出来事の推移を見極めることを期待する。願望や恐れを抱くことは誰にでもある。そこにとどまることなく未来を見据えることを目指す。もちろんそれとて完璧にできるわけではないが、人間の限界において可能な限り未来を予見することをライプニッツは期待する。そのための道具としてライプニッツは「確からしさを見極める論理学」の構築を目指していた。命題の真偽のいずれかに帰する形式論理学では処理しきれない実践的な場面で、確かさの程度を見極める論理学である。これを完成させるにまでは至らなかったものの、当時多くの研究者たちがかかわった確率論にライプニッツは多くを期待し、自らもその一役を買ったのである。

確率論は、個々の事象についての確実な予測は困難であっても、類似の現象の統計的な予測を可能とすることによって、実践的な確実性をもたらすものとなる。このような論理をライプニッツは医学など経験的な分野に必要だと考えていたが、保険や年金はこうした論理がもっとも的確にあてはまる分野である。それは数学的な分析を導入することに無理がないからである。時代的には保険も年金も数学的なアプローチをするには機が熟しかけていた。イングランドでは死亡表（1662；第2部2訳注12）が成立し始め、ペティのような経済思想家も同時期に活躍し、大陸ではパスカル、フェルマー、ベルヌイ兄弟がこの分野の数学を研ぎ澄ましていた。オランダでは数学の素養を持った政治家が実際の政策に摘要することを試みていた。やがてこれらの数学的手法は専門化されて保険数理となり、現在ではその専門家は「アクチュアリー」と呼ばれ、日本でも難関資格とされている。ライプニッツはアクチュアリーの走りとも言えそうである。

だがライプニッツの保険論は数理的アプローチに特化したもの

ではない。デ・ウィットへの言及にも見られるように、社会哲学的な発想を基本においていることを見忘れてはならない。つまり国家の窮乏、国民の困窮を前にして立てられるべき政策の一つとして保険や年金が位置付けられているのである。そしてそれがまさに、神ならざる人間の立場からの「最善」への道の示し方でもある。不運、不幸は避けられるものであれば避けるべきであるが、どうしても予知できない場合にはそこから生じる被害を最小に抑えるような対策が必要となる。その対策は、個人の中で完結するものではなく、社会的な繋がり、コミュニティによってなされるべきである、というのがライプニッツの考え方である。人々はそのために自らの社会的役割を自覚することが求められる。つまりは、保険の考え方に賛同し、自らその意義の実現に寄与するような社会性をもつことをライプニッツは人々に期待している。まさしく最後の言葉にあるように、「終身の民兵」として、各人が世の中の自覚的な一員であってほしいと願っているのである。

【6】

Über Leibrenten. [um 1680?]

(A IV, 3, 439–446; 794–801)

終身年金論

✣佐々木能章＝訳・解説

6–1……終身年金とその他の個人年金についての数学的政治学的探究の試み★01

✣ De Reditibus ad vitam aliisque pensionibus singularibus, specimen inquisitionis Mathematicae in negotio politico. 1680?

(A IV, 3, 439–446)

終身年金は、ドイツではLeibrentenn、フランスではrentes à vieまたはpension viagèreと呼ばれているが、昔から知られていたわけではなさそうだ。だが、簿記の方式、公営銀行、公益質業★02、その他以前からある似たような商業的制度を基礎に、まずイタリアで創始され、その後オランダで発展した。共和国★03も大きな役割を果たすことになるこの年金の算定★04はきわめて煩雑で、分析を深めなければならないのに現段階ではまだ不十分だし、解決策が見つからない問題を含んでいる。それゆえ、いま議論を深めることが好機であると思われる。とりわけ、二人の傑出した人物、〔オランダの〕ホラント州と西フリースラント州の法律顧問であるヨハン〔ヤン〕・デ・ウィット★05とアムステルダム領事のヨハネス・フッデ★06が研究に心血を注ぎ、前人未到の域にまで達したことを思えばなおさらである★07。

政治的な諸問題の本質はその効用と目的から考えるべきで、終身年金の威力を知るための最も良い方法は、その起源を調べ、導入されたことの効用を知ることである。通常の永久年金★08はイングランドではLease、オランダではLos-rentenと呼ばれているが、最初の言い方は、おそらくlassusである。これは解放農奴のことで、元の主人へ一定の年間使用料を支払うことを条件として〔年金に相当する〕永代賃貸借として土地を受け取っていたのである。実際には年金が人命の長さを超え

★01——アカデミー版を底本とし、以下も参照した。仏訳Parmentier, 371–381. 独訳Knobloch, 342–401.

★02——Montes pietatis：イタリアでは一五世紀からmonte di pietaという公益質屋が貧者救済を目的に開業されていた。当初は無利子だったが次第に利子付きとなった。

★03——republica：狭義には「共和国」で「王国」などとは異なる政体を指すが、ライプニッツは往々にして両方を含んだ広義の「国家」として論じている。本論でもそのように解しておく。

★04——欄外に以下の記述あり。【終身年金ならびにその他の特殊年金の研究は重要だがまだきちんとなされていない】。

★05——Johan (Jan) de Witt, 1625–1672. オランダの政治家。数学の業績もあり、年金分野については政策と結ぶ論考を残している。ライプニッツは『人間知性新論』第4部でデ・ウィットに触れている(K I, 5, 157; 272)。両箇所の訳注には、年金問題についてのデ・ウィットの業績の指摘もある。

て、何世紀にも延長された。とくに土地財産やその他の不動産と結びついていて、度重なる争乱を被ることもないような地域である場合はそうである。これ以外にも、別の種類の永久年金がある。それは少なくとも契約者の意図としては動産に属するものと見なされていて、債権者が没落したり解約したりして予期せず終了することがあっても、買い戻す権利は保持されているものである。この種の契約は、確定年金を相応の資金と見なして売り手の買い戻しが可能であるため、教会法が利子[★09]の代わりに導入したものである。だが、世間で言われる利子usuraはinterestと称す

★06——Johannes Hudde, 1628–1704. 政治家としてアムステルダム市長やオランダ東インド会社の総督も務める傍ら、数学者としても業績を残し、スピノザ、ホイヘンス、ヨハン・ベルヌイ、ニュートンとも書簡を交わした。ライプニッツは一六七六年パリからハノーファーへ向けた旅の途中アムステルダムでフッデと会っている。数学上の問題を論じたらしい。

★07——この時代のオランダの経済事情については、富田俊基『国債の歴史』（東洋経済新報社 2006, 109–122）に詳しい。

★08——欄外に以下の記述あり。【通常の年金は本来、永久であるか、契約終了で消滅する［確定年金］かである】。

★09——usura：金銭の貸借にともなう利子について、西洋社会では長らく不当なものとされていた。トマス・アクィナスは、『神学大全』*Summa Theologiae* II–2, Q.78（邦訳『神学大全』第一八巻、稲垣良典訳、創文社 1985, 385–）において、「利子の罪」を論じている。そこでは、聖書からの引用に加え、アリストテレスもまた利子の徴収には否定的であったことが四つの問いにそって論じられている。利子の徴収を不正とする根本的な根拠は、「存在しないもの」（id quod non est）が売られることにある。ただし興味深いことに、第四の問い「利子を払うことを条件に金を借りることは許されるか」に対しては、利子を受けとる側は罪を犯すことになるが、払う側はその罪によって善をなすので罪ではない、と論じている。トマスのテクストで「利子」と訳されたラテン語はusuraである。この語は近代以降には不当に高い金利を課す「高利」を意味するが、元来は通常の利子のことであった。ジャック・ル・ゴフは、usuraの実態を歴史的に論じていて、神学者たちの議論や公会議での扱いにも触れている（『中世の高利貸——金も命も』原題は邦訳の副題。渡辺香根夫訳、法政大学出版局 1989）。現在では通常の利子は、usuraと区別してinterest系統の語が用いられるが、ライプニッツは本論では基本的にusuraを用いていて、意味は「高利」ではなく、通常の「利子」のことである。本文中に数度interestがあるが、それについては次注参照。なお、日本語では「利子」と「利息」の語があり、慣用的に区別されることもあるが本質的には同じものである。訳出にさいしては「利子」とした。

ることもあって本来有期であるのに、★10故意か否かにかかわらずしばしば永続してしまうものである。とはいえ、通常の形式の利子は資金の返還によってのみ終結すると考えられ、債権者の死後には利子は返還されない。

ところで、死すべき人には後世への気づかいが生まれつき備わっていて、★11大部分の人は自分自身の意志が死後にも続くことを望む。ある人は法的な公表によって、権限を有する人へ〔自分の意志を〕委譲し、またある人は個人由来の一種の法である遺言を通じて、私的な個人へ委譲する。いずれの場合も人は自分の最後の意志の行使をまずは遺族である自分の子に委ねるが、親が子孫に全幅の信頼を置けるように教育を授けて親の指示に従うようにしておく。後継者の熱意は多少なりとも特定の個人に結びついているが、これとは別に、子孫もそれに代わる友人も有していない人、あるいは名声を求めていない人の場合でも同じである。これは、多くの聖職者や軍人など独身を余儀なくされている人々の場合がそうである。もちろん、健康上の理由や生活信条から妻帯を断念している人もいる。さらに、一人の人の可処分資産が少ないため自分の収入だけでは快適に暮せないこともあるし、有益な計画を実現するためには日々の生活を犠牲にしなければならないこともある。このような人は、資産の一部や場合によっては全資産をつぎ込んでしまい相続人を解除しても不公平な振舞ということにはならないだろう。ただし、計算ミスで年老いてから貧しさに身を置くことのないようにしなければならない。ところで、財産の消費の仕方には二種類ある。一つは、生活維持のために家具などの所有物を金銭や扶養料に換えることである。もう一つは、財産や金銭を第三者に託し、扶養料もしくは終身年金を生存中続けて受取れるような条件を付すことである。この方法は、債務者の倒産のリスクに連動しない限りは計算ミスの懸念を払拭することができる。さらにまた、相続人とともに資産の合法的な相続を行使することも可能である。これは、〔資産の〕一部を自分や相続人に留保しておくとともに、残りを終身年金に振り向けるので

★10――現在はusura(羅), usure(仏), usury(英)が「高利」の意味となっている(前注参照)のに対し、通常の利子はintérêt(仏), Interesse(独), interest(英)と呼ばれている。ラテン語のinterestはinter-esseつまり「間にある」が原義で、そこから「関心」「利害」の意も派生することになるが、この語が「利子」も意味するのは、金銭の貸借において貸与と返済の間に時間が介在し、この期間が「利子」を産むことになるからである。これは商品などを売買するさいに当然発生する「利潤」ではなく、貸し手は「時間を売る」ことになっている。しかしながら時間は本来神のものとされ、利子を求めるのは不正であるということになる(前注ル・ゴフ『中世の高利貸』43–45)。通常はusuraを用いているライプニッツがここでinterestに触れたのは、おそらく本来は時間的に終期があることを言いたかったためであろう。なお、テクスト中ではこのあとも数度interestがあるが、いずれも「差違」という意味で用いているので、特に注記しない。

★11――欄外に以下の記述あり。【ある人は子孫のことを心配し、ある人は

ある[★12]。

そこで生まれたのが実にすぐれたすばらしい取引で、これは公共的にも個人的にも大いに役に立ち、死すべき人と死なざる人との間に交わされるものである。死すべき人[★13]は、金銭を払って年金を受けとる権利を買うことで、生存中に年金を前もって受けとるという契約を交わす。ただしその権利は死亡時に解消し、受取額は受取期間に応じて減額される。これに対し、死なざる人は、自分の金銭を土地財産やその他の安定した価値に換え、大きな財源を必要とする永続的な大事業に振り向け、さらに、もっとも重要なこととして、やがて債権者が死亡したときには契約は消滅し、〔債務が〕完済されることになる。それゆえ、ドイツ各地の修道院や都市などが、対外勢力から多額の負債を抱えているのに、いまだにこの方策に頼ることがないのには、いつもながら驚かされる。実際そこでは、何年もの間、通常以上の利子を個人の債権者に支払ってきたにもかかわらず、完済時の総額としては少ないものであった。それでもうまく設計されていないとやがて目減りして支払延期を余儀なくされ、再交渉をする羽目になり、嫌がる貸し手に〔追加の〕支払を求めることになるか、悪条件の克服に欠かせないがこれまた厄介な方法に頼らざるをえなくなってしまう。ところで、死なざる人とは都市や共和国に限定されるものではなく（ローマ法によれば開墾によって[★14]都市は死すべきものと見なされ、その収入は百年を待たずして収奪される）、帝国、国王領、属州、さらに修道会、騎士団、修道院、オランダ東インド会社のような大きな社会集団も含まれる。ここでは特権はかつて毎年終わりに更新され一時的な存在でしかなかったが、現在ではもっと自由に更新されている。私はここではもっと広く、家族[★15]も含めたい。ただしここでは、市民を支配する特権階層や軍事職に就く貴族階層だけではなく、安定した収入を得て生活するその他のすべての家族のことを考えている。さらには、自分の心持を大切にし家名の名誉を気づかい自分の死後の段取を付ける人も含めて考えている。このような人は、自らの決意によって死なざ

財産を使い果たす。前者は死なざる人となり後者は死すべき人となる】。なお、ここでの「死すべき人」persona mortalisと「死なざる人」persona immortalisは、人間と神という神学的な存在区別を示すのではない。前者が寿命をもつ具体的個人であるのに対し、後者は、後に説明があるように、共同体あるいはその制度を指す。

★12――パルマンティエは、これを経済的な場面での一種の混合戦略の定義だとしている。

★13――欄外に以下の記述あり。【死すべき人は、これからの自分の生存期間中に続けて支払を受け取れるようにするため、自分の死後はその権利を死なざる人に売る。これが厳密には終身年金の起源となっている】。

★14――aratro inducto：パルマンティエの注では、「古代ローマの慣習として溝を掘って都市の城壁とすること、あるいは逆に土地を平にして城壁を破却すること」とある。

★15――familia：ここでは「一族」のような大きい単位のことを指すかもしれない。

る人と見なされ、ちょうどあたかも、死後も自分の財を他人に委譲することで享受し、財産の管理を観察者として補佐しているようである。こうして、個人は誰でも、自分の子孫や後継者を気づかい、彼らに何かを残すなら死なざる人と見なされる。たとえその人が死んでも後継者を通して生きていると人々は考える。しかし、自分の金銭を自分の生活や享楽という個人的利益のために遣い、何も成果を残さないならば、つまり自分の財を成果よりは効用を得ようとするならば、死すべき人と見なされる。ここまで私が述べてきたのは、人が自分の財産をどこまで消費することが許されているかを示すことであった。

以上の原理から、終身年金[★16]が通常の期限付きの年金よりもすぐれているはずだということが理解できる。それは、われわれの死後に相続人が受けとることになっていた利子をわれわれ自身が先取して利用できるからである。このように考えさえすれば、問題を正確に扱う鍵を得ることになる。終身年金の真の正確な金額を決定する方法が得られるからである。ここで考えなければならないのは、われわれの死後に子孫が受取を期待してもよい年数というよりも、われわれが自分自身いつまで生きていることを期待しているかという年数を計算することである。そもそも、すぐに示すように、今後の年金が百年延びようが千年延びようが、現在の受取からすれば大差はないのである。たしかに、〔永久年金は〕帳簿に正確に記載しておくなら、元金の総額は相続人が望めば何年にもわたって受取ることができ、あたかも年金の受領が未来永劫に続くかのような仕組となっている。あるいは、資金が満期になった人はその総額を得て、今後の年金受取の権利を売り払ってしまうこともある。これは年金を受取っていることと同じである。実際、資金はそれ自体、時間全体を現在として考えるならば、未来永劫に続く年金総額と同額である。そして、いったん資金を回収したならそれは今後の終身年金の総額を先取したのと同じことである。とはいえ、理詰めで考えても直観に頼っても確かなことながら、世界は様相を常に変え、大地そのものは同じま

★16——欄外に以下の記述あり。【終身年金によってわれわれは、〔永久年金の場合なら〕自分の死後に子孫が受取るはずの利子を受取っている。しかしながら、その利子がわれわれの死後も百年続くか千年続くか未来永劫続くかは大した違いではない。百年で支払われる利子は微々たるもので取るに足らないほどだからである】。

までも、将来には民族の移動もあれば政治上の革命的変動も間違いなくあるのだから、年金が千年も続くという期待は持てるはずもない。しかも、計算をすればただちに、驚くべきパラドクスが明らかになる。永遠に続く年金の現在価値は、今後百年間の年金よりさほどに高く算定されるわけではないのである。この理由については直ちに説明するつもりだ。実際、終身年金が通常の〔確定〕年金よりも優れているとしても、われわれは相続人が〔永久年金などによって〕受取るべき年金を終身年金によっていわば先取している以上、この先取額は相続人が今後百年間で受取る金額と同じであるはずはなく、償還期間が長くなればそれだけ少なくなる。法律家はすでに、予め取り分を要求している人が過分に要求していると見なされる期間があるという一般規則を示していた。実際に人は総額においてのみならずいつでもどこでも過分に要求することができる。法律家がこのことを明示的に厳密化している。この原則の根拠は、早めに金銭を償還する人は金銭消費の権限を自ら控え、償還される時点と償還されるはずの時点との時間差で生じる利点を活用していることにある。これはまた、早めに受取る人に対しても利点となる権限である。先取のために総計額から差し引かねばならない分を商人たちは割引(rabat)と呼んでいるが、私は控除(resegmentum)と呼んでおきたい。正当な利子は資金が産む成果であり、5/12の利子即ち5/100★17は、ローマ帝国のみならずヨーロッパの大部分で認められていた。しかしながら、先取の期間が長くなれば、それだけ受取れる総額は減少する。それも、先取額の増加に比例してだけではなく、それよりもっと特殊なある数列★18によってもいる。このことはもう少し先で説明する。それゆえ、もしこの手順を相当の年数続けるとするなら、年金として受取る金額と先取した金額の総計との差はないに等しいほど小さくなり、いわば千年後の控除額となる。あるいはもっと増えて、受取るべき金銭とほとんど等しい金額になることもある。それゆえ、千年後の子孫が支払われるべき利子を、一定の控除額を差し引いて、今現在先取しようとしている人は、ほとんど何も受取ることはない。このこ

★17——usuras quincunces id est quinque in centum：直訳したが疑義が残る。歴史的な表記なのか、あるいは何らかの錯誤があるのかもしれない。パルマンティエはそのままの数字で訳し、クノープロッホは「5パーセントの利子即ち5/100 die fünfprozentigen Zinsenn d. h. fünf vor hundert」と訳す。両訳とも訳注はない。後者なら理解できる。

★18——この「数列」とは、パルマンティエによれば、交代級数のことで、ほぼ同時期の別に書かれた論文で扱われている。

とはすぐに明らかにする。

〔年金の〕算定に着手するために、例えばある人がいて1000ドゥカート[★19]で終身年金を得ようとしていると仮定しよう。すると、まずはその人があと何年生きていると期待できるかその年数を確定しなければならない。手始めに、確定期間での年金額を決定するという問題から入り、ある人が1000ドゥカートで毎年等しい額の年金を受けとろうとしていると仮定しよう。ただし期限は30年とする。となると問題は、終身年金の場合にこの人があと30年生きると想定した場合とまったく同じことになる。[★20]次に、ある〔別の〕人があと30年の人生の間、その子孫が将来受取るはずの〔永久〕年金のすべてを先取して受取ろうとしていると仮定しよう。ただし先取分の利子は控除しておく。なぜなら、一定年数分の年金の今後の保証の権利を放棄したのと同じことになるからである。さらに、この人が将来の年金の先取分を、これからの30年間に毎年均等に分割して、同額ずつ受取るようにしているとしよう。そうするなら、終身年金の、あるいは少なくともある年数で期限が来るまでの年金の、正当な総額を厳密に決定する正確な方法を手に入れることになる。この人は、現在の金額を受けとろうとしている人たちや、その人が死んだり一定年数が経過したりすれば自分のものとなって自由に使えると思っている人々とは、同額になろうとは思ってもいない。今後の30年間、当該人の死亡後も永続して毎年均等に分配されるためには、どの年も実際上限りなく配分し、30の等しい小計に分ける。最初は死後最初の年、31年目の年、61年目の年、云々と続け、1、31、61、91、121、151年目等々となる。二番目は、2、32、62、92、122、152年目等々。三番目は、3、33、63、93、123、153年目等々となる。同じように続く。最後から二つ前は、28、58、88、118、148、178年目等々となる。最後から一つ前は、29、59、89、119、149、179年目等々となる。最後の三〇番目は、30、60、90、120、150、180年目等々となり、死亡まで数える。こうしてすべての総計が同じ年数を構成する。年金の購入者が今後30年間、毎年同じだけを受取るためには、つまり

★19――aureus：直訳は「金貨」であるが、通貨の単位として正確に何を指しているのか不明である。近代以前のドイツで通用していた金貨の「ドゥカート（Dukat）」としておく。パルマンティエは『終身年金の算定』(5―2)への注で他のフランス語文献との参照結果から「リーブル」(livre)と訳している。「リーブル」「リブラ」は「ポンド」と等価であり、ドイツではPfundともされる。

★20――欄外に以下の記述あり。【①資金とともに消滅する終身年金を扱うためには、まず決められた年数だけ期間を延長できる年金を利用しよう。②年金は資金が決定されると同時に減少する。③生存期間つまりは終身年金の期間は不確実なので、まずは終身年金の代わりに、一定年数経過後に消滅する有期年金について考察しよう。終身年金には、その人がまだ生存する蓋然性の度合いに応じて到達する論証を適用することができる。それゆえ、有期(確定)年金の形のもとに、毎年ずっと、少なくとも年金であるからには年金額が均等になるように、未来の利子のすべてを分配することになる】。

総額を受取る年が、まだ先取されていない年に対してと同じ関係にあるためには、購入者はその年の年金を受取るだけではなく、1年目、31年目、61年目と、死亡の歳まで、つまり第一の総計のすべての年の分年金を受取ることになる。年金の第二の年では、第二の総計の分の年金のすべてを先取することになる。第三の総計の分は、ということで以下同様となる。こうして、年金の購入者は、30年間から1年を、60年から1年を、90年から1年をという具合に無限に続けて、毎年、年金をその年の年金として受けとることになる。終身年金は全体として全年数の総和からなる。残る問題は、先取した年数分の控除額をどのように決定するかということである。★21 このことについては次のように進めることとする。★22

★21――ここに削除された文がある。【残る問題は、控除額を決定することだけである。先取の年数をここでは30年としたが、そうだとすると、それを実行する前に、先取の控除の算定をより厳密に行っておく必要がある。別の言い方をするなら、先取の年数の間に受取ることのできたはずの利子の算定である。ところで、このような算定をするさいには、利子を考察するだけではなく、利子の利子を、つまり複利も考察しなければならない。たしかに、将来の年金を評価し先取をする前の利子を評価することが問題ではあるが、それとともに、先取で生み出される利子、つまり利子の利子も評価することが大事である。〔以下略〕】。ここでライプニッツが複利で考えることの必要性に触れている。この問題は、中間利子の計算法についての著作（『中間利子の法学的数学的考察』1683. A IV, 4, 716-726）で論じられている。これについては「解説」参照。

★22――A版はここまで。

6-2……終身年金の算定[★01]

De Aestimatione Redituum ad Vitam. 1680.

(A IV, 3, 794-801)

終身年金は短期間で消却されるので国家にとって有用だが、個人にとっても多くの場合重宝するものである。というのも、財産を直接に受取ることができ、支払い期限が死後になっても相続人に帰属される手段があらかじめ与えられているからである。以上のことは以前に説明した通りだが、本稿では、この年金制度をどのように算定することができるかを明らかにする。〔まず個人の場合だが〕もし年金を設定する人の生存年数がすでに知られているのであったなら、問題はすでに終わっていて、一定の期限が来れば元金と同時に消滅する償還公債の算定についての解決済みの問題に帰着することになるであろう。というのも、ある年金がティティウスの身に掛けられていて、そこである預言者が彼は翌年の末に死ぬと告げたとすると、問題は1年後には終了するような年金を設定することに他ならないことになるからである。この場合、例えば20ドゥカート[★02]相当の年金所得は年末にならないと支払期限が来ないが、そのときには21ドゥカートになっている。それゆえ、一度しか年金を受け取らない、つまり1年しか生きられないということが知られている人にとっての21ドゥカートという年間所得は、この年のはじめに20ドゥカートだけで求めることが正当だということになる。[★03]

しかし、生存期間を予言することが誰にもできない以上、推測に頼らざるを得なくなる。この

★01——アカデミー版を底本とし、以下も参照した。仏訳 Parmentier, 292-313.

★02——5-1訳注19参照。

★03——この数行において二度ずつ登場する「20ドゥカート」「21ドゥカート」は、A版注にならって訂正した。原文では逆になっている。

推測には二種類ある。一つは、確率によって確実に数学的に決められる評価を含むものである。もう一つはもっと曖昧な当て推量である。この第二の部類にはいるのは、女性は男性よりも生命力が劣るとか、人は青年になってからよりも幼児期に死ぬ方が多いとかという想定、さらには特定の人にしか当てはまらない、例えばその人は病弱だとか、危ないときにあるとかいった個人的な状況から引き出された仮定などである。〔しかし〕今はこのような状況は除外し、より決定的な算定の方に注意を向け、個別的な状況は考慮に入れず、同年齢のすべての人は等しい生存力を持ち、各年齢において同じ人数ずつ死に至るものとして考察すべきである。つまり、人生において2歳でも30歳でも50歳でもいつでもよいが、同数ずつ死ぬとするのである。問題なのは、これらの無視しうる差異がどこで関係してくるかを考えることではなく、まずそれらを抽象化して厳密な計算を導くこと（正確な計算は同じようにはできないとしても）である。とはいえ、各人には必要に応じて別個の算定を下して第一の算定に加味することはさしつかえない。

それゆえ、（個人の差異や年齢の違いを考慮せずに）すべての人が同じ生命力を持っていて、同じ年齢の人はすべて同じく死に至る可能性があると仮定し、さらに人の寿命の最大は80歳としよう。これは聖書の記述にも経験にも合致する。この歳にまで達する人はほとんどいないし、それを越える人の数は無視できるからである。それゆえ、同年に生まれた80人は、80年のあいだの各年に80人の中から一人が死ぬという仕方で、80年経てば全員が死ぬことになる。★04 なぜなら、人生のどの年も等しく可死的であると考えると、毎年同数ずつ死ぬことになるし、各人が等しく生命力を持っていると仮定するなら、あたかも抽籤で誰を死なすかが決定されているかのように考えられるからである。どこの誰に長寿を与えるかを考えるだけのはっきりした根拠は、籤引にでもよらない限りわれわれにはない。ということは、われわれには知らない原因によるということである。

★04――これは奇妙な想定ではあるが、数学的な処理をするためのシミュレーションで、同年代の人は毎年一定数死亡するという仮定である。生存者は毎年減少するので、死亡率は上昇することになる。ハッキングによると、この問題についてのライプニッツの考えは揺れている。一六七五年ごろには同数死亡説に傾いていたが、死亡曲線は対数になるはずだと考え、批判していた。しかしその後、同数死亡説を採用することになる。しかもこの考え方は必ずしも経験を無視したものとは言えない。この問題については、デ・ウィット、フッデ、ペティなどの当時の学者の議論が絡んでいる（イアン・ハッキング『確率の出現』広田すみれ・森元良太訳、慶應義塾大学出版会 2013, 183; 195–205）。

しかし80人と80年という数は大きすぎるので、説明を簡単にするためにもっとずっと小さい数から始めよう。仮に4人の人がいたとして、彼らのうち毎年一人ずつ死んで4年の間には全員死ぬということがあらかじめ知られているとしよう。ただし誰が〔いつ〕死ぬかはわからない。問題となるのは、各人の余命の期待値がどれだけかを求めることである。★05

最初の年に死ぬ者〔の生存〕は1年に満たない。2年目に死ぬ者は1年を全うする。3年目に死ぬ者は2年を全うする。4年目に死ぬ者は3年を全うする。しかし彼らのうちの誰もが、0年、1年、2年、3年目に達し、死亡の順番で1番か2番か3番か4番になる可能性は等しいのだから、0＋1＋2＋3の総計6を等しく可能な場合の数で割らなければならない。すると推定年数すなわち期待値は6/4つまり1.5年となる。5人と5年であれば、期待値は(0＋1＋2＋3＋4)÷5で10/5＝2となる。これは言い換えるなら、5人がこれからの5年の間に毎年一人ずつ死ぬということが知られているなら各人の生存推定年数は2年だということである。80人の人がいて人間の寿命の最大値が80年として考えるなら、新生児の推定生存期間の期待値は、(1＋2＋3＋4＋5……＋79)/80、つまり79×80/2×80つまり79/2つまり39.5年となる。

こうして、人間の寿命の半分である39.5年が、新生児に正しく想定される寿命であることになる。したがって、新生児に設定される〔終身〕年金額は39.5年で償却される金額ということになる。これはその期間で原資が消滅すると見積もられる。

成人の年金額の場合は、これまで〔新生児に対して〕用いた暫定的な算定方法が問題解決に十分であるかどうかを知る必要がある。例えば、20歳の若者の年金を保証するためには、すでに39.5年から20年を差し引いて19.5年が残りだと考えてよいのだろうか。そのようにも見えるが、もっと長めに見積もるべきかどうか考えなければならない。その若者の誕生時に想定される寿命を算定するときには、20歳になる前に死んでしまうリスク★06を計算に入れていた。このリスクは、彼が20歳

★05――これに続けて【各人は生存年数に応じ売却可能な金額を毎年約束されている】と書いた後、幾度も細かく書き直した上、最終的に削除された。

★06――periculum：本来「危険」というわば質的な語であるが、ライプニッツはこれを計算に乗せているので、むしろ今日的な「リスク」と理解すべきである。

になる前に死ななかったということをわれわれが知っていたなら、計算の上ではゼロとなる。ということは、彼の生存期待値を増大することになる。つまり、もっと長い余命が想定されるものとして与えなければならなくなる。現在彼がすでに20歳に達したと知られているなら、計算に入れるべきリスクは〔20歳から〕80歳までに残された60年の間に死ぬリスク、つまり、1年目に死ぬリスク、2年目、3年目といって、最後の60年目に死ぬリスクを考慮に入れることになる。そこで、今ここに20歳の若者が60人いるとしよう。均等に毎年一人ずつ死ぬことになるという先の仮定によれば、この全員が死ぬには60年かかるはずだと想定しよう。このときに、最初の1年を全うせずに死ぬのが誰かはわからない。1年は生存したあと2年目に誰が死ぬか、2年生存して3年目に誰が死ぬか、われわれは知らない。最後の60年目に59年の生存を全うすることになるのが誰かも知らない。前の計算と同様にして、20歳の若者の余命を推定すれば、次のようになる。(0＋1＋2＋3……＋59)/60 で59/2年、つまり29.5年である。

ある人の年齢が知られているとして、その人の推定余命を知りたければ、79歳からその人の年齢つまり生存年数を引き、その差を二で割れば求める答えとなる。例えば、79－20で59なので、20歳の若者の推定余命は29.5年である。一般的に言うなら、ある人の年齢をａとし、推定余命をｖとするなら、ｖは(79－a)/2となる。

一つだけ留保すべきことがある。〔これまでは〕80歳以上長生きする人はいないと仮定していたが、それは誤りで、もし80歳に近い人が申し出てきたなら、〔余命の〕計算は79歳で行うのではなく少しだけ多めにしておかなければならない。

ここまでは、一人の人について設定された年金について述べてきたが、説明としては十分であろう。しかしながら、オランダやそれ以外のどこでもそうだということがわかったが、年金はしばしば多くの人々に同時に設定されているということを承知しておかなければならない。例えば、

4人がある終身年金を共同で買うために1000ドゥカートを持ち寄ったとする。この年金は、4人に個人的に属するのではなく、集まりもしくは社会に共同で帰属し、そのうちの一人でも生存している限りは存続する、という条件の下にある。[★07] もう少しわかりやすく言おう。4人がアムステルダムの行政官のもとに現れ、そこの会計係に1000ドゥカートを預けて、彼らのうち一人でも生きている限りは毎年いくらかの金額を彼らに支払うようにと取り決めた。ここで問われるのは、販売者——この場合は共和国——も購買者も損をしないようにするには、年金額がいくらになるか、毎年何ドゥカート償還すべきか、ということである。このような年金には人間的にはきわめて快適できわめて魅力的なものが緊密に結びついている。なぜなら、一人が死んでも3人が残り、2人目が死ねば2人だけが、最初の4人分と同額を手にし、最後に生き残った一人の仲間は全額を独り占めする、しかも各人は自分が最後の生き残りになれると期待しているからである。このような年金がいつも存在してきたことは驚くほどのことではない。[★08] ところで、同様の社会の原理が多数の加入者を得るならばそれだけ、個人の数と同じく総計額もいっそう重要になってくる。ここで、100人の人々がいわゆる「樽一杯の」[★09]〔ドゥカート〕金貨を集め、毎年の受取額を、最初は全員が等しく、次いで幾人かで、最後に一人が受取るようにしよう。するとわずかな金額で莫大な富を得る期待を買うことになるのだから、これはドイツでは「幸運の壺」と言われ、それ以外ではロッタリーと言われている賭事のようなもので、そこには人々が集まっているものである。[★10] というのも、大きな財への期待だけでもそれ自体で快適さであるし、心は甘い想像で誘われてしまうからである。それゆえ問題となるのは、2人ないし3人あるいはそれ以上の人数について示された原理によって構成された年金を算定する手段を見つけることである。これは結局のところ、大勢の人々の推定余命を一挙に求めることである。[★11] ここには解決しがたい厄介な問題が絡んでくる。実際、人数が問題になっているときには推定寿命は一人や少数についての場合よりも長くなるの

★07——これは「トンチン年金」と呼ばれる連生年金のことである。

★08——これに続けて【期待は通常はわれわれの心を打ち、われわれに大きな喜びをもたらすものでもある】と書いていたが最終的には削除された。

★09——tonna：メートル法の「トン」は一九世紀以降であるので、ここでは原義の「樽」の意味で解すべきかと思われる。日本で言えば「千両箱」といったところか。第1部3-3訳注29参照。

★10——パルマンティエによれば、第一稿で「なぜなら、ある快適なものを期待することはそれ自身が快適であるし、しばしば喜び以上のものに関わるからである」とあったとする。ただしA版にはそのような指摘はない。訳注08のことかもしれない。

★11——この問題は『人の寿命と人口に関する新推論』（第3部7）で論じられる。

は確かである。なぜなら、少数の場合よりも大勢の場合の方がその中で老人に出会うことが大いにありそうだからである。

孤児院あるいは他の養護施設に80人の新生児がいて、事情の許す限り元気さは同じだと仮定しよう。最初の年に一人が死に、2年目にもう一人死に、3年目にまた一人、となって、80年目についに最後の一人が死ぬとする。これで全員が死んだことになる。今ここで、この80人の子供のうちの一人に年金をかけ、その子が生きている間は孤児院に支払われ、しかもそこの院長がその子を選ぶ可能性をもっている、と仮定しよう。次に別の年金を考えてみる。これは今のと同じようにして2人の子どもの生存にかけられるが、今度は、2人のうちどちらかが生きていれば同じ孤児院に年金が支払われるもので、院長がその2人を選ぶことになっているものである。この仮定で考えると、すでに示したようにこの二つの年金は、第二の方式の条件の方が有利である。第一の方式で院長は、短命であろう子に対しても長命であろう子に対しても、一つの選択しかできない。一方、第二の条件では、2人の子どもを選べるのだから、一人を選んだ後にもう一人選ぶことができる。これはまるで、第一の条件を課した人は、院長に次のように宣言してもっと自由にその条件を飲んだかのようである。「あなたはすでに数多くの選択をなさいました。そして一番長生きしそうだと思った子どもを指名なさいました。でも、間違うこともあったでしょうから、もう一人指名する可能性を差し上げましょう。しかも、最初の子ともう一人の子のどちらの方が幸福であるかは誰もわからないのですから、一番有利だということがわかればその子にするようにとどめておく可能性を差し上げましょう」。こうして第一の条件から第二の条件へと移ることになる。ところでこれはまるで次のように宣言したのと同じことである。「子供を2人選んで、そのうちの一人でも生きている間は年金が支払われるでしょう」。今のところ明らかに第二の条件の方が優れている。2人の生存に対してかけられた年金は一人だけの生存にかけられた場合よりも優れている。問題はそれがどのくらいかということである。というのも、たとえ多数の人からなる集団の最後の生存者の推定寿命が一人だけの場合よりも長いとしても、それが人数に比例して長いわけではないからである。一人の人間の推定寿命は39.5歳なのだから、3人の社会ならば118.5歳になるが、これはばかげたことで、最後の生き残りが80歳を超えないというわれわれの仮定にも反する。10人の社会なら395歳になってしまうが、馬鹿も休み休み言え、といったところだ。それゆえ、計算は確実で論証的な原理に腰を据えるべきで、しっかりした原理なしに計算をするような無分別に陥らないようにしなければならない。さもないと、この難問を前にして以来多くの数学者と同じことになってしまう。★12

★12——以下略。細かい計算式が続いている。

【解説】安心のための厚生経済学をひらく

佐々木能章

一六七六年一二月にハノーファーに職を得たライプニッツは、宮廷顧問官として内政・外交に積極的に取り組み多くの仕事を手がけたが、そのうちの一つが、今日であれば厚生経済学と呼べるような分野である。この分野で具体的な政策を立案することにライプニッツは意を注いだ。特に、保険と並んで年金関係の領域については、単なる研究でもなければ、現場の実務に埋没したのでもない。両者を結ぶような役割を自認していた。それはいわば「実践を伴う理論」の前線基地であった。

とくに一六八〇年ごろは、ライプニッツが保険・年金分野に集中的に取り組んだ時期で、多数のメモが残されている。多くはラテン語で書かれ、ドイツ語も少なくない。ここではそのうち終身年金に関する論文二編を選び、抜粋の形で訳出する。いずれも原文はラテン語で書かれ、一つは『終身年金とその他の個人年金についての数学的政治学的探究の試み』(6-1)という表題が示すように、年金を考えるにあたって数学と政治学の両方から本質を捉えていく試みである。歴史的なアプローチも交え年金論の核心に迫っていく。もう一つは『終身年金の算定』(6-2)で、これは終身年金の制度を合理的に運用するための基礎となる数学的な考察である。これらが合流するところに、数学者にして、政治家であり歴史学者でもあるライプニッツの経済学の側面が浮かび上がり、その実践的な場面において「ライプニッツの年金論」が生まれる。

ライプニッツの年金論の特徴を見る前に、年金の制度について要点を押さえておく。年金の基本は、一定の原資から毎年一定額を給付するシステムで、日本では明治以降の制度であるが、西洋では古代ローマ時代にその原型がある。その種類はさまざまで、原資の設定、給付の対象・条件、給付期間などによって異なる。表題が示すように、ライプニッツが提案しているのは「終身年金」である。これはどういった種類のものか、ライプニッツの議論に関連するものと比べて特徴を確認しておきたい。①まずは最も単純な確定年金。原資から一定期間、毎年一定額を給付するものである。終了前に契約者が死亡した場合には残金は遺族に支払われる。②つぎに永久年金と呼ばれるものがある。これは原資から毎年発生する利子の分を給付するものである。原資を元金として手をつけなければ、利子だけを受け取ることになるので、永久に継続することになる。ただしこれはその原資が安定した利子を発生させることが前提条件となっている。理想的に見えるが、ライプニッツも懸念するように、社会的な事情は必ず変化するので安定的とは言いがたい。③そして終身年金である。これは原資から毎年一定額を死亡時まで給付するというもので、長生きすればそれだけ給付期間は延び、当然受給総額は多くなる。④本論で触れているものとして連生年金がある。これは多数が共同で出資し、生存者で分配するというもので、一七世紀にイタリア人トンティが考案したためトンチン年金と呼ばれる。長生きするほど給付額が増える仕組みで、日本でも民間の商品がある。現在の日本の公的年金は、積み立て拠出方式の終身年金である。実際の年金は、これらを組み合わせ、さらに保険や貯蓄の要素も取り入れて複雑なものとなっている。

ライプニッツが提案しているのは終身年金である。確定年金は期間終了後の生活に不安があるが、終身であれば安心といえる。しかしながら長生きすることがあれば、毎年一定金額を給付する終身年金の資金はどこから出るか、という問題がある。永久年金であればすでに原資があり利子を給付するのだからその心配はないようだが、すでに見たように経済条件に左右される。つまりいずれをとっても不安は残るのである。しかしライプニッツは、終身年金の意義を、政治哲学の問題と数学の問題の両面から追求することで、不安を解消しようとする。

政治的には、歴史を振り返りつつ、同時代のデ・ウィットやフッデの業績に評価を加えた上で、「死すべき人」と「死なざる人」という区別を出している。この対語は決してわかりやすいものではないが、個人の生活設計を支えるものとして、その当人はいうまでもないが、周囲のいわば共同体の存在の意義を浮かび上がらせる概念装置として理解できる。その「死なざる人」という共同体をライプニッツは国家に限定せず、さまざまなレベル、規模で考えられる可能性を説く。それはあたかも現在の年金制度が国レベルのみならず、企業や任意団体に設定されていることを思わせる。そして「死すべき人」と「死なざる人」との間にある制度として終身年金を考えている。つまりは両者の特徴を兼ね備えているということであろう。子孫を重視するならば元金に手をつけない永久年金で未来に託す。確定年金はとにかく自分だけの人生のためのものである。終身年金は、自分が死ぬまで一定額の受給が保障される。長生きすれば有利になるが短命であれば不利となる。そこを相殺することになるのが「死なざる人」の役割である。年金を運営するための制度と組織が機能しなければならない。そしてライプニッツが力説するのは、終身年金とは、永久年金で子孫が受取るはずの受給額を自分自身が先取するというものである。子孫が生きる年数よりも自分自身がいつまで生きることができるかを考えるのである。個人は自分自身の生活を享受する。そこから不安を取り除き安定したものとするために終身年金の意義を置く。早死にした人は損をしてしまう、という批判(この批判は現在でも言われる)にライプニッツはここでは直接反論していないが、保険論においても同様の議論がなされるはずで、そこでは最終的に「終身の民兵」というフレーズで答えていた。「死すべき人」と「死なざる人」の構造は、自助努力と共同体の支えとの両立でもある。

だがこのような政治的理念を実現するには、合理的な根拠とりわけ数学的な裏付けが必要となる。そしてこの数学的な議論では二つの面が重要になる。一つは永久年金との比較である。もう一つは終身年金の価格設定における算定法であり、6–2はこの点での議論となる。

まず永久年金との比較だが、単純に考えれば永久年金は元本を維持したまま利子分を永久に受給できるのだから、無限に近い総額の受給となるように思える。これに対してライプニッツは社会条件が将来的に変化することから無理だと述べるとともに、もっと重要な論点として「驚くべきパラドクス」があると言う。永久年金の利子分を終身年金として現在受取るとその総額はけっして無限大にはならず、百年後も千年後も変わらないと言う。これはどういうことかというと、原資には利子がつくがそれを現在価格として考えるならば利子分を割引いて計算しなければならないからである。この「割引」（ライプニッツは当時の用語としてrabatと呼んでいるが、現在はescompte〔仏〕、discount〔英〕）のシステムを、計算の中に正しく組み込む必要があることを力説する。現在、「手形の割引」として通常の商取引で債務の決済に日常的に行われているシステムである。

この点につきライプニッツは年金に限ってのことではなく債務一般についてかなり深入りして検討している。特に『中間利子についての法学的数学的考察』（1683. A IV, 4, N.138, 716–726）においては複利計算の方法について検討し、その計算方法を提案している。その方式は今日「ライプニッツ式」と呼ばれ、損害賠償金の計算において現在でも用いられているところである（山内恒人『生命保険数学の基礎　アクチュアリー数学入門［第2版］』東京大学出版会 2014, 47. 特に51頁から「ライプニッツの式」の起源に触れている）。そしてこの「ライプニッツ方式」はもう一つの算定式である「ホフマン方式」と並んで、現在の日本の民事法廷での遺失利益計算の際に用いられている（実際の損害賠償事件に即した論考としては、大島眞一「ライプニッツ方式とホフマン方式」（『判例タイムズ』No.1228. 2007, 53–71）；酒井潔『ライプニッツ』清水書院 2008）。

終身年金にかかわるもう一つの数学的な論点は価格設定についてであり、これは6–2で論じられている。確定年金は支払いの期限が決まっているので、利子を含めたとしてもその計算は難しくはない。他方永久年金は、実態はともかく理屈の上では利率が不変であれば定額を永遠に給付し続けることができる。これらに比して、終身年金の場合には、死亡時までの給付といってもそれがいつまでなのかは誰にもわからないという根本的な問題がある。これに対しライプニッツは、人間の平均寿命という考え方で解決しようとする。個々人の寿命は長短あってもそれを平均することによって多数の人間の標準的な寿命とすることができる。そのために二つの仮定を立てる。一つは、最長を80歳とすること、もう一つは、同年齢の人は毎年同じ数だけ死亡するということである。例えば80人の新生児がいればその中から毎年一人ずつ死亡し、80年目で全員死んでしまうということである。どちらも大雑把すぎる仮定であるが、ライプニッツはこれを4人の少数で基本の構造を確かめた上で、80歳にまで拡大するという方法をとる。これにより、平均寿命を39.5歳とする。これがいったん定まれば、終身年金の算定は確定年金の場合と同じようにすればよいことになる。とはいえ、ハッキングによれば同数死亡という仮説に対してライプニッツの立場は揺れ動いているようである。平均寿命の算出に関する詳細な議論は本巻第3部7で扱われている。

この二つの仮定は一見して極めて乱暴である。なぜなら人間の寿命に関する統計的なデータが反映されていないからである。一七世紀という時代には、主としてイギリスで人口問題への関心が高まり、グラントによる死亡表(1662; 第2部2訳注12)が発表されるなど、統計的な推論の基礎は確立しつつあった。一方で、確率論の数学的な議論は、パスカル、フェルマーに始まり、スピノザ、ホイヘンスと続き、ライプニッツとも知己であったヤコプ並びにヨハンのベルヌイ一族からは年金計算の方法を知ることになる。以上に加えてイギリスの経済学者ペティにもライプニッツは触れる。そして本文でも触れられている、デ・ウィットやフッデの名を挙げれば、当時のこの分野での役者が揃う。こうした状況を踏まえながらもライプニッツは極めてシンプルな形でこの問題を扱おうとしている。それを好意的に解釈するなら、複雑怪奇でバラバラな個別の事象の中にある法則性が潜んでいるはずで、それを拾い上げることが数学的にも政治的にも重要だという確信がライプニッツにあったと見ることができる。(トドハンターによる確率論史の古典的大著『確率論史　パスカルからラプラスの時代までの数学史の一断面』〔1865; 安藤洋美訳、現代数学社、改訂版2002〕第5章「死亡率と生命保険」では保険・年金関係の数学的問題が詳細に論じられ、また巻末の訳註として保険の歴史について述べた箇所も有益である。さらにこの訳者自身の著書『確率論の生い立ち』〔現代数学社 1992〕は、トドハンターの大著のダイジェスト版であると同時に独自の資料も盛り込んだ対話形式の叙述で理解を助けるものとなっている。ハッキングの『確率の出現』〔*The Emergence of Probability*, 1975, 2006; 広田すみれ＋森元涼太訳、慶應義塾大学出版会 2013〕は、最も的確に哲学意義を浮かび上がらせている)。

年金の問題は、保険と共通の位置付けで論じることが可能である。そしてそれはまたライプニッツが心血を注いだ課題でもあった。これはライプニッツにとって「意外な」側面であると見られるかもしれないが、ライプニッツならではといった態度が存分に見て取れるものであり、その意味においては、極めてライプニッツ的であると言えるのである。

【7】

Raisonnemens nouveaux sur la vie humaine. [1680?][★02]

(A VI, 3, 456-467)

人の寿命と人口に関する新推論[★01]

✣林 知宏＝訳・解説

1[★03]——この研究の用途

この研究は、政治において重要な使いみちを持つであろう。一つには、国力を考えることに有効であり、また年度末ごとに作成する習慣になっている死亡者名簿中に見られる死亡者数を通じて、生存者数について判断するのに有効である。また他にも国家の中で大きな効用を持つ、終身年金の正確な金額を与えるために、ある人物の平均寿命を算定するのに役立つ。それはまさに、オランダ総督故デ・ウィット氏がこの話題に焦点をあてた論考[★04]で検討していた主題と同じである。

2——確からしさとはどのようなものか、そしてその算定はどのようにするのか

さて、理にかなった確からしさ(apparence)の定義の上に、あらゆる論法が築かれるのだろうから、確からしさとはどのようなものであるか、そしてそれらをどのように算定しなければならないかを最初に説明するのがふさわしいだろう。そこで私は、「確からしさとは、可能性の度合いに他ならない」と言う。例えば、賭けごとに用いられるサイコロが一つあるとする。それは六つの同じ面を持っていて、振ると各々の面の目が出る確からしさは等しい。すなわち、1の目が他の2、3、4、5、6の目よりも先に出ると言い張るだけの理由は何もない。ただし(仮に)二つのサイコロを同時に投げて、目の合計をとるために、それら二つのサイコロの目の数を合わせるならば、12になるよりも7となるほうが確からしさはより上であろう。まさに合計7となる確からしさは、合計12となる確からしさの3倍になっている。なぜなら、和が12となるなり方は、6と6が出る一通りしかないのに対して、7のほうは6と1、5と2、4と3、と等しく起こり得る3通りの場合があるからである。

3——不確かさの中で決めなければならない確からしさの平均を見出す規則

多くの起こりそうな事象があり、不確かさの中で何らかのことを定めるために確からしさの平均を求めるものとする。このとき、いかに進めていかなければならないのか。例えば、算定され

★01——アカデミー版を底本としつつ、クノープロッホ、グラフによる版(Gottfried Wilhelm Leibniz, *Hauptschriften zur Versicherungs-Finanzmathematik*, herausgegeben von Eberhard Knobloch und J.-Matthias Graf (Akademie Verlag, 2000)も参照し、補正した箇所もある。その場合には注記した。

★02——執筆時期については、アカデミー版は一六八〇年(?)としているが、クノープロッホ、グラフ版により、少し幅を持たせて一六八〇〜八三年頃と考える。

★03——原文に数字はないが、参照の便宜のため段落ごとに数字を付す。

★04——デ・ウィット(Jan de Witt, 1625–1672)はオランダの政治家で国務長官を務めた。人の寿命に関して確率計算の手法を検討し、『年金に関する論考』(*Waerdye van lyfrenten naer proportie van losrenten*, 1671)を著す。ライプニッツは、一六七二年以降のパリ滞在時にその著作について知ったようである。一六七六年、パリからハノーファーへと移る途次にアムステルダムに滞在し、デ・ウィットの著作を入手したと考えられる(A)。

なければならない遺産、家財、あるいはその他の財産の価値を知ることが問題だとしよう。ブラウンシュヴァイク＝リューネブルク家領地の農民たちの習わしは、しきたりとして定着しているが、まず評価者たちを「帯」(Schurz)と呼ぶ三つのグループに分け、それぞれのグループをある一定の人数で構成する。その構成された評価者たちは、ある値を一つ彼らの中で取り決める。そしてすべてグループの名において発表する。例えば、第一のグループはある財産に80エキュ、二番目は92エキュ、三番目は98エキュという値をつける。いまそれら三つの算定すべての和の1/3をとり、平均値とする。すなわちこの場合、三つの和は270だから、その1/3の90エキュが平均値として定められることになる。

この方式は、農民がどのような人々であろうとも、論証的な根拠に基づいている。というのも、各々のグループは等しく権限を持ち、グループの数は3であるので、それぞれがつける値の1/3のみが相当分である。もし値を一つにするならば、個々が発表した1/3ずつを取らなければならない。すなわち、80の1/3、プラス92の1/3、プラスさらに98の1/3というように、である。つまり三つすべての値を一緒にした和の1/3を取らなければならない。それゆえわれわれは次の法則を引き出す。つまり、等しく起こり得る確からしさの値が多くあるとき、すべての確からしさの値の和を取らなければならない。そして確からしさの値の個数によってそれを割り算して、出てくる結果が平均の確からしさの値となるだろう。

4——人間の寿命の一般的限界は80年であること、その年齢を過ぎても生きるわずかな場合はないものとして説明する

人間の寿命に関しては、私が思うに聖書や経験によると、用いられてきた最大の幅は80年である。★05 すなわち人は80歳を越えるとしても、いくつかの年齢の中で最も危険な年回りと称される81歳を越えることはない。なぜならそれは9を9倍したものだからである。その年齢を過ぎて、な

★05——旧約聖書『詩篇』90.10によると（A）、「われらの年々の日々は彼らの中で七十年、たとえ大能の業の中でも八十年、そしてその多くは禍いと悪事」（松田伊作訳『旧約聖書』XI『詩篇』岩波書店）とある。

とにする。

お生きるわずかな数の人のことは、いま扱っている事柄の中ではないものとして説明していくことにする。

5——特殊な場合に適用する中でつけ加えられる各々の事柄は別にして、ここでわれわれが考慮に入れない特殊な諸考察

以上のことを前提として、人の寿命を算定するのに利用可能な二種類の考察を行う必要がある。一つは、より不確かで、より個別的でもあり、加えて経験に依存する考察である。もう一つは、より一般的で、より計算に向いており、論証に関わる利点に依拠する考察である。第一の点については、男性は女性よりも旺盛な活力を持っていると考えられるという類いの何らかの諸事例がある。女性は天然痘やその他の病気のために男よりも多くが子供時代に亡くなってしまう。また大きな都市のほうが、地方よりも多くの人が亡くなるし、同じことは特定の職業に就いた人のほうが、他の職業の人よりも亡くなることが多い場合もある。ある国では、男性が当たり前に100歳に、さらにはそれを越える年齢に達することがある。しかしもろもろの特殊な考察の中には実に多様な場合があるので、われわれは自分たちの一般的な考察をある個別の場合に適用することが問題となるさいに、諸々の機会の中でつけ加えられる条件の各々を別にして、個々の場合すべてを斟酌しないことにしよう。

6——生まれたばかりの81人の新生児が一様なペースで亡くなっていくとする基本的仮定、すなわち続く81年の間に毎年一人は亡くなるということを仮定する

つまり体力、性別、職業、国、その他の状況を取り去って考慮に入れないことにしよう。個々の条件は、必要に応じてつけ加えることができるだろう。あらゆる人間は等しく生命力をもっていて、同時に人生のあらゆる年々に人間の本性に致命的なことが等しくもたらされると一般的に考えることにして、以下のように進めていく必要があるだろう。ほんの少し前に生まれたばかり

の81人の子供を取り上げることにしよう。それからの81年の間にすべての子は亡くなってしまうはずだと考えることにする。というのも、誰も81歳までは達しないと仮定したからである。するとわれわれは人生のあらゆる年々に同じように不運が襲いかかると想定したので、彼らは等しく一様な理由で、その81年間に亡くなっていくことになる。すなわち、毎年彼らのうち一人が亡くなり、81年経つと全員が亡くなっていることになる。すると一人一人は等しく生命力をもつと仮定したので、まるで一番目、二番目、三番目、さらにそれに続けて誰が死んでいかなければならないか知るために抽選を行うかのようになるだろう。というのも、ある人が他の人に比べてより大きな確からしさや理由があって亡くなってしまうわけではないからである。

7——人間の寿命の平均的長さは40年であり、一人の新生児のために購入した終身年金は40年分の年金に等しくすると判断されるべきであるという厳密な証明

以上の考え方から、われわれは人間の寿命の平均的長さを容易に見出すだろう。というのも、前述の子供たちのうち一人のことを個別に考えると、最初の年の間に、あるいは2年目に、または3年目に亡くなる、結局41年目までのどこかの年に亡くなるという確からしさが同じようにある。仮にある子が最初の年に亡くなるとするならば、彼は何歳にもならなかったことになり、その年齢として達した数は0ということになる。2年目に亡くなるならば、1歳という結果となり、達した年数は1となる。3年目に亡くなるならば、2歳という結果となり、達した年数は2となる。以下同様に続いていく。なぜなら、年数の半端や部分的数をわれわれは無視しているからである。結局、もし81年目に亡くなるならば、彼の年齢、あるいは達した年数は80ということになる。こうしてわれわれは、81通りの可能な年齢を、または人間の等しく確からしい寿命の値を得る。すなわち、年齢は0、1、2、3、4、……、80までになり得る。ゆえに、平均の値を見出すためには、それらの年齢をすべて一緒にした和、すなわち0＋1＋2＋3＋4＋……＋80を求め

る必要がある。つまり簡単にわかるように、全部を合わせて3240である。その和は等しく理にかなった値の個数、81で割り算されるべきである、すると得られるのは40である。よって40年が人の寿命の平均的な長さであるということができる。したがって、生まれたばかりの子供に割り当てられる終身恩給あるいは年金は、ちょうど40年という数を固定して、その年数が過ぎるまでを期限とする一時的年金のように考える必要がある。そうしたやり方で、現在における年金の額を算定することができる。すなわち、ここでは繰り返さないが別のところでも見たように割引(rabat)★06も考慮して、いまのところその年金をいくらで購入するべきであるかで算定できる。

8——ある年齢に達していて、さらに確実に生きるはずの人物の推定平均寿命を見出すための法則、したがってその人物が購入する終身年金の価格を見出すための法則

生まれたばかりの子供の将来にわたって推定される平均寿命をわれわれは上で定めたばかりだが、その方法と同じやり方で、何歳であれ、ある年齢になっている別の人物の寿命も決定することができるだろう。例えば、1歳の子供がいるとして、さらに生きることも可能だし、(仮に彼がたまたま過ごす人生において、何歳かに達する前に亡くなるとして)1年も生きないと考えることもできる。すなわち、あと1年、2年、3年、その他の年数生きて、79年までさらに生きることもある。かくして等しく理にかなった80通りの年数の値がある。彼に残された生涯年数のうち、あらゆる年数の和は0+1+2+3+4+……+79で、それは3160になる。これを年数の値の個数80で割ると、39+1/2になる。または、まさしく(端数を無視して)1歳に達した子供に与えられた残りの人生の年数は39年になる。同様に、10歳になった子供は、なお0年、1年、2年、3年、4年とあと70年まで生きることが可能であり、その可能な場合の数は71であるので、和0+1+2+3+4+……+70、つまり2485を71で割り、平均寿命として35年を与えられる。

9——同じ事柄を見出すためのより簡潔な法則

★06——第3部6−1 411頁参照。

以下の年齢に達した人に対して	確実に残された寿命
0歳	40年
1歳	39と1/2年
2歳	39年
3歳	38と1/2年
4歳	38年
5歳	37と1/2年
10歳	35年
15歳	32と1/2年
20歳	30年
25歳	27と1/2年
30歳	25年
35歳	22と1/2年
40歳	20年
45歳	17と1/2年
50歳	15年
55歳	12と1/2年
60歳	10年
65歳	7と1/2年
70歳	5年
75歳	2と1/2年
80歳	0年

だが上記のような数の和を求めるやり方は若干煩わしいので、同じ結果を与えるごく簡単な法則を紹介しよう。10歳に達した一人の子供が、なおどれほど確実に生きることになるか、すなわち、その子供に残された平均寿命が問われているとする。手短にそれを知るために、彼がさらに80歳まで生き得るとして、それからすでに達した10歳分を引く。すると70年が残る。その数の半分を取り、得られる35が求める数である。前述の計算によってもこの規則の証明は与えられているる。すなわち、自然の順序で1から70までの数の和を見出し、そしてその和を71で割らなければならない。言い換えると、1から70までの和は、70に71をかけたときに得られる数の半分である(同様に1から79までの数の和は、79×80の半分であるし、1から12までのあらゆる数の和は、12×13を行って得られる数の半分である。こうして簡単に試してわかるように、つねに同じことを見出せる)。この和、すなわち70の半分に71をかけた数は、71で割り算されなければならない。ところが、かけたのと同じ数71で割り算するので、互いに打ち消し合う。よって、70の半分、つまり35のみが残る。ゆえに当然のこととして、10歳になったばかりの子供は、あと35年生きるだろ

うと判断されるし、こうした子供に対して購入する終身年金は、35年という期限が設定された確定年金と同等にすると判断されるべきと考えられる。20歳の若者に対しては、余命30年、30、40、50、60、70歳の人たちにはそれぞれ25年、20年、15年、10年、5年の余命が算定される。

10――各々の年齢で亡くなる人の割合。例えば、45歳まで生きた人たちのうち、36分の1の割合に当たる人がおおよそ1年の間に亡くなっていくと判断できる

今度は人の数に着目しよう。81人の生まれたばかりの子供たちが、その後の81年間に一様に亡くなっていく、すなわち、彼ら全員が亡くなるまで毎年彼らのうち一人が亡くなると仮定を立てたので、まだ1歳にならない81人の子供のうち、その年の間に一人が亡くなるということになる。すると80人が残り、1年後にその誰か一人が亡くなる。さらに79人が残っても2年のうちに誰か一人がまた亡くなる、すなわち79人のうちの一人が亡くなり、以下同様に続く。ところが、もし81人の何倍もの人がいたとして、すなわちとり得る何らかの人数がいるとして同じことが起こるならば、次のことがはっきりとする。つまり、各年において、まず1歳になっていない81分の1の割合にあたる子供が亡くなる。そして1歳になった子供たちは、80分の1の割合で亡くなる。2年経つと生き残った79分の1の子供が亡くなる。同様に、10年経つと71分の1の子供が、20年経つと61分の1の子供が亡くなる。一般的には、年齢を引き算して求めるのだが、30歳になった人たちならば、ちょうど81から30を引いて〔51を得ることから〕、よって51分の1の割合で人がその1年間に亡くなる。そしてわれわれの仮定にしたがうならば、最後は80年の年齢を重ねた人たちは、80歳になったその1年間でみな必ず亡くなってしまう。

こうして、もしある年齢の人数を知るならば、例えば50歳の人たちを考えると、対応する割合の数[★07]、すなわち31で割り算するとよい。すなわち、もし50歳の人が10000人いるならば、その年のうちに322人が亡くなることになる。そしてその取り上げる人数が大きくなればなるほど、さら

★07――アカデミー版では、par le nombre de la gvoée partieとなっているが、クノープロッホ、グラフ版により、par le nombre de la quote partieと修正して理解する。

年齢ごとの1年間に亡くなる人の割合	
0歳	1/81
1歳	1/80
2歳	1/79
5歳	1/76
10歳	1/71
15歳	1/66
20歳	1/61
25歳	1/56
30歳	1/51
35歳	1/46
40歳	1/41
45歳	1/36
50歳	1/31
55歳	1/26
60歳	1/21
65歳	1/16
70歳	1/11
75歳	1/6
80歳	1/1

に予期した数に等しくなり、誤差はよりわずかになるだろう。

11——多数の中で考えると★08一般的に人口は同じままであり、とくに各々の年齢の人々の数は、去年とおおよそ同じままであるという仮定

われわれは、なお一つの新たな仮定を置くことができる。すなわち、人の出生〔数〕はいつも同じであり、死亡者数と等しくなるので、人の数はおおよそ同じままであると仮定することができる。詳しく言うと、今年、1歳、2歳、10歳の子供たちや、20歳、30歳、その他の年齢の人々は昨年の数と同じであると想定することができる。なぜなら、もし何か特別で異常な出来事がなければ、人口に顕著な変化はないとわれわれは見るからである。少なくとも、ある年と他の年とで有意な差はない。いまだ十分に開拓されていない多くの地域に相当する分は、その自然の状態に応じて人々はなお恒常的に増加していくべきであるとしても、しばしば害を与え、大きな増加の妨げになる周知の病気に加えて、身体の不調によってさまざまな形で人は亡くなってしまうと考えるのが正当である。

★08——アカデミー版ではdans une Brande multitudeとなっているが、クノープロッホ、グラフ版により、dans une grande multitudeと修正して理解する。

12――各年齢で生きている人数の理にかなった割合。例えば、全部で3321人に対して、20歳の人数に対する50歳の人数は、ほぼ2対1の割合になるだろう

実際、次のような比率になっている。80歳の人1に対して、79歳が2、78歳が3、77歳が4などといった割合となるだろう。さらに50歳が31、40歳が41、30歳が51、20歳が61、15歳が66、[★09]10歳が71、5歳が76、2歳が79。1歳が80、1歳未満の者が81の割合になるだろう。というのも、各々の年齢でそれ以前に亡くなった者を考えて定めた割合と結び付けたこの比率のみによって、同じ数の人間が一般的に生き残り、そしてとくに各々の年齢の人についても同じ人数が生き残ることができるからである。こうして、同じ年のうちで、各年齢の人が一人ずつ亡くなることにしているので、今年79歳の人が2の割合に対して、翌年80歳になる人の割合は1へと変わっていく。したがって、ある年に現在79歳の人のうち一人は翌年80歳になるが、もう一人は亡くなるのである。78歳の3人は翌年2人の79歳になり、4人の77歳の人たちは、翌年78歳3人になる。以下同様で、1歳の80人は、79人が2歳へと変わる。今年生まれたばかりの81人は、そのうちの一人がやがて亡くなり、次の年には80人が1歳を迎えるだろう。その翌年、亡くなる各年齢の81人に代わって、また81人が生まれてくる。このように、各年齢の人々が、つねに同じ数生存することになる。

13――例えば今年のうちに20歳の人が100人亡くなるならば、50歳の人も100人亡くなるというのに、ある年齢の人と他の年齢の人とが、小さい子供のような特殊な場合を除いて、ほとんど同じだけ亡くなるという帰結

以上から次のことが導かれる。もし10歳の子供100人が亡くなるとするならば、同じように20歳の100人が、30歳の100人が、そして一般的にある年齢の人と同じ数の他の年齢の人たちが亡くなる。これは驚くにはあたらない。というのも、もし年長者たちが自然により多く亡くなる傾向がある

★09――アカデミー版は66 de 20 15 ansとなっているが、クノープロッホ、グラフ版により、66 de 15 ansと修正して理解する。

ならば、彼らの人口はそれに比例してより少なくなる。多くの年少者たちは年を重ねる前段階に留まっているからである。こうして、若者に比べて年長者たちがより多く亡くなるという判断をすることはできないし、ただ若さによって体が頑健である人の数を考えると、年長者たちのように亡くなるはずがないので、亡くなる人の数が等しくなる場合のみが起きるように見える。とはいえ、若者の人口は彼らが元気であるのに応じて大きくなるので、一方が他方を補い、少ない数しかいない年長者が亡くなるのとより多くの数の若い人たちが亡くなるのと同じだけ起こるだろう。すべてこれは、上で仮定したことに合致する。すなわち、あらゆる年にわたり、人生は上に述べたように人の本性に等しく災いをもたらす。もちろん例外は起こり得る。というのも、通常小さい子供たちのほうが、脆弱さのために他の年齢の人々よりも多く亡くなるからである。だが、この種の特殊な場合や身体に関することに立ち入らないのは、次のように考えるべきだからである。普通は81/3321の割合、すなわち1/41の割合よりも多くの洗礼が行われるが、その洗礼と死とが余計に生じる分は無視可能であろう。なぜなら、私が想定しているより多くの人が生まれるならば、後で彼らがより傷つきやすい子供のうちに想像以上に亡くなるからである。結局、それらを計算に入れる必要はない。

14——1年ごとに人々のうちおよそ40分の1は亡くなる。そして人口を維持するためにおよそ同じだけの人が、おそらくはそれよりあまり多くはない人が生まれなければならない

以上から次のようにわれわれは結論づける。毎年人々のうちおおよそ40分の1が亡くなる。というのも80歳一人に対して79歳2人、78歳3人、等々がいて、2歳79人、1歳80人、そして生まれたばかりの人が81人いる。ところですべての和、すなわち1＋2＋3＋……＋79＋80＋81は3321になる。各々の年齢の一人が亡くなるので、よってこうした81通りの年齢のうち、81人が亡くなる。こうして3321人に対して81人が亡くなるのだから、または（3321を81で割って）41人に対して

一人の割合で亡くなる。言い換えると、1年ごとに人々のおよそ40分の1が亡くなる。アプリオリに見出されるにせよ、推論によってのみ見出されるにせよ、これは十分経験に一致している。というのも大きな都市や、少し安全でない場所においては、人々のまさに30分の1が亡くなるが、ずっと空気の良い何らかの場では、50分の1しか亡くならないということが認められる。したがって合理的に中間をとり、40分の1とすることができる。そしてこの数は、われわれがすでに示した40年という人間の平均寿命の数と一致する。

加えて、上で確認した年齢ごとの人の割合によって、次のことも指摘できる。すなわち、20歳の若者の数は50歳の人の数のほとんど2倍であり、いま比較した年齢どうしの人数についてと同様に他の年齢どうしの比較も簡単に行うことができる。

15——実際に生まれるよりも、9から10倍の子供が本当は生まれてもよいはずである

また男女が同数だけいると仮定するならば、すべての女性の中で15歳から44歳の年齢の人が、したがって子供を持つ年齢の人がどれだけいるか判断することができる。すなわち、3321人の女性のうち705人が相当する。その割合は、ロンドンの死亡者数登録簿に同じ事柄が指摘されていた10に対して3の比率からそれほど大きく離れていない。そうしたことから、毎年せいぜい10分の1または9分の1の女性しか子供を宿すことがないということに気づく。だから870人の女性から、1年に多くても80、90、100人程度の子供しか生まれない。ただし女性の数が男性の数よりもよほど多い国でない限り。そうしたところはおそらくヨーロッパにはないだろうが、一夫多妻制は人口を増やすための適切な救済策にはならない。★10

★10——アカデミー版は La polyganomie m'est pas un remede propre となっているが、クノープロッホ、グラフ版により、La polyganomie n' est pas un remede propre と修正して理解する。

【解説】確からしさの算定による人口推計

林 知宏

人の寿命の算定についてある種の法則を見出すことを目的とした本論考の基礎となる基本的、かつ重要な前提が冒頭第2節に示されている。ここでライプニッツは、「確からしさは可能性の度合いに他ならない」(l'Apparence n'est autre chose qu'une le degré de la probabilité)と定義づけた。その上でサイコロの例、すなわち二つのサイコロを同時に振ったときに、目の合計が12になる事象の確からしさと7になる事象の確からしさを比較すると、後者が前者の3倍になると示していることは、現代的な意味での「確率」の捉え方に実質的に同じである。ライプニッツは、一つ一つの事象が同じように起こり得ることを前提に、確からしさの値の計算を行っている点は注目されるべきである。

通常、数学史では確率に関する先駆的業績として、フェルマーとパスカルによる往復書簡が取り上げられることが多い。[★01]だがそこで論じられるのは、賭けを行ったときに得られる、いわば期待値の計算である。ライプニッツは。確率計算において、最初に「確からしさ」を定義づける。ある意味、現代の確率論の議論と同じ出発点を定め、そこから進むのである。そうした構成の組み換えを試みている点がこの論考の一つの重要なポイントといえよう。

ちなみに本論考に先立つ一六七六年一月の手稿『分け前の計算について』(Sur le calcul des partis)では、パスカル、ホイヘンス等の先行研究に言及しながら、「確からしさ」(probabilité)と訳すことができる語を初めて用いている。[★02]また、同年九月の手稿では、われわれの見ている論考と同様に、確からしさは「可能性の度合い」(gradus probabitatis)であると定義づけられている。[★03]確率論形成史では、ライプニッツの弟子にあたるヤコブ・ベルヌイ(Jakob Bernoulli, 1654–1705)の遺著『推測術』(*Ars conjectandi*, 1713)が、現代的理論の先駆的文献とされる。その中で「確からしさは確実性の度合いである」(Probabilitas est gradus certitudinis)と定義づけられている。[★04]ライプニッツは、ベルヌイに先んじて確率論を構築する上での基礎をどのように据えるか思案していたといえよう。

ライプニッツは当時の実用的な要請でもあった年金計算の前提

★01——パスカルとフェルマーの往復書簡については、伊吹・渡辺・前田監修『パスカル全集』第I巻(人文書院308-333)に所収されている。

★02—— G. W. *Leibniz l'estime des apparences*, texte établi, traduit par Marc Parmentier, J. Vrin, 1995, 128.

★03—— *Ibid.*, 161.

★04—— *Die Werke von Jakob Bernoulli*, herausgegeben von der Naturforschenden Gesellschaft in Basel, Band 3, 239.

として、生れた人間に災いが等しく降りかかって、1年に一人ずつ亡くなっていくと単純化した上で、平均寿命を算出する。7節から9節にかけて平均寿命の求め方が一般性を示唆した形で述べられている。ライプニッツは、人の寿命の限界を80年とした上で、先の仮定により、毎年一人ずつが亡くなっていくことで、現在a歳の人物に対する平均寿命(余命)は、次のとおりになる(現代的記号によって表記する)。

$$\text{現在a歳の人の平均寿命} = \frac{\sum_{k=0}^{80-a} k}{80-a+1}$$

一方で、9節で数学的に技術的な事柄、すなわち自然数の和を求めることに関して、

$$\text{自然数列の和} = \sum_{k=1}^{n} k = \frac{n(n+1)}{2}$$

が成り立つことをライプニッツは示唆する。したがって、右の公式において、n=80−aの場合なので、

$$\text{求める数(現在a歳の人の平均寿命)} = \frac{\sum_{k=0}^{80-a} k}{80-a+1} = \frac{(80-a)(80-a+1)}{2(80-a+1)} = \frac{80-a}{2}$$

のように簡単に計算できる。ライプニッツが9節に挿入している「表」は、その数値を列挙したものになっている。

数列(あるいはその和)に関して一般項を考え、式を提示するという発想、表現方法は、ライプニッツの時代の数学論文には見当たらない。彼の少し後に現れたオイラー(Leonhart Euler, 1708–1783)の著作『無限小解析入門』(*Introductio in analysin infinitorum*, 1748)にそうした表現を見ることができる。またパスカルが、遺著『数三角形論』の中で、現代の数学的帰納法の原型になる発想を提示していたことが想起される。パスカルはその論法の適用にあたって記号を用いて一般的に表現する(n=kの場合を仮定して、n=k+1の場合を証明する)というよりも、特定の数において正当性を証明することで、一般性を持った主張を示そうとしたのだった。[★05] ライプニッツもパスカル同様に一般的な公式にするための記号表現は行っていないが、やはり一般性を意識した論じ方になっている。

10節では、人が亡くなることが等しい確からしさで起きると前提とするならば、多数になった場合にもその確からしさ、すなわちある一定の割合が適用できるとライプニッツは主張する。死亡時の年齢が0歳から80歳まで81通りあり、毎年一人ずつ亡くなることから、

$$\text{a歳になった人の死亡率} = \frac{1}{81-a}$$

であるとしている。この死亡率を乗ずることで毎年の死亡者数が算出されることになる。10節の後半は、表をはさんでいわゆる確率論における「大数の法則」に相当する言明となっている。すなわち上で定式化された死亡率の公式は、取り上げる人数が大きくな

ればなるほど、理論値と実際に発生する件数との誤差が小さくなっていくということである。先にも述べたように、通常数学史においては、この大数の法則の表明は、やはりヤコプ・ベルヌイに帰される。とくにライプニッツに、きちんとした一般的法則としての認識があり、数式上の表現も可能だったと断定を急ぐ必要もないが、一つの経験則として表明を行ったと考えるべきであろう。

11節はまた新たな仮定が加わる。つねに一定の割合で人が出生するということである。言い換えると「各年齢の総死亡者数＝新たな出生者数」ということを仮定する。この仮定によって、全体の人数と各年齢の数は、年を経てもつねに一定であるということが帰結し、それが12節で述べられている。

12節の内容は、定式化すると次のようになる。

ある年の全体の人数＝(1＋2＋ …… ＋81)k

＝3321k（kはある定数、80歳の人数に等しい）

翌年の人数は1年経過するごとに年齢ごとに一人ずつの割合で減少し、かつ毎年同じだけ出生する分が加わるので、

翌年の全体の人数＝(0＋1＋ …… ＋80)k＋81k

＝(1＋2＋…… ＋81)k＝3321k

となるので、毎年の全体の人数は一定となる。また

各年齢（a歳）の人数＝(81－a)k

となるが、この人数が一定であることは、次のように示すことができる。

ある年にa歳の人たちは、翌年には一定の割合で（a＋1）歳になる。そのさい、死亡率を考えて、$\frac{1}{81-a}\times(81-a)k$ 人は亡くなるので人数は、

$$(81-a)k-\frac{1}{81-a}\times(81-a)k=(81-a-1)k=\{81-(a+1)\}k$$

となり、1年前の（a＋1）歳の人数と変わらない。

13節は、以上のライプニッツのモデルからの一つの帰結が導かれる。すなわち、

ある年の間でそれぞれの年齢ごとに亡くなる人数は等しいということになる。これは、一見常識に反するようである。しかし12

★05――パスカルの『数三角形論』における「数学的帰納法」の具体的な適用の様子は、原亨吉訳『パスカル数学論文集』（ちくま学芸文庫 2014, 33-35）に見ることができる。

節で、全体の人数が等しく維持され、かつ各年齢の毎年の人数も一定であることを得たので、必然的に導かれることである。ライプニッツは年長者のほうが多く亡くなるならば、人口の構成をむしろ崩してしまうと述べる。ただ現実に幼少の子供の出生と死亡が仮定とは異なることはあり得るが、それは無視可能な範囲だという。

14節において、人が1年間に亡くなる確からしさがおよそ40分の1であると述べられる。これは、生まれたばかりの81人に対して毎年各年齢の一人ずつ亡くなるという基本的仮定から、全体に対する1年間に亡くなる人の正確な割合は以下のようになる。

$$\frac{81}{\sum_{k=1}^{81} k}=\frac{81}{1+2+3+\cdots\cdots+81}=\frac{81}{3321}=\frac{1}{41}$$

これをおよそ「40分の1」としたのである。そして各年約40分の1の割合で亡くなることから、7節で人の平均寿命を40年としたこととも合致するという。

ライプニッツが経験的に得られることとして、大都市や安全性の保たれていない場で人の亡くなる割合が「30分の1」で、環境の良いところでは「50分の1」であるとしているのは、根拠となる調査結果やデータがあってのことなのか不明である。こうしたデータの上で確からしさの相加平均を取って自己の結論と一致するとしているが、いささか我田引水のきらいがある。

最終15節の議論も、やや無理があるように感じられる。ライプニッツの数理モデルからは、「15歳から44歳までの」人数は、「各年齢（a歳）の人数＝(81－a)k」だったので、

$$\sum_{a=15}^{44}=(81-a)k=\frac{30\times(66+37)}{2}k=1545k$$

となるはずである。だがライプニッツはその人数を705人としている。仮にライプニッツの提示するその「705人」だったとしても、全体の3321に対して、

$$\frac{705}{3321}\fallingdotseq 0.21228$$

となって、「10に対して3の比率からそれほど大きく離れていない」としていることを裏づけるか疑問が残る。

現実社会に対して数理モデルを適用しようとするとき、その有効性をどのように判断するかは、数学的な議論の合理性とはまた別の問題である。

フランツ・エルンスト・フォン・プラーテン
Franz Ernst von Platen, 1631–1709

ハノーファー公爵エルンスト・アウグスト
Ernst August, Herzog von Hannover, 1629–1698

【8】

Leibniz für Franz Ernst von Platen(?). Ende Januar(?) 1680. **(A I, 3, 16–21)**

図書館改革案★01——フランツ・エルンスト・フォン・プラーテン★02のために(?)

✣山根雄一郎＝訳・解説

直ちに実施されるべき諸項目[★03]

一六八〇年一月

1——当公爵家[★04]の家系は、薨去されたばかりの先君[★05]がご自身の満足のためだけに当地[★06]で企てられたもの以外には、ツェレ[★07]にもハノーファー[★08]にもオスナブリュック[★09]にも図書館(Bibliothec)[★10]を備えておりません。先君には公子がいらっしゃらなかったため、今や神は殿下をわれわれの新たな統治者として与え給うたのでありますからには、図書館——そこには奇書(curieuse Bücher)[★11]が年々集められてきますから——に随員をいつも侍らせておくことがいかに望ましいか、それだけでなく、この〔先君の〕図書館〔ないしその蔵書分野〕はごく狭いので[★12]、それ自体を拡張することがいかに望ましいか、これらの事柄が考えられてよいように思われます。これまではほとんど歴史文書だけが顧慮され

★01——本編の表題である「図書館改革案」はあくまで通称である。底本としたアカデミー版にこの文言はないので、ここでは底本に付されたドイツ語表題の一部を副題とした。

★02——プラーテン(Franz Ernst von Platen, 1631–1709)。急逝したヨハン・フリードリヒ(Johann Friedrich, 1625–1679；在位1665–1679)を継いで一六八〇年にハノーファー公となるその弟エルンスト・アウグスト(Ernst August, 1629–1698; 1692以降選帝侯)の廷臣。アルトドルフ大学で法学を学んだ(*Allgemeine Deutsche Biographie*)。つまり同大学で両法博士となったライプニッツにとって一五歳年長の先輩にあたる。

★03——臣下のプラーテンから君主エルンスト・アウグストへの建言書の体裁をとった表題。ハノーファー公の代替わりにさいし、ライプニッツが代筆した。後注15も参照。

★04——ヴェルフェン家を指す。近世におけるその諸流の分立・継承関係については次の文献を参照。谷口健治『ハノーファー：近世都市の文化誌』(晃洋書房 1995, 154–157)。

★05——ヨハン・フリードリヒを指す。死亡日は一六七九年一二月一八日(Ohnsorge, Werner: *Zweihundert Jahre Geschichte der Königlichen Bibliothek zu Hannover* (*1665–1866*), Göttingen: Vandenhoeck & Ruprecht 1962, 23; Hartbecke, Karin: *Zwischen Fürstenwillkür und Menschheitswohl: Leibniz' erste Jahre als Hofbibliothekar zu Honnover*, in: ders. (Hg.): *Zwischen Fürstenwillkür und Menschheitswohl–Gottfried Wilhelm Leibniz als Bibliothekar*, Frankfurt/ M.: Klostermann 2008, 66)で、グレゴリウス暦では二八日(ebd., Anm. 105)。

★06——ハノーファーのライネ宮殿を指す。ハノーファー宮廷図書館はヨハン・フリードリヒの個人蔵書に端を発し、一六六五年に彼がカレンベルク侯領を襲封するに伴いツェレから移転した(ebd., 48)。なお、この図書館が当初ハノーファー郊外のヘレンハウゼン宮殿に置かれライネ宮殿に移されたとする説は誤伝に基づく(Ohnsorge: a.a.O., 17, Anm.5; 18f.; Wehry, Matthias: *Daniel Eberhard Barings Bibliotheksgeschichte als Wissenschaftsgeschichte zwischen Barock und Aufklärung*, Ruppelt, Georg (Hg.): *350 Jahre Gottfried Wilhelm Leibniz Bibliothek* (*1665–2015*), Hannover 2015, 66f)。ヨハン・フリードリヒの蔵書は死亡時に八〇〇〇点に達していた(Fuchs, Thomas: *Die Archäologie des alten Buches. Geschichte des Altbestandes der Gottfried Wilhelm Leibniz Bibliothek von ihrer Gründung bis 1866*, in: Ruppelt, Georg (Hg.): *Leibniz und seine Bücher. Büchersammlungen der Leibnizzeit in der Gottfried Wilhelm Leibniz Bibliothek*, Hameln: Niemeyer 2006, 46)。

★07——ヴェルフェン家にとって本領にあたるリューネブルク侯領の首都(谷口前掲書156)。

★08——ライプニッツ当時、ヴェルフェン家のカレンベルク侯領の首都(同前。なお「カレンベルク」は同書では「カーレンベルク」)。

★09——新君主エルンスト・アウグスト(前注02)の前任地。彼はオスナブリュック司教領の支配権を保持したままハノーファーに戻って兄の地位を継ぐ(谷口前掲書157)。

★10——ライプニッツ没後十年目に出たヴァルヒ(Johann Georg Walch, 1693–1775)による『哲学事典』(*Philosophisches Lexicon*)は(複数形で)Bibliothekenを立項し、「或いは相当量の書物群を、或いは書物群の存する場所を意味するが、とはいえまた一揃いの書物群の表題、同様にさまざまな著者による叢書にもこの名がつけられる」と解説している(Bd.1, Leipzig [4]1775 [[1]1726], Sp. 414)。本編では訳語として「図書館」「蔵書」の双方を用いる。

★11——「自然科学の方法や技術上の方法の新発見について、ないしは普通でない自然現象について報告する著作」のこと(Lackmann, Heinrich: *Leibniz' Bibliothekarische Tätigkeit in Hannover*, in: Totok, Wilhelm / Haase, Carl (Hgg.): *Leibniz. Sein Leben-sein Wirken-seine Zeit*, Hannover: Verlag für Literatur und Zeitgeschehen 1966, 327)。

★12——原文はviel zu enge gespannetで、図書館の空間的な狭小さを言うのか蔵書分野の狭隘さを言うのか二義的。フシェ・ド・カレイユ版はviel zu enge gewesenとするので前者の意味に特定され得る。しかしこの文脈でのライプニッツの主張が後者にもあることは明らかであろう。

てきたので[★13]、公爵家の図書館〔ないし蔵書〕を完全なものとするには、全分野の基本書(Kern=Bücher)[★14]を所蔵することが必要なのです。そしてこの件につきましては、私[★15]が特別な報告を申し上げることがなお必要であろうと思われるほどです。そうではあるのですが、目下のところは、やはり何といっても蔵書群の中でも珍品であります書写本(Manuscripta)[★16]がわれわれにはとくに乏しいことに触れるにとどめましょう。その他、外国史[★17]への目配りはわれわれには余計なことですのに、その一方で、ドイツの事柄に関する多くの著者たちが欠けています。愚見ではその中には公法の著者たちも含まれます。それは例えば、領邦高権(ius territoriale)・同盟・帝国議会・選挙集会[★18]・帝国最高法院・帝国宮内法院・紋章・共同相続人・宗教和議・仲裁裁定・クライス[★19]長官・帝国国制・帝国税・その他の多くの事柄を扱う著者たちです。それらの事柄には、重要な協議ではやはり注意が払われてしかるべきです。それゆえ、それらに関しては、必要な場合には図書館で十分に情報が得られるべきなのです。

2——この世で若い紳士方をとくによりよく導くのは図像を措いて他にありません。ところで、想像を絶する勤勉さで幾千もの選りすぐりの版画や鉛筆画を収集し、それらを何巻にも及ぶテーマに従って分類しているパリ在住の男を私は知っていますが、この類いのものが世界中に見つかるとは私には思えません。ですから、このすばらしい〔収集の〕成果が万一にも雲散霧消してしまうとすれば、それは取り返しのつかない損失であるわけです。今やこの人物は高齢で、売り立ての準備が整っています。それは、一個の完備した蔵書として通用し得るものです。そこに見出されるのは、世界中のほとんどすべての著名人士の肖像画、すなわち無数の特徴を備え公的な場面での威厳に満ちた有様のさまざまな描写でありまして、それは自然と技芸〔人工〕の一大劇場です。すなわち、狩猟・航海・嵐、会戦・城塞、宮殿・庭園・数々の景観、無数の象形文字・奇想的意匠・装飾模様・標語・記号、要約しますなら、虚実万般について人間が考え得る優雅なものが見出さ

★13——歴史、とりわけ近現代史に蔵書の重点を置くことはヨハン・フリードリヒの意向であった(Ohnsorge, a.a.O., 21)。一六六九年の時点でライネ宮殿には修道院および領邦政府の役所にそれぞれ充てられていた部屋を除き一〇八の部屋が存在した(谷口前掲書162)が、ライプニッツが前館長フライシャー(Tobias Fleischer, 1630－1690)から図書館を引き継いだ一六七六年末には、図書館に充てられていた三部屋のうち一室を歴史書が占め、「歴史室」(Historische Kammer)と呼ばれていた(Ohnsorge, a.a.O., 21; Hartbecke, a.a.O., 74)。なお、近時ハルトベッケは、ヨハン・フリードリヒ治下の館長ライプニッツによる宮廷図書館への典籍受入の実状を、現存するフライシャーの作成した図書館財産の引き継ぎ書類(Sig.: Noviss. 77)へのライプニッツの書入れに依拠して検討し、「これまではほとんど歴史文書だけが顧慮されてきた」というライプニッツの慨嘆は証拠状況や推定状況に鑑みて正しい、とする(Hartbecke, a. a. O., 100)。

れるのです。こうした〔収集の〕成果を座右に置けますならば、一個の財宝を、つまり無数の情報の汲み尽くせない源を手にすることになるのは間違いありません。これは、パレードや仮面劇やカルタといった君侯の娯楽の場合だけでなく、むしろ、建築や造園や機械仕掛や多くの行事にさいしても役立てることができましょう。一言で申し上げれば、そのようなコレクションはおそらく一個の生きた図書館〔ないし蔵書〕[★20]とも申せましょう。

3——この〔生きた図書館ないし蔵書という〕ことは、それ自体として確かに理に適ったことですが、もし

★14——「事典・参考図書、ある専門分野のそのときどきの知識水準を要約して呈示する教本や便覧」のこと(Lackmann, a.a.O., 326)。

★15——十中八九、フォン・プラーテン(前注02)を指す(*Leben und Werk von Gottfried Wilhelm Leibniz. Eine Chronik*. Bearbeitet von Kurt Müller und Gisela Krönert, Frankfurt/M.: Klostermann 1969, 59)。ここでのライプニッツは、新君主エルンスト・アウグストに献策する廷臣の上表文を、自身の雇用継続が実現するようにとの目論見の下に代筆していると考えられる。ライプニッツは「とりわけプラーテン伯が彼のために尽力したおかげで解雇されずに済んだ」(Ohnsorge, a.a.O., 23)とされるが、それは実は自分自身の起案、とりわけハルツ関係の提言(本巻第1部3)が新君主にアピールした結果とも言えるかもしれない。

★16——フライシャーは「書写本(Libri Manuscripti)」を独立の蔵書分類項目として立てていた(Hartbecke, a.a.O., 73f.)一六七六年の時点で「版本」(gedruckte Bücher)三三一〇巻に対し「書写本」(Handschriften)は一五八点に達していた。ライプニッツは、前館長の作成した蔵書目録をその一部とする図書館の財産目録(前注13を参照)をほぼヨハン・フリードリヒの死亡時まで使い回したが、新収書は前任者の用いた分類によらずに巻末に追記した(Lackmann, a.a.O., 324–326)。

★17——「ドイツ国民の神聖ローマ帝国」としてまとまっていた当時のドイツから見た「外国」のこと。

★18——次期皇帝を選出する選帝侯会議。『学芸万有大百科事典』(Zedler, Johann Heinrich: *Großes vollständiges Universal-Lexicon Aller Wissenschafften und Künste*) 第52巻(1747)所収、Wahl=Tag, (freyer) (Bd. 52, Sp. 850)など関連項目を参照のこと。

★19——帝国統治院のメンバー選出のため一五〇〇年に設定された六つ(一五一二年に一〇となる)の領域区分(ハルトゥング『ドイツ国制史』成瀬治・坂井栄八郎訳、岩波書店 1980, 50〔訳注2〕)。

★20——原文は lebendige Bibliothec. 後年ライプニッツ自身が viva bibliotheca と呼ばれた(佐々木能章『ライプニッツ術』工作舎 2002, 228; 1707. 2. 19付Ch.トマジウス〔Christian Thomasius, 1655–1728〕書簡)。なお、ライプニッツ没後に出た『学芸万有大百科事典』第4巻(1739)所収項目 Bücher=Vorrath, Bibliotheck(蔵書・図書館)は、セネカの「書簡27」(『セネカ哲学全集5 倫理書簡集I』高橋宏幸訳、岩波書店 2005, 108–111)を典拠として、「カルウィシウス・サビーヌスは彼の奴隷の中に、生きた図書館(eine lebendige Bibliotheck)をこしらえた」という言い回しを挙げている(Bd.4, Sp. 1803)。

も公爵家の図書館に技芸室を追設しようといたしますならば、いよいよ現実味を増すことになりましょう。例のコレクションのようなものは、世界におそらく比類がなく、その収集に可能な限りの費用と時間をすすんで注ぎ込むにせよ、多分幾千という人手を尽くしても手早く一点ずつ集めることなどできない代物ですが、(まだ散逸してさえいなければ)今や〔技芸室のために〕購入することができます。偉大な君侯というものは、自身の名声とともに公共の利益にも気を配るのでなければなりません。例のコレクションのような装飾品は、すばらしい発見の源となるだけでなく、一個の国宝でもあり、世界中から驚きの眼で見られるのです。こうした技芸室には、多種多様な有用な機械仕掛や、実物では大きすぎる場合でもその模型が、追加されることができましょう。

4——そして、こんなものは実利よりも声望をもたらすただの奇物にすぎぬと思し召し遊ばさぬために、ひょっとするとドイツには、自然と技芸に関する奇物にいっそうの関心を寄せる君侯は、慈悲深きわが君を措いて絶無なのではないか、と思い起こす必要がありますことにご注意くださいませ。ハルツ山地はそれ自身、自然が技芸と言わば競い合うみごとな舞台に他なりません。他所では多分通用しないでしょうが、ここではことによると一万ないし一万二千ターラーもの年間収益を生むかもしれない、当地限りの有用な、機械仕掛に関する、あるいは化学的な工夫が、可能なのです。例を挙げますと、連結棒や、固い鉱石[★21]をならす発破や、ハルツで有用なその他もろもろの工夫ですが、さらに新しい風車の技術も間もなくお目見えするものと期待されます。[★22]これらのおかげでハルツは様変わりしましたし、このみごとな舞台で往古の人々が知っていたハルツとは程遠い姿になるでしょう。ですから愚見によれば、関心が払われてしかるべきは、ハルツが徹底的に研究されてよいとして、それはどのようにしてかという点なのです。この目的のために必要なのは、ここでは、検出可能な[★23]あらゆる種類と品位の鉱石や、鉱山で得られる金属や鉱物が、それらの下位分類に属するすべて、つまりごく些細な種ともども、さらにそれらの名称ときわめ

★21——原文は die harten Erze. フシェ・ド・カレイユ版は die Harz-Erze すなわち「ハルツの鉱石」とする。

★22——ハルツ開発に関しては第1部3の当該諸論文を参照のこと。

★23——原文は erfindtliche. フシェ・ド・カレイユ版は erforderliche すなわち「必要な」とする。

て精密な説明ともども、公爵家の技芸室に送付されることですが、そのさいには、それらが出現する地点と、何がそこにあるのかだけでなく、実地に精通した鉱員たちの推測、つまり彼らがそれらの本性や由来や効用について査定する事柄もまた、付け加えることができるでしょう。そもそも鉱員監督官（Schichtmeister）は、毎週の賃金の支払いにさいして、自分たちが鉱山で見出し、かつそれらともども鑑定を行うすべての鉱物種を、公爵家の十分の一税として納付することになっているものと承知しておりますが、実態はこれに反して、鉱員監督官はそのことを免除されています。他の多くの不必要な書類作りのためですが、彼らはおかげで莫大な時間を失い、それについて不平をこぼしています。さて、彼らが納入したものは、後ほど、毎週提出される鉱山の報告と一緒に送付され、公爵家の技芸室に搬入されることができましょう。そこからどんな光明が生じてくるかは、確かな仕方でご説明申し上げることができませんが、しかし分別ある人士はきっとこれを判断することができるのです。

5——このような事情で、われわれにとって機械仕掛ならびに数々の有用な工夫はじつに重大な関心事ですから、優れた〔つまり技能に秀でた〕親方職人を常に、しかもわれわれの意向に即して近侍させる仕方もまた、お分かりいただけることでしょう。そのことは大金をかけずともめざましい利益を伴って実現できるのです。すなわち、ともかくそうした〔機械仕掛その他の工夫に関する〕事柄と類似したさまざまな業務のさいに、練達者である優れた工芸家とか親方職人とかを雇用することです。つまり、兵器庫にはとにかく兵器監守や巡査やその類いの人々を置かねばなりませんが、それをご覧になるうちに、彼らの中に、良質の鍛冶職や錠前職・時計職・鋳物職・大工・轆轤師などといった多種多様な仕事に役立たない者など、皆無だということを、得心いただけるでしょう。同様に、種々の棟梁および建築職を必要としておりますが、それをご覧になるうちに、良質の建築技師・画工・彫刻師・井戸職・指物師・煉瓦職が、それに役立つべくお膝元にいることに、お気づきいただけるでしょう。測量技師とか橋の管理人とか、ダムや水門の扱いに長じた人々とか、また必要な場合に水路を敷設したり水流を浄化したり沼沢地を干拓したり、その他そういった有用事を企てることのできる人々もそうです。さらにまたハルツには鉱山の運営に携わる人々がいます。すなわち、排水溝や坑道を監視する人や、もろもろの機械仕掛ないし装置を監視する人々ですが、選鉱作業員(Marscheider)・精錬工・鉱物分析員・鋳貨主任・その他にもこの産業の一員である人々がじつに多くいます。ここには、ガラス工場や製鉄所や、その他の機械仕掛の製作所も一緒に数え入れられてしかるべきです。

6――さて、いずれにしましてもこれらのじつに豊富に揃った人材すべてを駆使して成果を挙げ得るために[★24]、役立つと思われますのは、この人々の一覧をお持ちになるにとどまらず、彼らが公爵家の技芸室兼図書館に、ある程度、つまり以下のようにして結びつけられていることでしょう。すなわち、彼らは、監督の求めに応じて出頭し、書面でも口頭でも監督に万事を報告しなければならず、自分たちの腹案や従事中の事柄は、概要や雛形であっても、これを公爵家の図書館兼技芸室へと送り届けなければならない、というようにするのです。しかもこれらすべては費用をかけずに実現できることです。そういうわけで、これだけの成果を得て公爵家の会計には別に何の負担もかからないでしょう。

7――公爵家の経営する活版印刷業の存在もまた大いに必要とされることでしょう。しかしこれは〔通例とは〕やや違った仕方、つまり経費は印刷事業がみずからまかない、すなわち言わば独立に維持され、さらには収益も十分に上げる、といった仕方で設立することができるのです。収益が見込める印刷物としては、第一に、まことに有用かつ必要にもかかわらず、これまでなかった当公爵家の規程集成〔法令集〕(Corpus ordinationum)で、これが刊行されれば、当領邦の外でも、ザクセンやヴュルテンベルクの法令集よりもよく売れることでしょう。第二に、規程集成の枠内で官房規

★24――原文 Damit man nun sich aller dieser Leute ... mit Nuzen gebrauchen könne, ... の gebrauchen を brauchen に読む。

則（Formulae Cancellariae）を印刷することができましょう。秘書官や官房書記官らが莫大な手間暇をかけて、当官房発の注意すべき[★25]報告・決定・判例をなお頻繁に記述せずに済むようにするためです。第三に、教会儀式規程書と、教区牧師の生計を賄うための地所に関するその他の有用な事柄とですが、これらはまた当領邦内の全教会および全牧師に採用され得ることでしょう。第四に、当領邦の稀少な諸産物についての種々の珍しい記録、および、当公爵家の歴史と骨董品に関係するそういった記録、そして第五に、公爵家の経営する活版印刷業によって出版されれば売れ行きも評判も保証され、いっそう名声を高めるであろう、また別の有用な書物です。まだその他にも、私の思いますに、こうした方法を介して、つまり公爵家の経営する活版印刷業で刊行された題材が仲立ちとなって、他の奇書が公爵家の図書館に到来することもありましょうから、この方法によって大いに費用を節約することができるでしょう。

8――技芸室の傍には公爵家による実験室が〔あるのが〕相応しい。そのさい、愚見では、大物と称される化学者や秘術師よりもむしろ、例えば二、三人の飾らないができのよい実験助手を置くべきです。彼らは、経験豊かな薬剤師や精錬工や分析員が習慣として知っていることを心得ているので、いつも大風呂敷を広げるものの豊かな果実を生み出すことは決してない人々よりも、ずっと成果を上げることができるのです。ですから、こうした実験室に珍しい容器や竈のような大掛かりな装置を調達してやることも不要です。頭を働かせる人々は、少量かつ質素な手段で十分に成果を上げる仕方を心得ておりますから。それでも、何か実験室の有用さがはっきりと示されるべきときには、その必要に応じて十分に迅速に用立ててやることができましょう。例えばガラスで必要なものは当地のガラス工場で難なく製作され得るでしょう。

9――私は先〔7〕に活版印刷業から始めて諸規則について建言しかけましたが、これは十分、別の一項目に値します。つまり、長年にわたり公爵家の諸先君によって発布されてきた、領邦統治に

★25――原文は notable. フシェ・ド・カレイユ版は erlebte すなわち「施行済みの」とする。

関わるじつに多くの規程・布告・告示やその類いのものがあるからです。それらは教会・内務行政(ポリツァイ)・財政・軍事・司法といった諸事項に関するものですが、ほとんど誰にも知られていないものもあれば、ひどく散逸してしまったものもあり、文書庫[★26]で見つかることすらなく、平常は偶然に目にとまるものもあります。そのため、しばしば不意の出来事にさいしてそれらを苦労してようやく探し当てたり、新たに起草したりすらせざるを得ませんので、異なる裁判管轄権をめぐる係争やその他の疑念もまた生じてくるのです。このような不都合につきまして、現在のわれわれにとってだけでなく子々孫々にとっても、ブラウンシュヴァイク＝リューネブルク法令集[★27]あるいはエルンスト・アウグスト法令集のようなものがあれば最善と思われますが、それが成就されますならば殿下には[★28]永遠の名声がもたらされ得るでありましょう。

10——さて、そういったブラウンシュヴァイク＝リューネブルク法令集が公益のために発布されるべきなのと対照的に、〔3で話題にしたのとは別の〕もう一つのコレクションのほうは、反対に、機密扱いで保存されるべきでしょう。それはつまり、当公爵家の権利・特権・収益権(レガーリア)[★29]・栄誉称号、その他、統治に関する全権すなわち〔証拠のない断言的な〕権利主張・特恵事項・便益でありまして、このコレクションは正当にも、当家の諸権利についての内密の覚書と申せましょう。そこには、皇帝下付特許状・裁判所管轄区・隣邦境界係争の各抄録、帝国宮内法院と帝国最高法院で争われる訴訟また和解の報告書や、これらに類する事柄が含まれるでしょう。

11——こうして、やはりぜひとも必要なのは、当公爵家の簡潔ながらも徹底的な[★30]歴史記述が仕上げられることですが、これは一般に十分な記録文書によって確たるものとすることができます。しかし、とりわけ当代の公爵家における出来事は万事、可能な限り正確に調査され記述されるべきで、それらはなかんずく、現今統治し給う上様方[★31]の父君であられるゲオルク公[★32]が薨去してこのかた作成されている最新の記録文書に即して申し立てられるべきものです。そうしますと、あら

★26——領邦君主の諸文書を収蔵する文書庫は、ライプニッツの頃には、ライネ宮殿の北西に隣接するライネ門の一角をハノーファー市当局から借用し、その中に設置されていた（谷口前掲書167）。

★27——この種の法典については先君ヨハン・フリードリヒ公への献策においても話題とされたようである（エイトン『ライプニッツの普遍計画』渡辺正雄＋原純夫＋佐柳文男訳、工作舎1990, 131）。なおハノーファー公国は正式にはブラウンシュヴァイク＝リューネブルク公爵国。成瀬治＋山田欣吾＋木村靖二編『世界歴史大系 ドイツ史2』山川出版社1996, 28（坂井榮八郎）を参照。

★28——フシェ・ド・カレイユ版には「殿下には」(Serenissimo)はない。

★29——成瀬治＋山田欣吾＋木村靖二編『世界歴史大系 ドイツ史1』山川出版社1997, 258–259, 注7（西川洋一）参照。なお原文Regalibusをフシェ・ド・カレイユ版はRegulibusとする。

★30——原文はgründtliche。フシェ・ド・カレイユ版はdeutlicheすなわち「判明な」とする。

ゆる出来事は枢密顧問会議（ゲハイマー・ラート）の議事録や通達や報告書やその類いに基づいて知られ得ることになります。

12——ところで、こういった万事につきましては、次の方策による以上にうまく成就することはあり得ません。すなわち、文書庫にだけでなくあらゆる組合団体や諸官庁にも保管されている文書すべてに関して、その目録を作成させ、通覧させ、評価に応じて抄録を作らせる、というやり方です。さらに将来に向けても適当な方策が指示されるならば、それでずっと万事うまくいくことができましょう。これこそ、万事きわめて迅速に運ぶことを可能にする大いなる秘密です。ですから、この目的のために、このすべてを執行することができるしかるべき人物★33が上席文書庫員として任用されるべきなのです。

13——しかし、このように現存する書類すべてによっても公爵家領を完全に概観するには不十分ということでしたら、次のやり方がなお残されておりましょう。すなわち、いかなる手段で着任したにせよ、誰であれ官職にある者に対して、その者に託されて送付され得る事柄については完璧に報告せよと命じることです。そうしておけば、送付のさいに彼らは、このとき要望する事柄を、言い換えれば、改良したり注意喚起したりしなければならぬと信じている事柄を、申し添えることができます。このような彼らの報告に基づいて後から別の諸問題の輪郭を描くのは容易い

★31——複数形で、先君ヨハン・フリードリヒと、その弟で新君主となるエルンスト・アウグストを指す。なおフシェ・ド・カレイユ版は当該の定冠詞を単数形に作るので後者のみを指すことになる。

★32——ブラウンシュヴァイク＝リューネブルク公ゲオルク（Georg, 1583–1641）。ヨハン・フリードリヒとエルンスト・アウグストの父（生没年は*Neue Deutsche Biographie*による）。

★33——もちろんライプニッツのこと。彼は、引き続きハノーファー宮廷に任用されるべく、周到に自分の売り込みを図っているとみられる。果して任用の継続が決まったのは、（本編が書かれたとされる）一六八〇年一月の、翌月のことであった（酒井潔『ライプニッツ』清水書院 2008, 275–276）。

ことで、さらに機会があれば口頭でも書面でも彼らから事情を聴き取ることができます。私人、つまりかつて官職に就いていた〔がすでに退職した〕者が、よしんば別のことを言わざるを得ないにしても、彼らの言い分はこの機会に寛大に聞き届けられ得るでしょう。

14――先君の遺した文書類の中には、先君が大いに骨を折って手に入れられた、商業や手工業の改良に役立ち得る、つまり、種類としては製鉄所に関するような領邦にとって利益となり得る、重要な奇物が、魔術師たちによる珍奇な秘[★34]密の類いは措くとしても、じつに数多くあるに違いありませんので、そうしたものについてある程度の学識を備えている人[★35]物が調査研究のために起用され、その中の奇特で有用なものは、こうした場合の慣例どおりにこれを公爵家の図書館に運び込み、そこで鍵のかかった戸棚に保存する、というのが私のささやかな建言です。

15――修道院[★36]付属地の収益は、聖職者・教授・学校勤務者の俸給に充てられ、奨学金にも、また他の信心に基づく理由でも使われますが、とはいえ、かの収益は彼らの学問研究と関連しており、概してそれの促進に向けられています。ですから、通常は枢密顧問会議の下で秘書官が管理している修道院の万般を、図書館・技芸室・実験室・活版印刷業・書物の検閲といった類いの事柄すべてを監督する者[★37]に、その者がこれら万事[★38]をいっそう強力に統括してそれに基づいて調査研究し、学問研究そのものと学問研究による収益とを結びつけることができるように、一緒に委ねることができないかどうか、この点[★39]が肝心でありましょう。

ゲッティンゲンのギムナジウムをわずかのもので立ち直らせるために[★40]。

★34――原文は secretorum(<secretum)。フシェ・ド・カレイユ版は seculorum(<saeculum)すなわち「世界」とする。

★35――注33と同じくライプニッツのこと。ここではハルツ開発に関する「学識」が念頭に置かれていようか。「製鉄所」はすでに5節で触れられていた。「魔術師たち」云々は、俗にハルツ山地が魔女の拠点とされて(佐々木前掲書246)、今日も人口に膾炙していることを思わせる。

★36――先君ヨハン・フリードリヒはカトリックへの改宗者で、ライネ宮殿にもカプチン派の修道院が設けられていたこと(谷口前掲書161–162)を念頭に置いたものか。

★37――筆者ライプニッツが適任者として自身を念頭に置いていることは容易に推察される。とはいえ彼の提言はさしあたり画餅に終わった。オーンゾルゲによれば、ヨハン・フリードリヒの「図書館〔ないし蔵書〕は参考図書館(Handbibliothek)としてすでにかなりの規模に達していたにせよ、依然としてそれは完全に公爵家の私的領域にあった」わけだが、これに無関心なエルンスト・アウグストの入居に伴う宮殿の改築にあたり、先君の蔵書は「もとの部屋からかなり手荒く取り除けられ、非好意的かつ劣悪なやり方で後翼へと(「宮殿の後方の修道院の脇の部屋へと」)移された。そこはまず、左官と経師屋の仕事を要しさえする場所だった。書物は積み上げられざるを得ず、利用するために近づくこともできなかった。ライプニッツ自身、もはやハノーファーにはまったくおらず、〔主たる仕事場となった〕ハルツから憂慮し悲哀を感じつつことの成り行きを見守った。〔…〕図書館は一六八〇年以降は実際には閉鎖されていた。一六八〇／八一年と一六八一／八二年の部屋割簿に図書館の名はまったく見当たらない」(Ohnsorge, a.a.O., 23; Brederecke, Martin: *Die Stabsstelle Bestandserhaltung-vom Buchbinden zur Erhaltung historischer Bestände*, in: Ruppelt (Hg.): *350 Jahre Gottfried Wilhelm Leibniz Bibliothek* (*1665–2015*), 374f.)。

★38――原文は praemia (<praemium)。フシェ・ド・カレイユ版は pecunia(対格形 pecunias か pecuniam がより適切か)とする。フシェ・ド・カレイユ版に従えば、ライプニッツは学問研究とそれを支える資金との結合を提唱したことになる。

★39――本編より後の一六八〇年五月に書かれたエルンスト・アウグスト公宛の書簡草稿によれば、ゲッティンゲンにはもともと公爵家によるギムナジウムがあった(A I, 3, 59)。ライプニッツは同草稿の第13項(A I, 3, 58f.)で、サヴォア公爵家によってトリノに新設され多数の貴族を惹きつけた学園(これについては、出口裕子「リッターアカデミー」、浅野啓子＋佐久間弘展編著『教育の社会史：ヨーロッパ中・近世』知泉書館 2006, 166の記述が参考になる)にならった施設をゲッティンゲンに設けるよう提案している。この施設を本編の編者リッターは「貴族アカデミー(Adelsakademie)」(A I, 3, xxx)と呼ぶ。

★40――この一文はクロップ版にもフシェ・ド・カレイユ版にもない。

山根雄一郎

【解説】 宮廷図書館の充実にむけて

本編は三三歳のライプニッツの手になる「図書館改革案」と通称される独文テキストの全訳である。手稿原典はハノーファーのニーダーザクセン州立図書館（二〇〇六年に「ゴットフリート・ヴィルヘルム・ライプニッツ図書館」に改称）の所蔵で、訳出底本であるアカデミー版第I系列第3巻（1938）への翻刻にあたっては、編者パウル・リッター（Paul Ritter, 1872–1954. 生没年はベルリン＝ブランデンブルク諸学アカデミーのウェブサイトによる）により本文が整定され（A I, 3, xlvi）、配列番号17が与えられた。校訂注はない。これに先行する翻刻版で管見に入ったのは次の二件である。

①クロップ版著作集第I系列第5巻（*Die Werke von Leibniz gemäß seinem handschriftlichen Nachlasse in der Königlichen Bibliothek zu Hannover.* Ausgabe von Onno Klopp. Erste Reihe. Historisch-politische und Staatswissenschaftliche Schriften. Bd. V, Hannover 1866, 50–58）。

②フシェ・ド・カレイユ版著作集第7巻（*Œuvres de Leibniz*: publiées pour la première fois d'après les manuscrits originaux avec notes et introductions par Louis Alexandre Foucher de Careil, tom. VII, Paris 1875, 138–154）。

両者ともに、語頭文字の大小・改行箇所・句読法（したがってフレーズの切り方）などの、細部（とはいえ例えばkonnteとkönnteの差異は小さくないが）にアカデミー版本文との異同が見られるのは当然であるが、その他にも、クロップ版は編者により「図書館・文書庫に関する、公爵家印刷局設立に関する、公爵家史等々に関する、さまざまな提言（Verschiedene Vorschläge in Betreff der Bibliothek, des Archivs, Anlegung einer herzoglichen Druckerei, Geschichte des herzoglichen Hauses u.s.w.）」と題されている点が注目されるし、とりわけフシェ・ド・カレイユ版においては、語の判読という最も肝要な点で（クロップ版および）アカデミー版本文と相違する箇所が散見される。その若干については訳注で指摘した。フシェ・ド・カレイユ版は仏訳を対照させる形で併録しているが、右の事情から、この仏訳をただちにアカデミー版本文の対訳とみなすことはできない。

ライプニッツは一六七六年にハノーファー宮廷に着任し、ヨハン・フリードリヒ公の肝煎りで設立後まだ日の浅い宮廷図書館において活動を開始した。同館の後身であるG・W・ライプニッツ図書館が二〇一五年に刊行した浩瀚な記念誌『ゴットフリート・ヴィルヘルム・ライプニッツ図書館三五〇周年（1665–2015）』は、その巻末で、歴代「図書館長略歴」を紹介しているが、初代のフライシャーを継いだ第二代館長こそ、今や（単に哲学者でも数学者でもなく）「普遍学者・宮廷修史官・図書館司書」（S. 415）と称されるライプニッツに他ならない（S. 425f.）。その彼が、着任三年後の一六七九年一二月にヨハン・フリードリヒ公が没した直後の翌一六八〇年一月に、新君主エルンスト・アウグスト公に宮廷図書館の将来構想を（廷臣を介して）進言するべく、その概要を列記したとみられるのが本編である。本編が「図書館改革案」と呼び習わされるゆえんである。

もっとも、ライプニッツの職場が今日の公共図書館や大学図書館と同列には論じられない独特の空間だったことは明らかであり、固有の事情とも不可分なライプニッツの提言の数々について、今日の視点から評価が分かれるのも当然と言える。端的には、ライプニッツが「図書館と博物館（本訳文では技芸室）とを一緒に論じている」点をめぐってである（佐々木能章『ライプニッツ術』工作舎 2002, 217）。ライプニッツ研究の立場からは、これは〈実践を伴う理論（theoria cum praxi）〉を旨とする、彼の学問の根本性格とも通底する「ライプニッツらしい」側面として、前向きに捉えられる点であろう。その一方で、ある図書館史の記述によれば、これは「図書館を技芸室・博物標本小陳列室・技術化学実験室・文書庫とまったく当然のごとく関連づけて理解」する、近代に先立つ「バロック的」な図書館観の現れなのであり、「さらに、利用（目録）や所蔵品に関する彼（ライプニッツ）の改善提案が意図するのは、宮廷図書館をより広範な公衆に開放することではなく、国家の諸目的のために図書館が役に立つようにすることである。つまり、彼の改善提案は、国家の繁栄のための措置、また**国家の**——学問のでなく——インフラ改良のための措置として考えられているのであり、それだから、例えば判例集を官房向けに印刷するとされた公爵家の印刷局の設立や、「種々のばかげたものがしばしば現れるがゆえに」〔A I, 3, 57〕有用なものをそうでないものや望ましくないものから区別する権限を有した検閲当局の設立といったことと一緒に列挙されることができる」と評されるのも事実なのである（Jochum, Uwe: *Kleine Bibliotheksgeschichte*, Stuttgart: Reclam ^{3}2007 [^{1}1993], 107）。

新君主エルンスト・アウグストへのライプニッツの提言は当面のところ猫に小判とも言うべく、宮廷図書館は事実上の閉館状態が続いた（本編訳注37参照）。この間ライプニッツは、新君主の意向を忖度し、受入書目の傾向を「政治的・外交的・系譜学的・軍事的な応用の文脈」に適合させようとする。本編では文書庫（アルヒーフ）とも関連づけられて論じられたライプニッツの図書館は、実際には皮肉にも、「読むためにあるのでは全然なく、単に備品としてある〈印刷された文書群〉」、つまり第二の文書庫と化す。それは、神聖ローマ帝国で九番目の選帝侯位をうかがう君主の思惑に沿って、ヴェルフェン公爵家が選帝侯位に相応しいことを歴史的に弁証するための言わば業務用図書館となり、一六八五年に同家の修史官としてハルツから呼び戻されたライプニッツによって活用されていく（Hartbecke, Karin: *Leibniz als Bibliothekar*, in: Ruppelt, Georg (Hg.): *Leibniz und seine Bücher. Büchersammlungen der Leibnizzeit in der Gottfried Wilhelm Leibniz Bibliothek*, Hameln: Niemeyer 2006, 35f.）。

【9】

ヴォルフェンビュッテル公爵ルドルフ・アウグスト
Rudolf August, Herzog von Wolfenbüttel, 1627–1704

Plan zu einer nützlichen Bibliothek.

(Dutens V, 207–213)

図書館計画

✣上野ふき＝訳・解説

9–1……ヴォルフェンビュッテル公爵殿下[★01]への図書館運営の提言

✣ Représentation à S. A. S. le duc de Wolfenbuttel, pour l'encourager à l'entretien de la Bibliothèque. 1693?　(Dutens V, 207–208)

十分豊かな図書館というものは、知識の宝庫であり、刊行された古文書のようなものである。そこには、偉大な諸公たちが制定した法や(とりわけ、国家、政府、経済に関連する)事件[★02]について、法廷文書館や公文書館におけるよりも多くの情報がある。図書館の主な有用性は正義の管理、神の真理の擁護にあり、あらゆる種類の過失と無作法に対する治安の維持にある。その目的のために教会と学校は建てられているが、図書館に納められた物言わぬ学者たちのおかげで、豊かな図書館は教会と学校のために道具や装飾品として十分役立っている。

それゆえ、教会、学校、そして古文書が政府の配慮に値するのであれば、図書館もまたそこに付属するのだと言うことができる。

しかし図書館は、どんなに美しいものであっても、拡充しようとしなければ、維持することはできない。神学、法学、自然学、数学の他に、自然の探究、政治的な物事における経験、有能な人々の思索によって生み出された興味深いことに関する最高の書物が毎日世に送り出されているのだから。しかしそれは送り出され始めたばかりだと言うことができる。われわれは、今世紀においてようやく、自然、大宇宙、小宇宙システムについて認識する第一級の著作を見出したところなのだ。同様に、正確な歴史の探究をできるようになるのに、そう長い時間はかからないだろ

★01――ブラウンシュヴァイク＝ヴォルフェンビュッテル公爵ルドルフ・アウグスト(Rudolf August, 1627–1704)。ハノーファーの図書館に加えてライプニッツは一六九一年よりアウグスト公図書館の館長にも任命され、蔵書の充実に尽力する。9–1、9–2ともテクストはデュタン版による。

★02――原文はdes evenemens. 本来は「出来事」程度の意味であるが、ここでは文脈に合わせ法律用語の「事件」を用いた。

う。もし、われわれがその偉大さに応じて拡充できなければ、偉大なる王の図書館は不完全なものとなってしまうであろう。

それゆえ、もし、現在と同じ状態が続き、世界でも有名な当館[★03]が何年もの間軽視され続けるならば、ついにはすべての人気を失ってしまうのではないかと危惧される。というのも、この隠すことのできない欠陥には、この国の人だけでなく、外国人でさえも気づき、驚くだろう。もし、一度でも世界の中で古くさい図書館だと思われてしまえば、失われた名声を回復するのは困難であろう。さらに、この図書館が学芸を愛する王の持ち物であることが分かれば、その驚きはいっそう大きくなるであろう。失われた名声と栄光は、王自身にも降りかかるだろう。それゆえに、今こそ当館を少しずつ大きくするときであり、世に知られている評価を失わず、他の図書館に負けないようにするときである。

この図書館を維持するための私の考えは、公的文書を銀に変え〔て図書の購入費にあて〕ることである。なぜなら、それはただ、紙が再び紙に戻るという関係にあるだけのことなのだから。国王はすでに多くの費用を得ており、そして、税金は必要なものや土地を飾るものを維持するために費やされるものだから、この援助はいっそう理にかなっており、この問題はまったくもって受け入れられなければならない。

この税金の効果と利点は決して失われることはなく、常にこの地方全体に利益と公益が戻ってくるだろう。なぜならば、この国の子供たちがそこで知識という宝物と幸せの基盤を見つけるからである。学校、都市、家族は自身の家、歴史、古代の遺跡の起源と発展に明るくなるだろう。誰もが必要に応じて、法廷の訴訟、困難な事件、医療、経済、建築などの知見を得ることができるだろう。要するに、再び戻ってくる効用や便宜は実に大きく、多様であり、税金などは取るに足らないはずである。

★03——ルドルフ・アウグスト公の先代アウグスト二世(August II, 1579–1666)が設立したヴォルフェンビュッテルのアウグスト公図書館のこと。

❖ 9-2……ライプニッツの図書館配列案――諸学の分類に従ってより広くより集約的に配置されるべき

Idea Leibnitiana bibliothecæ publicæ, secundum classes scientiarum ordinandae, fusior, & contractior.　(Dutens V, 209–213)

（以下の覚書を参照）

神学一般――一般的に神学を取り巻くものについて書かれたものを含む群、例えば方法論、百科事典に関連する発行物、複雑な神学に関する主題、例えば、種々雑多な書籍を含む多岐にわたる神学の著作物。

釈義的神学――聖書の原句、聖書の原句の解釈者と聖書を自由に解説する人。

歴史的神学――または、この分野の学術的伝統の起源についての著作物、したがって、教会の歴史を含む。教会会議、そしてもちろん、さまざまな聖句、それらの解釈と解説。教父たち。

実証神学――教理問答教示、概論、『神学総覧』[★01]、規則、契約書、神学的教育、さまざまな領域の神学に関する書類、もしくは実際に取扱われた実証的事柄に属するものを含む。

論証神学――不敬者、不信心者、異教徒、分立した宗派の同胞たちとの。

実践的神学――禁欲主義者――神秘主義、敬虔な慣習、預言、恍惚、幻影などの類い。
倫理的には、例えば、良心が問われる事例もある。

★01――ロキ・テオロギキ：フィリップ・メランヒトン（Philipp Melanchthon, 1497-1560）によって、体系づけられたプロテスタントの教義集。

儀式的神学——教会の戒律に関連する作家たち、教会の聖餐式、礼拝式の儀式。説教、祈り、賛美歌など。

＊（それぞれすべての部分(パート)において、特別な語彙集と文献目録を包含すべきであることに注意。一ページは疑問や曖昧さの一覧表専用にすべきである）。

†††

司法全般——一般的な問題。知識の集積（例えば、辞書）と論集。

ローマ市民法についての釈義的法学——原文、解釈者、図解者を含む。

教会法〔についての釈義的法学〕も〔上記と〕同様に〔取り扱う〕。

諸国民の法——法規、習慣的行為など。法の歴史のようになる。

教義的法学——自然法、万民法、自然諸学の原理も含む。要約もしくは、体系的集成によって取り扱うことで私法と公法の共通原理を構成する。

私法——さまざまな法廷論争、共通の意見、質疑応答、判決、司法制度の構成要素。称賛に値する弁護（事実と法の事柄に関して）、裁判の進行。

準公法——犯罪、政治規制、商業、航海、軍事、封建制度を含む。

公正な公共法——主要な、統治法に関して、とりわけドイツにおいて。

国際法——名高い債権に関する。

†††

医学一般——および医学の歴史。

認可された医療——古代ギリシアとラテンの著作物、中世アラビアで書かれたものを含む。

教義的医療――要約、体系的集成、生理学・栄養学・症候学・病理学および治療薬などの分野。
疾病の細目――年齢や性別に関して分類された病状、各人種の生活様式、身体のさまざまな部位、発熱、悪性疾患など、病状の性質のさまざまな観測についての著作物を含む。
薬剤治療――外科用、調剤用。
関連習慣――衛生学に含まれ得る完全な身体をめざす化粧や体操。

†††

自然学一般――一般的な自然学に加え、自然史と身体学を含む。
ポイオグラフィア★02**(Ποιογραφία)**――明らかに知覚可能か、知覚不能な特性についての考察、作用や抵抗に関する研究、知覚に働きかけること、またはこれらから構成されるもの。定性、重力、弾力性、温度、味覚の研究。磁気、共振、発酵、溶解および沈殿。
単純な題材――相似、元素、塩。完全には混ざり合っていないもの、隕石。
鉱物界――金属も含む。
植物界――農業も含む。
動物界――解剖学も含む。動物の管理、狩猟、漁獲。
化学――元素と塩などのさまざまな使用法。
自然の技芸と作用――自然のゲーム、神秘もしくは魅力、経済。

†††

哲学一般――哲学の歴史を含む。
往古の教えに準ずる哲学――アリストテレス哲学、(ギリシア哲学、アラビア哲学、現代スコラ哲

★02――Poiographiaを道理にかなった特性についての知識と定義づけているようである(A IV, 637, 641)。今日、物性論と呼ばれている領域をおおかた含む。

学)、アルケウスの哲学★03、粒子論★04。

論理学——教訓、記憶術を含む。

形而上学——気学、自然神学を含む。

実践哲学——倫理、政治を含む。

経済学、もしくは政治経済学——人間の生計、商業、製造業を含む。

†††

数学一般

普遍数学——全世界(宇宙)における数量および計算に関するもの、算術、代数学、無限小解析。

幾何学——測地学、光学、絵画や彫刻を伴う。

天文学——一般地理学、日時計の原理★05、気象の算定を含む。

力学——運動、運動と機械装置の力に関するものを含む。

音楽

建築

戦争に関することと、航海に関すること

体操——乗馬や体操。

ゲーム、芸術——数学的作品、暗号法も含む。

占い——占星術、人相判断、手相占い、徴(しるし)★06、土占い★07。

†††

★03——第2部4-1訳注50参照。

★04——粒子哲学(corpuscular philosophy)とも訳すことができる。すべての物体は微粒子で構成されているという自然観のこと。

★05——原文はgenomonicsであるが、ゲノムに関する科学のことではない。Genomonに日時計という意味があるため、日時計の原理と訳した。

★06——徴とは、物理的社会的な世界で観察された何らかの前兆を読み取って、未来の出来事を占うことのようである。

★07——風水とも訳すことができる。

文献学一般の歴史――もちろん、文献だけでなく歴史も。

文献学一般――文法、修辞法、詩学。

文法一般

ラテン語と同語族の言語

ギリシア語――現代ロ語ギリシア語を含む。

オリエント語――もちろんヘブライ語とその同族言語を含む、カルデア語、シリア語、アラビア語、エチオピア語、アルメニア語、トルコ語、ペルシア語。

ゲルマン語――フラマン語、デンマーク語、スウェーデン語、ゴート語、アイスランド語、英語。

スラヴ語――チェコ語、ポーランド語、ロシア語、および、ウェールズ語、アイルランド語、カンタブリア語、フィンランド語、ハンガリー語などのような他のヨーロッパ言語。

その他の非ヨーロッパ言語

†††

修辞学一般

修辞技術――演説するさいの人の心の動かし方。よりいっそうの魅了法に加え、教え説得するための指針。プロギュムナスマタ〔エッセイなどの作品〕★08、書簡、対話、演説などの書き方や、また、詭弁や碑文の技術などについての指針も含む。

演説様式――叙述、書簡、対話、碑文、詭弁、演説などを含む。演説の形式というのは、内容ではなく雄弁術の問題に関わる可能性が高い。

詩学一般

詩術――もしくは作詞法のための教え、創造力、さまざまな言語による詩の朗読法。

★08――プロギュムナスマタ(progymnasmata)とは、古代ギリシアで始まった作文や話し方の練習を行う教科書のことである。

さまざまな様式の詩の例――エピグラム、叙事詩など、そして、それらの主題についての注釈の中以外では目録に載らないような作品群。

古代詩――古代ギリシアとローマのもの、ラテン語とギリシア語で書かれている現代詩、また、他の言語の詩。

セミポエティカ――詩と雄弁の間の複数の意味を持つ教えを含む。ここでは、道徳的な教えも、歴史的な真実も潜まない範囲において、冗談、演劇、小説、風刺や神話も含まれている。

†††

地理史一般

地理の一般書――旅についての有益な教えを伴う、各地の旅行記など。古代、中世、そして現代の地理学。

ドイツ語圏の国――ベルギー、イングランド、デンマーク、スウェーデン。

ラテン系の地域――スペイン、フランス、イタリア。

スラヴ諸国――ポーランド、ロシア、ハンガリーからギリシアまでを含む。

異郷の国々――トルコ、ペルシア、インド、中国、アフリカ、アメリカ。

†††

歴史一般

通史――ギリシア文明より以前の最古の時代を含む。

古代史――ギリシア・ローマの文明とその同時代を含む。アフリカ、ペルシア、エジプト、シリア、マケドニア。異民族がローマ帝国へ大挙して押し寄せるまでのローマ皇帝群像。

中世史――諸民族（ゴート族、ロンゴバルド族、フランク族、サクソン族、サラセン族）の殺到から、カール大帝[★09]へのローマ帝国の返還まで、また、フリードリヒ二世[★10]、カール四世[★11]まで、さらには、フリードリヒ三世[★12]も含む。また、現代のビザンチン帝国の歴史とともに、ドイツ帝国の歴史も。

現代史――中世以後の世紀と現代。

諸国の歴史――ここには、地理の項目に分類することができないような文書が含まれる。

移住の歴史、家系や紋章

多数の歴史一般

さまざまな名前で呼ばれる（世俗の）歴史――ここでは、儀式、葬儀、行進、海軍、戦闘、王の道、そして旅程、官職、行政長官、政府、市場、税金、市民イベント、予言に関する文書を含む。

古美術品――およびローマ、ギリシア、オリエントの儀式。

骨董――および古銭、碑文、その他の時代の遺物。

昔の記者――多様な主題についての。

歴史文芸――自然学の進歩、有名な博学者の伝記。

不朽の業績に対する評論家――および著者、編集者、そして原稿、古写本、推薦状。本物を偽物から識別する力と、正しい意味の理解。

図書館学――図書館に関する文書、普遍的な宝庫のために。

†††

知識一般

百科全書的観点のために

★09――カール大帝（Karl I, 748?–814）。

★10――フリードリヒ二世（神聖ローマ皇帝：Friedrich II, 1194–1250）。

★11――カール四世（神聖ローマ皇帝：Karl IV, 1316–1378）。

★12――フリードリヒ三世（神聖ローマ皇帝：Friedrich III, 1415–1493）。

図像コレクション――すなわち本として出版された絵の変遷、特定の学術的な訓練とは関係なく。

雑録――どの特定の研究範囲にもあてはまらないもの。

【解説】誰でも活用できる知の宝庫から百科全書へ

上野ふき

ライプニッツが図書館司書として正式に勤めたのは、一六七六年(三〇歳)から一七一六年(七〇歳)の生涯を閉じる時までの四〇年間である。当時のカレンベルク侯ヨハン・フリードリヒによりハノーファーの宮廷顧問官および図書館司書に任命され、パリからハノーファーへと移り住んだ。その後、一六九一年にヴォルフェンビュッテルの宮廷顧問官と図書館長にも任命され、両図書館司書を兼任している。彼の図書館司書としての仕事は、選書、蔵書目録の作成、管理などであったが、彼にとってそれらは単なる作業ではなく、自身の哲学に沿った、知の宝庫かつ誰もが目当ての文献に素早く確実に行き着くことができる体系づけられた図書館を作り上げるための大事な作業であった。

両図書館の司書を始めてからすぐに、ライプニッツは双方の公爵に図書館の独自の運営方法について知らせている。図書の購入方法の実理を六項目にリストアップし、概要に最初の仕事のプログラムを記すなどしており、図書館の管理のための新しいアイディアを発展させている。9–1『ヴォルフェンビュッテル公爵殿下への図書館運営の提案』(以下『図書館運営の提案』)と9–2『ライプニッツの図書館配列案』(以下『図書館配列案』)もそのころに書かれたと考えられるが、何年に書かれたかは定かではない。

まず、ヴォルフェンビュッテル公爵に宛てた覚書『図書館運営の提案』(9–1)は、図書館の理念と要望を巧妙に表現しており、読む者に図書館の存在意義と重要性を改めて認識させるものである。とくに、図書館を特権階級に限定されたものではなく、一般の国民誰もが利用できるように努力している点で、知に対するライプニッツの真摯な考えが伝わってくる。また、ライプニッツの実務家としての側面を見ることができる資料としても貴重である。現代の図書館司書だけでなく、知恵を体系づけて残していく仕事を行う者にとって励みになるだけでなく、その仕事の実行とレベルの維持から発展のために必要な予算や要望を行政に要求しなければならない時など、参照に値する。

例えば、国立国会図書館調査員だった椎名六郎は『ライプニッツの図書館活動』(1961)の中で、ライプニッツの図書館構想に関する「思想は、現代のレファレンス・ワークの根本思想であり、その源流とみることができましょう。〔…〕図書館が多くの資料を収集蓄積したとしても、それが利用者に知らされない限り、利用の意欲は起こらないし、図書館は民衆と密着できません」と述べている。一七世紀当時は印刷技術の発展により大量の本が流通している時であり、図書館は修道院や大学に付属するだけでなく、各国王、貴族、裕福な市民の個人文庫となった。市民にとって図書館がより身近なものになっていたのは確かだが、本格的に開かれるようになったのは一九世紀に入ってからである。この年々増え続ける蔵書の分類と検索方法の考案から実用まで実現させるという難事に一世紀も早く挑んでいたところに、ライプニッツの真骨頂がある。

次に、『図書館配列案』(9-2)について説明する。これはライプニッツが図書館管理のための図書分類案をいくつか作成したものの一つである。ここでは特に分類の内容に焦点を当てる。なぜならライプニッツの分類は少し特殊で、その分類方法から彼の思想の傾向がうかがえるからである。図書分類の歴史を図書目録に限定せず、知識分類の歴史として見ると、多くの哲学者が分類を試みている。時代ごとに分類の内容や順番が異なり、当時の思潮を色濃く反映していることがわかる。

例えば、古代ギリシアのアリストテレスの分類では、「論理学、理論(数学、自然学、形而上学)、実践(倫理学、政治学)、創造(詩学、音楽、芸術)」となっており、今日における自然科学的対象が主要な知識であったと考えられる。中世初期では神学を基礎とした「言語の科学(文法、弁証法、修辞学)、数学(幾何学、算数)、実務諸学(音楽、天文学)」が主な学問の科目である。分類項目が言語からはじまっており、知識の対象が自然から人間へと変化している。また、キリスト教が支配的だったこの時期は聖書に適応した内容となっており、分類の冒頭に神、精神、人間をおくタイプのものが散見される。

中世後期のロジャー・ベーコンは実験科学に関心が高く、知識の分類に新しい思潮をもたらした。彼の分類は「文法と論理学、数学(思弁的、実用的)、物理学、天文学と占星術、錬金術、農業、医学、実験哲学、思弁哲学・道徳哲学、神学」である。自然科学に関する内容が先にあり、人間精神に関連する内容が後にきている。より細分化された項目は知識が増えてきた証拠であり、項目の順位からはキリスト教社会に対する対立も垣間見える。

一七世紀に入るとまた知識分類の様子が変わる。百科全書を編纂したディドロとダランベールに影響を与えた、フランシス・ベーコンの分類は、「歴史(自然史、政治史)、詩学(叙述的、劇的、寓意的)、学問あるいは哲学(神学哲学、自然哲学、人間哲学)」である。大項目に歴史が新たに加わり、天体や地球を対象とした歴史から始まる。自然と人間の成り立ちを物語的に捉え始めており、この視点は現在の地球惑星科学や進化論につながるように思われる。また、デカルトの場合、「論理学、数学、哲学」の三分類があり、その中の哲学が、形而上学、物理学および明確単純な概念、鉱物、植物、動物とくに人間、医学、技術学、倫理学などに細分されている。デカルトが理論的作業に傾倒していた分野がわかる。ここで紹介した分類はほんの一部にしか過ぎない。各時代の知識分類をより詳しく知りたい場合、エヴゲーニー・シャムーリンの『図書館分類=書誌分類の歴史』(1955)を参考にされると良い。

以上に対し、ライプニッツの分類は翻訳にある通り「神学、法学、医学、自然学(物理)、哲学、数学、文献学、修辞学、地理、歴史、知識一般（百科全書的観点のために）」となっている。また他の案では「神学、法学、医学、知性的哲学、想像力の対象についての哲学あるいは数学、可感的事物についての哲学あるいは自然学、文献学あるいは言語学、政治史、学術史、図書館学、総記、雑記」というのもある。神学が最初に置かれ大項目の二番目に法学、三番目に医学が置かれている事が特徴的で、一見中世に戻ったかのような分類である。しかし、ライプニッツが実にあらゆる分野で活躍しており、分類項目の多くに精通していたことは周知のことである。彼の個人史と実績に鑑みると、多々ある学問の中でもとりわけ、神学と法学は彼にとって特別であった可能性がある。もしかすると図書利用の対象を地域良民と想定している故の分類かもしれないが、ライプニッツ思想の中心には自然ではなく人間がいたと考えられる。

【10】

Plan zu einer teutschliebenden genossenschafft. 1691 bis 1695(?)[★01] (A IV, 6, 788–793)

ドイツ愛好会設立案

✣藤井良彦＝訳・解説

ドイツ愛好会はわれらが祖国であるドイツ国の神威栄光と公益のためにある。

そのためには、何よりも神と公権力のもとに優れた人々、つまりは何よりも真の愛国者としての善き意志をもっており、才や見識といった優れた能力、あるいは手段といったものをその全てではないにせよ少なくとも一つは身にそなえている人々が結集することである。

愛国思想が今よりも必要な時はいまだかつてなかったと言えよう。愛すべき祖国はいよいよ弱体化して、ドイツ国の神威栄光たるや地に落ちたかのように思われる。その一方で、周辺の国々は国力を増しつつあるのだから、われわれが一致団結しなければ均衡を保つことはできないだろう。実際、われわれはすでに国土の大半を失ったと見るべきである。

神に背く不敬な輩がわれわれの仲を引き裂いているのだ。

それにしても、われわれ人間が神の恩寵によって自然の隠された事柄を探究し、たった一年で以前は十年、いや百年も必要としていたことよりも以上のことを達成できるすばらしい手段を獲得したというのに、われわれがそれを十分に用いようとはしていないことはかえすがえすも残念なことである。

例えば、目を望遠鏡と顕微鏡でいわば武装することで、われわれは自然の内奥へと至る視野を開いた。望遠鏡で遠くずっと離れたものを見ることによって、われわれは驚くべき宇宙の姿がまさに神の偉業であることを知るのだが、それは昔の人が想像していたこととは違って、まさに神の叡智と言うべきものなのだ。また顕微鏡では一粒の砂を何百万倍にも拡大して見ることができ、これに習熟すればわれわれの認識は物体の隅々にまで及び、少数ながら優れた着想を得る人も出てくるはずである。

また、われわれは火を扱う高度な技術を獲得したことにより、物体を溶かしたり曲げたりしてはまた元に戻したりして、多くの新しいものを作り出すことができるようになるだろう。空気を

★01——執筆年をホルツ版は一六九六年としていた。王立協会についての評価や、「自然探究愛好会」が「何年か前に」設立されたという証言などはそのヒントとなろうか。クロップ版の第一系列第六巻（1872, 214–219）とフシェ・ド・カレイユ版の第七巻（1875, 383–394）には細かな異同がある。W・シュミード＝コヴァルツィク編集による『ドイツ語著作集』の第一巻（1916, 55–59）は前者を、アカデミー版（2008, A IV, 6, 788–793）は後者を収録しているが、この時点でもまた細かな異同が見られる。そこで、翻訳は各版との異同を参照しながら読みやすいものとなるように心がけた。アカデミー版によると、残念なことに原本は紛失したとのことである。

扱う装置もある。一人のドイツ人[★02]がみごとな発明をしたのだ。それを使うと、空気を抜き出して、空間をいわば空っぽにしてしまうことができる。これによって、空気というものが多くの物体に対していかにめざましい働きをしているのか、ということがいよいよ知られることだろう。

しかし、そんなことよりも、われわれはオルガノンの中のオルガノンを、つまりは真の論理学とそれに基づいた発見術を、精妙な解析(die Analysin speciosa)[★03]やまたその他の手段によって昔の人たちよりも比較にならない位にまで高めたのである。そんなことで知性が武装されたところで、望遠鏡で目が武装されるほどの効果はないだろうと言う人もいるかもしれないが、その望遠鏡だって筒の中のレンズを覗く人がいなければいったい何の役に立つのか。

もっとも、この高級な装置を自然の隠された事柄の探究に用いるような人はこの世界に十人もいない。

それもあってか、われわれが昔の人たちよりもどれくらい優れた働きができるのか知られていないために、偉い人たちや上流階級の人たちは公益や学識といったものに関心すらないようで、どれほどのことがこれから先に起こるのか、それも起こさなくてはならないのかということを知らないし思うことすらできないのだ。ここ六〇年もの間に、ガリレオやケプラー、ハーヴェイ[★04]などによって小宇宙と大宇宙の構造がかなり正確に知られたこと、従って真の学問はまだ生まれたばかりでその幼少期にあるが、きちんと養い育てさえすればかなりのものになる、ということを見抜いているような人は少ない。

人間というものはいつの時代も同じで、良いものには暇がいると言うし、学問というものはアメリカのアロエ[★05]のようなもので、育つまでに長い時間がかかるものだと思われるかもしれない。しかし、その学問でも適当な助力さえ得られれば、たちまちのうちに世に轟くのだ。それに、努力さえすれば、この時間は短くすることさえできる。百年以上はかかると思われていたことが十

★02——オットー・フォン・ゲーリケ(Otto von Guericke, 1602–1686)のこと。マクデブルク市長をつとめ、マクデブルクの半球を使った真空の威力を公開実験で披露して話題をよんだ。第1部1訳注28参照。

★03——ヴォルフはこれを『数学的学問の諸原理』第四巻(1710, 402)において「新しい代数学」と紹介している。

★04——ガリレオ(Galileo Galilei, 1564–1642)とケプラー(Johannes Kepler, 1571–1630)は大宇宙としての天体の諸現象や運動について、ハーヴェイ(William Harvey, 1578–1657)は小宇宙としての人体の血液循環について究明する。

★05——リュウゼツランという名で知られるメキシコ産の単子葉植物。花が咲くまで数十年かかるものも多く、ライプニッツの時代には百年に一度だけ花が咲くと思われていたという。

年で達成されるかもしれないのだ。ほとんどの人は智慧の木の性質を知らずに、それが花咲く時が来る前に切り落としてしまう。彼らはこの木を献身的に育てることをしないのだ。懐疑的な人たちは、とくに医学のような実用的な事柄においては、もはやベストは尽くされたと思っているのかもしれない。あるいは、今日のわれわれの知識たるや昔の学院の人たちのそれと同じようにひどいもので、むだ話のようなものだと思われているのかもしれない。

しかし、そう思われていることの責任は他ならぬ学者たちにあるのだ。例えば、或る者たちはいつも「形相」だとか「原子」といった実用とはかけ離れた空虚な思想や益なき思弁と戯れ、また別の者たちは実践あるのみということで事柄について深く考えることがない。というのも、この人たちは生活の糧のことを心配しているのだが、公権力が彼らを助けることはあまりないからである。その理由についてはすでに述べたが、要するに彼らは学問の可能性ということを知らないし思うことすらできないのだから、時として何かをするにしてもそれは公益を求めてのことではなく名声のためなのである。そこで、学者たちもまた、本当の意味で人間に裨益するところのものを求めるよりも、話術やうわべだけの事柄を欲にかられて求めるだけである。

とはいえ、神は誰よりもドイツ人たちに事象へと向かう知性を与えたということは、これまでの経験からして明らかなことである。他の国の人たちはわれわれよりも口が達者で、歌もうまければ詩も上手につくるが、ドイツ人ほど実用的な事柄についてよく通じている国民はいないのだ。

思うに、現代は協会というものが流行している時代のようだ。もはや傾きつつあるイングランドの王立協会の他にも、王に扶養されているフランスの〔諸学〕アカデミーや談論にうつつをぬかしているイタリアのアカデミアなど[★06]があるが——実はドイツにこそ優れた先例があるのだ。ドイツ語の改善を目的として高位の秀でた人たちによって設立された協会[★07]は少なからず重要なものであった。ただ、会の運営が長くは続かなかったこともあって、その業績が正当に評価されていないだ

★06——『ドイツ語の鍛錬と改良に関する私見』（高田博行・渡辺学編訳『ライプニッツの国語論』所収、法政大学出版局2006）でもライプニッツが批判しているアカデミア・デラ・クルスカのことか（K II, 2, 135 訳注12参照）。

★07——原語は複数形だが、「結実協会」のことを指していると考えられる。この会については訳者解説を参照。

けである。言語はいわば知性の明るい鏡であるということ、そしてそれを正しく用いればあらゆる学問分野において優れた才能が開花するということを知らねばならぬ。この誉れ高き協会において、小説の翻訳よりも実用的な本の翻訳が急がれ、音響詩（ソネット）や田園詩などよりも実用的な諸学の基礎的な叙述こそがドイツ語でなされたことは、すでに高く評価されているはずである。高級な詩や愉快な創作話を軽んじているのではない。私自身、そうしたものを高く評価している。そうではなく、娯楽と実用とが一致すべきだと言っているのである。例えば、優れた行いを記録したドイツの英雄叙事詩がいくつかあるだろう。それが翻刻されては版を重ねているのは、誰にでも真似できるものと思われているからである。

そもそもドイツ語は、ラテン語やそこから派生した諸言語と比べて、いわば思想の試金石となっている点において一段と優れている。フランス語やイタリア語、また英語といった言語は、ラテン語の単語を勝手放題に取り込んでしまうので、哲学者たちのジャーゴンや奇想天外な言い回しまでもが時として口を突くのである。対するに、ドイツ語にはそういうことがないのだ。正しくも純粋なドイツ語で表現できる思想は、それ自体が徹底した思想なのであり、適切なドイツ語で表現できないようなことは、だいたい意味のない言葉で語られたものなのだからスコラ学に属するようなことなのである。なにも精力を傾けて哲学やスコラ神学をドイツ語化する必要はない。そんなことよりも、思想の試金石という特徴を生かしてドイツ語という言語を用いるべきであろう。確かに、スコラ学もそれなりに有益なものではあるが、それはあくまでも神学においてのことであるからここで考慮する必要はない。それよりも、多くの人たちが神学畑において耄碌していることを思えば、スコラ的な物の言い回しをドイツ語に持ち込む必要などないはずである。

もう一つ、ドイツには特筆すべき協会がある。それは何年か前に設立されたもので、「自然探究愛好会」★08と呼ばれているが、世に聞こえた医者たちが集い、自然の探究にいそしんでいるのであ

★08——原語はCollegium naturae curiosorum. 一六五二年にバウシュという医師によって設立されたバイエルンのアカデミア。実際に財政難に陥った。しかし、ライプニッツは「何年も前に」(vor vielen Jahren)と言っている。

る。ただ、それがあくまでも人間の健康を維持するために必要なことに限られているため、その意図するところに手放しで賛同することはできない。それに、会の人たちは勇ましくもあるが、特別なことを発見するほどの時間もなければ余裕もないし十分な援助も受けていないのだから、大きく期待できるほどの成果が出せなかったとしても不思議ではない。

ドイツにおいては、貴族や高名な人たちがイングランドの人たちほどには知識欲が旺盛ではなく、フランスの人たちほどにも言語の改良に熱心ではなく、いつも酒を飲んでは博打にあけくれていたということが何よりもの不幸である。その帰結たるや上に述べてきたとおりであるが、酔いもいつかはさめるだろうし、誰もがいつも賭け事ばかりしているわけではないのだから、神が休息と憩を与えてくだされば、彼らもしだいに有益なことに時間を割くようになるだろうし、いずれはどこかしこの諸侯らも知識欲にかられて身を起こすことになるだろう。

【解説】ドイツ語で哲学するために

藤井良彦

ドイツ語という「母語」の使用に関してライプニッツが果たした役割は、一六一七年にザクセンのヴァイマール宮殿で結成された「結実協会」(Fruchtbringende Gesellschaft)と、一六八七年、ハレ大学で最初にドイツ語で授業を行ったクリスティアン・トマス(トマジウス)との間に位置づけられて評価されることが一般的である。確かに、ドイツ語の使用を勧告した点でライプニッツに独創性を認めることは難しい。ライプニッツをショッテル(ショッテーリウス)の「弟子」[★01]とする向きもあるが、『ドイツ語文法の基礎』(1748)においてショッテル以後、「ドイツ語はかなり改善された」[★02]と振り返るゴットシェートの証言は、ライプニッツ自身、「スムーズにドイツ語を書くことができず」[★03]という事情と合わせて理解すれば当時の事情をよく物語っているのかもしれない。

ショッテルの主著『ドイツ主幹言語に関する詳論』(1663)では、「単語」が「思想の像」[★04]とされているが、似たような表現がここに訳出した設立案にも見られるのは興味深いことである。ライプニッツは繰り返しこの一節を方々で引いている。ライプニッツにとって「言語」が狭義において「単語」であったことは、いわゆる「デカルト派言語学」と比較した場合に対照的な事実である。

ともあれ、ドイツ語を学術用語として用いるという点に関しては、ライプニッツの功績を認めないわけにはいかない。しかし、それは彼自身がそれを推奨しているからという理由によるのではない。『モナドロジー』などのドイツ語訳を収めたケーラーによる『哲学小著作集』(1720)、並びにフートによるその増補改訂版(1740)、そしてゴットシェートによる『弁神論』の改訳第四版(1744)こそが、ライプニッツの用いていたフランス語の哲学用語の定訳を確立したのであり、それが初版だけでも八千部を売り上げたヴォルフの著作『ドイツ語論理学』(1712)と並んでドイツ語としての哲学用語を広めることにつながったのである。

ゴットシェートの改訳には『理性に基づく自然と恩寵の原理』や

★01——福本喜之助「ドイツ語協会の本質とその活動について《17世紀ドイツ文語史からみた外来語の問題とドイツ国語協会の意義について(7)》(第二編第二章)」『関西大学文学論集』21巻4号 1972, 10.

★02——J. Ch. Gottsched, *Grundlegung einer Deutschen Sprachkunst*, Leipzig, 1748, 4.

★03——西村稔『文士と官僚：ドイツ教養官僚の淵源』木鐸社 1998, 99.

★04——J. G. Schottelius, *Ausführliche Arbeit von der Teutschen Haubt Sprache*, Braunschweig, 1663, 187.

『実体の本性と実体相互の交渉、並びに心身の結合についての新説』、そしていわゆる「第一解明」から「第三解明」の訳が「補遺」として付されている。ラスペによる『人間知性新論』の公刊(1765)は有名だが、それが出されて後、一七七八年から一七八〇年にかけてそのドイツ語訳が二巻本で出されていることはライプニッツ受容史における知られざる史実である。ニコライの伝記には、ラスペ版をロックの『人間知性論』のドイツ語訳(1755)を参照しながらメンデルスゾーンと一緒に読んだという証言が残されているが、これは彼らにおいてドイツ語の哲学用語が訳語として意識されていたことを示している。★05 そのメンデルスゾーンの『哲学対話』(1755)はライプニッツの予定調和説をモナド論と心身関係論との相互から擁護しようとした意欲作であるが、その内容をよく見ると、明らかにゴットシェートによる『弁神論』の改訳とベールの『歴史批評辞典』のドイツ語訳が参照されているのである。

　なんとなれば、『哲学対話』の第一対話における議論は、ベールの『歴史批評辞典』(第二版)の「ロラリウス」の項をめぐるベールとライプニッツの論争を踏まえたものであるし、第三対話で引用されている『弁神論』の一節は明らかにゴットシェートの訳文を引いたものである。とくに前者に関しては、内容からして訳者であるゴットシェート自身が訳文に付しているフートが訳出したライプニッツの諸注を第一次資料としたものと考えられる。これについて、ゴットシェートは次のように述べている。「ここに付けた諸々の注は、イエナのM・フート氏の『ライプニッツ小著作集』に訳出されているものであるが、その他にも、この傑出した才人はベールの『辞典』の別の版に見られる異論に対するまた別の反論を残している。それは、〈ベール氏の『批評辞典』の第二版における予定調和説に関するロラリウスの項に所載の考察に対するライプニッツ氏の応答(Replique de Mr. Leibniz aux Réflexions contenuës dans la seconde Edition au Dictionnaire Critique de Mr. Bayle, Article RORAIUS sur le Systéme de l'Harmonie préétablie)〉という題のもとで、ライプニッツ氏とクラーク氏の『著作選集』の第二巻、420頁以下〔デ・メゾー版の改訂第二版(1740)における頁数〕に収められているものである。この論文はまだ一度もドイツ語に訳されたことはいないし、予定調和を理解しベールの疑問を解くためにも教えるところが多いため巻末に補遺と共に付けておくことにする★06」。

　この「応答」について、野沢協氏は次のように指摘している。「ベールはこれを手稿の形で、それに添えられたライプニッツの一七〇二年八月十九日付の手紙と共に人づてに入手していた。そして、同年十月三日付でライプニッツ宛の短い返事をしたためたが、それに対するライプニッツの返書(同年十二月五日付)が、二人の往復書簡中、現存する最後のものである★07」。

　一方、ゴットシェートが訳文に付した「諸々の註」とは、彼自身が言っているように、フートの編になるライプニッツの『哲学小著作集』に収録されたものである。この版は、ケーラーによって出版された二冊の訳書をその教え子であるフートが合本にして一冊にしたものだが、そこに訳出されている「ベール氏の『辞典』(1702)の2599頁以下、「ロラリウス」の項の抜粋と私の諸注」こそが「応答」の手稿である。ゴットシェートはこの注を『辞典』本文の訳文に付して便宜を図ったわけである。ケーラーがこの手稿を書写していたことは河野与一がすでに指摘しているが、[★08] それをゴットシェートが特定のコンテクストのもとで流通させたことの意義は『哲学対話』をひも解かない限り評価できないことである。

その第一対話においては、『実体の本性と実体相互の交渉、並びに心身の結合についての新説』が*Tagebuch der Gelehrten*(『学術雑誌』)に掲載されたとあるが、これも『弁神論』の訳書(第四版)の「補遺」に付された注において、ゴットシェートがそれを*Tagebuch*に掲載されたものとして紹介していることからして説明されよう。つまり、『哲学対話』の第一次資料は『学術雑誌』に掲載されたフランス語原文ではない。

しかし、ゴットシェートはただ単にライプニッツの資料を流通させたのではない。その定訳が確立されていく過程において、ドイツ語の哲学用語が形成され、ひいては「ドイツ哲学」というナショナリスティックな言説空間が現出したのである。

メンデルスゾーンの友人であったユダヤ人のグンペルツは、ゴットシェートのもとで教わる予定であった。計画は戦争の勃発によって断念されたが、ゴットシェートがそれを許したことは残されたグンペルツの書簡から伺える。[★09] メンデルスゾーンはグンペルツからフランス語を教わったのであるから、二人がゴットシェートの訳文をフランス語の原文と比較対照させた可能性もある。

訳がなくとも読めるだろうが訳がなければ読まれない——そうした観点からしてドイツにおけるライプニッツ哲学の受容史は構想されなくてはならない。ドイツ語の哲学用語にライプニッツが用いていた哲学用語の訳語としての性格があったことを思えば、批判哲学が台頭する以前のドイツ哲学を読む場合、カント以後のドイツ観念論における哲学用語の訳語を用いることがいかに無批判なことであるか。『純粋理性批判』において、カントがわざわざ

★05——F. Nicolai, *Über meine gelehrte Bildung*, Berlin-Stettin, 1799, 34.

★06——P. Bayle, *Herrn Peter Baylens Historisches und Kritisches Wörterbuch, nach der neuesten Auflage 1740 ins Deutsche übersetzt; mit des berühmten Freyherrn von Leibnitz, auch versvhiedenen andern Anmerkungen, sonderlich bey anstößigen Stellen wie auch einigen Zugaben versehen, von Johann Christoph Gottscheden*, 4ter Theil, O bis Z, Leipzig, 1744, p94.

★07——野沢協訳『ピエール・ベール著作集』第五巻、法政大学出版局 1987, 1750.

★08——河野与一訳『単子論』岩波文庫 1951, 204–205.

★09——cf. T. W. Danzel, *Gottshed und seine Zeit. Auszüge aus seinem Briefwechsel*, Leipzig, 1848, 333 f.

「感覚」や「表象」といった用語の定義づけをしているのは、そうした用語がもはやライプニッツの哲学用語の訳語ではなくなったという事情を暗に背景としている。

『哲学対話』の事後談としては、それを勝手に出版したレッシングがスピノザに関心を抱いたことにより汎神論論争へとつながる批評空間が開かれたことにある。レッシングがスピノザの『エチカ』をシュミット訳で読んでいることはすでに指摘されているが、それと比較してメンデルスゾーンが『遺稿集』を定本としてラテン語原文を読んでいることは彼らのスピノザ解釈を検討するさいに無視されてはならない史実である。それどころか、もしもメンデルスゾーンがスピノザを原文で読む一方でライプニッツについてはドイツ語訳で読むことで満足していたのであれば、それはテクストの流通事情はともかくとして、ライプニッツをヴォルフと並び「ドイツ人」の哲学者としたメンデルスゾーンにとって、それが「ドイツ哲学」であるがゆえにドイツ語でテクストを読むことに抵抗を感じなかったということなのかもしれないが、それ以上に、ライプニッツの哲学用語の訳語としてのドイツ語の哲学用語に則ってこそ「ライプニッツ＝ヴォルフ学派」として知られる一つの言説空間が開かれていたということなのだろう。

外来語の学術用語をドイツ語に置き換えることが、とりもなおさず外来語のテクストをドイツ語に直すことであること、その問題をライプニッツは予見していたであろうか？

訳者の誤読かもしれないが、本編は諧謔に満ちた痛快なエッセイである。

いろいろな装置を手に入れたと言いながらも論理学こそが大切なのだと言う。しかし、この「高級な装置」を扱える者は十人もいないだろうと嘆く。科学と技術が混同された現代において、技術という名の装置を扱うオルガノンはまさか「知の技法」ではない。アカデミーの時代だと言いながらも、ドイツにこそ優れた例があるといって出してくるのはもはや活動を停止している件の言語協会である。しかし、ラテン語や神学について言われていることに耳をすませば、「実体的紐帯」などという例外的な用語に拘泥した解釈が他ならぬライプニッツという人にはちっともそぐわない営みであったことが知られよう。公費による支援に何度か言及されているが、読者はそこに在野であったライプニッツの困窮した姿を見なくてはならない。酒も博打も我慢して学問にいそしんだ一人の学究がここにいるのだ。

【11】

ブランデンブルク選帝侯フリードリヒ三世
プロイセン王フリードリヒ一世
Friedrich III., Kurfürst von Brandenburg
Friedrich I., König von Preußen, 1657–1713

Gedancken von Aufrichtung einer Societatis Scientiarum et Artium. [1.Hälfte Juni 1700?]

(A IV, 8, 425–429)

諸学と諸技芸の協会を設立する構想

✣酒井 潔＝訳・コラム・解説

ブランデンブルク選帝侯閣下は[01]、諸学と諸技芸の協会（societas scientiarum et atrium）を創設するという栄光にみちた、まさに王にふさわしい事業[02]を計画なさるのであるから、真なる目的と利益が僅かな労苦で得られるような施設について考えるべきであろう。

そのような選帝侯立協会は、単なる珍奇または好奇心や不毛な実験に向かったり、あるいはパリ、ロンドン、フィレンツェなどで起きているように[03]、有益な物を単に発明するだけで応用や実用を欠き、それゆえ嘲笑され、有名なイングランドの喜劇『大先生』[04]にあるような始末となり、人々が手を引いてしまう、というのであってはならない。そうでなく、〔協会という〕事業を最初からすぐに学と一緒に利益へ向かわせるのでなければならない、そしてそれによって、高貴なる創立者は名誉を期待し、また一般人はさらに多くのことを期待する原因となるような見本を考えねばならないだろう。

それゆえ、理論と実践（Theoria cum praxi）を統一するという目的[05]とは、諸々の技芸や学だけでなく、また国、人々、農業、手工業、商業、そして一言でいえば食料も改善し、さらに次のような発見を行うこと、すなわち、それによって神の溢れんばかりの名誉がさらに広められ、そして神の驚異も従来よりいっそう良く認識され、したがってキリストの宗教が、また良きポリツァイ条例[06]、人倫が、一部は異教徒に、一部はまだ粗野で、おそらく野蛮ですらもある諸民族に植えつけられ、もしくはいっそう広められるような発見を行うことである。

そしてその場合おそらく考えられ得るのは、選帝侯閣下が、領国の地勢[07]やその他の状況のゆえに、皇帝[08]もフランス王[09]も彼らの場合には見出せないような機会を有しており、そしてモスクワとの良好な意思疎通[10]のゆえに、中国、インド、ペルシアそして大蒙古[11]にいたる適切な交易を始め、新教の事柄[12]の他にも大きな利点をそれらの国々にもたらすだけでなく、人類に格別役立つために、さらに閣下自身の国内で、重要な、ほとんど費用のかからない発見を行わせることができる、と

★01――フリードリヒ三世（1657–1713：ブランデンブルク選帝侯1688–1713）。英雄的人物ではなく、財政難も招いたが、妃ゾフィー・シャルロッテ（ライプニッツの君主ハノーファー選帝侯エルンスト・アウグストと妃ゾフィーの娘）の影響もあり学芸を振興、一六九三年ハレ大学を創立し、一七〇〇年ベルリン諸学協会を設立、ライプニッツを初代会長に任命した。皇帝レオポルト一世よりプロイセン王の称号を許され、一七〇一年プロイセン王フリードリヒ一世として即位。フリードリヒ・ヴィルヘルム一世（軍隊王、在位1713–1740）の父、フリードリヒ二世（大王、在位1740–1786）の祖父。

★02――ここでほのめかされているのは、プロイセン王位取得のためのブランデンブルク選帝侯による綿密な諸計画である。協会がベルリンに設立されれば、選帝侯は、すでにアカデミーを持つ、フランス王とイングランド王と同等の地位に達するであろう（Brather, 71）。

いうことである。

ところで疑いもなく選帝侯閣下のもとには、すべてのこうした事柄について素晴らしい構想を提供できる優秀な人々が見出される。しかしそれでも、人は私に意見を徴する名誉を与え、また

★03——パリ王立諸学アカデミー、ロンドン王立協会、フィレンツェのアカデミア・デル・チメントを指す(A IV, 8, 426, Z.7)。ロンドン、パリの協会については、本巻第3部1−2訳注02・03参照。フィレンツェのアカデミア・デル・チメント(「実験アカデミー」)は一六五七年メディチ家により設立。「探究また探究」(Provando e Riprovando)をモットーに、徹底して経験主義的であった。通信会員にロバート・フック、ホイヘンス、キルヒャー、オルデンバーグら。

★04——Thomas Shadwell, *The Virtuoso. A Comedy Acted at the Duke's Theatre*, 1676 (A IV, 8, 426)。王立協会を風刺し、自然科学者を興行師、いかさま師と攻撃、イングランドの学者たちを何十年も苦しめた。ライプニッツは一六七六年秋の二度目のロンドン滞在のときからのこの作品を知っていたであろう(Brather, 72)。シャドウェル(Thomas Shadwell, 1642–1692)はイングランド王政復古時代の喜劇詩人。

★05——原文はden Zweck Theoriam cum Praxi zu vereinigenである。ライプニッツのモットーとして有名なTheoria cum praxiの真意は、単に「理論と実践」や「実践をともなった理論」というより、「理論を実践と統一する／一つにする」と言うべきであろう。

★06——Policey-Ordnung：元来「ポリツァイ」とは「公共体の良き秩序」を意味し、公共の福祉の増進およびそのための活動全般を指す。近世ドイツの領邦や都市で、経済活動、治安、風紀、公衆衛生、社会福祉などの政策立法が行われていた。K II, 2, 31注67および本巻第2部2訳注01・05、同3訳注03参照。

★07——ロシアや中国へのアクセスという点に関しては、ブランデンブルク選帝侯とプロイセン公爵領はウィーンの皇帝やパリのフランス王よりも地理的に有利であった。

★08——一七〇〇年当時の神聖ローマ帝国(ドイツ)皇帝はレオポルト一世(在位：1658–1705)。

★09——一七〇〇年当時のフランス王はルイ一四世(在位：1660–1715)

★10——一七〇〇年当時、強国スウェーデンはフランス、トルコとも結び、ブランデンブルク領とバルト海の間のポムメルン(ポメラニア)を占領し続けていた。一六八三年トルコ軍がウィーンを包囲したさいブランデンブルク選帝侯は皇帝側につき、これを機に、黒海でトルコと戦い、スウェーデンとも対立していたロシアに接近した。一七一三年ブランデンブルクはロシア、デンマーク、ザクセンと対スウェーデン同盟を結成、スウェーデンからポムメルンを奪取し占領する。

★11——Die grosse Tartarey：Tatar人の地域。当時、西シベリア、トルコ、ペルシア、インド、モンゴル、中国におよぶ未調査の広大な領域を指す言葉として流通。

★12——ライプニッツは、協会がプロテスタント宣教師団を清朝中国へ派遣すべきとも提案。

私は両王立協会の、すなわちフランスとイングランドの協会の会員であり、しかもイングランドの協会にはゆうに二〇年前から、[★13]フランスの協会にもとっくにひと昔前から加えられていたのであるから、[★14]今、王が両つの協会をいわば新しい協会によって基礎づけた後では、[★15]一枚の形式的な辞令[★16]を通して閣下の特別命令に基づいて、〔私ライプニッツは〕それ〔王立協会〕に採用されたのである。[★17]そのうえ何年も前から私の構想は有益な諸学と共通善に向かっており、しかもドイツにおけるそのような〔協会の〕創立を、とくに一人の福音主義の君主[★18]のもとで希望している。この君主のもとで私は自費で機械や鉱山や実験室その他において多くの旅行、実験、研究を行った。その結果私はこの点に関する意見表明に躊躇することがいっそう少なくなった。なぜならどのみち私は、私のささやかな草案がかくも偉大な君主の栄光に値する企てにこれ以上良く適用されるような方法は、見当もつかないからである。それゆえ私は、望むらくは目的の促進を強調するであろう特別の諸提案を行いたい。

まずはじめに、選帝侯国においては、選帝侯閣下からとにかく俸給を得ている学者、技術者、芸術家たちは、選帝侯立協会の目的に、彼らが不在のときでも文通によって円滑かつ有効に、宮廷にいるときのように見えるしかたで一致協力し、また情報によって好奇心の手助けをするだけでなく、さらに自分からも自らの観察や構想を提供するよう、指示されるべきである。もし彼らが、選帝侯閣下がそこに格別の楽しみを懐いていることに留意するなら、何も支障は起きないだろう。そうした気持がますます感じられるとしても、貴族の紳士や、他にも財産があり退職して裕福な暮らしの人々(イングランドやその他におけるように)は、彼らの楽しみを自然や神の驚異や数学についての探究のうちに求めるよう、そしてかくも賞賛すべき、有益な、楽しい時間の過ごし方を、ときに有害でもあるような他の暇潰しに優先するよう、督励されるであろうことは疑われ得ない。これを通じて手工業者たちも彼らによって勇気づけられ、多くの人間が悪から引き

★13——ロンドン王立協会の会員にライプニッツは同協会事務局長H・オルデンバーグの推挙もあり一六七三年四月一九日選出された。第3部1-2訳注02参照、エイトン、79頁。

★14——パリの諸学アカデミーへの入会はパリ滞在時一六七五年以来の願いだったが、本稿の数か月前一七〇〇年三月一三日付の会員証書により実現。第3部1-2訳注03参照。エイトン、356頁。

★15——A IV, 8, N.100.／一六九九年の規定

★16——ここでいう辞令Brevetとは、一七〇〇年三月一三日付の、ライプニッツをパリの王立諸学アカデミーに加える旨の「採用証書」(LH XLI 9)。Brather, 329f., A IV, 8, 427.

★17——パリの王立諸学アカデミーがライプニッツを会員に採用したのは一七〇〇年一月二六日であって、ライプニッツにもすぐに知らせは届いた。ただ前注のように、「採用証書」が発行されたのは三月一三日であり、本稿を作成中のベルリンのライプニッツの手にはまだ届いていないと推定される。

★18——プロテスタント改革派に属

離され、そして神の名誉と隣人への奉仕に役立つ多くの事がもたらされるはずであろう。

さらには、選帝侯閣下がどのみち国外のあちこちに相当の費用をかけて駐在させている選帝侯派遣公使、使節、総督、情報収集者、代理人★19は、彼らの目に例えば珍しく有益な物と映るものを協会に知らせるだけでなく、また協会が望む情報などを集めるように命じられる。

また、とくに大学、アカデミー、ギムナジウム、そして上級および初級学校では、大学における研究や諸学を推進し伝承させる役職の人物は公けによって★20任用されるのであり、これらの人々もどのみち講義、出版物★21、著述その他の仕事であらゆる類いの労働に従事しているのだから、ひとは協会に関して、おそらく彼らの最も優秀な人たちとも相談する必要があろう、そうすれば善いことをしたい人のなかでより注意深い人々が〔善いことへ〕督励され、その結果彼らにいろいろな対象や、機会や、彼らの目的に有用なあらゆる種類の情報・報告が供給され、したがって諸学と研究の開始にあたり何一つ疎かにされることはない。こうしてあらゆる物事が大きな広がりと効果をもつのだが、しかし選帝侯閣下にはそうしようと思う自らの意志を示すこと以外に何も負担はかからないであろう。

しかし、とはいえ或る人々は本来協会において扶養されなければならず、それによって選帝侯の収入に生じる困難をできるだけ少なくするための資金が必要であるから、最後に、十分な、受け入れ可能で、公平で、そして有益な提案が構想されるべきであろう。選帝侯閣下は多くの御慈悲をたまわり、諸々の恩恵を検討され、また他の恩恵は純粋な好意から★22下される★23のであるから、そのような機会においては、恩恵を与えられたもののうち、〔協会設立という〕この卓越した計画のために決定されるべき或る特定の恩恵が証書作成の前に要求され得るかは、誰もそれについて苦情をいう権能も理由ももたないであろうから、さしあたり留保されるだろう。

また財政負担の或るものは次のようになっている。すなわち、その負担は苦痛を強いるもので

するブランデンブルク選帝侯のこと。

★19——Gesandter, Envoyé, Resident, Agent, Factor：当時の外交代表者の序列。Brather, 73.

★20——国家、上流階級、あるいは市の資金による。Brather, 73.

★21——scriptumなる語は一七〜一八世紀ではほとんどの場合講義原稿や講義筆記も含むさまざまな種類の出版物をざっくり指していた。Brather, 73.

★22——pure gratiosa: 贈与あるいは恩恵（特権、継承／相続権、贈答、戸籍案件等々）は、諸侯の官房にとって、とりわけ申請者からたいていさらに追加の「鼻薬」(douceurs)をピンハネした役人たちにとって、重要な収入源だった。Brather, 74.

★23——expediren＝ausfertigen, Brather, 74.

はなく、もしそれによって受け取られる利益が負担よりも比較にならぬくらい大きいなら、その場合には重荷は耐えられるだけでなく、利益をもたらし、効果的である。例えば、国と国民の最善にとって最も有益な物のひとつは、優れた防火設備であろう。いまでは火災に対して機械や数学的なものに基づく優秀な装置[★24]が発見されているのであるから、選帝侯国における大小全都市は最も有益なしかたでそれらの装置を備えることができるだろう。そして協会の資金の一部はまず次のことに求められる。すなわち、全市民が彼らの家の価値に応じて毎年負担可能な金額を、消火ポンプ[★25]と付属の装置との購入と維持のために供出すべきであろうし、このことを、また彼らの福祉になるものとして、心から喜んで行うであろう。また多額の剰余金が残ったことが明らかになれば、その剰余金は諸学協会の本部建物のためにだけ使用され、本部建物が、そうした国に利益をもたらす物事をさらに発見し実施できるようにすべきである。それゆえまたこの事業の管理部門全体も、その担当者とともに諸学協会に属するのでなければならないであろう。同様に、火災よりも〔被害が〕大きいのが常である水害[★26]に対しても公共施設が作られなければならないだろう、なぜなら水害はそのうえ頻繁に起こるからである。人がもしそのようなものに〔水害に〕相対するなら、それ〔水害対策施設〕によって、防火によって都市の住民が助けられるのに劣らず、農民も助けられるであろう。確かなのは、多くの場所では水が溢れ、そして、いったん溢れると水は長時間引かないということである。そこで極度の豪雨は排水路によって〔被害を〕予防するか、軽減することができるであろう、もしくは一度に降り注いだ水はすばやく排水できるだろうが、このことはただ熟慮や認識の欠如によって疎かにされている。水の流入流出のない湖や沼沢地については、部分的には干拓[★27]し、より良いしかたで利用することは言うまでもない。この適切な目的のためには他ならぬ幾何学の正しい使用が必要である。そして一般には十分に知られてはいないが、水準器[★28]の技術が、今では鉱山でも他でもひじょうに向上している。この件については、火災の予防と同

★24——消火ポンプのこと（Vgl. A IV, 8, 498, Z.11–16; 504, Z.2–8）（A IV, 8, 428）。第1部5–1訳注07、第3部5訳注11参照。

★25——一六七〇年頃から消火ポンプがドイツ大都市に導入された。これは二〇人力を要し、皮を縫合した長いホースで間断なく水を汲み上げ、火元に接近して放水し効果があった。ライプニッツはこの長大なポンプを全ての都市や村に設備することを何年にもわたり提案。これに関連して、強制的な火災損害保険を都市や全土に導入しようともした。この計画の原点には、すでに一六八〇年頃彼が一般損害保険の思想を詳述した『公営保険』（Öffentliche Assecuranzen）（A IV, 3, 421–432; 第3部5）がある。Brather, 125.

★26——大洪水は、一八世紀以降強化された改良事業や一九世紀の治水事業に先立つこの時代では、頻繁に起きる重大な自然災害であった。Brather, 74.

★27——ライプニッツが執筆したが、後に失われた『沼沢地の干拓および協会によるその計画立案に関する覚書草

様、すぐさま資金が見出されるわけではないが、しかし将来もし選帝侯立協会の持続的な利益の或る一部が寄付されるならば、それによって協会の収入は、国の福祉と選帝侯の収入とともに、ますます増大するであろう。

稿』（日付不明）なる文書を協会は所有していた。A IV, 8, 429.

★28——運河や土木作業の際に高低差を確定するために使用された。高性能の計器の開発に当時の測量技師や内外の学者が尽力。オランダのホイヘンスや、後に協会会員になる生物学者・数学者ハルトスケル（ハルトゼーカー）(Nicolaas Hartsoeker, 1656–1725）もいた。

【解説】ベルリン諸学協会設立のために

酒井　潔

成立事情――「諸学と諸技芸の協会」(Societas scientiarum et atrium)を故国ドイツに設置する構想は、本巻第3部1の『概要』(1671)に示されているように、二十代からライプニッツの脳裏にあったが、いまだ実現の機縁を欠いていた。しかし一六九七年五月ベルリン天文台計画にさいして、ライプニッツの庇護者ハノーファー選帝侯妃ゾフィーと、その娘ブランデンブルク選帝侯妃ゾフィー・シャルロッテの推挙もあり、ブランデンブルク選帝侯フリードリヒ三世はライプニッツの意見を徴し、以後も彼を頻繁にベルリンの宮廷に招く。ついに一七〇〇年三月一九日、選帝侯はベルリン天文台・諸学協会の設立を認可し、ライプニッツも五月にはハノーファーからベルリンに赴くが、この時選帝侯への提言として当地で六月前半頃したためたのが本稿である。ただ書簡の体裁ではなく、拝謁のさいのメモか、あるいは選帝侯妃か協力者の宮廷牧師ヤブロンスキーに手渡すための文書と推定される。選帝侯の誕生日七月一一日にはライプニッツ起草の協会憲章が認可され、翌日ライプニッツは協会の初代会長に任命された。

収載理由――ライプニッツは協会設立に関する多くの文書をドイツ語で書いており、一七〇〇年だけでも二八篇にのぼる(A IV, 8, N.72–N.99)。本稿は、設立実現の目前だけに、協会理念だけでなく、財源問題など彼が懸案と考える点を簡潔ながら具体的に示しており、ライプニッツの協会構想、とくにベルリン協会に関して必見の文書といえよう。なお、設立以後も、会長の彼は協会の事業、財源、編成等さまざまな課題についても覚書や書簡を書いており、一七〇一年以降を収載するアカデミー版政治著作集の続巻(A IV, 9以降)の刊行が待たれる。

概略――パリ、ロンドン、フィレンツェなどの先行例が知識と応用の研究にのみ向かったのに対し、新しく設置される協会は、人々の幸福と利益に向けられ、実際の「施設」の設置が考えられねばならない。「理論を実践と統一する」という協会の目的は、学や技芸だけでなく、手工業、商業、保険衛生など社会や人々の生活全般におよぶ。その原則を確認した上で、重要提案が示される：①協会の学者、技術者、芸術家は国家から給与を受ける、②人々が協力して国内外の研究、観察、情報を協会に報告する、③公立の大学から初級学校にいたるまで学校を設置し、協会がこれに関わる、④協会の財源として消火ポンプの販売と普及による収入が図られる、⑤水害対策の公共施設として排水・干拓が協会の学術と技術(水準器)を投じて行われ、国の福祉と税収と共に協会の収入も増すことができる。

特徴――以上の諸提案に通底するライプニッツの基本思想として注目されるのは、まず第一に、協会が先行例のように純粋な学術機関、単なる学者のサークルではなく、協会の課題は人々の生活の課題でもあって、したがって協会構想はそのまま国家・社会構想となるという点である。協会の編成も昨今の学部改組や学科再編といったものではなく、「公共の福祉」を、また「共通善」の実現を目指すのである。そこにはそもそも「知」または「学」とは、まさに「人間の幸福、社会の利益、神の名誉」に寄与しなければならないとのライプニッツの根本確信が存する。第二に、まさにそれゆえ「理論と実践」が目的となる。これは理論と実践の両方が重要というのではなく、「理論を実践と合一する」という意味である。これはライプニッツが経験を重ねるにつれ実践も重視するようになった、という意味でもない。そうではなく、一六七一年の『概要』にも示唆されていたように、「知」はそれが真である限り必ず実際に適用可能である、というのがライプニッツの一貫した立場である。第三に、協会の実現がまだ遠かった一六七一年とは異なり、この一七〇〇年六月の『構想』は、設立認可を翌月に控え、協会の財源を公共の福祉に結び付け、選帝侯の負担を増やさずに確保しようと腐心している。これも「実践」、ひいては「知」の一部をなすのである。

『概要』(1671)と『構想』(1700)の連続と非連続——『概要』(第3部1)で前面に出ていた、神の秩序における人類の完成という形而上学的モチーフは、三〇年後の『構想』では後退し、それに伴い、社会・経済政策や公共の福祉という面も目立たなくなる。かわって「協会」の組織・運営や財源などが(選帝侯との関わりを含め)明示され、同時に国家に有用な知と技芸の専門家集団として、ロンドンやパリの協会(アカデミー)の性格を十分に意識し、これらの凌駕を言いつつも、実質的には似たものを示唆するのである。「知」は社会の利益に寄与すべきとの立場に変わりはないものの、ロンドンやパリが創立三〇年余、一級の学者を擁し成果をあげ始めていたこと、そしてそのような知的エリート集団の存在が君主の権威発揚でもあるとされたことを反映している。マインツ期の『概要』では、「協会」が国家の理想的骨格を体現すべきとされたのに対し、ベルリン期の『構想』では、逆に「協会」も現実国家の機関として位置づけられ、君主の名誉と国家の繁栄に寄与すると考えられている、と言えるだろう。

終生のテーマ「協会」と、その後——ライプニッツは二六歳でロンドン王立協会会員に加えられて以来、「諸学と技芸の協会」に既存未存を問わず強い関心を懐き続けた。ローマ滞在中の一六八九年夏には当地の自然学・数学アカデミーの会員になった。一七〇〇年三月にはパリの諸学アカデミーの会員に正式に加えられ、二五年越しの願いがかなった。ベルリン諸学協会発足・会長就任後も、一七〇四年にはドレスデンに諸学協会を設立すべくザクセン選帝侯に働きかけたが、夢に終わった。さらにウィーン滞在中の一七一二~一四年、当地にベルリンにならった諸学協会を設立する計画を皇帝カール六世の同意を得て進めようとしたが、これも実現しなかった。さらに亡くなる年一七一六年六月、ライプニッツはピョートル大帝にロシアにおける諸学と諸技芸の振興を含む多数の覚書を提出した。

協会の名称として、「アカデミー」には「教える」という語感があるため、むしろ「協会」の語を採用したいとライプニッツは考えていた。「協会」(Sozietät, societas) とは「社会」を意味する語でもあり、彼は異なった多様な学者を「統一する」共同体を意図していた。そこには文通によって欧州からロシア、中国まで縦横に張り巡らされたネットワーク「学者の共和国」(res publica litteraria: これを標語とした第1巻『哲学書簡』から本著作集第II期全3巻は開始された)のイメージが重ねられていたと言えよう。ベルリンの諸学協会はライプニッツの死後も紆余曲折を経ながら続いたが、しかし一七四四年フリードリヒ大王は一月二四日付の会則で「王立諸学アカデミー」に改称させ、「協会」の名称は失われた。

伝承と研究史——協会設立についてライプニッツの遺した数多くの提案や覚書は、一八四〇年のグーラウアー版『ドイツ語著作集』、一八七五年のフシェ・ド・カレイユ版『著作集』、一八七七年のクロップ版『著作集』等に多くのものが印刷され、戦後も一九六七年にホルツ版『政治著作集』が続いた。さらに一九八五年のエイトンの伝記『ライプニッツの普遍計画』(工作舎1990)は協会設立の活動や経緯にも光を当てた。一九九三年には、ベルリン協会およびそれ以降の関連史料を編纂したブラーターの詳細な『ライプニッツと彼のアカデミー』(Hans-Stephan Brather, *Leibniz und seine Akademie. Ausgewählte Quellen zur Geschichte der Berliner Sozietät der Wissenschaften 1697–1716*, Berlin 1993)が刊行され、この『構想』も多くの注を付して収載されている。また、ポツダムのライプニッツ編纂所が担当するアカデミー版第IV系列政治著作集の編纂も近年精力的に進められ、二〇一五年には一七〇〇年の著作を収載した第8巻(A IV, 8)が刊行され、本稿はじめベルリン諸学協会関連28篇が綿密な校訂と歴史調査と共に収載されている。本訳はアカデミー版に依拠した。

最後に、多くの貴重な御教示をいただいたポツダム・ライプニッツ編纂所前所長ハルトムート・ルドルフ博士、ハノーファー・ライプニッツ文書室前所長ヘルベルト・ブレーガー教授に深謝の意を表したい。

編者と時代を映す鏡――ライプニッツ編纂小史

数あるライプニッツ選集のなかで最初期に属するのが、コルトホルト父子が刊行した書簡集全4巻(1734−42)である。ライプニッツの遺稿類を一切合切公けにして信奉者を怒らせた元助手フェラーや、手紙を密かに持ち出したエックハルトとは違って、コルトホルト父子は、ヴォルフがハレから追放された事件(1723)のせいで失墜したライプニッツの名声を、この書簡集の刊行によって救おうとしたのだった。

ジュネーヴで出たデュタン版全集(1768)はコルトホルト版の継承ともいえよう。文筆家・修史家デュタンはヨーロッパ各地を旅しながら、哲学、医学、技術、歴史等を網羅した6巻を刊行した。遺稿ではなく印刷済みの著作や写本に依拠した全集だったが、収載作品がきわめて多岐に及ぶ。ただ、三年前(1765)にハノーファー王立図書館司書ラスペによって初めて刊行された『人間知性新論』を欠く。デュタンは、当時まだ購入可能だったラスペ版を収載するかわりに、自分が編んだ選集の続巻としてラスペ版を購入するよう読者に勧めたのだった。ともあれ、今年二五〇年を迎えたデュタン版は再び話題を集めつつある。

フランス革命後はライプニッツの歴史編纂が注目され、『西帝国編年史』を含むペルツ版全4巻(1843−47)が出る。ライプニッツの政治関連著作集全11巻(1864−84)を刊行したクロップは、普墺戦争(1866)でオーストリアに与し亡命したハノーファー王を支持していた。それゆえクロップ版著作集には、プロイセン宮廷とライプニッツの近さを示す史料は少なく、逆に多元的な国家像(ウィーンの神聖ローマ帝国)に関わる覚書等が多く収録されている。

クロップとほぼ同時期に文人政治家フシェ・ド・カレイユがパリで刊行した著作集全7巻(1861−75)も忘れてはならない。クロップ版ではドイツ語原文のみの政治関連覚書に、フランス語自訳を併記するなどの特徴をもつ。ところでフシェ・ド・カレイユはハノーファーの王立図書館から多数の手稿を借り出したままだったのだが、その一部が一九九六年以降ハンブルクやロンドンの競売場で(第二次大戦中に紛失や盗難にあったものと共に)現れ、ハノーファーのライプニッツ文書室によって買い戻された。

一九世紀後半には学術史が重視されるが、何と言ってもゲルハルトによる数学著作集全7巻(1849−63)、哲学著作集全7巻(1875−90)の編纂・刊行を挙げねばならない。アイスレーベンのギムナジウムの数学教授だったゲルハルトは当時王立図書館所蔵の遺稿を調査し、当局の助成金を得ながら殆ど独力でやり遂げた。哲学では、「普遍学」の覚書やデ・ボス、デ・フォルダー、クラークらとの書簡を収載し、長く定本の地位に君臨した。しかし同版には、今日の「批判的編纂」の方法が要求する、収載著作や書簡の出典、手稿間の異同、伝承の経緯などの記載が無く、また解説内容にも「歴史研究」の欠如による誤りが存する。

一九二三年ドイツの国家事業として開始され、徹底した文献学的コンセプトにより、哲学、数学、自然科学、歴史学はじめ諸学科に基礎史料を提供する「批判的歴史的全集」がアカデミー版である。その拠点はベルリンに置かれたのだが、一九六一年の「ベルリンの壁」により東ドイツ支配地区に取り残された。政治的にも物質的にも厳しい時期が続いたが、代々の編纂員の献身的な努力もあり、全集刊行の灯が消されることはなかった。そしてライプニッツ没後二五〇年にあたる一九六六年、東ドイツからハノーファーに移った編纂員たちによって「ライプニッツ文書室」(Leibniz-Archiv)が新たに設立され、同時に「ライプニッツ協会」、そして「国際ライプニッツ会議」が立ち上げられたのである。以後次第に体制は整えられ、現在ではハノーファー、ミュンスター、ポツダム、ベルリンの4編纂所に分かれて、それぞれ担当分野の数学・歴史、哲学、政治、技術・医学の著作ならびに書簡の編纂と刊行に当たっている。全経費を連邦と州が拠出し、進捗状況や課題などを常にチェックしながら可能な限り迅速な刊行に努めている。二〇一八年五月の時点で、予定108巻中57巻(インターネット版、暫定版各4を加えると65巻)を出した。二〇四八年に予定されているその完結はライプニッツ編纂史の完成となるであろう。

ただ本著作集でも、成立年代順に編纂されるアカデミー版ではまだ刊行されていない著作や書簡については、適宜従来の各版に依拠した。それにつけても思うのは、従来の選集もライプニッツの業績への敬意では決して引けをとるものではなかったということである。そして二一世紀も五分の一近くとなった今日では、スペイン(グラナダ版)、アメリカ(イェール版)、そして日本(工作舎版)でも各国語による本格的な選集が編纂者と書肆の総力をあげて進められている。これらの国々で近年若手の研究が目覚ましいのも頷けるのである。

総解説——「実践を伴う理論」の真骨頂

佐々木能章

◎——ライプニッツの全体像へのアプローチ

ライプニッツは昔から多くの人によって「万能人」と評されてきた。だがこの呼称は、ライプニッツよりもほぼ二世紀前のレオナルド・ダ・ヴィンチの方が一般には馴染深いだろう。レオナルドは画家にして建築家、さらに解剖学や機械工学も究めた天才であり、ルネサンスという時代を象徴する傑物として万能人（uomo universale）の名をほしいままにした。これに比べれば、バロックの時代に登場したライプニッツは、芸術分野での作品がないこともあって、同じく万能人と言われたとしても、どうしても世間的な印象は地味である。しかし「万能」という意味ではレオナルドを上回ると言っても決して言い過ぎではない。

ライプニッツはまた、万学を手掛けた学者としてアリストテレスと並び称されることもある。アリストテレスが「万学の祖」であるなら、ライプニッツは「万学の中興の祖」といえようか。アリストテレスは、およそ学問と呼べるあらゆる分野に手を染めていたし、ライプニッツもそれに劣らぬ広さをカバーしていたからである。このことは評伝などでは必ず触れられることである。

ホワイトヘッドは、ライプニッツが活躍した一七世紀を「天才の世紀」と呼んだ。確かにこの時代のヨーロッパでは、ガリレオ、デカルト、パスカル、スピノザ、ロック、ニュートンなど、多くの分野にわたって革新的な業績を残した天才が続出した。その多くは大学に職を得ることもなく、自分の天賦の才を多方面に存分に発揮していた。ライプニッツもその一人である。

これらの評価は、ライプニッツを高く評価するという点で決して間違いではないとしても、それでもまだライプニッツという人物を語りきっているとは言いがたい。たしかに、ライプニッツの名を今日までとどめておくのは、数学と哲学の領域においてである。この分野でライプニッツが書き残したものは膨大であり、数学者、あるいは哲学者として理解し、評価するのは極めて正しいことである。それに加えて、立ち入って論じられることは少ないとはいえ、神学や論理学、法学、歴史学、物理学、言語学、さらには中国学など、どれもが高く評価されるべき内容をもっている。しかも当時は、それぞれの分野においてライプニッツは第一級の水準にあるとの評価さえ得ていたのである。しかしこれらの「学者」としての業績は、あえて奇妙な言い方をするなら、ライプニッツにとっては、いわば余技にすぎなかった。生計を立てるという意味での本職は、宮廷政治家だったからである。後半生はハノーファーの宮廷に仕え、内政、外交に携わっていたのであり、それ以前も含め大学の教授職に就いたことは一度たりともない。本職よりも余技で後世に名を残す人は少なくないが、余技というにしてはその量の多さと質の高さは度はずれている。そのために、「本職」としての政治家としての面がむしろ裏に回ってしまったようである。それもあって、現在から見れば、哲学者や数学者であったライプニッツは「実は政治家でもあった」というエピソード的な言い方で語られてしまう。

しかしながら、ライプニッツという人物を評価するためには、「本職」である宮廷政治家としての活動の面にも目を向ける必要がある。だがそれは、ライプニッツが学者と政治家の二足の草鞋を履いていたことを強調するためではない。むしろこの両者は不可分な一体のものとしてライプニッツという人物を作っていたということを理解しなければならないと思われるからである。さらに言うなら、「政治家」という言い方も、これまた正確ではない。むしろライプニッツの言い方に沿うならば、「実践を伴う理論」(Theoria cum praxi) の体現者となる。これは実践的な場面も理論的な考察の対象とする、という意味に限定してはいけない。実践的課題を理論的に考察するという姿勢はむしろ古代から現代に至るまでの多くの哲学者が持っていたものであり、実践哲学や倫理学と呼ばれ、哲学の一分野として重要な位置付けが与えられていて、ライプニッツ自身も、これまでは必ずしも十分に重視されていたわけではないにしても、この分野での文献は相当数残されている(その一端は本著作集第Ⅱ期第2巻に収録されている)。

しかしライプニッツにとっての「実践」は、哲学の一分野としてだけ考えられているのではない。まさしく実世界での人間の営みの大小すべてが含まれている。したがって、実践という概念には政治家としての仕事も当然含まれるが、それに尽きるものではない。人々の日々の暮しから、歴史を作る人類の営みに至るまでの人間の活動全般にかかわるものである。カトリックとプロテスタントの教会再合同へのはたらきかけや国家の枠を超えた共同体のアイディアなどは、学者の域を超え政治家の枠を超えた発想だとしか言いようがない。それればかりではない。もっと具体的で直接的なものにもライプニッツの眼差しは注がれる。懐中時計に手を加え、計算機を考案し、ボイラーを工夫し、水車や風車を改良し、噴水の設計をする。疫病対策に取り組み、医療を社会事業としてシステム化しようとする。保険や年金の制度を立てて社会生活の安定を図る。言語の改良を国民的な意識という観点から進める。図書館での知識や技術を社会全体の共有財産として継承する。知の共同体のための施設や制度を作り運営する。ここでは、理論の場面での探求と実世界での営みとが一体的に追求されなければならないという考え方がいつも底流をなしている。さらには、およそ学問は人間に幸福をもたらすものだ、という考え方が根底にあり、そういった強い信念が早い頃からライプニッツの中に築かれていた。知の営みは一部の専門家や好事家が密室に閉じこもって独り悦に入りながら撫で回すものではない。こうした考え方は終生変わることなく続いていた。

◎――後世の誤解

それにしても、なぜライプニッツが実世界のことに深く入り込んだのか、にわかには理解し難いところがある。そもそも哲学者としてのライプニッツを後世に知らしめているのは、(あえて微小とは言わないが)モナドという得体の知れない無数の存在者とそれらからなる世界全体の予定調和だというのだから、その哲学世界はミクロにもマクロにも人知の及ばない荒唐無稽なお伽噺だと言われてもやむを得ないところがある。そして数学の世界でライプニッツの名を今日にとどめるのは微分積分の発明であり、無限小というこれまた想像を超え理解困難な仕掛けなのにそれでも問題が解けてしまうというマジックの世界なのだから、いずれにしても現実の世界とは程遠いきわめて抽象的な議論の話である。さらにライプニッツの名と一心同体とされる楽観主義の思想(楽観主義という理解はオプティミズム(最善観)の思想の全くの誤解に発したものなのだが)は、現実を直視しない空想家の戯言だと思われてしまう。現にライプニッツの死後の一七五五年に起きたリスボン地震の大災害は、ヴォルテールなどによってライプニッツ哲学への反証だとされたほどである(これはこれでまた大きな議論を引き起こすことになるのだが)。そうだとするなら、「実践を伴う理論」と言ったところで、それは単に「あれも、これも」と欲張っただけの空疎なスローガンに成り下がってしまうことだろう。

だがライプニッツの「実践」は、現実離れをしたものではない。一見両極端に思われそうなライプニッツの思想は一人の人間の中でしっかりと結びついており、そしてそれが具体的な場面と抽象的な議論との橋渡しがなされていたことを理解する必要がある。

◎――テクストが明かす実践の現場

『ライプニッツ著作集』第II期の第3巻として編まれた本巻は、以上のようなライプニッツの姿勢を、単にエピソード的に周辺から触れるのではなく、残された文献から、つまりライプニッツが書き残した言葉から明らかにすることを狙っている。具体的な実践の場面でのやり取りの多くは口から発せられた途端に消えてしまっていることがほとんどだろうし、書かれたものも当事者同士の駆け引きの中で意図的に歪められたり、場合によっては改竄されたり消滅されたりしているものも少なくないはずである。しかしながら、多くのメモを書き残し、手紙の類は下書きも含めて保存を怠らなかったライプニッツであったため、多くの文献が今日まで残されている（もちろん、それらを現在にまで保存してきた人々のたゆまぬ努力があってのことであることを忘れてはならないのだが）。ライプニッツの実践的な活動を、ライプニッツ自身の言葉で明らかにすることが本巻の目的である。

本巻に収録された文献の大部分はこれまで日本語に翻訳されてこなかったものである。それどころか、現代の各国語で編集された各種の著作集においても、収録されてこなかったものが多い。もちろん、ある特定分野における独自の専門的な研究の中で重要とされた文献が個別に特別編集され現代語に翻訳されている例はいくつもある。だがそれらが包括的な著作集の一翼を占める形で一堂に会する例は、これまでのところ存在しない。この点で、編集・刊行が進行中のアカデミー版はライプニッツの全業績を網羅することを目的としているのだから、分野の如何を問わずすべての文献が細大漏らさず含まれているのは当然のことで、それによれば全貌が明らかにされるはずではある。しかしすべて網羅されていることとは必ずしも便利ではないし、専門家以外が手にとって直ちに読めるという代物でもない。しかもそのすべてを扱うことができるような人物はライプニッツ本人以外にはあり得ないことでもある。そのためどうしても選択しなければならないのである。哲学や数学のように、これまで多くの研究者によって取り上げられてきた文献であれば、その文献の学問的射程を哲学史や数学史の文脈の中で理解することにおいて、ある程度の定石もあるし蓄積もあるので、選択することに大きな迷いはない。だが特定の実践が関わる場面での文献となると、一部の研究者以外には注目されなかったものが多いため、限られた頁数の中でどれかを選べばどれかは見捨てなければならなくなる。しかも具体的な事柄を多く含む文献であれば当時の事情への言及も含まれるために、現在からすればその細部に入り込むことは困難を通り越してほとんど不可能であるし、仮にできたとしても今となってはもはや顧みるべき内容は少ないかもしれない。そうした事情にあるために、文献を選択し一冊の書物の形に収録することは至難の業であった。

それでも、ここに収録した文献は、ライプニッツの書き残したもののまだほんのわずかなものでしかない。現在も進行中のアカデミー版の編集作業において、刊行が待たれている著作も多数あるし、予期せぬ新発見もないとはいえない。しかしながら、実践面で広く深く関わったライプニッツの活動の姿を、全面的にとはまでは言えないにしても、ある程度のところまでは示す役に立つことはできたと自負している。これまで一部の学問分野のみが示されていたライプニッツ像が大きく変わるであろうこと、そしてそれによって、これまで知られていた領域の理解にもまた新たな光が注がれるようになるであろうことを期待するものである。

◎——本巻の概観

本巻の構成は大きく三部に分かれ、技術分野、医学分野、社会システム分野となる。それぞれの分野において個別のテーマでの議論が展開されることになるが、必ずしも明確に分類できるものではないので、あくまで便宜的な分け方であるに過ぎない。各課題の趣旨、経緯、他の課題との関連、ライプニッツ全体における位置づけについてはそれぞれの「解説」において訳者が行っているので、ここでは各部の概略を述べるにとどめる。

第一部「技術」——この分野は、ライプニッツが若い頃から最晩年に至るまで終始取り組んでいたものである。冒頭の『奇想百科』ではその課題が羅列されるだけだが、それ以外では、個別の課題に深く入り込んでいることがわかる。実はライプニッツは工学分野のあらゆるところにメモを残し、釘やバネから噴水に至るまで言及しているが、その中から特徴的なところだけを取り上げることとした。それでも、懐中時計や計算機から鉱山開発まで、全体の構造だけではなく、細部に至るまで専門用語を駆使しつつ、最良の結果をもたらすべく粘り強く検討を進めていることがわかるはずである。ハルツ鉱山での工夫の数々はまさしく命をかけるほどの奮闘ぶりである。蒸気機関をめぐるパパンとのやり取りは、火花の出るような議論となった。多くの可能性から最適な解を見つける姿勢はゲームに表れる。囲碁を含めて様々ゲームを論じるライプニッツは、遊び心に導かれているところも否定はできないが、極めて本気である。

第二部「医学」——この分野は、理論的な考察と実践的考察が激しく交差する領域である。医療は人類にとって大昔から最大級の関心の的であった。科学的な姿勢よりも宗教的な態度の方が大きな役割を果たし、呪術的な効果をもたらしてもきた。一方で経験の積み重ねでも実効性が確認されているところもあり、この複雑怪奇さが、ライプニッツの関心を惹かないわけがない。理論的な考察としては、当時大きな力をもったシュタールへの批判がある。他の分野と同様、ライプニッツはこの論争相手の主張を細部に至るまで綿密に検討したうえで、批判しつつ自らの考えを示していく。それは決して抽象的な医学理論に終始するのではなく、実際の現場での医療行為のあり方に直結するものとなっている。さらに実際の場面に即して考えると、医療は単に医療者と患者との間の一種の取引に終始するものではなく、社会全体が共通に関心を抱かなければならないものでもある。そのためライプニッツは、医療行為そのものを国家的な管理のもとに置くことを提唱する。ペストのような伝染病はなおさら社会的な対応が求められる。総じて、医学・医療は人類の幸福に資するものでなければならないというライプニッツの強い信念が貫かれていることがわかる。

第三部「社会システム」——この分野は、社会的な取り組みを必要とする課題を扱っている。知識を共有し、さまざまな分野が協力することによって人類の幸福を増進することがライプニッツの目指すことであった。そのために、社会制度や組織に目を向けることになる。ライプニッツは若い頃から学芸を発展させるための共同体を設立することを考えていた。そのためのプランと効用を主張する。同時にそれを導く知性のあり方を省みることにもなる。一方、保険や年金制度は、予測不可能な人生の中で安心できるようなシステムとして考えられている。そこには、共同体のあり方についての社会哲学的な観点と、安定した合理的運営が可能となるための数学的アプローチが手を結んでいる。図書館は、最大のユーザーであり自ら館長も務めたライプニッツにとって重要なものであった。それは単に蔵書を保管するだけではなく、新たな発想を促し社会の教育にも資するものであることを望んだ。それは人々が自分の国をどのように思うかということにもつながり、その思いを託す言葉へ目を向けさせようとする。そうして、学術組織は様々な分野の知恵が一堂に会するためのネットワークとなり、知の交流を促す場となる。この第三部は、比較的初期の学術組織のプランに始まり、晩年に自ら会長となる「諸学と諸技芸の協会」の設立構想で締めることとなる。

◎——実践を伴う理論／理論に支えられた実践の共通項

以下では、各著作を通して見られる概して特徴的な共通点をいくつか述べておきたい。

❶実践とは結果をもたらすこと——第一に、これらの著作はいずれもが、多少の程度差はあれ、実践の場面を強く意識したものである。実践とは、可能な限り大雑把にかつ乱暴に言うならば、意図的に何らかの結果を引き出すこと、あるいはせめて結果を引き出そうとすることである。これは、理論が思考の道筋を示そうとすることであるのとは対照的である。実践は目に見える形を具体的なものとしてもたらす場合が多い。『奇想百科』は、まるで見世物小屋を駆け回る好奇心の塊そのものである。これはライプニッツの好奇心の幅を示す象徴的なものであるが、実践とはそればかりではなく、人々の集団やその集団の制度なども対象となる。そして集団や制度は、具体的なものを通して何らかの結果をもたらすべく機能する。本巻所収の各著作はこうした意味において、いずれも何らかの結果を意図したものである。そしてそれは、ライプニッツが哲学や数学では極度に抽象的な思考法を突き進めていたのとはあまりに対照的な姿勢に見える。だがこれもまたライプニッツの活動の一貫した姿勢であったことは強調されてしかるべきである。もっとも、ライプニッツのアイディアがいつも期待どおりの結果に結びついたというわけではなく、それどころか多くの場合未完成に終わるか、たえず修正や手直しを必要とし、結果的にライプニッツは多くの課題に終生取り組み続け、多忙な生活を自ら招き入れる羽目になってしまったのだが。

❷理論と実践の結びつき——「実践を伴う理論」とは、理論的な仕事も行うと同時にそれとは別の実践的な課題にも取り組んでいた、ということではない。また、単に理論的な精神的営為と並行してなされるものでもない。このことは本巻所収の『省察の使用について』(第3部3)と題された作品においても認められる。「瞑想」や「随想」と訳されることもある「省察」(méditation)という語はおよそ実践からはかけ離れたものであると解されるのが通常だが(このことについては、特にデカルトとの対比で述べられた訳者「解説」が意を尽くしている)、ライプニッツの場合にはそうではない。およそ場違いにさえ思える商人の思考法をも引き合いに出しながら、この精神的な営みに実践的な役割を託そうとしている。しかしそれは単に考えることも大事だが実際の行動も大事だというような両刀使い的な生き方を目指すのではない。思索の確かな歩みを自分自身のものにするための精神の修練を積むことが重要で、そのためにはまず数学的な思考法を身につけることを説く。そしてそれに尽きることはなく、知識の確実な歩みを積み重ねながら、やがてはそれが実践と結びつくように一体化されたものとして築きあげるものなのである。中国の歴史、思想、文化さらに技術面の全般に通じていたライプニッツが、今(当時)は中国人の意識からすでに遠のいてしまっていても、根本には宇宙観と現実の生活信条とが深く結びついていたことを(羨望さえをも交えながら)高く評価していることからも、知行合一的な人間のあり方を目指していたと思える。

❸個別の課題へのパースペクティブ——冒頭の『奇想百科』は別として、各編はそれぞれ固有の課題を扱っている。その各課題を扱うために、意識してのことかどうかはともかく、ライプニッツはどうやら共通する手順を踏んでいるようである。このことは、本巻所収の各著作によって確認できる。まず言えることは、個別の課題が持っている意義や役割を見極めるために、広い観点から見通そうとしていることである。もちろん、個別の問題の解決のためには細部での検討こそが不可欠であることは言うまでもない。特に、あくまでも結果を出すことを目指す実践的課題であるなら、どれほど些細なことであっても見逃されてはならず、そのためには議論は最深部まで見通したものでなければならなくなる。そのことの必要性をライプニッツはもちろん十分に承知しているし、自ら深く入り込んでいる。しかしそれが必要であればこそ、課題そのものを大きな視野から捉えることが大切だとライプニッツは考えている。つまり、実践に即した議論であるとはいえ、「現場一筋」で人生の多くを費やした苦労人の回顧録でもなければ実用一点張りの単なるマニュアルというわけでもないのである。そのために、個別問題に入る前に、ライプニッツはその問題の所在を明らかにすることから始めようと努めている。

「実践を伴う理論」というスローガンは、裏を返すなら「理論に支えられた実践」である。個別課題を極めるために必要な一般的普遍的な原則を確認することをライプニッツは決して怠らない。

それは、いかなることであれ原理から考えなければならないという至極当然な原則でもあるのだが、「論争家」ライプニッツにとっては、議論の展開を見定めるためには不可欠な手順でもある。悪く言うなら、自分に都合のよい形に議論を持ってくるためでもあるのだが、もしそこで論争の相手と食い違いがあった場合には議論が先に進まないことになってしまう。そのため、まずは共有できる出発点を確認することになるのである。

❹いかなる課題にも歴史がある――ライプニッツが特別な課題に取り組むために予め用意するパースペクティブとしてもう一つ重要なのは、歴史的な観点である。現代の社会状況を見ればわかるように、個別の課題は、えてして極めて特殊な要因に振り回されてしまうことがある。某所に発生した事件、某氏によって発見された現象や提唱された政策など、それ自体個別に見れば大いに興味をそそられるものであるとしても、そこからどのような展開がなされ、共有できるものとなるか、道筋は必ずしも常に示されるわけではない。あるいは重大な落とし穴が潜んでいるかもしれない。そこを見極めるためにライプニッツが取る手法の一つが歴史的なアプローチである。ライプニッツ自身が歴史家であったということも当然関係してくることではあるが、ある一つのどれほど些細と思われる事柄もそこには何らかの背景があり歴史的な経緯を孕んだものとして今そこにあるはずである。まさしくモナドが過去を含み未来を孕み宇宙全体を映しているかのようである。したがって、今ここにあるものの核心を探るためには、歴史的背景を探ることは極めて有益であり、むしろ不可欠である。

ライプニッツにとっての歴史的アプローチには二種類ある。一つは、その個別課題自身の歴史である。もう一つは、その課題を論じた研究の歴史でいわば先行研究にあたるものである。課題そのものの歴史とは、例えば計算機や時計がどのように作られてきているかを、史料によって確かめることである。ここではライプニッツの歴史家としての資質が大いに発揮されている。先行研究においては、あらゆる分野にわたっての該博な知識を有し、また古今の研究史を渉猟しつつ同時代人の発言にも即座に反応するライプニッツだからこそできることである。このことは、いずれの論考において、あるいは手紙においてでさえ確認できる。もちろん手紙は相手のあることであり、先方の学問水準や傾向を見極めながら書くライプニッツであるため、必ずしもいつも正攻法で扱うとは限らない。だがむしろそれだからこそ、後世のわれわれとしては、ライプニッツの思考回路の一端を見ることができる。

❺リスク・マネジメント――個別課題を論じるライプニッツにおいては、この時代には似つかわしくない表現かもしれないが、今日風に言うならリスク・マネジメントの発想が随所に見られる。そもそもすべてのことを予め見通すことが可能であるならば、「リスク」という概念が存在する余地はない。ライプニッツは必然性に二種類あると言い、論理的、数学的な必然性、つまり「反対が矛盾を含

む」絶対的必然性と並んで、ある仮定に基づくことによって初めてその結果が当然導き出されるような必然性があることを認め、こちらは仮定的な必然性と呼んだ。事実に関わるような命題はそのほとんどが後者であり、これを「事実の真理」とも呼んでいる。仮定的とはいえ必然的な真理としての確実性は揺るがない。これがライプニッツの形而上学の根幹をなしている。しかし神ならざる人間の立場から見るならば、必然的な真理については理性を堅実に駆使することによって理解に達することは不可能ではないとしても、事実に関わる真理については、仮定となる条件が人知の限界を超えてしまうために、どうしても推測によらざるを得なくなる。曖昧さを含みながらも十中八、九確かであるような推測以上には及ばないというのが、現実の課題にはいつもつきまとってしまう。ライプニッツはここで怯むことなく、その推測の可能性を探求しようとする。それが確からしさの程度を見極める新しい論理学の構想であった。これをライプニッツは「蓋然性の論理学」と呼び、その構築を目指していたが、多忙なこともあって実現しなかった。しかしながらその構想は、個別の課題においてはある程度形を示している。それが「リスク・マネジメント」の考え方である。完璧な結果を目指したとしても、現実にはうまくいかない。技術的な誤差という問題はもちろんだが、想定外の事態に遭遇してシステムが機能不全に陥ることは現代においても珍しくない。

ライプニッツが実践的な課題に取り組むとき、その場面が計算機であれ、風車であれ、ポンプであれ、さらには組織であれ、どうしても発生する「想定外の事態」に対応可能であるような、一種の「遊び」を組み込んでいる。特に医療は教科書どおりにはいかない場面が多く、推測的な知識に溢れているが、それはあまりに多くの事柄が絡み合っているからで、現代の医学も同じ問題を抱えている。ライプニッツは理論と実践の間を往復しながら、人間の健康と幸福のための知識を増大させようとする。医学・医療こそ、「蓋然性の論理学」の試金石となっている。そして、およそ人類が持ちうる経験や知識を共有し伝承して行くことによって、理論と実践はともに改善し続けることになる。図書館に社会教育的な観点を取り入れること、学術組織を編成して各分野の知恵を総合すること、こうした知識のシステム化は、人類全体が「蓋然性の論理」に寄与することになると期待してのことである。

◎——窮極の哲学の完成に向けて

予定調和という言葉が世間で用いられるとしたら、それはあまり良い意味ではない。予めお膳立てされた筋書どおりに事が運び、意外性がない状態を意味するようだ。しかしこの言葉の創始者であるライプニッツにとっては決してそういう意味ではない。すでに筋書きが決まっていて何の変化もありえないような宿命論的な考え方をライプニッツは古代の用語を援用して「怠惰な理屈」と呼んで批判する。失敗すると決まっているならいくら努力をしても失敗するし、成功すると決まっているのなら努力をしなくても成功する。どちらに転んでも努力は結果に何の意味も待たない。だから努力は不要である、という考え方である。これに対してライプニッツは、少なくとも人間の立場からは、常に努力を怠らないようにすることの必要性を説く。もちろんただ闇雲に頑張るのではない。知性を駆使して可能性を探り、最善かつ最適な方向性を見極めた上で、その実現に向けて行動する姿勢が大事だということになる。ライプニッツが実践の場面を重視したのは、具体的な場面での取組の積み重ねが人間に不可欠だと考えたからである。そうすれば人類の幸福に向けて少しずつでも歩みを進めるに違いない、との確信がライプニッツにはあった。その確信こそが予定調和の意味するところなのではないだろうか。人間を信じ、幸福を希求したライプニッツが実践の役割に期待しているのは、広い意味での哲学の完成を目指したからかもしれない。

◎——随所に表出されるライプニッツの真骨頂

最後に、言い訳と自負とを重ね合わせて結びたい。そもそもこの著作集の第II期全3巻は、第I期全10巻を拡大すべく企画され、ライプニッツの多彩な活動をさらに広く見渡すことができるようになることを狙ったものである。とはいえ、特に本巻所収のタイトルを見ればすぐに推測がつくように、多岐にわたる業績のそれぞれに現代の専門家を配置することは困難であるし、逆に現代の当該分野の専門家が必ずしもライプニッツの思考法や用語に馴染んでいるわけではない。そのため、一部の領域では専門的なアプローチを経験した訳者を宛てることができたとはいえ、他の多くは、主として哲学分野の研究者が自分の研究の間口を広げて対応することとなった。だがそこはライプニッツのこと、訳者たちの奮起を促すものが秘められていたのであろうか、関連する文献や調査しながら、その分野がどういった意味でライプニッツの思考や活動と結びつくことになっているか、解明を試みることとなった。詳細な訳注と並んで、一編の研究論文に値するほどの内容を持った解説文により、その作品の意味とライプニッツにおける位置付けがそれぞれ明らかにされている。こうした意味において、本巻は訳者たちの総がかりの共同作業であった。

訳者たちは、時には極めてマニアックとしか思われないような箇所にも、ライプニッツらしい姿勢が宿っていることを痛感できたはずである。そして、宇宙を映す永遠の生きた鏡であるが如く、各作品はライプニッツその人を表現し、またその訳業に関わった人々もまたその作品の中にライプニッツの全体像を垣間見ることになった。読者の方々もまたその醍醐味を味わっていただければ幸いである。

さらに、刊行を引き受けてくださった工作舎、なかでも第I期から編集の労を取られてきた十川治江氏に感謝しなければならない。出版多難な時世に難事業を続けてこられたことは奇蹟のようでもあるが、そこから最善の結果を導き出した手腕は、本当の意味においてオプティミズムの体現者である。謝して余りある。

〈付記〉

『ライプニッツ著作集』第II期全3巻は本巻をもって完結する。これで、第I期全10巻と合わせて『ライプニッツ著作集』全13巻はライプニッツの業績を広くカバーするものとなった。もちろんライプニッツが書き残したもののすべてからすれば、これでもまだ一部でしかないのだが、多岐にわたる業績を見渡すことは十分に可能であろう。

第I期著作集に関わって以来、ライプニッツが若い頃から最晩年に至るまで、一時的に途切れることはあっても継続的に多岐にわたる分野の著作を残し、多数の人と書簡を交わしてきたことに圧倒されてきた。全13巻完結にさいし、そのようなライプニッツの知的世界全体を見渡せる「パノラマ」を構想し、原案を作成した。かなりのスペースを要した原案をダイヤグラム化して「年譜」に仕上げたのは、工作舎のアートディレクター宮城安総氏とデザイナー小倉佐知子氏のお二人である。

このようにして誕生した《『ライプニッツ著作集』第I期・第II期収載全著作・書簡年譜》を特別付録とすることにした。著作の時間軸がわかる「年譜」として、また各著作・書簡の収載巻・頁を示す索引として活用いただき、さらには便宜的に6分野に分けた全テーマにコミットし続けたライプニッツの知的活動が一望できるパノラマとしても楽しんでいただければ幸いである。

ワ

噴水(jet d'eau)　016, 027, 123, 135, 322, 331
平面図(ichnographia)　071-72, 077
平和(pax)　279
ペスト(pestis, peste, Pest)　180, 198, 208-15, 277, 320
ペリコレシス(περιχώρησις)　281
ペルーの樹皮〔=キニーネ〕(cortex pervianus)　251, 292
遍歴医師(medicos vagos)　183
望遠鏡(télescope)　018, 474-75
法学(jurisprudence)　196, 202, 355, 460
膀胱(vésical)　174, 179, 189
　〜結石(lapis vesicae)　264
法則(lex)　196, 222-35, 252, 258, 276-80, 286-93, 355, 429-33
　自然〜(〜 naturae)　279-80
　心の〜(〜 animae)　280
　機械的〜(〜 mechanica)　272, 282
保険(assecuration)　395-99
　〜業者(Asseurer, Assecurator)　394-97, 400
　〜金(Assecurationsgeld)　395-98
　〜国王特権(Regale Assecurationis)　397
保健官庁(Collegium Sanitatis)　198-200
ポリツァイ(polizey, Polizei)　332, 365, 452, 484
ポンプ(pompe)　049, 056, 065, 084, 122-23, 127, 133, 138, 140, 272, 400
　空気〜(antlia pneumatica)　050, 263, 475
　消火〜(Feuerspritze)　128, 138, 400, 488
　弾道〜(pompe-ballistique)　130
　揚水〜(pompe à lever l'eau)　131

マ

マリオネット(marionette)　029
マンドラゴーラ(mandragore, mandragora)　016
味覚(〔Ge-〕schmack, sapor)　172, 176, 185-86, 464
水飲み男(un beuueur d'eau)　020
見本市(フランクフルト書籍見本市)(Frankfurter 〔Bücher-〕Messe)　375
未来(futurum)　282, 350, 412
ミルメコレオン(myrmecoleon)　020
民衆病誌(historia morborum popularium)　200
無限小解析(analysis infinitesimalis)　465
無限分割(divisio〔divisibilitas〕 in infinitum)　156, 246, 250, 273, 281
無知(ignorantia)　122, 197, 233, 238, 243-46, 255, 312, 372
目的(finis)　020, 039, 058, 080, 228-58, 264, 278-87, 293, 314, 319, 323, 340, 398-401, 408, 448, 453, 460, 476, 484-88
目的因(causa finalis)　226-32, 280
モナド(monas)　253, 280-94
問診票(interrogatoria)　174

ヤ

薬学(pharmaceutica)　266, 268
薬剤師(Apotheker)　172, 177, 185, 331, 451
薬草園(jardin de simple)　018, 024
薬局(Apotheck)　181, 198, 322, 328
病(maladie)→病気
有機的(organicus)　228-32, 238-42, 252, 256-58, 268-69, 279, 283-91
　〜なもの(organismus)　238, 256, 258
　〜に(organice)　272
優遇措置(privilegia)　322
輸血(transfusion)　018, 180, 187-88
ユダヤ人(die Juden)　332
良い仕事(gutes Werk)　320
養生法(diaeta)　183, 185
揚水(Wasserhebung)　062-63, 069, 080, 085, 087
養老院(Hospital)　332
寄せ集め(aggregatum)　253, 257, 274, 370
予先形成(praeformatio)　234
欲求(appetitus)　177, 229-40, 246, 249, 262, 272, 278-94, 310, 328
予定調和(harmonia praestabilita)　229, 252, 293
予防措置(preservative)　208

ラ

ライオン(leo)　281
ラテン語(das Lateinische)　040, 160, 372, 376, 467, 477
利益(Nutzen)　026, 029, 056-57, 070-86, 177-78, 184, 265, 310-14, 319-30, 340, 390-97, 412, 448-49, 454, 461, 484, 488-89
リグヌム・ネプリティクム(lignum nephriticum)　173, 176
利子(usura, interest)　395, 398, 409-14
理性(ratio)　136, 159, 178, 201-02, 226, 231-32, 238, 248, 256, 268, 273, 285-89, 320, 326, 369-70
理性推論(Vernunf〔f〕tschluß)　070, 201
略図(Abriß)　060, 068-72
略奪ゲーム(ludus latrunculorum)　158
量(quantitas)　066, 084, 123, 136, 138, 188, 213-

動物園(Thiergarten)　024, 198, 328
独占(monopolium)　340
毒物(venenum)　251, 292
時計(horloge)　014, 036-42, 240, 322, 331, 449, 465
図書館(Bibliothec, bibliothèque)　160, 322, 326, 444-54, 460-61, 468
　生きた〜(lebendige 〜)　447
トリックトラック(tricktrac)　125, 157
トルコ競技(course de la teste〔tête〕de Turc)　020

ナ

内科(médecine)　120-21, 125-26, 129-32, 182
入浴(Bad, balneo)　171, 176, 180-81
人間チェス(jeu d'echec d'hommes)　022
「沼地に耐える」(zu Sumpf halten)　065, 070, 080-82
ネイピアの計算棒(baculi Napriani)　108
熱(calor)　121, 125, 137-40, 180, 189, 248, 258, 263, 276-77
年金(reditus, pension)　198, 322, 332, 408-21, 431-32
　永久〜(〜 perpetui)　408-13
　確定〜(reditus certi)　409, 434
　終身〜(〜 ad vitam, Leibrenten, rentes à vie, pension viagère)　408-22, 428-34
能動者(agens)　291
能動的(activus)　282, 284
　〜作用(actio)　229-30

ハ

白内障(catar〔r〕acta oculi)　187, 264
派生的(derivativus)　282
発見術(ars inveniendi)　156, 160, 475
発酵(fermentatio)　244, 252, 329, 464
話をするラッパ(trompette parlante)　016
花園(Blum-〔garten〕)　198
花火(feu d'artifices)　016
パラドクス(paradoxa)　413
バラモン(Brachman)　162
馬力巻き上げ機(Gaipel)　066, 075, 081, 088
ハルツ〔地名〕(Harz)　048, 057, 069, 082-88, 135, 208, 448, 450
　〜鉱山(Harzer Bergbau)　060
ハンザ同盟(Hansa)　322, 332
繁殖(propagatio)　176, 241-42, 262
反省(reflexio)　075, 189, 260, 329
帆走車(chariot à voile)　024
判明な(distinctus)　234, 261
火喰い男(l'homme qui mange du feu)　018
ピグミー〔劇場〕(Pygmee)　027, 029
ピストン(piston)　064, 081, 092, 122-23, 127, 138
ヒ素(arsenic, arsenicum)　125, 251, 270
百貨店(Kaufhaus)　322, 331
病院(Krancken Spital)　173, 187, 197-98, 214, 327, 330
病気(morbus, maladie)　120-21, 125-26, 129, 132, 172, 177, 186-88, 196, 201, 214-15, 242, 246-51, 266-68, 276, 278, 313, 328-30, 343, 363, 430, 435
　流行病(epidemios, maladie epidemique)　196, 210
表象(perceptio)　229-40, 252, 260-62, 272-94
病理学(pathologia)　177, 266, 268, 464
比例関係(proportio)　072, 249, 280, 285-86
貧血(anemia)　200
不安(inquiétude)　131, 260, 278-79, 293, 350, 354, 363
鞴(ふいご)(soufflet)　121, 124, 270, 272
　ヘッセンの〜(soufflet de Hesse)　123
風車(moulin〔à vent〕, Windmühle, Windkunst)　022, 048-49, 053, 056, 062, 080-94, 135, 448
　水平型〜(horizontal Kunst)　086
風土病(endemios)　196
フェアケーレン(Verkehren)　125, 157
不加入性(impenetrabilitas)　250
福祉(Wohlfahrt)　196, 199, 320, 392, 488-89
不死(immortalitas)　288-90, 323
不確かさ(incertitude)　428
物質(materia)　136, 187, 208, 210, 222-31, 245-47, 252-53, 257, 262, 269-72, 279-84, 288-93
物体／身体(corpus)　122, 141, 171, 173, 177-88, 210, 213, 222-94, 310, 314, 329, 435, 437, 464, 474-75
物理学(physica)　059, 247, 266, 268, 272→自然学
不動産(immobilia)　398, 409
ブラウンシュヴァイク＝リューネブルク法例集(Corpus Brunsvico-Luneburgicum)　452
フランス語(das französische, das Französische)　160, 376, 379, 381, 477
振り子(pendula)　024, 036-42
ブルクシュテット鉱床(Burgstätter Zug)　080-81
プロトン・プセウドス(πρῶτον ψεῦδος)　246
分割可能性(divisibilitas)　246, 274

税金(impôt)　461, 468
制作者〔事物の〕(Au〔c〕tor〔rerum〕)→神
省察(méditation)　036, 274, 323, 348-53
政治家(politici)　318, 320, 367
聖書(textus biblicus)　378, 417, 429, 462
生殖(generatio)　258
生物(viva)　228, 231, 240, 262
生理学(physiologia)　266, 268, 464
製錬所(Schmelzwerk, Hütte)　059, 066-67, 075-82
赤痢(dysenterie)　125
摂理(providentia)　085, 087, 176, 223, 255-58, 289
全国情報提供局(bureau d'adresse)　024, 026
占星術(astrogica)　174, 465
戦争(bellum)　162, 278, 320-22, 323, 360, 364, 366, 369, 371, 379, 381, 390
戦闘ジオラマ(representation des actions de guerre)　016
相互秩序(coordinatio)　257
相互的本性／特性(natura / proprietas reciproca)　274
想像(phantasia)　024-25, 029, 132, 156, 162, 179, 245, 273, 275, 278, 291, 356, 378, 420, 437, 446, 474
創造(creatio)　256, 282, 314-15, 342, 466
創造主、創造者(Autor)→神
相続人(haeres)　410-16, 446
祖国(Vaterland)　320-21, 328, 333, 360-69, 376, 378, 383, 474
卒中の発作(accés apoplectique)　125
ソリタリウス(solitarius)　159

タ

体液(humor, humeur)　120, 173, 180, 244, 251-52, 263, 279, 329
体温計(thermometrum)　171
対称性(symmetria)　177
多血(plethora)　188
確からしさ(apparence)　157, 428-31
断面図(orthographia)　071-72, 077
知恵／智慧(sagesse)　029, 122, 212, 312, 314, 319, 369, 476
　最大の～(die grösste Weisheit)　313
地球儀(globe)　016
地形図(Topographia)　069
　地下の～(T. Subterranea)　070-73, 077
知性(intellectio)　038, 051, 058, 126, 157, 226, 234, 238, 247, 261, 273-75, 283-87, 294, 312-19, 370-84, 475-77
地勢図(Corographia)　077
着火反射鏡(miroir ardent)　022
中風(apoplexia)　181
チョコレート(Chocolate)　198, 381
貯水池(reservoir, Graben, Teich)　027, 053, 058, 063, 066, 069, 081-88, 135
貯蔵庫(Magazin)　331
珍奇蒐集室(Raritäten Kammer)　198
痛風(podagricus)　179
ツェラーフェルト〔地名〕(Zellerfeld)　052, 058, 076
デカルト派(Cartesianus)　280
出来高賃金(Gedinggeld)　078-79
癲癇(epilepsia)　181
天啓(révélation)　356
伝染(contagion)　209
伝染病(contagieux)　212, 361, 381
テンプ(balancier)　037-42
天文学(astronomica)　108-09, 176
ドイツ愛好会(teutsch liebende Genossenschaft)　474
ドイツ語(Teütsch, Deutsch)　158, 370-84, 477
ドイツ皇帝(Kaiser)　363, 376
ドイツ国民(die teutsche Nation, die deutsche Nation)　363, 373-74, 384
ドイツ人(die Teütschen, die Deutschen)　157, 321-24, 362-84, 386, 387, 475-76
ドイツ〔三〇年〕戦争(der Teütscher〔Deutscher〕Krieg)　390
ドイツ帝国(das Teutsche Reich, das Deutsche Reich)　468
ドイツ的志向の協会(Teutsch-gesinte gesellschafft, Deutsch-gesinnte Gesellschaft)　370, 384
ドイツの美徳(teütsche tugend, deutsche Tugend)　376, 383
銅(Kupfer)　057, 068, 274, 361
投影図(Scenographi〔a〕)　072
同業者組合(Gewerk)　057, 061, 078, 083-84
動産(mobilia)　398, 409
透視図(perspectiv〔a〕)　072, 077, 322, 331
道徳(morale)　327, 330, 356
　準備としての～(～ par provision)　353
道徳的(moralis)　259-60, 276-77, 286, 343, 467
道徳哲学者(moralistae)　316-20
動物(animal)　016, 122, 135, 175-80, 208, 227, 232-34, 243-48, 253-57, 262-78, 285-86, 318, 328, 331, 361, 464

時間外労働(Weilarbeit)　078
自己保存(consevatio sui)　278
死すべき人(persona mortalis)　410-12
自然学(physica)　036, 041, 327, 460, 464, 468→物理学
自然死(mors naturalis)　175, 181
自然史(historia naturalis)　173-74, 329, 464
自然と技芸(人工)の劇場(théâtre de la nature et de l'art, theatrum naturae et artis)　016, 322, 328, 446
実験室(laboratoria, Laboratorium)　018, 024, 198, 451, 454, 486
実践的に(practice)　311, 313
実体(substantia)　188, 236, 250, 280-94, 384
実地調査(Augenschein)　070
湿度計(hygroscopia)　200
実用書(realia)　326
質料(materia)　222-29, 237
　第一～(～ prima)　282
質料因(causa materialis)　231, 238, 270
死なざる人(persona immortalis)　411-12
自発的に(sponte)　230, 249, 279-80
至福(beatitudo, felicité)　312-15, 343, 354, 362-66, 369
死亡記録簿(Todtenregister)　200
死亡者数登録簿(mortuaire)　438
死亡表(schedulas mortalitatis, Bills of mortality)　175, 200
瀉血(Adellaß)　176
シャッハ(ludus scachicus)　158-59
州(Land)　340-41, 408, 411
自由思想(libertin)　350
自由都市(freye stätdte, freie Städte)　365
十分の一税(Zehendt〔Zehnt〕)　058, 075-76, 449
手工業(manufactur, manufactura)　321, 330-33, 340-42, 366, 400, 454, 484
手工業者(Handwerks-Leute)　340-43, 486
受動者(patiens)　291
受動的(passivus)　223, 282, 284
　～作用(passio)　229-30
ジュ・ド・ポーム(jeu de paume)　022, 024
消火噴射器(seringue incendiaire)　138
償還公債(reditus temporalis)　416
商業(commercium)　321, 324, 331, 340-41, 366, 394, 397, 400, 408, 454, 463, 465, 484
商業経営者(Kaufleute)　340
昇降機(Auffzüge〔Aufzug〕)　022
商人(marchand)　108, 185, 322, 348, 397, 413
情念(patheimata)　184, 235, 244-49, 271, 276-80
浄福(Se〔e〕ligkeit)　184, 197, 323
乗法(multiplication)　100-08, 112-13
逍遥学派(peripateticus)　329
条例(ordonnance)　185, 211-12, 332, 484
食餌(diaeta)　174-175, 198
食事療法(diete medicinale)　126-27
職人(gesell, Geselle)　022, 040-41, 048-50, 071, 078, 108, 121, 186, 342-43, 367
植物(vegetatio)　016, 173, 176, 182, 241-44, 248, 269-70, 276, 331, 374
　～園(Pflanz-〔garten〕)　198
　～学(botanicus)　265
諸事物の究極理由(ratio ultima rerum)　313
諸事物の最大の調和(harmonia maxima rerum)　313
書写本(Manuscripta)　446
触覚(Fühler)　172, 186, 189
神学(theologia, théologie)　087, 256, 460, 462, 477
　自然～(～ naturalis)　289, 465
　～者(theologus)　088, 202
真空(vuide)　018
神経(nervus)　020, 180, 242
箴言(aphorismus)　178-79, 201, 268-69, 330
信仰の光(lumen fidei)　288
信条(Glaube)　179, 410
新生児(infans, enfant)　418, 421, 430-31
心臓(cor)　189, 237, 254, 288, 294
身体(corpus)→物体
慎重(prudence)　158, 343, 351
信用(Credit)　365, 399
真理(veritas, vérité)　156, 222, 226, 232, 242-48, 261-66, 283-86, 319, 354-55, 460
水害(Wasserschaden)　395-400, 488
水車(roue à eau / moulin à eau / Wasserrad)　048-50, 053, 063-66, 080-86, 331
水腫(hydrops)　188
彗星(comet)　016
数学(mathematica, mathematique)　108, 156, 182, 189, 223, 226, 246, 268, 272-73, 327, 354-55, 417, 460, 465, 486
　～者(mathematicus)　014, 110, 156, 402, 422
スコラ学(Scholastik)　477
図像(Figur)　446
精気(spiritus)　188, 237, 244, 251, 253, 270-71, 276
　動物～(～ animalis)　293-294
　強い～(～ ardens)　276
正義(justice)　196, 212, 311-12, 320, 460

形成的自然(natura plastica)　234
形相(forma)　226, 229, 236, 240, 258, 270, 282, 312, 476
形相因(causa formalis)　231
経度(longitude)　038-39
外科(chirurgie, chirurgia)　120, 125, 242-43, 264, 328, 464
外科医(chirurgus)　172, 198, 213, 242, 265, 382
撃力(impulsio)　272
隠れた～(～ occulta)　223
血液(Blut, sanguis)　170, 173, 180-81, 188, 250, 263, 266
～循環(circulatio sanguinis)　266
結果(effectus)　082, 087, 100, 103, 106, 122, 130, 137-41, 160, 175, 180, 188, 223, 226, 230-36, 244, 251-57, 264, 268-71, 276, 278, 312, 321-30, 350, 362, 365, 377, 429-33, 486-87
結合法／術(ars combinatoria, art des combinaisons)　036, 328
決断(resolution)　238, 350-52
解熱剤(febritugia)　125, 251
ゲーム(jeux, ludus)　022, 026-29, 155-62, 464
中国の～〔囲碁〕(ludus Sinicus)　160
婦人の～(ludus damicus)　159
ゲーム・アカデミー(Academies des jeux)　026
原因(causa)→形相因、作用因、質料因、目的因
検疫(quarantaine)　198
嫌悪(aversio)　246, 373, 375
健康(Gesundheit, salus)　121-22, 127, 130, 133, 170, 175, 181, 184-85, 214-15, 243, 248, 266, 293, 310, 321-23, 329, 360, 363, 397, 410, 478
現在(praesens)　051, 053, 057-62, 070-72, 081-82, 091, 111, 129, 134, 200, 227-31, 242, 246, 264, 268, 282, 322, 328, 330, 354, 372, 379-82, 411-14, 419, 432, 436, 452, 461
原子(atomus)　284, 476
原始的(primitivus)　222, 282-83, 288, 291, 293
現象(phaenomenon)　016, 133, 223, 226, 231, 238, 268, 276-79
幻灯機(lanterne magique)　016, 020, 024, 030
顕微鏡(microscopia, Microscopium)　082, 268, 474
単眼式～(～ von einem Glase)　170
減法(substractio)　100-01, 108, 112-13
原理(principium)　036, 038, 041, 049, 082, 137, 156, 162, 174, 222-30, 237, 270, 272, 282, 343, 412, 420, 422, 463, 465
質料的～(～ materiale)　237
形相的～(～ formale)　282
権力(Macht)　312, 315-16, 364, 368, 371, 379, 474, 476
幸運の壺(olla fortinae)　420
光学(optica)　016, 024, 109, 232, 465
鉱業(Bergbau)　059, 068-69, 075, 081, 086-87
公共善(bonum publicum)　314
鉱山(mine, Bergwerk, Bergbau)　050-94, 127, 133, 135, 270, 331, 362, 448-50, 486, 488
～関係法(Bergwerksrecht)　061
控除(resegmentum)　413-15
鉱石(Erz)　060, 062, 066-69, 075, 078, 082-84, 088, 448
～の採掘(Erzforderung, Bergbau)　060, 066
～の精製(Zugutmachung)　060, 066-67
構造(structura)　038, 227, 233, 241-46, 257, 262, 475
行動計画表(agenda)　352
呼吸(respiration, flatus)　174, 180, 240, 263
告白(confession)　182-83, 348
告白父(Beichtvater)　183-84
心(anima)　058, 100, 122, 229-53, 258-62, 271-72, 276-94, 310-14, 360-78, 383-84, 420, 466
動物〔獣〕の～(～ brutorum)　260, 283, 288
孤児院(orfanotropheo)　327, 332, 366, 421
護送艦(convoy)　396
国家(republica, respublica, république)　027, 108, 177, 181-82, 186, 242-43, 265, 268, 315, 360, 408, 416, 428, 460→共和国
コナトゥス(conatus)　246, 272
コーヒー(Café)　198
コレージュ・デ・カトル・ナシオン(Collège des quatre-Nations)　022, 026
根拠(ratio)　057, 073, 085, 222, 227-32, 236-40, 249-66, 271, 276, 280, 285, 292, 312, 350-65, 374, 376, 413, 417, 429

サ

サイクロイド(cycloid)　040-42
採石場(Puchwerke)　066-67, 074-77, 081-86, 362
雑然とした(confusus)　229, 234, 236, 261, 272
作用因(causa efficiens)　226-27, 229, 231-34, 280, 282
酸(acidus)　180, 244, 268-69
算術機械(machina arithmetica)　108, 110
算定(aestimatio, estimation)　029, 398, 408, 413-20, 428-34, 465
慈愛(caritas, charité)　210, 212, 313, 316, 369

428-36
感知できない〜(〜 surdi) 273
仮説(hypothetica) 109, 229, 232, 236, 277, 318-19
寡占(polypolium) 340
カタル(cat〔h〕arrhus) 189
活版印刷業(Typographi) 450-51, 454
家父(père) 211-12
加法(addition) 100-04, 108, 112-13
神(Deus, Gott) 027, 057-58, 085-88, 122, 131, 198, 223, 228-34, 239-42, 250, 252, 255-60, 280-83, 286-89, 310-23, 327, 341, 352-56, 360-71, 375-79, 383, 392-93, 444, 474-78, 484
〜の存在(existentia Dei) 258
〜の驚異(Wunder Gottes) 321, 486
〜の名誉(Ehre Gottes) 314-23, 487
カメラ・オブスクラ(chambre obscure, camera obscura) 020
カリオン(callion) 024
ガレー船(Galeere) 136, 331
感覚(sensus) 036, 156, 172, 176-80, 231, 235-36, 239-42, 252-53, 262, 264, 273, 283-88, 348, 350, 356
監視(garde) 198, 209-13, 326, 450
完全性(perfectio) 172, 230, 260, 286, 355
観想(contemplation) 355-56
気圧計(barometra) 200
記憶(reminiscentia, memoria) 076, 079, 260, 262, 273, 278, 465
機械(machina) 014-24, 059, 061, 086, 100-13, 122-23, 128-41, 226-41, 245-52, 256-58, 262, 270, 276, 279, 283-88, 291, 293, 314, 320, 323, 327-31, 447-50, 465, 486, 488
神的な〜(〜 divina) 228, 234, 238
機械的なもの(mechanismus) 238, 246, 256, 258
機械的に(mecanice) 185, 223, 226, 258, 262, 270, 272, 280, 282, 290
自然の〜(〜 naturalis, naturae) 228, 231, 257
火力の〜(〜 pyria) 245, 270
機械学(mecanica) 059, 184, 268, 322
機会原因(causa occasionalis) 137, 230
機械論(mechanismus) 036, 041, 226, 270
幾何学(geometri〔c〕a) 038, 108-09, 156, 160, 223, 247, 465, 488
器官(organum) 187, 231, 235, 242-45, 252, 258, 270, 279, 283
技芸室(Kunstkammer) 448-50, 454
記号法(caractéristique) 048, 051
喜捨(Almosen) 323
技術、稀少物、解剖学の部屋(Kunst-, Ralitäten- und Anatomiae-Kammer) 322
技術者学校(seminarium aritificium) 321
奇蹟/奇跡(miraculum) 223, 252, 318, 320
基体(subjectum) 253, 290
期待値(spes) 418-19
規程集成(Corpus ordinationum) 450
帰納(induction) 175, 283
詭弁(sophisma) 156, 353, 466
嗅覚(Geruch) 172, 186
驚異の小部屋(cabinet de curiosités) 036
協会(societés, Gesellschaft) 056, 310, 317, 321-24, 330, 340-43, 372, 374, 385, 483-89
王立〜〔ロンドン〕(Royal Society) 110, 171, 184, 484-85
教会儀式規程書(Kirchen Agenda) 451
教科書(compendia) 327
共通の最善(gemeines Bestes) 310-11
共通の利益(gemeine Nuzen, gemeiner Nutzen) 177, 311, 314, 321
共同体(communauté) 209-13, 265
恐怖(terror) 248, 277, 279, 315
胸膜炎(pleuresie, pleurisis) 125, 188-89
教理問答(catechism) 130, 132, 462
共和国(république, Republik) 312, 340-42, 392-97, 408, 411, 420→国家
ギリシア火薬(feu Gregeois) 022
規律/命令(ordre) 121, 208-12, 377-78, 486
よき規律/命令(bon ordre) 208
銀(Silber) 057, 068, 075, 274, 381, 461
精製〜(Blicksilber) 068, 074
硝酸〜(pierre infernale) 129
偶然(casus) 125, 156, 158, 238, 255, 379, 452
偶然性(hazard) 355
偶発事(casus fortuitus) 392-98
偶有性(accidens) 290
籤〔くじ〕(loterie, sors) 026, 029, 417
グノモン投影法(projectio gnomica) 281
クラウスタール〔地名〕(Clausthal) 050, 058, 061, 066, 076, 085, 091
経験(Erfahrung) 042, 059, 064, 071, 083, 130, 174, 197-202, 211-13, 231-32, 263-68, 273, 283, 292, 318-30, 354, 356, 380, 417, 429-30, 438, 451, 460
〜論者(emperici) 321, 325
経済(Wirtschaft) 345, 460-61, 464
形而上学(metaphysica) 226

事項索引

ア

愛国者(Patriot)　366, 474
アカデミー(académie)　024-28, 317, 321, 476, 487
　〜〔フィレンツエ〕(〜de Florence)　039, 484
　王立諸学〜〔パリ〕(Academia Regia)　100, 110, 317, 476, 484-485
　諸学〜(〜des sciences)　025
アカデミア(academia)　476
圧縮空気(air comprimé)　138, 140
アプリオリ(a prioi)　201, 231
アヘン(opium)　125, 186-87, 251, 292
アポステリオリ(a posteriori)　231
アルカリ(alcalius)　244, 268
アルケウス(archeus)　236-37, 270, 465
アルコール(spirituosa, spiritus vini)　271, 275
アンチモン(antimonium)　178
アンティテュピア〔=不可入性〕(antitypia)　250, 284, 293
アンモニア塩(sal volatilis, s. anmonicus)　269-70, 292
医学(médecine, medicina, medica)　110, 120, 125-26, 129-30, 132, 171-74, 182, 186, 202, 233-36, 243-44, 264-68, 277, 319, 328, 330, 463, 476
いかさま(tricherie)　028
怒り(bilis)　028, 277, 350, 383
維綱(loix)　352
医師(medicus, médecin)　170-74, 177-88, 196-98, 208, 243, 250, 264-65, 292
意志(voluntas)　088, 105, 126, 210, 234, 284-85, 312, 315, 324, 343, 366, 394, 410, 474, 487
意志的(voluntarius)　235-36
為政者(Obrigkeit)　196-97, 212, 325, 327
一覧表(Tabell〔e〕)　072-79, 463
一夫多妻制(polygamie)　438
イヌ(chien, canis)　209, 211, 262
インペトゥス(impetus)　282, 284
ヴァイセンシュタイン〔地名〕(Weissenstein)　133
ウォームネジ(Schraube ohne Ende)　094
運動(motus)　024, 036,-39, 050, 105, 108-09, 122, 126, 174, 187-89, 223, 226-27, 230-36, 242, 245-53, 256, 258, 262-64, 270, 272, 275-94, 354-56, 465
栄養摂取(nutritio)　262, 278-79
エコノミー(oeconomia)　233, 243, 266
エネルゲイア(energia)　270
エピクロス派(Epicurei)　226
円錐ドラム(Korb)　066, 089-92
延長(extensio)　246, 280, 284-85, 288, 293-94
エンテレケイア(entelechia)　226, 280-83, 288-93
　原始的〜(〜 primitiva)　226, 282-84, 288, 291, 293
　派生的〜(〜 derivativa)　282
王のゲーム(ludus regius)　158
凹面鏡(Brennspiegel)　082, 314
お天気小僧(Wettermännlein, Anemoscomus homo)　018
親方/親方職人(Meister)　014, 016, 075, 078, 342-43, 449
オランダの書籍市(Holländische Auktion)　326
恩寵(gratia)　288, 311, 318, 379, 474
温度計(thermometra)　200

カ

カイコ(bombyx)　257
蓋然性(verisimilitude, probabilité)→確率
海賊(c〔K〕aper)　396
懐中時計(montre)　036-42
解剖〔学〕(Anatomie, anatomia)　173-74, 177, 196, 242, 244, 264-68, 319, 328, 464
　微細〜(〜 minuitias)　242, 264
解剖学劇場(théâtre anatomique)　018, 024
快楽(plaisir)　026, 244, 348, 350, 356
化学(chimia)　244-47, 268-69, 322, 331, 382, 448
　〜者(chymicus)　173, 265, 451
鏡(speculum)　027, 281, 283, 314, 319, 376, 379, 477
学術(res litteraria)　324, 326, 368
隔離所(lazaret)　214-15
確率/蓋然性(probabilitas)　156, 172, 356, 417
火災(Feuersschaden)　395-400, 488
　〜保険会社(Feuer-Compagnie)　398
数(numerus)　063, 080, 101-12, 162, 256, 266, 273, 278, 354-55, 365-66, 369, 372, 417-21,

Scientiarum et Artium, 1700?)　483-89
『パパンとの往復書簡』(Briefwechsel zwischen Leibniz und Denis Papin, 1704-1707)　119-41
『高名なるシュタール氏の『医学の真の理論』に関する注解』(*Animadversiones circa assertiones aliquas Theoriæ Medicæ veræ Clar. Stahlii*, 1709; シュタール『無駄な争い』1720に収載)　222-54
『ゲーム覚書: とくに中国のゲーム、チェスと戦略ゲームの違い、新しい種類の海軍ゲームについて』(*Annotatio de quibusdam ludos; Inprimis de Ludo quodam Sinico*, [⋯], 1710)　155-62
『算術計算機についての概説』(*Brevis descriptio Machinae Arithmeticae*, 1710)　110-13
『シュタールの諸観察に関する再抗弁』(*Responsiones ad Stahlianas observationes*, 1711; シュタール『無駄な争い』1720に収載)　255-94
『時計についての覚書』(*Remarques sur les Horloges*, 執筆1714?; 『トレヴー紀要』掲載1718)　040-42
『ライプニッツの図書館計画案: 諸学の分類に従ってより広くより集約的に配置されるべき』(Idea Leibnitaiana bibliothecæ publicæ, [⋯])　462-69
リシュリュー(Armand Jean du Plessis, cardinal et duc de Richelieu, 1585-1642)　317, 371
リヌス(Francis Linus, 1595-1675)　238
ルイ一四世(Louis XIV, 1638-1715)　484
ルイーゼ(Luise Dorothea Sophie, 1680-1705)　131
ル・クレール(Jean Le Clerc, 1657-1736)　234
ルートヴィヒ(ルドウィクス; Daniel Ludovicus, 1625-1680)　181
ルドルフ・アウグスト(Herzog von Braunschweig-Wolfenbüttel, Rudolf August, 1627-1704)　460-61
ルブラン(Charles le Brun, 1619-1690)　014
レオ一〇世(Leo X, 1475-1521)　371
レオポルト一世(Leopold I, 1640-1705)　364, 484
レギオモンタヌス(Regiomontanus; Johannes Müller, 1436-1476)　108
レン(Christopher Wren, 1632-1723)　178
ロウアー(Richard L. Lower, 1631-1691)　189
『心臓論。また血液の運動と色について』(*Tractatus de corde, item de motu et colore sanguinis, et chili in eum transitu*, 1669)　189

マルティアリス(Marcus Valerius Martialis, c.40-c.104) 158
『エピグラム』(*Epigramm*) 158
マルピーギ(Marcello Malpighi, 1628-1694) 266
メイ(Phillipus de May 17C) 174
『医学的手相占い』(*Chiromantia medica*, 1667) 174
モア(Henry More, 1614-1687) 238
モア(Thomas Morus, 1472-1535) 320
『ユートピア』(*Utopia*, 1516) 320
モーセ(Moses) 317, 366

ヤ

ユエ(Pierre-Daniel Huet, 1630-1721) 050
『デカルト哲学批判』(*Censura philosophiae cartesianae*, 1689) 050
ユンギウス(Joachim Jungius, 1587-1657) 020
ヨハン・フリードリヒ(ハノーファー公爵: Herzog Johann Friedrich von Hannover, 1625-1679) 047-50, 444
ヨブ(Iob) 317

ラ

ライプニッツ(Gottfried Wilhelm Leibniz, 1646-1716)
『諸々の技芸と学の興隆ための協会をドイツに設立する提案の概要』(Grundriß eines Bedenckens von aufrichtung einer Societät in Teutschland zu auffnehmen der Künste und Wißenschafften, 1671?) 309-33
『協会と経済』(Societät und Wirtschaft, 1671?) 339-44
『医事に関する諸指示』(Directiones ad rem medicam pertinentes, 1671/72) 169-89
『奇想百科　新趣向博覧会開催案』(Drole de Pensée, touchant une nouuelle sorte de PRESENTATIONS, 1675) 013-30
『懐中時計の精度』(*Touchant la principe de justesse des horloges portatives de son invention*, 1675) 036-039
『省察の使用について』(De l'usage de la meditation, 1676?) 347-56
『ハルツ鉱山献策: ヨハン・フリードリヒ宛書簡』(Leibniz an Herzog Johann Friedrich, 1679) 048-51
『知性と言語をさらに鍛錬するようドイツ人に勧告する文書: ドイツ的志向の協会を設立する提案を附して』(Ermahnung an die Teutsche, ihren verstand und sprache beßer zu üben, [⋯], 1679) 359-85
『図書館改革案: フランツ・フォン・プラーテンのために』(Leibniz für Franz Ernst von Platen (?), 1680.1) 443-54
『公営保険』(Öffentliche Assekuranzen, 1680.7?) 389-401
『クラウスタール鉱山局長フリードリヒ・カシミール宛書簡』(Leibniz an Friedr. Casimir zu Eltz, 1680.8) 052-56
『保険官庁設立の提言』(Vorschlag zur Bildung einer Medizinalbehörde, 1680) 195-202
『終身年金とその他の個人年金についての数学的政治学的探究の試み』(De Reditibus ad vitam aliisque pensionibus singularibus, [⋯], 1680?) 408-15
『終身年金の算定』(De Aestimatione Redituum ad Vitam, 1680) 416-22
『人の寿命と人口に関する新推論』(Raisonnemens nouveaux sur la vie humaine, 1680?) 427-38
『ペスト対策の提言: エルンスト・アウグスト公爵のための覚書』(Für Herzog Ernst August(?). Vorschläge gegen die Pest, 1681?) 207-15
『ハルツにおける鉱業の一般的改善についての覚書: エルンスト・アウグスト公爵のために』(Denkschrift betr. die allgemeine Verbesserung des Bergbaues im Harz.: Leibniz für Herzog Ernst August, 1682) 057-83
『水平型風車についての覚書: エルンスト・アウグスト公爵のために』(Leibniz für Herzog Ernst August. Promemoria, 1684) 084-88
『風力による揚水』(Wasserhebung mittelst der Kraft des Windes, 1685) 089-92
『加減乗除が楽にできる算術機械』(Machina arithmetica in qua non aditio tantum et subtractio sed et multiplicatio nullo, [⋯], 1685) 100-09
『風車の自動制御システム』(Bremsvorrichtung zur Vertikalwindkunst, 1686) 093-94
『ヴォルフェンビュッテル公爵殿下への図書館運営の提言』(Representation à S.A.S.le duc de Wolfenbuttel, pour l'encourager à l'entretien de la Bibliothèque, 1693?) 460-61
『ドイツ愛好会設立案』(Plan zu teutschliebenden genossenschafft, 1691-95?) 473-78
『諸学と諸技芸の協会を設立する構想』(Gedancken von Aufrichtung einer Societatis

141
パラケルスス(Paracelsus, 1493-1541) 236
ハルスデルファー(Georg Philipp Harsdörffer, 1607-1658) 022
バルトリン(Thomas Bartholin, 1616-1680) 177
『薬の製造所の巡察について』(*De visitatione officinarum pharmaceuticarum*, 1670) 177
ハンセン(Fredrich Adolf Hansen, 1652-1711) 050
ピサニ(Octavio Pisani, 1575-1616/37以後?) 343
『イタリアのリュクルゴス』(F・M・ファン・ヘルモント訳: *Lycurgus Italicus*, 1666) 343
ビベス(J. L. Vives, 16C) 186
『子供の学習の秩序について』(*De ratione studii puerilis*, 1523) 186
ヒポクラテス(Hippocrates, BCc.460-BCc.370) 179, 186-87, 201
『箴言』(*Aphorisms*) 179, 201
ピュタゴラス(Pythagoras, BC 582-BC 496) 109, 284
ビルシウス(Bilsius; Luis de Bils, 1624-1670 173
ファブリ(Honoré Fabri, 1607-1688) 179
ファン・コーレン(Ludolph van Ceulen, 1540-1610) 108
フイヤード(François III d'Aubusson, comte puis duc de La Feuillade, 1631-1691) 014
フェルマー(Pierre de Fermat, 1607/8-1665) 156
フック(Robert Hooke, 1635-1703) 040-41, 178
フッデ(Johannes Hudde, 1628-1704) 408
プトレマイオス(Claudius Ptolemaeus, c.100-c.170) 174
プラーテン(Franz Ernst von Platen, 1631-1709) 443-44
プラトン(Platon, BC 427-347) 175, 284
フランソワ一世(François I, 1494-1547) 371
プリスキアヌス(Priscianus, 5C半-c.530) 381
フリードリヒ二世(神聖ローマ皇帝: Friedrich II, 1194-1250) 468
フリードリヒ三世(神聖ローマ皇帝: Friedrich III, 1415-1493) 468
フリードリヒ三世(Kurfürst von Brandenburg, Friedrich III/フリードリヒ一世: König von Preußen Friedrich I, 1657-1713) 1657-1713) 160, 483-89
フレドリク(Erbprinz Friedric von Hessen-Kassel, 1676-1751) 131
フレミング(Paul Fleming, 1609-1640) 376
プロメテウス(Prometheus) 368
ベーコン(Francis Bacon, 1560-1626) 185-86, 320
『ノヴム・オルガヌム』(*Novum organum*, 1620) 186
『生と死の歴史』(*Historia vitae et mortis*, 1623) 185
『〔ニュー〕アトランティス』(*New Atlantis*, 1627) 320
ペッター(Nicolaes Petter, 1624-1672) 024
ベッリーニ(Lorenzo Bellini, 1643-1704) 189
ベーメ(Jacob Böhme, 1575-1624) 378
ベール(Pierre Bayle, 1647-1706) 156
『歴史批評辞典』(*Dictionnaire historique et critique*, 1697) 156
ベルゼブル(Beelzebul) 382
ヘルモント(Jan van Helmont, 1580-1644) 236
ホイヘンス(Christiaan Huygens, 1629-1695) 036, 040-41, 110, 156, 232
『経度を発見するために時計を使う短いトレーニング』(*Brevis institutio de Usu Horologiorum ad inveniendas Longitudines*, 1657) 040
『振り子時計』(*Horologium oscillatorium*, 1673) 040
ボイル(Robert Boyle, 1627-1691) 172, 186, 238, 258, 264
『色についての実験と考察』(*Experiments and Considerations touching colours*, 1664) 172, 186
ボッカリーニ(Traiano Boccalini, 1556-1613) 365
『パルナッソス』(*Ragguagli di Parnaso*, 1612) 365
ホメロス(Homerus, BC 3C) 372

マ

マイボーム(Heinrich Meibohm, 1638-1700) 181
『高齢者にかんする書簡』(*Epistola de longaevis*, 1664) 181
マキャベリ(Niccolò Machiavelli, 1469-1527) 365
マティオン(Oded〔t〕Louis Mat〔t〕hion, 1620-1700) 110
『空間分割表』(*Tabula aeri incisa*) 110
マテオ・リッチ(Matteo Ricci, 1552-1610) 160
マルキ(Marcus Marci, 1595-1667) 170
『脈の早さと遅さにかんする血圧の比例ないし規則について』(*De proportione seu regula sphygmica ad celeritatem et tarditatem pulsam*, 1639) 170

シュタール(Georg Ernst Stahl, 1659-1734)　231-94
『医学の真の理論。生理学、病理学、また、医学の学説の諸部分を、汚れ無き理性と揺るぎなき経験によって基礎づけられる、自然と真の技術から真に考察することで確立する』(*Theoria Medicae Vera*, […], 1707)　222-54
シュトルム(Johann Strum, 1635-1703)　238, 258
シュペー(Friedrich Spee, 1591-1635)　318
ショルツィウス(Laurentius Scholzius, 1552-1599)　179
『理論医学と実践医学の箴言』(*Aphorismorum medicinalium cum theoreticorum tum practicorum*, 1589)　179
スカラムーシュ(Scaramouche; Tiberio Fiorelli, 1608-1694)　022
ステノ／ステンセン(Nicolaus Steno; Nils Stensen, 1638-1686)　173, 177, 189, 266
『脳の解剖についての論考』(*Dissertatio de cerebri anatome*, 1671)　173
スルデ〔ィ〕アク侯爵(Alexandre de Rieux, marquis de Sourdéac, 1620?-1695)　014
スワムメルダム(Jan Swammerdam, 1637-1680)　020
セイヴァリ(Thomas Savery, 1650-1715)　135
ゼノン(Zeno, BCc.490-c.430)　156
ソランツィ〔オ〕(Lazarus Soranzi)　186
『オットマヌス』(*Ottomanus*, 1598)　186

タ

ダビデ(David, BC 10C)　317
ダランセ(Joachim d'Alencé, ?-1707)　018
チュレ(Isaac II Thuret, 1630-1706)　040
チルンハウス(Ehrenfried Walther von Tschirnhaus, 1651-1708)　110
『精神の医学、あるいは発見術の一般的原理』(*Medicina mentis sive artis inveniendi praecepta generali*, 1687/95)　110
デ・ウィット (Johan[Jan] de Witt, 1625-1672)　408, 428
『年金に関する論考』(*Waerdye van lyfrenten naer proportie van losrenten*, 1671)　428
テヴノー(Melchisédech Thévenot, c.1620-1692)　020, 110
デカルト(René Descartes, 1596-1650)　186, 232, 284
『方法序説』(*Discours de la méthode*, 1637)　186
デ・ビエット(Gilles Filleau des Billettes, 1634-1720)　020
デモクリトス(Democritus, BCc.460-BCc.370)　284
デモステネス(Demosthenes, BCc.384-322)　379
ドニ(Jean-Paptiste Denis, 1643-1704)　018
ド・マザリーニ(ド・ラ・メイユライエ; Armand-Charles de La Porte de La Meilleraye, 1632-1713)　014
ド・メクランブール(メクレンブルク公爵; Christian Ludwich I, Herzog zu Mecklenburg, 1623-1692)　014
ド・メレ(Antoine Gombaud; Chevalier de Méré, 1607-1684)　156
『愉悦論』(*Discours des Agrémens*, 1678)　156
ドラエウス(Johannes Dolaeus; Johann Doläus, 1651-1707)　129, 132
ド・ラ・シャンブル(Marinus Curaeus de la Chambre, 1594-1675)　179
トリゴー(Nicolas Trigault, 1577-1628)　160, 162
『中国におけるキリスト教の布教について』(*De Christiana expeditione apud Sinas*, 1615)　160
トレーヴ(Abdas Trew, 1597-1669)　176
ド・ロアンヌ(Artus Gouffier de Roannez, 1627-1698)　014

ナ

ニュートン(Isaac Newton, 1642-1727)　232
ネイピア(John Napier, 1550-1617)　108

ハ

ハーヴェイ(William Harvey, 1578-1657)　475
ハウチュ〔ツ〕(Hans Hautsch, 1595-1670)　024, 138
パスカル(Blaise Pascal, 1623-1662)　100-01, 108, 156
パパン(Denis Papan, 1647-1712?)　119-41
『いくつかの新しい機械およびその他の哲学的な論集』(*Fasciculus dissertationum de novis quibusdam machinis* […], 1695)　123
『火力によって最も効果的に揚水する方法』(*Ars nova ad aquam ignis adminiculo efficacissime elavandam*, 1707)　137,

人名索引

ア

アイヒホルツ(Eichholz, 17C)　087-88
アウグスト二世(Herzog von Braunschweig-Wolfenbüttel, August II; Gustavus Selenus, 1579-1666)　158
『チェス、あるいは王のゲーム』(グスタヴス・セレヌス名: *Das Schach-oder Königsspiel*, 1616)　158
アスクレピオス(Asklepios)　186
アダム(Adam)　368
アリストテレス(Aristoteles, BC 384-322)　246-47, 274, 284, 340, 464
アルノー(Antoine Arnauld, 1612-1694)　110
ヴァイゲル(Erhard Weigel, 1625-1699)　024
ヴェプファー(Johann Jakob Wepfer, 1620-1695)　126
ウェルギリウス(Publius Vergilius Maro, BC 70-BC 19)　378
エシナルディ(Francesco Eschinardi, 1623-1668)　171
エピクロス(Epikouros, BC 341-BC 270)　284
エルカー(Lazaro Ercker, 1530-1594)　067
エルンスト・アウグスト(Kurfürst von Hannover, Ernst August, 1629-1698)　057, 207, 444, 452
オウィディウス(Publius Ovidius Naso, BC 43-AD 17)　158
『恋愛指南』(*Ars Amatoria*)　158
オズー(Adrien Auzout, 1622-1691)　258
オートフイユ(Jean de Hautefeuille, 1647-1724)　041
オートレッド(William Oughtred, 1574-1660)　040
『数学の鍵　改訂版、あるいはむしろ、他のさまざまな主題とともに編まれたもの』(*Clavis Mathematicae denuo limita*, […], 1652)　040
オーピッツ(Martin Opitz, 1587-1639)　376

カ

カシミール(Friedrich Casimir zu Eltz, 1634-1682)　052
ガッサンディ(Pierre Gassendi, 1592-1655)　284
カドワース(Ralph Cudworth, 1617-1688)　234
カラス(Moïse Charas, 1618-1698)　175
カリニコス(Kallinikos, 7C)　022
ガリネー(René de Bréhant de Galinée, 1645-1678)　020
ガリレオ(Galileo Galilei, 1564-1642)　475
カール(Landgraf Karl von Hessen-Kassel, 1654-1730)　137, 141
カール大帝(Karl I, 748?-814)　468
カール四世(神聖ローマ皇帝: Karl IV, 1316-1378)　468
カルカヴィ(Pierre de Carcavi, 1600/03-1684)　100
ガレノス(Claudius Galenus, 129-199)　170
カンパネッラ(Tommaso Campanella, 1568-1639)　176, 320
『太陽の都』(*La città del sole*, 1602)　320
カンペンシウス(Claudius Campensius, 16C)　179
キケロ(Marcus Tullius Cicero, BC 106-43)　379
キルヒャー(Athanasius Kircher, 1601-1680)　018
グダルト(Jan Goedart; Ionannes Goedartius, 1617-1668)　020
ゲオルク(Herzog von Braunschweig-Calenberg, Georg, 1582/3-1641)　452
ゲオルク・ルートヴィヒ(Kurfürst von Hannover, Georg Ludwig, 1660-1727)　135
ケプラー(Johannes Kepler, 1571-1630)　176, 232, 475
ゲーリケ(Otto von Guericke, 1602-1686)　018, 024, 475

サ

サリー(Henry Sully, 1680-1729)　040
『時間の人工規則』(*La Regle Artificielle du Temps*, 1717)　040
サルマシウス(Claudius Salmasius, 1588-1653)　158
サントーリオ(Santorio Santorio, 1561-1636)　171, 185
『誤りを避ける方法』(*Methodus vitandorum errorum omnium*, 1603)　185

監修者・訳者紹介

酒井　潔

〔SAKAI, Kiyoshi〕一九五〇年生。学習院大学教授。日本ライプニッツ協会会長。哲学専攻。著書：『世界と自我』（創文社）、『ライプニッツ』（清水書院）、『ライプニッツのモナド論とその射程』（知泉書館）、共編著：『ライプニッツを学ぶ人のために』（世界思想社）、『ライプニッツ読本』（法政大学出版局）など。

佐々木能章

〔SASAKI, Yoshiaki〕一九五一年生。東京女子大学教授。哲学専攻。著書：『ライプニッツ術』（工作舎）、訳書：『弁神論』（『ライプニッツ著作集』6・7巻、工作舎）、共編著：『ライプニッツを学ぶ人のために』（世界思想社）、『ライプニッツ読本』（法政大学出版局）など。

稲岡大志

〔INAOKA, Hiroyuki〕一九七七年生。神戸大学など非常勤講師。哲学専攻。論文：「ライプニッツ的空間はいかにして構成されるか？」（『日本カント研究』18号、「実体の位置と空間の構成」（『ライプニッツ研究』3号）など。

大西光弘

〔ONISHI, Mitsuhiro〕一九五八年生。立命館大学非常勤講師。哲学専攻。共著書：『西田幾多郎のライフヒストリー』（晃洋書房）、訳書：『現象学とライプニッツ』（晃洋書房）、論文："Leibniz, Buddhismus und Nishida", *Natur und Subjekt : Akten des IX. Internationalen Leibniz-Kongresses*, 2011など。

池田真治

〔IKEDA, Shinji〕一九七六年生。富山大学准教授。哲学専攻。論文：「想像と秩序　ライプニッツの想像力の理論に向けての試論」（『ライプニッツ研究』創刊号）、"Les limites et ses modalités chez Leibniz", *Natur und Subjekt : Akten des IX. Internationalen Leibniz-Kongresses*, 2011、共訳書：『デカルト数学・自然学論集』（法政大学出版局）など。

長綱啓典

〔NAGATSUNA, Keisuke〕一九七五年生。帝京大学准教授。哲学専攻。著書：『ライプニッツにおける弁神論的思想の根本動機』（晃洋書房）、共編著：『ライプニッツ読本』（法政大学出版局）、論文：「ライプニッツにおける充足理由律の射程」（『ショーペンハウアー研究』第18号）など。

松田　毅

〔MATSUDA, Tsuyoshi〕一九五六年生。神戸大学大学院教授。哲学専攻。著書：『ライプニッツの認識論』（創文社）、*Der Satz vom Grund und die Reflexion —— Identität und Differenz bei Leibniz* (Peter Lang)、『部分と全体の哲学——歴史と現在』（編著、春秋社）、『哲学の歴史』第5巻（共著、中央公論新社）など。

中山純一

〔NAKAYAMA, Junichi〕一九七五年生。東洋大学ほか非常勤講師。哲学専攻。著書：『フッサールにおける超越論的経験』（知泉書館）。共著：『現象学のパースペクティヴ』（晃洋書房）。論文：「フッサールにみるモナド概念のポテンシャリティ」（理想社）など。

津崎良典

〔TSUZAKI, Yoshinori〕一九七七年生。筑波大学准教授。哲学専攻。著書：『デカルトの憂鬱』（扶桑社）、共著：*Normes et marginalités à l'épreuve* (Presses universitaires de Strasbourg)、共訳書：O・ブロック『唯物論』（白水社文庫クセジュ）、『デカルト全書簡集』第四巻（知泉書館）など。

高田博行

〔TAKADA, Hiroyuki〕一九五五年生。学習院大学教授。ドイツ語学専攻。著書：*Grammatik und Sprachwirklichkeit von 1640–1700*(de Gruyter)、『ヒトラー演説』(中央公論新社)、共編著：『歴史語用論入門』(大修館書店)、『歴史社会言語学入門』(大修館書店)、『ドイツ語の歴史論』(ひつじ書房)など。

林　知宏

〔HAYASHI, Tomohiro〕一九六一年生。学習院高等科教諭。数学史専攻。著書：『ライプニッツ：普遍学の夢』(東京大学出版会)、共著『ライプニッツを学ぶ人のために』(世界思想社)、共訳：『カッツ　数学の歴史』(共立出版)など。

山根雄一郎

〔YAMANE, Yuichiro〕一九七〇年生。大東文化大学教授。哲学専攻。著書：『〈根源的獲得〉の哲学』(東京大学出版会)、『カント哲学の射程』(風行社)、共訳書：『ロールズ哲学史講義』(みすず書房)、『ハイデッガー全集』第42巻(創文社)、キューン『カント伝』(春風社)。

上野ふき

〔UENO, Fuki〕一九八一年生。中京大学助教を経て名古屋大学大学院情報科学研究科(複雑性科学専攻)博士課程在学。論文：「知の創発モデル　ライプニッツの〈モナド〉の現代的意義」(「特集・ライプニッツ『モナドロジー』300年」『理想』2013, No. 691)。

藤井良彦

〔FUJII, Yoshihiko〕一九八四年生。文学博士。著書：『メンデルスゾーンの形而上学――また一つの哲学史』(東信堂)、『不登校とは何であったか？――心因性登校拒否、その社会病理化の論理』(社会評論社)、共編著：『在野学の冒険』(批評社)など。

Gottfried Wilhelm Leibniz
Opera omnia II
3
Technik, Medizin, Gesellschaft

ライプニッツ著作集 第II期 3
技術・医学・社会システム——豊饒な社会の実現に向けて

発行日——二〇一八年六月二〇日
著者——ゴットフリート・ヴィルヘルム・ライプニッツ
監修——酒井 潔＋佐々木能章
翻訳——佐々木能章＋稲岡大志＋大西光弘＋池田真治＋長綱啓典＋松田 毅＋酒井 潔＋中山純一＋津崎良典＋高田博行＋林 知宏＋山根雄一郎＋上野ふき＋藤井良彦
造本——宮城安総＋小倉佐知子
印刷・製本——株式会社精興社
発行者——十川治江
発行——工作舎 editorial corporation for human becoming
〒169-0072 東京都新宿区大久保2-4-12 新宿ラムダックスビル12F
phone：03-5155-8940 fax：03-5155-8941
url：www.kousakusha.co.jp e-mail：saturn@kousakusha.co.jp
ISBN 978-4-87502-494-1

9 後期哲学

本体●9,500円

西谷裕作・米山 優・佐々木能章●訳

ライプニッツ哲学のエッセンス「モナドロジー」をはじめ、ニュートンの代弁者クラークとの最晩年の論争まで、自然学と不可分の思想を編成。「理性に基づく自然と恩寵の原理」ほか。

10 中国学・地質学・普遍学

本体●8,500円

山下正男・谷本 勉・小林道夫・松田 毅●訳

イエズス会神父から得た「最新中国情報」、易のシステムに自ら創案した2進法を重ね合せた論考、普遍学へのプログラム、近代地質学の嚆矢となった「プロトガイア」など。

第Ⅱ期 全3巻

監修●酒井 潔＋佐々木能章
A5判上製　造本●宮城安総+小倉佐知子

1 哲学書簡 ——— 知の綺羅星たちとの交歓

本体●8,000円

山内志朗・増山浩人・伊豆藏好美・上野 修・町田 一・朝倉友海・根無一信・清水高志・梅野宏樹・谷川多佳子・池田真治・谷川雅子・大西光宏・橋本由美子・山田弘明●訳

スピノザ、ホッブズら1300人もの哲学者・数学者・神学者、さらには政治家や貴婦人たちと手紙を交わしていたライプニッツ。バロックの哲人の思想形成プロセスや喜怒哀楽を甦らせる。

2 法学・神学・歴史学 ——— 共通善を求めて

本体●8,000円

酒井 潔・長綱啓典・町田 一・川添美央子・津崎良典・佐々木能章・清水洋貴・福島清紀・枝村祥平・今野諒子●訳

正義とは？　幸福とは？　史実とは？　世界を善き方向に変えるために生涯宮廷顧問官として活躍した哲人。宗教的平和などについての省察、歴史学の方法論など、社会へのまなざしを追う。

3 技術・医学・社会システム ——— 豊饒な社会の実現に向けて

本体●9,000円

佐々木能章・稲岡大志・大西光弘・池田真治・長綱啓典・松田 毅・酒井 潔・中山純一・津崎良典・高田博行・林 友宏・山根雄一郎・上野ふき・藤井良彦●訳

「理論を伴う実践」を生涯のモットーとしたライプニッツ。ハルツ鉱山開発、計算機発明から保険・年金システム、アカデミー計画まで、多方面にわたる提言が、300年の時空を超えて明かされる。

ライプニッツの普遍計画 ——— バロックの天才の生涯

A5判上製／本体●5,340円

E・J・エイトン●著　渡辺正雄+原 純夫+佐柳文夫●訳

17世紀のドイツの哲学者にして数学者。歴史学、神学に通じ、政治家、外交官としても活躍した天才の生涯を丹念に描く。微積分の発見、二進法の考案、計算器の発明と多彩な業績も紹介。

ライプニッツ術 ——— モナドは世界を編集する

A5判上製／本体●3,800円

佐々木能章●著

動乱期のヨーロッパ政治にかかわりながら、記号論理学や微積分法の創始などを成し遂げたバロックの天才。溢れでる創造力の秘密に「発想術」「私の存在術」などの視座から迫る。

ライプニッツ著作集
バロックの哲人――ars inveniendi[発見術]の全容

第I期 全10巻
監修●下村寅太郎＋山本 信＋中村幸四郎＋原 亨吉
A5判上製・函入　造本●杉浦康平＋谷村彰彦＋佐藤篤司

1 論理学
本体●10,000円
澤口昭聿●訳
ライプニッツ生涯の企画書といわれる「結合法論」、「普遍的記号法の原理」「概念と真理の解析についての一般的研究」など、普遍学構想の基盤となる記号論理学の形成過程を追う。

2 数学論・数学
本体●12,000円
原 亨吉・佐々木 力・三浦伸夫・馬場 郁・斎藤 憲・安藤正人・倉田 隆●訳
「普遍数学」の思想的背景から微積分学の創始、ホイヘンスやニュートンとの交渉まで、数学精神のダイナミズムを編む。「数学の形而上学的基礎」「無限算へのアプローチ」など。

3 数学・自然学
本体●17,000円
原 亨吉・横山雅彦・三浦伸夫・馬場 郁・倉田 隆・西 敬尚・長島秀男●訳
幾何学、代数学にわたる主要業績をはじめ、デカルトを超える動力学の形成プロセス、光学などの自然学論考を集める。「すべての数を1と0によって表わす驚くべき表記法」ほか。

4 認識論『人間知性新論』上
本体●8,500円
谷川多佳子・福島清紀・岡部英男●訳
イギリス経験論の主柱、ジョン・ロックに対して、生得観念、無意識をもって反攻を開始する。第1部「生得観念について」、第2部「観念について」。

5 認識論『人間知性新論』下
本体●9,500円
谷川多佳子・福島清紀・岡部英男●訳
ロックの代弁者フィラレートとライプニッツの代弁者デオフォルトの対話は、いよいよ認識論的確証の佳境に入る。第3部「言葉について」、第4部「認識について」。

6 宗教哲学『弁神論』上
本体●8,253円
佐々木能章●訳
ライプニッツの聡明な弟子にして有力な庇護者ゾフィ・シャルロッテの追想のために刊行された一書。神の善性、人間の自由、悪の起源についての論証。

7 宗教哲学『弁神論』下
本体●8,200円
佐々木能章●訳
「なぜ神はこの世界に悪の侵入を許したのか？」――当時の流行思想家ピエール・ベールの懐疑論を予定説をもって論駁。別冊ラテン語文「弁神論」も収録。

8 前期哲学
本体●9,000円
西谷裕作・竹田篤司・米山 優・佐々木能章・酒井 潔●訳
「表出」の哲学を開示した「形而上学叙説」、「アルノーとの往復書簡」を軸に、1702年までの小品を収録。「認識、真理、観念についての省察」、「唯一の普遍的精神の説についての考察」など。